Thomas Schaufuß

Die politische Rolle des FDGB-Feriendienstes in der DDR

Zeitgeschichtliche Forschungen

Band 43

Die politische Rolle des FDGB-Feriendienstes in der DDR

Sozialtourismus im SED-Staat

Von

Thomas Schaufuß

Mit Geleitworten von Vera Lengsfeld
und Klaus Schroeder

Duncker & Humblot · Berlin

Bibliografische Information der Deutschen Nationalbibliothek

Die Deutsche Nationalbibliothek verzeichnet diese Publikation in
der Deutschen Nationalbibliografie; detaillierte bibliografische Daten
sind im Internet über http://dnb.d-nb.de abrufbar.

Umschlagbilder:
Vordere Umschlagseite: FDGB-Erholungsheim „Am Fichtelberg"
(Foto: Koschinsky – Privatarchiv Thomas Schaufuß)
Hintere Umschlagseite: Schild des FDGB-Feriendienstes
in Oberhof, Thüringer Wald
(© ullstein bilderdienst)

Alle Rechte vorbehalten
© 2011 Duncker & Humblot GmbH, Berlin
Fremddatenübernahme: L101 Mediengestaltung, Berlin
Druck: Berliner Buchdruckerei Union GmbH, Berlin
Printed in Germany

ISSN 1438-2326
ISBN 978-3-428-13621-6 (Print)
ISBN 978-3-428-53621-4 (E-Book)
ISBN 978-3-428-83621-5 (Print & E-Book)

Gedruckt auf alterungsbeständigem (säurefreiem) Papier
entsprechend ISO 9706 ♾

Internet: http://www.duncker-humblot.de

*Meiner Familie,
insbesondere meiner Frau Bärbel Schaufuß
und meinem Großvater,
dem verstorbenen Unternehmer Rudolf Schaufuß sen.*

Tourismusfreiheit ist,
wenn man in Europa,
ja in der Welt frei reisen darf –
ohne Stacheldraht und Schießbefehl
und ohne ständiger Meinungskontrolle
durch den Staat.

Sozialtourismus in der DDR war die
Fata Morgana in der sozialistischen Wüste.

Geleitwort

Schöner urlauben in der DDR

Es war nicht alles schlecht in der DDR, so lautet das Mantra der ewiggestrigen Liebhaber der von Günther Grass so genannten „kommoden Diktatur". Schließlich gab es Arbeit für alle, Kinderkrippen, fast kostenlose Schulspeisung, subventionierte Kinokarten, billige Mieten und preiswerten Urlaub für jeden. Klingt zu schön, um wahr zu sein. War es auch nicht. Wer heute den DDR-Alltag als Argument dafür ins Feld führt, dass die kleinere deutsche Republik so schlimm nicht gewesen sein kann, wird das nur tun können, so lange die Kehrseite dieses Alltags nicht ausreichend untersucht ist. Arbeit für alle bedeutete, dass Kollegen der Belegschaft zur Not mit dem Herstellen von Betriebswandzeitungen befasst wurden, wenn sich keine produktive Beschäftigung fand. Das Resultat war eine ineffektive Wirtschaft, die eine Mangelgesellschaft erzeugte und bankrott war, als die Mauer fiel. In den Kinderkrippen wurden die Kinder darauf getrimmt, ihre körperlichen Bedürfnisse dem Plan anzupassen. Pullern, nicht, wenn man muss, sondern wenn die Zeit dafür gekommen ist. Ins Kino kam man für wenig Geld, aber die Filme, die man sehen durfte, wurden von einer staatlichen Kommission ausgewählt.

Thomas Schaufuß hat sich dankenswerterweise daran gemacht, den Mythos vom billigen Urlaub für alle zu enttarnen. Heraus kam eine höchst informative, fundierte, lesenswerte Studie über den Sozialurlaub von FDGBs Gnaden.

Schaufuß ist mit einer wissenschaftlichen Gründlichkeit vorgegangen, von der Freiherr zu Guttenberg und andere Kopiermeister bei künftigen Dissertationen jede Menge lernen könnten. Der Käufer kann sicher sein, dass er kein Buch erwirbt, das hauptsächlich aus Passagen besteht, die anderswo auch nachzulesen sind. Jedem Leser wird es gehen wie mir: man erfährt jede Menge Neues und hat am Ende der Lektüre viel gelernt.

Zum Beispiel über die historische Entwicklung des Sozialtourismus, der von der DDR mit ihrem FDGB-Feriendienst perfektioniert wurde. Man erfährt, aus welchen Quellen sich die Idee des Sozialtourismus speist. Von den Anfängen in der Weimarer Republik, den Einflüssen des sowjetischen Kur- und Erholungswesens, aber vor allem über das unausgesprochene Vorbild, die Kraft-durch-Freude-Ferien im Dritten Reich. En passant korrigiert der Autor das Bild der DDR als ein Staat, der im Gegensatz zur BRD mit dem Dritten Reich vollkommen gebrochen hatte. Man muss nicht auf NVA-Uniformen, Massenaufmärsche, Staatssicherheit und wehende Fahnen verweisen.

Mit dem FDGB-Feriendienst wurde ein Konzept der Nazis bis ins Detail übernommen und perfektioniert. Die Kraft-durch-Freude-Schiffe der DDR hießen „Völkerfreundschaft", „Fritz Heckert" und „Aurora" und liefen zu Beginn sogar Häfen im westlichen Ausland an, damit die sozialistischen Kreuzfahrer die Überlegenheit ihres Gesellschaftssystems in kapitalistischen Häfen demonstrieren konnten. Darauf musste bald verzichtet werden, weil sich bei diesen Landgängen die Besatzung der Traumschiffe regelmäßig verringerte.

Wer einen Ferienplatz bekam, erhielt ihn preiswert, aber nicht umsonst. Am ersten Urlaubstag musste man sich politische Reden anhören, bevor touristische Informationen gegeben wurden. Natürlich war die Stasi immer dabei. Auch in der schönsten Zeit des Jahres gab es Informationen abzuschöpfen. In entspannter Atmosphäre an der Hotelbar konnten die Genossen vom „Schild und Schwert der Partei" Dinge erfahren, die ihnen sonst kaum zu Gehör gebracht worden wären.

Die Ferienanlagen dienten aber auch dazu, den Frust der Werktätigen über die Versorgungslage ihres Landes abzubauen. Ich kann aus eigener Erfahrung bestätigen, dass die Buffets stets gut gefüllt waren, vor allem mit Obst und Südfrüchten, die im volkseigenen Handel eher selten zu haben waren. Man konnte die tägliche Einkaufsjagd mal für zwei Wochen vergessen und sich wie in Klein-Schlaraffenland fühlen.

Schaufuß untersucht auch, warum die DDR-Bürger, trotz aller Schwierigkeiten, reisefreudig wie ihre westdeutschen Verwandten waren. Natürlich im eingeschränkten Maße.

Wer keinen FDGB-Ferienscheck bekam, weil er nicht zum bevorzugten Kreis gehörte, oder, als Akademiker, allenfalls in der Nebensaison berücksichtigt wurde, wer keine der staatlichen Reisebüro-Reisen erwerben konnte, machte sich in eigener Regie auf den Weg.

Die Machthaber sahen diesen Individualtourismus nicht gern, weil es an Kontrollmöglichkeiten fehlte. Weil die staatlichen Kapazitäten aber nicht ausreichten, private Anbieter auf dem Ferienmarkt selten waren, musste der Camping-Tourismus ausgebaut werden.

Auf dem FKK-Campingplatz an der Ostsee demonstrierte der DDR-Bürger seine Unabhängigkeit. Hier musste selbst die Stasi die Hosen fallen lassen, wenn sie dabei sein wollte. Als die Anmeldezeit für die Campingplätze immer länger wurde, erfanden besonders Gewitzte das Zelt auf dem Trabbi-Dach. Damit war die vollkommene Mobilität erreicht. Und wenn die DDR nicht untergegangen wäre, gäbe es sie noch heute ...

Wer jetzt Lust hat, mehr über Urlaub im Drei-Buchstaben-Land zu erfahren, muss das Buch lesen.

Vera Lengsfeld
Bürgerrechtlerin der DDR
Mitglied des Bundestages 1990–2005

Geleitwort

Der Drang in die Ferne verband die Deutschen in Ost und West auch in Zeiten der Teilung. In beiden Staaten war für viele der Urlaub der Höhepunkt des Jahres. Da aber die Reisemöglichkeiten in der DDR aufgrund der geringen Einkommen, der unterentwickelten Infrastruktur und der Reiseverbote in westliche Länder beschränkt waren, begann die SED schon frühzeitig mit der Entwicklung eines „Sozialtourismus", der eine touristische Grundversorgung garantieren sollte.

Hauptanbieter dabei war neben den betriebseigenen Ferienheimen der FDGB-Feriendienst, dessen politische Rolle in der DDR der Autor in der vorliegenden Studie untersucht.

„Heimliches Vorbild" des FDGB-Feriendienstes war die NS-Organisation „Kraft durch Freude", wie Schaufuß in seinem historischen Überblick aufzeigen kann. Insbesondere in den Sommermonaten waren die hochsubventionierten Urlaubsplätze heißbegehrt; die Nachfrage überstieg das Angebot bei weitem.

Der Verfasser war selbst mehrere Jahre gastronomischer Direktor eines FDGB-Ferienheims in Oberwiesenthal im Erzgebirge, bis er genug von der dort praktizierten Einmischung durch fachfremde Funktionäre hatte und zunächst Geschäftsführer eines Restaurants der Konsum-Genossenschaften wurde, bevor er in die Bundesrepublik ausreiste. Heute ist er Gastrounternehmer und bezeichnet sich als „politisch interessierten Zeitzeugen".

Wo der Autor persönliche Erfahrungen und Detailkenntnisse mit aufwändigen Archivrecherchen verbindet, wird seine Darstellung besonders interessant. Schaufuß macht deutlich, wie massiv nicht nur „sein" Oberwiesenthaler Haus, sondern die gesamte Urlaubsbranche von MfS-Mitarbeitern überwacht wurde.

Auch im Urlaub war die DDR alles andere als eine heile Welt. Die führende Partei versuchte, über Gewerkschaftsfunktionäre die Urlauber politisch zu indoktrinieren, und die inoffiziellen Mitarbeiter in der Belegschaft oder unter den Urlaubern hielten Ausschau nach „staatsfeindlichen Elementen". Die soziale Differenzierung im SED-Staat zeigte sich nicht zuletzt darin, dass höhere Funktionäre in der Zimmervergabe, im Restaurantessen u. a. privilegiert behandelt wurden. Einige waren eben „gleicher" als andere.

Die beispielhafte Darstellung der widersprüchlichen DDR-Urlaubswelt, geschrieben von einem Zeitzeugen und Zeithistoriker in Personalunion, deckt sich in vielen Aspekten nicht mit den Erinnerungen ostdeutscher Urlauber. Insofern ist die Studie von Schaufuß ein wichtiger Beitrag gegen pauschale nostalgische Verklärungen des SED-Staates.

Prof. Dr. *Klaus Schroeder*
Wissenschaftlicher Leiter
Forschungsverbund SED-Staat
Freie Universität Berlin

Inhaltsverzeichnis

I.	**Einleitung**	1
	1. Problemstellung im System des DDR-Staates	3
	a) Der SED-Staat und sein Wirtschaftssystem	3
	b) Die Funktion der Gewerkschaften im SED-Staat	6
	c) Die Stellung des FDGB	8
	2. Methoden der Untersuchung	11
	3. Forschungsstand	16
	a) Literaturüberblick	16
	b) Quellenlage	20
II.	**Geschichtlicher Rückblick zur Ferien- und Reisegestaltung in Deutschland**	23
	1. Arbeiterreisen in der Weimarer Republik	23
	2. Urlaubsanspruch und Reisen von Arbeitnehmern 1933–1945	27
III.	**Geschichte des FDGB-Feriendienstes**	32
	1. Hintergründe	32
	2. Gründung des Feriendienstes	34
	3. Die Aktion Rose	37
	4. Die 1960er Jahre	38
	5. Die Honecker-Ära	43
	6. Aufgaben und Organisation	46
	7. Rivalitäten zwischen FDGB-Feriendienst und betriebseigener Ferienorganisation	48
	8. Propaganda und Sehnsucht als Lock- und Motivationsmittel der Arbeitswelt	53
	9. Die Wirtschaftspolitik als ökonomische Grundlage für die Entwicklung	57
	10. Heimliches Vorbild „KdF"	61
	a) Ideologische Grundlagen und Ziele des KdF	61
	b) Reisepraxis	65
	c) Unterschiede zwischen KdF und FDGB	66
	11. Propagiertes Vorbild: Sowjetunion	73
	12. Finanzierung	77
	a) Die Kostenentwicklung des Sozialtourismus	77
	b) Erste Maßnahmen zur Ausgabenbegrenzung	79
	c) Gemeinsames Engagement von VEB und FDGB	81

13. Richtlinien der SED und Gesetze zur Entwicklung des FDGB-Feriendienstes 84

IV. Politik, Freizeit und Urlaub in der DDR 89
1. Die Organisation der Verteilung und deren Kriterien 89
   a) Bedürfnisbefriedigung 89
   b) Kriterien der Verteilung 90
   c) Regionale und sektorale Aufteilung 93
   d) Systembedingte Ungerechtigkeiten 95
2. Reisen als Bildungs- und Kulturauftrag 99
   a) Kulturpolitik und Agitation in der Frühphase des Feriendienstes .. 101
   b) Kulturelle Urlauberbetreuung 103
   c) Sport im Urlaub 107
3. Freizeitverhalten der DDR-Bürger 110
   a) Ausgangs- und Forschungslage 110
   b) Positiver Freizeitbegriff 111
   c) Staatliche Einflussnahme 113
4. Urlaub und soziale Distinktion 115
   a) Touristische Integration verschiedener Bevölkerungsgruppen 116
   b) Reisen – Eine Frage des Einkommens? 118
   c) Reisen – Ein Ausdruck des Lebensstils 120
5. Reisemöglichkeiten 123
   a) Urlaub über den volkseigenen Betrieb 123
   b) FDGB-Reisen 126
   c) Reisebüro 127
   d) Institutionell nicht gebundener Tourismus 128
6. Auslandsreisen 131
   a) DDR-Bürger im Auslandsurlaub 131
   b) Begrenzte Reiseziele 133
   c) Gewerkschaftlich organisierte Auslandsreisen 135
   d) Auslandstouristen in der DDR 138
7. Urlauberschiffe 141
   a) Kreuzfahrten unter DDR-Bedingungen 141
   b) Kreuzfahrten und Feriendienst 145
   c) Kreuzfahrten: Kein Bestandteil des DDR-Sozialtourismus 148
   d) Außenpolitische Funktion 151
8. Kapazitäten 154
9. Politische Aufgaben der Einrichtungen des FDGB-Feriendienstes 157
10. Überwachung und Kooperation mit der SED und Staatssicherheit 159

V. Transformation des FDGB-Feriendienstes der Jahre 1979–1989 162
1. Anpassung an die Tourismuspolitik 162
   a) Unterbringung 163
   b) Gastronomie 165

		c) Sonstige Versorgung...	166
	2.	Geschwindigkeit des Wandels im politischen System „DDR"	168
		a) Erwartungshaltung	168
		b) Herausforderungen für Gewerkschaft und Politik................	169
		c) Urlaubsverhalten...	172
	3.	Wechselbeziehungen zwischen der DDR-Planwirtschaft und den Bedürfnissen der Urlauber	173
VI.	**Das Fallbeispiel des FDGB-Ferienheimes „Am Fichtelberg"**		177
	1.	Der Feriendienst im Bezirk Karl-Marx-Stadt......................	177
	2.	Allgemeine Aufgaben	178
	3.	Die architektonische Gestaltung	182
	4.	Die künstlerische Gestaltung der Ferienanlage	183
		a) Kunst, Gewerkschaft und Arbeiterideal	183
		b) Die Gestaltung als Gegenentwurf.............................	188
	5.	Personalpolitik im Hotel	190
		a) Vorbildcharakter	190
		b) Die Führungsebene...	193
		c) Rekrutierungsprobleme.......................................	195
	6.	Kulturpolitik im Hotel – Freizeitgestaltung und Unterhaltung	196
		a) Sport...	197
		b) Kulturprogramm..	198
		c) Medien	198
		d) Jubiläen und Festtage	199
	7.	Reisen als Kollektiverlebnis.....................................	201
	8.	Zusammenarbeit mit der Staatssicherheit	204
	9.	Politisch beeinflusste Esskultur..................................	208
		a) Die Gestaltung des Speisesaals...............................	208
		b) Menü und Speiseangebot	209
	10.	NSW-Tourismus und Delegationen	211
	11.	Zweiklassengesellschaft...	213
VII.	**Die Auflösung des FDGB-Feriendienstes nach der Wende**		218
	1.	Auflösungserscheinungen	218
	2.	Die Abwicklung	220
VIII.	**Schlussbetrachtung**		222
Nachwort			226
Anhang			229
Bibliographie			453

Tabellenverzeichnis

Tabelle 1:	Entwicklung des FDGB-Feriendienstes bis 1962	36
Tabelle 2:	Quantitative Entwicklung des gewerkschaftlichen Sozialtourismus in der DDR	40
Tabelle 3:	Vergleich KdF und FDGB-Feriendienst	67
Tabelle 4:	Bauträger des Ferienobjektes Schöneck	83
Tabelle 5:	Verteilung der Erholungsaufenthalte	90
Tabelle 6:	Verteilung bei der Versorgung von FDGB-Ferienplätzen	97
Tabelle 7:	Entwicklung Internationaler Urlauberaustausch und Gewerkschaftstourismus	137
Tabelle 8:	Gliederung der Reisen nach Qualität (Kategoriegruppen)	164
Tabelle 9:	Kapazitäten FDGB-Erholungsheim Oberwiesenthal	181
Tabelle 10:	Zentrales Sonderkontingent an Erholungsaufenthalten des FDGB für das Jahr 1982 (Inland)	215

Abbildungsverzeichnis

Abbildung 1: Schiff „Völkerfreundschaft". 143

Abbildung 2: FDGB-Erholungsheim „Am Fichtelberg". 177

Abbildung 3: Zeitungsartikel der Freien Presse vom 20. Dezember 1975 zur Eröffnung des FDGB-Erholungsheimes „Am Fichtelberg" 185

Abbildung 4: Ostseebad Heringsdorf, FDGB-Erholungsheime „Guiseppe di Vittorio" und „Einheit". 262

Abbildung 5: Ostseebad Ahlbeck, FDGB-Erholungsheim „Bernhard Göring" . . 263

Abbildung 6: Strandburg an der Ostsee 263

Abbildung 7: Kurort Oberwiesenthal im Erzgebirge, FDGB-Erholungsheim „Eschenhof". 264

Abbildung 8: Holzhau, FDGB-Erholungsheim „Fortschritt" 265

Abbildung 9: Menükarte auf den Urlauberschiffen (Mai 1963) 276

Abbildung 10: Menükarte auf den Urlauberschiffen (Mai 1963) 277

Abbildung 11: Menükarte auf den Urlauberschiffen (Mai 1963) 278

Abbildung 12: Innenarchitektonische Gestaltung (1975) des Restaurants „Knappenstube" im FDGB-Erholungsheim „Am Fichtelberg" . . 326

Abbildung 13: Innenarchitektonische Gestaltung (1975) des Restaurants „Steigerzimmer" (Teilbereich der Knappenstube) im FDGB-Erholungsheim „Am Fichtelberg". 327

Abbildung 14: Innenarchitektonische Gestaltung (1975) des Urlauberspeisesaals im FDGB-Erholungsheim „Am Fichtelberg". 328

Abbildung 15: Innenarchitektonische Gestaltung (1975) der Hallenbar im FDGB-Erholungsheim „Am Fichtelberg". 329

Abbildung 16: Innenarchitektonische Gestaltung (1976/77) des Jagdzimmers im Obergeschoss des FDGB-Erholungsheims „Am Fichtelberg" 330

Abbildung 17: Kellner beim Servieren im Jagdzimmer (Obergeschoss des FDGB-Erholungsheims „Am Fichtelberg") 331

Abbildung 18: Kurort Oberwiesenthal – Skihütte in der Martin Mutschmann Schanze (1942) 332

Abbildung 19: Oberwiesenthal – Rotes Vorwerk, Erholungsheim Amtshauptmannschaft Chemnitz (1936). 332

XVIII Abbildungsverzeichnis

Abbildung 20: Freie Presse Karl-Marx-Stadt, Seite 1 (1978)................. 333

Abbildung 21: Urlaubsgrüße aus Oberwiesenthal (1976) 333

Abbildung 22: Künstlerische Gestaltung in der Empfangshalle (1975) im FDGB-Ferienheim „Am Fichtelberg"......................... 334

Abbildung 23: Ideologisch-bezogene Kunst im Dritten Reich (1932).......... 335

Abbildung 24: Grafische Gestaltung der Speisekarte anlässlich der Eröffnung des FDGB-Erholungsheims „Am Fichtelberg" (1975).......... 336

Abbildung 25: Festmenü anlässlich der Eröffnung des FDGB-Erholungsheims „Am Fichtelberg" (1975)..................................... 337

Abbildung 26: Grafische Gestaltung der Speisekarte (1977) im FDGB-Erholungsheim „Am Fichtelberg" anlässlich der 450-Jahr-Feier Oberwiesenthal... 340

Abbildung 27: Einlageblätter zur Speisekarte 1977 341

Abbildung 28: Einlageblätter zur Speisekarte 1977 342

Abbildung 29: Einlageblätter zur Speisekarte 1977 343

Abbildung 30: Einlageblätter zur Speisekarte 1977 344

Abbildung 31: Propagandistische, grafische Gestaltung der Speisekarte (1977) im FDGB-Erholungsheim „Am Fichtelberg" anlässlich des jährlichen Gründungstages der DDR (7. Oktober) 345

Abbildung 32: Grafische Gestaltung der Speisekarte (1978) im FDGB-Erholungsheim „Am Fichtelberg" 346

Abbildung 33: Fondue-Essen in der Knappenstube 347

Abbildung 34: Abend mit Feuerzangenbowle in der Knappenstube............ 348

Abbildung 35: Speisekarte zur Veranstaltung „Hobby-Köche stellen sich vor" in der Knappenstube (1976)................................. 349

Abbildung 36: „Hobby-Köche stellen sich vor" in der Knappenstube.......... 350

Abbildung 37: Grundriss (Funktionsplan, 1975) der Zentralküche im FDGB-Ferienheim „Am Fichtelberg" 351

Abbildung 38: Foto MfS-Ferienheim „Dr. Richard Sorge" – Oberwiesenthal (1971), später „Bergblick", jetzt „Best-Western-Hotel"......... 417

Abbildung 39: Foto MfS-Ferienheim „Kurt Schädlich" heute Appartementhotel Jens Weißflog, Emil-Riedel-Straße 50, 09484 Oberwiesenthal 418

Abbildung 40: Erholungsheim „Frönspert" der DAF....................... 423

Abbildung 41: Erholungsheim „Sigmundsberg bei Mariazell/Steiermark" der DAF/KdF 424

Abbildung 42: Erholungsheim „Kipsdorf im Erzgebirge/Sachsen" der DAF/KdF 425

Abbildungsverzeichnis

Abbildung 43: Ferienheim „Holzhau" (1939) im Erzgebirge der DAF/KdF.... 426
Abbildung 44: Wanderheim „Borstein" (1941) der DAF/KdF 426
Abbildung 45: Erholungsheim „Helvetia" der DAF/KdF..................... 427
Abbildung 46: Fahrtenverzeichnis aus: „Mit KdF in den Urlaub"............. 428
Abbildung 47: Fahrtenverzeichnis aus: „Mit KdF in den Urlaub"............. 429
Abbildung 48: K.d.F-Urlauberschiff „Robert Ley" 430
Abbildung 49: Reisedokumente (Schiffskarte) 430
Abbildung 50: Reisedokumente 431
Abbildung 51: KdF-Schiffsreise mit Parteigenossen der NSDAP (1940)....... 432
Abbildung 52: Urlaubsgrüße von SED-Genossen (14.05.1960) 432
Abbildung 53: Grafische Gestaltung der Tageskarte an Bord................. 433
Abbildung 54: Strenge Kontrolle des Geldumtausches an Bord............... 434
Abbildung 55: Schiffstagebuch – veröffentlicht durch die Borddruckerei...... 435
Abbildung 56: Erholung, ideologische Beeinflussung und Propaganda 436
Abbildung 57: Tagesverpflegung an Bord 437
Abbildung 58: Tagesmenü für die Teilnehmer der Reise..................... 438

Nicht alle Foto-Urheber konnten ermittelt werden.
Berechtigte Honoraransprüche bleiben erhalten.

Abkürzungsverzeichnis

AB	Aufbettungen
ABI	Arbeiter- und Bauerninspektion
Abt.	Abteilung
AfNS	Amt für Nationale Sicherheit
AG	Arbeitsgemeinschaft, Arbeitsgebiet, Arbeitsgruppe
AG G	Arbeitsgruppe Geheimnisschutz (MfS)
AGL	Abteilungsgewerkschaftsleitung
AKG	Auswertungs- und Kontrollgruppe
AKG/K	Auswertungs- und Kontrollgruppe/Bereich Koordinierung
ANS	vgl. AfNS
BAfNS	Bezirksamt für Nationale Sicherheit
BEE	Betriebliche Erholungseinrichtungen
BEH	Belegungseinheit
BGL	Betriebsgewerkschaftsleitung
BITS	Internationales Büro für Sozialtourismus
BKG	Bezirkskoordinierungsgruppe (MfS)
BKV	Betriebskollektivvertrag
BL	Bezirksleitung (FDJ, SED)
BMK	Bau- und Montagekombinat
BStU	Bundesbeauftragte für die Unterlagen des Staatssicherheitsdienstes der ehemaligen Deutschen Demokratischen Republik
BV	Bundesvorstand (des FDGB); Bezirksvorstand (des FDGB); Bezirksverwaltung (des MfS)
BV-VMSt.	Bezirksvermittlungsstellen
BZVB	Bezirksverband
CDU	Christlich-Demokratische Union Deutschlands
CFS	chiffriertes Fernschreiben
CSSR	Tschechoslowakische Sozialistische Republik
DAF	Deutsche Arbeitsfront
DB	Durchführungsbestimmung
DBD	Demokratische Bauernpartei Deutschlands
DDR	Deutsche Demokratische Republik
DE	Diensteinheit
DER	Deutsches Reisebüro ab 1957, ab 1964 in VEB Reisebüro der DDR umbenannt
Ders.	Derselbe

Abkürzungsverzeichnis   XXI

DFB	Demokratischer Frauenbund Deutschlands
DGB	Deutscher Gewerkschaftsbund
DM	Deutsche Mark
DSF	Gesellschaft für Deutsch-Sowjetische Freundschaft
DSR	Deutsche Seereederei
DTSB	Deutscher Turn- und Sportbund
DVP	Deutsche Volkspartei (1918–1933), Deutsche Volkspolizei der DDR
EA	Erholungsangebot
EAB	Elektroanlagenbau
EH	Erholungsheim
EKG	Elektrokardiogramm
EO	Erholungsobjekt
f. d. R. d. A.	für die Richtigkeit der Abschrift (im Original übernommen aus den DDR-Dokumenten)
FDGB	Freier Deutscher Gewerkschaftsbund
FDJ	Freie Deutsche Jugend
FEDI	Feriendienst-Gesellschaft
FH	Ferienheim
FS	Führungsstelle
GB	Gemeindebibliothek
GBl	Gesetzblatt
Gen.	Genosse
GHG	Großhandelsgesellschaft
GI	Gesellschaftlicher Informant
GM	Geheimer Mitarbeiter
GmbH	Gesellschaft mit beschränkter Haftung
GMS	Gesellschaftlicher Mitarbeiter für Sicherheit (MfS)
GO	Grundorganisation
GST	Gesellschaft für Sport und Technik
GVP	Großhandelsverkaufspreis
HA	Hauptabteilung (MfS)
HA I	Hauptabteilung I (MfS): Abwehrarbeit NVA/Grenztruppen
HA II	Hauptabteilung II (MfS): innere und äußere Spionageabwehr
Hg.	Herausgeber
HO	Handelsorganisation
Hptm.	Hauptmann
IFA	Industrieverband Fahrzeugbau
IG	Industriegewerkschaft
IG/Gew.	Industriegewerkschaften und Gewerkschaften
IM	Inoffizieller Mitarbeiter

IMB	Inoffizieller Mitarbeiter der Abwehr mit Feindverbindung bzw. zur unmittelbaren Bearbeitung im Verdacht der Feindtätigkeit stehender Personen
IME	Inoffizieller Mitarbeiter im besonderen Einsatz
IMK	Inoffizieller Mitarbeiter zur Sicherung der Konspiration und des Verbindungswesens
IMS	Inoffizieller Mitarbeiter zur Sicherung
ITU	Institut für Technische Untersuchungen
ITVK	Ingenieur-, Tief- und Verkehrsbaukombinat
IWK	Internationale wissenschaftliche Korrespondenz
KD	Kreisdienststelle (MfS)
KdF	Kraft durch Freude
KdT	Kammer der Technik
KfL	Kreisbetrieb für Landtechnik
KFZ	Kraftfahrzeug
KG	Kampfgruppen der Arbeiterklasse
KJS	Kinder- und Jugendsportschulen
KL	Kreisleitung
KMSt.	Karl-Marx-Stadt
Koll.	Kollege
Kolln.	Kollegin
KPD	Kommunistische Partei Deutschlands
KuSch	Kader und Schulung
KV	Kreisvorstand (des FDGB); Kreisverband; Kreisverwaltung
KV-VMSt.	Kreisvermittlungsstellen
KW	Konspirative Wohnung
KWU	Kommunales Wirtschaftsunternehmen, 1948–1951
LDPD	Liberal-Demokratische Partei Deutschlands
LKW	Lastkraftwagen
LPG	Landwirtschaftliche Produktionsgenossenschaft
Ltn.	Leutnant
Ltr.	Leiter
M	Mark
M	Abteilung M (MfS) – Überwachung von Brief- und Paketverkehr
MA	Mitarbeiter (MfS) – hauptamtlich
mat.	materiell
MdI	Ministerium des Innern
MDN	Mark der Deutschen Notenbank
MfS	Ministerium für Staatssicherheit
MZO	Mehrzweckobjekt
NDPD	National-Demokratische Partei Deutschlands
NÖS	Neues Ökonomisches System

Nr.	Nummer	
NS	Nationalsozialismus	
NSDAP	Nationalsozialistische Deutsche Arbeiterpartei	
NSG	Nationalsozialistische Gemeinschaft	
NSW	Nicht Sozialistisches Wirtschaftsgebiet	
NVA	Nationale Volksarmee	
NVO	Neuererverordnung	
ÖGB	Österreichischer Gewerkschaftsbund	
OGL	Ortsgewerkschaftsleitung	
OT	operative Technik	
OZ	Ostseezeitung	
PCK	Petrolchemisches Kombinat	
Pg.	Parteigenosse, ein Mitglied der NSDAP	
PGH	Produktionsgenossenschaft des Handwerks	
PKE	Passkontrolleinheit (MfS)	
POS	Polytechnische Oberschule	
PU	Privatunterkunft	
PVC	Polyvinylchlorid	
RAW	Reichsbahnausbesserungswerk	
RD	Rückwärtige Dienste	
Reg.	Register	
RM	Reichsmark	
SAPMO	Stiftung Archiv der Parteien und Massenorganisationen der DDR im Bundesarchiv	
SBK	Spezialbaukombinat	
SBZ	Sowjetische Besatzungszone	
SC	Sportclub	
SED	Sozialistische Einheitspartei Deutschlands	
SKK	Staatliche Kontrollkommission	
sm	Seemeilen	
SMAD	Sowjetische Militäradministration in Deutschland	
SR AWK	selbstständiges Referat Abwehrarbeit im Wehrkommando	
SR BCD	selbstständiges Referat Bewaffnung und Chemischer Dienst	
SR PS	selbstständiges Referat Personenschutz	
SS	Schutzstaffel	
Stasi	Ministerium für Staatssicherheit	
StGB	Strafgesetzbuch – der DDR (1968–1989)	
SV	Sozialversicherung	
SVA	Sozialversicherungsanstalt	
SWB	Stahl- und Walzwerk Brandenburg	
Te-Be-Le	Textil-Bekleidung-Leder	
TKO	Technische Kontrollorganisation	

UdSSR/UDSSR	Union der Sozialistischen Sowjetrepubliken
UNO	United Nations Organization (Vereinte Nationen)
USA	United States of America
VAB	Versicherungsanstalt Berlin
VbE/VBE	Vollbeschäftigteneinheit
VdgB	Vereinigung der gegenseitigen Bauernhilfe
VE	volkseigen
VEB	Volkseigener Betrieb
VH	Vertragshaus (FDGB-Feriendienst)
VMSt.	Vermittlungsstellen
VP	(Deutsche) Volkspolizei
VRD	Verwaltung Rückwärtige Dienste
VS	Volkssolidarität
VVN	Vereinigung der Verfolgten des Naziregimes
WPO	Wohngebietsparteiorganisation (SED)
WR	Wachregiment
WSE	Wach- und Sicherungseinheit (MfS)
WtB	Waren des täglichen Bedarfs
ZBGL	Zentrale Betriebsgewerkschaftsleitung
ZE	zentrale Einweisung
ZeS	Zentrum für Sozialpolitik (Universität Bremen)
ZK	Zentralkomitee
ZPL	Zentrale Parteileitung
ZRK	Zentrale Revisionskommission
ZV	Zentralverwaltung

Das Abkürzungsverzeichnis bezieht sich generell auf den Sprachgebrauch der DDR.

I. Einleitung

Eine der Hauptforderungen der Demonstranten im Revolutionsherbst 1989 bestand in der Erkämpfung der Reisefreiheit. Fernweh und Reisesehnsucht waren damit wesentliche Triebfedern des Dissenses zwischen DDR-Bevölkerung und Regierenden. „Visafrei bis Hawaii" lautete die etwas flapsig formulierte Parole der reisehungrigen DDR-Bürger. Hier verbanden sich politische und konsumistische Ideale: Das Menschenrecht auf Bewegungsfreiheit und der Konsumanspruch auf Reisen, der sich an westlichen Vorbildern orientierte. Die meisten befragten DDR-Bürger, die 1989 an den Montagsdemonstrationen teilnahmen oder in die Bundesrepublik flüchteten, gaben als wesentlichen Grund für ihr Handeln die Forderung nach Reisefreiheit an. Damit kommt zum Ausdruck, welch hohen Stellenwert touristische Bedürfnisse im Wertesystem der DDR-Bürger genossen.[1]

Zu Beginn der deutschen Zweistaatlichkeit hätte sich wohl niemand träumen lassen, welche Bedeutung der Tourismus einmal für die Akzeptanz eines Herrschaftssystems haben würde. Zwar hatte es auch unter DDR-Bedingungen einen ausgeprägten Fremdenverkehr gegeben, der einem Großteil der ostdeutschen Bevölkerung eine jährliche Urlaubsreise ermöglichte. Dieser orientierte sich jedoch eher an Parametern der Bedarfsdeckung als an der gewünschten Bedürfnisbefriedigung. ‚Sättigungsbeilage' und ‚Erholungsplatz' sind gute terminologische Umschreibungen dieser Situation.

Urlaub als Raum der Freizeit ist jedem politischen Zwangsregime zunächst potentiell unheimlich, denn was dort geschieht, lässt sich staatlich schlecht kontrollieren oder gar reglementieren. Eine Diktatur ist deshalb zwangsläufig versucht, auch diesen ‚Raum der Freizeit' einer gewissen Kontrolle zu unterwerfen. Dieser Versuch hat allerdings eindeutige Grenzen, denn ansonsten würde dieser Freizeitbereich seiner system-stabilisierenden Ventilfunktion beraubt werden. Die Angebote des FDGB-Feriendienstes bewegten sich deshalb stets in diesem Spannungsbogen zwischen staatlicher Kontrolle und der Gewährung von Freiräumen. Man kann den DDR-Fremdenverkehr, trotz des staatlichen Engagements auf dem Gebiet des Sozialtourismus, deshalb nicht einseitig als vom Staat gesteuertes und kontrollier-

---

[1] Vgl. Bagger, Wolfgang: „Tourismus in der DDR vor und nach der Wende", in: Dieter Kramer und Ronald Lutz (Hg.): Reisen und Alltag. Beiträge zur kulturwissenschaftlichen Tourismusforschung, Frankfurt 1992, S. 173–202.

tes Instrumentarium betrachten. Die individuelle Urlaubsgestaltung hat stets im Vordergrund gestanden.

Die wissenschaftliche Untersuchung des durch den Gewerkschaftsbund der DDR organisierten Reiseverkehrs stellt ein wichtiges Kapitel der Sozialpolitik des Arbeiter- und Bauernstaates dar. Sozialpolitik zielte im SED-Staat, im Gegensatz zu westlichen Vorstellungen, nicht auf die Behebung sozialer Missstände und den Ausgleich individuell eingetretener Notsituationen ab, denn nach der marxistisch-leninistischen Ideologie war die sozialistische Gesellschaftsordnung die gerechteste und sozialste aller denkbaren Ordnungen.[2] Sozialpolitik wurde deshalb in der DDR vielmehr als Mittel zur Neugestaltung gesellschaftlicher Verhältnisse definiert, um letztendlich das erwünschte Ideal einer klassenlosen Gesellschaft zu erreichen. Die SED verknüpfte sozialpolitische Vorstellungen mit Konzepten zur grundsätzlichen Umgestaltung der Gesellschaft, indem sie einen engen Zusammenhang zwischen wirtschaftlichen und sozialen Prozessen herstellte.[3] Auf den modernen Tourismus bezogen bedeutete das die Gleichstellung der Unterschichten im sozialen Leben. Die soziale Emanzipation zielte auf eine flächendeckende Durchsetzung des Sozialtourismus.

Bis in die 1960er Jahre war der Begriff „Sozialpolitik" aus ideologischen Gründen nicht Teil des offiziellen Sprachgebrauchs in der DDR. Der Begriff wurde erst im Zuge der Wirtschaftsreformen aufgewertet, denn man hoffte, durch die verstärkte Mobilisierung individueller materieller Interessen der Arbeitnehmer die Leistungsfähigkeit der Wirtschaft steigern zu können.[4] Hierzu zählen zahlreiche Anreize und Urlaubsreisen spielten eine tragende Rolle. Der volkswirtschaftliche Hintergrund für diese Entwicklung ist der Übergang von der Bedarfsdeckung zur Bedürfnisbefriedigung, der ab den 1960er Jahren auch die DDR-Bevölkerung erfasste.[5]

Der Drang in die Ferne verband die Deutschen in Ost und West, und auch für DDR-Bürger gehörte der Jahresurlaub spätestens ab den 1970er Jahren zum erwarteten und selbstverständlichen Lebensstandard. Die Reisemög-

---

[2] Vgl. Schwarzer, Oskar: „Sozialistische Zentralplanwirtschaft in der SBZ/DDR. Ergebnisse eines ordnungspolitischen Experiments", Vierteljahresschrift für Sozial- und Wirtschaftsgeschichte 143, Stuttgart 1999, S. 54.

[3] Vgl. Frerich, J. und M. Frey: „Handbuch der Geschichte der Sozialpolitik in Deutschland", Band 2, München 1993, S. 12 ff.

[4] Sozialpolitik wurde in der DDR über viele Jahre nicht als eigener Bereich der Politik akzeptiert und die Theorie einer sozialistischen Sozialpolitik abgelehnt. Diese Position wurde in der Honecker-Ära vollständig aufgeben, plötzlich wurde die ‚Einheit von Wirtschafts- und Sozialpolitik' propagiert und zum Aushängeschild des DDR-Sozialismus gemacht.

[5] Vgl. Schmidt, Manfred G.: „Grundzüge der Sozialpolitik in der DDR", Bremen 1999, S. 6.

lichkeiten der DDR-Bevölkerung waren jedoch im Gegensatz zu denen der Brüder und Schwestern in der Bundesrepublik stark eingeschränkt. Dies war nicht nur Folge politischer Restriktionen, sondern auch Ergebnis der Einkommenssituation, die eine, prinzipiell mögliche, Reise in die östlichen Bruderländer meist ausschloss. Als Reaktion auf den erhobenen Anspruch auf Reisen und die begrenzten Möglichkeiten entwickelte sich in der DDR eine Art Sozialtourismus, der zumindest eine touristische Grundversorgung für große Teile der Arbeitnehmerschaft gewährleisten sollte.

Sozialtourismus ist vor allem durch einen hohen Subventionierungsgrad charakterisiert. Während der westliche Reisende in der Regel den tatsächlichen Marktpreis für eine Urlaubsreise zahlen musste, deckte der Preis einer FDGB-vermittelten Ferienreise nur einen Bruchteil der Kosten. Neben den volkswirtschaftlichen und finanziellen Aspekten unterscheidet aber vor allem die Vergabepraxis den marktwirtschaftlich organisierten Fremdenverkehr vom Sozialtourismus in der DDR. Dem Gang zum Reisebüro in der Bundesrepublik stand die Vergabepraxis auf Betriebs- und Gewerkschaftsebene im sozialistischen Teil Deutschlands gegenüber.

1. Problemstellung im System des DDR-Staates

a) Der SED-Staat und sein Wirtschaftssystem

Ausgangspunkt der wirtschaftlichen Entwicklung Europas nach dem Ende des Zweiten Weltkriegs war die Erinnerung an die großen Wirtschaftskrisen, an Verteilungskonflikte, ideologische Auseinandersetzungen, Kriege und Zerstörungen sowie Flucht und Vertreibung der Vergangenheit. In allen Teilen des Kontinents waren Ängste und Hoffnungen aus einer unruhigen Epoche gespeichert und die Erinnerung daran, dass bis zur Jahrhundertmitte die deutliche Bevölkerungsmehrheit in materiell beengten Verhältnissen lebte. Die nach 1945 einsetzende Entwicklung im Osten und Westen Deutschlands beruhte auf industriellen Strukturen sowie einer modernisierten und rationalisierten Landwirtschaft, die in jedem Fall, gemessen an vorangegangenen Epochen, zu einer ausgeprägten Wohlstandsgesellschaft führten. Dennoch bildeten sich seit der Gründung der Bundesrepublik Deutschland sowie der DDR zwei separate Volkswirtschaften auf deutschem Boden, deren Funktionsweisen sich erheblich voneinander unterschieden. Der Unterschied bestand in der Art der Vermittlung zwischen Herstellern, Gütern, Dienstleistungen und den Konsumenten. Während der Westen auf die Prinzipien eines freien Marktes, Vielfalt, Öffentlichkeit und Pluralismus setzte, standen die Begriffe Staatssteuerung, Kommandowirtschaft, Begrenztheit des Angebots oder Einheitsgeschmack stellvertretend für die Wirtschaftspolitik des Ostens.

Die planwirtschaftliche Ordnung war unverzichtbarer Bestandteil der politischen Ordnung aller Länder des sowjetischen Machtbereichs. Der Wirtschaftsprozess wurde von einer Führungsspitze entschieden und geplant, womit notwendigerweise eine von vornherein intendierte Zentralisierung der Willensbildung auf alle anderen Lebensbereiche einherging. Die Zentralisierung der wirtschaftlichen Planung führte zu einem totalen Staat, der durch eine umfassende und ausschließliche Willensbildung von oben nach unten charakterisiert ist.[6] Zentrale Planung ist zugleich das beste Mittel, ein solches politisches System zu begründen. Durch die bürokratische und zentrale Planung des gesamten Wirtschaftsgeschehens im Rahmen eines hierarchisch gegliederten Netzes staatlicher Organe wurde die oberste Instanz automatisch Subjekt aller Wirtschaftspläne, die Gesamtheit der Bevölkerung hingegen deren Objekt.[7]

Sowohl der Machtanspruch als auch das Maß an Machtkonzentration des Regimes griffen tief in die Strukturen der Volkswirtschaft ein, indem die Staatsführung versuchte, Angebot und Nachfrage planerisch zu erfassen und es den dafür geschaffenen Planungsstäben überließ, die Bedürfnisse der Menschen zu definieren. Organe der staatlichen Wirtschaftsleistung, beispielsweise die Staatliche Plankommission, die Ministerien, Planungskommissionen auf Bezirks-, Kreis und Kommunalebene sowie weitere Institutionen der materiellen und finanziellen Planung, hatten die Aufgabe, die von den politischen Spitzengremien für eine bestimmte Zeitperiode vorgegebenen Ziele in konkrete quantitative und qualitative Größen zu übersetzen und diese den ausführenden Bereichen vollzugsverbindlich mitzuteilen. Weiterhin bestand ihre Aufgabe in der regelmäßigen Kontrolle der Einhaltung der gemachten Vorgaben. Deshalb gab es zwischen Planungs- und Lenkungsorganen einen permanenten Informationsfluss hinsichtlich so genannter Kennziffern für die Produktion, den Energieverbrauch, die Produktivität und weiterer Parameter der Planerfüllung.[8]

Die Zentralverwaltungswirtschaft beschränkte sich aber nicht nur auf die Aufstellung von Plänen, sondern hatte auch ein vitales Interesse an deren Realisierung, von der letztlich das Überleben des Systems abhing. Deshalb

---

[6] Vgl. Friedrich, Wolfgang-Uwe: „Bürokratischer Totalitarismus – Zur Typologie des SED-Regimes", in: Ders. (Hg.): Die totalitäre Herrschaft der SED. Wirklichkeit und Nachwirkungen, München 1998, S. 1–23.

[7] Vgl. Haendcke-Hoppe-Arndt, Maria: „Bilanz der Ära Honecker: Die ökonomischen Hinterlassenschaften der SED", in: Peter Eisenmann und Gerhard Girscher (Hg.): Bilanz der zweiten deutschen Diktatur, München 1993, S. 55–72.

[8] Vgl. Buck, Hansjörg und Gernot Gutmann: „Die Zentralplanwirtschaft der DDR – Funktionsweise, Funktionsschwäche und Konkursbilanz", in: Eberhard Kurth u. a. (Hg.): Die wirtschaftliche und ökologische Situation der DDR in den 80er Jahren, Band 2, Opladen 1996, S. 7–51.

war es erforderlich, das Verhalten der Menschen umfassend zu kontrollieren, zu steuern und zu überwachen. Alle Formen konkurrierender politischer und wirtschaftlicher Willensbildung mussten so weit eingeschränkt werden, dass sie das System nicht destabilisierten. Der SED-Staat beschränkte sich in der Realisierung dieses Ziels nicht nur auf Mittel der Repression, sondern versuchte, die Werktätigen aktiv in die Plangestaltung einzubinden. Dies geschah beispielsweise mittels so genannter „Plandiskussionen" auf betrieblicher Ebene, die von Betriebs-, Partei- und Gewerkschaftsleitung gemeinsam inszeniert wurden und dazu dienen sollten, möglichst alle bis dahin verborgenen Leistungsreserven zu mobilisieren.[9] Zum Erreichen des Ziels der „Planerfüllung" dienten ferner materielle und immaterielle Anreize sowie Disqualifikationen. Im positiven Fall bedeutete dies beispielsweise eine Prämie oder Auszeichnung, im negativen Fall eine Prämienkürzung oder Maßregelung.

In der Praxis offenbarten sich die Schwächen des Systems einer Zentralverwaltungswirtschaft, denn die tatsächlichen Handlungsträger innerhalb der Wirtschaftsordnung versuchten permanent, sich den starren Planvorgaben zu entziehen. So existierten auf betrieblicher Ebene „weiche Pläne", mit deren Hilfe gegenüber den übergeordneten staatlichen Organen die tatsächliche Leistungsfähigkeit verschleiert wurde. Die Anforderungen auf Zuweisung von Rohstoffen oder Arbeitskräften wurden überhöht angegeben, um die Planauflagen zu erreichen oder übererfüllen zu können. Betriebliche Autarkiebestrebungen und das Unterhalten semilegaler Tauschbeziehungen flankierten diese Praxis. Diese „schwarzen" oder zumindest „grauen" Märkte konterkarierten den absoluten Machtanspruch der Partei- und Staatsführung, ließen sich aber auf der unteren und mittleren Ebene nicht auslöschen.

Für die mit der wirtschaftlichen Entwicklung moderner Industriegesellschaften eng verflochtene Sozialpolitik ergaben sich ebenfalls einige strukturelle Besonderheiten. Anstelle der freiheitlich-korporatistischen Interessensvermittlung zwischen Staat, Selbstverwaltungseinrichtungen und Interessensverbänden, wie dies in der Weimarer Republik oder der Bundesrepublik der Fall war, trat eine SED-gelenkte Interessensvermittlung, die zwischen Staats- und Parteiführung sowie den entsprechenden Gefolgsverbänden wie etwa dem Freien Deutschen Gewerkschaftsbund sowie den Betrieben stattfand. Willensbildung und Entscheidungsfindung waren deshalb in hohem Maße hierarchisch geordnet und von der SED-Führung dominiert, die in institutioneller Hinsicht bemerkenswert große Spielräume gewann. An der Hegemonie der SED in der Sozialpolitik änderten auch die seit dem

---

[9] Vgl. Gutmann, Gernot: „Ideologie und Wirtschaftsordnung", in: Wolfgang-Uwe Friedrich (Hg.): Die totalitäre Herrschaft der SED. Wirklichkeit und Nachwirkungen, München 1998, S. 81–97, hier S. 87.

Machtantritt Honeckers üblichen tripartistischen „Gemeinsamen Beschlüsse" des Zentralkomitees der SED, des Ministerrats sowie des Gewerkschaftsbundes nichts.

b) Die Funktion der Gewerkschaften im SED-Staat

Unmittelbar nach Kriegsende wurden in Deutschland wieder Gewerkschaften gegründet beziehungsweise zugelassen, nachdem diese im Mai 1933 von den Nationalsozialisten gleichgeschaltet worden waren. Die Initiative zu einer Neugründung ging in allen Besatzungszonen, auch in der sowjetischen, meist von sozialdemokratischen Funktionären aus.[10] Die politischen Verhältnisse hatten sich aber grundlegend verändert, sodass an ein nahtloses Anknüpfen an die Traditionen der Gewerkschaftsbewegung der Weimarer Republik nicht zu denken war. West- beziehungsweise Ostbindung war unter den Bedingungen alliierter Besetzung die Grundfrage für die Widergründung deutscher Gewerkschaften in den einzelnen Besatzungszonen.

In der sowjetisch besetzten Zone wollten die neuen Machthaber nicht zulassen, dass die alten Gewerkschaftsleute zurückkehrten, denn „die Gewerkschaftsführer haben am 2. Mai 1933 den Faschisten die Gewerkschaften übergeben [...] und sie haben keinen Anspruch aus alten Traditionen abzuleiten, denn ihre Politik hat die Gewerkschaften in die Hände des Faschismus gebracht. [...] sie haben vor den Faschisten kapituliert."[11] Daraus schlussfolgerte die aus Moskau zurückgekehrte neue Machtelite im Osten Deutschlands, dass die neuen Gewerkschaften geprägt sein müssen von der Kritik an ihren Vorläufern vor 1933. Der damit verbundenen Absage an personelle und inhaltliche Kontinuität folgte eine Neuausrichtung des Gewerkschaftswesens mit wesentlicher Orientierung auf sowjetische Vorbilder. Die französische Blockade eines gemeinsamen Gewerkschaftsgesetztes im Alliierten Kontrollrat Ende 1945 ermöglichte es der sowjetischen Besatzungsmacht, die Gründung eines eigenständigen, auf ihren Teil Deutschlands beschränkten, Freien Deutschen Gewerkschaftsbund zu forcieren und ihn nach sowjetischen Vorstellungen zu gestalten.[12]

---

[10] Vgl. Brunner, Detlef: „Sozialdemokraten im FDGB. Von der Gewerkschaft zur Massenorganisation", Essen 2000, S. 42 ff.

[11] Strategiepapier zur Wiedergründung der Gewerkschaften vom Moskauer Exilkommunisten Wilhelm Florin. Zitiert in: Laude, Horst und Manfred Wilke: „Pläne der Moskauer KPD-Führung für den Wiederaufbau der Gewerkschaften", in: Klaus Schroeder (Hg.): Geschichte und Transformation des SED-Staates. Beiträge und Analysen, Berlin 1994, S. 44.

[12] Vgl. Fichter, Michael: „Gewerkschaften", in: Wolfgang Benz (Hg.): Deutschland unter alliierter Besetzung 1945–1949/55, Berlin 1999, S. 129–134; Laude, Moskauer KPD-Führung, S. 27–51.

1. Problemstellung im System des DDR-Staates

Aus dem gewollten Traditionsbruch ergab sich eine institutionelle, inhaltliche und personelle Neuaufstellung der Gewerkschaften im Ostteil Deutschlands. Anstelle der in verschiedene Dachverbände aufgegliederten und organisatorisch sowie weltanschaulich getrennten Einzelgewerkschaften der 1920er Jahre entstand nun im östlichen Teil des besetzten Deutschlands eine geeinte Gewerkschaftsbewegung[13], die weder frei noch unabhängig agieren konnte. Sie wurde zum willenlosen Befehlsempfänger der ostdeutschen Hegemonialpartei, deren politischen Kurs sie vor Ort in den Betrieben umzusetzen hatte. Strukturell gelang es der Einheitsgewerkschaft 1948, die Betriebsräte in den Unternehmen zu beseitigen und durch zentral gesteuerte Betriebsgewerkschaftsleitungen zu ersetzen.

Der Freie[14] Deutsche Gewerkschaftsbund als Einheitsgewerkschaft nach sowjetischem Organisationsvorbild[15] stellte die bedeutendste Massenorganisation der DDR dar – charakterisiert durch Pflichtmitgliedschaft und Unterordnung unter die Vorgaben der Partei- und Staatsführung. Inhaltlich beschränkte der neue Gewerkschaftsbund sich nicht mehr auf das enge Feld der Lohn- und Tarifpolitik, sondern sollte den Übergang zur Planwirtschaft nach sowjetischem Muster aktiv mitgestalten. Hierzu gehörte beispielsweise die Durchsetzung einer Produktions- und Produktivitätssteigerung innerhalb der Arbeiterschaft – Aufgaben, die dem Gewerkschaftsbund nach dem 2. Parteitag der SED im September 1947 sowie als Folge eines SMAD-Befehls der sowjetischen Besatzungsmacht zugewiesen wurden.[16]

Über den Kontext der Volkswirtschaft hinaus betrachtete der Gewerkschaftsbund die aktive Mitgestaltung aller Lebensbereiche seiner Mitglieder als Aufgabe. Der FDGB war deshalb nicht nur im Betriebsalltag der Beschäftigten, sondern über seine sozialen und kulturellen Angebote auch in deren Freizeit ständig präsent. Die Gewerkschaftsfunktionäre waren in den Betrieben stets präsent und sollten vor Ort Sorge dafür tragen, dass den materiellen und sozialen Bedürfnissen der Beschäftigten Rechnung getragen wird.

---

[13] Vgl. Gill, Ullrich: „FDGB. Die DDR-Gewerkschaft von 1945 bis zu ihrer Auflösung 1990", Köln 1991, S. 23 ff.

[14] Die DDR verwendete oft den Begriff „Frei" (z. B. FDJ), obwohl „Unfrei" zutreffender gewesen wäre.

[15] Vgl. Gill, Ullrich: „Der Freie Deutsche Gewerkschaftsbund", Opladen 1989, S. 98 ff.

[16] Vgl. Werum, Stefan Paul: „Gewerkschaftlicher Niedergang im sozialistischen Aufbau. Der Freie Deutsche Gewerkschaftsbund 1945 bis 1953", Göttingen 2005.

c) Die Stellung des FDGB

Der FDGB entwickelte sich schnell zum wichtigsten Bestandteil des von der SED geführten Systems der Massenorganisationen, mit deren Hilfe die Partei versuchte, alle sozialen Gruppen und Schichten der Gesellschaft in die Gesellschaft einzubinden. Nicht umsonst ist die DDR als „Organisationsgesellschaft"[17] bezeichnet worden, eine Beschreibung, die auf den hohen Organisationsgrad der Bevölkerung in Parteien, Massen- und gesellschaftlichen Organisationen abhebt. Aus diesem Grund genügt es nicht, den zweiten ostdeutschen Staat als reinen Funktionärsstaat zu charakterisieren, denn unterhalb der „herrschenden Dienstklasse"[18] stand ein Heer ehrenamtlicher Funktionäre, die einen enormen Einbindungsprozess großer Bevölkerungsteile offenbaren. Da von den rund neun Millionen Arbeitnehmern in der DDR fast 97 Prozent gewerkschaftlich organisiert waren, sind die gewerkschaftlichen Strukturen ein wichtiges Element von Herrschaftsausübung gewesen.

„Zu dem allgemein auf Biegen und Brechen forcierten sozialen Wandel gehörten auch die veränderten Arbeitsbeziehungen, in deren Rahmen eine Staatsgewerkschaft statt als Arbeitervertretung als gehorsamer Agent der SED-Diktatur fungierte"[19], konstatierte Hans Ulrich Wehler in seiner Gesellschaftsgeschichte. Es gehörte deshalb in der Frühphase des Sozialismus auf deutschem Boden zu den Hauptaufgaben des Gewerkschaftsbundes, die Arbeiter- und Angestelltenschicht, aus Sicht der SED die wichtigste Bevölkerungsgruppe, für das Sozialismusprojekt zu gewinnen. Während westdeutsche Gewerkschaften am Aufbau einer ausschließlichen Interessensvertretung der Beschäftigten festhielten und auf parteipolitische Unabhängigkeit drangen, strebte der FDGB die Organisationsform die des Transmissionsriemens der SED an.[20]

Der FDGB agierte nicht als unabhängiger Interessenwahrer der Arbeitnehmer, sondern war vielfach ein Instrument der Politik, der eine wichtige Stellung im Institutionengefüge der DDR einnahm. So war es der Gewerkschaftsbund, der auf Anweisung der Staats- und Parteiführung für die Volkskammerwahlen 1950 die Aufstellung von Einheitslisten vorgeschlagen

---

[17] Vgl. Pollack, Detlef: „Das Ende einer Organisationsgesellschaft. Systemtheoretische Überlegungen zum gesellschaftlichen Umbruch in der DDR", in: Zeitschrift für Soziologie 4/1990, S. 292–307.

[18] Vgl. Solga, Heike: „Klassenlagen und soziale Ungleichheiten in der DDR", in: Aus Politik und Zeitgeschichte 46/96, S. 18–27.

[19] Wehler, Hans-Ullrich: „Deutsche Gesellschaftsgeschichte", Band 5, München 2008, S. 105.

[20] Zur Ideologievermittlungsfunktion vgl. Gill, Der Freie Deutsche Gewerkschaftsbund, S. 332–336.

hat und damit die Vorherrschaft der SED festigte.[21] Innerhalb dieses Wahlbündnisses der Nationalen Front erhielt der Gewerkschaftsbund eine eigene Fraktion in der Volkskammer, dem Parlament der DDR.[22] Der Feriendienst des FDGB hat in seiner Geschichte mehrfach versucht, diese Volkskammerabgeordneten für die Durchsetzung eigener Interessen zu mobilisieren. So forderten Feriendienstfunktionäre 1959 beispielsweise einen „stärkeren Einfluss auf die Bereitstellung von besseren Urlauberunterkünften."[23] Mit Beginn der Ära Honecker 1971 erfolgten mehrere Gemeinsame Beschlüsse der Staats- und Parteiführung sowie dem Gewerkschaftsbund, um neue sozialpolitische Maßnahmen zu flankieren und die institutionelle Bedeutung des FDGB zumindest offiziell aufzuwerten.

Da die Gewerkschaften der DDR in einer Gesellschaft des Volkseigentums die Interessen der Arbeitnehmer gegenüber den Unternehmen nur sehr eingeschränkt durchsetzen konnten, unterschied sich ihre Position von derjenigen in marktwirtschaftlich orientierten Ländern. Sie hatte die Politik der staatstragenden Partei auch gegenüber den parteilosen Mitgliedern zu popularisieren und setzte diese durch hauptamtliche Funktionäre in den Betriebsgewerkschaftsleitungen durch. Bereits auf dem 2. FDGB-Kongress im Jahr 1947 wurde als Aufgabe deutlich formuliert, dass Masseninitiativen zu entwickeln waren, die dem Ziel der Erhöhung der Arbeitsproduktivität und Produktionserweiterung dienen sollten.[24] Letztendlich wurde der Verantwortungsbereich der Gewerkschaften von der Propagierung des sozialistischen Wirtschaftsmodells auf die Mitverantwortung für die Planerfüllung und Rentabilität der Betriebe und die Planerfüllung ausgedehnt.[25]

Um ihre Aufgaben wahrnehmen zu können, mussten die Gewerkschaften auf Betriebsebene stark präsent sein. Diesem Ziel dienten die Betriebsgewerkschaftsleitungen, die zusammen mit den Betriebsparteiorganisationen der SED die unabhängigen Betriebsräte verdrängten. Die überwiegende Mehrheit der hauptamtlichen Gewerkschaftsfunktionäre waren demnach loyale Parteigänger des SED-Staates und stellten den Partei- und Klassenauftrag in der Regel über die Interessen der Arbeitnehmer, denn die Monopolstellung von Staat und Partei erlaubte kein partizipatives Bestreben von gesellschaftlichen Teilbereichen, schon gar nicht das von abhängig Beschäftigten. In dieser Entwicklung folgte der FDGB dem zentralistischen Staat

---

[21] Vgl. Richtlinien des FDGB für die Vorbereitung und Durchführung der politischen Wahlen am 15. Oktober 1950, Bestandssignatur DY34, Archiv-Nr. 24055, Bundesarchiv Berlin.

[22] Vgl. Werum, Gewerkschaftlicher Niedergang, S. 257 ff.

[23] Vgl. Bericht über den bisherigen Verlauf der Reisezeit 1959, Bestandssignatur DY34, Archiv-Nr. 26086, Bundesarchiv Berlin, Anlage 1, S. 8.

[24] Vgl. Bouvier, Sozialstaat, S. 60.

[25] Vgl. Werum, Gewerkschaftlicher Niedergang, S. 222.

mit der Konsequenz, dass seine Funktionäre zu mehr oder wenig energischen Vollstreckern der Politik und Ideologie der Zentrale wurden. Das damit verbundene Akzeptanz- und Glaubwürdigkeitsproblem seitens der Arbeitnehmerschaft konnte zu keinem Zeitpunkt der DDR-Geschichte überwunden werden, denn diese haben im Freien Deutschen Gewerkschaftsbund in erster Linie keine Interessensvertretung der abhängig Beschäftigten, sondern stets den verlängerten Arm der SED-Funktionäre gesehen.[26] Ergänzt wurden die Hauptamtlichen von den Vertrauensleuten des FDGB, die als gewählte ehrenamtliche Gruppen von jeweils rund zwanzig Mitarbeitern vorstanden und hohen politischen und propagandistischen Stellenwert in der Organisation hatten.[27]

Mit der Bitterfelder Konferenz im November 1948 war der FDGB endgültig zu einer kommunistischen Massenorganisation geworden,[28] die im Jahr 1950 rund eine halbe Millionen meist nebenamtlich tätiger Funktionäre zählte.[29] Die Massenorganisationen in der DDR, zu denen der Freie Deutsche Gewerkschaftsbund gehörte, sollten als gesellschaftliche Organisation die Bevölkerung möglichst umfassend politisch organisieren und ideologisch beeinflussen. Die Mitglieder der Gewerkschaften sollten zur bewussten und aktiven Mitarbeit an der Erfüllung staatlicher und gesellschaftlicher Aufgaben angehalten werden. Darüber hinaus sollten sie die Interessen einzelner Bevölkerungsgruppen systemimmanent kanalisieren, Widersprüche abfedern sowie bei der Organisation von Kultur und Freizeit mitwirken. Insoweit wirkten die Massenorganisationen in der DDR als ein Transmissionsriemen der Politik der Regierenden, als ein Instrumentarium zur Kontrolle und Steuerung des Bevölkerungsverhaltens.[30]

Als mitgliederstärkste Massenorganisation der DDR spielte der FDGB, mit insgesamt fast zehn Millionen Mitgliedern oder rund 97 Prozent aller Werktätigen, eine herausragende Rolle bei der Erfüllung der genannten Aufgaben. Über den Gewerkschaftsbund erreichte die SED große Teile der arbeitsfähigen Bevölkerung, welche die Säule des Arbeiter- und Bauernstaates darstellte. Artikel 1 der DDR-Verfassung wies der Arbeiterklasse die füh-

---

[26] Vgl. Brunner, Detlef: „Der Wandel des FDGB zur kommunistischen Massenorganisation", Essen 1996, Einleitung.
[27] Vgl. Hürtgen, Renate: „Zwischen Disziplinierung und Partizipation. Vertrauensleute des FDGB im DDR-Betrieb", Köln, Weimar und Wien 2005.
[28] Vgl. Brunner, Der Wandel des FDGB, S. 26.
[29] Vgl. Übersicht über die gewählten Funktionäre des FDGB, der Industriegewerkschaften und Gewerkschaften, 21.12.1950, Bestandssignatur DY34, Archiv-Nr. 2294, Bundesarchiv Berlin.
[30] Vgl. Schwarzer, Doris: „Arbeitsbeziehungen im Umbruch gesellschaftlicher Strukturen. Bundesrepublik Deutschland, DDR und Neue Länder im Vergleich", Stuttgart 1996, S. 255 ff.

rende Rolle zu. Damit war für die DDR, wie für alle Länder des Ostblocks, das systemgerechte Funktionieren der Gewerkschaften von höchster Bedeutung. Allerdings erfüllte der FDGB vor allem in den ersten Jahren die von der SED gestellte Aufgabe, die Arbeiter zu „neuen Menschen" zu erziehen, nur ungenügend. Das Haupthindernis zum Erreichen dieses Ziels stellte vor allem die personellen Grenzen der frühen DDR-Diktatur dar, denn der Großteil der Gewerkschaftsfunktionäre erschien der Staats- und Parteiführung als unsichere, wenn auch noch erziehbare Kantonisten.[31]

Um zum Ausgangspunkt zurückzukehren: Ein hoher Organisations- und ein geringer Mobilisierungsgrad sind charakteristisch für Massenorganisationen innerhalb der Gesellschaft des real existierenden Sozialismus, denn aus revolutionären Kader wurden Kader- und Massenorganisationen.[32] Viele Arbeitnehmer in der DDR waren der Gewerkschaft nicht aus dem Gefühl der Verpflichtung gegenüber dem SED-Staat beigetreten, sondern hatten ganz andere Motivationen. Hierzu zählen vor allem Freizeitangebote, Feste, kulturelle Veranstaltungen oder Reisen, die im Kontext vorliegender Arbeit von besonderem Interesse sind. Die geringe Macht des FDGB führte dazu, dass er und mit ihm seine Funktionäre in der realpolitischen Bedeutungslosigkeit versanken beziehungsweise auf wenige Teilbereiche beschränkt blieben. Die Organisation der Jahresfreizeit stand dabei im Mittelpunkt. In der DDR wurde der FDGB von vielen Arbeitnehmern deshalb vor allem in der reduzierten Form des Urlaubsanbieters wahrgenommen.[33] Das Urlaubsangebot diente in diesem Sinne auch als Druckmittel, um Austrittswillige zum Bleiben in einer im Kontext ihrer Kernaufgaben irrelevant gewordenen Gewerkschaft zu veranlassen: „Bis 1989 war dies stets das Hauptargument für die FDGB-Mitgliedschaft."[34]

2. Methoden der Untersuchung

Unterschiedliche methodische Zugänge und Blickwinkel der DDR-Forschung führen zu kontroversen Einschätzungen. Hintergrundfolie der seit 20 Jahren geführten Debatte ist die Frage, ob die DDR-Geschichte vornehm-

---

[31] Vgl. Simsch, Sebastian: „„...was zeigt, dass sie ideologisch zurückgeblieben sind'. Personelle Grenzen der frühen DDR-Diktatur am Beispiel der FDGB-Funktionäre in und um Dresden", in: Peter Hübner (Hg.): Eliten im Sozialismus. Beiträge zur Sozialgeschichte der DDR, Köln, Weimar, Wien 1999, S. 241–254.

[32] Vgl. Friedrich, Bürokratischer Totalitarismus, S. 5.

[33] Vgl. Irmscher, Gerlinde: „‚Arbeitsfrei mit Küsschen drauf'. Zeit und Leben in den Sechzigern", in: Wunderwirtschaft. DDR-Konsumkultur in den 60er Jahren, Köln u. a. 1996, S. 37–47, hier S. 38.

[34] Gill, Die DDR-Gewerkschaft, S. 48.

lich als Politikgeschichte oder Sozialgeschichte untersucht werden muss. Konkret wird beispielsweise bis heute die Frage kontrovers diskutiert, wie die Gesellschaft einer Diktatur beziehungsweise das Verhältnis zwischen Herrschern und Beherrschten dargestellt werden kann. Dabei steht oft der Vorwurf einer Verharmlosung der Diktatur im Raum, obwohl am Unrechtscharakter des zweiten deutschen Staates niemand zweifelt.[35] Erörtert wurde, mit welcher Methode man Herrschaft und Gesellschaft in der DDR am besten darstellen könne. Von einer absterbenden beziehungsweise stillgelegten Gesellschaft sprach beispielsweise Sigrid Meuschel und plädierte für einen differenzierten Totalitarismusbegriff. Die Forschung müsse sich demnach auf die politische Herrschaft konzentrieren, eine sozialhistorische Untersuchung der DDR sei hingegen unnötig.[36] Ralph Jessen setzt diesem Konzept eine „relative Autonomie der sozialen Dimension" und den Hinweis auf die „Grenzen der Diktatur" entgegen.[37] Mary Fulbrook weist ferner darauf hin, dass Konzepte, „die nur den repressiven Charakter des SED-Regimes hervorheben, nicht ausreichen, um den Aufbau, die Stabilität und den Umgang mit der DDR zu erklären."[38]

Das Ausmaß des repressiven Charakters und die totalitäre Durchdringung der DDR-Gesellschaft werden erst deutlich, wenn Forscher nicht nur von einer Dichotomie zwischen oben und unten, zwischen Machthabern und Befehlsempfängern ausgehen und die Geschichte des ostdeutschen Staates folglich nicht allein als eine Unterdrückungsgeschichte analysiert wird. Zu beachten ist vielmehr bei einem sozialgeschichtlichen Ansatz „der konstitutive Zusammenhang zwischen Repression, geistiger Kolonisierung und sozialstaatlicher Entwicklung."[39] Auch wenn die Entwicklung der DDR immer

---

[35] Vgl. zuletzt die Kontroverse um die Sabrow-Kommission: Sabrow, Martin (Hg.): „Geschichte als Herrschaftsdiskurs. Der Umgang mit der Vergangenheit der DDR", Köln 2000; Ders.: „Öffentliche Aufarbeitung und fachliche Verantwortung", in: Deutschland-Archiv 6 (2006), S. 1083–1086; Wentker, H.: „Unausgewogenheiten und Schlagzeilen. Eine kritische Stellungnahme zu den Empfehlungen der Sabrow-Kommission", in: Deutschland-Archiv 4 (2006), S. 662–666.

[36] Vgl. Meuschel, Sigrid: „Legitimation und Parteiherrschaft in der DDR. Zum Paradox von Revolution und Stabilität in der DDR 1945–1989", Frankfurt am Main 1992; Dies.: „Machtmonopol und homogenisierte Gesellschaft. Anmerkungen zu Detlef Pollack", in: Geschichte und Gesellschaft 26 (2000), S. 171–183.

[37] Jessen, Ralph: „Gesellschaft im Staatssozialismus. Probleme einer Sozialgeschichte der DDR", in: Geschichte und Gesellschaft 21 (1995), S. 96–110.

[38] Fulbrook, Mary: „Methologische Überlegungen zu einer Gesellschaftsgeschichte", in: Richard Bessel und Ralph Jessen (Hg.): Grenzen der Diktatur. Staat und Gesellschaft in der DDR, Göttingen 1996, S. 274–297, hier S. 275. Vgl. auch: Jarausch, Konrad: „Die gescheiterte Gegengesellschaft. Überlegungen zu einer Sozialgeschichte der DDR.", in: Archiv für Sozialgeschichte 39 (1999), S. 1–17; Kocka, J.: „Eine durchherrschte Gesellschaft", in: H. Kaelble u. a. (Hg.): Sozialgeschichte der DDR, Stuttgart 1994, S. 547–570.

unter dem Primat der Politik stand, sollte bei der Analyse die Frage der tatsächlichen Durchsetzung sowie des Realisierungsgrades stehen. Wirtschaftliche, soziale und kulturelle Aspekte stehen hinsichtlich einer analytischen Durchdringung der DDR-Gesellschaft deshalb gleichberechtigt neben politischen Strukturen und sollten nicht auseinanderdividiert werden. Vorliegende Arbeit trägt diesem Umstand Rechnung, indem beispielsweise auch auf Aspekte von Kultur und Sport im Alltagsbetrieb des Sozialtourismus eingegangen wird.

Politische Systeme werden permanent durch vielfältige endogene und exogene Faktoren und Wirkungszusammenhänge herausgefordert. Zur Absicherung von Systemstabilität müssen sie über die Fähigkeit zur kontinuierlichen Integration zentrifugaler Kräfte verfügen. In der Praxis wird dies aus einer Mischung von harten und weichen Herrschaftsmechanismen erreicht, deren jeweiliges Verhältnis sich der gesellschaftlichen Entwicklung anpasst und einem permanenten Wandlungsprozess unterliegt. Zu den weichen Stabilisatoren gehören vor allem die Gewährung partieller Freiheiten, materieller Belohnungen oder ganz allgemein sozial- und konsumpolitische Maßnahmen, die im Kontext der DDR-Forschung meist unter dem Begriff „Fürsorgepolitik" zusammengefasst werden.[40] Die sozialtouristischen Offerten gehören in jedem Fall in diesen Bereich, denn an ihrer Entwicklung kann nachgezeichnet werden, wie die herrschende Machtelite je nach Opportunität und situativen Erfordernissen auf der Klaviatur unterschiedlicher Herrschaftsmechanismen spielte.

Um die Totalität der Herrschaft und die Stabilität des SED-Staates zu verstehen, muss die komplexe Involvierung der Bevölkerung in den Blick rücken. Der FDGB-Feriendienst eignet sich besonders gut für eine solche Untersuchung, denn hier gab es eine erstaunliche Interaktion mit der Macht und eine Akzeptanz der sozialistischen Verhältnisse, die weiter reichte als in anderen Lebensbereichen.

Die Untersuchung folgt deshalb einem Herrschaftsbegriff, in dem Herrscher und Beherrschte miteinander agieren. Jürgen Kocka hat hierfür den Begriff einer modernen Diktatur gebraucht.[41] Außer dem institutionell- und sozialhistorischen bedarf es dabei auch eines mikrohistorischen Zugangs,

---

[39] Schroeder, Klaus: „Die DDR: eine (spät-)totalitäre Gesellschaft", in: Manfred Wilke (Hg.): Die Anatomie der Parteizentrale. Die KPD/SED auf dem Weg zur Macht, Berlin 1998, S. 525–538, hier S. 525.

[40] Vgl. Boyer, Christoph: „Totalitäre Elemente in staatssozialistischen Gesellschaften", in: Klaus-Dietmar Henke (Hg.): Totalitarismus. Sechs Vorträge über Gehalt und Reichweite eines klassischen Konzepts der Diktaturforschung, Dresden 1999, S. 67 ff.

[41] Vgl. Kocka, Jürgen: „Die DDR – Eine moderne Diktatur? Überlegungen zur Begriffswahl", in: Michael Grüttner, Rüdiger Hachtmann und Heinz-Gerhart Haupt

den eine Analyse des sozialtouristischen Konzeptes des Feriendienstes des ostdeutschen Gewerkschaftsbundes ermöglicht. Überlegungen zur Durchdringung des Lebens mit den Machtansprüchen sowie die Internalisierung der verordneten Normen und Verhaltensweisen sind wesentlich für die Leitfrage nach den Grenzen der Diktatur. Daher soll der Prozess der Wirklichkeitsproduktion anhand verschiedener Themenfelder aufgezeigt werden: Die Kommunikation zwischen Obrigkeit und Bürgern, die Manipulation durch Privilegien oder auch die Implementierung von die vorgegebene Wahrheit konstituierenden Ritualen, die den Urlaubsalltag bestimmten.

Dem Hauptthema der Arbeit vorangestellt werden muss ein kurzer historischer Abriss der Sozialgeschichte des Tourismus, an deren emanzipatorisches Ende die DDR den von ihr angebotenen Sozialtourismus gern stellte. Die Industriegesellschaft hat das Bedürfnis und die Voraussetzung erst geschaffen, um immer breiteren sozialen Schichten die Teilhabe am Tourismus zu ermöglichen. Einen ersten Durchbruch im Bereich des Massentourismus stellt die NS-Urlaubsorganisation *Kraft durch Freude* dar, dessen Konzepte zur Beteiligung von bisher nicht am Fremdenverkehrsgeschehen partizipierenden Bevölkerungsschichten in der DDR vor allem durch den FDGB-Feriendienst aufgegriffen wurden. Die strukturellen Gemeinsamkeiten zwischen der KdF-Initiative und dem Feriendienst des FDGB sind offensichtlich und sollen in der vorliegenden Arbeit näher beleuchtet werden, ohne jedoch die Differenzen aus den Augen zu verlieren. Ein grundsätzliches Problem der vergleichenden Sozialgeschichte ist in diesem Zusammenhang allerdings die Tatsache, dass Unterschiede vielfach leichter zu belegen sind als Gemeinsamkeiten.

Urlaubspolitik war für die Nationalsozialisten eine „integrative Sozialtechnik"[42], wie zahlreiche themenbezogene Forschungsarbeiten zeigen konnten. Die Idee der Brechung bürgerlicher Privilegien durch Etablierung der Volksgemeinschaft auch im Bereich des Fremdenverkehrs bildete ein wesentliches Handlungsmotiv für die NS-Urlaubspolitik. Für den FDGB-Feriendienst liegen leider kaum vergleichbare Untersuchungen vor, sodass als wesentlicher Forschungsertrag am Ende der Arbeit die Beantwortung der Frage steht, ob und inwieweit die SED-Urlaubspolitik ebenfalls zur Festigung der Identität als DDR-Bürger sowie zur Stärkung des Zusammengehörigkeitsgefühls der ostdeutschen Bevölkerung beitrug. Gefragt werden soll deshalb, ob der FDGB-Feriendienst vornehmlich der Befriedigung individu-

---

(Hg.): Geschichte und Emanzipation. Festschrift für Reinhard Rürup, Frankfurt am Main 1999, S. 540–550.

[42] Begriff verwendet von Hasso Spode. – Vgl. Spode, Hasso: „Arbeiterurlaub im Dritten Reich", in: Carole Sachse u. a. (Hg.): Angst, Belohnung, Zucht und Ordnung. Herrschaftsmechanismen im Nationalsozialismus, Opladen 1982, S. 275–328, hier S. 275.

2. Methoden der Untersuchung

eller Konsuminteressen diente oder ob er auch politisches Mittel der Integration in die DDR-Gesellschaft war?

Als vergleichende Bezugsgröße für die DDR-Urlaubspolitik soll aber nicht nur die Geschichte der Organisation „Kraft durch Freude" herangezogen werden. Der deutsch-deutsche Vergleich spielt ebenfalls eine wichtige Rolle[43], denn der Blick gen Westen war bei DDR-Oberen und der Bevölkerung stets ein entscheidendes Bewertungskriterium für eigenes politisches Handeln. Die DDR war wie kein zweites Land durch den permanenten Vergleich definiert.[44] Dass insbesondere Urlaubsmöglichkeiten zum Systemvergleich herangezogen wurden, zeigt eine Veröffentlichung des Bundesministeriums für innerdeutsche Beziehungen, in dem treffend formuliert ist: „Im Bereich des Tourismus werden die Unterschiede zwischen den Möglichkeiten zur Selbstgestaltung des Lebens für die Menschen in beiden deutschen Staaten am sichtbarsten."[45]

Im Laufe der 40-jährigen DDR-Geschichte wurde das Angebot an Urlaubsmöglichkeiten permanent ausgebaut und stellte einen wichtigen Grundpfeiler der inneren Stabilität des Systems dar. Es handelte sich um hoch subventionierte Angebote des Sozialtourismus, die fast jedem arbeitenden DDR-Bürger und dessen Familienangehörigen regelmäßig zu einem Erholungsurlaub verhelfen sollten. Zu fragen ist an dieser Stelle, ob der permanente Ausbau des sozialtouristischen Angebots des FDGB lediglich neue Bedürfnisse weckte oder ob es sich bei der Demokratisierung des Reisens um einen generellen Epochentrend handelte.

Die Untersuchung der schichtübergreifenden Verfügbarmachung des Reisens und seiner Übernahme in die Lebensführung aller sozialen Schichten, dem Hauptziel des DDR-Sozialtourismus, kann überdies bei der historischen Erforschung von Sozialstrukturen, sozialen Ungleichheiten und sozialem Wandel als Indikator dafür dienen, in welchem Ausmaß Sozialstrukturen und das Verhalten sozialer Gruppen in modernen Gesellschaften von Lebensstilen beeinflusst werden. Am Beispiel eines zentralen Teilbereichs der DDR-Gesellschaft, dem gewerkschaftlich organisierten Sozialtourismus, kann deshalb erörtert werden, mit welchen Mitteln der Versuch der SED-Führung, in der DDR eine neue Gesellschaft, eine Gesellschaft sui generis

---

[43] „Endlich Urlaub! Die Deutschen reisen", Begleitbuch zur Ausstellung im Haus der Geschichte der Bundesrepublik Deutschland in Bonn, Köln 1996, S. 236.

[44] Vgl. Hockerts, Hans-Günther: „Drei Wege deutscher Sozialstaatlichkeit – NS-Regime, die ‚alte' Bundesrepublik und die DDR in vergleichender Betrachtung", in: Franz Ruland u.a. (Hg.): Verfassung, Theorie und Praxis des Sozialstaates, Heidelberg 1998, S. 267–279; Kaelble, H.: „Die Gesellschaft der DDR im internationalen Vergleich", in: Kaelble u.a. (Hg.): Sozialgeschichte der DDR, Stuttgart 1994, S. 559.

[45] Bundesministerium für innerdeutsche Beziehungen (Hg.): „Zahlenspiegel Bundesrepublik Deutschland/Deutsche Demokratische Republik", Bonn 1988, S. 96.

zu konstituieren, umgesetzt wurde. Zu fragen ist nach Instrumenten, Erfolgsaussichten und Grenzen des angestrebten gesellschaftlichen Transformationsprozesses.

Da im Rahmen dieser Arbeit die Tätigkeit des FDGB-Feriendienstes nicht flächendeckend analysiert werden kann, soll sich die Untersuchung exemplarisch auf die Auswertung von Archivmaterial aus dem Bezirk Karl-Marx-Stadt konzentrieren. Einen Schwerpunkt bildet das FDGB-Ferienheim „Am Fichtelberg" in Oberwiesenthal, das zunächst als Interhotel geplant worden war und als Ergebnis der Neujustierung der Wirtschafts- und Sozialpolitik unter Erich Honecker zu einer Einrichtung des Gewerkschaftsbundes wurde. Als Prestigeobjekt des DDR-Wintersports spielte Oberwiesenthal eine besondere Bedeutung in der Fremdenverkehrspolitik des zweiten deutschen Staates.

3. Forschungsstand

a) Literaturüberblick

Hinsichtlich der Literatur- und Quellenrecherche steht die vorliegende Arbeit auf zwei Grundpfeilern. Der erste besteht aus der seit dem Zusammenbruch der DDR umfangreich betriebenen Forschung, die sich mit dem zweiten deutschen Staat beschäftigt. Die hieraus resultierenden Publikationen, insbesondere die für diese Arbeit besonders relevanten Veröffentlichungen zur Wirtschafts- und Sozialgeschichte sowie zur Geschichte der Massenorganisationen der DDR füllen inzwischen ganze Bibliotheken. Gleiches kann für die zweite Säule der für vorliegende Arbeit herangezogenen Forschung nicht behauptet werden, denn die weißen Flecken der Tourismus- und Fremdenverkehrsforschung sind deutlich größer. Dies gilt insbesondere für den staatlich organisierten Tourismus der DDR, der bisher kaum erforscht ist.

Zunächst zur DDR-Forschung: Die wichtigste Forschungseinrichtung zur DDR-Geschichte bildet der 1992 an der Freien Universität Berlin gegründete Forschungsverbund SED-Staat. Ihr wissenschaftlicher Leiter, der Berliner Politologe Klaus Schröder, legte im Jahr 1998 erstmals seit dem Zusammenbruch der DDR eine Gesamtdarstellung der Geschichte und Strukturen des zweiten deutschen Staates vor. Er charakterisiert daran die DDR als ein durch die sowjetische Besatzungsmacht erzwungenes und nach deren Vorbild errichtetes Herrschafts- und Gesellschaftsmodell. Seine Perspektive ist ganz auf die Geschichte der SED-Parteidiktatur ausgerichtet und geht von einem Zusammenfall von Herrschafts- und Gesellschaftsgeschichte aus. Die Wirtschafts- und Sozialgeschichte der DDR, zentral für die vorliegende

Arbeit, wird von Schröder allerdings nur nachrangig dargestellt.[46] Manfred Wilke publizierte in Aufsätzen über die Westarbeit des FDGB einige Erkenntnisse, auf die Teilbereiche dieser Arbeit aufbauen konnten.

Jürgen Kocka hat in seiner 2003 erschienenen Bilanz der DDR-Forschung diese als insgesamt zu wenig soziologisch und wirtschaftswissenschaftlich informiert, kleinschrittig, selbstreferentiell, überpolitisiert und zu wenig an den übergeordneten Fragen der Geschichtswissenschaft orientiert kritisiert.[47] Mittlerweile gibt es eine ganze Reihe von Deutungsangeboten und methodischen Zugriffen, die der Kritik Rechnung tragen und zugleich die unterschiedlichen Wirklichkeitsfelder und ihre Befunde auch konzeptionell zu integrieren versuchen. Zu den wichtigen Publikationen jüngeren Datums über die Sozialgeschichte der DDR, insbesondere die der Ära Honecker, muss Beatrix Bouviers 2002 erschienenes Werk über den Sozialstaat DDR gezählt werden.[48] Während Bouvier anhand konkreter Themenbereiche – Wohnungsfrage, Stellung der Frau etc. – vorgeht, ist die Herangehensweise der zwei Jahre später erschienene Arbeit von Manfred G. Schmidt abstrakter und bezieht sich vor allem auf die sozialpolitischen Institutionen der DDR.[49] Im Kontext folgender Arbeit ist vor allem die Frage, ob die DDR als eine homogene, sozialstrukturell nivellierende Gesellschaft beschrieben werden kann, von Interesse. Schließlich ist der gewerkschaftlich organisierte Sozialtourismus eines der wichtigsten Mittel der Umsetzung dieses Anspruchs gewesen. In der sozialwissenschaftlichen Forschung ist dies sehr umstritten; Zustimmung erfolgte vor allem von Sigrid Meuschel[50], während später entstandene Arbeiten von Detlef Pollack und Konrad Jarausch diese Frage differenzierter betrachteten[51] oder, wie Johannes Huinink, Heike Solga oder Ralph Jessen, gar verneinten[52].

---

[46] Vgl. Schröder, Klaus und Steffen Alisch: „Der SED-Staat. Partei, Staat und Gesellschaft 1949–1990", München 1998, S. 10 ff.

[47] Vgl. Kocka, Jürgen: „Bilanz und Perspektiven der DDR-Forschung", in: Deutschland-Archiv 36 (2003), S. 764–769.

[48] Vgl. Bouvier, Beatrix: „Die DDR – ein Sozialstaat?", Bonn 2002, S. 8 ff.

[49] Vgl. Schmidt, Manfred G.: „Sozialpolitik der DDR", Wiesbaden 2004 S. 118 ff.; Siehe auch: Schmidt, Manfred G.: „Grundzüge der Sozialpolitik in der DDR", Berlin 1999, S. 273–322.

[50] Meuschel, Legitimation und Parteiherrschaft.

[51] Vgl. Pollack, Detlef: „Die konstitutive Widersprüchlichkeit der DDR. Oder: war die DDR-Gesellschaft homogen?", in: Geschichte und Gesellschaft 24, 1998, S. 110–131; Jarausch, Konrad: „Care and Coercion: The GDR as Welfare dictorship", in: Ders. (Hg.): Dictatorship as Experience. Towards a socio-cultuural History of the GDR, New York 1999, S. 47–69.

[52] Huinink, Johannes: „Kollektiv und Eigensinn. Lebensverläufe in der DDR und danach", Berlin 1995; Solga, Auf dem Weg in eine klassenlose Gesellschaft?, S. 96–110.

Eine umfassende Analyse der Blockparteien, Massenorganisationen und ihr strukturelles Zusammenwirken, die sozialwissenschaftliche Fragestellungen mit quellengestützter Analyse verknüpft, steht bis heute noch aus. In der Regel beschränkte sich die DDR-Forschung bisher auf die organisationsgeschichtliche Darstellung einzelner Massenorganisationen. Dies gilt auch für den FDGB und seine Einzelgewerkschaften, wo einschlägige Untersuchungen, von wenigen Ausnahmen abgesehen, bisher leider nicht vorliegen. Sowohl das Innenleben des Gewerkschaftsbundes als auch dessen Wirkung auf die DDR-Gesellschaft sind weitgehend unerforscht, woran auch die Öffnung der Archive nach 1989 kaum etwas geändert hat. Die in der DDR erschienenen Veröffentlichungen sind zumeist apologetische Darstellungen, die der ideologischen Affirmation des marxistisch-leninistischen Geschichtsmodells dienten, während die bundesdeutschen Arbeiten vor allem der 1950er bis 1970er Jahre die Absicht verfolgten, den Freien Deutschen Gewerkschaftsbund als ein von der SED gesteuertes Machtinstrument zu diskreditieren.

Erste wertvolle Forschungsdesiderate zur Geschichte des Freien Deutschen Gewerkschaftsbundes liefert Ullrich Gill mit seiner 1989 in der Bundesrepublik erschienenen Arbeit,[53] deren unter dem Druck der Ereignisse überarbeitete Fassung zwei Jahre darauf erschien.[54] Da Gill nur veröffentlichte Materialien zur Verfügung standen, blieb seine Sicht auf das Innenleben der DDR-Gewerkschaften begrenzt. Hinzu kommt, dass die in der westdeutschen DDR-Forschung seit den späten 1960er Jahren auftretende weitgehende Verdrängung eines totalitarismusorientierten Ansatzes zugunsten eines kritisch-immanenten sich auch bei Gill in Form von Fehlwahrnehmungen der DDR-Realität auswirkt. Der Autor reduzierte sich vielfach auf die Darstellung von Fakten, während theoretische Debatten wenig Bezug zu einer empirisch gesättigten Analyse fanden.

Während Gill nur unter den erschwerten Bedingungen der deutschen Teilung forschen konnte, können alle nach 1990 erschienenen Arbeiten die DDR als abgeschlossene historische Periode untersuchen. Die seitdem zugängigen Daten ermöglichen eine realitätsnähere Beschreibung der DDR-Gesellschaft. Das derzeit aktuellste Werk über die Gewerkschaften in der DDR stellt die 2005 als Publikation erschienene Dissertation von Stefan Paul Werum dar, der sich allerdings nur auf die Frühphase des FDGB bezieht.[55] Gleiches gilt für Detlef Brunners Darstellung der Rolle der Sozialdemokraten im neu entstandenen Gewerkschaftsbund.[56] Während sich We-

---

[53] Vgl. Gill, Der Freie Deutsche Gewerkschaftsbund, 1. Auflage (Gesamtwerk).
[54] Vgl. Gill, Die DDR-Gewerkschaft von 1945–1990, S. 5 ff.
[55] Vgl. Werum, Gewerkschaftlicher Niedergang, S. 11 ff.
[56] Vgl. Brunner, Sozialdemokraten im FDGB, S. 41.

3. Forschungsstand

rum und Brunner auf die Anfangsjahre des FDGB bis 1953 beschränkten, dehnte Sebastian Simsch in seiner Dissertation den untersuchten Zeitraum auf die Jahre bis 1963 aus.[57] Einen Einblick in die Funktionsweise des FDGB innerhalb der DDR-Volkswirtschaft bietet Renate Hürtgens im selben Jahr erschienene Arbeit über die Vertrauensleute des FDGB in den Betrieben.[58] Keine der genannten Arbeiten beinhaltet jedoch eine ausführliche Untersuchung des Feriendienstes.

Die zweite Säule der vorliegenden Arbeit stellt die touristische Entwicklung der DDR-Gesellschaft dar, in deren Zentrum der Feriendienst des FDGB stand. Bereits seit einigen Jahren ist ein wachsendes Interesse an der Geschichte des Tourismus zu beobachten, welches auf die enorme kulturelle und wirtschaftliche Bedeutung des Fremdenverkehrs zurückzuführen ist. Zahlreiche Ausstellungen zur Geschichte des Reisens, populäre Gesamtdarstellungen sowie reich bebilderte Festschriften touristischer Einrichtungen belegen dieses Interesse und versuchen, die historischen Wurzeln eines Verhaltens zu rekonstruieren, das inzwischen als Teil des Alltagslebens wahrgenommen wird. Während jedoch der frühneuzeitliche Proto-Tourismus in Form von Pilgerreisen, Kavalierstouren oder den bürgerlichen Bildungsreisen recht gut erforscht ist, fristet der moderne Fremdenverkehr in der Historiographie ein eher marginales Dasein.

Bisher hat sich weder in der Fremdenverkehrs- noch in der Geschichtswissenschaft ein fest etablierter und systematisch erschlossener Bereich „Historische Tourismusforschung" herausgebildet. Bis heute fehlt ein geeigneter Fundus an Basisinformationen in Form von umfassenden Bibliographien, soliden Handbüchern und kritischen Quellensammlungen. Die ungeklärte Stellung des Tourismus zwischen Ökonomie[59], Gesellschaft, Politik und Kultur erschwert zudem das Auffinden von Archivalien und Druckschriften.[60] Erste Ansätze liegen bestenfalls als Ergebnis der Arbeit des Instituts für Tourismus an der Freien Universität Berlin unter Leitung von Hasso von Spode vor, welches seine Arbeit im vergangenen Jahr jedoch einstellen musste. Dies ist insofern zu bedauern, da das Reisen zu einem Grundbedürfnis der westlichen Gesellschaften geworden ist und der Frem-

---

[57] Vgl. Simsch, Sebastian: „Blinde Ohnmacht. Der Freie Deutsche Gewerkschaftsbund zwischen Diktatur und Gesellschaft in der DDR 1945 bis 1963", Aachen 2002, S. 14 ff.

[58] Vgl. Hürtgen, Zwischen Disziplinierung und Partizipation, S. 12 ff.

[59] Tourismuswissenschaftliche Untersuchungen stehen in besonderem Maße unter dem Gesichtspunkt des Aktualitätsbezuges sowie der ökonomischen Verwertbarkeit. Dies schwächt die Tourismushistoriographie als eigenständigen Forschungsbereich.

[60] Vgl. Spode, Hasso: „Historische Tourismusforschung", in: Heinz Hahn und Jürgen Kagelmann (Hg.): Tourismuspsychologie und Tourismussoziologie. Ein Handbuch zur Tourismuswissenschaft, München 1993, S. 27–29.

denverkehr sich als Folge zu einem wichtigen Pfeiler entwickelt hat. Festgehalten werden muss deshalb, dass die Forschung mit der gesellschaftlichen und wirtschaftlichen Realität nicht standhält.

Die bereits skizzierten Probleme und Mängel einer historischen Tourismusforschung treten in Bezug auf die Untersuchung von Arbeiterreisen noch deutlicher zu Tage. Das Interesse an der Tourismusgeschichte der organisierten Arbeiterbewegung beschränkt sich bisher auf wenige Arbeiten, die beispielsweise von Christine Keitz[61] oder Jochen Zimmer[62] vorgelegt worden. Dieses Desinteresse setzt sich in den bisher in den vergleichsweise wenigen vorliegenden Arbeiten zum DDR-Tourismus fort. Dies ist auch deshalb bedauerlich für die historische Tourismuswissenschaft, weil gerade die Integration der Arbeiterschaft in den Fremdenverkehr das Phänomen des modernen Massentourismus entscheidend konstituierte.

b) Quellenlage

Die seit 1990 mögliche systematische Erschließung von Archivalien ermöglicht eine realitätsnahe Beschreibung der DDR. Stellenwert und Aussagekraft der archivalischen Hinterlassenschaften des SED-Staates sind allerdings umstritten. So bezweifeln einige Zeitgeschichtler die Verlässlichkeit der Akten oder koppeln zumindest deren Aussagekraft an die Stellung des Protokollanten innerhalb der DDR-Gesellschaft.[63] Andere beurteilen die Akten als Zeugnisse einer wirklichkeitsfremden Bürokratie.[64] Wieder andere konstatieren, dass die Akten wenig über wichtige politische Entscheidungsfindungsprozesse aussagen, was sie ebenfalls partiell entwertet.[65] Offenlegung, systematische Erfassung und Einordnung der Archivalien reichen also sicherlich nicht aus, um alle Aspekte der historischen Entwicklung zu beschreiben. Dennoch stellen die schriftlichen Hinterlassenschaften das wichtigste Mittel dar, um gerade auf bisher wenig erforschten Feldern wie dem DDR-Sozialtourismus zu neuen Erkenntnissen zu gelangen.

---

[61] Vgl. Keitz, Christine: „Reisen als Leitbild. Die Entstehung des modernen Massentourismus in Deutschland", München 1997 (Gesamtwerk).

[62] Vgl. Zimmer, Jochen: „‚Mit uns zieht die neue Zeit'. Die Naturfreunde. Zur Geschichte eines alternativen Verbandes der Arbeiterkulturbewegung", Köln 1984 (Gesamtwerk).

[63] Vgl. Timmermann, Heiner (Hg.), „Diktaturen in Europa im 20. Jahrhundert", Berlin 1996, S. 539; Weber, Jürgen (Hg.): „Der SED-Staat. Neues über eine vergangene Diktatur", München 1994, S. 41 ff.

[64] Vgl. Niethammer, Lutz: „Prolegomena zu einer Geschichte der Gesellschaft der DDR", in: Kaelble, Kocka, Zwahr (Hg.): Sozialgeschichte der DDR, S. 96 ff.

[65] Vgl. Fulbrook, Methodologische Überlegungen, S. 280.

3. Forschungsstand

Der außergewöhnlich gute Zugang zu den bezüglich des Freien Deutschen Gewerkschaftsbundes, seiner lokalen Organe, seiner Funktionäre und der Einzelgewerkschaften sowie Unterorganisationen existierenden Archivalien bietet eine optimale Voraussetzung zur Erforschung der zahlreichen „weißen Flecken" der Gewerkschaftsgeschichte der SBZ/DDR. Sämtliche Organisationsmaterialen der FDGB-Führung einschließlich des Bundesvorstandes, des Präsidiums und einzelner Abteilungen sind in der „Stiftung Archiv der Parteien und Massenorganisationen in der DDR im Bundesarchiv in Berlin" überliefert.[66]

Die Überlieferung der Landes-, Bezirks-, Kreis- und Ortsvorstände des FDGB wird in den Landesarchiven der Neuen Bundesländer aufbewahrt. Hier lagern auch Bestände, die Aktivitäten der betrieblichen Gewerkschaftsorgane dokumentieren. Allerdings sind die Archivbestände selten gut erschlossen. Stichprobenartige Auswertungen im Staatsarchiv Dresden ergaben, dass ihre Überlieferungen hinsichtlich der lokalen und regionalen Gewerkschaftsgeschichte keine wesentlichen zusätzlichen Informationen zu denen des Bundesarchivs enthalten und auf eine systematische Auswertung deshalb verzichtet werden konnte. Mit der wachsenden Zentralisierung der Gewerkschaften nach Gründung der DDR 1949 und vor allem nach Einrichtung der Bezirke 1952 nahm die Uniformität des innergewerkschaftlichen Informationsflusses zu.

Obwohl sämtliche Gewerkschaftsquellen im Bundesarchiv einsehbar sind, stellt die unsystematische Ordnung, die bislang nur rudimentär erfolgte Erschließung, sowie unzureichende Findmittel den Archivnutzer vor enorme Probleme. Häufig mussten ganze Abteilungsbestände durchgesehen werden, um Antworten auf spezielle Fragestellungen zu finden. Da das Sekretariat des Bundesvorstandes beispielsweise zweimal wöchentlich tagte, ergeben sich daraus riesige Papierberge, deren systematische Durchsicht das Arbeitsvermögen eines Einzelnen schnell überfordern kann.

Ein genauer Überblick über die quantitativen Dimensionen des Urlaubsverhaltens der Ostdeutschen ist leider nicht möglich, da es bis heute an einer einheitlichen, vollständigen und vor allem an einer aussagefähigen Fremdenverkehrsstatistik der DDR mangelt. Im sozialistischen Teil Deutschlands sind die diversen Aspekte touristischen Handelns selten ein Thema wissenschaftlicher Untersuchungen geworden, denn ein eigenständiger Forschungsbereich Tourismus ist an der Verkehrshochschule „Friedrich

---

[66] Vgl. Braun, Heinz: „Die Überlieferung des FDGB in der Stiftung Archiv der Parteien und Massenorganisationen der DDR im Bundesarchiv", Internationale wissenschaftliche Korrespondenz zur Geschichte der Deutschen Arbeiterbewegung (IWK), 4/1996, S. 520–534.

List" in Dresden erst 1988 eingerichtet worden, der aus dem Sondergebiet „Transportökonomie" hervorgegangen ist.[67]

Aus diesem Grund kann nur auf einzelne Teilstatistiken zurückgegriffen werden, die jedoch wenig aussagekräftig sind. Dies liegt zum einen an der Tatsache, dass Daten sehr unsystematisch erfasst und veröffentlicht wurden, zum anderen muss aber auch bedacht werden, dass die Verfälschung von statistischen Angaben in der DDR gang und gäbe war. Seit der Öffnung der Archive zum Dokumentenbestand der Ministerien (im Bundesarchiv) sowie der Parteien und Massenorganisationen in der DDR (SAPMO) kann dennoch auf zahlreiche Angaben zurückgegriffen werden, die zumindest einen ersten Überblick ermöglichen.

Die vorliegende Arbeit beruht zu einem großen Teil auf der archivalischen Überlieferung des FDGB und insbesondere des Feriendienstes, die im Rahmen einer analytischen Deskription ausgewertet wurde. Statistische Angaben und hieraus zu ziehende Rückschlüsse, aber auch die zahlreichen Vorlagen, Beschlussfassungen und Umsetzungserläuterungen geben einen ersten Überblick über das gewerkschaftlich organisierte Ferienwesen sowie das hierzu korrespondierende Urlaubsverhalten der Bürger des zweiten deutschen Staates. Interessanter und aufschlussreicher als das bloße Zahlenmaterial sind aber vor allem Innenansichten des DDR-Urlaubsbetriebs. Vorliegende Arbeit soll keine reine Institutionsgeschichte darstellen. Bisher hat die Fremdenverkehrsforschung zwar eine Vielzahl von Erkenntnissen auf der Makroebene hervorgebracht, wozu Urlauberzahlen, die Aufenthaltsdauer, Reiseziele und weitere, auf statistischem Material basierende Ergebnisse gehören, die auf der Mikroebene zentralen Fragen nach Reiseabläufen, Verhaltensweisen und Erwartungshaltungen in einer symbolisch stark besetzten Tourismuswelt wurden jedoch bisher wenig beleuchtet. Der jeweilige Erfahrungshorizont sowie die sozialen Handlungsformen des Reisens werden damit kaum erfasst. In vorliegender Arbeit soll auf diesen Aspekt eingegangen werden. Es soll beispielsweise gefragt werden, wie die Zuteilung von Urlaubsplätzen erfolgte, ob die Angebote den Erwartungshaltungen der reisenden Werktätigen entsprachen, wie die ‚schönsten Tage des Jahres' inhaltlich gefüllt waren und welchen Einfluss die Gewerkschaft als Organisator darauf hatte. Hierzu sollen nicht nur die spärlichen Angaben der Sekundärliteratur ausgewertet werden, sondern vor allem Materialien und Dokumente herangezogen werden, die ‚Innenansichten' vermitteln. Zeitgenössische Reiseberichte von Teilnehmern gehören ebenso dazu wie Speisekarten, Ausflugsangebote, Tagespläne und Überwachungsprotokolle.

---

[67] Drechsel, Werner: „Zur Neugestaltung der Tourismusausbildung an der Hochschule für Verkehrswesen „Friedrich List" Dresden", in: Mitteilungen aus der kulturwissenschaftlichen Forschung Nr. 24, Tourismus, Berlin 1988, S. 174–184.

II. Geschichtlicher Rückblick zur Ferien- und Reisegestaltung in Deutschland

Der Prozess der Industrialisierung ist zugleich ein Prozess der Ausdifferenzierung von Arbeits-Zeit und Frei-Zeit. Damit verbunden ist die Frage, wie diese Frei-Zeit gefüllt werden kann. Insbesondere seit der Gewährung von bezahlter Freizeit für Arbeitnehmer in Form von Urlaubstagen als Teil der Entlohnung entwickelte sich der Wunsch der unterprivilegierten sozialen Schichten, am tradierten bürgerlichen Freizeitverhalten zumindest partiell teilzunehmen. Der Urlaub beziehungsweise die Reise waren Bestandteil dieses Verlangens, auf das Gewerkschaften und Arbeitnehmerorganisationen bereits in den 1920er Jahren ansatzweise reagierten. Erst in der Zeit des Nationalsozialismus erfuhr das Thema „Reisen für der Kleinen Mann" jedoch größere Aufmerksamkeit und die entsprechende Breitenwirkung.

Die Popularisierung des Massentourismus, der nach dem Krieg in Ost und West schnell zu einem Massenphänomen wurde, ist ohne einen historischen Rückgriff auf diese Vorgeschichte der 1920er und 1930er Jahre nicht erklärbar. Durch einen Überblick über Aktivitäten der nationalsozialistischen Urlaubsorganisation „KdF" sowie einen kurzen strukturellen Vergleich mit der Arbeit des FDGB soll gefragt werden, ob die nationalsozialistische Urlaubspolitik mit dem Ende des Dritten Reiches untergegangen ist oder lediglich eine möglicherweise notwendige Etappe auf dem Weg zum Sozialtourismus der DDR darstellt. Sozialtourismus wird in diesem Zusammenhang als jene Art von rekreationsbedingtem Tourismus verstanden, bei welcher bedarfsseitig keine Hindernisse für die Teilnahme bestehen. Der Preis des Reisens war hier niedriger als der gesellschaftliche Aufwand für diese Reisen. Deshalb ist der Sozialtourismus als Teil der Sozialversorgung zu betrachten.

1. Arbeiterreisen in der Weimarer Republik

Urlaub und erst recht die Urlaubsreise waren vor dem Ersten Weltkrieg fast ausschließlich eine Angelegenheit der oberen Schichten gewesen, die materiell jenseits des Arbeiter- oder Kleinbürgermilieus standen. Tourismus war damit ein Privileg der Bürger, ihrer Frauen und Kinder; die allsommerliche Urlaubsreise war eine Institution der bürgerlichen Kleinfamilie, denn die abgeschlossene Privatheit der Familie, ihre Funktion als letztes zulässiges Refugium der Gefühle, als Gegenbild der Arbeitswelt konnte nur in der gemeinsam verbrachten Freizeit zum Tragen kommen. Das Reiseprivileg diente damit auch dem Gedanken der Förderung des „Distanzbewusstseins gegenüber den Arbeitern"[1].

Die 1920er Jahre markieren eine Schwellensituation in der Entwicklung des modernen Fremdenverkehrs, denn es begann die touristische Integration der Arbeiterschaft. Die Arbeit wurde als so belastend angesehen, dass sie zur Regeneration der Arbeitskraft ein bestimmtes Maß an Erholungszeit notwendig machte. Die dem gegenüberstehende Exklusivität des Reisens erschien plötzlich als eine sozialpolitische Herausforderung und es entstand das Schlagwort vom „Volks- oder Sozialtourismus"[2]. Erstmals ist damit die sozialpolitische Dimension des Reisens bedacht worden, auch wenn es noch ein langer Weg zur touristischen Emanzipation breiter Bevölkerungsschichten war. Der Sozialstaat ist in Deutschland mit den in der Ära Bismarck eingeführten Sozialversicherungssystemen der politischen Demokratie zwar weit vorangegangen, hatte sich aber ursprünglich nur auf existentielle Fragen und Nöte bezogen.

Nach dem Ersten Weltkrieg wurde das Reisen, auch dank sozialpolitischer Errungenschaften zu einem Massenphänomen. Die Verankerung sozialer Rechte in der Weimarer Verfassung, ansatzweise realisierte Versuche, die Kräfte des Wirtschaftslebens zu organisieren, die deutsche Tradition der Mitbestimmung und die Weiterentwicklung des Arbeitsrechts als Mittel der Konfliktentschärfung und als Möglichkeit, potentielle Konflikte zwischen Arbeitgebern und Arbeitnehmern zu entschärfen, bildeten die Grundlage. Eine konkrete Voraussetzung für die touristische Emanzipation der Arbeiterschaft waren beispielsweise Beschäftigungsverhältnisse, die eine klare Trennung von Arbeit und Freizeit ermöglichten. Hierzu zählen verbindliche Arbeitszeitregelungen und tarifliche Urlaubsansprüche, von denen erst in den 1920er Jahren größere soziale Schichten profitierten.[3] 1929 erhielten beispielsweise 12 von insgesamt rund 35 Millionen Arbeitnehmern des Deutschen Reichs bezahlte Urlaubstage.[4]

Bereits in den Jahren der Weimarer Republik entstand die Forderung der europäischen Arbeiterbewegung, Reisen dürfe kein Privileg bürgerlicher

---

[1] Vgl. Reulicke, Jürgen: „Vom blauen Montag zum Arbeiterurlaub", in: Archiv für Sozialgeschichte 16, 1976, S. 224.

[2] Vgl. Spode, Hasso: „Zur Geschichte des Tourismus. Eine Skizze der Entwicklung der touristischen Reisen in der Moderne", Starnberg 1987, S. 29.

[3] Bausinger, Hermann u. a. (Hg.): „Reisekultur. Von der Pilgerfahrt zum modernen Tourismus", München 1991, S. 339 ff.

[4] Vgl. Mertsching, Klaus: „Recht auf Urlaub", in: Endlich Urlaub! Die Deutschen reisen, Begleitbuch zur Ausstellung im Haus der Geschichte der Bundesrepublik Deutschland in Bonn, Köln 1996, S. 20–24, hier S. 21.

Schichten mehr sein, sondern müsse auch materiell weniger bemittelten Schichten ermöglicht werden. Erstmals wurde somit die Exklusivität des Reisens als eine sozialpolitische Herausforderung gesehen. So hat es in der Weimarer Republik bereits Versuche gegeben, breitere Schichten der Bevölkerung am Fremdenverkehr teilhaben zu lassen. Milieugebundene Interessenorganisationen, zu denen vor allem gewerkschaftliche Initiativen gehörten, organisierten erste Ferienreisen für Arbeiter.

Bereits 1929 war ein kleiner Kreis von Vertretern der freien Gewerkschaften und der Sozialdemokraten in Leipzig zusammengekommen, um über die Entwicklung und Zukunft touristischer Einrichtungen für Arbeiter zu sprechen.[5] Dieses gewerkschaftliche Engagement bildete neben der sowjetischen Vorbildwirkung[6] nach 1945 den Nährboden für die Entscheidung der politischen Führung Ostdeutschlands, den Gewerkschaftsbund mit der Entwicklung des Sozialtourismus in der sowjetischen Besatzungszone und späteren DDR zu betrauen.

Wichtige Voraussetzung für die Umsetzung der Forderungen der Gewerkschaften in den 1920er Jahren war, neben ausreichenden Geldmitteln, die Gewährung einer genügend langen und bezahlten Jahresfreizeit. Der bezahlte Urlaub als eine große sozialpolitische Errungenschaft der Weimarer Republik stellte deshalb eine Grundvoraussetzung für den Beginn einer Arbeiter-Reisekultur dar. Allerdings war der Urlaubsanspruch in der Weimarer Republik noch nicht gesetzlich festgelegt, sondern Bestandteil der zwischen Arbeitgebern und Arbeitnehmerorganisationen geschlossenen Tarifverträge.[7] Reichsweit waren im Jahr 1933 in insgesamt 94 Prozent aller Tarifverträge Angaben zur Mindest- und zur Höchstdauer sowie zur Bezahlung des Urlaubs enthalten.[8] Allerdings profitierten große Teile der Arbeitnehmerschaft kaum oder gar nicht von Urlaubsregelungen, da sie in außertariflichen Bereichen tätig waren.

Hinzu kommt, dass die Erkämpfung bezahlter Freizeit bei den Arbeiterorganisationen und Gewerkschaften in der Regel keine Priorität genoss. An erster Stelle standen vielmehr stets Forderungen nach Einkommensverbesserung und Arbeitszeitverkürzung. Man kann sozialpolitisch deshalb auch von einer Umbruchsituation sprechen, da in den 1920er Jahren diesbezüglich ein Umdenken stattfand. Der traditionelle Forderungskatalog der Ar-

---

[5] Vgl. Keitz, Reisen als Leitbild, S. 9.
[6] Vgl. Kapitel III.11 „Propagiertes Vorbild: Sowjetunion".
[7] Vgl. Bagger, Wolfgang: „Tourismus – Proletarischer Sozialtourismus", in: Mitteilungen aus der kulturwissenschaftlichen Forschung 24, Berlin 1988, S. 23 f.
[8] Vgl. Dussel, Konrad und Matthias Frese: „Von traditioneller Vereinskultur zu moderner Massenkultur?", in: Archiv für Sozialgeschichte 33, 1993, S. 59–106, hier S. 69.

beitnehmerseite nach besserer Entlohnung und Arbeitszeitverkürzung wurde um die Forderung nach einer bezahlten Jahresfreizeit erweitert. Dieser Urlaubsanspruch von Arbeitnehmern wurde zu einem Wert an sich. Die Arbeitskämpfe der Zeit nach 1945 belegen den Erfolg dieses Umdenkungsprozesses, denn in allen späteren Tarifverhandlungen hat der Urlaubsanspruch eine bedeutende Rolle gespielt.

Gewerkschaften begannen in der 1920er Jahren aber nicht nur, Urlaubsansprüche für ihre Mitglieder zu formulieren, sondern setzten sich auch für die Schaffung von Urlaubsmöglichkeiten ein. Die ersten Reiseorganisationen, die in Deutschland pauschale Urlaubsangebote auch für untere Einkommensgruppen, vor allem Arbeiter, machten, entstanden in der Zeit der Weimarer Republik. Ein Verdienst der Gewerkschaften sowie der Arbeiterbewegung bestand darin, zum ersten Mal Reisen für Arbeiter, Angestellte und kleine Beamte anzubieten, die in ihrer Form prinzipiell kommerziellen Urlaubsangeboten vergleichbar waren.[9] So ließen die Gewerkschaften beispielsweise Ferienheime errichten oder gründeten, wie in Hamburg, gemeinnützige Reisebüros. Neben dem kommerziellen, ‚bürgerlichen' Reisegewerbe entstand so eine ‚proletarische' touristische Infrastruktur, die allerdings bis zum Machtantritt der Nationalsozialisten 1933 über erste Anfänge nicht hinauskam.

Ein erster Versuch der Gewerkschaften, eine Ferienreiseorganisation aufzubauen, stellt die Gründung der Abteilung Urlaubs- und Studienreisen der Gewerkschaft der Angestellten mit Sitz in Hamburg dar. Die Organisation gestaltete Ferienreisen für ihre eigenen Mitglieder und gab ab 1925 eine eigene Reisezeitschrift heraus. So wurden beispielsweise Pauschalaufenthalte in verschiedenen Ferienheimen angeboten, aber auch mehrtägige Rundreisen offeriert.[10] Ein weiterer Indikator für den beginnenden Arbeitertourismus stellt der 1932 erschienene „Arbeiter-, Reise- und Wanderführer" des sozialistischen Dietzverlages dar, der vor allem Orte vergangener Arbeitskämpfe und weitere, für die Geschichte der Arbeiterbewegung als bedeutsam angesehene Orte auflistete und zudem preiswerte Unterkünfte und gastronomische Einrichtungen anpries.[11]

Inhaltlich unterschieden sich die Arbeiterreisen zunächst kaum vom bürgerlichen Reiseverhalten. „Den Anstoß zur Proklamierung einer spezifisch

---

[9] Vgl. Novy, K. und M. Prinz: „Illustrierte Geschichte der Gemeinwirtschaft. Wirtschaftliche Selbsthilfe in der Arbeiterbewegung von den Anfängen bis 1945", Berlin und Bonn 1985, S. 189 ff.

[10] Vgl. Krumbholz, Hans: „Zur Geschichte des Sozialtourismus: Die Anfänge gewerkschaftlicher Ferieneinrichtungen", in: Hasso Spode (Hg.): Zur Sonne, zur Freiheit. Beiträge zur Tourismusgeschichte, Berlin 1991, S. 61–70, hier S. 66.

[11] Vgl. Dietz, J. H. W.: „Arbeiter-, Reise- und Wanderführer. Ein Führer für billige Reise und Wanderung", Berlin 1932.

,proletarischen' Reisekultur gaben daher weit mehr die Bedürfnisse, sich von den Formen und Institutionen des ‚bürgerlichen' Vorbildes abzugrenzen, als die tatsächlichen Inhalte des ‚Anders Reisen'."[12] Die Übernahme beziehungsweise Kopie eines ‚bürgerlichen' Reiseverhaltens einerseits, die Proklamation einer ‚neuen' Arbeiter-Reisebewegung im Sinne einer Gegenkultur andererseits verweisen auf die Widersprüchlichkeiten, mit der das Verhältnis von Reisetheorie und Reisepraxis in der Zeit der Weimarer Republik behaftet war.

Die vor 1933 angebotenen Reisen für Arbeiter und sozial Minderbemittelte blieben ihrem Umfang nach – gemessen an der Zahl der ‚*Kraft durch Freude*'-Fahrten oder gar der Urlaubsangebote des FDGB – ohne jede Breitenwirkung. Was die bis zur Machtergreifung durch die Nationalsozialisten stattgefundenen touristischen Offerten für Arbeiter jedoch auszeichnet, ist die grundsätzliche Erkenntnis, dass Reisen kein bürgerliches Privileg sein darf, sondern prinzipiell alle Bevölkerungsschichten am touristischen Geschehen beteiligt werden sollten. Hier liegen die Wurzeln für den Sozialtourismus in der DDR.

2. Urlaubsanspruch und Reisen von Arbeitnehmern 1933–1945

Da der FDGB-Feriendienst an sozialtouristische Konzepte der Vorkriegszeit, vor allem der Zeit des Dritten Reichs, anknüpfte, erscheint ein kurzer Rückblick auf die Urlaubspolitik der Nationalsozialisten sinnvoll. Auch in der Geschichte des Reisens kommt der NS-Zeit eine Schlüsselrolle zu, da der im Kontext folgender Jahrzehnte so wichtige Sozialtourismus nach 1933 zwar nicht geboren wurde, aber erstmals eine entscheidende Breitenwirkung erfuhr und somit den bereits in der Weimarer Republik eingesetzten Bewusstseinswandel bezüglich des Wertes einer Jahresfreizeit weiter forcierte. So gesehen stellen die touristischen Bemühungen der DDR auch eine Folge der NS-Urlaubspolitik dar.

In der Fachliteratur zur Tourismusgeschichte hat vor allem die nationalsozialistische Organisation „Kraft durch Freude" in den vergangenen Jahren zunehmend Beachtung gefunden. Zu nennen ist hier beispielsweise die rechtshistorische Arbeit von Susanne Appel.[13] Für eine wissenschaftliche

---

[12] Keitz, Christine: „Reisen zwischen Kultur und Gegenkultur. Baedecker und die ersten Arbeitertouristen in der Weimarer Republik", in: Hasso Spode (Hg.): Zur Sonne, zur Freiheit. Beiträge zur Tourismusgeschichte, Berlin 1991, S. 47–60, hier S. 50.
[13] Vgl. Appel, Susanne: „Reisen im Nationalsozialismus", Baden-Baden 2001, S. 10–140, insb. S. 122.

Beschäftigung mit dem NS-Massentourismus immer noch relevant sind die in den 1980er Jahren erschienenen Veröffentlichungen von Hasso Spode. Mit dem Bereich der NS-Seereisen hat sich Bruno Fromann in seiner 1992 beendeten Dissertation beschäftigt, die zwar recht deskriptiv bleibt, aber eine Fülle von Quellenmaterial bietet.[14]

Genannt werden soll auch noch die 2005 erschienene kulturwissenschaftliche Magisterarbeit von Claudia Schallenberg[15] sowie der Aufsatz von Hermann Weiß[16], der das Freizeitverhalten im Dritten Reich anhand der NS-Organisation „Kraft durch Freude" unter politikgeschichtlichen Fragestellungen untersucht hat. Alle genannten Arbeiten wären undenkbar ohne Timothy Masons in den 1970er Jahren erschienenes Standardwerk über die Sozialpolitik des Dritten Reiches, in der die Haltung des NS-Regimes gegenüber der Arbeiterklasse analysiert wird.[17]

Als im Hinblick auf vorliegende Arbeit besonders interessante vergleichende Studien zwischen dem Gewerkschaftswesen des Dritten Reiches und der DDR können bisher nur die Veröffentlichungen von Sebastian Simsch genannt werden, der mittels Lokalstudien nachzuweisen versuchte, dass das Handeln vieler gewerkschaftlicher Akteure nach 1945 nicht mit den Strukturen der SBZ/DDR, sondern vielmehr als Resultat der in der nationalsozialistischen Gesellschaft erworbenen Sozialisation erklärt werden muss.[18]

Die Machthaber des Dritten Reiches erkannten die Unzulänglichkeiten der Urlaubspolitik der Weimarer Republik und sahen vor allem Handlungsbedarf auf dem Gebiet der bezahlten Jahresfreizeit. So ergab eine Umfrage der NS-Arbeiterfunktionäre in den Berliner Siemenswerken im Jahr 1933, dass von 42.000 befragten Arbeitern 28.500 noch nie einen Urlaub jenseits des Berliner Raums verbracht hatten und auch die übrigen Freizeitbeschäftigungen äußerst bescheiden waren.[19] Die Ergebnisse der Befragung suggerierten einen latenten Bedarf seitens der Arbeitnehmer.

---

[14] Vgl. Fromann, Bruno: „Reisen im Dienste politischer Zielsetzungen – Arbeiterreisen und ‚Kraft durch Freude'-Fahrten", Stuttgart 1992, S. 12 ff.

[15] Vgl. Schallenberg, Claudia: „KdF: Kraft durch Freude. Innenansichten der Seereisen", Bremen 2005, S. 14–83.

[16] Vgl. Weiß, Hermann: „Ideologie der Freizeit im Dritten Reich. Die NS-Gemeinschaft ‚Kraft durch Freude'", in: Archiv für Sozialgeschichte 33, 1993, S. 289–303.

[17] Vgl. Mason, Timothy W.: Sozialpolitik im Dritten Reich. Arbeiterklasse und Volksgemeinschaft", Opladen 1977, S. 200 ff.

[18] Vgl. Simsch, Sebastian: „Aufgeschlossenheit und Indifferenz. Deutsche Arbeiterinnen und Arbeiter, Deutsche Arbeitsfront und Freier Deutscher Gewerkschaftsbund 1929–1962", in: Peter Hübner und Tenfelde (Hg.): Arbeiter in der SBZ-DDR, S. 751–786; Simsch, Personelle Grenzen, S. 241–254.

[19] Vgl. Mason, Sozialpolitik im Dritten Reich, S. 183 f.

2. Urlaubsanspruch von Arbeitnehmern 1933–1945

Die Nationalsozialisten stießen in die touristische Bedarfslücke, denn mit der Urlaubsreise ließ sich die von den neuen Machthabern verkündete Brechung bürgerlicher Privilegien am wirkungsvollsten demonstrieren. Den ideologischen Hintergrund bildete hier die propagierte Volksgemeinschaft. Im Fremdenverkehrsbereich ließ sich dies wirkungsvoller demonstrieren, ohne die volkswirtschaftlichen Möglichkeiten überzustrapazieren. So wurden staatlich organisierte KdF-Fahrten zu einem erstaunlichen Propagandaerfolg, der bis heute nachwirkt.

Erstmals wurden im NS-Staat einheitliche Gesetze erlassen, die den Urlaubsanspruch deutscher Arbeitnehmer regelten. So hat das Regime bis 1937 die Urlaubsregelungen weitgehend vereinheitlicht und einen sechs- bis zwölftägigen bezahlten Jahresurlaub eingeführt.[20] Zuvor waren bereits regional und sektoral unterschiedliche Verbesserungen durchgesetzt worden, die im Bereich der Industrie beispielsweise eine Verdoppelung der bezahlten Freizeit von drei auf sechs Tage bewirkt hatte. Eine Verlängerung des bezahlten Urlaubs schien selbst den Skeptikern der nationalsozialistischen Sozialpolitik als ein geringer Preis für die Ausschaltung der Gewerkschaften und Arbeiterparteien. Während vor dem Machtantritt der Nationalsozialisten der Urlaub für die große Mehrheit der Arbeiter noch völlig unzureichend war oder gar kein Urlaub gewährt wurde, hatte das Recht auf Urlaub bei Kriegsbeginn bereits den Charakter eines Gewohnheitsrechts angenommen, welches sich die Arbeiterschaft nun nicht mehr streitig machen ließ. So musste das Regime von der vorgesehenen Außerkraftsetzung der gesetzlichen Urlaubsbestimmungen in der Kriegswirtschaftsverordnung absehen.

Mit der gesetzlichen Regelung, die für viele Arbeitnehmer mit einer Verlängerung des Jahresurlaubs verbunden war, schufen die Nationalsozialisten die Voraussetzung für die Partizipation am touristischen Geschehen. Außerdem sollte der Anspruch auf bezahlte Freizeit als Mittel zur Hebung des Lebensstandards dienen, da man eine Hebung des Lohnniveaus aus volks- und rüstungswirtschaftlichen Gründen vermeiden wollte.[21] Die Gewährung von bezahlter Freizeit, verbunden mit den propagandistisch ausgeschlachteten Freizeit- und Urlaubsangeboten der Organisation „Kraft durch Freude",

---

[20] Vgl. Spode, Hasso: „Der deutsche Arbeiter reist.", in: Gerhard Huck (Hg.): Sozialgeschichte der Freizeit. Untersuchungen zum Wandel der Alltagskultur in Deutschland, Wuppertal 1984, S. 290.

[21] Um die Rüstungspolitik zu finanzieren, konnte man das allgemeine Lohnniveau nicht anheben. Deshalb blieb nur der Weg einer Popularisierung und Verbilligung von Konsumartikeln (Volksempfänger, Volkswagen, KdF-Fahrten), um die sozialpolitischen Versprechen des Regimes nicht gänzlich ad absurdum zu führen. – Vgl. Siegel, Tilla: „Lohnpolitik im nationalsozialistischen Deutschland", in: Carole Sachse u.a. (Hg.): Angst, Belohnung, Zucht und Ordnung. Herrschaftsmechanismen im Nationalsozialismus, Opladen 1982, S. 54–132.

boten dem nationalsozialistischen Regime erheblich bessere Möglichkeiten als beispielsweise eine Erhöhung der Realeinkommen der Arbeitnehmer. Die indirekte Lohnerhöhung in Form von bezahlten Urlaubstagen wurde vom Reichsarbeitsministerium auf ein bis zwei Prozent der Jahreslohnsumme beziffert und fiel damit äußerst moderat aus.[22]

Die Forderungen nach Reisemöglichkeiten für alle Arbeitnehmer, die in den 1920er Jahren erstmals erhoben worden waren, wurden von den Nationalsozialisten nach 1933 aufgegriffen und politisch geschickt instrumentalisiert. In der nationalsozialistischen Sozialdemagogie nahm der Arbeiterurlaub deshalb einen vorderen Platz ein, denn hier konnte die propagierte Volksgemeinschaft sinnlich erfahren werden und ein sichtbarer Beweis für die Brechung bürgerlicher Privilegien erbracht werden. Eine Vorlage hierzu bildete die 1925 in Italien gegründete Organisation „Dopolavoro", deren Ziele und Organisationsstrukturen sich allerdings deutlich von denen des KdF unterschieden. Dem ständischen Aufbau des italienischen Vorbildes setzten die Nationalsozialisten das Konzept der Volksgemeinschaft entgegen.[23] Dennoch hat Robert Ley, der an der Spitze der Deutschen Arbeitsfront stand und während eines Italienaufenthaltes 1929 das italienische Freizeitwerk Mussolinis kennen gelernt hatte, mit den Erfolgen des italienischen Freizeit-Managements argumentiert.[24]

Für die nach der Zerschlagung der deutschen Gewerkschaften im Mai 1933 gegründete Einheitsorganisation DAF als Trägerorganisation bildete „Kraft durch Freude" das politisch wirkungsvollste Betätigungsfeld. Bereits der Name der Freizeitorganisation charakterisiert eine der wichtigsten Komponenten der nationalsozialistischen Gesellschaftsideologie.[25] Die Frage des Arbeiterurlaubs bildete das Musterbeispiel der Umsetzung des Programms, die Voraussetzungen für die Aufrechterhaltung des sozialen Friedens und die Erhöhung der Arbeitsleistung zu liefern und durch organisatorische und propagandistische Maßnahmen in den Vordergrund zu rücken.

Im Unterschied zu den ersten Arbeiterreisen in der Weimarer Republik ging es nach 1933 nicht nur um Erholung und Freizeitvergnügen, sondern die Regeneration der Arbeitskraft bildete eine Kernfunktion der KdF-Reisen im Dritten Reich. Die Nationalsozialisten wendeten hier Ansätze zur Ratio-

---

[22] Vgl. Mason, Timothy W.: „Arbeiterklasse und Volksgemeinschaft. Dokumente und Materialien zur deutschen Arbeiterpolitik 1936–1939", Opladen 1975, S. 1252 und 1263.
[23] Vgl. Fromann, Reisen im Dienste politischer Zielsetzungen, S. 105 f.
[24] Vgl. Mason, Sozialpolitik im Dritten Reich, S. 110.
[25] Ursprünglich sollte die Organisation den nichtssagenden Namen „Nach der Arbeit", entsprechend der wörtlichen Umsetzung der italienischen Organisation, erhalten. – Vgl. Mason, Sozialpolitik im Dritten Reich, S. 183.

nalisierung der Freizeit als Strategie zur Leistungssteigerung an und versuchten auf diesem Wege beispielsweise, den Arbeitgebern die neue gesetzliche Urlaubsregelung schmackhaft zu machen.[26]

Anspruch und Wirklichkeit klafften im Bereich der Urlaubsgestaltung, wie auch bei vielen anderen sozialpolitischen Forderungen und Ankündigungen der nationalsozialistischen Propaganda, jedoch weit auseinander. De facto profitierte nur eine kleine Minderheit der Arbeiterschaft tatsächlich von den Reiseangeboten der Organisation KdF. Dennoch erreichte die, für heutige Verhältnisse bescheidene, Popularisierung des Fremdenverkehrs eine ungeheure propagandistische Wirkung und ging quantitativ über die bescheidenen Angebote der Zeit vor 1933 hinaus. Zum ersten Mal konnte eine nennenswerte Zahl von Arbeitern eine Urlaubsreise unternehmen. „Die Tür zur exklusiven Welt touristischen Erlebens hatte sich einen Spalt breit geöffnet"[27], wie der Tourismusforscher Hasso Spode treffend konstatierte.

Mit der zunehmenden Konsolidierung des NS-Regimes nahm die Bedeutung des initiierten Massentourismus als Instrument einer integrativen Sozialtechnik jedoch ab. Die KdF-Reisen büßten nach der ersten Euphorie viel von ihrem sensationellen Charakter ein und die Bewertung des Alltags rückte wieder in den Vordergrund der Beurteilung des nationalsozialistischen Regimes. Hasso Spode unterscheidet deshalb zwischen einer Sensationsphase bis etwa 1937 und einer sich daran anschließenden Gewöhnungs- und Konsolidierungsphase des KdF-Tourismus.[28]

Aus diesem Grund stagnierte der NS-Arbeitertourismus, Prunkstück der NS-Sozialpolitik, in den beiden Vorkriegsjahren. Die Preise stiegen 1938 und 1939 deutlich an und die Zahl der vermittelten touristischen Leistungen verharrte, nach den rasanten Zuwachsraten der ersten Jahre, auf dem gleichen Niveau. Letztendlich hatte sich die Neuregelung und Neugestaltung der Jahresfreizeit als untaugliches Mittel zur Integration von Arbeiterschichten in den NS-Staat erwiesen.

Die Organisation KdF deckte ca. 10% des Bedarfs des damaligen Gesamttourismus in Deutschland ab und musste sich mit der Konkurrenz des Gast- und Reisebürogewerbes messen, ein großer Unterschied zum Feriendienst der FDGB.

---

[26] Vgl. Maase, Kaspar: „Grenzenloses Vergnügen", Frankfurt 1997, S. 192.
[27] Spode, Arbeiterurlaub im Dritten Reich, S. 305.
[28] Vgl. Spode, Hasso: „Die NS-Gemeinschaft ‚Kraft durch Freude' – Ein Volk auf Reisen?", in: Zur Sonne, zu Freiheit. Beiträge zur Tourismusgeschichte, Berlin 1991, S. 79–94, hier S. 87.

III. Geschichte des FDGB-Feriendienstes

1. Hintergründe

Die Gründung eines gewerkschaftseigenen Feriendienstes setzte zunächst die Gewährung von arbeitsfreien Tagen bei vollem Lohnausgleich voraus. Diese tarifpolitische Forderung konnte zwar an einige erste Bemühungen in den 1920er Jahre anknüpfen, war aber im Gegensatz zu anderen Gewerkschaftsforderungen, die sich auf Einkommenserhöhungen und Sozialleistungen bezogen, relativ schwach ausgeprägt. Die Initiative für einen bezahlten Urlaubsanspruch ging nach dem Ende des Zweiten Weltkriegs deshalb vor allem von politischen Kräften, weniger von Gewerkschaftsvertretern, aus. So verfügte die sowjetische Militäradministration bereits 1946 einen Anspruch auf bezahlten Urlaub, der später in der DDR-Verfassung verankert und 1951 in einem entsprechenden Rahmengesetz festgesetzt wurde. Seit 1965 hatte jeder Werktätige einen Anspruch auf mindestens zwölf Tage, seit 1967 auf fünfzehn Tage Urlaub. Im Vergleich hierzu erfolgte in der Bundesrepublik erst im Jahr 1963 eine bundeseinheitliche gesetzliche Urlaubsregelung, zuvor hatte es länderspezifische Regelungen und Festlegungen gegeben.[1] Der Osten Deutschlands nahm also bezogen auf den gesetzlichen Urlaubsanspruch eine Vorreiterrolle ein.

Angesichts der gesetzlichen Regelungen des Urlaubsanspruchs hat die DDR bei der Entprivilegierung des Reisens zunächst größere Fortschritte erzielt als der westliche Teil Deutschlands. Aber nicht nur bei der gesetzlichen Regelung eines Urlaubsanspruches, sondern auch bei dessen Ausgestaltung zeigte sich der Osten Deutschlands zunächst deutlich ambitionierter. Während der gewerkschaftsorganisierte Urlaub im Westen Deutschlands sich nur langsam entwickelte und keinesfalls Breitenwirkung erzielen konnte, knüpfte der Freie Deutsche Gewerkschaftsbund der Ostzone und späteren DDR erfolgreich an verschiedene sozialtouristische Modelle der Vorkriegszeit an. Pate standen zudem Vorbilder in der Sowjetunion. Nach sowjetischem Vorbild wurden beispielsweise Arbeitnehmer über die Gewerkschaftsbewegung zur Erholung geschickt. Hiervon profitierten im ersten Nachkriegsjahr zwar nur rund 7.000 Urlauber, aber deren Zahlen stiegen in den folgenden Jahren rasant an.

---

[1] Vgl. Hachtmann, Rüdiger: „Tourismusgeschichte", Göttingen 2007, S. 141.

1. Hintergründe

In der 1949 gegründeten DDR war das Reisen von vornherein dem Sozialgedanken verpflichtet worden. Über den Rahmen bürgerlicher Kreise hinaus sollten prinzipiell alle sozialen Schichten, vor allem aber die Arbeiterschaft, daran partizipieren. Aus diesem Grund wurde das sozialtouristische Angebot des Arbeiter- und Bauernstaates zunächst vornehmlich über den Freien Deutschen Gewerkschaftsbund und dessen Feriendienst abgewickelt.[2] Die nach dem Krieg im Ostteil Deutschlands energischer als in der Bundesrepublik angegangene soziale Umschichtung wurde hier verdeutlicht, indem die ehemalige Monopolstellung des Bürgertums in Bezug auf die touristische Partizipation gebrochen wurde.

Mit der Beauftragung des Gewerkschaftsbundes, die sozialtouristische Entwicklung organisatorisch abzudecken, verbanden sich verschiedene Vorteile. Zum einen verfügten die Gewerkschaften bereits über institutionelle Mechanismen, infrastrukturelle Einrichtungen und qualifizierte Mitarbeiter, um den enormen Verwaltungsbedarf sicherzustellen. Zum anderen konnte eine gewerkschaftseigene Organisation das touristische Angebot viel schneller und unmittelbarer an die Arbeitnehmerschaft herantragen als andere mögliche Organisationsformen. Außerdem entsprach ein gewerkschaftseigener Feriendienst den klassenkämpferischen Forderungen sowie dem gesellschaftspolitisch auf die Werktätigen orientierten Hegemoniestreben des sozialistischen Staates: „Das einheitliche Kur- und Erholungswesen – unter Leitung der Gewerkschaften – entspricht den gesellschaftlichen Verhältnissen unserer Republik. [...] und beweist bereits jetzt die grundsätzliche Überlegenheit gegenüber Westdeutschland, ist eine große Errungenschaft der deutschen Arbeiterklasse und damit ein Vorbild für ganz Deutschland"[3], hieß es rückblickend in einer 1959 formulierten Zusammenfassung der Entwicklung des gewerkschaftlich organisierten Sozialtourismus in der DDR.

Der Feriendienst des FDGB war von Beginn an hoch subventioniert und bewegte sich in einem Markt, auf dem private Reisevermittler, Urlaubsanbieter und Beherbergungsbetriebe nahezu völlig marginalisiert wurden. Die Vergesellschaftung von Produktionsmitteln sowie der erstrebte Übergang von Privat- zu Kollektiveigentum konnte somit auch im Bereich des Fremdenverkehrs ermöglicht werden.

---

[2] Vgl. Bähre, Heike: „Tourismuspolitik in der Systemtransformation. Eine Untersuchung zum Reisen in der DDR und zum ostdeutschen Tourismus im Zeitraum 1980–2000", Berlin 2003, S. 86.
[3] Programm für die Entwicklung des Kur- und Erholungswesens der Gewerkschaften im Siebenjahresplan der DDR von 1959–1965, Bundesvorstand des FDGB, 22.08.1959, Bestandssignatur DY34, Archiv-Nr. 26086, Bundesarchiv Berlin, S. 4.

2. Gründung des Feriendienstes

Ein gewerkschaftseigener Feriendienst entstand 1947 und setzte Traditionen des Ferienheimwesens der deutschen Gewerkschaftsbewegung in der Zeit der Weimarer Republik wieder in Gang.[4] Die Gewerkschaftsorganisation in der sowjetischen Besatzungszone beziehungsweise DDR hatte die Idee des preiswerten Erholungsurlaubs für Arbeitnehmer daher fast unmittelbar nach Kriegsende wieder aufgegriffen. Unter dem Motto „Die Kurorte gehören den Werktätigen" wurde die Sozialisierung des Erholungswesens vorbereitet, denn der Feriendienst „hatte maßgeblichen Anteil an der sozialistischen Umgestaltung im Erholungswesen. Es ging um die Schaffung von Erholungsmöglichkeiten, die primär der Arbeiterklasse zur Verfügung zu stellen waren und von ihr genutzt werden sollten."[5] Zunächst bestand die Hauptaufgabe des FDGB-Feriendienstes darin, den Gewerkschaftsmitgliedern durch Zuschüsse eine Erholungsreise zu ermöglichen. Profitiert haben von dieser Möglichkeit in den Anfangsjahren vor allem kinderreiche Werktätige sowie Aktivisten, die sich durch besondere Leistungen als verdienstvolle Arbeitnehmer qualifiziert hatten. Der Umfang des Ferienangebots blieb zunächst eng begrenzt. In zehn gewerkschaftseigenen Heimen standen knapp 500 Ferienplätze zur Verfügung, die 17.500 Urlaubern Platz boten.[6] Hinzu kamen zahlreiche Plätze in Privatunterkünften, die vertraglich an den FDGB-Feriendienst gebunden waren.

Bereits ein Jahr nach der Gründung des Feriendienstes wurde der rasche Ausbau gefordert. Der stellvertretende Gewerkschaftsvorsitzende Göring rechtfertigte diese Forderung mit dem Argument des Erhalts und der Regeneration der Arbeitskraft.[7] Wirtschafts- und Sozialpolitik wurden hier be-

---

[4] Dies bezieht sich ausschließlich auf die sowjetisch besetzte Zone. In den Westzonen hatten die Gewerkschaften nur wenig Handlungsspielraum für eine mögliche Ausgestaltung eines Sozialtourismus, da dem Gewerkschaftsbund das Ferienheimnetz aus der Weimarer Zeit als touristisches Grundkapital zunächst nicht zur Verfügung stand und zudem kommerzielle Anbieter bereits ab 1948 die ersten Billigreisen durchführten. Damit waren Fakten geschaffen, die den westdeutschen Gewerkschaften als potentiellen Trägern sozialtouristischer Einrichtungen keine mit dem Gewerkschaftsbund der Ostzone vergleichbaren Möglichkeiten zur Re-Etablierung und expansiven Ausgestaltung eines Sozialtourismus gab. – Vgl. Keitz, Reisen als Leitbild, S. 274.

[5] Filler, Anton: „Der Stand und die Entwicklung des gewerkschaftlichen Erholungswesens", gedruckt und herausgegeben für den innerschulischen Gebrauch an der Gewerkschaftshochschule „Fritz Heckert", Bernau 1979, S. 13.

[6] Vgl. Tietze, Gerhard: „Die Sozialpolitik in der DDR – wichtiges Aufgabengebiet der Gewerkschaften", Berlin 2002, S. 27.

[7] Vgl. Referat Göring vom 6.10.1948 über Sozialpolitische Aufgaben im Rahmen der Wirtschaftspläne, S. 1 und 8, Bestandssignatur DY34, Archiv-Nr. 26804, Bundesarchiv Berlin.

2. Gründung des Feriendienstes

reits zu einer strategischen Einheit zusammengefasst. Sein auf der Gewerkschaftstagung im April 1949 verkündetes Ziel, im gleichen Jahr insgesamt 300.000 Beschäftigten einen Ferienplatz anbieten zu können, dürfte der Feriendienst jedoch nicht erreicht haben.[8]

Im November 1951 hatte die erste Arbeitstagung des FDGB-Feriendienstes beschlossen, das Erholungswesen der Gewerkschaft grundlegend auszubauen. Hiermit war vor allem der Ausbau einer gewerkschaftseigenen touristischen Infrastruktur gemeint, um einerseits das Angebot zu erweitern. In der Entschließung der 1. Arbeitstagung des Feriendienstes des FDGB am 08./09.11.1951 in Oberhof heißt es: „Der Feriendienst der Gewerkschaften hat die Aufgabe, für die Werktätigen, insbesondere für die Produktionsmitarbeiter, einen organisierten Erholungsurlaub zu vermitteln."[9] Andererseits sollte durch den geplanten Ausbau gewerkschaftseigener Ferieneinrichtungen der in den Anfangsjahren sehr hohe Anteil an Plätzen in Privatunterkünften reduziert werden. Dies zielte auf die politisch gewünschte Zerschlagung privatwirtschaftlicher Strukturen, sollte aber auch die ideologischen Zugriffsmöglichkeiten auf den urlaubenden Werktätigen erhöhen. In einer 1959 erstellten Studie heißt es hierzu: „Gegenüber den eigenen Einrichtungen bleiben die Vertragseinrichtungen zurück. Die Ursache für dieses Zurückbleiben ist in der ungenügenden Kenntnis der Perspektive der Vertragspartner im Sozialismus zu suchen."[10] In der Kooperation mit Betreibern von Pensionen und kleinen Hotels sowie den Anbietern von Privatunterkünften sahen Gewerkschaftsvertreter deshalb lediglich eine Übergangslösung und keine dauerhafte Einrichtung.[11]

Dem Feriendienst standen zunächst einige Ferienheime zur Verfügung, die bereits in den 1920er Jahren den Gewerkschaften gehört hatten [danach der Deutschen Arbeitsfront/KdF, u. a. an der Ostsee und im Erzgebirge] und nun von der sowjetischen Besatzungsmacht an die Arbeitnehmerorgani-

---

[8] Vgl. Werum, Gewerkschaftlicher Niedergang, S. 221.

[9] „Werktätige schaffen für Werktätige Urlaubsfreuden", Entschließung der 1. Arbeitstagung des Feriendienstes des FDGB am 08./09.11.1951 in Oberhof, zitiert in: Krumbholz, Zur Geschichte des Sozialtourismus, S. 68.

[10] Programm für die Entwicklung des Kur- und Erholungswesens der Gewerkschaften im Siebenjahresplan der DDR von 1959–1965, Bundesvorstand des FDGB, 22.08.1959, Bestandssignatur DY34, Archiv-Nr. 26086, Bundesarchiv Berlin, S. 7.

[11] De facto hat der Feriendienst des FDGB jedoch bis 1989 mit Anbietern von Privatunterkünften zusammengearbeitet, um mehr Betten in touristisch attraktiven Gebieten der DDR zur Verfügung stellen zu können. Der Anteil dieser durch den Feriendienst vermittelten Privatunterkünfte war jedoch ab den 1970er Jahren im Vergleich zu den Bettenzahlen der neu entstandenen Ferienanlagen marginal und stellte, im Gegensatz zur Situation in den frühen 1950er Jahren, nur einen Bruchteil des Gesamtangebots.

sationen rückübertragen wurden. Hinzu kamen enteignete Objekte; im Jahr 1948 übergab die Sowjetische Militäradministration dem Gewerkschaftsbund eine Reihe enteigneter Villen, Schlösser und Pensionen.[12] So standen dem FDGB 1951 bereits 46.000 Betten zur Verfügung und die Gästezahl erreichte runde 400.000. Durch die Aktion „Rose" im Jahr 1953, die Enteignung privater Pensionen und Hotelbetriebe an der Ostseeküste, konnte die Zahl der Betten nochmals erheblich gesteigert werden und bereits Mitte der 1950er Jahre überschritt die Zahl der vergebenen Reisen die Millionengrenze.[13] Damit hatte sich der FDGB-Feriendienst innerhalb weniger Jahre zum größten Erholungsträger der DDR entwickelt.

Tabelle 1
Entwicklung des FDGB-Feriendienstes bis 1962[14]

Jahr	Erholungsheime	Vertragshäuser	Anzahl der Erholungsaufenthalte
1947	10	–	17.500
1951	158	–	400.000
1954	317	–	998.000
1959	352	868	1.153.000
1961	420	796	1.245.000
1962	420	796	1.250.000

Aber nicht nur die Zahl der zur Verfügung stehenden Betten stieg in den 1950er Jahren rasant an, sondern auch der finanzielle Zuschuss aus dem Staatshaushalt, der die sozialtouristische Expansion erst ermöglichte. Insbesondere nach den Ereignissen des 17. Juni 1953 versuchte die SED-Führung, auf diesem Gebiet bei den Arbeitern verlorenes Ansehen zurück zu gewinnen. So erhöhte sich die Subventionierung der gewerkschaftlich organisierten Urlaubsreisen zwischen 1952 und 1955 von 13,8 auf 33 Millionen Mark.[15]

---

[12] Vgl. Selbach, Claus-Ulrich: „Reise nach Plan. Der Feriendienst des Freien Deutschen Gewerkschaftsbundes", in: Endlich Urlaub. Die Deutschen reisen. Begleitbuch zur Ausstellung im Haus der Geschichte der Bundesrepublik Deutschland in Bonn, Köln 1996, S. 61–76, hier S. 66.

[13] Vgl. Spode, Hasso: „Goldstrand und Teutonengrill. Kultur- und Sozialgeschichte des Tourismus in Deutschland 1945–1989", Berlin 1996, S. 16.

[14] Quelle: Eigene Darstellung nach Sekretariatsvorlage, Bundesvorstand des FDGB, 7.6.1962, Bestandssignatur DY34, Archiv-Nr. 24688, Bundesarchiv Berlin.

3. Die Aktion Rose

Zwischen dem 10. Februar und dem 10. März 1953 fand an der Ostseeküste der DDR eine groß angelegte Enteignungsaktion von Pensions- und Hotelbetreibern statt, die ihre touristischen Einrichtungen bisher privatrechtlich geführt hatten. Den Schwerpunkt der Aktion bildeten die Inseln Rügen und Usedom. Zunächst wurden mehrere hundert Betriebe überprüft, um in einem zweiten Schritt die Besitzer der Objekte mittels aufgebauter Droh- und Strafkulisse zu enteignen. Hierzu zählten Vorwürfe der Steuerhinterziehung, des illegalen Einführens von Westwaren, Preisvergehen oder des Hortens von Lebensmitteln.

Umgesetzt wurde die Aktion von Juristen aus Rostock, Leipzig und Berlin sowie Polizeischülern aus Sachsen, die eigens an die Ostsee beordert worden waren, da die federführenden Verantwortlichen sich nicht auf die Zuverlässigkeit der örtlichen Behörden verlassen wollten. Der Feriendienst des FDGB war an dieser staatlichen Zwangsmaßnahme nicht direkt beteiligt, profitierte aber erheblich von den enteigneten Objekten, die nun direkt von den Gewerkschaften betrieben wurden.[16]

Als Ergebnis der Strafaktion der DDR-Justiz wurden 440 Hotels und Pensionen sowie 181 Restaurants und Häuser beschlagnahmt.[17] Im Ergebnis wurden die Einrichtungen für einen privaten Fremdenverkehr an der Ostseeküste nahezu flächendeckend verdrängt. Der Prozess der Vergesellschaftung des Fremdenverkehrs, eine Überführung von privatrechtlichen in volkswirtschaftliche Strukturen, hatte aber nicht nur Auswirkungen auf die Anbieter, sondern auch auf die Nachfrager touristischer Dienstleistungen. Das private Fremdenverkehrsgewerbe der Ostseeregion war durch die Aktion „Rose" entscheidend getroffen worden, sodass auch hier die Ideologen dem avisierten Ziel einer Durchsetzung von Urlaub als kollektiver Angelegenheit näher kamen.

Statt des bürgerlichen Klientels, welches bis dahin die privat betriebenen Übernachtungsangebote genutzt hatte, wurden nun vor allem Gewerkschaftsmitglieder in den Pensionen und Hotels untergebracht und veränderten die Gästestruktur nachhaltig. Auch in diesem Bereich wurde das bürgerliche Privileg einer Urlaubsreise durch die Idee des Sozialtourismus für alle ersetzt. Die Aktion „Rose" hatte deshalb nicht nur Auswirkungen auf den

---

[15] Vgl. Herbst, Andreas, Winfried Ranke und Jürgen Winkler: „So funktionierte die DDR", Band 1 Lexikon der Organisationen und Institutionen, Reinbek bei Hamburg 1994, S. 272.
[16] Vgl. Müller, Klaus: „Die Lenkung der Strafjustiz durch die SED-Staats- und Parteiführung der DDR am Beispiel der Aktion Rose", Frankfurt am Main u. a. 1995, S. 17 f.
[17] Vgl. Müller, Lenkung der Strafjustiz, S. 18.

Fremdenverkehr an der Ostsee, sondern trug auch zu einer Egalisierung der DDR-Gesellschaft bei. Die federführende SED-Bezirksleitung Rostock stellte abschließend fest, dass durch die Maßnahmen der Aktion ‚Rose' die Voraussetzungen geschaffen wurden, um die Badeorte zu „wirklichen Erholungsstätten"[18] zu machen.

Die angestrebte Vergesellschaftung von touristischen Infrastrukturen sowie die Veränderung der Gästestruktur hatten aber nicht erst 1953 begonnen. Einige der Pensionsbetreiber hatten ihr Haus auch schon zuvor für FDGB-Gäste geöffnet und waren dem Gewerkschaftsbund durch Verträge verpflichtet. Durch den jetzt möglichen Direktzugriff auf die Ferienobjekte hatte der FDGB jedoch einen wesentlich unmittelbareren und effizienteren Einfluss auf die Ausgestaltung des Urlaubs sowie die Zusammensetzung der Gästestruktur.

4. Die 1960er Jahre

Der 1959 in Kraft getretene Sieben-Jahres-Plan der DDR sah für das Jahr 1965 eine Überholung der Bundesrepublik auf dem Gebiet der Wirtschaftsleistung sowie des Lebensstandards der Bevölkerung des Arbeiter-und-Bauern-Staates vor. Dieses Ziel wollte die DDR-Führung auch im Bereich der touristischen Entwicklung erreichen, so dass zunächst sehr ambitionierte Ziele beim Aufbau des gewerkschaftlich organisierten Sozialtourismus gesteckt wurden.[19] Allerdings wurde der Plan auf dem VI. Parteitag der SED ad acta gelegt und die bisher verfolgte Wirtschaftsstrategie durch die Wirtschaftsreformen des „Neuen ökonomischen Systems der Planung und Leitung der Volkswirtschaft" NÖS ersetzt.[20] Am Ziel einer Erhöhung des Lebensstandards der DDR-Bevölkerung wurde aber festgehalten und der Arbeiter-und-Bauern-Staat sollte auch auf dem Gebiet des Sozialtourismus zum „sozialistischen Schaufenster" herausgeputzt werden.[21]

In den frühen 1960er Jahren setzte, bedingt durch volkswirtschaftliche Schwierigkeiten und die letztendliche Absage an die ambitionierten Ziele des Sieben-Jahres-Plans[22], eine gewisse Stagnation hinsichtlich des Ausbaus

---

[18] Zitiert in: Selbach, Reise nach Plan, S. 67.
[19] Vgl. Programm für die Entwicklung des Kur- und Erholungswesens der Gewerkschaften im Siebenjahresplan der DDR von 1959–1965, Bundesvorstand des FDGB, 22.08.1959, Bestandssignatur DY34, Archiv-Nr. 26086, Bundesarchiv Berlin.
[20] Vgl. Roesler, Jörg: „Zwischen Plan und Markt. Die Wirtschaftsreform 1963–1970 in der DDR", Berlin 1990, S. 15 ff.
[21] Vgl. Nakath, Detlef: „Zur Geschichte der deutsch-deutschen Handelsbeziehungen", in: Hefte zur DDR-Geschichte 4, Berlin 1993, S. 25.

4. Die 1960er Jahre

des FDGB-Feriendienstes ein, sodass im Zeitraum 1960 bis 1971 nur zwanzig neue Ferienheime gebaut wurden.[23] Die Kapazitätsbindung durch den Ausbau der Grenzbefestigungsanlagen sowie der Modernisierung der Industrie trugen zu dieser Entwicklung bei, denn die Mittel innerhalb des Staatshaushalts wurden zugunsten dieser Aufgaben umverteilt. Die Festlegung des Präsidiums des FDGB vom 7. September 1959, bis zum Jahr 1965 die Zahl der Ferienplätze von rund 1,15 auf 1,4 Millionen zu erhöhen, konnte nicht umgesetzt werden, da die aus dem Staatshaushalt für die notwendigen Investitionen zugesagten Mittel in Höhe von 97,2 Millionen Mark auf eine Million Mark jährlich reduziert wurden. Der Eigenanteil des Gewerkschaftsbundes für Erweiterungsinvestitionen betrug 27 Millionen Mark.[24] Auch die Zuschüsse für den Urlaubsbetrieb gingen in den frühen 1960er Jahren zurück.

Die Umschichtungen in den öffentlichen Kassen hatten nicht nur Folgen für die Investitionstätigkeit, sondern auch für die Angebotspalette des Feriendienstes. So standen 1962 rund 82 Millionen Mark für die Subventionierung der Ferienschecks zur Verfügung, 1963 hingegen reduzierte sich dieser Betrag um mehr als ein Viertel auf 60 Millionen Mark.[25] Als Ergebnis der geänderten fiskalpolitischen Prioritätensetzung sank die Zahl der vergebenen Ferienreisen bis 1965 um 70.000. Konnte 1956 noch jedem fünften Gewerkschaftsmitglied ein Ferienscheck ausgestellt werden, stand 1968 laut Statistik nur noch ein Scheck für 6,2 Mitglieder zur Verfügung.[26]

Ein Erklärungsgrund hierfür besteht in der Tatsache, dass der Gewerkschaftsbund zu Beginn der 1960er versucht hat, die geringer ausfallenden Zuschüsse aus dem Staatshaushalt über eine höhere Beteiligung der Mitglie-

---

[22] Die Schwierigkeiten wurden vor allem durch die Aufkündigung des innerdeutschen Handels seitens der Bundesrepublik verursacht, welche die DDR wirtschaftlich in eine Notlage brachte. Zudem schwoll die Zahl der Flüchtlinge 1960 wieder auf über 200.000 an, ein personeller Aderlass, der nur durch den Bau der Mauer zu stoppen war. Die Regierung Ulbricht reagierte mit Wirtschaftsreformen, die marktwirtschaftliche Elemente in der planwirtschaftlich geführten Ökonomie der DDR zuließ. In diesem Zusammenhang wird deutlich, dass für wirtschaftlich wenig relevante Projekte wie den Ausbau des Sozialtourismus zu Beginn der 1960er Jahre wenig finanzielle Mittel zur Verfügung standen. – Vgl. Roesler, Zwischen Plan und Markt, S. 17 ff.
[23] Biskupek, Matthias und Mathias Wedel: „Urlaub, Klappfix, Ferienscheck. Reisen in der DDR", Berlin 2003, S. 44.
[24] Vgl. Sekretariatsvorlage, Bundesvorstand des FDGB, 7.6.1962, Bestandssignatur DY34, Archiv-Nr. 24688, Bundesarchiv Berlin.
[25] Vgl. „Alle wollen an die Ostsee reisen. Staatlich kontrollierter Urlaub in Ostdeutschland", in: Tagesspiegel, 23. Mai 1963.
[26] Vgl. Präsidiumsvorlage Konzeption Entwicklung Feriendienst für den Zeitraum 1968–1980, 21.08.1968, Bestandssignatur DY34, Archiv-Nr. 24806, Bundesarchiv Berlin, Anlage 1.

der an den tatsächlich entstehenden Kosten auszugleichen. Um die finanziellen Konsequenzen für die Gewerkschaftsmitglieder abzumildern, wurde 1963 die Einführung eines „Zwecksparens" erwogen, wobei die Gewerkschaftsmitglieder einen monatlichen Betrag für die von der Gewerkschaftsleitung verwaltete Urlaubskasse zurücklegen sollten.[27] Neben den Veränderungen bei der finanziellen Ausstattung des Feriendienstes lässt sich noch ein weiterer Grund für den Rückgang der Ferienreisen in den 1960er Jahren anführen: Durch den Bau der Berliner Mauer sowie den Ausbau der Grenzanlagen zur Bundesrepublik zu Beginn der 1960er Jahre sind insgesamt 52.367 Ferienplätze weggefallen, da sie sich im grenznahen Bereich befanden oder zu Anlagen für militärische Zwecke umgenutzt wurden.[28]

Tabelle 2
Quantitative Entwicklung des gewerkschaftlichen Sozialtourismus in der DDR[29]

Jahr	Vorhandene Betten	Bereitgestellte Reisen
1959	92.510	1.153.000
1960	95.217	1.180.000
1961	96.776	1.245.740
1962	95.251	1.260.000
1963	96.272	1.289.000
1964	96.433	1.189.150
1965	94.182	1.118.363
1966	90.067	1.136.194
1967	87.852	1.133.047
1968	91.078	1.181.467

Das Jahr 1965 markiert die Talsohle in der quantitativen Entwicklung des gewerkschaftlichen Sozialtourismus in der DDR, da man sich in der zweiten Hälfte der 1960er Jahre wieder verstärkt dem Tourismus als Teil

---

[27] Vgl. Präsidiumsvorlage, Bundesvorstand des FDGB, 12.06.1963, Bestandssignatur DY34, Archiv-Nr. 24688, Bundesarchiv Berlin.
[28] Vgl. Sekretariatsvorlage, Bundesvorstand des FDGB, 7.6.1962, Bestandssignatur DY34, Archiv-Nr. 24688, Bundesarchiv Berlin.
[29] Quelle: Eigene Darstellung nach Präsidiumsvorlage Konzeption Entwicklung Feriendienst für den Zeitraum 1968–1980, 21.08.1968, Bestandssignatur DY34, Archiv-Nr. 24806, Bundesarchiv Berlin, Anlage 1, S. 1.

4. Die 1960er Jahre

der Konsumpolitik zuwandte.[30] Der Bau der Mauer und das damit verbundene Ende des personellen Aderlasses hatten der Volkswirtschaft eine Atempause verschafft, die zusammen mit den von Ulbricht eingeleiteten Wirtschaftsreformen in einer erhöhten Leistungsfähigkeit der DDR-Wirtschaft resultierte. Der wirtschaftliche Aufschwung ermöglichte es, die Anfang der 1960er Jahre eingetretene Stagnation in der Entwicklung des Lebensstandards zu überwinden und in der zweiten Hälfte des Jahrzehnts eine deutliche Verbesserung zu erzielen.

Zugleich mit den Wirtschaftsreformen begann in der zweiten Hälfte der 1960er Jahre eine Intensivierung der Sozialpolitik, die zu einem eigenständigen Politikfeld aufgewertet wurde. Durch Gesundheits- und Arbeitsschutz, Infrastrukturen zur Arbeiterversorgung in den Betrieben und dem Ausbau des Dienstleistungsangebots sollten sie die Folgen von Rationalisierung und Automatisierung mildern.[31] Die in diesem Zusammenhang stärker werdende wirtschaftliche Beachtung des Freizeit- und insbesondere Urlaubsverhaltens wurde erforderlich, weil der Mindesturlaub von 16 auf 21 Tage erhöht wurde und 1967 zudem ein erster Schritt zur Einführung der Fünf-Tage-Woche gemacht wurde.[32] Die Menschen gewannen mehr freie Zeit und verlangten nach entsprechenden Angeboten, wozu auch der Jahresurlaub zählte.

Ab der Mitte der 1960er Jahre bekannte sich die Staats- und Parteiführung auch stärker zur finanziellen Verantwortung, die aus dem in der Verfassung von 1968 festgelegten Anspruch der Bürger auf Urlaub und Erholung resultierte. Musste bis dahin der Gewerkschaftsbund die notwendigen Investitionen für den Aufbau der entsprechenden touristischen Infrastruktur weitgehend selbst tragen beziehungsweise aus den Beiträgen der Mitglieder finanzieren, so flossen jetzt erhebliche staatliche Mittel, die der touristischen Expansion dienten. Allerdings konnte der Feriendienst im Zeitraum 1956 bis 1980 die Zahl der angebotenen Betten nicht wesentlich erhöhen, denn viele private Vertragspartner fielen weg. Allein für den Zeitraum 1970 bis 1975 wurde in einer 1968 erstellten Prognose ein Rückgang der Privatbetten um 5.000 befürchtet, deren Anteil am Gesamtangebot in diesem Jahr noch bei 75 Prozent lag.[33]

---

[30] Vgl. Tietze, Sozialpolitik in der DDR, S. 27.
[31] Boyer, Christoph/Klaus Dieter Henke/Peter Skyba: „Geltungsbehauptungen im Staatssozialismus", in: Gert Melville und Hans Vorländer (Hg.): Geltungsgeschichten. Über die Stabilisierung und Legitimierung institutioneller Ordnungen, Köln, Weimar, Wien, 2002, S. 349–372, hier S. 356.
[32] Vgl. Freyer, Walter: „Tourismus in der DDR", in: Walter Freyer und Heike Bähre (Hg.): Tourismus in den Neuen Bundesländern 10 Jahre nach der deutschen Wiedervereinigung", Dresden 2000, S. 214–248, hier S. 215.

Einerseits stellten private Vermieter ihre Zimmer lieber Betrieben oder dem Reisebüro der DDR zur Verfügung, da diese mehr zahlten als der Feriendienst des FDGB. Andererseits wollte sich der Feriendienst bewusst von privaten Außenquartieren mangelnder Qualität trennen, um das Niveau des Ferienplatzangebots zu heben.[34] Die zahlreichen Neubauten und der Ankauf ehemaliger Vertragshäuser konnten diesen Wegfall langfristig zwar kompensieren, eine tatsächliche Erhöhung der Bettenzahl war aber nicht möglich.[35]

In einer Vereinbarung, die in ihren Grundzügen bis zum Ende der Deutschen Demokratischen Republik Bestand hatte, wurde eine Drittelung der Urlaubskosten festgelegt. Ein Drittel der anfallenden Kosten trug der Urlauber, vor allem für Verpflegung, ein Drittel wurde vom FDGB finanziert und diente vor allem der Unterhaltung der Heime und ein letztes Drittel für die notwendigen Investitionen kam aus dem Staatshaushalt.[36]

Nicht nur quantitativ, sondern auch qualitativ stellt die zweite Hälfte der 1960er Jahre eine Neujustierung im Bereich des Sozialtourismus dar. So wurden in den 1960er Jahren erstmals Kreuzfahrten angeboten, die in den Augen der Arbeitnehmerschaft das Glanzlicht bürgerlichen Reisens darstellten. Bereits die NS-Organisation KdF hatte in den 1930er Jahren mit Kreuzfahrten für Arbeiter für Furore gesorgt. Mit der Indienstnahme der Urlauberschiffe „Völkerfreundschaft" und „Fritz Heckert" zu Beginn der 1960er Jahre sowie der 1985 in Dienst gestellten „Arkona" sollte wohl auch der propagierte Anschluss der DDR an das Konsumniveau des Westens illustriert werden, denn in der deutsch-deutschen Systemkonkurrenz spielte der Vergleich der Lebensverhältnisse stets eine besondere Rolle.

Auch auf dem internationalen Parkett sollte der Gewerkschaftsbund eine Rolle als Interessenvertreter der DDR-Führung spielen. Die Außenpolitik war ein Kernbereich realsozialistischer Herrschaftslegitimierung. Über außenpolitische Erfolge sollte die innere Legitimation gesteigert werden.[37] Strategische Aufgabe war es, durch Interaktion mit der nichtkommunistischen Welt die eigenen Systeminteressen zu legitimieren. Der Wunsch nach Anerkennung der staatlichen Existenz dominierte deshalb alle übrigen außenpolitischen Überlegungen, denn „die Anerkennung kann den Bestand ei-

---

[33] Vgl. Präsidiumsvorlage Konzeption Entwicklung Feriendienst für den Zeitraum 1968–1980, 21.08.1968, Bestandssignatur DY34, Archiv-Nr. 24806, Bundesarchiv Berlin, S. 12 und Anlage 2.
[34] Vgl. Präsidiumsvorlage FDGB, 12.06.1963, Bestandssignatur DY34, Archiv-Nr. 24688, Bundesarchiv Berlin.
[35] Vgl. Selbach, Reisen nach Plan, S. 68.
[36] Vgl. Tietze, Sozialpolitik in der DDR, S. 27.
[37] Vgl. Scholtyseck, Joachim: „Die Außenpolitik der DDR", München 2003, S. 67.

nes Staates stärken und sichern, während umgekehrt die Verweigerung der Anerkennung seinen Bestand zu schwächen vermag. Eine Anerkennung der DDR hätte uno actu eine Anerkennung ihrer Regierung zur Folge."[38]

Da diese Anerkennung erst nach der Aufnahme beider deutscher Staaten in die Vereinten Nationen erfolgt ist, versuchte die DDR-Führung diese, auf dem Wege der Mitarbeit in internationalen Organisationen, letztendlich zu erreichen. So vertrat beispielsweise der Gewerkschaftsbund die DDR im Internationalen Büro für Sozialtourismus (BITS) in Brüssel und konnte die auf diesem Gebiet gemachten vielfältigen Erfahrungen in die Arbeit des Büros einbringen. Außerdem hat der FDGB wiederholt Gewerkschaftsfunktionäre aus kapitalistischen Ländern zu einem Urlaubsaufenthalt in Ferieneinrichtungen des Feriendienstes eingeladen. Für das Jahr 1963 war beispielsweise die Einladung von 350 Funktionären vorgesehen, um im Ausland für die DDR zu werben.[39] Der Sozialtourismus wurde damit zu einem Aktionsfeld, auf dem die DDR international glänzen konnte.[40]

5. Die Honecker-Ära

Der Übergang von Ulbricht auf Honecker brachte eine Neuorientierung in der Wirtschafts- und Sozialpolitik. Ausgehend von einer relativ günstigen ökonomischen Situation, die vor allem Frucht der Wirtschaftsreformen der Ära Ulbricht in den 1960er Jahren war, konnten unter Honecker deutliche Fortschritte auf dem Gebiet der Sozialpolitik erzielt werden, wovon in besonderem Maß die Bereiche Urlaub und Freizeit betroffen waren.[41] Nicht die Errungenschaften einer fernen, heilsgeschichtlich gedeuteten Zukunft sollten die Anstrengungen der Gegenwart fortan betonen, sondern diese sollten hier und heute honoriert werden. Auf dem VIII. Parteitag der SED im Jahr 1971 proklamierte Honecker die weitere Erhöhung des materiellen und kulturellen Lebensniveaus des Volkes. Ergänzend hierzu wurde 1972 ein „Großes sozialpolitisches Programm" verabschiedet, das eine Art „sozialstaatliche Offensive" darstellte. Bisher hatte der Staat sich vor allem auf Sozialinvestitionen beschränkt und beispielsweise Kinderbetreuungsstätten, Werkskantinen und ähnliche Einrichtungen ausgebaut, um Frauen das Berufsleben zu erleichtern und gleichzeitig das Arbeitskräftepotential zu erhöhen.

---

[38] Pawelka, Peter: „Die UNO und das Deutschlandproblem", Tübingen 1971, S. 110.
[39] Vgl. Präsidiumsvorlage FDGB, 5.3.1963, Bestandssignatur DY34, Archiv-Nr. 24688, Bundesarchiv Berlin.
[40] Vgl. Bähre, Tourismuspolitik, S. 159.
[41] Vgl. Hübner, Peter und Christa: „Sozialismus als soziale Frage. Sozialpolitik in der DDR und Polen 1968–1976", Köln, Weimar und Wien 2008, S. 126 ff.

Mit der Ära Honecker erfolgte ein Schwenk von der sozialinvestiven Politik zu einer konsumorientierten Sozialpolitik, die sich nicht mehr primär an der Erhöhung der volkswirtschaftlichen Leistungsfähigkeit der DDR, sondern an der Erhöhung des individuellen Lebensstandards ihrer Bewohner orientierte.[42] Auf dem Weg einer expandierenden Konsum- und Sozialpolitik wurde der Versuch einer Stabilisierung des politischen Systems sowie einer Integration größerer Bevölkerungsteile als bisher unternommen.[43]

Bestandteile des auf dem VIII. Parteitag der SED beschlossenen umfangreichen sozialpolitischen Programms waren die weitere Arbeitszeitverkürzung sowie eine Erhöhung des Mindesturlaubs von 15 auf 18 Werktage. Den bereits unter Ulbricht begonnenen Weg einer Ausdifferenzierung von Urlaubsansprüchen, die sich nicht am Leistungsprinzip, sondern an sozialpolitischen Notwendigkeiten orientierte, wurde weiter verfolgt. So erhielten alle Lehrlinge den gesetzlich festgelegten Höchsturlaubsanspruch von 24 Tagen zugestanden, da der Staat sich hier in einer besonderen Fürsorgepflicht für Jugendliche sah. Gleiches galt für Frauen im Schichtbetrieb, denen vor der allgemeinen Einführung der 40-Stunden-Woche diese Reduktion der Arbeitszeit bei vollem Lohnausgleich gewährte.[44]

Zu dem auf dem VIII. Parteitag propagierten „Wohl der Menschen", das Honecker in den Vordergrund der Politik stellte, gehörte auch der Ausbau des gewerkschaftlichen Erholungswesens. Eine beträchtliche „ad-hoc" Kapazitätsausweitung der zur Verfügung stehenden Erholungsaufenthalte konnte beispielsweise erreicht werden, indem die bis dahin existierenden sieben Interhotels der DDR ab 1971 einen Teil ihrer Kapazität dem Gewerkschaftsbund zur Verfügung stellen mussten und nicht mehr exklusiv für ausländische Besucher und bessergestellte DDR-Bürger reserviert waren. Zwischen 60 und 80 Prozent der möglichen Übernachtungen gingen nun zum Selbstkostenpreis an den Feriendienst, was in etwa 90.000 dreizehntägigen Erholungsaufenthalten jährlich entsprach. Vor allem Arbeiter sollten stärker von den modernen Hotelanlagen profitieren: „Ausgehend von Hinweisen des VIII. Parteitages und der 2. Tagung des ZK zur Verbesserung der materiellen und kulturellen Lebensbedingungen der Bevölkerung, der weiteren Entwicklung des Erholungswesens und der Erhöhung des Niveaus der Ferien- und Naherholung ist es erforderlich, den gegenwärtigen Anteil der Arbeiterklasse, ihrer überragenden Verantwortung in unserer Gesell-

---

[42] Vgl. Schmidt, Sozialpolitik der DDR, S. 63 ff.
[43] Vgl. Kusch, Günther u. a. (Hg.): „Schlussbilanz DDR. Fazit einer verfehlten Wirtschafts- und Sozialpolitik", Berlin 1991, S. 18; Schroeder, Klaus und Steffen Alisch: „Der SED-Staat. Partei, Staat und Gesellschaft 1949–1990", München 1998, S. 219–223.
[44] Vgl. Hanke, Helmut: „Freizeit in der DDR", Berlin 1979, S. 49.

schaft entsprechend, als Nutzer der Interhotels zu erhöhen."[45] Dies stieß bei den Verantwortlichen auf enorme Widerstände, denn mit den Interhotels sollten eigentlich Devisen generiert werden. Erholungssuchende Werktätige und Devisen bringende Reisende vertrugen sich jedoch nicht, zumal die zunächst betroffenen Hotels in Oberhof, Rostock und Dresden von allen Valuta-, Kredit- und Zinsbelastungen befreit waren.[46]

Da die Devisensituation für die DDR-Volkswirtschaft in den 1980er Jahren immer bedrückender wurde, wich man von der Praxis, FDGB-Urlauber in Interhotels unterzubringen, wieder ab, denn die komfortablen Übernachtungsmöglichkeiten wurden für westliche Besucher gebraucht. Gerade die touristischen Werbemaßnahmen anlässlich des Lutherjahres 1983 und des Bach-Händel-Schütz-Jubiläums 1985 zeigen, dass die DDR-Staatsführung den Tourismus als Devisenquelle entdeckt hatte. Die Inlandstouristen des Feriendienstes mussten diesem übergeordneten Interesse weichen. Zum Teil entzog man dem Feriendienst Kontingente in den Interhotels, zum Teil ersetzte man diese aber auch durch neu gebaute Ferienanlagen. So standen ab 1984 beispielsweise die beiden Schweriner Hotels „Niederländischer Hof" und „Hotel Stadt Schwerin" nicht mehr zur Verfügung, ein neu gebautes Ferienheim in Schwerin-Zippendorf schaffte jedoch Ersatz.[47]

In die Honecker-Ära fällt auch die Phase einer stärkeren Ausdifferenzierung touristischer Angebote. Ging es bis zu Beginn der 1970er Jahre vornehmlich um einen quantitativen Ausbau des Angebotes an Urlaubsplätzen, so wurde ab der Mitte des Jahrzehnts der Versuch einer qualitativen Aufwertung unternommen, um den wachsenden Konsumansprüchen der DDR-Bürger gerecht zu werden. Dem Feriendienst der Gewerkschaft als dem größten Reiseveranstalter im ostdeutschen Staat kam hier eine Schlüsselstellung zu, denn vor allem FDGB-Urlaubsplätze sollten besser ausgestattet werden. Walter Freyer spricht in diesem Zusammenhang von einer „Intensivierung"[48] der touristischen Angebotsstruktur.

---

[45] Nutzung von Interhotels zur Verbesserung der Arbeit und Lebensbedingungen der Werktätigen, Sekretariatsvorlage, 21.9.1971, Bestandssignatur DY34, Archiv-Nr. 24944, Bundesarchiv Berlin.
[46] Vgl. Nutzung von Interhotels zur Verbesserung der Arbeit und Lebensbedingungen der Werktätigen, Sekretariatsvorlage, 21.9.1971, Bestandssignatur DY34, Archiv-Nr. 24944, Bundesarchiv Berlin.
[47] Vgl. Sekretariatsvorlage, Bundesvorstand des FDGB, 22.08.1984, Bestandssignatur DY34, Archiv-Nr. 25530, Bundesarchiv Berlin.
[48] Vgl. Freyer, Tourismus in der DDR, S. 216.

6. Aufgaben und Organisation

Die Politik der sozialen Sicherung in der DDR war ausdrücklich als eine sozialistische Sozialpolitik konzipiert und sollte sich in Form, Inhalt und Prozess von einer bürgerlichen Sozialpolitik unterscheiden. Deshalb umschloss die DDR-Sozialpolitik nicht nur eine Absicherung gegen die Wechselfälle des Lebens, sondern auch Ökonomie- und Klassenkampffunktionen, die zur Legitimierung der politischen Herrschaft beitragen sollten.[49] Im Bewusstsein der DDR-Bevölkerung eng verankert war die Tatsache, dass die Sozialpolitik eng mit der Wirksamkeit der Gewerkschaft verbunden war. Ihre, seit 1974 auch in der Verfassung festgelegte Aufgabe bestand darin, in den volkseigenen Unternehmen die sozialen Interessen der Arbeitnehmerschaft zu vertreten. Außerdem war sie im Rahmen der Mitspracherechte der Betriebsgewerkschaftsleitungen in den volkseigenen Betrieben in die Leitung der Sozialversicherung und die Kontrolle und Einhaltung von Arbeitsschutzbestimmungen involviert und erbrachte unter anderem in Form des Feriendienstes direkte sozialpolitische Leistungen. Die von den Gewerkschaften verantwortete Sozialpolitik stand stets unter dem Einfluss des Monopols der Parteispitze. Diese wies ihr kompensatorische Funktionen für die Mängel des politischen und ökonomischen Systems zu und versuchte, das chronische Legitimationsdefizit der Parteidiktatur auszugleichen. Vor allem in der Ära Honecker avancierte sie zu einem wichtigen Stabilisator der Parteiherrschaft.[50]

Die Hauptaufgabe des FDGB-Feriendienstes bestand darin, möglichst vielen DDR-Bürgern, besonders Familien mit Kindern, einen preiswerten Erholungsurlaub[51] zu ermöglichen. In den Richtlinien des Feriendienstes zur Verteilung der Reisen und Durchführung der Erholungsaufenthalte war festgelegt, dass es deren Aufgabe sei, „Voraussetzungen zu schaffen, damit die Werktätigen ihren Erholungsurlaub unter vorbildlichen gesundheitlichen, kulturellen und sozialen Bedingungen verbringen können."[52] Die Autoren

---

[49] Vgl. Schmidt, Manfred G.: „Grundzüge der Sozialpolitik in der DDR", in: Kuhrt, Eberhard (Hg.): „Die Endzeit der DDR-Wirtschaft. Analysen zur Wirtschafts-, Sozial- und Umweltpolitik, Berlin 1999, S. 273–322, hier S. 277.

[50] Vgl. Skyba, Peter: „Die Sozialpolitik der Ära Honecker aus institutionentheoretischer Perspektive", in: Ders. und Christoph Boyer (Hg.): Repression und Wohlstandsversprechen. Zur Stabilisierung von Parteiherrschaft in der DDR und der CSSR, Dresden 1999, S. 49–62, hier S. 49.

[51] Erholungsurlaub ist wortwörtlich gemeint, da die Reiseangebote vor allem auf Erholung und Entspannung abzielten. Abenteuerreisen etc. sind zu keinem Zeitpunkt angeboten worden. Allerdings wurde das Angebot ab den 1970er Jahren diversifiziert, indem beispielsweise stärker auf den Trend zum Kurzurlaub (7 oder 10 Tage statt der üblichen 14 Tage) eingegangen wurde oder in den Wintersportgebieten der DDR Einrichtungen entstanden, die dem Trend zum Winterurlaub entgegenkamen.

6. Aufgaben und Organisation

der Richtlinien sahen einen unmittelbaren Zusammenhang zwischen dem volkswirtschaftlichen Erfolg, welcher durch kontinuierliche Planerfüllung sowie volle Auslastung der Produktionskapazitäten definiert wurde, und den persönlichen Urlaubswünschen der Werktätigen. Beides harmonisch in Einklang zu bringen, müsse deshalb „das ständige Prinzip der gewerkschaftspolitischen Arbeit werden."[53]

Bei den Urlaubsangeboten des Feriendienstes handelte es sich um Pauschalreisen, ein Paket verschiedener Leistungen, welches zumindest Unterkunft und Verpflegung umfasste. Hinzu kamen mitunter kulturelle Angebote, Ausflüge und Exkursionen, Vorträge und Tanzveranstaltungen oder sportliche Aktivitäten, die den Arbeitnehmern ebenfalls als Teil eines staatlich organisierten Freizeitprogramms offeriert wurden. An- und Abreise waren in der Regel im Angebotspaket nicht inbegriffen und wurden von den Gästen individuell organisiert.

Ein FDGB-Urlaub fand in einer gewerkschaftseigenen Unterkunft oder in einem vertraglich mit dem Feriendienst verbundenen Ferienobjekt statt. Das Betreiben eigener Ferienheime stellte, im Gegensatz zur temporären Anmietung von Übernachtungskapazitäten auf dem freien Markt, eine enorme wirtschaftliche Belastung für die Gewerkschaftsorganisation dar, denn die Objekte mussten über lange Zeiträume betrieben und unterhalten werden, sodass die Verantwortlichen Ende der 1960er Jahre feststellen mussten, sich „immer mehr zu einem Wirtschaftsbetrieb"[54] zu entwickeln. Vor allem in der Nebensaison oder in jahreszeitlich untypischen Reisemonaten bildete der Leerstand ein wirtschaftliches Problem, denn das dort beschäftigte Personal verursachte auch in dieser Zeit Kosten. Saisonarbeitsverträge, die sich am tatsächlichen Arbeitsumfang orientierten, waren in der DDR nicht üblich. Der Vorteil eigenverantwortlich betriebener Beherbergungsbetriebe bestand jedoch in der politisch gewünschten Reglementierung und ideologischen Einflussnahme, die bei einem Eigenbetrieb wesentlich besser zu erreichen war.

Die über den Gewerkschaftsbund vermittelten Urlaubsreisen waren im Verhältnis zur Einkommenssituation des Durchschnittsverdieners sehr preiswert. Seit 1963 gab es eine Einkommenskomponente bei der Preisgestal-

---

[52] Richtlinie zum Beschluss des Sekretariats des Bundesvorstandes des FDGB vom 7.8.1964, Bestandssignatur DY34, Archiv-Nr. 24803, Bundesarchiv Berlin, S. 2.

[53] Richtlinie zum Beschluss des Sekretariats des Bundesvorstandes des FDGB vom 7.8.1964, Bestandssignatur DY34, Archiv-Nr. 24803, Bundesarchiv Berlin, S. 2.

[54] Vgl. Information über Probleme des Erholungswesens, 29.07.1968, Bestandssignatur DY34, Archiv-Nr. 24806, Bundesarchiv Berlin.

tung, die sich aber im Gesamtpreis der Reise nur unwesentlich niederschlug. Ein Grund hierfür ist die im Vergleich zu marktwirtschaftlich organisierten Arbeitsmärkten deutlich geringere Einkommensschere zwischen einzelnen Arbeitnehmergruppen. So konnten gut ausgebildete Facharbeiter in der Industrie durchaus mit Akademikern mithalten. Die niedrigen Preise für touristische Leistungen sollten prinzipiell alle Bürger des Landes in die Lage versetzen, unabhängig von ihrer sozialen Situation ihr Recht auf Gesunderhaltung, Urlaub und Erholung wahrzunehmen.

Ab den 1960er Jahren erwuchs dem FDGB-Feriendienst Konkurrenz im eigenen Lager. Um den stets wachsenden Bedarf an Urlaubsplätzen decken zu können, begannen die volkseigenen Betriebe mit dem Aufbau einer eigenen touristischen Infrastruktur, die bis zum Ende der DDR stetig ausgebaut wurde. Es setzte ein Trend einer Verschiebung des Anteils der FDGB-Ferienplätze hin zu Urlaubsplätzen in Betriebsferienheimen ein, die schließlich das Angebot der Gewerkschaft deutlich übertrafen. Zwei Hauptgründe erklären diese Entwicklung zuungunsten des FDGB-Feriendienstes. Zum einen übernahmen die volkseigenen Betriebe im Lauf der DDR-Geschichte immer mehr soziale Aufgaben, zu denen auch der Erholungsurlaub der Arbeitnehmer zählte. Aufgrund des permanenten Arbeitskräftemangels sahen die Unternehmen in ihren sozialpolitischen Offerten die Möglichkeit, sich auf dem Arbeitsmarkt besser zu positionieren, da ihnen das Instrumentarium des Arbeitsanreizes über Einkommen und Prämien nur sehr begrenzt zur Verfügung stand. Zum anderen hatte der Gewerkschaftsbund Probleme, die Expansion des eigenen Feriendienstes finanziell abzusichern. Den volkseigenen Unternehmen standen hier im Sinne der DDR-typischen Tauschwirtschaft erheblich mehr Mittel zur Verfügung, denn sie konnten im Gegensatz zur Gewerkschaft etwas bieten.

7. Rivalitäten zwischen FDGB-Feriendienst und betriebseigener Ferienorganisation

Die Verbindung staatlicher und betrieblicher Sozialpolitik ist charakteristisch für die Ausformulierung sozialistischer Gesellschaften. Diese verstanden sich als erwerbsarbeitszentriert und in ihnen hatte der einzelne Mensch vor allem als arbeitender Mensch Bedeutung.[55] Betriebe waren deshalb auch immer Orte sozialpolitischer Doppelveranstaltungen, bei der Staat und Betrieb ihre teilweise identischen, teilweise aber auch divergierenden Interessen wahrzunehmen versuchten. In der DDR bestimmte die SED die Richtungen sowohl der staatlichen als auch der betrieblichen Sozialpolitik,

---

[55] Vgl. Schroeder, Der SED-Staat, S. 515.

7. FDGB-Feriendienst und betriebseigene Ferienorganisation

doch blieben zwischen beiden enorme Spannungspotentiale bestehen. Diese wurden auch nicht dadurch geringer, dass Betriebe nach geltender Rechtslage auf verschiedenen Gebieten als Träger der staatlichen Sozialpolitik agierten. Manfred Schmidt spricht in diesem Zusammenhang von einer Koexistenz von Zentralisierung und ausgeprägter administrativer Fragmentierung als einer institutionellen Besonderheit der SED-Sozialpolitik.[56] Die differenzierten Akzente der Beteiligten ergaben sich hauptsächlich aus dem makropolitischen Anliegen, das SED-Regime auch mit Hilfe der Sozialpolitik zu legitimieren und zu stabilisieren, während die Betriebsleitungen eher Leistungsanreize und Fürsorge für ihre Beschäftigten im Blick hatten. Einige der damit zusammenhängenden Aspekte sind am Beispiel des Sozialtourismus genauer auszuleuchten.

Der DDR-Sozialtourismus ruhte auf zwei Hauptsäulen: dem Angebot des gewerkschaftseigenen Feriendienstes und der touristischen Infrastruktur, die durch die volkseigenen Betriebe aufgebaut wurde. Beginnend in den 1950er Jahren beteiligte sich eine stetig wachsende Zahl von Unternehmen am touristischen Geschäft. Über den Gedanken der sozialen Fürsorge hinaus war der Handlungsmotor vor allem die Tatsache, dass die unter chronischer Personalknappheit leidenden Betriebe ihren Mitarbeitern Anreize für eine Beschäftigung bieten mussten. Da aufgrund des relativ wenig diversifizierten Lohngefüges in der DDR diese Anreize nur bedingt auf der Grundlage von attraktiven Einkommen gesetzt werden konnten, entwickelte sich das soziale Angebot zu einem wichtigen Faktor. So wurde dieser Teil der betrieblichen Sozialpolitik für personalpolitische und betrieblich ökonomische Zwecke eingesetzt, vor allem zum Hervorbringen und Beibehalten einer Stammbelegschaft, zur Arbeitskräftehortung und zur Füllung sonstiger Lücken der Planwirtschaft. Hinzu kam die Möglichkeit von Tauschgeschäften.[57]

Die betriebliche Sozialpolitik war keine autonom-dezentrale Sozialpolitik, sondern sie war Bestandteil der gesamtwirtschaftlichen Planung und Lenkung, wie dies auch Artikel 41 der 1968 beschlossenen Verfassung vorsah. Bereits das neue Gesetzbuch der Arbeit von 1961 hatte Betriebe im Sinne des Gesellschaftskonzepts der SED verpflichtet, Voraussetzungen für Urlaub und Erholung der Beschäftigten zu schaffen.[58] Auf diesen Punkt beriefen sich die Unternehmen stets, wenn es zu Überschneidungen und Konflikten mit anderen sozialpolitischen Trägern, vor allem den Gewerkschaften, kam. Der Bereich der Versorgung der Bevölkerung mit touristischen Leistungen

---

[56] Vgl. Schmidt, Grundzüge der Sozialpolitik in der DDR, S. 280.
[57] Vgl. Schmidt, Sozialpolitik der DDR, S. 41.
[58] Zur zeitgenössischen Sicht vgl.: Rettmann, Fritz: „Der Entwurf des Arbeitsgesetzbuchs – Erfüllung des Kampfes der deutschen Arbeiter um ihr Arbeitsrecht", in: Einheit S. 15 (1961), S. 257–269.

stand dabei im Zentrum der Konfliktfelder, denn ab den 1970er Jahren überstieg das Angebot der Betriebe die Zahl der FDGB-Ferienplätze deutlich. 1984 standen beispielsweise 413.000 betrieblichen Ferienplätzen 135.900 Plätze des FDGB-Feriendienstes gegenüber. Das FDGB-Angebot setzte sich aus 61.000 Plätzen in eigenen Einrichtungen und rund 75.000 Plätzen in Vertragsunterkünften zusammen.[59] Die Gewerkschaft hatte sich zwar ein deutliches Mitspracherecht bei der Verteilung von Urlaubsplätzen in beiden Bereichen gesichert, verlor aber dennoch durch diese Entwicklung an Einfluss auf den Urlaubsmarkt. „Der FDGB hatte das Nachsehen und konnte, trotz gegenteiliger Direktiven der SED-Führung, nur noch mühsam expandieren"[60], wie der Berliner Tourismushistoriker Hasso Spode konstatierte.

Betrachtet man die Veränderungen in den rechtlichen Rahmenbedingungen betrieblicher Sozialpolitik ab Beginn der von Honecker propagierten „Einheit von Wirtschafts- und Sozialpolitik", so bleibt festzuhalten, dass wesentliche Vorgaben bereits zu Beginn der 1970er Jahre festlagen und dass die später hinzugefügten Regelungen immer kleinteiliger wurden. Stärker wurde in diesen Jahren der fürsorgerische Zug in der Sozialpolitik der SED, welcher der sozialen Befriedung ohne produktive Effekte diente. Unter dem Eindruck zunehmender wirtschaftlicher Schwierigkeiten begann dieses System jedoch zu erodieren und zentrale Regelungen wurden von den Betrieben nicht mehr vollständig umgesetzt oder auch ignoriert. Die betriebliche Sozialpolitik tendierte zunehmend zu betriebsegoistischen Lösungen.[61]

Diese aus der Sicht des Feriendienstes ungünstige Entwicklung ist von der gewerkschaftseigenen Organisation nicht widerspruchslos hingenommen worden, denn der Feriendienst sah seine Monopolstellung im Sozialtourismus der DDR in Gefahr und befürchtete einen Einfluss- und Bedeutungsverlust. Bereits in den 1960er Jahren sahen die Verantwortlichen im Feriendienst eine unliebsame Konkurrenz im Aufbau von betriebseigenen Ferienanlagen. Sie beklagten beispielsweise, dass Mitarbeiter in Betriebsferienheimen deutlich besser bezahlt würden als in FDGB-Anlagen, was den Arbeitskräftemangel in der Hochsaison noch verschärfte. So konnte beispielsweise in den Sommermonaten 1986 jeder zweite Arbeitsplatz in den FDGB-Heimen im Bezirk Rostock nicht besetzt werden.[62]

---

[59] Vgl. Bericht über die Erfüllung des Planes des Feriendienstes der Gewerkschaften 1984, Bundesvorstand des FDGB, Bestandssignatur DY34, Archiv-Nr. 25530, Bundesarchiv Berlin.

[60] Spode, Goldstrand und Teutonengrill, S. 19.

[61] Vgl. Hübner, Peter: „Der Betrieb als Ort der Sozialpolitik in der DDR", in: Christoph Boyer und Peter Skyba (Hg.): Repression und Wohlstandsversprechen. Zur Stabilisierung von Parteiherrschaft in der DDR und der CSSR, Dresden 1999, S. 70 f.

7. FDGB-Feriendienst und betriebseigene Ferienorganisation 51

Zur Lösung der Probleme forderte der Feriendienst „eine bessere Koordinierung aller Erholungsträger", um der bestehenden „Zersplitterung" als „einem Hemmnis für die weitere planmäßige Entwicklung des gesamten Erholungswesens" entgegenzuwirken.[63] Bis 1972 sollten deshalb in allen Orten, in denen es FDGB-Einrichtungen gab, und bis 1975 an allen übrigen Standorten die betriebseigenen Erholungseinrichtungen in die Leitung und Planung des Feriendienstes überstellt werden, ohne jedoch die Eigentums- und Nutzungsrechte der volkseigenen Unternehmen zu beschneiden.[64] Diese Kompetenzübertragung erfolgte im Kontext einer mit dem Machtantritt von Erich Honecker erfolgten Neuausrichtung der Machtkreise und Zuständigkeiten, wodurch der FDGB eine Aufwertung erfuhr. Im Ergebnis wurden die betrieblichen Gewerkschaftsfunktionäre stärker an der Verteilung von Gütern und Dienstleistungen beteiligt, mit dem Ziel, für eine „Verteilungsgerechtigkeit" in den Betrieben zu sorgen und die „ungerechtfertigten Disproportionen" beseitigen zu helfen.[65]

Der Gewerkschaftsbund versuchte beispielsweise, auf administrativem Weg der Expansion der betrieblichen Ferieninfrastruktur entgegenzuwirken, um die volkseigenen Betriebe dazu zu bewegen, „die zum Ausbau usw. aufgewandten Mittel, die zu einem erheblichen Teil nicht aus dem Kultur- und Sozialfonds stammen, [...] nunmehr richtig, d.h. zur Durchsetzung des technisch-wissenschaftlichen Fortschritts und Steigerung der Arbeitsproduktivität"[66] zu verwenden. Gefordert wurde außerdem, „durch noch größere Konsequenz die Verletzung von Verordnungen und Beschlüssen zum Bau von betrieblichen Erholungseinrichtungen zu unterbinden."[67]

Dass diese Verletzungen beträchtliche Ausmaße angenommen hatten und viele volkseigene Unternehmen auf dem Gebiet der touristischen Infrastruktur einen regelrechten Konfrontationskurs gegen den Gewerkschaftsbund

---

[62] Vgl. Scharf, Sigrid: „Zur Beeinflussung der zeitlichen Bedarfsschwankungen im Tourismus der DDR", in: Wissenschaftliche Zeitschrift der Hochschule für Verkehrswesen „Friedrich List" Dresden, Sonderheft 40, Dresden 1988, S. 89–106, hier S. 94.

[63] Grundlagen für die Arbeit des Feriendienstes der Gewerkschaften, Präsidiumsvorlage, 29.08.1962, Bestandssignatur DY34, Archiv-Nr. 24688, Bundesarchiv Berlin.

[64] Direktive zur Ausarbeitung des Perspektivplanes 1971–1975 für den Bereich des Feriendienstes der Gewerkschaften, Bestandssignatur DY34, Archiv-Nr. 24943, Bundesarchiv Berlin, S. 12.

[65] Vgl. Hürtgen, Zwischen Disziplinierung und Partizipation, S. 118 ff.

[66] Sekretariatsvorlage, Bundesvorstand des FDGB, 7.6.1962, Bestandssignatur DY34, Archiv-Nr. 24688, Bundesarchiv Berlin.

[67] Vgl. Einschätzung des Standes der Verwirklichung des Beschlusses des Politbüros des ZK der SED über das betriebliche Erholungswesen vom November 1978, Bestandssignatur DY34, Archiv-Nr. 25480, Bundesarchiv Berlin, S. 7.

fuhren, belegt eine Untersuchung der späten 1970er Jahre, bei der bei rund 800 überprüften betrieblichen Ferieneinrichtungen in über 100 Fällen gravierende Verstöße gegen gesetzliche Bestimmungen zum Neu-, Um- und Ausbau registriert wurden.[68] Vielfach hatten die Unternehmen als Bauherrn deutlich größer gebaut als geplant und genehmigt, um ihren Mitarbeitern möglichst viele Ferienplätze zur Verfügung stellen zu können.

Als Folge der administrativen Intervention des Gewerkschaftsbundes legte ein Beschluss des Bezirkstages des für Urlauber besonders attraktiven Ostseebezirks Rostock vom 25. März 1982 fest, dass „die Erweiterung bestehender Erholungskapazitäten und deren Neuschaffung nur [...] für den Feriendienst der Gewerkschaften sowie für zentrale Pionierlager" möglich sei. „Im betrieblichen Erholungswesen [seien hingegen – Anm. d. Verf.] keine Kapazitätserweiterungen an Bettenplätzen zuzulassen."[69] Für diesen Bereich sei ein weiterer Zuwachs „nur auf dem Wege der Intensivierung zu erreichen, womit vor allem eine bessere Auslastung der zur Verfügung stehenden touristischen Kapazitäten, jedoch keinesfalls die Schaffung neuer Ferienanlagen gemeint war."[70]

Neben dem Versuch der Beschränkung des Ausbaus einer betriebseigenen touristischen Infrastruktur versuchte der Feriendienst, die Entscheidungshoheit über diese Einrichtungen zu erlangen. Der Beschluss des Politbüros des ZK der SED vom November 1978, die Vergabe von Plätzen im betrieblichen Erholungswesen auch dem Feriendienst zu überlassen, bildete die Grundlage dieses Bemühens, dem die Unternehmen nicht widerspruchslos gegenüberstanden. So wurde Feriendienst-intern festgestellt, dass „bei den Aussprachen mit Vertretern von Trägerbetrieben betrieblicher Erholungseinrichtungen [...] keine Bereitschaft besteht, vertragliche Bindungen mit dem Feriendienst einzugehen."[71]

So lehnten es viele Betriebe ab, freie Verpflegungskapazitäten abzugeben, den Belegungsrhythmus des Feriendienstes zu übernehmen, ihre Einrichtun-

---

[68] Vgl. Einschätzung des Standes der Verwirklichung des Beschlusses des Politbüros des ZK der SED über das betriebliche Erholungswesen vom November 1978, Bestandssignatur DY34, Archiv-Nr. 25480, Bundesarchiv Berlin, Anlage 2.
[69] Schreiben vom 12.10.1982 bezüglich der Eingabe vom 18.08.1982 vom VEB Bauelemente an den FDGB bezüglich der geplanten Errichtung einer Ferienanlage, Bestandssignatur DY34, Archiv-Nr. 27640, Bundesarchiv Berlin.
[70] Vgl. Wagner, Erich: „Aktuelle Probleme der Leitung und Planung des Erholungswesens im Bezirk Rostock", in: Gesellschaftliche Determination der Rekreationsgeographie, Tagungsband des II. Greifswalder Geographischen Symposiums 1984, Greifswald 1987, S. 48–52.
[71] Vgl. Einschätzung des Standes der Verwirklichung des Beschlusses des Politbüros des ZK der SED über das betriebliche Erholungswesen vom November 1978, Bestandssignatur DY34, Archiv-Nr. 25480, Bundesarchiv Berlin, Anlage 1.

gen durchgängig nutzbar zu machen oder kulturelle Einrichtungen gemeinsam zu nutzen. Als Gründe wurden meist Arbeitskräftemangel und ein höherer Verschleiß durch zusätzliche Belegung angeführt.

Die betriebliche Sozialpolitik, insbesondere bezogen auf die Gestaltung touristischer Angebote, gehörte zu den wichtigsten Feldern technokratischen Handelns in der DDR.[72] Technokratische Handlungsmuster sind dort zu beobachten, wo Betriebsleitungen im Interesse ihrer Beschäftigten Versorgungsengpässe überbrücken wollten und durch den Ausbau betrieblicher Sozialangebote eine bessere Voraussetzung für die tägliche Lebensbewältigung zu organisieren versuchten. Betriebliche Sozialpolitik gehörte deshalb zu den wirksamsten Stabilisierungsfaktoren der Herrschaft des SED-Regimes. Sie funktionierte als Integrationsfaktor in die sozialistische Arbeitsgesellschaft, hatte aber auch einen hohen Preis. Dieser bestand in einer Auszehrung wirtschaftlicher Ressourcen und im Verschütten von Leistungspotentialen.

8. Propaganda und Sehnsucht als Lock- und Motivationsmittel der Arbeitswelt

Diktatorische Systeme können die politische Führung und Gestaltungshoheit einer Gesellschaft langfristig nicht allein durch Druck und Entrechtung aufrechterhalten. Nach dem Prinzip von Zuckerbrot und Peitsche muss diesen Machtinstrumentarien stets auch die Belohnung in Form von materiellen und ideellen Zugeständnissen entgegengesetzt werden, um die innere Stabilität abzusichern. Der Ausbau des Sozialtourismus im eigenen Land war deshalb auch ein Versuch der Staatsführung, den Mangel an Reisefreiheit zu kompensieren, denn das Bedürfnis nach Reise war in der DDR genauso groß wie in der Bundesrepublik Deutschland, die Möglichkeiten aber viel begrenzter.

Gudrun Brockhaus hat in ihrem 1997 erschienenen Buch „Schauder und Idyll"[73] die Bedeutung der nationalsozialistischen Erlebniswelten beschrieben, zu denen auch die KdF-Reisen gehörten. So wurden im NS-Staat die KdF-Reisen als Beweis für den gesellschaftlichen Aufstieg der Arbeiter herangezogen und als „Sozialismus der Tat"[74] gefeiert. Die Beurteilung der Reisen hat sich zwar weniger aus lebensweltlichen Primärerfahrungen als aus der Suggestionskraft der Propaganda gespeist. Im Gegensatz zu anderen

---

[72] Vgl. Hübner, Peter: „Menschen – Macht – Maschinen. Technokratie in der DDR", in: Ders. (Hg.): Eliten im Sozialismus. Studien zur Sozialgeschichte des SED-Regimes, Köln 1999, S. 14.
[73] Vgl. Brockhaus, Gudrun: „Schauder und Idyll", München 1997.
[74] Spode, Arbeiterurlaub im Dritten Reich, S. 327.

NS-Propagandaaktionen war die verkündete Demokratisierung des Reisens dennoch nicht völlig aus der Luft gegriffen. Eine ähnliche Aufgabe erfüllte der DDR-Sozialtourismus, der vor allem in den Aufbaujahren nach dem Krieg zu einem Vorboten einer Zukunft des Wohlstandes stilisiert worden war und mit ähnlichen Verheißungen, beispielsweise Seereisen für Arbeiter, operierte. Als Mittel der Massenbeeinflussung, als Sinnbild einer symbolischen Aufwertung der Arbeiterschaft sowie als demonstrative Brechung von Privilegien transportierten beide Systeme ähnliche Propagandabotschaften. Als „weiche" Herrschaftstechnik setzte der jeweilige sozialpolitische Ansatz auf Belohnung für Wohlverhalten sowie auf die medial inszenierte symbolische Integration der staatstragenden Arbeiterschicht. Dies machte den politischen Charakter des Sozialtourismus in beiden Systemen aus: Er stellte kein sich selbst genügendes touristisches Angebot dar, sondern diente primär weiter reichenden politisch-propagandistischen Zielen.

Urlaubsreisen sind in besonderem Maß Konsumgüter, die nicht nur Erlebnisse vermitteln, sondern auch immer einen Konsumstil und damit einen gesellschaftlichen Rang oder Anspruch symbolisieren. Sozialtourismus ist deshalb auch als Instrument der Prestigezuteilung konzipiert worden[75], denn der Zusammenhang von Einkommen, Lebensstandard und Status wurde punktuell überschritten. So muss beispielsweise das Bemühen, der Arbeiterschaft die Illusion einer sozialen Besserstellung zu vermitteln, als eine Hauptaufgabe des Sozialtourismus angesehen werden, der von der DDR-Führung stets als eine „große soziale Errungenschaft der Arbeiterklasse und aller Werktätigen"[76] dargestellt wurde. Mit der Veranstaltung von Urlaubsreisen im Dritten Reich und zumindest in der Frühphase der DDR-Geschichte war deshalb die Illusion des sozialen Aufstiegs verbunden. Die fiktive gesellschaftliche Aufwertung sollte zu einer einstellungsverändernden Wirkung gegenüber dem jeweiligen politischen Regime führen, um letztendlich Loyalität zu generieren. Staat und Gewerkschaft, so die offizielle Darstellung in der DDR, ermöglichten einen sorgenfreien Urlaub für verdiente Werktätige.

Mit der avisierten einstellungsverändernden Wirkung verbunden war die Hoffnung auf eine höhere Arbeitsproduktivität. So heißt es in einer all-

---

[75] Vgl. Broszat, Martin: „Der Staat Hitlers. Grundlegung und Entwicklung seiner inneren Verfassung", München 1978, S. 204 ff.; Merl, Stephan: „Staat und Konsum in der Zentralverwaltungswirtschaft. Russland und die ostmitteleuropäischen Länder", in: Hannes Siegrist, Helmut Kaelble und Jürgen Kocka (Hg.): Europäische Konsumgeschichte. Zur Gesellschafts- und Konsumgeschichte, Frankfurt am Main 1997, S. 205–241.

[76] Einschätzung des Standes der Verwirklichung des Beschlusses des Politbüros des ZK der SED über das betriebliche Erholungswesen vom November 1978, Bestandssignatur DY34, Archiv-Nr. 25480, Bundesarchiv Berlin, S. 6.

gemeinen Einschätzung der ersten gewerkschaftlich organisierten Kreuzfahrt 1960, dass die urlaubenden Werktätigen „nach ihrer Heimkehr zu neuen Leistungen bei der Erfüllung des Volkswirtschaftsplanes, besonders durch die Steigerung der Arbeitsproduktivität, sowie in ihrer gesellschaftspolitischen Aktivität"[77] angespornt werden. Mit dem Versprechen auf eine bessere Zukunft, exemplarisch an einem herausragenden Reiseerlebnis festgemacht, lässt sich allerdings nicht langfristig wirtschaften, denn moderne Industrien und Verwaltungen werden weniger durch einmaligen Aktivismus als vielmehr durch dauerhafte Arbeitsanstrengung in Gang gehalten. Das Reiseversprechen als Produktivitätsstimulus hat deshalb keinen durchschlagenden Erfolg erzielt.

Mitunter bedrohte die Zuteilung besonders prestigereicher Reisen als Auszeichnung und Ansporn auch den Betriebsfrieden, da sich andere Mitarbeiter zurückgesetzt oder gar benachteiligt fühlten. In einigen Betrieben lehnten die Ausgezeichneten die Reise aus Furcht oder Missgunst ab, da sie ihre Kollegen nicht übervorteilen wollten.[78] Der FDGB hatte bei seiner Auszeichnungs- oder Reisekostenzuschussregelung schlichtweg die vom Regime stets geförderte „egalitaristische Grundstimmung"[79] missachtet, die sich gegen die Privilegierung weniger und den Ausschluss vieler richtete. Propaganda und Wirklichkeit kollidierten an dieser Stelle heftig.

Dennoch sind Reisebilder stets als Ansporn und Stimulus eingesetzt worden. Die in den Medien gern gezeigten Bilder vor Arbeitern, die sich am Ostseestrand oder auf dem Sonnendeck eines Kreuzfahrtschiffes streckten, signalisierten den Daheimgebliebenen, dass sich auch in der DDR harte Arbeit lohne. So wurde in einer Beratung mit den Abteilungsleitern des Feriendienstes der Bezirke 1964 darauf hingewiesen, „dass es [...] darauf ankommt, auch die Touristenreisen in einem hohen Maße als Prämien zur Auszeichnung von Neuerern, Angehörigen von sozialistischen Brigaden und Bestarbeitern zu verwenden."[80] Mitunter wurden Reisen auch an besonders loyale Systemträger und Funktionäre kostenlos vergeben. Im Jahr 1960 profitierten beispielsweise insgesamt 4.500 Partei- und Gewerkschaftsveteranen von einem kostenlosen Erholungsaufenthalt, der aus Gewerkschaftsmitteln finanziert wurde.[81]

---

[77] Vgl. Einschätzung der Erfahrungen auf der 1. Reise des FDGB-Urlauberschiffes ‚Völkerfreundschaft', 10.03.1960, Bestandssignatur DY34, Archiv-Nr. 24687, Bundesarchiv Berlin.
[78] Vgl. Info-Bericht des FDGB-Kreisverwaltung Leipzig Stadt vom 23.02.1960, Bestandssignatur DY34, Archiv-Nr. 2590, Bundesarchiv Berlin.
[79] Hübner, Peter: „Konsens, Konflikt und Kompromiss. Soziale Arbeitsinteressen und Sozialpolitik in der SBZ/DDR 1945–1970", Berlin 1995, S. 202.
[80] Sekretariatsinformation, Bundesvorstand des FDGB, 30.09.1964, Bestandssignatur DY34, Archiv-Nr. 24803, Bundesarchiv Berlin.

Dem Bundesvorstand des FDGB kam es darauf an, gewerkschaftlich organisierte Ferienreisen, vor allem Kreuzfahrten und Auslandsreisen, als eine Würdigung des Beitrags einzelner Werktätiger für den Aufbau des Sozialismus zu deklarieren und die Gewerkschaftstouristik deshalb nicht mit normalen Auslandsreisen gleichzusetzen. Aus diesem Grund waren Betriebsleitungen und örtliche Gewerkschaftsvorstände dazu angehalten, diese Reisen als Prämien kostenfrei zu vergeben oder stark zu subventionieren: „Den Betriebsgewerkschaftsleitungen stehen diese Plätze als Prämien für die Auszeichnung der besten Werktätigen, Neuerer der Produktion, Aktivisten und Angehörigen der sozialistischen Brigaden und Arbeitsgemeinschaften, die hervorragende Leistungen beim Aufbau des Sozialismus vollbracht haben, zur Verfügung."[82] So zahlten die Teilnehmer lediglich einen Unkostenbetrag von rund 200 Mark, während der Wert dieser besonderen Reisen bei 900 bis 3.000 Mark lag.[83] Die Nichtauslastung der zur Verfügung stehenden Kontingente in den 1960er Jahren, bedingt durch die Nichtvermittlung in einzelnen Bezirken, zeigt jedoch, dass das Ansinnen, Reisen als Lock- und Motivationsmittel der Arbeitswelt gegenüber den vor Ort für die Vergabe und Verteilung Verantwortlichen nur schwer zu vermitteln war.[84]

Die „Werbung durch den Urlauber selbst [sei – Anm. d. Verf.] die wirksamste Methode der Agitation"[85], wie es in einem Maßnahmekatalog zur Verbesserung der Arbeit des Feriendienstes aus dem Jahr 1963 heißt. Die Heimleiter wurden deshalb aufgefordert, ihre Gäste zum Verfassen von Urlaubs- und Erlebnisberichten zu motivieren, um diese für Zwecke der Agitation und Propaganda zu nutzen. Hier griff die Gewerkschaftsführung auf ihre Erfahrung mit den Zirkeln schreibender Arbeiter zurück, die durch die Kampagne des Bitterfelder Weges 1959 in das Zentrum der Kulturpolitik gerückt waren.[86] Außerdem sollten die betrieblichen Gewerkschaftsorgani-

---

[81] Vgl. Beschluss des Präsidiums des Bundesvorstandes des FDGB vom 7.9.1959, Bestandssignatur DY34, Archiv-Nr. 26086, Bundesarchiv Berlin.

[82] Richtlinie zum Beschluss des Sekretariats des Bundesvorstandes des FDGB vom 7.8.1964, Nr. 12, Bestandssignatur DY34, Archiv-Nr. 24803, Bundesarchiv Berlin, S. 6.

[83] Vgl. Richtlinie zum Beschluss des Sekretariats des Bundesvorstandes des FDGB vom 7.8.1964, Nr. 12, Bestandssignatur DY34, Archiv-Nr. 24803, Bundesarchiv Berlin, S. 6.

[84] Vgl. Sekretariatsinformation, Bundesvorstand des FDGB, 17.06.1964, Bestandssignatur DY34, Archiv-Nr. 24803, Bundesarchiv Berlin, S. 1–4.

[85] Vgl. Präsidiumsvorlage, Bundesvorstand des FDGB, 12.06.1963, Bestandssignatur DY34, Archiv-Nr. 24688, Bundesarchiv Berlin.

[86] Der FDGB hat die Laienkunstbewegung entschieden unterstützt und publizierte viele der von Arbeitern in den Zirkeln geschriebenen Texte. Der 1955 vom Gewerkschaftsbund gestiftete Literaturpreis wurde ebenfalls an Laienschriftsteller ver-

sationen Sorge dafür tragen, dass ihre Mitglieder nach der Rückkehr aus dem Urlaub über diesen in Gewerkschafts- und Betriebsversammlungen positiv berichten. Dies könne über persönliche Vorträge, Betriebszeitungen, Wandzeitungen oder den Betriebsfunk geschehen.[87]

9. Die Wirtschaftspolitik als ökonomische Grundlage für die Entwicklung

Die Konsumkultur eines Landes, zu der in der zweiten Hälfte des 20. Jahrhunderts zweifelsohne auch der Tourismus gehörte, ist immer auch ein Spiegelbild seiner wirtschaftlichen Leistungskraft. Der Staatssozialismus der DDR trat mit dem Anspruch auf, die Utopie sozialer Gerechtigkeit und Gleichheit zu verwirklichen. Die spezifische Struktur dieser Gesellschaft entzog wirtschaftliche Entscheidungen in hohem Maße den Kriterien von Rationalität und ordnete sich politischen Zielen und Opportunitäten unter. Das System verweigerte sich dabei nicht den Interessen der Bevölkerung, aber die Regierenden versuchten, diese zu beeinflussen und zu lenken.[88] Die Option der Stabilisierung politischer Herrschaft durch materielle Leistungen wurde bewusst und in Kenntnis der die Ökonomie überfordernden Kosten, also letztendlich auf Kosten der mittel- und langfristigen Stabilität der DDR gewählt.

Der Tourismusmarkt der DDR ist ein vortreffliches Beispiel hierfür: Da sich die Sehnsucht der Bevölkerung nach fernen Zielen aus politischen und wirtschaftlichen Gründen nicht realisieren ließ, der Wunsch auf Urlaub aber dennoch bestand und politisch auch anerkannt war, hieß es eben, die Jahresfreizeit im eigenen Land zu verbringen. Aus der Not machte man hier gewissermaßen eine Tugend und schaffte eine zentralstaatlich gelenkte Tourismusindustrie, die weder effizient arbeitete noch die wirkliche Nachfrage befriedigen konnte. Da den Tourismusverantwortlichen im Zweifelsfall jedoch im Vergleich zu anderen großen Wirtschaftszweigen die Lobby fehlte, um ihre Interessen gegenüber konkurrierenden Organen durchzusetzen, war diese Tourismusindustrie schwach entwickelt. Dies zeigte sich in der Expansionsphase des Sozialtourismus in den 1970er Jahren besonders deutlich: Bauausführung und Fertigstellung ließen vielfach zu wünschen übrig, da

---

liehen. – Vgl. Dowe, Dieter, Karlheinz Kuba und Manfred Wilke (Hg.): „FDGB-Lexikon. Funktion, Struktur, Kader und Entwicklung einer Massenorganisation der SED", Eintrag Zirkel Schreibender Arbeiter, Berlin 2009.

[87] Vgl. Präsidiumsvorlage, Bundesvorstand des FDGB, 12.06.1963, Bestandssignatur DY34, Archiv-Nr. 24688, Bundesarchiv Berlin.

[88] Vgl. Steiner, André: „Zwischen Frustration und Verschwendung", in: Wunderwirtschaft. DDR-Konsumkultur in den 60er Jahren, Köln u. a. 1996, S. 26–36, hier S. 21 ff.

Mannschaft und Material oft für dringendere Projekte im Industrie-, Wohnungs- und Verkehrswegebau eingesetzt wurde. Außerdem zogen sich Baumaßnahmen oft über Jahre hin, wodurch die Kapazitäten zusätzlich eingeschränkt wurden.[89]

Die SED hatte frühzeitig erkannt, dass die Lösung der Versorgungsprobleme sowie die Erfüllung der Konsumwünsche ihre Macht und den Anspruch, führende Macht im Land zu sein, festigen würden: „Konsum und Versorgung dienten den Menschen als Gradmesser für die Legitimität der Regierung."[90] Die stetig wachsenden Ansprüche der Bevölkerung sollten durch eine Hebung der Lebensqualität und der besseren Befriedigung von Konsumwünschen erreicht werden. So erscheint die Geschichte der DDR auch als eine Geschichte des Konsums im ostdeutschen Staat. Indem die Führung des Landes auf die Unzufriedenheit der Bevölkerung 1953 wie auf einen Konsumprotest reagierte und die Versorgung zu verbessern begann, machte sie den entscheidenden Schritt in die Konsumgesellschaft. Zur selben Zeit betonte Chruschtschow, dass der Kommunismus als Überflussgesellschaft konzipiert sei.[91] Eigentlich auf alle politischen Krisen und Herausforderungen der vierzigjährigen DDR-Geschichte – der Aufstand 1953, der Mauerbau, der Prager Frühling, die Ereignisse in Polen in den 1980er Jahren usw. – wurde mit Konsumentscheidungen reagiert, welche die eigene Bevölkerung beschwichtigen sollten und die innere Stabilität des eigenen Landes unter Beweis stellen sollte.

DDR-Bürger verbanden zudem politische Ereignisse und Jahrestage mit konsumtiven Wohltaten – die außerplanmäßige Bananenration zum „Geburtstag der Republik" sind nur ein Beispiel hierfür.[92] Auch vor Wahlen, an Festtagen oder zu Ereignissen wie der Leipziger Messe öffneten sich die Lager und Kontore des volkseigenen Handels, um den Schein einer ausreichenden Versorgung der Bevölkerung mit den gewünschten Artikeln wenigstens ansatzweise zu wahren. Plötzlich fand der Verbraucher Dinge in den Regalen, nach denen er mitunter monatelang gesucht hatte. Eine entsprechende Bevorratung war das Ergebnis dieser zyklischen – und für die Verbraucher leicht zu durchschauenden – Versorgungspolitik.

---

[89] Argumentation zu einigen Problemen der Entwicklung des Feriendienstes der Gewerkschaften, Bestandssignatur DY34, Archiv-Nr. 24943, Bundesarchiv Berlin.

[90] Schütterle, Juliane: „Klassenkampf im Kaufhaus. Versorgung und Sonderversorgung in der DDR 1971–1989", hg. von der Landeszentrale für politische Bildung in Thüringen, Erfurt 2009, S. 5.

[91] Vgl. Merl, Stephan: „Sowjetisierung in der Welt des Konsums", Heinz Siegrist und Karl-Heinz Jarusch (Hg.): Amerikanisierung und Sowjetisierung in Deutschland 1945–1970, Frankfurt am Main 1997, S. 167–194.

[92] Vgl. Kaminsky, Annette: „Wohlstand, Schönheit, Glück. Kleine Konsumgeschichte der DDR", München 2001.

Auch im Bereich der Bereitstellung von Urlaubsplätzen können die geschilderten Besonderheiten nachvollzogen werden. Die ökonomische Funktion des Tourismus, soweit sie überhaupt im Bewusstsein der Verantwortlichen verankert war, wurde der sozialen und politischen deutlich untergeordnet. Spätestens ab Beginn der Ära Honecker wurde die Grundversorgung in allen wichtigen Lebensbereichen einschließlich des Fremdenverkehrs zu einem sinnstiftenden Zeichen der, von der Sowjetunion entlehnten, „entwickelten sozialistischen Gesellschaft"[93], die stärker auf die Befriedigung der Konsumwünsche der Bevölkerung abstellte.[94] Der Tourismus wurde nicht als wichtiger Wirtschaftsfaktor, sondern als staatliche Versorgungsleistung gesehen.[95] Die wirtschaftlichen Möglichkeiten, die sich aus dem Ausbau einer touristischen Infrastruktur sowie durch den Aufbau und die Förderung eines Tourismusgewerbes ergeben können, wurden viel zu wenig beachtet, denn das Ziel der Tourismuspolitik bestand nicht in der Entwicklung des Fremdenverkehrs als Wirtschaftsfaktor. Es ging vielmehr darum, einem breiten Kreis der Bevölkerung die Teilnahme an touristischem Verhalten zu ermöglichen.

In der DDR hatten Tourismus, Reisen und Urlaubsgestaltung einen hohen Stellenwert für jeden Bürger. Die Reiseintensität (Urlaubsreisende in Prozent der Gesamtbevölkerung) lag im zweiten deutschen Staat in den 1960er Jahren bei 40–45 Prozent; bis Ende der 1960er Jahre hatte sie sich auf knapp 60 Prozent erhöht. Im Vergleich zu anderen Ostblockländern nahm der zweite deutsche Staat hier eine Spitzenstellung ein und erreichte ähnliche hohe Werte wie die Bundesrepublik. Beide deutsche Staaten nahmen im jeweils eigenen Lager eine führende Position ein.[96]

Die DDR-Oberen ließen sich die Urlaubsfreuden der ostdeutschen Bevölkerung einiges kosten. Allein die staatlichen Zuschüsse des hoch subventionierten Sozialtourismus betrugen Ende der 1980er Jahre mehr als eine Milliarde DDR-Mark, eine gewaltige Summe im Verhältnis zum DDR-Staatshaushalt. Hinzu kamen die finanziellen Aufwendungen des Gewerkschaftsbundes und der volkseigenen Betriebe. Insgesamt hat die Subven-

---

[93] Mit der in den 1970er Jahren gewonnenen Einsicht, dass das Ziel einer ökonomischen Überlegenheit, das den Sozialismus vor allen anderen Wirtschafts- und Gesellschaftsformen auszeichnen sollte, nicht zu erreichen war, trat an dessen Stelle das Primat des Ausbaus der „entwickelten sozialistischen Gesellschaft". Eine fortschrittliche Gesellschafts- und Sozialpolitik sollte das Scheitern auf dem Gebiet der Wirtschaftspolitik übertünchen.

[94] Vgl. Boyer, Christoph: „Grundlinien der Sozial- und Konsumpolitik der DDR in den 70er und 80er Jahren in theoretischer Perspektive", in: Renate Hürtgen und Thomas Reichel (Hg.): Der Schein der Stabilität. DDR-Betriebsalltag in der Ära Honecker, Berlin 2001, S. 69–84, hier S. 76.

[95] Vgl. Freyer, Tourismus in der DDR, S. 219.

[96] Hachtmann, Tourismusgeschichte, S. 142.

tionsquote des Sozialtourismus zwischen 50 und 70 Prozent der Gesamtkosten betragen.[97] Im Vergleich zu anderen Ostblockländern nahm der ostdeutsche Staat eine Spitzenstellung im Bereich des Massentourismus innerhalb der eigenen Bevölkerung ein. Sicher spielte hier auch der permanente Vergleich mit der westlichen Welt eine Rolle, der das Handeln der DDR-Führung stets beeinflusst hat. Die DDR-Bevölkerung schaute fortwährend nach Westen als maßgeblichem Orientierungspunkt und maß die Leistungen des eigenen Landes daran. Für andere Bevölkerungen im sozialistischen Lager galt dies nicht in gleicher Weise.

Trotz der gewaltigen Aufwendungen nahm die Unzufriedenheit der DDR-Bevölkerung mit der Versorgung von Urlaubsreisen jedoch nicht ab. So konnte sich zwar aufgrund der staatlichen Subventionierung fast jeder einen Urlaubsplatz leisten, aber es stand nicht für alle Reisewilligen in jedem Jahr ein Platz, der den individuellen Wünschen und Vorstellungen entsprach, zur Verfügung. Die Kehrseite der sozialen Zielstellung einer Grundversorgung bestand zudem in einer weitgehenden Standardisierung von touristischen Leistungen, die auf individuelle Urlaubswünsche keine Rücksicht nehmen konnte, sowie in Abstrichen von der gewünschten Qualität.[98]

Die ständige Betonung der Sozialpolitik ab Beginn der Ära Honecker hatte am Ende des Jahrzehnts eine derartige Eigendynamik entwickelt, dass eine tiefgreifende Modifikation auch angesichts enormer volkswirtschaftlicher Schwierigkeiten, vor allem im Hinblick auf die zweite Ölkrise, nicht mehr möglich schien. Den aufgrund wachsender Versorgungsschwierigkeiten steigenden Unmut der Bevölkerung galt es, nicht durch eine offene Einschränkung einmal gewährter materieller Leistungen zu vergrößern.[99] Im Gegensatz zu anderen Konsumbereichen hat der SED-Staat nicht versucht, den enormen Kaufkraftüberschuss über den Fremdenverkehr abzuschöpfen, außer bei Auslandsreisen nach Bulgarien, Kuba usw. über das Reisebüro der DDR. Wurden ab den 1970er Jahren im Handelsbereich hochwertige und auch extrem teure Angebote gemacht, die vor allem in den Delikat- und Exquisit-Läden der Bevölkerung Zugang zu an westlichen Standards ausgerichteten Waren verschafften, galt Urlaub genau wie Wohnen, Energie oder die Versorgung mit Grundnahrungsmitteln als Grundbedürfnis und wurde hoch subventioniert. Preiserhöhungen waren in diesen Bereichen gewissermaßen ein Tabu.

---

[97] Vgl. Großmann, Margita: „Zur Entwicklung des Sozialtourismus in der DDR unter den Bedingungen der intensiv erweiterten Reproduktion", in: Mitteilungen aus der kulturwissenschaftlichen Forschung 24, 1988, S. 168–173, hier S. 170 f.
[98] Vgl. Fuhrmann, Gundel: „Der Urlaub der DDR-Bürger in den späten 60er Jahren", in: Spode (Hg.), Goldstrand und Teutonengrill, S. 39 f.
[99] Vgl. Skyba, Sozialpolitik der Ära Honecker, S. 55 f.

In den siebziger Jahren setzte sich die Partei- und Staatsführung immer wieder mit Vorschlägen für eine deutliche Kurskorrektur auseinander. In Kenntnis der die Ökonomie überfordernden Kosten legten Wirtschaftsfachleute immer wieder Konzepte vor, die auf Modifikationen, teilweise auch auf eine drastische Reduzierung der Leistungen des Staates zielten.[100] So hatte es bereits zu Beginn der 1960er Jahre Überlegungen gegeben, Zuschüsse aus staatlichen, Betriebs- und Gewerkschaftskassen für den Urlaubsanspruch einkommensabhängiger zu differenzieren, um zu erreichen, „dass direkt und indirekt zur Abschöpfung von Kaufkraft beigetragen wird. Direkt dadurch, dass von den Werktätigen mit einem hohen Einkommen ein höherer Preis als bisher gefordert werden kann und indirekt durch die Inanspruchnahme von Mitteln der Gewerkschaftskasse, des Kultur- und Sozialfonds bzw. des Prämienfonds, die Kaufkraft darstellen."[101] Allerdings konnte sich der Gewerkschaftsbund mit diesen Vorstellungen nicht durchsetzen.

Der Sozialtourismus, der einen Großteil des in der DDR betriebenen staatlich organisierten Fremdenverkehrs darstellte, markierte ein Übergangsphänomen in der Geschichte des Tourismus. Er hatte deshalb durchschlagenden Erfolg, weil sich die Urlaubsreise innerhalb breiter Bevölkerungsschichten etablierte und als Teil des erwarteten Lebensstandards fest verankerte. Urlaub gehörte einfach dazu. War der Anspruch auf Erholungsurlaub und dessen prinzipielle Einlösung jedoch erst etabliert, kam es weniger darauf an, ‚dass' man reiste, sondern, ‚wie' man seine Jahresfreizeit verbrachte. Hieraus resultierte die Quelle permanenter Unzufriedenheit. Die wirtschaftliche Leistungskraft der DDR ließ eine touristische Versorgung der Bevölkerung, die über das Abdecken des Grundbedürfnisses hinausreichte und etwa auf zunehmend individuelle Vorstellungen und Wünsche eingehen konnte, einfach nicht zu.

10. Heimliches Vorbild „KdF"

a) Ideologische Grundlagen und Ziele des KdF

Die nationalsozialistische Freizeit- und Urlaubsorganisation KdF sollte einen gewissen Ausgleich für die ideologisch erhobenen sozialrevolutionären Forderungen der nationalsozialistischen Partei, die aus einer Vielzahl von Gründen nicht eingelöst wurden, bieten. Das Regime wich dabei in ein Betätigungsfeld aus, welches vor 1933 von Arbeits- und Sozialpolitikern we-

---

[100] Vgl. Skyba, S. 58.
[101] Grundlagen für die Arbeit des Feriendienstes der Gewerkschaften, Bestandssignatur DY34, Archiv-Nr. 24688, Bundesarchiv Berlin, S. 18.

nig beachtet worden war. Diese hatten sich bis dahin in der Hauptsache um die Arbeitsbedingungen und Aspekte der Entlohnung gekümmert und wendeten sich nun verstärkt dem Bereich der Freizeitgestaltung zu – ein Trend, der sich nach 1945 forciert fortsetzte. Dies gilt im Hinblick auf den Stellenwert der Freizeit und des Urlaubs sowohl für Ost- als auch für Westdeutschland. Während jedoch die touristische Entwicklung in der Bundesrepublik nicht an die sozialtouristischen Konzepte des NS-Staates anschloss, lassen sich im Hinblick auf die DDR eine Vielzahl von Parallelen feststellen. Aus diesem Grund bietet sich eine vergleichende Analyse der ideologischen Grundlagen, Organisationsformen, Strukturen sowie der politischen Instrumentalisierung des Feriendienstes des FDGB sowie der „Kraft durch Freude"-Reisen der im Dritten Reich gleichgeschalteten Arbeitnehmerorganisation DAF an. Diese politisch-strukturellen Gemeinsamkeiten stellten in der DDR-Darstellung natürlich ein Tabu dar und blieben deshalb unerwähnt.

Die Reiseorganisationen der DAF im Dritten Reich und des FDGB in der DDR sind beide Ableger parteigesteuerter Organisationen. Die Regierenden des Dritten Reiches und auch der DDR sahen in den Organisationen ein Mittel, um durch Urlaub als Belohnung Sympathie innerhalb der Bevölkerung zu erwirken. Hierzu gehörte beispielsweise die Reisevergabe als Belohnung für politische Loyalität und Systemtreue. Reisen wurden in beiden Systemen als Gegenleistung für politisches Wohlverhalten vergeben – beispielsweise an „Alte Kämpfer" im Nationalsozialismus oder an „Bestarbeiter" in der Deutschen Demokratischen Republik. Offensichtliche politische Zugangsbarrieren wurden allerdings nicht errichtet, denn damit wäre die Breitenwirkung des Reiseversprechens vereitelt worden.

Die Organisatoren der Massentourismus-Organisation „Kraft durch Freude" ließen sich in der Hauptsache durch drei Erwägungen leiten, die später beim Aufbau des DDR-Feriendienstes ebenfalls handlungsleitend wurden: Bei strengster organisatorischer Rationalisierung auf möglichst breiter Basis sollte ein Preis-Leistungs-Verhältnis erreicht werden, das den Arbeitseinkommen entsprach. Außerdem sollte die Organisation stets deutlich machen, dass die Freizeitkultur eine Errungenschaft des neuen politischen Regimes war, wovon dieses sich politische Anerkennung erhoffte. Zum dritten bot der organisierte Freizeitbetrieb verschiedene Möglichkeiten politischer Kontrolle, Erziehung und Manipulation.

Insbesondere die in den 1930er Jahren entstandenen Planungen für riesige Ferienanlagen wie beispielsweise in Prora auf Rügen zeigen Konzepte einer staatlich geplanten, industrialisierten und standardisierten Jahresfreizeit[102],

---

[102] Vgl. Spode, Arbeiterurlaub im Dritten Reich.

10. Heimliches Vorbild „KdF" 63

wie sie auch vom Feriendienst in Ansätzen verwirklicht wurden. Hierfür sollten nicht nur neue Anlagen geschaffen werden, auch bereits bekannte Urlaubsdestinationen konnten wirkungsvoll in die Organisation eingebunden werden, wie Joshua Hagen am Beispiel Rothenburgs ob der Tauber zeigen konnte. Dort gelang es der nationalsozialistischen Freizeitorganisation, das örtliche Tourismusamt zu übernehmen und den Reiseverkehr in die fränkische Fachwerkstadt nach eigenen Prämissen umzugestalten. Deutsche Reisende aus dem gesamten Reichsgebiet sollten zum Zwecke der Stabilisierung der Volksgemeinschaft die Schönheit des eigenen Landes kennenlernen und gleichzeitig eine deutsche Musterstadt vorgeführt bekommen.[103]

Ob etablierte Destinationen oder neue Freizeitanlagen – der arbeitenden Bevölkerung sollte in jedem Fall eine genau bemessene und durchstrukturierte Jahresfreizeit angeboten werden, welche die Schaffung der nationalsozialistischen Volksgemeinschaft sowie die Vervollkommnung des deutschen Menschen zum Ziel hatte. Nicht das individuell erfahrbare Vergnügen, sondern der gesamtgesellschaftliche Nutzen stand im Mittelpunkt, denn durch die Gewährung eines Urlaubs sollten Arbeitsleistung und Produktivität gesteigert werden. Freizeit war kein Selbstzweck, sondern musste im Dienst von Staat und Gesellschaft stehen.[104]

In beiden Diktaturen sollte der Sozialtourismus, wie er in durch die Gewerkschaftsvermittlung ermöglichten Urlaubsreisen zum Ausdruck kommt, letztlich der Systemstabilisierung dienen. Dies geschah durch Mittel der Integration und der Schaffung von Loyalität. Das Privileg der prestigeträchtigen „bürgerlichen" Reise sollte durch soziale Mischung und Angebote, die sich vor allem an proletarische Bevölkerungsschichten richteten, gebrochen werden, um den inneren Frieden zu erhalten und das Ideal einer klassenlosen Volksgemeinschaft umzusetzen. Die vom KdF organisierte Freizeitkultur des Dritten Reiches sollte die soziale Frage mit einem „scheinsozialistischen Anstrich" versehen und sie als gegenstandslos tarnen.[105] Während KdF jedoch eine Demokratisierung des Reisens nur ‚angetäuscht' hatte, erzielte der Sozialtourismus in der DDR tatsächlich einen großen Einfluss auf die Reiseintensität der Bevölkerung des Landes.[106]

Im Dritten Reich kam deshalb die touristische Emanzipation der Arbeitnehmer über erste, wenn auch spektakuläre, Ansätze nicht hinaus, während sich in der DDR tatsächlich ein für alle offener Massentourismus etablierte.

---

[103] Vgl. Hagen, Joshua: „Preservation, Tourism and Nationalism. The Jewel of the German Past", Burlington 2006, S. 189 ff.

[104] Vgl. Fromann, Reisen im Dienste politischer Zielsetzungen, S. 108.

[105] Vgl. Reichel, Peter: „Der schöne Schein des Dritten Reiches. Faszination und Gewalt des Faschismus", Berlin und Wien 1991, S. 372 f.

[106] Vgl. Spode, Goldstrand und Teutonengrill, S. 20.

Ein Grund hierfür ist die längere Existenz des DDR-Staates. Ein weiterer Unterschied besteht in der Tatsache, dass sich das nationalsozialistische Regime wesentlich schneller konsolidiert hat als die DDR. Während die Loyalität sowie Akzeptanz gegenüber dem NS-Regime gegen Ende der 1930er Jahre stieg, nahm sie in der DDR ab und stellte in den 1980er Jahren vielfach nur noch ein Lippenbekenntnis dar. Insofern waren die DDR-Oberen nicht in der Lage, eine Beschneidung des Lebensstandards der Bevölkerung zu riskieren, während die nationalsozialistischen Machthaber zumindest ein Ende der Expansion sozialpolitischer Wohltaten zugunsten der Kriegsvorbereitung ab etwa 1937 riskieren konnten.

In beiden Systemen kam der Integration der Arbeiter eine herausragende Bedeutung zu. Ohne deren Loyalität ließen sich wesentliche Ziele – im Dritten Reich die Aufrüstungs- und Kriegsvorbereitungspolitik, in der DDR die dauerhafte Etablierung eines ‚Arbeiter- und Bauernstaates' – nicht durchsetzen,[107] weshalb das Stillhalten der Arbeiterschaft mit Zugeständnissen im Bereich des Konsums erkauft wurde.[108] Auch deshalb war der Sozialtourismus von entscheidender Bedeutung für die innere Stabilität der Regimes. Allerdings sprachen weder KdF noch FDGB ausschließlich Arbeiterkreise an: Um im Dritten Reich die ideologisch geforderte Volksgemeinschaft in die Praxis umsetzen zu können, waren KdF-Reisen nicht nur sozial Unterprivilegierten vorbehalten. In der DDR spielten soziale Klassenunterschiede ebenfalls eine abnehmende Rolle, da es beispielsweise durch die Nivellierung der Einkommen keine eindeutig unterprivilegierte Arbeitnehmerschaft mehr gab. So war in keinem der beiden Systeme die Reisevergabe an Einkommensgrenzen gebunden.

Der gewünschte Effekt, mit KdF-Reisen bürgerliche Privilegien zu brechen und eine Volksgemeinschaft zu suggerieren, wurde in den Anfangsjahren des Dritten Reiches erreicht. Die prestigeträchtige Erholungsreise war scheinbar in greifbare Nähe gerückt und viele Deutsche glaubten, darin einen Beleg für einen ‚Sozialismus der Tat' zu finden. Mit der zunehmenden Konsolidierung des Regimes verlor jedoch der staatliche Massentourismus als sozialpolitisch-ideologisches Herrschaftsinstrument seine Bedeutung. Anders der Feriendienst des FDGB, der bis zum Ende der DDR unablässig ausgebaut wurde, um der wachsenden Unzufriedenheit der Bevölkerung mit der materiellen Situation entgegenzuwirken.

---

[107] Vgl. Weiß, Ideologie der Freizeit, S. 293.
[108] Vgl. Mason, Sozialpolitik im Dritten Reich (Gesamtwerk).

b) Reisepraxis

Beide Organisationen, KdF und FDGB-Feriendienst, bedienten sich als Ergebnis einer Nachfrage, die das Angebot stets überstieg, gewisser Auswahlverfahren, die jeweils nicht über den Preis der Reise gesteuert wurden. Hierin liegt der gemeinsame sozialpolitische Ansatz. Die Auswahlverfahren waren an die Betriebe und Unternehmen gekoppelt. Allerdings wirkte das Anmeldeverfahren bei den KdF-Dienststellen im Dritten Reich weniger selektiv als das Zuteilungsverfahren in dem DDR-Bestreben, bewusst die politische und soziale Kontrolle des Kollektivs mit einzubeziehen und auf diese Weise zu instrumentalisieren.

Ein Großteil des Reiseangebots der NS-Organisation bestand aus Tagesfahrten und Wochenendausflügen, bei denen Arbeiter der Industriezentren mit Sonderzügen oder Autobussen in eine touristisch attraktive Region befördert wurden.[109] Diese Angebote waren für Arbeiter erschwinglicher als Mehrtagesfahrten und boten vielen eine erstmalige Partizipation am Fremdenverkehr. Reiseziele waren nicht zuletzt deshalb deutsche Feriengebiete. Auch Mehrtagesfahrten führten die Urlauber meist in Regionen innerhalb des eigenen Landes, von den Küstenregionen an Nord- und Ostsee über die deutschen Mittelgebirge bis zur Alpenkulisse von Berchtesgaden.

Im Mittelpunkt der Mehrtagesreisen standen Erholung und Entspannung mit dem Ziel der Regeneration der Arbeitskraft. Somit ließ sich die Förderung des Urlaubs anhand einiger vulgärwissenschaftlicher Parolen aus der Arbeitspsychologie und -physiologie durchaus mit den gebotenen Produktionssteigerungen vereinbaren. Mit diesem Argument wurde im Dritten Reich auch den Arbeitgebern die Einführung einer verbindlichen gesetzlichen Urlaubsregelung schmackhaft gemacht.[110]

Ein besonderes, sportliches, touristisches oder gar politisches Programm bestand bei KdF-Reisen hingegen nicht. So darf man sich den Urlauberalltag, trotz eines vielfältigen Programmangebots, keineswegs als permanente Reglementierung vorstellen. Freizeitgestaltung wurde als Mittel der Kanalisierung von Unzufriedenheiten erkannt und in diesem Sinne sollten die touristischen Angebote nicht als ideologisches Schulungsprogramm erscheinen. KdF wurde wohl vor allem geschätzt, weil es eine der wenigen Möglichkeiten bot, sich gehen zu lassen und dem permanenten politischen und wirtschaftlichen Druck zu entkommen. Selbst die Architekten des Systems

---

[109] 84 Prozent der 43 Millionen zwischen 1934 und 1939 verkauften KdF-Reisen waren Tagesausflüge. Von den verbleibenden Mehrtagesfahrten waren rund zehn Prozent Hochseefahrten, der Rest Landfahrten. – Vgl. Spode, Geschichte des Tourismus, S. 31.

[110] Vgl. Mason, Sozialpolitik im Dritten Reich, S. 184.

äußerten sich diesbezüglich kritisch. Ley kritisierte das mitunter niedrige ideologische und künstlerische Niveau der Veranstaltungen und Goebbels formulierte, die Organisation dürfe nicht zu einer Rummel-Bewegung verkommen.[111]

c) Unterschiede zwischen KdF und FDGB

Ziel der KdF-Aktivitäten war die Brechung des bürgerlichen Monopols der Urlaubsreise. Das Konsumgut Urlaubsreise wurde von KdF als Kopie der bürgerlichen Reise verkauft. Eine gigantische organisatorische Leistung verwandelte Landschaft und Kultur in Konsumgüter, machte sie einer breiten Bevölkerungsschicht zugänglich und stellte sie in den Dienst der politischen Lebensfreude und der gesteigerten Produktion. Die in Serie gefertigte Kopie des bürgerlichen Reisens sollte dem touristisch unerfahrenen Arbeiter als die bürgerliche Reise selbst erscheinen. Der FDGB orientierte sich hingegen weniger an einer tradierten bürgerlichen Reisepraxis, sondern knüpfte bewusst an den gewerkschaftlich organisierten Arbeiter-Erholungsferien der Weimarer Zeit an. Im Gegensatz zu den Offerten des KdF wurden vor allem Familienreisen angeboten.

Ein Hauptunterschied zwischen dem FDGB-Feriendienst und dem Angebot der KdF-Reisen bestand in der Tatsache, dass letztere sich vor allem an Einzelreisende richtete und wenig Angebote für Familien machte[112], während beim Feriendienst Familien zumindest in den letzten beiden Jahrzehnten der DDR-Geschichte im Zentrum der Aufmerksamkeit standen.[113] Außerdem verfügte die KdF-Organisation im Gegensatz zum FDGB über wenig eigene Unterbringungsmöglichkeiten, sondern schloss insbesondere Verträge mit den Betreibern von Pensionen und Hotels. KdF-eigene Ferienheime wie beispielsweise die riesige Anlage in Prora auf Rügen, durch die jährlich rund 350.000 Urlauber geschleust werden sollten[114], befanden sich in Planung oder im Bau, sind aber bis zum Ende des Dritten Reiches nicht abgeschlossen worden.

Bei den KdF-Fahrten war die An- und Abreise inbegriffen, während die Nutznießer eines FDGB-Urlaubsplatzes dafür in der Regel selbst verantwortlich waren. Ein Hauptgrund hierfür ist sicherlich die gestiegene Mobilität in der zweiten Hälfte des 20. Jahrhunderts im Sinne einer wachsenden

---

[111] Vgl. Mason, Sozialpolitik im Dritten Reich, S. 186.
[112] Vgl. Spode, Arbeiterurlaub im Dritten Reich, S. 313.
[113] Vgl. Kapitel IV.1 „Die Organisation der Verteilung und deren Kriterien".
[114] Vgl. Spode, Hasso: „‚Zu den Eigentümlichkeiten unserer Zeit gehört das Massenreisen.' Die Entstehung des modernen Tourismus", in: Endlich Urlaub! Die Deutschen reisen, Begleitbuch zur Ausstellung im Haus der Geschichte der Bundesrepublik Deutschland in Bonn, Köln 1996, S. 13–19, hier S. 19.

10. Heimliches Vorbild „KdF" 67

Motorisierung. Allerdings erhielten FDGB-Mitglieder für die Eisenbahnfahrt zu ihrem Urlaubsplatz eine Ermäßigung von einem Drittel des Fahrpreises[115] – was angesichts des Trends zur Anreise mit dem eigenen Auto jedoch gegen Ende der DDR-Zeit zunehmend irrelevant wurde.

Die Finanzierung des Reiseangebots stellt ein weiteres wichtiges Unterscheidungskriterium zwischen KdF und FDGB dar. Die nationalsozialistische Freizeitorganisation war nicht auf größere staatliche Zuschüsse angewiesen und finanzierte sich hauptsächlich selbst. Die Reisepreise waren günstig, aber dennoch weitgehend kostendeckend. Dies wurde vor allem durch die Marktmacht des KdF erreicht, denn die Organisation kaufte Übernachtungs- und Transportleistungen in großen Mengen und mit bedeutenden Rabatten. Dabei nutzte sie die wirtschaftliche Notlage des Beherbergungsgewerbes aus und zahlte nur die Hälfte des üblichen Satzes.[116] Im Gegensatz zum Gewerkschaftsbund der DDR hatte die nationalsozialistische Urlaubsorganisation wenig eigene Beherbergungsstätten unterhalten müssen und konnte somit bedarfsgerechter sowie wirtschaftlicher agieren. Soziale Zuschüsse für Bedürftige wurden aus den Kassen der Deutschen Arbeitsfront DAF beglichen. Die Organisation nahm unbedeutende staatliche Gelder in Anspruch.[117] In der DAF waren die meisten Arbeitnehmer organisiert und zahlten einen monatlichen Mitgliedsbeitrag. Im Gegensatz hierzu war das Reiseangebot des FDGB staatlich hoch subventioniert und stellte eine enorme Belastung des DDR-Staatshaushaltes dar.

Tabelle 3
Vergleich KdF und FDGB-Feriendienst

Schwerpunkt	KdF	FDGB, Abt. Feriendienst
Idee/Vorbild	Idee übernommen von: Opera Nazionale Dopolavoro (Nationales Freizeitwerk), italienische Freizeitorganisation seit 1925.	Idee übernommen von: Sowjetunion (ähnliches System 1933 eingeführt) (und KdF).
Durchsetzen ideologischer Ziele und Festlegung der Diktatur	Politische Instrumentalisierung im Sinne der nationalsozialistischen Politik des 3. Reiches, Ertüchtigung der Arbeiterschaft zur Leistungsbereitschaft, Kriegsvorbereitung.	Politische Instrumentalisierung zur Stärkung der kommunistischen Diktatur, Gewinnung der „werktätigen Massen" für den sozialistischen Staat.

---

[115] Vgl. Tietze, Sozialpolitik in der DDR, S. 29.
[116] Vgl. Spode, Entstehung des modernen Tourismus, S. 18.
[117] Vgl. Fromann, Reisen im Dienste politischer Zielsetzungen, S. 115 ff.

(Fortsetzung Tabelle 3)

Schwerpunkt	KdF	FDGB, Abt. Feriendienst
Ökonomische Grundlagen	– Wenig eigene Einrichtungen (teilweise ab 1933 durch Beschlagnahmung von Heimen der Krankenkassen und ehemaligen Gewerkschaften) zum Zwecke der Erholung und Schulung; größtes Erholungsheim Prora unvollendet – eigene Urlauberschiffe und Charter – gute finanzielle Ausstattung – Staatszuschuss: 32,5 Millionen Reichsmark[118] – teilweise kostendeckend Zielsetzung: Wirtschaftlichkeit	– 695 eigene Heime, teilweise durch Enteignung („Aktion Rose"); neue und auch total veraltete Bausubstanz – 428 Vertragseinrichtungen – eigene Urlauberschiffe (später verkauft an die DSR) – unwirtschaftlich geführt – hohe staatliche Subventionen (1,5 Milliarden DDR-Mark in 1987, Einnahmen bei 117 Millionen Mark)[119]
Propagandainstrument	Zur Massenmotivation im System der faschistischen Diktatur	Zur Festigung des sozialistischen Systems der DDR
Organisationsform/Aufbau	Überbau DAF | Amt für Reisen, Wandern und Urlaub | KdF | regionale Unterorganisationen	Überbau FDGB Bundesvorstand | Sekretariat für Sozialpolitik (Sozialversicherung, Feriendienst, Arbeiterversorgung und gewerkschaftliche Betreuung) | Abt. Feriendienst | regionale Unterorganisationen
Mitarbeiterzahl	– 4.400 hauptamtliche Mitarbeiter, – 106.000 ehrenamtliche Mitarbeiter[120]	*1975:*[121] – 9.800 hauptamtliche Mitarbeiter, – Lohnkosten gesamt 66,8 Millionen Mark

---

[118] Stand 1937.
[119] Vgl. http://www.m-vp.de/land/ddr-fremdenverkehr.htm (2008).
[120] Stand Ende 1937, Quelle: www.wbmagazin.de/Archive_2007/November_2007.html.
[121] Vgl. Direktive zur Ausarbeitung des Perspektivplanes 1971–1975 für den Bereich des Feriendienstes der Gewerkschaften, Bestandssignatur DY34, Archiv-Nr. 24943, Bundesarchiv Berlin, S. 23.

10. Heimliches Vorbild „KdF"

Schwerpunkt	KdF	FDGB, Abt. Feriendienst
		1989: – 15.000–15.500 hauptamtliche Mitarbeiter, – 70.000 ehrenamtliche Mitarbeiter – vor allem in den Betrieben und Einrichtungen
Anmelde-/Auswahlverfahren	– Auswahlverfahren bei Schiffsreisen – weniger selektiv – der touristische Markt bot zusätzliche Angebote – Steuerung über den Preis (günstigerer Preis beim KdF durch Großkontingente bei den Hoteliers)	– Zentrale Kontingente – Sonderkontingente für sog. „Schwerpunktbetriebe" und MfS, Ministerien – Auswahlverfahren im Betrieb durch Feriendienstkommission – wenig sonstige Möglichkeiten wegen unzureichender Hotellerie, kaum freie Konkurrenz – eingeschränkte Reisemöglichkeiten
Reisevergabe nach Kriterien der Systemtreue und Loyalität zur Diktatur	Reisevergabe durch freien Verkauf über die Gaus. Ausgewählte Reisen als Belohnung an „Alte Kämpfer" sowie Funktionäre der NSDAP und deren Unterorganisationen.	Kein freier Verkauf von Reisen, Verteilung ausschließlich durch systemtreue Kommissionen. Ausgewählte Reisen als Belohnung an sog. „Bestarbeiter", westdeutsche Kommunisten, Funktionäre der SED und von anderen kommunistischen Parteien.
Stellung im Tourismussystem	Weltweit größtes Reiseunternehmen	Größtes Reiseunternehmen in der DDR
Mitbewerber	1.049 private Reisebüros im damaligen Reichsgebiet; 317 Erholungsheime der inneren Mission[122]	Je 1 staatliches Reisebüro der DDR in den Bezirksstätten
Anzahl der Reisen	*1937*:[123] Urlauberfahrten: 1.372.830 Kurzfahrten: 6.819.445 Seefahrten: 130.014 Wanderungen: 1.605.083	*1983*: 2,4 Millionen Reisen (Höchstzahl)

---

[122] Stand 1938.
[123] Marrenbach, Otto: „Gesamtwerk der DAF", Berlin 1940.

(Fortsetzung Tabelle 3)

Schwerpunkt	KdF	FDGB, Abt. Feriendienst
	1938: Urlauberfahrten: 1.447.972 Kurzfahrten: 6.811.266 Seefahrten: 131.623 Wanderungen: 1.937.850	
Überwachung, Bespitzelung der Urlauber im Auftrag der Diktatur	Berichte über KdF-Schiffsreisen und Auslandsreisen durch Mitglieder der NSDAP an die zuständige Gauleitung[124]	IM-Berichte über Schiffsreisen[125] und Urlaubsaufenthalte in FDGB-Erholungsheimen. Einrichtung von konspirativen Treffs[126]
Reisedauer	Relativ kurz, weil es flächendeckend keine Tarifverträge gab.	Garantierter Mindesturlaub (in der Regel waren die Ferienschecks 7, 13 oder 20 Tage)
Tagesfahrten/ Kurzreisen	Aus Kostengründen Orientierung auf preisgünstige Reisen für die „Arbeiterschaft", insbesondere Busreisen. Wanderreisen usw.	Tages- oder Kurzreisen waren beim Feriendienst eher die Ausnahme.
Laizismus (Trennung von Staat und Kirche)	Ab 1933 stagnierende Entwicklung der Trennung von Staat und Kirche (Laizismus).	Durch die Gesellschaftsform bedingte absolute Trennung von Staat und Kirche. In den Erholungsheimen und auf den Urlauberschiffen des FDGB-Feriendienstes wurde keine kirchliche Präsenz geduldet.
Marktstellung im Wirtschaftssystem	Großes Marktpotential durch umfangreichen Vertragstourismus und eigene Kapazitäten in der Urlauberschiffstouristik (u. a. auch Charter). Für den Mittelstand bedeutete dies hohe Auslastung bei niedrigen Margen.	Absolute Marktbeherrschung (in besten Lagen der DDR wie Ostsee, Thüringen usw.) bei Inlandsreisen (Ferienhotellerie) und auch Seereisen.

---

[124] Vgl. Fromann, Reisen im Dienste politischer Zielsetzungen.

[125] Vgl. Stirn, Andreas: „Traumschiffe des Sozialismus – Die Geschichte der DDR-Urlauberschiffe 1953–1990", Berlin 2010, S. 189 ff.

[126] Vgl. Bericht über den Archiv-IM „Schwarz" 8.1.1980, Archiv-Nr. 3403/88, BStU, Archiv der Außenstelle Chemnitz.

10. Heimliches Vorbild „KdF"

Schwerpunkt	KdF	FDGB, Abt. Feriendienst
Damalige Perspektivplanung der Kapazitäten	Militärische Integration: Kriegsverwendung als Übernachtungskapazitäten, Transportmittelkapazitäten, Lazarettkapazitäten.	Zur politisch-ideologischen Stärkung des Systems. Verwendungszweck im kalten Krieg als Notunterkünfte und Sanatorien?
Werbung	Umfangreiche Werbung in den einzelnen Gaus. Propaganda in allen verfügbaren Medien, auch im Ausland.	Mangelwirtschaft. Keine öffentliche Werbung. Werbung nur von schwerverkäuflichen Reisen in den Betrieben.
Namensgebung von Schiffen für die Urlauber[127]	Z.B. „Wilhelm Gustloff", „Robert Ley" (insgesamt Nutzung von 12 Schiffen)	„Fritz Heckert", „Völkerfreundschaft" (insgesamt Nutzung von 3 Schiffen)
Familienurlaub	– Mehr individueller Tourismus (Einzelreisen) – teilweise auch Familienurlaub	– Schiffsreisen: wenig Familienurlaub – Ferienheimen: hauptsächlich Familienurlaub, auch für kinderreiche Familien
Bedarfsdeckung	Bedarfsdeckung bei Bahn- und Busreisen, Kontingentierung bei Schiffsreisen.	Eindeutige Unterdeckung des Gesamtbedarfs.
Finanzierung der An- und Abreise	Fahrpreis ist im Reisepreis einkalkuliert bzw. 50% Ermäßigung auf öffentliche Verkehrsmittel.	Fahrpreisermäßigung um ein Drittel bei An- und Abreise mit der Bahn.
Ideologischer Anspruch	KdF = einzige staatlich zugelassene Freizeitorganisation (Freizeit und Urlaub). Der Name „Kraft durch Freude" war das Programm. 1. Abkehr von der Klassifizierung der Gesellschaft, deshalb „Volksgemeinschaft" 2. Die Leistungsgesellschaft war das Ziel und nicht die Freude.	Der Feriendienst in der „modernen Diktatur" der DDR war ein Teil der „Erziehungsdiktatur" im Gesamtsystem. Der politisch-ideologische Anspruch wurde schon im Kindergarten, in der Schule oder Universitäten angesetzt und wirkte bis in die Urlaubsgestaltung der Bürger.

---

[127] Übernahme der Begriffe „Urlauberschiff" und „Erholungsheim" vom KdF durch den FDGB-Feriendienst.

(Fortsetzung Tabelle 3)

Schwerpunkt	KdF	FDGB, Abt. Feriendienst
	„Ich will, daß dem Arbeiter ein ausreichender Urlaub gewährt wird und daß alles geschieht, um ihm diesen Urlaub sowie seine übrige Freizeit zu einer wahren Erholung werden zu lassen. Ich wünsche das, weil ich ein nervenstarkes Volk will, denn nur allein mit einem Volk, das seine Nerven behält, kann man wahrhaft große Politik machen."[128]	„Die Arbeits- und Lebensbedingungen (Ferien- und Erholungswesen) bestimmen in hohem Maße die kontinuierliche Leistung der Werktätigen und beeinflussen spürbar die Einstellung der Arbeit, zum sozialistischen Betrieb, die Entwicklung sozialistischer Persönlichkeiten sowie deren Streben nach geistig-kultureller Bildung."[129]

Jeder Vergleich kann wissenschaftliche Diskussionen und Zweifel auslösen, zumal es sich um unterschiedliche politische Gesellschaftssysteme handelt.

Herr Stirn[130] behauptet in seinen Ausführungen, dass die Idee der Nutzung von FDGB-Urlauberschiffen vom damaligen FDGB-Chef Warnke stammt, was ich meinerseits anzweifle.

„Gerade viele Mitglieder der NSDAP hängten nach 1945 ihr Fähnchen in den jeweiligen Wind – übrigens dem wundersamen ‚Wandel' der Kommunisten der SED 1990 nicht unähnlich. Dank der perfekten Propagandamaschinerie und des schier unermüdlichen Engagements antifaschistischer Gutmenschen stehen Namen wie Globke, Kiesinger, Filbinger usw. für die angebliche Restauration der frühen Bundesrepublik, der eine Kontinuität zum Dritten Reich unterstellt wird. Dabei könnte man, was freilich nicht geschieht, auch und gerade der DDR eine ‚Kontinuität zum Dritten Reich' unterstellen, und dabei noch nicht einmal auf die Aufmärsche und Paraden oder die organisierte Staatsjugend anspielen. Auch in der Sowjetischen Besatzungszone waren es oftmals ehemalige Parteigenossen der NSDAP, die die neuen Strukturen aufbauten und das allumfassend, mitnichten in geringerem Maße als in der BRD. In den fünfziger Jahren waren mehr als ein Viertel der Mitglieder der SED ‚republikweit durch ihre NS-Vergangenheit belastet'. Noch 40 Jahre nach der Verhaftung der deutschen

---

[128] Die Deutsche Arbeitsfront, „Mit KdF in den Urlaub", Gau Westfalen-Süd, NSG KdF 1938, S. 1.

[129] Vgl. Fabiunke, Günter, Norbert Körner u. a. (Hg): „Lexikon für das Gaststätten- und Hotelwesen", Berlin 1980, S. 44.

[130] Vgl. Stirn, Traumschiffe des Sozialismus, S. 37 ff.

Reichsregierung befanden sich alleine im Zentralkomitee der Sozialistischen Einheitspartei Deutschlands (mindestens) 14 ehemalige Mitglieder der NSDAP: Gerhard Beil, Wolfgang Biermann, Manfred Ewald, Horst Heintze [Sekretär des FDGB-Bundesvorstandes von 1961 bis 1989 – Anm. d. Verf.], Waldemar Liemen, Bruno Lietz, Fritz Müller, Helmut Sakowski, Bernhard Seeger, Werner Scheler, Horst Stechbarth, Erich Rübensam, Rudolf Winter und Herbert Weiz. Der eben genannte Fritz Müller bestimmte, ganz nebenbei, für mehr als 30 Jahre als Abteilungsleiter für Kaderfragen die Personalpolitik der SED und damit das gesamte Nomenklatursystem aller maßgeblichen Organisationen und Institutionen der DDR."[131]

11. Propagiertes Vorbild: Sowjetunion

Die DDR wurde nach 1945 von einem Kollaborationsregime gelenkt, denn der SED-Staat orientierte sich über mehr als vier Jahrzehnte hinweg am Vorbild des „Großen Bruders" und war stets abhängig von ihm. Politischer Ausformung ihrer Herrschaft sowie Zielsetzungen ergaben sich für die SED deshalb aus den sowjetkommunistischen Vorgaben sowie aus der Tradition des deutschen Kommunismus in der Zeit der Weimarer Republik.

Während die zwischen 1949 und 1989 in der DDR entstandenen wissenschaftlichen Publikationen über die Entwicklung des ostdeutschen Sozialtourismus die Vorbildwirkung der nationalsozialistischen Organisation „Kraft durch Freude" verschwiegen, postulierten sie den Modellcharakter der Sowjetunion: „Die Entwicklung des Erholungswesens in der DDR veranschaulicht einen Prozess kontinuierlichen sozialpolitischen Fortschritts, der sich historisch gesetzmäßig vollzieht. [...] Hinsichtlich seines politischen und sozialen Charakters verkörpert es jene Qualität, die erstmals in der Sowjetunion auf der Grundlage der Leninschen Dekrete über das Erholungswesen erreicht wurde und deren Erfahrungen in der DDR Anwendung fand."[132] Erst mit dem „Aufbau eines sozialistischen Kur- und Erholungswesens" sei „der Anschluss an den Entwicklungsstand der fortschrittlichsten sozialistischen Länder erreicht"[133], formulierten die Autoren des Programms für die Entwicklung des Kur- und Erholungswesens der Gewerkschaften im Siebenjahresplan der DDR von 1959–1965.

---

[131] http://www.nordbruch.org, Claus Nordbruch, „Die Parteiendiktatur – Spiegel einer kranken Gesellschaft"; auch in „Deutschland in Geschichte und Gegenwart", Heft 3/2001, S. 12–16.

[132] Filler, Stand und Entwicklung des gewerkschaftlichen Erholungswesens, S. 9.

[133] Programm für die Entwicklung des Kur- und Erholungswesens der Gewerkschaften im Siebenjahresplan der DDR von 1959–1965, Bundesvorstand des FDGB, 22.08.1959, Bestandssignatur DY34, Archiv-Nr. 26086, Bundesarchiv Berlin, S. 2.

Es gehört zu den bewährten Methoden der DDR-Forschung, stets auch nach dem jeweiligen Einfluss der Sowjetunion zu fragen und – von den Ergebnissen bestimmter Veränderungen ausgehend – Ähnlichkeiten und Parallelentwicklungen aufzuzeigen. Der „erste Arbeiter- und Bauernstaat auf deutschem Boden" war Teil des sowjetischen Herrschaftssystems und immer – stärker noch als andere Ostblockstaaten – von der Sowjetunion abhängig. Das ergab sich zwangsläufig aus den Folgen des Zweiten Weltkriegs und der sowjetischen Besatzung, in deren Verlauf die Sowjetunion zunächst als höchste Regierungsgewalt, dann als höchste Kontrollinstanz fungierte.

Die DDR war enger in den Machtbereich der UDSSR eingebunden als der westdeutsche Staat an die USA. In der zeitgenössischen Polemik ist deshalb oft von einer „Sowjetisierung" die Rede. Wie das Beispiel der Organisation des Sozialtourismus in der DDR und viele weitere Bereiche des öffentlichen Lebens belegen, fand eine ostdeutsche Orientierung in die Richtung sowjetischer Institutionen und Organisationsprinzipien, Kultur- und Rechtsauffassungen tatsächlich statt. Da die Implementation jedoch nicht in traditionsfreien Räumen stattfand und die Organisatoren nach 1945 oft auf bereits vorhandene Denk- und Handlungsmuster stießen, konnten sowjetische Vorbilder nur in modifizierter Form übernommen werden. Am Beispiel des gewerkschaftlich organisierten Sozialtourismus soll im folgenden Abschnitt das sowjetische Modell als mögliche Orientierungsform für den FDGB-Feriendienst dargestellt werden.

Unmittelbar nach der Oktoberrevolution des Jahres 1917 und mitten in den Bürgerkriegswirren hatte ein 1919 erlassenes Dekret Lenins alle Kur- und Urlaubereinrichtungen in Volkseigentum überführt. Zwei Jahre später bestimmte ein weiterer Beschluss der kommunistischen Führung, die Organisation und Verwaltung der Erholungsheime in die Hände der Gewerkschaften zu legen, die ab 1933 auch für das Kurwesen sowie die Sanatorien in der Sowjetunion verantwortlich waren.[134] Neben den allgemeinen Vorteilen einer zentralen Organisation führte diese Neuordnung auch zu einer Verbesserung der finanziellen Möglichkeiten, denn die Arbeitnehmer konnten sich nun auf Kosten der Sozialversicherung erholen.[135]

Erstmals wurde mit der in der Sowjetunion unter kommunistischer Führung erfolgten Neuordnung ein direkter Zusammenhang zwischen der Gewerkschaftsbewegung und dem Sozialtourismus hergestellt, eine Verbindung, auf die in der DDR ebenfalls zurückgegriffen wurde. Es ist ein mar-

---

[134] Vgl. Henningsen, Monika: „Der Freizeit- und Fremdenverkehr in der ehemaligen Sowjetunion unter besonderer Berücksichtigung des baltischen Raumes", Frankfurt am Main 1994, S. 23 ff.

[135] Vgl. Henningsen, Freizeit- und Fremdenverkehr, S. 32.

kantes Beispiel für die Wandlung der Aufgabenstellung der Gewerkschaften in sozialistischen Gesellschaftsverfassungen, denn die neue Staats- und Parteiführung der Sowjetunion sah in ihnen die einzig möglichen institutionellen Anbieter, die in der Lage waren, Urlaubs- und Erholungsmöglichkeiten zu schaffen, zu verwalten und zu verteilen. Insofern diente die sowjetische Entwicklung in den 1920er Jahren tatsächlich als Vorlage für die institutionelle Ausgestaltung des Sozialtourismus im ostdeutschen Arbeiter- und Bauernstaat nach dem Zweiten Weltkrieg, denn auch dort wurde in der Frühphase der Machtkonsolidierung der SED mit der Gründung des FDGB-Feriendienstes im Jahr 1947 ein gewerkschaftlicher Anbieter mit der Ausgestaltung des Sozialtourismus betraut.

Während der unter den Bedingungen des Nationalsozialismus sowie der in der DDR praktizierte Sozialtourismus sich an touristischen Vorläufern angelehnt haben, war dies in der Sowjetunion keineswegs der Fall. Im Deutschland des 19. und frühen 20. Jahrhundert hatte es bereits einen stark ausgeprägten bürgerlichen Fremdenverkehr sowie erste Versuche einer touristischen Emanzipation der Arbeiterklasse gegeben, während die sowjetische Bevölkerung kaum über vorsowjetische Reise- und Erholungsgewohnheiten sowie Tourismustraditionen verfügte. Im Unterschied zu deutschen Sozialtourismusmodellen musste sich der sowjetische Sozialtourismus deshalb nicht an historischen Vorläufern messen lassen, konnte aber auch nur auf rudimentär existierende Erfahrungen und Infrastrukturen aufbauen. Im Gegensatz zur sozialtouristischen Entwicklung Ostdeutschlands nach Kriegsende agierten die sowjetischen Planer in den 1920er Jahren deshalb de facto in einem traditionsfreien Raum und mussten keinerlei Rücksicht auf bereits vorhandene Denk- und Handlungsmuster nehmen.[136]

Dem gesundheitsbegründeten Kur- sowie dem rekreationsbezogenen Erholungstourismus in Form von Sanatorien ist in der Frühphase des sowjetischen Sozialtourismus eine besondere Rolle zugeschrieben worden.[137] Diese Prioritätensetzung steht in einem engen Zusammenhang mit der ideologischen Überhöhung der Arbeit. Erholung diente primär dem Ziel der Reproduktion der menschlichen Arbeitskraft, sekundär erzieherischen und kulturellen Zwecken. Arbeitsethik und ein in der Arbeiterbewegung wurzelndes (Selbst-) Bildungsideal konnten in diesem Diskurs eine Symbiose eingehen, die beispielsweise der ‚Kraft durch Freude'-Bewegung des Dritten Reiches fehlte, aber im Sozialtourismus der DDR wieder auftaucht.

---

[136] Vgl. Noack, Christian: „Von ‚wilden' und anderen Touristen. Zur Geschichte des Massentourismus in der UDSSR", in: Werkstatt Geschichte 36, Essen 2004, S. 24–41, hier S. 26 f.; Knabe, Bernd: „Der Urlaub des Sowjetbürgers", in: Osteuropa 4/1979, S. 300–310.

[137] Vgl. Henningsen, Freizeit- und Fremdenverkehr, S. 57.

Monika Henningsen argumentiert in ihrer Dissertation über den Freizeit- und Fremdenverkehr in der ehemaligen Sowjetunion, hier werde deutlich, „welche Funktionen Fremdenverkehr in all seinen Ausformungen (also nicht nur das Kurwesen) in einem sozialistischen Staat in erster Linie erfüllen soll: die Arbeitskraft der Bevölkerung wiederherstellen".[138] Von Anfang an stand im sowjetischen Sozialtourismus deshalb das Ziel im Vordergrund, die Arbeitskraft der werktätigen Bevölkerung zu erhalten beziehungsweise wiederherzustellen, damit diese beim Aufbau des Sozialismus besser dienen konnte. In Anlehnung an das sowjetische Modell maß auch der gewerkschaftliche Sozialtourismus der DDR dem Kurwesen sowie dem gesundheitsbegründeten Erholungsaufenthalt eine hohe Priorität zu. Das 1958 erstmals in der deutschen Geschichte gegründete Gesundheitsministerium in Ostberlin hat auf diesem Gebiet eng mit dem FDGB-Feriendienst zusammengearbeitet und dem Gewerkschaftsbund 1960 beispielsweise die Leitung und Verwaltung der Staatsbäder Bad Elster und Bad Brambach übertragen.[139]

Der sowjetische Sozialtourismus kam bis in die 1960er Jahre hinein in der Regel nur einer kleinen Funktionärselite zu Gute, während er den Großteil der Bevölkerung nur mittels staatlicher Propaganda erreichte. Erst unter Chruschtschow und Breschnew entwickelte sich in der Sowjetunion ein Massentourismus, dessen Planung und Organisation weiterhin in den Händen der Gewerkschaft lag. Im Gegensatz zur Entwicklung in der DDR ging damit allerdings kein Aufbau einer flächendeckenden betriebseigenen Parallelstruktur einher, denn nur wenige volkseigene Großunternehmen und staatliche Institutionen, vor allem wichtige Behörden und Ministerien, investierten in Ferienanlagen für ihre Mitarbeiter. Betriebliche Erholungseinrichtungen in der Sowjetunion entstanden erst ab den 1970er Jahren in nennenswerten Größenordnungen.[140] Dort, wo sie entstanden, war die organisatorische Zersplitterung eines der zentralen Probleme des sowjetischen Fremdenverkehrswesens[141] – eine Situationsbeschreibung, die den sozialtouristischen Strukturen der DDR haargenau entspricht.[142]

---

[138] Henningsen, Freizeit- und Fremdenverkehr, S. 23.

[139] Vgl. Programm für die Entwicklung des Kur- und Erholungswesens der Gewerkschaften im Siebenjahresplan der DDR von 1959–1965, Bundesvorstand des FDGB, 22.08.1959, Bestandssignatur DY34, Archiv-Nr. 26086, Bundesarchiv Berlin, S. 6 und S. 16.

[140] Vgl. Noack, Geschichte Massentourismus UDSSR, S. 27 ff.

[141] Vgl. Henningsen, Freizeit- und Fremdenverkehr, S. 46.

[142] Vgl. Kapitel III.7 „Rivalitäten zwischen FDGB-Feriendienst und betriebseigener Ferienorganisation".

12. Finanzierung

a) Die Kostenentwicklung des Sozialtourismus

Gemessen an der wirtschaftlichen Leistungskraft der DDR waren die Ausgaben des Staatshaushaltes für Konsum und Soziales überdimensioniert. Die einstige Unterordnung unter ökonomische Belange hatte sich zugunsten einer lebensstandardsteigenden Funktion verschoben. Das marxistische Kernversprechen sozialer Gleichheit hat das Regime unter einen verstärkten Zugzwang gesetzt, denn der Herrschaftsanspruch ist ab den 1970er Jahren sowohl durch ein Versprechen steigenden Wohlstands als auch durch die ideologisch begründete gesellschaftliche Entdifferenzierung untermauert worden, obwohl aus volkswirtschaftlicher Sicht eine Redifferenzierung erforderlich schien und auch diskutiert wurde. Faktisch war jedoch spätestens in den 1970er Jahren die konsumtive, distributive und egalitäre Komponente zuungunsten der leistungsorientierten Komponente der Sozialpolitik in den Vordergrund gerückt. Für den staatlich subventionierten Sozialtourismus, der aufgrund seines egalitären Anspruchs sowie der Preisstabilität ein Kernstück der DDR-Sozialpolitik bildete, galt dies in besonderem Maße. Angebot und Nachfrage orientierten sich nicht an der schwankenden ökonomischen Leistungskraft der Volkswirtschaft, den Konjunkturzyklen oder gegebenenfalls am individuellen Vermögen der Reisenden, ihren Urlaub zu finanzieren.

Der Gewerkschaftsbund der DDR wandte in den 1980er Jahren jährlich rund 35 Prozent seiner Mittel für den Feriendienst auf, um die Erholungsaufenthalte seiner Mitglieder zu subventionieren.[143] Zu Beginn der 1960er Jahre hatte dieser Wert noch rund 22 Prozent betragen.[144] Die Erhöhung des finanziellen Aufwandes lässt sich anhand der Preis- und Kostenentwicklung des Feriendienstes erklären: Jeder Urlaubsaufenthalt aus staatlichen und Gewerkschaftskassen war in den 1960er Jahren mit durchschnittlich 80 Mark bezuschusst worden.[145] Die Preise für diese Erholungsaufenthalte, die die reisenden Gewerkschaftsmitglieder zu zahlen hatten, veränderten sich im Lauf der DDR-Geschichte jedoch kaum. Da der Standard der Ferienobjekte sowie der daraus resultierende Kostenaufwand anstieg, ergab sich eine jährlich größer werdende Differenz zwischen Einnahmen und Ausgaben, die nur mit öffentlichen Mitteln ausgeglichen werden konnte. So

---
[143] Vgl. Biskupek, Urlaub, S. 45; Hachtmann, Tourismusgeschichte, S. 144; Gill, Der Freie Deutsche Gewerkschaftsbund, S. 360.
[144] Vgl. Sekretariatsvorlage, Bundesvorstand des FDGB, 7.6.1962, Bestandssignatur DY34, Archiv-Nr. 24688, Bundesarchiv Berlin.
[145] Vgl. Sekretariatsvorlage, Bundesvorstand des FDGB, 7.6.1962, Bestandssignatur DY34, Archiv-Nr. 24688, Bundesarchiv Berlin.

kostete beispielsweise die Unterbringung eines FDGB-Gastes in einem Interhotel zu Beginn der 1980er Jahre rund 25 Mark pro Nacht[146], während das Gewerkschaftsmitglied für den gesamten Urlaub nur maximal 100 Mark zahlte. Der Zuschussbedarf hatte sich damit in rund 20 Jahren mehr als verdoppelt.

Diese für den Finanzhaushalt des Gewerkschaftsbundes sowie den staatlichen Gesamthaushalt fatale Entwicklung war absehbar und Volkswirtschaftler beziehungsweise Finanzwissenschaftler warnten vor der Kostenentwicklung. Es hat in den 1960er Jahren deshalb Überlegungen hinsichtlich eines grundsätzlichen finanzpolitischen Kurswechsels im DDR-Sozialtourismus gegeben. Im Rahmen der ökonomischen Neuorientierung unter Walter Ulbricht wurde der staatliche Beitrag für die Investitionsvorhaben des FDGB-Feriendienstes zum Zweck des Ausbaus der touristischen Infrastruktur in der ersten Hälfte der 1960er Jahre stark verringert. Außerdem hatten die staatlichen Finanzplaner langfristig in Betracht gezogen, einen gewerkschaftlich organisierten „Feriendienst ohne Zuschüsse zu organisieren, um so zur Kaufkraftabschöpfung beizutragen."[147] Die Preise für Ferienschecks wären in diesem Fall in den 1960er Jahren von durchschnittlich 30 Mark auf 110 bis 120 Mark je Erholungsaufenthalt gestiegen. Da diese Preissteigerungen politisch nicht durchsetzbar schienen und in den Augen der Gewerkschaft eine Gefährdung des sozialen Friedens darstellten, wurden die Pläne allerdings schnell beiseitegelegt. Hier spielte offenbar die Erwartungshaltung der Bevölkerung eine entscheidende Rolle. Die gesamte Propaganda gegenüber dem Kapitalismus hatte so stark auf niedrigen Festpreisen für den Lebensgrundbedarf als Zeichen der Überlegenheit des Sozialismus aufgebaut, dass eine überzeugende Begründung für Preisanhebungen nicht gefunden werden konnte. Am Grundgedanken, den Tourismus staatlich zu subventionieren, änderte sich deshalb bis 1989 nichts.[148]

Die zunächst angestrebte finanzielle Neuorientierung des Sozialtourismus mit dem Ziel einer Verringerung des Subventionsbedarfs wurde in der zweiten Hälfte der 1960er Jahre endgültig ad acta gelegt. Statt staatlich und gewerkschaftlich finanzierte Zuschüsse zu verringern, explodierten die Kosten der öffentlichen Haushalte, um den Preis für die unter Erich Honecker propagierte Einheit von Wirtschafts- und Sozialpolitik zu zahlen. Vor allem der politisch gewünschte massive Ausbau der sozialtouristischen Infrastruktur

---

[146] Schreiben vom 06.07.1982 der Vereinigung Interhotel an den FDGB bezüglich der Deckungskosten, Bestandssignatur DY34, Archiv-Nr. 27640, Bundesarchiv Berlin.
[147] Sekretariatsvorlage, Bundesvorstand des FDGB, 7.6.1962, Bestandssignatur DY34, Archiv-Nr. 24688, Bundesarchiv Berlin.
[148] Vgl. Merl, Staat und Konsum, S. 213.

war nur noch über steigende Beiträge aus öffentlichen Kassen zu bezahlen, da die Einnahmeentwicklung weit hinter den Kosten zurückblieb. So flossen allein im Zeitraum 1975 bis 1980 mehr als 700 Millionen Mark aus dem Staatshaushalt direkt in den Ausbau der Anlagen des Feriendienstes, um 11.700 Plätze in neuen Urlauber- und Erholungsheimen sowie 3.000 bis 5.700 durch den Ausbau bestehender Anlagen schaffen zu können.[149] 1986 betrugen die Zuschüsse des Staatshaushaltes für den Sozialtourismus rund 1,1 Milliarden Mark, was 5,2 Prozent des gesamten DDR-Staatshaushaltes entsprach.[150]

b) Erste Maßnahmen zur Ausgabenbegrenzung

Bereits in den Anfangsjahren der DDR machte sich angesichts der Diskrepanz zwischen dem politisch Wünschenswerten und dem wirtschaftlich Möglichen Ernüchterung breit, denn die materielle Basis des ehrgeizigen, mit Blick auf den Wettstreit der Systeme initiierten Modernisierungskonzepts erwies sich als nicht tragfähig.[151] Der hohe Investitionsbedarf der Industrie sowie der weitere Aufbau des Landes ließen die Staatsführung der DDR Ende der 1950er Jahre zu der Erkenntnis gelangen, den Staatshaushalt von nicht unbedingt notwendigen Ausgaben zu entlasten. Bereits im September 1959 hatte Walther Ulbricht dazu aufgefordert, Investitionen stärker auf ihren ökonomischen Nutzen zu überprüfen. Im Jahr des Mauerbaus 1961 rügte der Staats- und Parteichef den Vorsitzenden des Gewerkschaftsbundes Herbert Warnke:

> „Wenn die Arbeitsproduktivität steigt, kann der FDGB auch mehr ausgeben. Aber momentan gibt der FDGB mehr an Vergünstigungen aus, als es die Steigerung der Produktivität zulässt. Und was ist die Folge? Die Folge ist, dass der Finanzminister die Zuschüsse an den FDGB kürzt."[152]

Bereits in den 1960er Jahren war für die Volkswirtschaftler der DDR absehbar, dass die Gewerkschaften die Kosten für einen politisch gewünschten zügigen Ausbau der sozialtouristischen Infrastruktur nicht dauerhaft tragen konnten. Dabei gerieten weniger die permanent anfallenden Kosten für die Unterhaltung von Ferienobjekten und Lohn- sowie Materialkosten als vielmehr die enormen Investitionen in den Blickwinkel. Um diese, auch volkswirtschaftlich, so effizient wie möglich zu gestalten, wurde seitens des Fe-

---

[149] Vgl. „30 Jahre FDGB", in: Gastronomie 1/1977, S. 3 f.
[150] Vgl. Großmann, Entwicklung des Sozialtourismus in der DDR, S. 171.
[151] Vgl. Lemke, Michael: „Einheit oder Sozialismus? Die Deutschlandpolitik der SED 1949–1961", Köln, Weimar und Wien 2001, S. 419.
[152] Protokoll Sitzung der Kommission Planung und Finanzen beim Politbüro am 06. Februar 1961, Bestandssignatur DY30, Archiv-Nr. IV 2/2.102, Blatt 29, Bundesarchiv Berlin.

riendienstes die Forderung erhoben, sich auf einige ausgesuchte Standorte zu konzentrieren und die zur Verfügung stehenden Investitionsmittel nicht flächendeckend einzusetzen.

Noch 1968 hatten die 583 Eigenheime des FDGB eine durchschnittliche Bettenkapazität für nur 40 Personen und waren deshalb nicht rentabel zu betreiben.[153] Für eine strukturelle Veränderung fehlten aus der Sicht des Feriendienstes die nötigen staatlichen Mittel, aus der Sicht der DDR-Wirtschaftsplaner lag das Problem allerdings auch bei einer mangelnden Konzeption, die der Zersplitterung des Erholungswesens im Arbeiter- und Bauernstaat entgegenwirken konnte. Neben der Kritik an Planung und Organisation fehlte es dem Feriendienst zudem an konkreten Vorstellungen, wie modern und kostengünstig gebaut werden könnte.[154]

Es ging bei der Neuausrichtung des Feriendienstes in den späten 1960er Jahren deshalb vor allem um den Aufbau einer Tourismusindustrie, die durch große Strukturen deutlich günstiger betrieben werden konnte. Der amtierende Staatschef Ulbricht forderte in einer öffentlichen Stellungnahme, „modern, groß und billig"[155] zu bauen. So wurden ab den 1960er Jahren viele kleinere Standorte geschlossen, da sie hohe Bauunterhaltungs- und Betriebskosten verursachten. Außerdem wollte der Feriendienst sich auf die Errichtung großer, mehrstöckiger Bettenhäuser zuungunsten von Bungalowferiensiedlungen und ähnlichen kleinteiligen Anlagen konzentrieren[156] und konnte dabei durchaus an frühere Traditionen des deutschen Sozialtourismus anknüpfen: Auch die nationalsozialistische Organisation „Kraft durch Freude" hatte in den 1930er Jahren versucht, durch standardisierte Urlaubsangebote in großen Ferienanlagen, zum Beispiel in Prora auf Rügen, die Kosten zu senken.[157]

Da sich in den 1960er Jahren betriebliche Ferienanlagen als zweite Säule des DDR-Sozialtourismus herauskristallisierten, sahen die Verantwortlichen des Feriendienstes auch die volkseigenen Unternehmen beim Aufbau der

---

[153] Vgl. Präsidiumsvorlage Konzeption Entwicklung Feriendienst für den Zeitraum 1968–1980, 21.08.1968, Bestandssignatur DY34, Archiv-Nr. 24806, Bundesarchiv Berlin, Anlage 2.

[154] Kommentar Günther Mittag anlässlich einer internen Strategiediskussion. – Vgl. Information über Probleme des Erholungswesens, 29.07.1968, Bestandssignatur DY34, Archiv-Nr. 24806, Bundesarchiv Berlin.

[155] Stellungnahme Walther Ulbricht anlässlich einer internen Strategiediskussion. – Vgl. Information über Probleme des Erholungswesens, 29.07.1968, Bestandssignatur DY34, Archiv-Nr. 24806, Bundesarchiv Berlin.

[156] Vgl. Präsidiumsvorlage Konzeption Entwicklung Feriendienst für den Zeitraum 1968–1980, 21.08.1968, Bestandssignatur DY34, Archiv-Nr. 24806, Bundesarchiv Berlin, S. 13.

[157] Spode, Geschichte des Tourismus, S. 29.

dafür notwendigen Infrastruktur in der Pflicht. In diesem Sinne ist beispielsweise die touristische Infrastruktur im thüringischen Wintersporturlaubszentrum Oberhof in den 1960er Jahren vom Feriendienst in Kooperation mit den Chemiebetrieben des Bezirks Halle großzügig erweitert worden. Obwohl die eigentlichen Ferienanlagen der volkseigenen Betriebe und des FDGB getrennt geblieben waren, konnten die Gewerkschaftstouristen und die Betriebsurlauber bestimmte Einrichtungen gemeinsam nutzen. Außerdem hatten beide Partner durch Absprache beim Bau Material, Technik und Personal effizienter einsetzen können. Durch Übertragung dieses Beispiels auf andere Standorte sollte „das isolierte, vielfach unplanmäßige und unökonomische Bauen durch Kombinate und Betriebe"[158] überwunden werden. Außerdem konnten auf diese Weise Unternehmen, die über keine eigenen Baukapazitäten verfügten, in den Ausbau der sozialtouristischen Infrastruktur zumindest finanziell eingebunden werden.

c) Gemeinsames Engagement von VEB und FDGB

Ab den 1970er Jahren versuchten die Verantwortlichen des Feriendienstes, bei der Expansion des Angebots zusätzlich neue Wege zu beschreiten, um die Kostenentwicklung eindämmen zu können. So wurden beispielsweise Investitionen in neue Ferienanlagen oder die Erneuerung beziehungsweise Erweiterung bestehender Einrichtungen meist nicht mehr komplett aus den Kassen des Gewerkschaftsbundes oder mit gesamtstaatlichen Mitteln bestritten. Der Feriendienst versuchte, volkseigene Unternehmen an den Investitionen zu beteiligen, denn „die Bildung von Interessengemeinschaften zwischen dem FDGB und den Kombinaten und Betrieben zur Erschließung aller Reserven und Möglichkeiten für den gemeinsamen Bau von Erholungseinrichtungen"[159] versprach eine Erhöhung der Kapazitäten trotz eingeschränkter finanzieller Spielräume.[160] Im Gegenzug erhielten diese Ferienplatzkontingente, die als direkt über den Betrieb verteilte Urlaubsplätze vergeben wurden. So waren beispielsweise von dem im Zeitraum 1971–1976 geplanten Zuwachs von 86.600 Ferienreisen 52.665 Plätze zweckgebunden, da ihre Schaffung im Rahmen von Interessengemeinschaften zu Stande kam.[161] Im Planzeitraum 1976–1980 sollten 11.750 neue

---

[158] Vgl. Direktive zur Ausarbeitung des Perspektivplanes 1971–1975 für den Bereich des Feriendienstes der Gewerkschaften, Bestandssignatur DY34, Archiv-Nr. 24943, Bundesarchiv Berlin, S. 12.

[159] Direktive zur Ausarbeitung des Perspektivplanes 1971–1975 für den Bereich des Feriendienstes der Gewerkschaften, Bestandssignatur DY34, Archiv-Nr. 24943, Bundesarchiv Berlin.

[160] Vgl. Präsidiumsvorlage zur Konzeption des Feriendienstes bis 1980, Bestandssignatur DY34, Archiv-Nr. 24806, Bundesarchiv Berlin, S. 4.

Plätze in Urlauberanlagen des FDGB und 3.000–5.700 Plätze im Rahmen von Interessengemeinschaften geschaffen werden.[162]

In den 1980er Jahren nahm das Bestreben des Feriendienstes, neue Urlaubermöglichkeiten gemeinsam mit volkseigenen Unternehmen im Rahmen von Interessengemeinschaften zu schaffen, allerdings ab. Von den im Planungsjahr 1985 neu geschaffenen 1889 Übernachtungsplätzen resultierten zum Beispiel nur 326 Plätze aus diesen Interessengemeinschaften.[163] Ein Grund dürfte in der prinzipiellen Verlangsamung der touristischen Expansion nach 1980 liegen. Statt auf einen weiteren stürmischen Ausbau der Kapazitäten setzten die Tourismusplaner nun verstärkt auf eine Intensivierung des bestehenden Angebots. Außerdem fehlte es den Betrieben, bedingt durch die volkswirtschaftlichen Schwierigkeiten der DDR in der letzten Dekade ihrer Existenz, zunehmend an Spielräumen, um weiterhin in den Sozialtourismus investieren zu können.

Ein Beispiel für die Kooperation zwischen Feriendienst und volkseigenen Unternehmen ist die 400-Betten-Ferienanlage Markersbach, die in der ersten Hälfte der 1980er Jahre zusammen mit dem Kombinat Braunkohlekraftwerke ausgebaut wurde.[164] Am 1977 bis 1980 entstandenen Ferienobjekt Schöneck im Bezirk Karl-Marx-Stadt mit einer Gesamtkapazität von 720 Betten waren neben dem Feriendienst sogar vier weitere Partner beteiligt.[165]

Für den Feriendienst ergab sich daraus der Vorteil, externe Gelder und vor allem Baukapazitäten für die Erweiterung und Erneuerung der FDGB-eigenen Objekte generieren zu können. Dennoch blieb der Feriendienst Hausherr, da er zumeist den Löwenanteil der Investitionen trug. Außerdem konnte der Feriendienst den volkseigenen Unternehmen seine Erfahrungen beim Betrieb einer komplexen Ferienanlage zur Verfügung stellen und auch hierdurch die volkswirtschaftlichen Kosten senken helfen. Waren die Unternehmen meist auf die Errichtung von Bungalowanlagen fixiert, versuchte

---

[161] Vgl. Direktive zur Ausarbeitung des Perspektivplanes 1971–1975 für den Bereich des Feriendienstes der Gewerkschaften, Bestandssignatur DY34, Archiv-Nr. 24943, Bundesarchiv Berlin, S. 13.

[162] Vgl. Beschluss des Präsidiums vom 5.8.1977, Bundesvorstand des FDGB, Bestandssignatur DY34, Archiv-Nr. 25340, Bundesarchiv Berlin, Anlage Blatt 6.

[163] Vgl. Plan des Feriendienstes der Gewerkschaften für das Jahr 1985, Bundesvorstand des FDGB, Bestandssignatur DY34, Archiv-Nr. 25530, Bundesarchiv Berlin.

[164] Vgl. Vorlage für das Sekretariat des Bundesvorstandes des FDGB, 12.04.1984, Bestandssignatur DY34, Archiv-Nr. 25530, Bundesarchiv Berlin.

[165] Eigene Darstellung nach Sekretariatsvorlage, Bundesvorstand des FDGB, 13.12.1976, Einschätzung des Standes der Durchführung der Investitionsvorhaben und des Baugeschehens im Feriendienst der Gewerkschaften 1976/1977, Bestandssignatur DY34, Archiv-Nr. 25340, Bundesarchiv Berlin, S. 5.

12. Finanzierung

Tabelle 4
Bauträger des Ferienobjektes Schöneck

Träger	Bauanteil in Millionen Mark der DDR
FDGB	18,8
VEB Fritz-Heckert-Kombinat	3,2
VEB Automobilbau	4,4
VEB Kombinat TGA	4,4
Ministerium für Verkehrswesen	3,0

der Feriendienst, auf mehrstöckige Urlauberanlagen umzuorientieren, deren Errichtung und Unterhaltung im Verhältnis zu den entstehenden Unterbringungskapazitäten in der Regel deutlich günstiger war.[166]

Der Feriendienst hat aber auch den umgekehrten Weg beschritten und sich an betriebseigenen Ferienanlagen beteiligt beziehungsweise Kontingente erworben, um den Gewerkschaftsmitgliedern ein möglichst vielfältiges Angebot an Urlaubszielen unterbreiten zu können. Bereits 1982 standen deshalb 198.000 Ferienreisen zusätzlich zur Verfügung, die im Rahmen der Interessensgemeinschaft errichtet worden waren.[167] Bis 1985 erhöhte sich diese Zahl auf 238.000 Reisen, die in zusammen mit Kooperationspartnern entstandenen Objekten zur Verfügung standen, was in etwa 13 Prozent der Gesamtzahl entsprach.[168]

Ein weiteres Mittel, die volkswirtschaftlichen Kosten für den Auf- und Ausbau einer touristischen Infrastruktur möglichst niedrig zu halten, bestand in der Nachnutzung bereits vorhandener Anlagen. So wurden beispielsweise Bauarbeiterunterkünfte ehemaliger Großbaustellen in landschaftlich reizvollen Lagen zu Ferienheimen umgebaut. So sind die Ferienanlagen Markersbach und Talsperre Eibenstock (Schöneck) aus einer Arbeiterwohnunterkunft des Pumpspeicherwerks an deren Oberbecken sowie der Trinkwassertalsperre entstanden.[169] Die Vorteile dieser touristischen Nachnutzung

---

[166] Vgl. Präsidiumsvorlage zur Konzeption des Feriendienstes bis 1980, Bestandssignatur DY34, Archiv-Nr. 24806, Bundesarchiv Berlin, S. 4.
[167] Vgl. Sekretariatsvorlage, Verteilung der Erholungsreisen des FDGB für das Jahr 1982, 12.08.1981, Bestandssignatur DY34, Archiv-Nr. 25480, Bundesarchiv Berlin.
[168] Vgl. Plan des Feriendienstes der Gewerkschaften für das Jahr 1985, Bundesvorstand des FDGB, Bestandssignatur DY34, Archiv-Nr. 25530, Bundesarchiv Berlin.

lagen auf der Hand: Das Grundstück war bereits erschlossen, hatte eine den Anforderungen entsprechende Anbindung an das Verkehrswegenetz erhalten und verfügte durch seine Lage am neu entstandenen Oberbecken über Seeblick sowie Wassersportmöglichkeiten. Außerdem stand die Gebäudehülle bereits und musste den Erfordernissen einer Ferienanlage nur angepasst werden. Zudem konnten die Abrisskosten für die Bauarbeiterunterkunft gespart werden. Die Baugeschichte beider Anlagen zeigt auch, dass der Übergang von einer Wohnunterkunft zu einer Ferienanlage fließend geschah und das Küchen- bzw. Servicepersonal für einen Übergangszeitraum sowohl für die Urlauberbetreuung als auch für die Arbeiterversorgung verantwortlich war. Angesichts des permanenten Mitarbeitermangels der DDR-Volkswirtschaft war damit beiden Seiten geholfen.

13. Richtlinien der SED und Gesetze zur Entwicklung des FDGB-Feriendienstes

Bei der Entwicklung eines Sozialtourismus in der DDR orientierte sich die Staats- und Parteiführung der DDR zunächst am sowjetischen Vorbild. Dort hatte ein 1921 erlassenes Dekret die Organisation und Verwaltung der Erholungsheime in die Hände der Gewerkschaften gelegt, ab 1933 waren diese auch für das Kurwesen sowie die Sanatorien in der Sowjetunion verantwortlich.[170] Im ostdeutschen Staat übergab das Gesetz der Arbeit vom 9.4.1950 das Kur- und Erholungswesen zu 90 Prozent in den Verantwortungsbereich des Freien Deutschen Gewerkschaftsbundes. Dem FDGB-Feriendienst wurde damit eine hervorgehobene Rolle bei der Gestaltung des Urlaubs der Beschäftigten eingeräumt und die Regierung der DDR verpflichtete sich gesetzlich zu seiner Unterstützung.[171]

„Auf dem Gebiet der DDR wurde damit eine Jahrzehnte alte Forderung der deutschen Arbeiterklasse erfüllt und erstmalig in Deutschland die Voraussetzung geschaffen, dass das Kur- und Erholungswesen denen zur Verfügung steht, die durch ihre unermüdliche Arbeit die Werte schaffen"[172], resümierte ein Rückblick im Jahr 1959. De facto lag die Willensbildung und Entscheidungsfindung dennoch nicht beim Gewerkschaftsbund, denn diese wurde unbeschadet der formellen Zuständigkeit des Ministerrats der DDR

---

[169] Vgl. Vorlage für das Sekretariat des Bundesvorstandes des FDGB, 12.04.1984, Bestandssignatur DY34, Archiv-Nr. 25530, Bundesarchiv Berlin.

[170] Vgl. Henningsen, Freizeit- und Fremdenverkehr, S. 23 ff.

[171] Vgl. Gesetz der Arbeit, § 35–37.

[172] Programm für die Entwicklung des Kur- und Erholungswesens der Gewerkschaften im Siebenjahresplan der DDR von 1959–1965, Bundesvorstand des FDGB, 22.08.1959, Bestandssignatur DY34, Archiv-Nr. 26086, Bundesarchiv Berlin, S. 4.

und des Vollzugs der Sozialversicherung durch den FDGB von der SED-Führung dominiert, insbesondere vom Generalsekretär der SED sowie den mit Sozial- und Wirtschaftsfragen befassten Mitgliedern des Politbüros.[173]

Die Entwicklung des Gewerkschaftsbundes zum politischen Herrschaftsinstrument der Staats- und Parteiführung der DDR in den späten 1940er und frühen 1950er Jahren hatte für das Ansehen der Organisation innerhalb der Arbeitnehmerschaft irreparable Folgen. Bereits 1950 war die institutionelle Ausformung des Gewerkschaftsbundes zum Erfüllungsgehilfen der SED vorläufig abgeschlossen.[174] Dies zeigte sich beispielsweise an der auf dem III. Parteitag geäußerten Kritik des Staatsführers Walter Ulbricht an der mangelhaften Kulturarbeit des Gewerkschaftsbundes. Der FDGB reagierte auf seinem III. Bundeskongress mit Selbstkritik und übernahm die Verantwortung für die bis dahin sehr unkoordiniert verlaufene Kulturarbeit. Zum Maßnahmenkatalog gehörte auch die intensive Einbeziehung des Feriendienstes in den propagierten Erziehungs- und Bildungsauftrag.[175]

Um die Relevanz der Gewerkschaften als Interessensvertreter der Werktätigen nicht völlig ad absurdum zu führen, gestattete die SED-Führung den Gewerkschaften nach dem Juniaufstand von 1953, sozialpolitische Forderungen zu erheben und verschiedene sozialpolitische Errungenschaften als ein Ergebnis der Gewerkschaftsarbeit in der Öffentlichkeit zu präsentieren. Dies tat die Gewerkschaftsführung einerseits auf der Ebene der volkseigenen Unternehmen, wo sie über die Betriebsgewerkschaftsleitungen direkten Einfluss auf konkrete Fragestellungen wie die Umsetzung von Arbeitszeitregelungen, Essensversorgung oder Arbeitsschutzbestimmungen nehmen konnte. Anderseits war der Freie Deutsche Gewerkschaftsbund mit einer eigenen Fraktion in der Volkskammer vertreten und konnte im Rahmen der Parlamentsarbeit Arbeitnehmerinteressen im Gesetzgebungsverfahren vertreten. In der Praxis waren alle sozialpolitischen Vorstöße der Gewerkschaften jedoch mit den Verantwortlichen aus Partei, Staat und Volkswirtschaft im Vorfeld abgestimmt, sodass eine wirklich unabhängige Interessensvertretung aller Gewerkschaftsmitglieder nie zustande kam.

Um den Anschein einer institutionellen Eigenständigkeit zu wahren, trat der Freie Deutsche Gewerkschaftsbund auch als ein auf eigenen Füßen stehender Leistungsanbieter auf. Vor allem der seit 1947 existierende gewerkschaftseigene Feriendienst bot sich hierfür an, denn mit konkreten sozialpolitischen Maßnahmen wollte die Staats- und Parteiführung sich die Loyalität der werktätigen Bevölkerung erkaufen. So wurden beispielsweise als

---

[173] Vgl. Schmidt, Grundzüge der Sozialpolitik in der DDR, S. 280 f.
[174] Vgl. Eckelmann, Wolfgang: „FDGB intern. Innenansichten einer Massenorganisation der SED", Berlin 1990, S. 14 f.
[175] Vgl. Dowe, FDGB-Lexikon.

eine Reaktion auf den Aufstand von 1953 die Preise für FDGB-Reisen gesenkt und die Zahl der Urlaubsangebote im darauf folgenden Jahr drastisch auf 600.000 erhöht, um die rebellierende Arbeiterschaft mit sozialen Wohltaten zu befrieden.[176]

Grundvoraussetzung für die Partizipation von Arbeitnehmern am Tourismus war die Gewährung einer bezahlten Jahresfreizeit. Mit der Gründung der DDR im Jahr 1949 wurde das Recht auf Erholung in Artikel 16 des Verfassungsrechtes zunächst für jeden Arbeitenden festgeschrieben. Artikel 34 der neuen, 1968 in Kraft getretenen Verfassung gestand dann nicht nur jedem Arbeitnehmer, sondern jedem Bürger das Recht auf Freizeit und Erholung zu.

Die konkrete Ausgestaltung des prinzipiellen Anspruchs auf Freizeit und Erholung oblag den Regelungen im Arbeitsgesetzbuch. In den ersten Jahren legte dieses zwölf, ab 1967 fünfzehn Tage Mindesturlaub für Arbeitnehmer in der DDR fest. Nach dem VIII. Parteitag 1972 wurde die Zahl der bezahlten Urlaubstage im Kontext der von Erich Honecker verkündeten „Einheit von Wirtschafts- und Sozialpolitik" nochmals auf achtzehn Tage erhöht, 1979 in der Verordnung über den Jahresurlaub erhielten die Arbeitnehmer weitere drei freie Tage zugestanden. Die Staats- und Parteiführung gewährte der Bevölkerung gewissermaßen eine soziale Wohltat, in der Hoffnung auf Loyalitätszuwachs gegenüber den eigenen Machthabern.[177]

Sozialpolitische Weichenstellungen erfolgten in der DDR meist auf Parteitagen und stets in der Form einer Gabe, nicht jedoch als Regel oder einklagbarer Anspruch. Nach dem Machtwechsel von Ulbricht zu Honecker wurde die Dominanz der SED in der Sozialpolitik zwar wiederholt von tripartistisch gefällten Beschlüssen des Politbüros des ZK der SED, des Präsidiums des Bundesvorstandes des FDGB und des Ministerrats der DDR flankiert, die allerdings nichts Substantielles an der Hegemonie der Einheitspartei in diesem Politikfeld änderten. Auf dem VIII. Parteitag der SED im Jahr 1972 war das innenpolitische Ziel proklamiert worden, die „entwickelte sozialistische Gemeinschaft" weiter zu gestalten.[178] Der Parteitag markiert eine neue Etappe in der Entwicklung des Sozialtourismus in der DDR und resultierte in „Gemeinsamen Beschlüssen", welche die Sozialpolitik spürbar aufwerteten.[179]

Für die weitere Entwicklung des Feriendienstes der Gewerkschaften sowie zu Fragen der Kuren kam es beispielsweise am 7. März 1972 zu weg-

---

[176] Vgl. Gill, Die DDR-Gewerkschaft, S. 48.
[177] Vgl. Biskupek, Urlaub, S. 9.
[178] Kusch, Schlussbilanz DDR, S. 18.
[179] Vgl. Schmidt, Grundzüge der Sozialpolitik in der DDR, S. 281.

13. Richtlinien der SED und Gesetze

weisenden Beschlüssen.[180] Auf dem FDGB-Bundeskongress im Jahr darauf folgte der Gewerkschaftsbund rhetorisch und inhaltlich der vom Parteitag vorgegebenen Linie.[181] Als Folge nahm auch das Erholungswesen in der DDR einen weiteren Aufschwung und expandierte kräftig, denn „stets war es ein Anliegen sozialistischer Sozialpolitik, auf die Erweiterung und sinnvolle Nutzung der Erholungsmöglichkeiten Einfluss zu nehmen."[182] Auf der Basis der nun unter Erich Honecker propagierten sozialpolitischen Strategie einer Einheit von Wirtschafts- und Sozialpolitik wurde die weitere Erhöhung des materiellen und kulturellen Lebensniveaus der DDR-Bürger gefordert. Die nun offensiv betriebene Sozialpolitik bezog die Gewerkschaft stärker ein als je zuvor.

Als Ergebnis der 1971 gefällten Beschlüsse setzte ein Bauboom bei gewerkschaftseigenen Ferienheimen ein, um die nötigen materiellen Voraussetzungen für die Vorgaben der Staats- und Parteiführung hinsichtlich der Konsumpolitik zu schaffen. Außerdem entschied der VIII. Parteitag, fünfzig Prozent aller Betten in den Interhotels der DDR, die nach westlichen Standards errichtet und betrieben worden waren und eigentlich vor allem für westliche Besucher als Devisenbringer fungieren sollten, für den Feriendienst des FDGB zur Verfügung zu stellen. Daraus resultierte eine Vielzahl von Konflikten zwischen den Interessenvertretern der urlaubenden Arbeitnehmer und den auf die Generierung von Devisen orientierten Volkswirtschaftlern. Außerdem deckten die vom FDGB-Feriendienst gezahlten Beträge je Übernachtung meist nicht die tatsächlichen Kosten. So zahlte der Gewerkschaftsbund für eine Nacht im Interhotel zwischen 10 und 12 Mark[183], während die tatsächlich entstehenden Kosten bei über dem Doppelten lagen.[184] An diesem konkreten Beispiel zeigt sich der bis in Detailfragen reichende Einfluss auf die Ausgestaltung des gewerkschaftlich offerierten Leistungsangebots.

Auf einer internationalen Tagung im Jahr 1975 betonte der Nestor der Fremdenverkehrsökonomie in der DDR, Horst Uebel, dass auch im zweiten deutschen Staat der Fremdenverkehr längst „aus dem Stadium einer Rand-

---

[180] Vgl. „Gemeinsamer Beschluss des Politbüros des ZK der SED, des Präsidiums des Bundesvorstandes des FDGB und des Ministerrats der DDR zur weiteren Entwicklung des Feriendienstes der Gewerkschaften sowie zu Fragen der Kuren vom 7.3.1972", in: Neues Deutschland, 8.3.1978, Titelseite.

[181] Vgl. Bähre, Tourismuspolitik, S. 188.

[182] Filler, Stand und Entwicklung des gewerkschaftlichen Erholungswesens, S. 5.

[183] Schreiben vom 02.08.1982 von E. Sonntag an F. Röseck bezüglich Übernachtungspreise, Bestandssignatur DY34, Archiv-Nr. 27640, Bundesarchiv Berlin.

[184] Schreiben vom 06.07.1982 der Vereinigung Interhotel an den FDGB bezüglich der Deckungskosten, Bestandssignatur DY34, Archiv-Nr. 27640, Bundesarchiv Berlin.

erscheinung des wirtschaftlichen, sozialen kulturellen und politischen Lebens herausgetreten und zu einem wesentlichen Element geworden"[185] sei. Auf diese, von der Wissenschaft nur konstatierte, Entwicklung musste die Politik reagieren. So führt das 1976 beschlossene Parteiprogramm zum Tourismus aus, dass „die wachsenden Erholungsbedürfnisse der Werktätigen ständig befriedigt" werden müssten. Dazu gelte es, „die Anzahl der Urlaubsplätze, das Niveau der Erholungseinrichtungen und der Urlaubsbetreuung zu erhöhen, den Tourismus zu fördern und die Möglichkeiten für die Naherholung und Freizeitgestaltung zu erweitern."[186]

Der XI. Parteitag der SED bestätigte im April 1981 die ihm vom Politbüro vorgegebene Linie und beschloss, die Politik der Einheit von Wirtschafts- und Sozialpolitik als ökonomische Hauptaufgabe trotz wachsender Finanzierungs- und Verschuldungsprobleme fortzusetzen. Ein politisch vorgegebenes Ziel bestand in der „Intensivierung" des touristischen Angebots. Hiermit war eine Verbesserung der Urlaubsqualität gemeint, um den veränderten Bedürfnissen und Erwartungen der Urlauber Rechnung zu tragen. Die „Intensivierung" wurde schließlich auf dem XI. Parteitag der SED im Jahr 1981 zur ökonomischen Strategie erklärt.[187] Mit der proklamierten „Intensivierung" waren jedoch nicht nur qualitative Verbesserungen gemeint, sondern unter diesem Schlagwort sollte auch eine in den wirtschaftlich schwierigen Jahren nach 1980 eingetretene Stagnation verschleiert werden. Die Expansion der Sozialpolitik der DDR war zu einem Abschluss gelangt und es folgte eine Politik, die bestenfalls bestehende Regelungen ausbaute, jedoch kaum neue Leistungen vorsah.

---

[185] Uebel, Horst: „Zum System der Fremdenverkehrsausbildung und seiner Anwendung in der Deutschen Demokratischen Republik. Diskussionsbeitrag anlässlich eines internationalen Erfahrungsaustauschs 1975", in: Wissenschaftliche Zeitschrift der Hochschule für Verkehrswesen „Friedrich List" in Dresden 23, 1976, S. 421–425, hier S. 421.
[186] Vgl. Parteiprogramm der Sozialistischen Einheitspartei Deutschlands, angenommen auf dem IX. Parteitag der SED, Berlin 1976, S. 33.
[187] Vgl. Freyer, Tourismus in der DDR, S. 217.

IV. Politik, Freizeit und Urlaub in der DDR

1. Die Organisation der Verteilung und deren Kriterien

a) Bedürfnisbefriedigung

Sozialtouristische Leistungen wurden nicht gebucht, sondern vergeben. Während es im Westen hieß: „Ich habe einen Urlaub gebucht", sagte man in der DDR: „Ich habe einen Ferienplatz bekommen". Das Angebot touristischer Leistungen im Sozialismus orientierte sich deshalb nicht auf eine Stimulation von Bedürfnissen, sondern auf die Deckung eines angenommenen Bedarfs. So formulierten die Autoren einer „Theorie und Praxis der Sozialpolitik" in der DDR: „Die Organisation einer sinnvollen Urlaubsgestaltung ist immanenter Bestandteil sozialistischer Bedürfnisbefriedigung."[1] Dieser Bedarf stieg im Lauf der 40-jährigen DDR-Geschichte rasant an. Einerseits ist hierfür die Erwartungshaltung der Bevölkerung verantwortlich zu machen. Galt in den 1950er Jahren ein in der Fremde verbrachter Jahresurlaub noch als außergewöhnlicher Glücksfall, so war die jährliche Urlaubsreise drei Jahrzehnte später längst Teil des erwarteten Lebensstandards. Andererseits muss aber für den steigenden Bedarf auch die Erwerbsquote verantwortlich gemacht werden. Da die Zahl der Arbeitnehmer vor allem durch die zunehmende Integration von Frauen in das Arbeitsleben stetig anstieg, erhöhte sich auch die Zahl der Gewerkschaftsmitglieder und somit die der Anspruchsberechtigten. Der Feriendienst hat diesem Anwachsen also ständig „hinterher gebaut".

Für die Vergabe von Ferienplätzen des Gewerkschaftsbundes liegen nur unzureichende statistische Angaben vor, da die Kriterien der Erfassung nicht einheitlich geregelt waren. Bezogen auf das Verhältnis von Mitgliedern und angebotenen Urlaubsplätzen lässt sich jedoch errechnen, dass pro Jahr rein rechnerisch rund 7 Prozent aller Gewerkschaftsmitglieder nach dem extensiven Ausbau des Angebots zu Beginn der 1970er Jahre in den Genuss eines FDGB-Ferienschecks gekommen sind. Über den Umfang des Angebotes, die saisonale Verteilung und die qualitative Ausgestaltung der Ferienplätze sagt diese Statistik freilich nichts aus.[2]

---

[1] Manz, Günther und Gunnar Winkler (Hg.): „Theorie und Praxis der Sozialpolitik", Berlin (DDR) 1979, S. 375.

Tabelle 5
Verteilung der Erholungsaufenthalte

Jahr	Zahl der FDGB-Reisen	Verteilerschlüssel
1970	1.005.212	6,88
1971	997.256	7,02
1972	988.051	7,14
1973	1.014.871	7,00
1974	1.017.636	7,03
1975	1.039.161	6,93
1976	1.078.496	6,72

b) Kriterien der Verteilung

Die Sozialpolitik der DDR zielte nicht nur auf Nivellierung, sondern auch auf Begünstigung hier und Benachteiligung dort. Hier verbindet sich das Deutungskonzept der Fürsorgediktatur mit der Wirkungsanalyse einer fein abgestuften Privilegiengesellschaft. Differenziert wurden sozialpolitische Angebote beispielsweise nach der Wichtigkeit der Adressaten für die volkswirtschaftliche Leistungsfähigkeit, nach Kriterien der politischen Gefolgschaft sowie unter dem Aspekt der Bevölkerungsreproduktion. Insbesondere variable Sozialleitungen des Sozialtourismus, die eher den Charakter der Einmaligkeit denn der Regelmäßigkeit aufwiesen, waren von derartigen Differenzierungsstrategien besonders betroffen.[3]

Da die Nachfrage, wie bei vielen anderen Konsumprodukten auch, stets höher war als das Angebot und eine Regulierung über den Preis sich aus sozialpolitischen und ideologischen Gründen verbot, musste in jedem Jahr bei der Vergabe der Ferienaufenthalte eine Auswahl getroffen werden. Aus diesem Grund beschloss das Sekretariat des FDGB jährlich einen Kriterienkatalog zur Vergabe der Urlaubsreisen. Prinzipielle Auswahlkriterien für die Vergabe eines Urlaubsplatzes in einem FDGB-Erholungsheim waren die Anzahl der bereits in Anspruch genommenen Urlaubsgelegenheiten sowie die familiäre Situation. Die Verantwortlichen des Feriendienstes hatten sich in den ersten Jahren stark am sowjetischen Vorbild des Sozialtourismus

---

[2] Direktive zur Ausarbeitung des Perspektivplans 1971–1975 für den Bereich des Feriendienstes der Gewerkschaften, Bestandssignatur DY34, Archiv-Nr. 24943, Bundesarchiv Berlin, S. 15.

[3] Vgl. Schmidt, Grundzüge der Sozialpolitik in der DDR, S. 294 f.

1. Die Organisation der Verteilung und deren Kriterien

orientiert. Dort waren Berechtigungsscheine vor allem Einzelpersonen zugeteilt worden, ein Familienurlaub war selten.[4]

Erst nach 1970 ist die gemeinsame Erholung von Eltern mit ihren Kindern in der Sowjetunion erstmals gefördert worden.[5] Auch der Sozialtourismus in der DDR brachte zunächst dem in der bürgerlichen Tourismustradition stehenden Familienurlaub wenig Wertschätzung entgegen, weil „die Zuteilung von Ferienschecks eine Auszeichnung des betreffenden Mitglieds darstellt" und weil „Ferienschecks nicht in unbegrenzter Anzahl zur Verfügung stehen. Das muss auch geschehen, um zu vermeiden, dass die Werktätigen den Feriendienst der Gewerkschaften als ein Reisebüro mit billigen Preisen ansehen."[6] Dieser Grundhaltung stand entgegen, dass der Drang zum jährlichen Urlaubsaufenthalt bei Familien am höchsten ausgeprägt war.[7]

1959 standen für Kinder im Alter von 2–6 Jahren ganze 27.000 Plätze bereit, die die 1.126.000 zur Verfügung stehenden Erholungsaufenthalte ergänzten.[8] Erst allmählich erhöhte der Feriendienst sein Angebot für Familien mit Kindern und forderte beispielsweise im 1959 beschlossenen Sieben-Jahres-Plan die Einrichtung eines auf kinderreiche Familien spezialisierten Erholungsheimes.[9] Im Perspektivplan für den Zeitraum 1971 bis 1975 war vorgesehen, insbesondere bei Erweiterungsinvestitionen der FDGB-Ferienanlagen flexible Ausstattungsmöglichkeiten zu schaffen, um durch variable Zimmergrößen und Kombinationsmöglichkeiten Familien mit mehreren Kindern einen Erholungsaufenthalt zu ermöglichen.[10] Die Versorgung kinderreicher Familien blieb aber trotz aller Bemühungen bis zum Ende der DDR schwierig. Mitte der 1980er Jahre standen für kinder-

---

[4] Vgl. Noack, Geschichte Massentourismus UDSSR, S. 28.

[5] Vgl. Henningsen, Freizeit- und Fremdenverkehr, S. 38.

[6] Bericht über den bisherigen Verlauf der Reisezeit 1959, Bestandssignatur DY34, Archiv-Nr. 26086, Bundesarchiv Berlin, Anlage 1, S. 4.

[7] Großstadtfamilien mit zwei Kindern wurden als prototypische DDR-Konsumenten angesehen. Diese Familien verfügten über den höchsten Ausstattungsgrad an Konsumgütern, besaßen die meisten Autos und fuhren am häufigsten in den Urlaub. – Vgl. Merkel, Ina: „Arbeiter und Konsum im real existierenden Sozialismus", in: Peter Hübner und Klaus Tenfelde (Hg.): Arbeiter in der SBZ-DDR, Essen 1999, S. 527–553, hier S. 545.

[8] Vgl. Bericht über den bisherigen Verlauf der Reisezeit 1959, Bestandssignatur DY34, Archiv-Nr. 26086, Bundesarchiv Berlin, Anlage 1.

[9] Vgl. Programm für die Entwicklung des Kur- und Erholungswesens der Gewerkschaften im Siebenjahresplan der DDR von 1959–1965, Bundesvorstand des FDGB, 22.08.1959, Bestandssignatur DY34, Archiv-Nr. 26086, Bundesarchiv Berlin, S. 2.

[10] Vgl. Direktive zur Ausarbeitung des Perspektivplans 1971–1975 für den Bereich des Feriendienstes der Gewerkschaften, Bestandssignatur DY34, Archiv-Nr. 24943, Bundesarchiv Berlin, S. 13.

IV. Politik, Freizeit und Urlaub in der DDR

reiche Familien mit drei oder mehr Kindern lediglich 68.000 Reisen seitens des FDGB-Feriendienstes zur Verfügung.[11]

Ein weiteres Kriterium der Vergabe war die individuelle Arbeitsleistung des Arbeitnehmers. Dies zeigt, dass Sozialpolitik in der DDR nicht ausschließlich auf Nivellierung gerichtet war. Insbesondere Konsumsozialpolitik sollte auch begünstigen beziehungsweise benachteiligen.[12] Die Vergabe von begehrten Urlaubsplätzen erfolgte deshalb auch in Abhängigkeit von der Leistungskraft des Arbeitnehmers sowie dessen Bereitschaft, sich für den wirtschaftlichen Erfolg des Unternehmens in besonderer Weise zu engagieren. Das Zuteilungsverfahren des FDGB-Feriendienstes räumte bis in die 1970er Jahre den „Aktivisten", besonders leistungsstarken Arbeitnehmern, ganz offiziell Priorität bei der Zuteilung ein, um öffentlichkeitswirksam die Mitarbeit beim Aufbau der angestrebten sozialistischen Gesellschaft zu demonstrieren und damit eine Vorbildfunktion für andere zu erzeugen.[13] So hatte beispielsweise die Vergabe von besonders begehrten Plätzen in Interhotels an Produktionsmitarbeiter unter den Kriterien einer „hohen Leistung im sozialistischen Wettbewerb zur Erfüllung des Planes, hervorragender Ergebnisse bei der sozialistischen Rationalisierung und im Neuererwesen sowie bei der Schichtarbeit zur besseren Auslastung der Grundfonds"[14] zu erfolgen.

Die von der Gewerkschaftsführung postulierte Prioritätensetzung bei der Vergabe von Erholungsaufenthalten an besonders leistungsstarke Arbeitnehmer ließ sich jedoch nicht immer auf der Ebene der Betriebe umsetzen. Eine interne Einschätzung des Jahres 1959 beklagt beispielsweise, dass bei der Vergabe von Ferienschecks das Leistungsprinzip vernachlässigt würde: „Noch ist es nicht so, dass die Angehörigen der Brigaden und Gemeinschaften der sozialen Arbeit zuerst berücksichtigt werden. Zur Orientierung: Wer sozialistisch arbeitet, hat Vorrecht darauf, sozialistisch zu leben."[15] Vor allem ab den 1970er Jahren setzten sich jedoch auch offiziell Nivellierungsstrategien durch, denn die Gewerkschaften erhielten zunehmend die Funktion des sozialen Dienstleisters zugewiesen, um die im Rahmen von Ulbrichts wirtschaftlicher Reformpolitik der 1960er Jahre entstandenen Ungleichheiten zwischen den Beschäftigten wieder zu beseitigen. Die Gewerk-

---

[11] Vgl. Großmann, Entwicklung des Sozialtourismus in der DDR, S. 170.
[12] Vgl. Merkel, Ina: „Utopie und Bedürfnis. Die Geschichte der Konsumkultur in der DDR", Köln, Weimar, Wien 1999, S. 15.
[13] Vgl. Spode, Entstehung des modernen Tourismus, S. 17.
[14] Maßnahmen zur Verteilung der FDGB-Ferienaufenthalte in den Interhotels für 1972, Sekretariatsbeschluss, 29.10.1971, Bestandssignatur DY34, Archiv-Nr. 25449, Bundesarchiv Berlin.
[15] Bericht über den bisherigen Verlauf der Reisezeit 1959, Bestandssignatur DY34, Archiv-Nr. 26086, Bundesarchiv Berlin, Anlage 1, S. 3.

schaftsarbeit dieser Jahre bestand aus einem Konglomerat widersprüchlicher Ziele: Die Funktionäre sollten dazu beitragen, ungerechtfertigte Disproportionen auszugleichen und zugleich das Leistungsprinzip anzukurbeln. Der sozialpolitische Auftrag bestand deshalb aus einer gerechten Verteilung gemäß dem Leistungsprinzip und dem notwendigen Ausgleich – ein Anspruch, dem die entscheidenden Funktionäre vor Ort kaum gerecht werden konnten.[16]

Die „gesellschaftliche Aktivität", mit der das Engagement über den Rahmen des Arbeitsverhältnisses hinaus gemessen wurde, konnte ebenfalls ein Entscheidungskriterium sein. Ebenfalls wichtig war die soziale Herkunft. So mussten beispielsweise mindestens 60 Prozent aller besonders begehrten Erholungsaufenthalte in Interhotels und neu errichteten FDGB-Ferienheimen in der sogenannten Kategorie I an Arbeiter aus Produktionsbetrieben vergeben werden, um dem Vorwurf von privilegierten Funktionsreisen zu begegnen.[17]

c) Regionale und sektorale Aufteilung

Jeder Bezirk der DDR erhielt, jeweils bezogen auf die Zahl der Gewerkschaftsmitglieder, ein bestimmtes Kontingent an Erholungsaufenthalten zugeteilt. Bezirke mit einer hohen industriellen Wertschöpfung wurden hierbei jedoch bevorzugt. Der Bezirk Karl-Marx-Stadt profitierte von den Verteilmechanismen beispielsweise überproportional, denn er beheimatete eine Vielzahl von Maschinenbauern und Investitionsgüterherstellern, die eine Schlüsselindustrie der DDR-Wirtschaft darstellten. Wichtige Industriehersteller wurden in diesem System besser versorgt als landwirtschaftliche Unternehmen und das Dienstleistungsgewerbe.

In den 1950er Jahren erfolgte die weitere Verteilung von den Bezirken direkt auf die Ebene der Betriebe. Ab dem Jahr 1959 änderte die Gewerkschaftsführung diese Praxis und verpflichtete die Kreisvorstände, für die jeweilige Verteilung auf Betriebsebene zu sorgen, um eine bessere und vor allem gerechtere Verteilung zu erreichen. Zum Zweck dieser Dezentralisierung wurden Kreis-Feriendienstkommissionen eingerichtet, die die jeweiligen Kontingente für die einzelnen Betriebe festlegten, aber auch bei Problemen der Vergabe zuständig waren.[18] Den Bezirken beziehungsweise Krei-

---

[16] Vgl. Hürtgen, Zwischen Disziplinierung und Partizipation, S. 131.
[17] Heft zur Argumentation für die gewerkschaftlichen Leitungen und Vorstände zur Verteilung der FDGB-Erholungsaufenthalte, Bestandssignatur DY34, Archiv-Nr. 27640, Bundesarchiv Berlin.
[18] Vgl. Bericht über den bisherigen Verlauf der Reisezeit 1959, Bestandssignatur DY34, Archiv-Nr. 26086, Bundesarchiv Berlin, Anlage 1, S. 3.

sen gleichgestellt war, aufgrund ihrer volks- und rüstungswirtschaftlichen Bedeutung, das Uranabbauunternehmen Wismut AG.

Eine weitere Aufteilung der Ferienschecks erfolgte auf Betriebsebene. Die eigentliche Vergabe der Urlaubsplätze wurde deshalb nicht zentral, sondern vor Ort in den Betrieben vorgenommen. Die dortigen Grundorganisationen, die sogenannten Betriebsgewerkschaftsleitungen, erhielten ein bestimmtes Kontingent aus der Gesamtzahl der zur Verfügung stehenden Plätze, welche nach den vom Sekretariat des FDGB beschlossenen Kriterien zu vergeben waren. In den 1964 erlassenen Richtlinien wurde festgelegt, dass die Verteilung auf Grundlage der Mitgliederstatistik zu erfolgen habe. Die Richtlinien schränken jedoch ein, dass der Verteilerschlüssel „entsprechend den politischen, ökonomischen und sozialen Schwerpunkten sowie der Urlaubsplanung in den Betrieben und Kreisen zu differenzieren"[19] sei. Um in der Nebensaison die vorhandenen Kapazitäten besser auslasten zu können, wurde ab 1970 auf die administrative Verteilung „von oben" verzichtet und stattdessen das Prinzip der freien Auswahl und Annahme eingeführt.[20]

Wer letztendlich einen Ferienplatz erhielt, entschied die zuständige Gewerkschaftsleitung in Kooperation mit den Feriendienstkommissionen, die aus Betriebsangehörigen bestanden. In den 1980er Jahren gehörten diesen Feriendienstkommissionen rund 70.000 ehrenamtlich Mitwirkende an, die formal keinerlei Entlohnung für ihr Engagement erhielten, sich aber ein wichtiges Mitspracherecht bei der Verteilung des knappen Gutes Urlaubsreise sicherten.[21] So gehörte zu den Aufgaben der Verteiler die Ermittlung des Erholungsbedürfnisses, die Aufschlüsselung der zur Verfügung stehenden Ferienschecks sowie die Information der Werktätigen über vorhandene Ferienplätze. Da eine möglichst gleichmäßige Auslastung der Ferieneinrichtungen angestrebt wurde, bestand der undankbarste Teil dieser Arbeit in der Popularisierung von Nebensaisonplätzen oder Urlaubsaufenthalten in weniger attraktiven Gegenden.[22]

Seitens der Betriebsferienkommissionen und Gewerkschaftsleitungen vor Ort wurden Listen mit den zur Verfügung stehenden Reisezielen und groben Angaben zu den jeweils vor Ort geltenden Bedingungen verteilt, um die

---

[19] Richtlinie zum Beschluss des Sekretariats des Bundesvorstandes des FDGB vom 7.8.1964, Bestandssignatur DY34, Archiv-Nr. 24803, Bundesarchiv Berlin, S. 3.
[20] Vgl. Grundsätze für die Verteilung von Erholungsaufenthalten des FDGB für den Perspektivzeitraum 1971–1975, Begründung, Bestandssignatur DY34, Archiv-Nr. 24943, Bundesarchiv Berlin.
[21] Vgl. Gill, Der Freie Deutsche Gewerkschaftsbund, S. 360.
[22] Vgl. Tietze, Sozialpolitik in der DDR, S. 30.

sich die Urlaubsinteressierten bewarben. Dabei wurden in der Regel mehrere Wünsche anhand einer Prioritätenliste angegeben. War die Zuteilung erfolgt und der Erholungsaufenthalt bezahlt, erhielt der Arbeitnehmer von den für den Feriendienst in seinem Unternehmen Verantwortlichen einen Ferienscheck, der für einen bestimmten Zeitraum und eine bestimmte Erholungseinrichtung ausgestellt war. Der Ferienscheck war nicht übertragbar und war am Urlaubsort einzureichen, um das gebuchte und bezahlte touristische Angebot in Anspruch nehmen zu können.

d) Systembedingte Ungerechtigkeiten

„Dem mit dem Gesellschaftskonzept erhobenen Anspruch, mit Hilfe der Sozialpolitik sozialplanerisch auf die Annäherung der Klassen und Schichten hinzuarbeiten und schließlich die Homogenisierung der Gesellschaft zu fördern, wurde der Zuschnitt der Maßnahmen gerade nicht gerecht"[23], resümierte Peter Skyba die Sozialpolitik insbesondere der Ära Honecker. Auch im Bereich des Sozialtourismus garantierte das Verteilsystem in der Praxis oft nicht die politisch erwünschte Gerechtigkeit bei der Verteilung beziehungsweise die volkswirtschaftlich notwendige Effizienz der Vergabe, denn die individuellen Vorstellungen und Wünsche divergierten oft von den offiziellen Vorgaben. Der Autor einer 1978 entstandenen Diplomarbeit zur Bereitstellung und Ausnützung von Erholungsreisen des Feriendienstes des FDGB gelangte beispielsweise zur Feststellung, dass die Nichtausnützung von Kontingenten zu einem erheblichen Teil auf die Nichtnutzung von Mehrbettzimmern zurückzuführen ist. Vor allem in der Nebensaison wurden Drei- und Vierbettzimmer an zwei Personen vermittelt, was sich in der Statistik hinsichtlich der Auslastung negativ niederschlug.[24] Eine Übersicht über die Auslastung der den Kreisverbänden des FDGB im Bezirk Karl-Marx-Stadt zur Verfügung gestandenen Erholungsaufenthalte für das Jahr 1976 zeigt beispielsweise erhebliche Unterschiede bei der tatsächlichen Ausnutzung der Kontingente. Während im erstplatzierten Kreis 96,4 Prozent aller Aufenthalte vermittelt werden konnten, waren es im letztplatzierten nur 72,9 Prozent.[25] Da Verteilstrukturen und -mechanismen auf Kreisebene keine prinzipiellen Unterschiede aufwiesen, muss diese Differenz mit der Bevorzugung einzelner Unternehmen bei der Verteilung besonders attrakti-

---

[23] Skyba, Sozialpolitik der Ära Honecker, S. 60.
[24] Vgl. Hoffmann, Helga: „Bereitstellung und Nutzung von Erholungsreisen des Feriendienstes des FDGB und des Betriebserholungswesens in ausgewählten Betrieben", Hochschule der Deutschen Gewerkschaften ‚Fritz Heckert' in Bernau bei Berlin: D 78/13, SAPMO-DDR im Bundesarchiv.
[25] Beschluss des Sekretariats vom 22.02.1977, Nr. S 54/77, Sächsisches Staatsarchiv EB 197, FDGBBVkMst 2.

ver Hauptsaisonferienplätze erklärt werden. So erhielten die Betriebe zwar anteilig in etwa gleiche Kontingente, allerdings wurden volkswirtschaftlich besonders wichtige Betriebe mit der Bereitstellung von Erholungsaufenthalten in der Hauptsaison begünstigt, während weniger wichtige Produktionsstätten mit Nebensaisonplätzen vorlieb nehmen mussten, die von den Mitarbeitern nicht so häufig in Anspruch genommen wurden.[26]

Ein weiterer Erklärungsansatz für die eklatante Ungleichheit bei der Vergabe liegt vor allem in der Fähigkeit und Kompetenz der jeweiligen Verantwortlichen vor Ort begründet. Das Protokoll der Sitzung des Bezirksvorstandes hält hierzu fest, dass „Betriebsgewerkschaftsleitungen und Gewerkschaftsmitglieder über Fragen des gewerkschaftlichen Feriendienstes wie Kriterien der Verteilung der Erholungsaufenthalte von den Kreisvorständen des FDGB an die Grundorganisationen oder Möglichkeiten der Bereitstellung sowie Verfahrensweg der Antragstellung von Reisen der Familienerholung und für kinderreiche Familien völlig unzureichende Kenntnisse besaßen."[27]

Eine Anweisung des FDGB-Bundesvorstandes aus dem Jahr 1981 belegt, dass die in der Mitte der 1970er Jahre registrierten erheblichen regionalen Unterschiede bei der Verteilung von Ferienplätzen nicht beseitigt werden konnten. Der Bundesvorstand hatte die Bezirksverantwortlichen angewiesen, Maßnahmen zu einer besseren Nutzung der zur Verfügung gestellten Reisen einzuleiten und die besten Erfahrungen der Kreisvorstände zu verallgemeinern, um die teilweise erheblichen Niveauunterschiede zu beseitigen. Zu diesem Zweck sollte beispielsweise die Umverteilung der Ferienschecks zwischen den betrieblichen Gewerkschaftsleitungen auch auf Bezirksebene erleichtert werden.[28]

In den 1950er und 1960er Jahren hatte die zentralistische Wirtschaftsplanung Schwerpunktbetriebe festgelegt, die bei der Versorgung von FDGB-Ferienplätzen bevorzugt wurden. Wie ungerecht die Verteilung ausfallen konnte, verdeutlicht folgende Übersicht für das Kalenderjahr 1970[29]:

---

[26] Vgl. Beschluss des Sekretariats des Bundesvorstands des FDGB, 13.08.1975, Bestandssignatur DY34, Archiv-Nr. 25268, Bundesarchiv Berlin, S. 3.
[27] Beschluss des Sekretariats vom 22.02.1977, Nr. S 54/77, Sächsisches Staatsarchiv EB 197, FDGBBVkMst 2.
[28] Vgl. Sekretariatsvorlage, Verteilung der Erholungsreisen des FDGB für das Jahr 1982, 12.08.1981, Bestandssignatur DY34, Archiv-Nr. 25480, Bundesarchiv Berlin, Anlage 1.
[29] Vgl. Grundsätze für die Verteilung von Erholungsaufenthalten des FDGB für den Perspektivzeitraum 1971–1975, Begründung, Bestandssignatur DY34, Archiv-Nr. 24943, Bundesarchiv Berlin.

1. Die Organisation der Verteilung und deren Kriterien

Tabelle 6
Verteilung bei der Versorgung von FDGB-Ferienplätzen

Grundorganisation	Mitglieder-zahl	Erholungs-aufenthalte	Verteiler-schlüssel
VEB Holzhandel Leipzig	220	11	1:20,0
VEB TGA Gera	703	12	1:58,9
VEB Hallesche Kleiderwerke	620	31	1:20,0
VEB Brühlpelz Leipzig	974	174	1: 5,6
Bahnmeisterei Zittau	118	42	1: 2,8

Was zunächst wie eine Fehlentwicklung der 1960er Jahre ausgesehen hatte, wo einige Sozialleistungen an die Gewinne der Unternehmen gekoppelt waren, verfestigte sich in den 1970er und 1980er Jahren massiv: „Die Durchführung von sozialpolitischen Maßnahmen in den vergangenen Jahren zeigt, dass ihre politische Wirkung zum Teil durch ungesetzliche Festlegungen eingeschränkt wurde"[30], heißt es in einem internen Schreiben. Vor allem in den 1970er Jahren haben die volkseigenen Betriebe der DDR eine eigene touristische Infrastruktur massiv ausgebaut, die das Ferienangebot der Gewerkschaft zunächst ergänzen sollte, dieses aber bald quantitativ überflügelte. Um den daraus entstehenden Rivalitäten zwischen betrieblicher und gewerkschaftlicher Ferienplatzvergabe zu begegnen und die Monopolstellung des Feriendienstes des FDGB zu untermauern, wurde ab 1979 der Feriendienst des Gewerkschaftsbundes auch mit der Leitung und Planung des betrieblichen Erholungswesens betraut.[31] Über die Belegung der betrieblichen Erholungseinrichtungen, die sich nicht im Besitz der Gewerkschaften befanden, sondern Eigentum der volkseigenen Betriebe waren, entschieden nun ebenfalls die zuständigen gewerkschaftlichen Leitungen beziehungsweise Betriebsferienkommissionen, sodass auf der Ebene der Betriebe die Erholungsaufenthalte zentral vergeben wurden. Ziel war eine rationellere Nutzung der Einrichtungen, eine gerechtere Verteilung der Reisen sowie eine bessere Kooperation mit dem Feriendienst der Gewerkschaften.[32] Um

---

[30] Information über die Einhaltung der sozialistischen Gesetzlichkeit bei der inhaltlichen Gestaltung der BKV und Vorschläge zur Wiederherstellung der Gesetzlichkeit, Schreiben vom 21.09.1977, Bestandssignatur DY34, Archiv-Nr. 23520, Bundesarchiv Berlin.
[31] Beschluss des Politbüros des ZK der SED vom 07.11.1978. – Vgl. Plan des Feriendienstes der Gewerkschaften für das Jahr 1981, Bestandssignatur DY34, Archiv-Nr. 25480, Bundesarchiv Berlin.

der oft geübten Gegenwehr der Betriebe hinsichtlich der Verfügungsgewalt über betriebseigene Ferienanlagen zu begegnen, wurden seitens der Gewerkschaft eine verstärkte Kontrolle sowie Rechenschaftsberichte über die Vergabe von Ferienplätzen gefordert.[33]

Mit dem Aufbau von betriebseigenen Tourismuseinrichtungen waren gravierende Ungerechtigkeiten bei der touristischen Versorgung der Arbeitnehmer verbunden. Da viele erwerbstätige Gewerkschaftsmitglieder nicht in großen volkseigenen Unternehmen beschäftigt waren, sondern beispielsweise in den Handwerker- und Dienstleistungsbetrieben „PGH" oder im Staatsdienst tätig gewesen sind, konnten sie auch nicht von dem zusätzlichen Angebot an Betriebsferienplätzen profitieren. Einer internen Einschätzung des Feriendienstes des FDGB zufolge herrschten enorme „Disproportionen im Versorgungsgrad" vor allem zuungunsten von „Betrieben der Leichtindustrie, des Handels, des Gesundheitswesens und der Kommunalwirtschaft"[34]. Mit deutlichem Bezug auf die ungleiche Verteilung von sozialen Leistungen wie „die Bereitstellung von Ferienplätzen, auch in Interhotels, Auslandsreisen, Kuren" etc. wurde in den Gewerkschaftsvorständen sogar gegen den Staatsplan argumentiert: Die Werktätigen in Dienstleistungseinrichtungen würden ebenfalls notwendige und schwere Arbeit verrichten und seien nicht einfach so zu vernachlässigen. Der FDGB fühlte sich verantwortlich dafür, dass sich nicht Teilinteressen gegenüber dem sogenannten Gesamtinteresse der Arbeiterklasse durchsetzten.[35] Aber auch bezogen auf die Vergabe von FDGB-Ferienplätzen kam es zu massiven Ungerechtigkeiten. So waren bei Beginn des, zunächst noch, gewerkschaftlich organisierten DDR-Kreuzfahrttourismus 1960 die Unternehmen angewiesen, die Differenz zwischen dem niedrigen Reisepreis und den tatsächlichen Kosten aus dem Betriebssozialfonds zu finanzieren. Was für Großunternehmen kein Problem darstellte, erwies sich für kleinere Wirtschaftseinheiten als unmöglich. Da aber 1960 nur 1,4 der insgesamt 6,2 Millionen Arbeiter und Angestellten in Großbetrieben tätig waren, wurde ein Großteil der Arbeitnehmer von vornherein der Chance auf Teilhabe an einem besonders prestigereichen Projekt des DDR-Sozialtourismus beraubt.[36]

---

[32] Vgl. Plan des Feriendienstes der Gewerkschaften für das Jahr 1981, Bestandssignatur DY34, Archiv-Nr. 25480, Bundesarchiv Berlin.
[33] Vgl. Einschätzung des Standes der Verwirklichung des Beschlusses des Politbüros des ZK der SED über das betriebliche Erholungswesen vom November 1978, Bestandssignatur DY34, Archiv-Nr. 25480, Bundesarchiv Berlin, S. 6.
[34] Einschätzung des Standes der Verwirklichung des Beschlusses des Politbüros des ZK der SED über das betriebliche Erholungswesen vom November 1978, Bestandssignatur DY34, Archiv-Nr. 25480, Bundesarchiv Berlin.
[35] Vgl. Vorschläge zur Entwicklung des Prämien-, Kultur- und Sozialfonds im Bereich Staatsorgane 1976–1980, Bestandssignatur DY45, Archiv-Nr. 5343, Bundesarchiv Berlin.

Um diese Ungerechtigkeit partiell auszugleichen, wurden beispielsweise Staatsangestellte bei der Vergabe von FDGB-Plätzen bevorzugt bedient. Die Bezirks- und Kreisvorstände waren angewiesen, „bei der Festlegung des Schlüssels zur Verteilung der Ferienplätze die Kapazität der betrieblichen Erholungsmöglichkeiten zu berücksichtigen beziehungsweise solchen Betrieben weniger FDGB-Plätze zuzustellen."[37] Das Prinzip einer differenzierten Verteilung galt auch für die saisonale Vergabe der Ferienplätze: Da Lehrer und im Erziehungswesen Tätige ihren Jahresurlaub während der Ferienzeiten verbringen mussten, wurde ihnen beispielsweise in der Hauptsaison ein überproportional großes Kontingent an Plätzen zur Verfügung gestellt.[38]

2. Reisen als Bildungs- und Kulturauftrag

In der Frage, ob der Tourismus zu entprivilegisieren sei, bestand nach dem Zweiten Weltkrieg in Ost und West Einigkeit. Beide Staaten knüpften an Fremdenverkehrstendenzen der 1920er Jahre an, die auch die soziale Gruppe der Arbeiter und kleinen Angestellten zu touristischen Nachfragern machten. Bezogen auf Prioritäten und Mittel gingen beide deutsche Staaten jedoch getrennte Wege. In der Bundesrepublik Deutschland blieb die touristische Erfassung breiter Bevölkerungsschichten dem Freien Markt überlassen. Die wirtschaftliche Entwicklung des westlichen Teils von Deutschland, an dem breite Bevölkerungsschichten partizipierten, ermöglicht auch deren Teilhabe am Tourismus. In der DDR setzte sich hingegen das Konzept des staatlich subventionierten Sozialtourismus durch, der ebenfalls breite Bevölkerungsschichten in den Genuss von Urlaubs- und Erholungsreisen kommen ließ. Beide deutsche Staaten verfolgten somit das gleiche Ziel, setzten aber auf unterschiedliche Strategien, um es zu erreichen.

Die Vordenker des FDGB-Feriendienstes sahen sich, in Analogie zu den Organisatoren der NS-Organisation „Kraft durch Freude", als Produzenten von Leistungskraft und eines neuen Menschentyps – ein Ansatz, der den Anspruch auf Strukturierung und Organisation von Freizeit einschloss. So sah man in der ökonomischen Funktion des Urlaubs die „Reproduktion des gesellschaftlichen Arbeitsvermögens."[39] Freie Zeit zur Persönlichkeitsentwicklung war ein Wert an sich, sodass die Fortsetzung traditioneller Arbei-

---

[36] Vgl. Stirn, Traumschiffe des Sozialismus, S. 121.
[37] Richtlinie zum Beschluss des Sekretariats des Bundesvorstandes des FDGB vom 7.8.1964, Bestandssignatur DY34, Archiv-Nr. 24803, Bundesarchiv Berlin, S. 4.
[38] Vgl. Beschluss des Sekretariats des Bundesvorstands des FDGB, 13.08.1975, Bestandssignatur DY34, Archiv-Nr. 25268, Bundesarchiv Berlin, S. 1.
[39] Freyer, Tourismus in der DDR, S. 218.

terpolitik mit den Bedürfnissen des werktätigen Volkes konvergierte. Die Wünsche der Menschen eilten allerdings stets dem Gewährten voraus. Aus diesem Grundsatzkonflikt resultierte ein permanenter Aushandlungsprozess zwischen „Organisatoren" und „Organisierten".

Gewerkschaftlich organisiertes Reisen in der DDR wurde als „eine Einheit von Erziehung, Bildung, Erholung und Entspannung"[40] verstanden, denn die „Organisierung einer sinnvollen Urlaubsgestaltung" wurde von den verantwortlichen Gewerkschaftsführern als ein „immanenter Bestandteil gesamtgesellschaftlicher Bedürfnisbefriedigung"[41] gesehen. Die Kulturpolitik hatte in der DDR zwei Hauptfunktionen: Zum einen war die Kultur Handlungsfeld für das proklamierte Traditionsbewusstsein sowie Referenzobjekt für die Pflege des historischen Erbes, zum anderen Mittel zur allseitigen Erziehung und Ausbildung der sozialistischen Persönlichkeit. Die Ausgaben der öffentlichen Hand für den Bereich Kultur waren, gemessen am Staatshaushalt, hoch. Man ließ es sich etwas kosten, den Anspruch einer gebildeten Nation zu vertreten. Im Zentrum stand hier jeweils das Zusammenspiel von Politik, Machtanspruch und Kultur.[42] Dementsprechend wurde auch im Urlaub der Bevölkerung eine kulturell höher stehende „sozialistische Lebensweise" in Aussicht gestellt.

„Die Fremdenverkehrspolitik des sozialistischen Staates und die gewerkschaftliche Zielstellung unterstützen die planmäßige Herausbildung einer sozialistischen Lebensweise und die sozialistische Persönlichkeitsentfaltung"[43], formulierte ein Wissenschaftler der Gewerkschaftshochschule in einer Analyse des Standes und der Entwicklung des gewerkschaftlichen Erholungswesens. Mit der gewerkschaftlich organisierten Jahresfreizeit war deshalb stets der Anspruch verbunden, Reisen als Kultur- und Bildungsauftrag im Sinne einer klassenbewussten politischen Ideologie zu betrachten. Nichtstun war verpönt, Reisen sollten eine erzieherische Funktion haben. Vor allem die Verantwortlichen des Gewerkschaftstourismus sahen sich hier in der Pflicht und reklamierten die Einlösung des staatlich proklamierten Bildungs- und Kulturauftrags der Werktätigen im Urlaub als einen Standortvorteil gewerkschaftseigener Ferienanlagen. Es seien „alle Anstrengungen zu unternehmen, um ein Beispiel kulturvoller Erholung, sozialistischer Bil-

---

[40] Programm für die Entwicklung des Kur- und Erholungswesens der Gewerkschaften im Siebenjahresplan der DDR von 1959–1965, Bundesvorstand des FDGB, 22.08.1959, Bestandssignatur DY34, Archiv-Nr. 26086, Bundesarchiv Berlin, S. 18.

[41] Filler, Stand und Entwicklung des gewerkschaftlichen Erholungswesens, S. 4.

[42] Vgl. Eisold, Eva-Maria: „Von der ‚breiten Rollbahn zum Kommunismus' zur ‚Freizeitgasse' – Kultur und Kunst als Volksbildung und als Nische", in: Egon Hölder (Hg.): Im Trabi durch die Zeit – 40 Jahre Leben in der DDR, Wiesbaden 1992, S. 307–328, hier S. 307.

[43] Filler, Stand und Entwicklung des gewerkschaftlichen Erholungswesens, S. 7.

dung, aktiver Gesundheitspflege und sozialistischer Geselligkeit für die ganze Republik zu schaffen."[44]

Vor dem Hintergrund einer partiellen Konkurrenzsituation mit den Ferieneinrichtungen der volkseigenen Betriebe wurde dieses Argument ebenfalls ausgespielt: „Von einer organisierten politischen und kulturellen Arbeit mit den Urlaubern, wie sie im Feriendienst der Gewerkschaften durchgeführt wird, kann man bei den anderen Feriendienstträgern kaum sprechen. Die Urlauber bleiben sich zum größten Teil selbst überlassen"[45], heißt es in einer Einschätzung des Bundesvorstandes des FDGB. Der Anspruch auf Kultur und Bildung im Urlaub wurde deshalb durch eine Vielzahl von konkreten Maßnahmen eingelöst. So gehörte zu jedem gewerkschaftlich organisierten Urlaubsangebot ein abwechslungsreiches Kulturprogramm, das sowohl von Berufs- und Laienkünstlern als auch von den Urlaubern selbst gestaltet wurde. Die auf den Urlauber „einstürmenden vielfältigen Eindrücke" sollten im Ergebnis politisch so verarbeitet werden, dass sie „sich ihrer Erlebnisse voll bewusst werden und die notwendigen Schlussfolgerungen für sich ziehen"[46] können.

a) Kulturpolitik und Agitation in der Frühphase des Feriendienstes

Kaum ein Bereich in der DDR blieb frei von Ideologie, so auch der gewerkschaftlich organisierte Urlaub. Aus der Sicht der DDR-Kulturwissenschaft wurde der Tourismus als „Kind der bürgerlichen Gesellschaft" betrachtet. Im Sozialismus seien nun jedoch die „sozialen Voraussetzungen für touristische Freizeitgestaltung planmäßig, bewusst und im Zusammenhang mit bestimmten ökonomischen Entwicklungsstufen" geschaffen worden, wie es in einem 1988 erschienenen tourismusbezogenen Heft der „Mitteilungen aus der kulturwissenschaftlichen Forschung" heißt.[47] Deshalb sollte „durch die Gestaltung des geistig-kulturellen Lebens der Urlauber [...] eine Einheit zwischen Erholung, Bildung und Kultur hergestellt"[48] werden.

---

[44] Vgl. Einschätzung der Erfahrungen auf der 1. Reise des FDGB-Urlauberschiffes ‚Völkerfreundschaft', 10.3.1960, Bestandssignatur DY34, Archiv-Nr. 24687, Bundesarchiv Berlin.

[45] Sekretariatsvorlage, Bundesvorstand des FDGB, 7.6.1962, Bestandssignatur DY34, Archiv-Nr. 24688, Bundesarchiv Berlin.

[46] Einschätzung der Erfahrungen auf der 1. Reise des FDGB-Urlauberschiffes, Völkerfreundschaft, 10.3.1960, Bestandssignatur DY34, Archiv-Nr. 24687, Bundesarchiv Berlin, S. 4.

[47] Bagger, Wolfgang: „Tourismus. Eine Einleitung", in: Mitteilungen aus der kulturwissenschaftlichen Forschung, Nr. 24, Berlin (Ost) 1988, S. 5–45.

Bereits der „Vorbereitende Gewerkschaftsausschuss für Großberlin", in der Praxis der erste FDGB-Vorstand, bekannte sich zur „erzieherischen Tätigkeit" als programmatischem Kernbestand der Gewerkschaftsarbeit.[49] So war die Organisation einer sinnvollen Urlaubsgestaltung ein „immanenter Bestandteil einer sozialistischen Bedürfnisbefriedigung."[50] In diesem Kontext steht die Frage „nach der kulturellen Bedeutung des Tourismus für seine Träger, nach den mit ihm verbundenen Formen der Umweltaneignung und des Beziehungsreichtums, nach seinen Erlebnisformen und seinem Beitrag zur Persönlichkeits- und Bewusstseinsentwicklung"[51] – Fragen, die unter den Bedingungen eines gewerkschaftlich organisierten Sozialtourismus unter DDR-Bedingungen ganz anders beantwortet wurden als unter den Bedingungen des markwirtschaftlich orientierten Reisemarktes der Bundesrepublik.

Die kulturelle Betreuung der FDGB-Urlauber war vor allem in der Frühphase der DDR stark von der sozialistischen Ideologie geprägt, denn der Kulturpolitik des FDGB kam die Funktion der Sozialisationsinstitution der DDR-Gesellschaft zu.[52] Betreuung und Kontrolle ergänzten sich gegenseitig, denn auch im Urlaub wurde an der „sozialistischen Persönlichkeit" gearbeitet. Es galt, „den Menschen der sozialistischen Epoche formen zu helfen […] und die noch vorhandenen Einflüsse kleinbürgerlicher Ideologie in der Kulturarbeit zu beseitigen und eine Einheit von Erziehung und Bildung, Erholung und Entspannung herzustellen."[53] In diesem Sinne sollten in der Kulturarbeit „Einflüsse der bürgerlichen Ideologie weitestgehend überwunden und Veranstaltungen mit sozialistischem Inhalt, die positiv auf die Bewusstseinsbildung unserer Menschen einwirken"[54], angeboten werden. So gehörten auch „Vorträge mit gesellschaftlich-weltanschaulichem Inhalt"[55]

---

[48] Direktive zur Ausarbeitung des Perspektivplanes 1971–1975 für den Bereich des Feriendienstes der Gewerkschaften, Bestandssignatur DY34, Archiv-Nr. 24943, Bundesarchiv Berlin, S. 5.

[49] Vgl. Gill, Die DDR-Gewerkschaft, S. 26.

[50] Vgl. Biskupek, Urlaub, S. 45.

[51] Kramer, Dieter: „Aspekte der Kulturgeschichte des Tourismus", Zeitschrift für Volkskunde 78, 1982, S. 1.

[52] Vgl. Werum, Gewerkschaftlicher Niedergang, S. 246.

[53] Bericht über den bisherigen Verlauf der Reisezeit 1959, Bestandssignatur DY34, Archiv-Nr. 26086, Bundesarchiv Berlin, Anlage 1, S. 6.

[54] Programm für die Entwicklung des Kur- und Erholungswesens der Gewerkschaften im Siebenjahresplan der DDR von 1959–1965, Bundesvorstand des FDGB, 22.08.1959, Bestandssignatur DY34, Archiv-Nr. 26086, Bundesarchiv Berlin, S. 5.

[55] Direktive zur Ausarbeitung des Perspektivplanes 1971–1975 für den Bereich des Feriendienstes der Gewerkschaften, Bestandssignatur DY34, Archiv-Nr. 24943, Bundesarchiv Berlin, S. 5.

zum Kulturprogramm im Urlaub. Insbesondere Vortragsabende waren deshalb ein wichtiger Bestandteil der Kulturarbeit in den Einrichtungen des FDGB-Feriendienstes.

Zu diesem Zweck wurden per Fernstudium an der Hochschule der Deutschen Gewerkschaften qualifizierte Funktionäre herangebildet.[56] Darüber hinaus sollten die Mitarbeiter an verschiedenen Qualifizierungsmaßnahmen teilnehmen, „sodass sich die Erhöhung des Bewusstseins in einer besseren Betreuung der Urlauber und Patienten auswirkt."[57] Eine 1999 von Sebastian Simsch publizierte Studie über die personellen Grenzen der frühen DDR-Diktatur zeigt jedoch, dass nur ein Bruchteil der Gewerkschaftsfunktionäre „durch die Schule der Partei" gegangen war. 1952 hatten drei Viertel aller Funktionäre noch keinerlei besondere Schulung durchlaufen, nur 10 Prozent hingegen waren für einen mehr als vier Wochen dauernden Zeitraum geschult worden. Auf der lokalen Ebene, wo die FDGB-Funktionäre direkten Kontakt mit der Basis hatten, waren nur fünf Prozent durch eine mehr als einmonatige Schulung gegangen, was die Wirksamkeit der ideologischen Vermittlungsbemühungen von Staats- und Parteiführung vor Ort erheblich einschränkte.

Ihre Rolle als „Transmissionsriemen" für die Politik der SED konnten sie zumindest in den ersten Jahren des Arbeiter- und Bauernstaates kaum gerecht werden.[58]

b) Kulturelle Urlauberbetreuung

Die Gesellschaftsstruktur sowie die Art der Herrschaftsausübung sind in der DDR nicht statisch gewesen, sondern befanden sich seit den 1960er Jahren in einem Wandlungsprozess. Die SED wandelte sich von einer totalitären Partei stalinistischen Typs in eine autoritäre Partei. Die neue, autoritäre Herrschaft war durch eine größere Flexibilität des Kontrollsystems gekennzeichnet, und der zuvor ausgeübte massive Druck ist durch ein breit angelegtes und fein abgestuftes System institutionalisierter sozialer Kontrolle ersetzt worden. Hatten bis zum Mauerbau 1961 vor allem ideologische Normen und programmatische Zielsetzungen die Politik der Führung bestimmt, so wirkten nun die sich verändernden gesellschaftlichen Realitäten auf sie zurück.[59] Um diesen Wandel nachzeichnen zu können, ist es

---

[56] Bericht über den bisherigen Verlauf der Reisezeit 1959, Bestandssignatur DY34, Archiv-Nr. 26086, Bundesarchiv Berlin, Anlage 1, S. 7.

[57] Programm für die Entwicklung des Kur- und Erholungswesens der Gewerkschaften im Siebenjahresplan der DDR von 1959–1965, Bundesvorstand des FDGB, 22.08.1959, Bestandssignatur DY34, Archiv-Nr. 26086, Bundesarchiv Berlin, S. 6.

[58] Vgl. Simsch, Personelle Grenzen, S. 251.

notwendig zu untersuchen, wie er sich in verschiedenen Teilbereichen der Gesellschaft vollzog. Die vorliegende Analyse der kulturellen Urlauberbetreuung veranschaulicht den Wandlungsprozess von der harten Hand der stalinistisch geprägten Frühzeit hin zu subtileren Methoden, die sowohl auf die Urlauber bezogene integrative Elemente als auch die Instrumentalisierung der organisatorisch wirkenden Handlungs- und Entscheidungsträger mit einschlossen.

Während in der Urlauberbetreuung in den 1950er Jahren vor allem politische Themen im Vordergrund standen, wichen diese ab den 1960er Jahren zunehmend unpolitischen Inhalten. Bereits in der durch Gewerkschaftsfunktionäre vorgenommenen Auswertung des Reisejahres 1959 wurde vorgeschlagen, die Arbeiter an Werke der Musik, Literatur und bildenden Kunst mittels Gesprächsrunden und kleinen künstlerischen Einlagen heranzuführen, die an die Stelle „steifer Vorträge" treten sollen.[60] Die Autoren eines Maßnahmekatalogs zur Verbesserung der kulturellen Betreuung der Urlauber forderten eine „interessante Vortragstätigkeit, die sowohl politisch-aktuelle Probleme behandelt als auch Vorträge über ‚Kosmetik der Frau', ‚Wie kleide ich mich richtig?', pädagogische Fragen"[61] und ähnliche Themen in den Mittelpunkt stellen sollte. Allerdings beklagte der innerhalb des Gewerkschaftsbundes für den Feriendienst Verantwortliche Fritz Rösel 1968, dass die zahlreichen Möglichkeiten der Urlauberbetreuung durch gewerkschaftseigene Kulturgruppen völlig unzureichend genutzt würden.[62]

Der in den 1960er Jahren einsetzende Kurswechsel zugunsten einer Entpolitisierung der kulturellen Urlauberbetreuung wurde in den 1970er und 1980er Jahren fortgesetzt. Der Wunsch vieler Feriengäste, im Urlaub nicht nur den Alltag, sondern auch die Politik hinter sich zu lassen, traf auf einen allgemeinen Konsens. Eine Zusammenstellung der Veranstaltungen im Erholungskomplex Riga auf der Insel Rügen für das Jahr 1984 zeigt exemplarisch, wie diese programmatische Umgestaltung aussah. So wurde den Feriengästen ein buntes Programm geboten, das Heimabende, Vorträge und Künstlerveranstaltungen ebenso enthielt wie Fahrten und Ausflüge. Auch wenn Aspekte des Vergnügens und der Geselligkeit hierbei nie zu kurz kamen, stand hinter den Angeboten immer auch ein pädagogischer An-

---

[59] Vgl. Kaiser, Monika: „Machtwechsel von Ulbricht zu Honecker. Funktionsmechanismen der SED-Diktatur in Konfliktsituationen 1962–1972", Berlin 1997, S. 26–56.
[60] Bericht über den bisherigen Verlauf der Reisezeit 1959, Bestandssignatur DY34, Archiv-Nr. 26086, Bundesarchiv Berlin, Anlage 1, S. 7.
[61] Vgl. Präsidiumsvorlage, Bundesvorstand des FDGB, 12.06.1963, Bestandssignatur DY34, Archiv-Nr. 24688, Bundesarchiv Berlin, Anlage 1.
[62] Vgl. Information über Probleme des Erholungswesens, 29.07.1968, Bestandssignatur DY34, Archiv-Nr. 24806, Bundesarchiv Berlin.

2. Reisen als Bildungs- und Kulturauftrag

spruch.[63] Das Ziel einer Erziehung zur umfassend gebildeten sozialistischen Persönlichkeit blieb bestehen. Vortragsthemen schlossen beispielsweise auch Kochkurse, Ernährungsberatung und ähnlich gelagerte Themenbereiche ein, denen stets ein pädagogischer Impetus zu Grunde lag.[64] So beklagte eine interne Einschätzung der Arbeit des Feriendienstes 1959, es gelte, hinsichtlich einer gesunden Ernährung noch viel Aufklärungsarbeit zu leisten, denn diese stoße bei den Urlaubern oft auf Unverständnis. Rohkostsalate würden beispielsweise als „Grünfutter" und Vollkornbrot als „Armutszeugnis der DDR" bezeichnet.[65]

Es blieb in der Regel nicht den Verantwortlichen vor Ort überlassen, wie die kulturelle Betreuung auszugestalten sei, sondern wurde zentral gesteuert. Empfohlen wurde die „planmäßige und zielstrebige Arbeit mit den Menschen, um ihr sozialistisches Bewusstsein zu festigen, ihre Klassenmoral zu stärken und ihre politischen sowie allgemeinen Kenntnisse zu erhöhen."[66] Dies sei beispielsweise möglich durch das Auslegen von Tageszeitungen, die Einrichtung von Bibliotheken mit dem entsprechenden Bücherkanon, aber auch Informationstafeln, die von den Erfolgen sozialistischer Wirtschaftsplanung zeugten. Jene Maßnahmen dienten dazu, einen Beitrag zur Erziehung der urlaubenden Werktätigen zum klassenbewussten Denken zu liefern.[67]

Vor allem das Buch als Medium spielte, nicht nur in der Kultur- und Bildungspolitik der DDR, sondern auch in der kulturellen Urlauberbetreuung eine wichtige Rolle. In vielen FDGB-Heimen waren bereits in den 1950er Jahren kleine Hausbibliotheken und Leseecken eingerichtet worden, um den Urlaubern einen sinnvollen Zeitvertreib zu ermöglichen. Das Leseangebot war durch zentrale Vorgaben bestimmt worden und umfasste vor allem als fortschrittlich definierte Werke der Gegenwartsliteratur beispielsweise die literarische Verarbeitung der deutschen Vergangenheit im Dritten Reich anhand von Bruno Apitz' Buch „Nackt unter Wölfen".[68] In den 1960er Jahren setzten die Verantwortlichen auch auf Unterhaltungsliteratur. Die Urlaubsbeschäftigung mit dem Buch durch Lesungen, Buchausstellungen mit Ver-

---

[63] Vgl. Zusammenstellung über die durchgeführten Veranstaltungen im Erholungskomplex Riga während des Zeitraums vom 5.7.–27.9.1984, Erhebung der Gewerkschaftsschule „Fritz Heckert", Berlin.

[64] Vgl. „30 Jahre FDGB", in: Gastronomie 1/1977, S. 3 f.

[65] Vgl. Bericht über den bisherigen Verlauf der Reisezeit 1959, Bestandssignatur DY34, Archiv-Nr. 26086, Bundesarchiv Berlin, Anlage 1, S. 8.

[66] Vgl. Einschätzung der Erfahrungen auf der 1. Reise des FDGB-Urlauberschiffes ‚Völkerfreundschaft', 10.3.1960, Bestandssignatur DY34, Archiv-Nr. 24687, Bundesarchiv Berlin, S. 4.

[67] Vgl. Selbach, Reise nach Plan, S. 71.

[68] Bericht über den bisherigen Verlauf der Reisezeit 1959, Bestandssignatur DY34, Archiv-Nr. 26086, Bundesarchiv Berlin, Anlage 1, S. 7.

kauf, Diskussionsrunden und literarische Abende sowie eine Verbesserung der Buchausleihe sollte weiter forciert werden, um der Forderung nach dem lesenden und schreibenden Arbeiter Nachdruck zu verleihen.[69]

Zu jedem Urlaub mit dem Feriendienst gehörte ein Unterhaltungsprogramm, das sowohl von Berufskünstlern als auch von Laiendarstellern dargeboten wurde. Der Einsatz von professionellen Künstlern stieß jedoch bei den Organisatoren häufig auf Skepsis, da das Angebot häufig eher einen unterhaltenden als einen politisch-agitatorischen Charakter aufwies. Außerdem fehlte den Künstlern oft die kritische Distanz zum Publikum, wie eine Auswertung der ersten Kreuzfahrt des Feriendienstes vermerkt. Darin beklagt der Autor die „moralische Entgleisung" sowie das „Verhältnis der mitreisenden Berufskünstler zu den Fahrgästen." Vorgeschlagen wurde deshalb, die Mitnahme von Berufskünstlern zu beschränken und stattdessen „Volkskunstgruppen aus den Betrieben" sowie solche Berufskünstler, „die sich in der sozialistischen Gemeinschaftsarbeit Verdienste erworben haben und durch den Zentralvorstand der Gewerkschaft Kunst auszuwählen sind"[70], mitzunehmen. 1979 zählte der FDGB rund 30.000 Laienkunstgruppen mit etwa einer halben Million Mitwirkenden, deren Mitarbeit an der Urlauberbetreuung immer wieder gefordert wurde.[71] So sollten beispielsweise die im Rahmen der Arbeiterfestspiele tätigen Volkskunstgruppen und Ensembles für Darbietungen in den Urlauberveranstaltungen gewonnen werden.[72]

Die Vorschläge und Direktiven zur Praxis kultureller Veranstaltungen und künstlerischer Darstellungen entsprachen den Vorstellungen der Verantwortlichen des Feriendienstes, die Urlauber aktiv in die Kulturarbeit einzubinden. Es entsprach dem Idealbild des propagierten „allseitig gebildeten Menschen" im Sozialismus, dass der Arbeiter auch in seiner Freizeit künstlerisch aktiv wurde. Bereits in den 1950er Jahren wurde der Begriff des künstlerischen Volksschaffens geprägt und mit gezielter Förderung seitens der Gewerkschaften als wichtiger Bestandteil des Kulturlebens der DDR etabliert.[73] So regte eine für den Feriendienst 1963 erarbeitete Vorlage an, Urlaubern die Möglichkeit des eigenständigen künstlerischen Umgangs mit

---

[69] Vgl. Präsidiumsvorlage, Bundesvorstand des FDGB, 12.06.1963, Bestandssignatur DY34, Archiv-Nr. 24688, Bundesarchiv Berlin, Anlage 1.

[70] Einschätzung der Erfahrungen auf der 1. Reise des FDGB-Urlauberschiffes, Völkerfreundschaft, 10.3.1960, Bestandssignatur DY34, Archiv-Nr. 24687, Bundesarchiv Berlin, S. 4.

[71] Vgl. Dowe, FDGB-Lexikon.

[72] Direktive zur Ausarbeitung des Perspektivplanes 1971–1975 für den Bereich des Feriendienstes der Gewerkschaften, Bestandssignatur DY34, Archiv-Nr. 24943, Bundesarchiv Berlin, S. 3.

[73] Vgl. Dowe, FDGB-Lexikon.

Farbe, Papier, Stoffen oder Leder zu offerieren und die entstandenen Arbeiten auszustellen.[74]

c) Sport im Urlaub

Verbunden mit der Kulturpolitik, die der FDGB mit Millionenbeträgen aus seinen Mitgliedereinnahmen unterstützte, war die gewerkschaftliche Förderung des Sports. Körperpflege und Körperkultur als Einheit sollten dem wirtschaftlichen und sozialen Fortschritt dienen, weshalb sich der Gewerkschaftsbund beispielsweise für einen Betriebssport einsetzte. Auf dieser Grundlage bildete die sportlich-touristische Betreuung der Erholungssuchenden eine wesentliche Komponente des Freizeitangebots in den FDGB-Ferienanlagen. Hierbei spielte der Gedanke einer gesunden Arbeitnehmerschaft eine wichtige Rolle: „In der sozialistischen Gesellschaft ist die Pflege und Erhaltung der Gesundheit und der Arbeitskraft der Werktätigen eine wichtige gesellschaftliche Notwendigkeit", denn „der Aufenthalt in den Erholungsheimen trägt [...] zur Erhöhung der Lebensfreude und Schaffenskraft bei"[75], formulierten die Autoren des Programms für die Entwicklung des Kur- und Erholungswesens der Gewerkschaften im Siebenjahresplan der DDR von 1959–1965. Der auf Berlin bezogene Sieben-Jahres-Plan für den Gesundheitsschutz beinhaltete beispielsweise eine Debatte über den Zusammenhang zwischen individuellem Gesundheitsschutz, der Leistungsfähigkeit der Arbeitnehmer und einer gesunden Wirtschaft.[76] Freizeit und Erholung waren nicht etwa das Recht des einzelnen, sondern dienten dem Wiederaufbau der geistigen und physischen Kräfte und somit wiederum der Leistungssteigerung.

In einem 1988 publizierten wissenschaftlichen Beitrag wurde die „Erhaltung, Wiederherstellung und Förderung der physischen und psychischen Leistungskraft des Menschen" als entscheidende Wirkungskomponente des Sozialtourismus wiedergegeben, denn von der Nutzung des gesellschaftlichen Arbeitsvermögens hänge das Verwirklichungstempo der gesellschaftlichen Ziele und insbesondere die ökonomische Strategie der DDR ab.[77] Die Planer legten zugleich Wert auf den Aspekt der Gesundheitsförderung und

---

[74] Vgl. Präsidiumsvorlage, Bundesvorstand des FDGB, 12.06.1963, Bestandssignatur DY34, Archiv-Nr. 24688, Bundesarchiv Berlin, Anlage 1.
[75] Programm für die Entwicklung des Kur- und Erholungswesens der Gewerkschaften im Siebenjahresplan der DDR von 1959–1965, Bundesvorstand des FDGB, 22.08.1959, Bestandssignatur DY34, Archiv-Nr. 26086, Bundesarchiv Berlin, S. 2.
[76] Vgl. Timm, Annette: „Guarding the Health of Worker Families in the GDR", in: Peter Hübner und Klaus Tenfelde (Hg.): Arbeiter in der SBZ-DDR, Essen 1999, S. 463–496, hier S. 473.
[77] Vgl. Großmann, Entwicklung des Sozialtourismus in der DDR, S. 168.

der Leistungssteigerung, denn der Massensport während der Erholungsaufenthalte sollte so gestaltet werden, dass Urlauber Anregungen für die sportliche Betätigung im Berufsalltag erhielten.[78] Gesundheitsschutz, Prävention und sportliche Betätigung standen also in der Konzeption des DDR-Sozialtourismus an vorderer Stelle. Es ging den Vordenkern dabei stets primär um eine Steigerung der Arbeitsproduktivität und Erhaltung der Leistungskraft der Arbeitnehmer, während beispielsweise die Lebenserwartung nur sekundäres Ziel der avisierten Maßnahmen war. Gesundheitsvorsorge wurde stark auf die industrielle Produktion ausgerichtet, was im Slogan „Gesundheit – Lebensfreude – Schaffenskraft" einen besonders prägnanten Ausdruck fand. Die bei der Gesundheitsvorsorge bis dahin herrschende Benachteiligung der Arbeiter wurde auch dank sozialtouristischer Maßnahmen aufgehoben.[79]

Erreicht werden sollte das propagierte Ziel einer erhöhten Volksgesundheit durch die Popularisierung des Volks- und Breitensports in den Kur- und Erholungseinrichtungen des Gewerkschaftsbundes, beispielsweise durch eine Urlauber-Olympiade 1971/72 in Vorbereitung auf die Olympischen Spiele.[80] Der Breitensport ist, historisch betrachtet, als eine Ausgleichsreaktion auf die Industrialisierung, die Urbanisierung sowie die Herausbildung einer Angestellten-Arbeitswelt zu verstehen. An dieser Stelle soll nicht auf die einzelnen Etappen der Geschichte des modernen Breitensports eingegangen werden. Festgehalten werden muss jedoch, dass Sport nicht natürlich oder selbstverständlich ist, sondern gesellschaftlich so relativ wie andere Aspekte der Alltagskultur auch.[81]

In der Sportgeschichte ist die Entstehung des Arbeitersports ab den 1890er Jahren eng mit der politischen Etablierung von Sozialdemokratie und Gewerkschaften verbunden. Erst die erstrittenen Arbeitszeitverkürzungen und -regulierungen ermöglichten diese Entwicklung. Die Arbeiterturnvereine waren oft direkt aus der Gewerkschaftsbewegung heraus entstanden und wurden aus diesem Grund im Kaiserreich mitunter politisch verfolgt.[82]

---

[78] Vgl. Programm für die Entwicklung des Kur- und Erholungswesens der Gewerkschaften im Siebenjahresplan der DDR von 1959–1965, Bundesvorstand des FDGB, 22.08.1959, Bestandssignatur DY34, Archiv-Nr. 26086, Bundesarchiv Berlin, S. 19.

[79] Vgl. Timm, Guarding the Health of Worker Families, S. 472.

[80] Vgl. Beschluss des Präsidiums, 30.10.1970, Bestandssignatur DY34, Archiv-Nr. 24943, Bundesarchiv Berlin.

[81] Vgl. Eichberg, Henning: „Zivilisation und Breitensport. Die Veränderung des Sports ist gesellschaftlich", in: Gerhard Huck (Hg.): Sozialgeschichte der Freizeit. Untersuchungen zum Wandel der Alltagskultur in Deutschland, Wuppertal 1980, S. 77–93, hier S. 93.

[82] Vgl. Herre, Günther: „Arbeitersport, Arbeiterjugend und Obrigkeitsstaat 1893–1914", in: Gerhard Huck (Hg.): Sozialgeschichte der Freizeit. Untersuchungen zum Wandel der Alltagskultur in Deutschland, Wuppertal 1980, S. 187–206.

2. Reisen als Bildungs- und Kulturauftrag

Der Gewerkschaftsbund in der DDR knüpfte an den überlieferten Traditionsbestand an und unterstützte den Breitensport tatkräftig. So hatte bereits in den 1950er Jahren der FDGB die sportlichen Aktivitäten als Teil der Urlaubsgestaltung forciert. Der Werktätige sollte nicht nur entspannt und erholt, sondern gesund und physisch gestärkt an seinen Arbeitsplatz zurückkehren. Kegel-, Tischtennis-, Minigolf- und Volleyballturniere fanden bei den Urlaubern großen Zuspruch.

Neben der Wiederaufnahme und Fortführung der historischen Traditionslinie spielte aber auch der Gemeinschaftsgedanke eine wichtige Rolle bei der Propagierung des Breitensports in den Erholungseinrichtungen des Gewerkschaftsbundes. Das gewerkschaftliche Urlaubsangebot im zweiten deutschen Staat war nicht ausschließlich auf die Befriedigung individueller Bedürfnisse und Wünsche orientiert, sondern stets als Gemeinschaftserlebnis angelegt. In einer Zusammenfassung der Erfahrungen des Urlauberjahres 1959 schlussfolgerten die Autoren, dass der Urlaubermassensport erheblich zur Festigung dieser Gemeinschaft beitragen könne. Zu diesem Zweck hatte die Gewerkschaftsführung beispielsweise im April 1959 einen Sportlehrgang mit rund 100 Kulturfunktionären initiiert, der die nötige Anleitung für die Gestaltung von Urlaubersportfesten, wöchentlichen Sporttagen und täglicher Gymnastik sowie eine Verbindung von Sportveranstaltungen mit weiteren gesundheitsfördernden Maßnahmen aufzeigte.[83]

In einer Direktive zur Ausarbeitung des Perspektivplanes für den Zeitraum 1971–1975 zeigten die Verantwortlichen verschiedene Möglichkeiten auf, den Urlaubersport durch den Ausbau entsprechender Angebote sowie deren Neuschaffung zu fördern. So sollten Sport- und Spielanlagen ausgebaut und Konditionierungsräume eingerichtet werden sowie volkssportliche Wettbewerbe gemeinsam mit dem Deutschen Turn- und Sportbund DTSB veranstaltet werden. Bis 1977 wurden beispielsweise 90 „Sportgärten" eingerichtet, in denen jeweils rund 20 verschiedene Sportarten ausgeübt werden konnten.[84] Aber auch an das Angebot von Naturwanderungen in Kombination mit Bildungserlebnissen war gedacht, um über den Aspekt der körperlichen Betätigung hinaus auch „die Liebe zur sozialistischen Heimat mit ihren Naturschönheiten zu fördern."[85] Außerdem sollten die Ausleihmöglichkeiten für Sportgeräte verbessert werden und an einigen Standorten Fachkräfte eingestellt werden, die sich um die Urlauberbetreuung kümmern konnten.

---

[83] Bericht über den bisherigen Verlauf der Reisezeit 1959, Bestandssignatur DY34, Archiv-Nr. 26086, Bundesarchiv Berlin, Anlage 1, S. 6.
[84] Vgl. „30 Jahre FDGB", in: Gastronomie 1/1977, S. 3 f.
[85] Direktive zur Ausarbeitung des Perspektivplanes 1971–1975 für den Bereich des Feriendienstes der Gewerkschaften, Bestandssignatur DY34, Archiv-Nr. 24943, Bundesarchiv Berlin, S. 3.

Ziel des FDGB-Feriendienstes war nicht nur, die sportliche Urlauberbetreuung im Sinne einer aktiven Gesundheitsvorsorge und einer Steigerung der Leistungskraft der Arbeitnehmer zu verbessern. Es sollten vielmehr nachhaltige Akzente gesetzt werden: Die Urlaubsgestaltung sollte Anregungen geben und Wissen zu selbstständigen Maßnahmen für die Erhaltung der Gesundheit vermitteln.

3. Freizeitverhalten der DDR-Bürger

a) Ausgangs- und Forschungslage

Die Freizeit ist für jeden Mensch von hohem Wert, denn sie dient der Befriedigung geistiger und sozialer Bedürfnisse. Der Anteil der Freizeit ist ein wichtiger Indikator für den Lebensstandard in einer Gesellschaft. Die wissenschaftliche Erfassung und Analyse der Zeitverwendung als eine Möglichkeit, die Lebensverhältnisse der Menschen zu untersuchen, ist dennoch in der DDR erst relativ spät entdeckt worden. Während man in den Vereinigten Staaten, aber auch in der damaligen Sowjetunion[86], bereits in den 1920er Jahren Zeitbudgetuntersuchungen durchführte, um empirische Daten über die objektive Verwendung der täglichen Zeit zu gewinnen, begann man damit im zweiten deutschen Staat erst Ende der 1950er Jahre. Die Frage nach der Rolle, die die Gewährung von Freizeit für die Ausübung sozialer Kontrolle spielt und inwieweit Freizeit als Kompensation für die Zwänge der industriellen Arbeitswelt eingesetzt werden konnte, waren hier von zentralem Interesse. Es geht um die Frage, welche Bedeutung Freizeitteilhabe, -entscheidungen, -erfahrungen und -beziehungen haben.[87]

Die begriffsgeschichtliche Erörterung von Freizeit hat bisher zu keinem tragfähigen Ergebnis geführt[88] und auch die historisch-phänomenologischen Zugriffe, die in der „Freizeit" auch immer „Freiheit" erkennen lassen, sind bisher analytisch unbefriedigend geblieben. Ohne auf die einzelnen Aspekte

---

[86] In den 1920er Jahren machten sowjetische Soziologen Zeitbudget, Geldbudget und Wohnbedingungen als Indikatoren der Lebensverhältnisse der breiten Massen zum Gegenstand der empirischen Sozialforschung. – Vgl. Huck, Gerhard: „Freizeit als Forschungsproblem", in: Ders. (Hg.): Sozialgeschichte der Freizeit. Untersuchungen zum Wandel der Alltagskultur in Deutschland, Wuppertal 1980, S. 7–18, hier S. 9 f.
[87] Vgl. Fiebiger, Hilde: „Von der zeitaufwendigen Hausarbeit zu mehr Freizeit – Zeitstrukturen im Alltagsleben", in: Egon Hölder (Hg.): Im Trabi durch die Zeit – 40 Jahre Leben in der DDR, Wiesbaden 1992, S. 293–306, hier S. 293.
[88] Vgl. Eichler, Gert: „Spiel und Arbeit. Zur Theorie der Freizeit", Stuttgart 1979; Vester, Heinz-Günter: „Zeitalter der Freizeit. Eine soziologische Bestandsaufnahme", Darmstadt 1988.

der Freizeitforschung eingehen zu wollen, soll an dieser Stelle eine konsensfähige Minimaldefinition verwandt werden: Einigkeit besteht darüber, Freizeit an ihre jeweils subjektive Wahrnehmung zu binden und sie zu deuten als die Zeit, die frei ist von Aktivitäten, die als Arbeit empfunden werden.

Die sich ab den 1960er Jahren entwickelnde Freizeitforschung der DDR bewegte sich zwischen zwei Problemfeldern. Einerseits versuchten vor allem Ökonomen, das Zeitverhalten außerhalb der Arbeit zu erfassen und Kriterien für eine rationelle Nutzung dieser Zeit zu erarbeiten. Dieser Forschungsstrang sollte dazu beitragen, ausreichend frei verfügbare Zeit für gesellschaftliche Maßnahmen zu sichern. In einem zweiten Problemkreis wurde über die „sinnvolle" Ausnutzung der Freizeit nachgedacht, um zu einer „Freizeiterziehung" zu gelangen. Eingeschlossen in diese Überlegungen waren Vorschläge, welche gesellschaftlichen Institutionen sich zur ganztägigen Erziehung des Menschen eignen und wie die Menschen zur Annahme der Aktivitäten dieser Institutionen bewegt werden könnten.[89]

b) Positiver Freizeitbegriff

Im Zusammenhang mit der beginnenden Freizeitforschung in der DDR ist in den 1960er Jahren, ganz dem internationalen Trend folgend, Freizeit als Ergänzung zur Arbeitszeit als gesellschaftlich und privat hochgeschätztes Gut akzeptiert worden. Bis dahin war Freizeit als ein Begriff der bürgerlichen Sozialwissenschaften interpretiert und demzufolge kritisch betrachtet worden. Mit dem wissenschaftlichen Paradigmenwechsel setzte sich jedoch allmählich ein positives Verhältnis zum Freizeitbegriff durch.[90] „In den 60er Jahren rückte die zweckmäßige Organisation der freien Zeit zunehmend in die gesellschaftliche Aufmerksamkeit der sozialistischen Länder. Vergrößerung der arbeitsfreien Zeit, Veränderungen in den Lebensgewohnheiten der Werktätigen, neue Bedürfnisse und höhere Anforderungen an die Fähigkeiten des einzelnen wie auch die gewachsene Leistungsfähigkeit der Volkswirtschaften haben dazu geführt, dass in der entwickelten sozialistischen Gesellschaft für die Persönlichkeitsentwicklung in der freien Zeit beträchtliche gesellschaftliche Mittel und Aktivitäten eingesetzt werden"[91], heißt es in einer zeitgenössischen Publikation.

---

[89] Vgl. Petzold, Gerlinde: „Erforschung der Freizeit durch Ökonomen und Sportwissenschaftler der DDR in den sechziger Jahren", in: Mitteilungen aus der kulturwissenschaftlichen Forschung 19, Berlin 1986, S. 5–56, hier S. 6.
[90] Vgl. Petzold, Erforschung der Freizeit, S. 5.
[91] Mühlberg, Dietrich: „Freizeit und Persönlichkeitsentwicklung im Sozialismus. Lehrbriefmaterial für die Aus- und Weiterbildung", Berlin 1974, S. 4.

Als eine Folge der Aufwertung des Freizeitbegriffes erfolgte eine ganze Reihe von staatlichen Maßnahmen, die ab den 1960er Jahren in der DDR ergriffen wurden, um den Freizeitanteil ausbauen. Hierzu gehört beispielsweise die graduelle Arbeitszeitverkürzung, die vom Übergang von der Sechstage- zur Fünftagewoche beziehungsweise der Einführung der 40-Stunden-Woche als Regelarbeitszeit führte. Hiermit wurden Forderungen umgesetzt, die seitens der Gewerkschaftsbewegung bereits in den 1920er Jahren artikuliert worden waren. Die Verkürzung der Arbeitswoche wurde zusätzlich durch die Ausweitung des gesetzlichen Mindesturlaubs flankiert, der es Arbeitnehmern erstmals ermöglichte, dem Arbeitsplatz für einen längeren Zeitraum fernzubleiben. Nicht zu unterschätzen sind ferner die flächendeckende Durchsetzung von Schul- und Werksspeisung sowie das erweiterte Angebot an hauswirtschaftlichen Dienstleistungen als Teil einer volkswirtschaftlichen und gesellschaftspolitischen Modernisierungsphase des zweiten Jahrzehnts der Ulbricht-Ära.[92] Damit verfügten die Werktätigen täglich, vor allem aber am Wochenende, über ein Mehr an freier Zeit.

Die in den 1960er Jahren eingeführten Arbeitszeitregelungen und verschiedene sozialpolitischen Maßnahmen, die in der Honecker-Ära noch weiter ausgebaut wurden, förderten die Entwicklung neuer Freizeitbedürfnisse und schufen die Voraussetzung für ihre Befriedigung.[93] Die Verweigerung von politischen Partizipationsmöglichkeiten, das Fehlen von Selbstständigkeit im wirtschaftlichen Bereich und die ständige Bevormundung machten den Bereich der Freizeit zu partiell nichtstaatlichen Freiräumen und erhöhte dessen Bedeutung, sodass mitunter von einer „Flucht" oder „inneren Emigration" gesprochen wird.[94] Die Beschäftigung mit zeitaufwendigen Hobbys, der Genuss eines variantenreichen Kulturangebots, intensive sportliche Betätigung sowie eine am Urlaubsort verbrachte Jahresfreizeit wurden durch die Schaffung oben genannter Voraussetzungen für breite Bevölkerungsschichten möglich und von dieser letztlich auch gewünscht. Grundsätzlich gilt diese Aussage auch für den Tourismus: So schätzte eine 1968 erstellte interne Studie des FDGB-Feriendienstes beispielsweise ein, dass 1970 rund 50 Prozent der DDR-Bevölkerung, 1980 jedoch bereits 80 Prozent jährlich eine Erholungsreise von längerer Dauer planen werden.[95]

---

[92] Vgl. Merkel, Arbeiter und Konsum, S. 547.
[93] Vgl. Fuhrmann, Urlaub der DDR-Bürger, S. 35 f.
[94] Vgl. Merl, Staat und Konsum, S. 206.
[95] Vgl. Präsidiumsvorlage Konzeption Feriendienst 1968 bis 1980, Bestandssignatur DY34, Archiv-Nr. 24806, Bundesarchiv Berlin, Anlage 2.

c) Staatliche Einflussnahme

In der DDR-Forschung nach wie vor umstritten ist, inwieweit der zweite deutsche Staat als totalitäres System einzuordnen ist. Während einige Wissenschaftler die Prägung der Gesellschaft durch den Herrscherapparat herausstellen und die Dimension von Repression und Ideologie ins Blickfeld rücken[96], sehen andere auch „Grenzen der Diktatur"[97] und weisen auf das informelle Eigenleben der Bevölkerung hin.[98] Vor allem auf dem Gebiet der Freizeit und ihrer Ausgestaltung kann gut nachvollzogen werden, wie viel Eigenleben tatsächlich möglich war, was der Staat zuließ und an welchen Stellen es zu Konflikten kam. Grundsätzlich kann von einem permanenten Aushandlungsprozess zwischen Herrschern und Beherrschten ausgegangen werden, denn nicht nur das Maß der Freizeit, sondern auch die jeweiligen Ansprüche an sie sowie die Angebote zu ihrer Ausgestaltung veränderten sich in der DDR-Gesellschaft.

In den ersten Nachkriegsjahren war die Freizeit und deren Gestaltung kein großes Thema, denn es gab davon nicht viel. Der Wiederaufbau des Landes, existentielle Nöte der Bevölkerung sowie fehlende materielle Voraussetzungen ließen eine Definition der Lebenssituation und -qualität anhand von Paradigmen der Freizeitgestaltung überhaupt nicht zu. Erst mit der Zunahme der dem DDR-Bürger frei zur Verfügung stehenden Zeit geriet diese seitens der Staats- und Parteiführung verstärkt in den Blickpunkt. In den 1960er Jahren brach eine öffentliche Debatte darüber aus, wie diese Zeit sinnvoll zu nutzen sei.[99] Freizeit sollte dem einzelnen Bürger nach Möglichkeit nicht ausschließlich zur individuellen Gestaltung überlassen werden, sodass eine zuvor nicht gekannte Zahl von öffentlich be- und geförderten Freizeitgestaltungsangeboten entstand. Gerade die Wahrnehmung der seitens des Staates zahlreich gemachten Angebote zur Gestaltung der Freizeit enthielt aber auch immer die Tendenz zu gesellschaftlicher oder politischer Vereinnahmung und Kontrolle. Neu geschaffene beziehungsweise gewährte Freiräume wurden nach ihrem Entstehen mit einer ganzen Reihe von „Fußangeln" versehen, die die vorgebliche Freizeit in neue Formen der Abhängigkeit verwandeln konnten. Dies geschah jedoch nicht auf gewaltförmige, offensichtliche oder massiv administrative Weise, sondern

---

[96] Vgl. Timmermann (Hg.), Diktaturen in Europa; Suckut, Siegfried und Walter Süß (Hg.): „Staatspartei und Staatssicherheit. Zum Verhältnis von SED und MfS", Berlin 1997, S. 10 ff.

[97] Vgl. Bessel, Richard und Ralph Jessen (Hg.): „Grenzen der Diktatur. Staat und Gesellschaft in der DDR", Göttingen 1996, S. 7 ff.

[98] Vgl. Engler, Wolfgang: „Die ungewollte Moderne", Frankfurt 1995.

[99] Vgl. Irmscher, Zeit und Leben in der Sechzigern, S. 37–47; Merkel, Arbeiter und Konsum, S. 549.

meist eher verdeckt, psychologisch geschickt verbrämt und mit vielerlei Verlockungen und partiellen Befriedigungen versehen. Quasistaatliche Vereinigungen im Bereich Sport oder Kultur gehörten ebenfalls zum umfangreichen Freizeitangebot wie die staatliche Lenkung des Urlaubsverhaltens.

Gern gesehen war die „sinnvolle Freizeitgestaltung". Es galt deshalb für die staatlichen Vordenker zu eruieren, inwieweit die Freizeit sinnvoll und gesellschaftlich nutzbringend gestaltet werden könne. War sie gewerkschaftlich oder weiteren staatlichen Freizeitgestaltern wie dem Kulturbund, dem Deutschen Turn- und Sportbund, der Gesellschaft für Sport und Technik oder weiteren Organisationen offeriert, standen kulturelle Angebote hoch im Kurs. Der Theaterbesuch, ein Ausflug ins Museum oder ein Heimatabend mit den Arbeitskollegen der Brigade brachten wichtige Punkte im sozialistischen Wettkampf. Seit etwa 1980 ist allerdings ein Abrücken von der Praxis zu beobachten, wonach gesellschaftliche Aktivitäten als „Pluspunkte" zu werten seien, wenn es um den Titel „Kollektiv der sozialistischen Arbeit" ging.[100] Die beispielhaft genannten Organisationen beherrschten das Freizeitangebot außer Haus und verstanden sich dabei als politisch. Ihnen ging es vor allem um die Erziehung zum „sozialistischen Menschen", auch wenn die Praxis der Freizeitaktivitäten meist einen politikfreien Raum umschrieb.

Diese durch staatliche Institutionen gemachten Angebote können nicht darüber hinwegtäuschen, dass eine kommerzialisierte Freizeitkultur bestenfalls rudimentär existierte und Angebote zur Freizeitgestaltung außerhalb dessen, was als gesellschaftspolitisch nützlich und erwünscht gern gesehen war, kaum existierten. Freizeitparks, Erlebnisgastronomie oder Wellness-Angebote als Teil einer kommerzialisierten Freizeitindustrie wären hier beispielhaft zu nennen.[101]

Neben der postulierten „Sinnhaftigkeit" und dem „Inhaltsreichtum" bildete das Prinzip der Kollektivität ein weiteres wichtiges Ideal sozialistischer Freizeitgestaltung. Damit verbunden war die Absage an „jegliche individualistische Züge" und die Erwartungshaltung, aufgrund gemeinsamer Interessen und Neigungen immer mehr das Bedürfnis nach Beziehungen zwischen Arbeitskollektiven, innerhalb der Hausgemeinschaft oder in Wohngebieten zu suchen.[102]

Anders als die durch staatliche Organisationen und Vereinigungen oder die Gewerkschaftsleitung gestaltete „Organisierte Freizeit" blieb die nicht

---
[100] Vgl. Deja-Lölhöffel, Brigitte: „Freizeit in der DDR", Berlin (West) 1986, S. 16.
[101] Vgl. Deja-Lölhöffel, Freizeit in der DDR, S. 130.
[102] Vgl. Merkel, Arbeit und Konsum, S. 549 f.

öffentlich verbrachte freie Zeit dieser Steuerung und Kontrolle weitgehend fern. Dennoch erfolgte auch hier der Versuch, diese in „sinnvolle Bahnen" zu lenken. Über Werbemechanismen sollten beispielsweise ein bisher unbekanntes Lebens- und Freizeitgefühl vermittelt sowie Freizeitaktivitäten propagiert werden, die als nutzbringend anerkannt waren. Werbung für Bücher wies auf die Sinnhaftigkeit des Lesens hin, Sport- und Campingangebote warben für eine naturverbundene, sportlich-aktive Erholung.[103]

4. Urlaub und soziale Distinktion

Die Frage, ob und inwieweit die DDR als eine homogene, sozialstrukturell nivellierende Gesellschaft beschrieben werden kann, ist in der sozialwissenschaftlichen Forschung umstritten. Das Bild von der DDR als eine entdifferenzierte Gesellschaft hält sich hartnäckig und Siegried Meuschel hat sie mit einigen Einschränkungen mit Ja beantwortet[104], während von Ralph Jessen, Karl-Ullrich Mayer, Heike Solga und Johannes Huinink erheblicher Widerspruch erfolgte.[105] In der Kontroverse geht es im Wesentlichen um zwei Kernaspekte. Zum einen muss gefragt werden, wie hoch der Differenzierungsgrad der Sozialstruktur in der DDR-Gesellschaft tatsächlich gewesen ist. Zum anderen geht es um die Frage, inwieweit sich das individuelle Verhalten der Bürger aus den vorgegebenen politischen und gesellschaftlichen Strukturen erklären lässt.[106] Folgendes Kapitel geht im Bereich des Tourismus der Frage nach, ob und inwieweit es sich beim Urlaub unter DDR-Bedingungen um einen sozial nivellierenden Lebensbereich handelte oder dieser eher bestehende Unterschiede betont oder gar verstärkt hat. Antworten hierauf sind nicht ausschließlich unter sozio-ökonomischen Aspekten zu finden, sondern müssen auch die historisch unterschiedlichen Ausgangsbedingungen für eine touristische Integration, Bildungshintergründe und Erwartungshaltungen beziehungsweise Lebensstilfragen berücksichtigen.

---

[103] Vgl. Kaminsky, Annette: „Illustrierte Konsumgeschichte der DDR", hg. von der Landeszentrale für politische Bildung in Thüringen, Erfurt 1999, S. 61.

[104] Vgl. Meuschel, Legitimation und Parteiherrschaft, S. 10 ff.

[105] Vgl. Huinink, Kollektiv und Eigensinn; Solga, Auf dem Weg in eine klassenlose Gesellschaft?, S. 96–110.

[106] Vgl. Pollack, Detlef: „Die konstitutive Widersprüchlichkeit der DDR. Oder: war die DDR-Gesellschaft homogen?", in: Geschichte und Gesellschaft 24, 1998, S. 110–131; Jarausch, Care and Coercion, S. 47–69.

a) Touristische Integration verschiedener Bevölkerungsgruppen

Die Teilhabe einzelner Bevölkerungsgruppen der DDR am Fremdenverkehr war vor allem in den ersten beiden Jahrzehnten des Arbeiter- und Bauernstaates sehr unterschiedlich ausgeprägt. Die höchste Ferienreisequote wiesen Angehörige der „Intelligenz" auf, während beispielsweise Mitarbeiter landwirtschaftlicher Betriebe beziehungsweise bäuerliche Schichten die Möglichkeit eines jährlichen Erholungsaufenthaltes am wenigsten nutzten. Dazwischen stand die Gruppe der Angestellten, die jedoch in der offiziellen DDR-Darstellung ab den 1960er Jahren gemeinsam mit der Arbeiterschaft in der Gruppe der Werktätigen aufging. Renate Hürtgens Feststellung, dass der FDGB von Angestellten besser angenommen worden war als von Arbeitern[107], lässt sich vielleicht auch im Hinblick auf die unterschiedliche Wahrnehmung der seitens der Gewerkschaft gemachten sozialtouristischen Angebote erklären. Wer regelmäßig in den Genuss einer FDGB-Urlaubsreise kam, stand der Organisation tendenziell loyaler gegenüber als das einfache Pflichtmitglied, dessen Mitgliedschaft sich auf die Beitragszahlung und die Teilnahme an den Versammlungen beschränkte. Hierzu passt die Einschätzung Manfred Schmidts, wonach die politische Führung der DDR die Sozialpolitik vor allem in den 1950er Jahren dazu heranzog, Gefolgschaftswerbung und Anerkennung ihrer Herrschaft seitens des Volkes zu generieren, was vor allem innerhalb der Gruppe der sozialen Aufsteiger besonders anerkannt wurde, im höheren Angestelltenmilieu allerdings weniger beeindruckte.[108] So ist es kaum erstaunlich, dass bei einer 1956/57 vorgenommenen Befragung von gerade in die Bundesrepublik geflüchteten DDR-Bürgern bezüglich ihrer Einstellung gegenüber dem FDGB dessen Sozialleistungen besonders herausgehoben wurden. Aus dieser Befragung ging hervor, dass jeder zweite der befragten Angestellten seit 1954 einen Ferienscheck einlösen konnte, bei den Arbeitern hingegen nur 12 Prozent.[109]

Innerhalb der Arbeiterschaft wuchs die Reiseintensität mit steigender Qualifikation. Während ungelernte Arbeitskräfte in den ersten zwanzig Jahren von der touristischen Emanzipation kaum erfasst wurden, konnte die Gruppe der Facharbeiter deutlich stärker profitieren. An oberster Stelle standen die semi-akademisch gebildeten Meister, Techniker und weitere Spezialisten.[110]

---

[107] Vgl. Hürtgen, Zwischen Disziplinierung und Partizipation, S. 70.

[108] Vgl. Schmidt, Grundzüge der Sozialpolitik in der DDR, S. 276.

[109] Die Befragung ist 1956 und 1957 unter gerade in die Bundesrepublik geflüchteten DDR-Bürger vorgenommen worden, was deren Aussagewert partiell eingeschränkt. Die statistischen Angaben vermitteln dennoch ein relativ objektives Bild. – Vgl. Hürtgen, Zwischen Disziplinierung und Partizipation, S. 70.

[110] Vgl. Hachtmann, Tourismusgeschichte, S. 143.

4. Urlaub und soziale Distinktion

Die Statistik der touristischen Partizipation der werktätigen DDR-Bevölkerung spiegelt die historischen Entwicklungslinien des modernen Tourismus wieder. Bürgerliche Schichten reisten bereits im ausgehenden 19. Jahrhundert, während die Arbeiterschaft erst nach dem Ersten Weltkrieg ihre touristische Integration erfahren hatte. Bäuerliche Schichten hingegen blieben bis weit in die zweite Hälfte des 20. Jahrhunderts davon ausgeschlossen. Bürger der kommerzialisierten Konsumgesellschaft wurden sie erst, als ihre Einkommen stiegen und ihnen das Gefühl vermittelt wurde, individuelle Konsumenten mit wirklichen Wahlmöglichkeiten und legitimen Ansprüchen, Rechten und Emotionen zu sein. Neben unterschiedlich geprägten Mentalitäten und sozialen Verhaltensweisen müssen hierfür auch die verschiedenartigen materiellen Ausgangsbedingungen als Erklärungsansatz herangezogen werden. Möglich wurde in der DDR die Partizipation der Landbevölkerung am touristischen Geschehen erst mit der zunehmenden Kollektivierung der Landwirtschaft, die auch den im Agrarsektor Tätigen feste Auszeiten im Sinne von freien Tagen und geregelten Urlaubszeiten garantierte und sie durch das Prinzip der Arbeitsteilung der Dauerverantwortung für Hof und Vieh entband.[111] Erst dann verschwanden die alten Klassenmilieus und konsumständischen Barrieren.

Ina Merkels Befund hinsichtlich eines einfachen Zusammenhangs zwischen dem Konsumverhalten der verschiedenen sozio-ökonomischen Schichten der DDR und ihrem Einkommen kann auch für die touristische Integration bestätigt werden. Merkel kommt in Auswertung verschiedener, in den 1960er Jahren erstellten Studien des Instituts für Bedarfs- und Marktforschung in Leipzig zum Ergebnis, dass die bäuerlichen, Arbeiter- und niedrigen Angestelltenschichten Konsumgüter zwar einige Jahre später erwarben – „aber die erwarben dieselben Gegenstände".[112] Auch die touristische Integration lässt sich am Ende auf eine zeitliche Verzögerung reduzieren, denn in den 1980er Jahren hing der Anspruch auf einen Urlaubsaufenthalt und die Erwartungshaltung an den Urlaub nicht mehr primär mit der sozialen Schichtung zusammen. Die touristische Teilhabe in der DDR war in der zweiten Lebenshälfte des Landes deshalb durch eine soziale Nivellierung nach oben und der Einschließung großer Teile der Arbeiterschaft und der (schwindenden) bäuerlichen Bevölkerung in den gesamtgesellschaftlichen Trend gekennzeichnet. Die touristische Entwicklung der DDR ab den 1970er Jahren indiziert die Tendenz zur Abschleifung sozialer Hierarchien im Konsum, die Abschwächung der scharfen Milieuunterschiede zwischen

---

[111] Vgl. Bauerkämper, Arnd: „Aufwertung und Nivellierung. Landarbeiter und Agrarpolitik in der SBZ/DDR 1945–1960", in: Peter Hübner und Klaus Tenfelde (Hg.): Arbeiter in der SBZ-DDR, Essen 1999, S. 245–268; zu Stadt-Land-Gefälle vgl.: Merkel, Arbeiter und Konsum, S. 548 f.
[112] Vgl. Merkel, Arbeiter und Konsum, S. 530.

einzelnen Bevölkerungsschichten und die Entstehung eines egalitären Konsumverhaltens.[113]

b) Reisen – Eine Frage des Einkommens?

Die soziale Schichtung einer Gesellschaft spiegelt sich in den Wohnverhältnissen, in der Freizeit, beim Kulturkonsum oder im Urlaub wider. Diese Schichtung ist unter den Bedingungen des real existierenden Sozialismus partiell nivelliert worden, denn beinahe jeder Geldbeutel fand Zugang zu den gemachten Angeboten. Es sollten beispielsweise Reisen für alle möglich sein, das heißt, es sollten Reisen gewährt werden, bei denen „der Preis als Teilnahmeschwelle für alle Bevölkerungskreise trotz unterschiedlicher Einkommensstruktur ausgeschaltet ist."[114] Der DDR-Sozialtourismus kam aufgrund der Verteilstruktur sowie der im Verhältnis zu den Einkommen relativ niedrigen Preise dem vertretenen Ideal sozialer Gleichheit sehr nah, denn ab den 1950er Jahren entstand eine Gesellschaft, die die Befriedigung von Notwendigkeiten und zunehmend auch Annehmlichkeiten im Sinne der Befriedigung sich entwickelnder Bedürfnisse garantierte und in welcher der Mechanismus zwischen Konsum, Preis, Lohn und Leistung weitgehend außer Kraft gesetzt war: „Dementsprechend zählen wir zum Sozialtourismus alle diejenigen touristischen Reisen, deren Preisniveau so niedrig ist, dass es nicht zu einem Faktor wird, der die Teilnahme am Tourismus verhindert"[115], formulierte einer der DDR-Tourismusexperten.

Auch wenn die Einkommensstruktur in der DDR deutlich weniger ausdifferenziert war als in der Bundesrepublik, spielten materielle Voraussetzungen zumindest in der Frühphase der touristischen Emanzipation der DDR-Bevölkerung eine wichtige Rolle. Leider sind explizite Untersuchungen zum Konsumverhalten und zur Lebensweise der DDR-Bevölkerung kaum vorgenommen worden. Eine der wenigen Ausnahmen stellen die Studien des Instituts für Marktforschung Leipzig dar, die das Vorhandensein soziokultureller Unterschiede, die auch aus Einkommens- und Besitzverhältnissen resultieren, bestätigen.[116] Eine im Jahr 1967 entstandene Untersuchung zeigt beispielsweise, dass der Umfang der Reisetätigkeit durch die Höhe

---

[113] Diese Entwicklung lässt sich, mit zeitlicher Verzögerung, für alle europäischen Konsumgesellschaften feststellen. – Vgl. Kaelble, Hartmut: „Europäische Besonderheiten des Massenkonsums 1950–1990", in: Hannes Siegrist, Hartmut Kaelble und Jürgen Kocke (Hg.): Europäische Konsumgeschichte. Zur Gesellschafts- und Kulturgeschichte des Konsums", Frankfurt und New York 1997, S. 169–204, hier S. 175.

[114] Großmann, Margita und S. Scharf: „Der Tourismus als gesellschaftliche Erscheinung", in: Ökonomie des Tourismus, Dresden 1989, S. 33.

[115] Großmann, Entwicklung des Sozialtourismus in der DDR, S. 168 f.

[116] Vgl. Merkel, Arbeiter und Konsum, S. 527 und S. 530.

4. Urlaub und soziale Distinktion

des Einkommens bestimmt war. Mit steigendem Haushaltseinkommen erhöhte sich die Ferienreisequote erheblich.[117] Arbeiter fuhren mit rund 30 Prozent anteilig wesentlich seltener in einen mehrwöchigen Urlaub als Selbstständige und Angehörige der Intelligenz mit über 60 Prozent.[118] Der Vorstand des Gewerkschaftsbundes musste bereits 1963 zu der Einsicht gelangen, dass der Einheitspreis für den Erholungsaufenthalt von rund 30 Mark, den jedes Gewerkschaftsmitglied einkommensunabhängig zu zahlen hatte, die soziale Distinktion noch verstärkt. Mittels einer vorgeschlagenen „Verlagerung der Zuschussgewährung auf die betriebliche Ebene" sollte deshalb die Möglichkeit geschaffen werden, „die Zuschüsse differenziert nach den Bedürfnissen zu gewähren."[119] Einziger Maßstab der Bewertung dürfe aber nicht die Einkommenshöhe sein, sondern auch andere Kriterien wie die Zahl der Kinder sowie das Einkommen des Ehepartners sollten für die Preisfestlegung einbezogen werden.

Andererseits schaffte der Feriendienst in den späten 1950er Jahren besondere Reiseangebote für Bezieher höherer Einkommen, die in der Lage waren, einen erhöhten Preis für touristische Leistungen zu zahlen, aber auch einen Erholungsaufenthalt über dem durchschnittlichen Qualitätsniveau des DDR-Sozialtourismus erwarteten. Im Jahr 1958 sind beispielsweise insgesamt 58.000 Reisen für Angehörige der Intelligenz bereitgestellt worden, von denen 4.500 zu besonderen Preisen und mit besonderen Leistungen angeboten wurden.[120] Indem das System die soziale Distinktion förderte, entstand allerdings ein Widerspruch zum Gleichheitspostulat der sozialistischen Gemeinschaft, weshalb derartige Angebote der sozialtouristischen Anbieter genau wie die in den 1950er Jahren üblichen Einzelverträge mit herausragenden Natur- und Geisteswissenschaftlern ab den 1970er Jahren wieder verschwanden. So konstatiert eine 1988 entstandene Studie zur möglichen Beeinflussung der zeitlichen Bedarfsschwankungen, dass „die Preise der durch gesellschaftliche Organisationen, insbesondere durch den Feriendienst der Gewerkschaften vergebenen Reisen die Funktion, Stimulierungen bei der zeitlichen Inanspruchnahme touristischer Leistungen auszulösen, nicht übernehmen kann. Sie sind infolge ihres sozialen Charakters auch während der Hauptreisemonate so niedrig, dass selbst extrem hohe Preisabschläge während der übrigen Reisezeit kaum oder überhaupt nicht wirken."[121]

---

[117] Vgl. Fuhrmann, Urlaub der DDR-Bürger, S. 37.
[118] Vgl. Merkel, Utopie und Bedürfnis, S. 324.
[119] Sekretariatsvorlage, Bundesvorstand des FDGB, 7.6.1962, Bestandssignatur DY34, Archiv-Nr. 24688, Bundesarchiv Berlin.
[120] Vgl. Programm für die Entwicklung des Kur- und Erholungswesens der Gewerkschaften im Siebenjahresplan der DDR von 1959–1965, Bundesvorstand des FDGB, 22.08.1959, Bestandssignatur DY34, Archiv-Nr. 26086, Bundesarchiv Berlin, S. 10.

Allerdings gelang es in den 1970er und 1980er Jahren den Erfindern der Sozialpolitik der Ära Honecker nicht, den sich auch in der DDR beschleunigenden Individualisierungs- und Differenzierungsprozess aufzuhalten. Nicht primär über den Preis, sondern über Mechanismen der Versorgungs- und Verteilungspolitik entstanden neue Unterschiede und Ungerechtigkeiten. Die sich ausbreitende ungerechte Verteilung wurde zu einem Dauerthema, da die inzwischen entstandene allgemeine Erwartungshaltung hinsichtlich der touristischen Versorgung mit den Leistungsgrenzen der Volkswirtschaft kollidierte.[122]

c) Reisen – Ein Ausdruck des Lebensstils

Im Lauf des 20. Jahrhunderts stellte der Konsum einen wichtigen Faktor im Prozess der Auflösung traditioneller Klassen dar. Die an ihre Stelle tretenden Lebensstile und Milieus, deren Abgrenzung häufig unscharf bleibt, definieren sich zu einem wesentlichen Teil auch über gemeinsame Konsumformen. Auszugehen ist deshalb von einem Interpretationsmodell, wonach die sozio-ökonomischen Unterschiede in der DDR zwar abnahmen, aber die kulturellen Unterschiede zwischen den Statusgruppen mentalitätsprägende Barrieren aufrechterhielten. Auch wenn die Werktätigen hinsichtlich ihrer Erwerbssituation weitgehend gleichgestellt waren, blieben sie unterschiedlichen Statusgruppen zugeordnet. Die im Vergleich mit marktwirtschaftlich orientierten Systemen relativ geringen Einkommensdifferenzen sagen deshalb weder etwas über das Verhältnis der „Gruppen und verschiedenen Klassen"[123] innerhalb der DDR noch etwas über die Wahrnehmung der materiellen Lebenslagen aus. Hinter dem propagierten Bild des „Arbeiter- und Bauernstaates" verbarg sich eine differenzierte Gesellschaft, die sich auch in der Selbstwahrnehmung nicht nur aus Werktätigen zusammensetzte.

Die Unterschiede im touristischen Verhalten waren kaum materiell begründet, sondern kamen vor allem in den unterschiedlichen Lebensstilen zum Ausdruck. Reisen ist als ein besonderer Ausdruck von Lebensstilen zu betrachten.[124] Der Begriff „Lebensstil" meint in diesem Zusammenhang, dass das propagierte und praktizierte Verhalten Fragen der alltäglichen Lebensführung herausragende Bedeutung beimaß und eine Existenz jenseits der Sphäre des Notwendigen voraussetzte. Für die Entwicklung des moder-

---

[121] Scharf, Beeinflussung der zeitlichen Bedarfsschwankungen, S. 101.
[122] Vgl. Hürtgen, Zwischen Disziplinierung und Partizipation, S. 118.
[123] Hürtgen, Renate: „Angestellt im VEB. Loyalitäten, Machtressourcen und soziale Lagen der Industrieangestellten in der DDR", Münster 2009, S. 64.
[124] Vgl. Müller, Hans-Peter: „Sozialstruktur und Lebensstil. Der neuere theoretische Diskurs über soziale Ungleichheit", Frankfurt am Main 1992, S. 353 ff.

4. Urlaub und soziale Distinktion

nen Lebensstils[125] stellt das Reisen einen besonders aussagekräftigen Indikator dar, denn verglichen mit anderen Ausdrucksformen des modernen Lebensstils – Wohnen, Kleidung, Mobilität – besitzt das Reisen den höchsten Prestigewert. Außerdem stehen beim Reisen, im Urlaub und während der Erholung nicht der Besitz eines bestimmten Konsumgutes, sondern Verbrauchsmuster, die auf Lebensgestaltung verweisen, im Vordergrund. Dies entspricht der Pluralität der Lebensstile freiheitlicher Marktsysteme, der für die atomisierte und entmündigte Masse besonders attraktiv schien, aber die eigentliche Gefahr für die Gesellschaft der Diktatur darstellt.[126] Die Tourismuspolitik der DDR hat versucht, die ostentative Ausdifferenzierung von Lebensstilen eher zu verhindern als zu unterstützen, indem die staatlichen Angebote des Sozialtourismus standardisiert waren und auf individuelle Wünsche wenig Rücksicht nahmen. Dennoch waren die Unterschiede mehr als nur ein bloßes Überbleibsel an Ungleichheit.[127]

Die Art und Dauer von Freizeitaktivitäten werden vom Bildungsstand und der sozialen Stellung beeinflusst. Dies trifft nicht nur auf alltägliche Freizeitbeschäftigungen wie beispielsweise den Fernsehkonsum zu, sondern auch auf den Bereich des Fremdenverkehrs. Mit dem Bildungsgrad und dem Einkommen verbunden waren beispielsweise unterschiedliche Erwartungshaltungen der Urlauber. Der Feriendienst konstatierte zu Beginn der 1960er Jahre zwar einen „guten Kontakt" zwischen Arbeitern und Angehörigen der Intelligenz in Heimen mit gemischter Belegung, mahnte aber dennoch „besondere Kraftanstrengung" in den Erholungsheimen für die „Intelligenz" an. Dies entsprach dem Bemühen der Staatsführung in den 1950er und 1960er Jahren, die Angehörigen der „alten Intelligenz" durch Zugeständnisse im Land zu halten.[128] Im Jahr 1960 wurden beispielsweise Zim-

---

[125] Der Begriff Lebensstil geht auf Max Weber zurück, der ihn weitgehend synonym mit Lebensführung verwendete. Die neuere Lebensstildiskussion wurde maßgeblich durch Pierre Bourdieus Veröffentlichung über „Die feinen Unterschiede" und die Einführung des Habitus als zentralen Schlüsselbegriff bestimmt. Lebensstil ist für ihn ein Ausdruck moderner Klassenverhältnisse in entwickelten Konsumgesellschaften. – Vgl. Weber, Max: „Essays in Sociology", Oxford 1946; Bourdieu, Pierre: „Die feinen Unterschiede. Kritik der gesellschaftlichen Urteilskraft", Frankfurt am Main 1982, S. 14 ff.
[126] Vgl. Schroeder, Die DDR: eine (spät-)totalitäre Gesellschaft, S. 552.
[127] Solga, Heike: „Aspekte der Klassenstruktur in der DDR", in: Renate Hürtgen und Thomas Reichel (Hg.): Der Schein der Stabilität. DDR-Betriebsalltag in der Ära Honecker, Berlin 2001, S. 35–52, hier S. 47.
[128] Mit den Angehörigen der „alten" Intelligenz wurden oft Einzelverträge geschlossen, in denen besondere finanzielle Zuwendungen in Form von Sonderprämien, materielle Unterstützung beim Bau von Eigenheimen oder ein Studienplatz freier Wahl für die Kinder zugesichert wurden, um diese an die DDR zu binden und den Exodus dringend benötigter, hoch spezialisierter Fachkräfte aufzuhalten. – Vgl. Merkel, Arbeiter und Konsum, S. 531.

mer zur Verfügung gestellt, die ihren gehobenen Ansprüchen genügen sollten: „Die Qualität der Erholungsaufenthalte für die Angehörigen ist zu verbessern durch ausschließliche Betreuung in Eigenheimen."[129] Bis 1965 sollten außerdem 10.000 zusätzliche Ferienreisen für diese Gruppe geschaffen werden und für „Spitzenkräfte der Intelligenz" entsprechend geeignete Erholungsheime ausgebaut werden.[130] Nach Bedarf wurden hier die Angehörigen bestimmter Schlüsselprofessionen in ihrem elitären Selbstbewusstsein unterstützt, um ihren Weggang aus der DDR zu verhindern. Den radikal-antielitären Gestus in der Politik der SED konterkarierte dieses Bestreben.[131]

Auch bei qualitativ hochwertigen Reiseangeboten, beispielsweise Kreuzfahrten oder Reisen ins Ausland, waren Funktionäre, leitende Angestellte und Mitglieder der Intelligenz deutlich überrepräsentiert, was die Kritik aus der Arbeiterschaft zur Folge hatte. Eine Statistik der sozialen Zusammensetzung der gewerkschaftlich organisierten Auslandsreisen aus dem Jahr 1959 offenbart dieses Defizit: In ihnen nahmen zu 48,83 Prozent Arbeiter, zu 20,47 Prozent Angestellte, zu 18,93 Prozent Intelligenzler und zu 11,77 Prozent Funktionäre teil.[132]

Nach dem Mauerbau verschwanden solche Spezialangebote großteils, denn durch den Mauerbau nahm die Fluchtgefahr ab und es schien sich die Chance einer egalitären Gesellschaft auch im Tourismusbereich zu eröffnen. Mit der graduell auch in der DDR erfolgten Auflösung der klassischen Arbeitermilieus, verursacht durch technische Innovationen, der Bedeutungszunahme des Dienstleitungssektors und der Zahl der Angestellten im Verhältnis zu den Arbeitern, war jedoch nicht die erhoffte klassenlose Gesellschaft verbunden. Namentlich Heike Solga kam mit ihren Untersuchungen der Ungleichheitsstrukturen in der DDR der 1970er Jahre zum Ergebnis, dass sich in dem Land neue Klassenunterschiede gebildet haben, die durchaus eine prägende Rolle für die jeweils verfügbaren Lebenschancen und -bedingungen gespielt haben.[133] Konsum blieb weiterhin wichtig als Ausdrucksform von sozialen Distinktionen.[134] Festzuhalten bleibt deshalb, dass

---

[129] Auszug aus dem Bericht über den bisherigen Verlauf der Feriendienst-Reisezeit 1959 und über die Verteilung der Erholungsaufenthalte und Kuren für 1960, Bestandssignatur DY34, Archiv-Nr. 26086, Bundesarchiv Berlin, S. 2.

[130] Beschluss des Präsidiums, Bundesvorstand des FDGB, 7.9.1959, Bestandssignatur DY34, Archiv-Nr. 26086, Bundesarchiv Berlin, S. 2.

[131] Vgl. Hübner, Peter (Hg.): „Eliten im Sozialismus. Beiträge zur Sozialgeschichte der DDR", Köln, Weimar, Wien 1999, S. 19.

[132] Bericht über den bisherigen Verlauf der Reisezeit 1959, Bestandssignatur DY34, Archiv-Nr. 26086, Bundesarchiv Berlin, Anlage 1, S. 10.

[133] Vgl. Solga, Auf dem Weg in eine klassenlose Gesellschaft?, S. 21 ff.

[134] Vgl. Bourdieu, Pierre: „Die feinen Unterschiede", Frankfurt am Main 1982, S. 8 ff.

traditionelle Bindungen, hervorgerufen durch schichtspezifische Solidarität in fest gefügten Milieus und basierend auf einem jeweils unterschiedlichen Arbeitsethos, länger und umfassender überlebten als die DDR-Öffentlichkeit es wahrhaben wollte.[135]

5. Reisemöglichkeiten

Vier Jahrzehnte lang war der Tourismus in der DDR politischen und wirtschaftlichen Beschränkungen unterworfen. Das Schild ‚Zimmer frei' war unbekannt und der Individualtourismus nur unter erschwerten Bedingungen möglich. Urlaub fand meist als staatlich organisierte Veranstaltung statt. Dennoch standen die Ostdeutschen hinsichtlich des Reiseverhaltens an der Spitze aller Ostblockländer und der Grad der touristischen Mobilität reichte fast an das westdeutsche Niveau heran.

Ende der 1980er Jahre verreisten rund 3,2 Millionen DDR-Bürger in betriebseigene Ferienheime, rund 1,8 Millionen erhielten eine Urlaubsreise vom Gewerkschaftsbund und etwa 600.000 buchten ihren Urlaub über das Staatliche Reisebüro der DDR.[136] Die Statistik zeigt, dass der touristische Markt des Arbeiter- und Bauernstaates vor allem die Gruppe der Werktätigen in den Mittelpunkt stellte, denn die meisten Reiseangebote wurden von Arbeitnehmern in Anspruch genommen. Rentner oder dem Arbeitsmarkt ferne Gruppen hatten hingegen nur geringe Chancen auf eine staatlich vermittelte Urlaubsreise, da sie auf die Inanspruchnahme der Resturlaubsplätze angewiesen waren.

a) Urlaub über den volkseigenen Betrieb

Man kann in Bezug auf den zweiten deutschen Staat von einer auf die industrielle Produktion konzentrierten Arbeitsgesellschaft sprechen. Umfassender als in der Arbeitnehmergesellschaft des Westens bestimmte die Arbeit das Leben der Menschen im Staatssozialismus. Als einzig legitime Art der Lebensführung begründete die Erwerbsarbeit das soziale Sein des Menschen ökonomisch, rechtlich und kulturell. Im Alltagsleben und der Freizeit, in der Organisationsstruktur der Partei, aber auch in der kollektiven und individuellen Orientierung im Selbstbewusstsein der Arbeitskräfte nahm der Arbeitgeber, der Betrieb, deshalb eine zentrale Rolle ein. Er wurde zum

---

[135] Vgl. Wagner-Kyora, Georg: „Karbidarbeiter in der Bargaining-Community", in: Renate Hürtgen und Thomas Reichel (Hg.): Der Schein der Stabilität. DDR-Betriebsalltag in der Ära Honecker, Berlin 2001, S. 191–215, hier S. 192 f.
[136] Vgl. Selbach, Reise nach Plan, S. 65 ff.

Lebensmittelpunkt vor allem der Arbeiter.[137] Die Grundlage bildete der SMAD-Befehl Nr. 234 vom 9. Oktober 1947, der den Betrieben neben der primär-ökonomischen Funktion weitere Aufgaben wie die der sozialen Versorgungseinheit und ideologische erzieherische zuwies. Im Lauf der DDR-Geschichte ist der Aufgabenbereich immer weiter ausdifferenziert worden. Die vielfältigen Aufgaben, die volkseigene Betriebe im Wirtschaftssystem der DDR zu erfüllen hatten, gingen damit deutlich über die betriebswirtschaftlich begründete Kernfunktion von Unternehmen hinaus.

Der Auf- und Ausbau der betrieblichen Sozialpolitik erfolgte hauptsächlich im volkseigenen Sektor der Wirtschaft, zunächst vor allem in den großen Unternehmen. Zunächst war das Tempo verhalten, aber nach den Ereignissen des 17. Juni 1953 intensivierte die DDR-Führung den Aufbau betrieblicher Sozialeinrichtungen. In der Ära Honecker wurde die betriebliche Sozialpolitik schließlich eine Hauptrolle der allgemeinen Sozialpolitik.[138] Die volkseigenen Betriebe der DDR bildeten wahre Multiplexe, die in der Funktion des Arbeitgebers vielfältige Aufgaben wahrzunehmen hatten. Für die Mitarbeiter stand die Arbeit im Mittelpunkt ihrer Beziehung zum Arbeitgeber, aber um sie herum formierte sich eine Gesellschaft im Kleinen. Einkaufsmöglichkeiten, Kinderbetreuung, Kulturarbeit gehörten zu den Bereichen, die große Arbeitgeber alleinverantwortlich, kleinere Unternehmen in wechselseitiger Kooperation anboten. In diesem Sinne wurde auch die Freizeit- und Urlaubsgestaltung der Mitarbeiter eine Angelegenheit der volkseigenen Betriebe.[139] Martin Kohli spricht in diesem Zusammenhang von einer „Vergesellschaftung des Privaten in der Arbeitsgesellschaft der DDR."[140]

Abgesehen von privaten Initiativen gab es in der DDR drei verschiedene Möglichkeiten, in die Ferne zu gelangen. Die quantitativ bedeutendste Möglichkeit stellten am Ende der DDR-Geschichte die Betriebsferienheime dar, denn der Kreis betrieblicher Sozialpolitik erschöpfte sich nicht in der Versorgung der Beschäftigten mit Waren, Dienstleistungen, medizinischer Versorgung und Kinderbetreuung, sondern umfasste auch Kinderferienlager, Ferien- und Erholungseinrichtungen, Wochenendheime und Zeltlager.[141]

---

[137] Vgl. Meuschel, Sigrid: „Überlegungen zu einer Herrschafts- und Gesellschaftsgeschichte der DDR", in: Geschichte und Gesellschaft 19 (193), S. 9.

[138] Vgl. Hübner, Betrieb als Ort der Sozialpolitik, S. 70.

[139] Vgl. Wilczek, Anette: „Einkommen, Karriere, Versorgung. Das DDR-Kombinat und die Lebenslage seiner Beschäftigten", Berlin 2004, S. 9 ff.

[140] Kohli, Martin: „Die DDR als Arbeitsgesellschaft? Arbeit, Lebenslauf und soziale Differenzierung", in: Hartmut Kaelble, Jürgen Kocka und Hartmut Zwahr (Hg.): Sozialgeschichte der DDR, Stuttgart 1994, S. 31–61.

[141] Vgl. Deich, Ingrid und Wolfhard Kothe: „Betriebliche Sozialeinrichtungen", Opladen 1997, S. 25 ff.

Ausgehend vom Gesetz der Arbeit vom 1. Mai 1950 war es den volkseigenen Unternehmen in der DDR gestattet, eigene Erholungsmöglichkeiten für ihre Belegschaften und deren Familienangehörige zu schaffen. Die „Verordnung über die weitere Verbesserung der Arbeits- und Lebensbedingungen der Arbeiter und der Rechte der Gewerkschaften" vom 10. Dezember 1953 konkretisierte diese Möglichkeit.[142] Je nach Größe und Bedeutung des Unternehmens wurden betriebliche Beherbergungseinrichtungen aus den Sozialfonds geschaffen und bewirtschaftet und standen vorrangig den eigenen Arbeitern und Angestellten zur Verfügung. Organisationsrahmen und Preise für die Nutzung der betriebseigenen touristischen Infrastruktur orientierten sich weitgehend am Angebot des Feriendienstes, obwohl gewerkschaftliche Verteilungs- und Preisprinzipien zunächst nicht bindend waren.

Für die Arbeitnehmer hatte der Aufbau einer betriebseigenen touristischen Infrastruktur weit reichende Folgen, denn er hob die Trennlinie zwischen Arbeit und Freizeit beziehungsweise zwischen professioneller und privater Sphäre auf. Das volkseigene Unternehmen war nicht nur Arbeitgeber im Sinne einer Absicherung von Lohn und Brot, sondern griff weit in die Lebensbereiche jenseits der Arbeit ein. Schon allein die Tatsache, dass der Betrieb den Ferienplatz schuf, bewirtschaftete und vergab, machte aus dem Jahresurlaub alles andere als ein privates Vergnügen. Dieses konnte mitunter zusätzlich geschmälert werden, weil ein Teil der „Miturlauber" sich aus dem Kollegenkreis rekrutierte und oft auch einige der im Ferienobjekt Tätigen oftmals vom Betrieb delegiert worden waren, um in der Hochsaison den Arbeitskräftebedarf zu decken. Seiner Arbeit entkam der Werktätige im Urlaub deshalb oft nicht wirklich.

Seit 1960 unterstand die Nutzung der Betriebsferienobjekte weitgehend der Kontrolle der Gewerkschaft, welche über die Vergabe der Urlaubsplätze nicht nur in den eigenen Objekten, sondern ab 1979 auch in den Betriebseinrichtungen entschied. Die mit Unternehmensmitteln geschaffene touristische Infrastruktur blieb allerdings weiterhin Eigentum der volkseigenen Betriebe.[143] Mit diesem Eingriff der Gewerkschaften in die betriebseigene touristische Infrastruktur erhofften die Entscheidungsträger sich Effizienzgewinne durch die Bündelung von Kompetenzen, Materialien und Personal. Der Freie Deutsche Gewerkschaftsbund sicherte sich zudem seine Monopolstellung im Bereich des DDR-Sozialtourismus.

Als Reaktion auf das steigende Bedürfnis der DDR-Arbeitnehmer, einen Jahresurlaub zu verbringen, sahen sich die volkseigenen Unternehmen gezwungen, das Angebot an eigenen Urlaubsmöglichkeiten fortwährend aus-

---

[142] Vgl. Filler, Stand und Entwicklung des gewerkschaftlichen Erholungswesens, S. 15.
[143] Vgl. Tietze, Sozialpolitik in der DDR, S. 28.

zubauen. Sie erkannten in der Schaffung attraktiver Ferienreiseangebote eine Möglichkeit der Mitarbeitermotivation beziehungsweise einen Anreiz für Personalanwerbungen, da ihnen aufgrund der wenig ausdifferenzierten Einkommensstruktur der DDR sowie einer Nivellierung ehemals unterschiedlicher Sozialgruppen (Arbeiter und Angestellte in unterschiedlichen Ausdifferenzierungen) Lohn- und Gehaltsanreize nur in sehr begrenztem Umfang zur Verfügung standen. Betriebsferienheime entstanden deshalb in allen Teilen der DDR und die volkseigenen Betriebe boten den Arbeitnehmern und ihren Familien möglichst attraktive Ferienplätze an, um einen Arbeitsaufnahmeanreiz zu setzen. Durch Tausch von Kontingenten unterhalb der Betriebe entstand ein breit gefächertes Angebot, dass von den Unternehmen zumeist unter Ausnutzung der betrieblichen Sozialfonds sowie häufiger Zweckentfremdung von Investitionsmitteln hoch subventioniert wurde und den Mitarbeitern Urlaub zu günstigen Preisen ermöglichte.

b) FDGB-Reisen

Eine weitere Möglichkeit des Verreisens stellten die Angebote der Gewerkschaft dar, die qualitativ in der Regel über den Betriebsferienplätzen lagen. Statt auf Zeltplätzen oder in Ferienheimen wurden über den FDGB Unterbringungen meist in Hotels und hochwertigen Herbergen angeboten, die angemietet wurden. Im Laufe der 40-jährigen DDR-Geschichte entstand außerdem eine Vielzahl gewerkschaftseigener Ferienobjekte, in denen die Mitglieder ihre Jahresfreizeit mit Familienanhang verbringen konnten. So verfügte der Feriendienst des FDGB am Ende der DDR über 57.366 Betten in 698 eigenen Beherbergungsstätten, hinzu kamen vertragliche Beziehungen mit weiteren 428 Erholungseinrichtungen und Hotels.[144]

Bei den Angeboten des Feriendienstes handelte es sich um eine Art Pauschalurlaub. Dem Urlauber wurde für einen Standardpreis ein ganzes Paket von Leistungen geboten, welches die Übernachtung und die Verpflegung, in der Regel Vollpension, einschloss. Darüber hinaus waren auch sportliche und kulturelle Veranstaltungen sowie Möglichkeiten der individuellen Urlaubsgestaltung wie die Benutzung der Ferienheimanlagen (Schwimmbad, Sportgeräte etc.) einbegriffen. An- und Abreise jedoch gehörten nicht zum Leistungskatalog des Feriendienstes.

Preislich unterschieden sich FDGB-Angebote kaum von denen der volkseigenen Betriebe, weshalb sie entsprechend begehrt waren. Im Zeitraum

---

[144] Saretzki, Hans-Ulrich und Ursula Krohn: „Vom gewerkschaftlich organisierten Urlaub zum begrenzten Tourismus – Reisen als Beitrag zur Lebensqualität", in: Egon Hölder (Hg.): Im Trabi durch die Zeit – 40 Jahre Leben in der DDR, Wiesbaden 1992, S. 329–341, hier S. 334.

zwischen der Gründung der DDR 1949 und dem Jahr 1960 blieben die Preise stabil. Eine Preisstaffelung erfolgte nach Kindern, die bis zum Alter von 16 Jahren für 30 Mark besonders günstig mitreisen konnten. Gewerkschaftsmitglieder zahlten 70 Mark und für Nichtmitglieder betrug der Reisepreis 85 Mark. Zumindest theoretisch standen also die Urlaubsplätze auch Nichtmitgliedern zur Verfügung[145], wobei diese bei der Vergabe durch die Betriebsgewerkschaftsleitungen wohl ganz hinten angestellt wurden. Da ein Großteil der abhängig Beschäftigten in der DDR auch Mitglied des FDGB war, kann dieser Aspekt vernachlässigt werden.

Mit dem Neubau von gewerkschaftseigenen Ferienheimen ab den 1960er Jahren und dem Versuch einer qualitativen Aufwertung der Urlaubsplätze wurde auch die Preispolitik neu gestaltet. Plätze in modernen Unterkünften konnten nicht zum gleichen Preis verkauft werden wie Außerhausbetten. Ab 1953 wurden die Preise außerdem einkommensabhängig gestaltet. Allerdings blieben die Preisunterschiede moderat und wurden, anders als bei den Reisekatalogangeboten westlicher Tourismusunternehmen, nie wirkliches Entscheidungskriterium, denn die niedrigen Preise sollten die Bürger in die Lage versetzen, unabhängig von ihrer sozialen Situation ihr Recht auf Gesunderhaltung, Urlaub und Erholung wahrzunehmen. Während die Arbeitnehmer in der Bundesrepublik oft ein bis zwei Monatseinkommen für den Jahresurlaub aufwandten, zeigt eine Studie der Verkehrshochschule in Dresden aus dem Jahr 1966, dass die Kosten für einen FDGB-vermittelten Urlaubsplatz zwischen 5,8 und 9,7 Prozent des durchschnittlichen Monatseinkommens eines vollbeschäftigten Arbeiters oder Angestellten lag.[146]

c) Reisebüro

Nach dem Ende des Zweiten Weltkrieges erfolgte zunächst die Gründung vieler kleiner, privatwirtschaftlich organisierter Reisebüros auf dem Gebiet der sowjetischen Besatzungszone beziehungsweise der späteren DDR. Auf der Grundlage von rund 500 angemieteten Bettplätzen in Privatunterkünften organisierten sie ab 1949 erste Erholungsaufenthalte im Inland, ab 1954 auch im Ausland.[147]

Private Reisebüros wurden 1957 als Ergebnis einer Anordnung des Ministers für Verkehrswesen über die Gründung des Deutschen Reisebüros der DDR in dieses übernommen. 1964 änderte man die Bezeichnung in ‚Reise-

---

[145] Vgl. Biskupek, Urlaub, S. 45.
[146] Vgl. Fuhrmann, Urlaub der DDR-Bürger, S. 37.
[147] Vgl. Filler, Stand und Entwicklung des gewerkschaftlichen Erholungswesens, S. 16.

büro der DDR'.[148] Es war der einzige nennenswerte nichtsozialtouristische Anbieter von Reiseleistungen, der zudem als staatliches Dienstleistungsunternehmen und zentrales Organ der DDR für Auslandstouristik touristische Erholungsaufenthalte als Einzel- oder Gruppenreisen organisierte und vermittelte.

Die Reiseangebote des staatlichen Reisebüros der DDR, das vor allem Kurzfahrten sowie Urlaubsangebote in die Länder des Ostblocks offerierte, waren weniger günstig als die des Feriendienstes oder eines Betriebsferienplatzes. Diese Angebote entsprachen zwar oft dem Standard von Auslandsreisen, die Arbeitnehmer in der Bundesrepublik genossen, kosteten aber mitunter ein Vielfaches eines Monatseinkommens und waren deshalb meist unerschwinglich. Die Reisen wurden staatlich nicht subventioniert und die anfallenden Kosten waren in vollem Umfang von den Reisenden zu tragen.

In den 1980er Jahren wurde das Angebot der Reisebüros stark ausgebaut. Dies geschah zum einen als Reaktion auf die steigende Nachfrage an hochwertigen Reisen und Kurzfahrten, vor allem ins Ausland, zum anderen wollten die DDR-Wirtschaftsplaner die Kaufkraft der Bürger des Landes durch diese touristischen Angebote abschöpfen.[149]

d) Institutionell nicht gebundener Tourismus

Neben dem institutionell gebundenen gab es in der DDR auch einen stetig wachsenden individuellen Reiseverkehr. Als institutionell nicht gebundener beziehungsweise individuell organisierter und gestalteter Reiseverkehr wurde die durch den Reisenden selbst organisierte Teilnahme am Tourismus verstanden, auch wenn einzelne Leistungen von Verkehrsträgern, Reisemittlern und ähnlichen Einrichtungen in Anspruch genommen wurden.[150] In den ersten Jahren der DDR wurde diese Art des Urlaubs von den staatlichen Fremdenverkehrsplanern ignoriert oder zumindest unterbewertet, da sie so gar nicht in die sozialistische Vorstellungswelt passte. Auch hier blickten die DDR-Verantwortlichen auf Vorbilder in der Sowjetunion, wo erst in den 1970er Jahren Einrichtungen für die Bedürfnisse von Individualtouristen geschaffen wurden und diese bezeichnenderweise als „Wilde" charakterisiert wurden.[151]

---

[148] Private Reisebüros, die seit 1949 Inlands-, seit 1954 auch Auslandsreisen vermittelt hatten, wurden 1957 über die Gründung des staatlichen Deutschen Reisebüros in dieses übernommen. 1964 erfolgte dann die Umbenennung in ‚Reisebüro der DDR'. – Vgl. Filler, Anton: „Die Entwicklung des Feriendienstes der Gewerkschaften als Erholungsträger der Arbeiterklasse von seinen Anfängen bis 1975", Dresden 1977, S. 70.
[149] Vgl. Freyer, Tourismus in der DDR, S. 219.
[150] Vgl. Bähre, Tourismuspolitik, S. 176.

5. Reisemöglichkeiten

Wer keinen Ferienplatz in einem FDGB- oder Betriebsferienheim bekam beziehungsweise wollte und auch keinen Urlaub im Reisebüro buchte, der organisierte die Jahresfreizeit auf eigene Faust. Bereits in den 1960er Jahren ist rund die Hälfte aller touristischen Reisen privat organisiert gewesen[152], dieser Anteil ist in den 1970er und 1980er Jahren noch gestiegen. Die Statistik widerspricht deshalb der oft zu lesenden Auffassung, der Urlaub sei in der DDR sozialistisch durchorganisiert gewesen. So schreibt Claus-Ullrich Selbach in seinem Beitrag für das Begleitbuch der Ausstellung „Endlich Urlaub! Die Deutschen Reisen" im Bonner Haus der Geschichte fälschlicherweise: „Während in der Marktwirtschaft der Bundesrepublik private Veranstalter Urlaubsreisen vermitteln, übernehmen diese Aufgabe in der Planwirtschaft der DDR vor allem Staat, Freier Deutscher Gewerkschaftsbund und Betriebe."[153]

Eine Unterbringung in Privatquartieren oder Urlaub auf dem Campingplatz bildete im Bereich der nicht institutionell gebundenen Urlaubsaufenthalte die am häufigsten genutzten Möglichkeiten. Vor allem der Campingurlaub erfuhr ab den 1960er Jahren einen rasanten Aufschwung; die Ausgaben für Campingartikel und Zubehör verdreifachten sich zwischen 1961 und 1967.[154] Dank dieses für die DDR-Gesellschaft typischen „Nischenindividualismus"[155] waren die Touristen zeitlich ungebunden und konnten selbstbestimmter als im staatlich organisierten Erholungsaufenthalt ihren Urlaub verbringen. Dieses Empfinden bestätigt die Tourismus-Theorie von Hans-Magnus Enzensberger, der mit seiner These, die Flut des Tourismus sei vom Wunsch der Freiheit getragen, 1958 für Aufsehen sorgte.[156]

Den Regierenden war der Campingurlaub zunächst ein Dorn im Auge, denn hier entzogen sich Hunderttausende der Kontrolle durch den Staat, indem sie der individualistischen Feriengestaltung gegenüber dem Kollektivurlaub den Vorzug gaben. Auf dem Campingplatz entzogen sich die Urlauber der staatlich gelenkten Erholung und setzten auf Improvisation und Eigeninitiative gegen Betreuung und Kontrolle sowie Solidarität der Gruppe

---

[151] Vgl. Henningsen, Freizeit- und Fremdenverkehr, S. 71 und S. 84 f.
[152] Vgl. Präsidiumsvorlage Konzeption Feriendienst 1968 bis 1980, Bestandssignatur DY34, Archiv-Nr. 24806, Bundesarchiv Berlin, Anlage 2.
[153] Selbach, Reise nach Plan, S. 65.
[154] Vgl. Fuhrmann, Urlaub der DDR-Bürger, S. 38.
[155] Begriff verwendet in: Siegrist, Hannes: „Konsum, Kultur und Gesellschaft im modernen Europa", in: Ders., Hartmut Kaelble und Jürgen Kocka (Hg.): Europäische Konsumgeschichte. Zur Gesellschafts- und Kulturgeschichte des Konsums, Frankfurt am Main 1997, S. 13–50, hier S. 31.
[156] Vgl. Enzensberger, Hans-Magnus: „Eine Theorie des Tourismus", in: Ders, (Hg.): Einzelheiten I. Bewusstseinsindustrie, Frankfurt am Main 1969, S. 179–205 (erstmals veröffentlicht in: Merkur 12, 1958, S. 701–729).

gegen verordneten Kollektivismus. Umfragen aus den 1960er Jahren bestätigen diese Befürchtung. So gaben 70 Prozent der Befragten die freie Gestaltung des Tagesablaufs, unabhängig von den Essenszeiten, 64 Prozent die größere Ungezwungenheit gegenüber anderen Urlaubsformen und 51 Prozent die nicht zwanghafte Bindung an einen bestimmten Termin als Grund für ihre Wahl an.[157] Die Anmeldefrist von einem halben Jahr im Voraus für einen der begehrten Stellplätze auf einer Campinganlage in der DDR sollte den ständig steigenden Bedarf steuern, aber die Regierenden behielten damit auch eine gewisse Kontrolle und Überwachung in ihren Händen.

Allen Vorbehalten zum Trotz erkannte die SED-Führung schnell die Vorteile des populären Campingurlaubs. Der Staat musste in weit geringerem Maße in touristische Einrichtungen investieren und konnte dennoch das Angebot an Urlaubsmöglichkeiten erhöhen. Eine auf dem Zeltplatz verbrachte Jahresfreizeit kostete die öffentliche Hand deutlich weniger als der über den Gewerkschaftsbund vermittelte Ferienplatz. Camping entwickelte sich in der DDR zu einer Massenbewegung. Waren es 1959 noch 172.000 Zelter, schwoll ihre Zahl bis 1970 auf über eine halbe Million an.[158] 1983 waren es sogar 2,4 Millionen DDR-Bürger, die ihren Urlaub auf Zeltplätzen verbrachten.[159] Damit war allerdings aus Sicht der Tourismusplaner die Kapazitätsgrenze erreicht. So wurde im Bezirk Rostock, der ein Drittel aller Campingplätze der DDR stellte, 1984 die erreichte Größenordnung von 54 Campingplätzen mit einer Gesamttageskapazität von 94.500 Campern als volle Auslastung der territorialen Möglichkeiten gesehen und eine Endausbaustufe von bestenfalls 100.000 in Betracht gezogen.[160]

Der organisatorisch ungebundene verdrängte zwar den FDGB-Feriendienst nicht, aber gewann stetig an Bedeutung. So stieg der Anteil der Ostseeurlauber, die in Privatquartieren oder auf Zeltplätzen unterkamen, im letzten Lebensjahrzehnt der DDR von 39 auf 45 Prozent – zuungunsten der FDGB-Ferienplätze.[161] Obwohl damit eine Schwächung des Ziels der Vergesellschaftung des Urlaubs verbunden war, mussten die verantwortlichen Tourismusplaner 1984 eingestehen, dass „Privatunterkünfte als ein wichtiger Bestandteil der Beherbergungskapazitäten des Erholungswesens in ihrem jetzigen Umfang zu erhalten"[162] seien. Diese Entwicklung resultiert auch

---

[157] Vgl. Merkel, Utopie und Bedürfnis, S. 324.
[158] Vgl. Kaminsky, Illustrierte Konsumgeschichte, S. 62.
[159] Hauck, Paul: „Die gesellschaftliche Determination der Rekreationsgeographie im Sozialismus", in: Gesellschaftliche Determination der Rekreationsgeographie, Greifswald 1987 (Greifswalder Geographische Arbeiten 4), S. 3.
[160] Vgl. Wagner, Leitung und Planung des Erholungswesens, S. 51.
[161] Vgl. Hachtmann, Tourismusgeschichte, S. 147.
[162] Wagner, Leitung und Planung des Erholungswesens, S. 51.

aus der investiven Schwäche der DDR-Volkswirtschaft, die nicht mehr in der Lage war, mit dem wachsenden Bedarf an touristischen Leistungen Schritt zu halten. Vor allem die beliebten Feriengebiete an der Küste waren in den Sommermonaten vollkommen überfordert mit der Urlauberflut, die alljährlich über sie hereinbrach. So stieg die Zahl der Ostseeurlauber zwischen 1980 und 1988 von 2,7 Millionen auf 3,5 Millionen: „Die Einrichtungen des FDGB-Feriendienstes waren überfordert, private Improvisation gefragt."[163]

Zum Campen gehört die entsprechende Ausrüstung. Bereits 1957 warb der centrum-Katalog mit Möbeln „für Sonne und Erholung" sowie „für Zelt und Wochenende" und zeigte Liegestuhl und Campingbett. Im Lauf der Jahre differenzierte sich das Angebot aus – neben einer relativ preisgünstigen Standardpalette gab es auch hochpreisige Angebote, die bis zum Campingmobil reichten.[164] Diese Ausdifferenzierung lässt sich auch im Hinblick auf die Zeltplätze feststellen. So gab es am Ende der DDR 32 Intercampingplätze, die sich durch höhere Qualitätsmerkmale auszeichneten und auch Reisenden aus dem Ausland, vor allem aus Osteuropa, zur Verfügung standen.

6. Auslandsreisen

a) DDR-Bürger im Auslandsurlaub

Reisemöglichkeiten ins Ausland blieben aus politischen und wirtschaftlichen Gründen für die Bürger der DDR eng beschränkt. Dennoch gab es auch im zweiten deutschen Staat einen regen Ferienverkehr in Länder jenseits der Grenzen der Deutschen Demokratischen Republik. 1954 wurden DDR-Bürgern erstmals Reisen ins sozialistische Ausland erlaubt. Die Ostblockstaaten vereinbarten im darauf folgenden Jahr auf einer Konferenz im bulgarischen Varna eine gemeinsame Tourismuspolitik, die beispielsweise dazu führte, dass Rumänien und Bulgarien ihre Schwarzmeerküsten für Reisende aus den sozialistischen Bruderstaaten öffneten.[165] Die Sehnsucht nach der Ferne stieg vor allem bei DDR-Bürgern enorm, denn im Gegensatz zu anderen Ostblockstaaten war die ‚zwecklose Erholungsreise' bereits fest etabliert.[166] Statistische Erhebungen zählten dann bereits in der Mitte der

---
[163] Hachtmann, Tourismusgeschichte, S. 148.
[164] Vgl. Kaminsky, Illustrierte Konsumgeschichte, S. 62.
[165] Vgl. „Endlich Urlaub! Die Deutschen reisen", Begleitbuch zur Ausstellung im Haus der Geschichte der Bundesrepublik Deutschland in Bonn, Köln 1996, S. 11.
[166] Unterschieden werden muss zwischen dem berufsbedingten Reiseverkehr (Dienst- und Geschäftsfahrten, Teilnahme an Exkursionen und Kongressen), dem rekreationsbedingten Reiseverkehr (Kuren und ‚klassischer' Tourismus) sowie dem sonstigen Reiseverkehr (Einkaufsfahrten, Besuch bei Verwandten und Bekannten).

1960er Jahre ungefähr 4,5 bis 5 Millionen Urlauber jährlich, von denen rund 750.000 ins Ausland fuhren. 1967 hatte die Zahl der Auslandsreisenden aus der DDR die Millionengrenze überschritten.[167] Ein beträchtlicher Teil des Auslandstourismus wurde allerdings privat initiiert und beschränkte sich auf den ‚kleinen Grenzverkehr mit Polen und der Tschechoslowakei und wurde von staatlichen Stellen bestenfalls geduldet. Reiseerleichterungen über den Rahmen von Pass- und Visaformalitäten hinaus waren von offizieller Seite nicht zu erwarten, wie beispielsweise die Schwierigkeiten bei der Beschaffung von Fremdwährungen belegen.

War die Tourismuspolitik bis Ende der 1970er Jahre vor allem auf die Entwicklung des Inlandreiseverkehrs ausgerichtet, gab es zu Beginn der 1980er Jahre erste spürbare, wenn auch sehr vorsichtige Versuche, auch einen staatlich organisierten Auslandstourismus zu etablieren. Wurden 1970 rund eine halbe Million Auslandsreisen über die Reisebüros der DDR beziehungsweise Austauschprogramme des FDGB und einzelner Betriebe vermittelt, stieg diese Zahl bis 1988 auf anderthalb Millionen.[168] Auslandsreisen waren häufig Teil eines Belohnungssystems. Ein begehrter Platz im Touristenexpress „Tourex" oder auf dem Kreuzfahrtschiff wurde häufig durch besondere Leistungen im Betrieb oder herausragendes gesellschaftliches Engagement ‚erarbeitet'.

Dominiert wurde der Markt für Auslandstourismus vom Reisebüro der DDR, welches mit deutlichem Abstand vor anderen Anbietern die meisten Reisen ins Ausland vermittelte. Das starke Wachstum des Auslandstourismus in den 1970er und vor allem 1980er Jahren lag ganz im internationalen Trend. Auch in der Bundesrepublik nahm in dieser Zeit der Auslandstourismus zu und dominierte quantitativ sogar den Inlandstourismus. 1968 reisten erstmals mehr Bundesdeutsche ins Ausland als zu inländischen Zielen.[169] Soweit ist es im zweiten deutschen Staat nie gekommen, aber offensichtlich spielte die Systemkonkurrenz beim Ausbau der Reiseangebote ins Ausland auch hier eine Rolle: „Wenn sich der Tourismus nach 1945 im Osten wie im Westen Deutschlands staatlichen Wohlwollens sicher sein konnte, dann war dies auch Resultat der Systemkonkurrenz."[170]

Ab den 1970er Jahren erlaubten zwischenstaatliche Abkommen den pass- und visafreien Reiseverkehr mit Polen, Bulgarien, Ungarn und der Tsche-

---

In der Praxis erweist sich dieses Modell der Kategorisierung jedoch insofern als problematisch, weil es oft zu Mischformen kommt.

[167] Vgl. Kaminsky, Illustrierte Konsumgeschichte, S. 62 f.
[168] Vgl. Saretzki, Reisen als Beitrag zur Lebensqualität, S. 332 und S. 338.
[169] Vgl. „Endlich Urlaub! Die Deutschen reisen", Begleitbuch zur Ausstellung im Haus der Geschichte der Bundesrepublik Deutschland in Bonn, Köln 1996, S. 7.
[170] Hachtmann, Tourismusgeschichte, S. 141.

choslowakei. Allein in den ersten vier Monaten nach Inkrafttreten des Abkommens mit Polen im Jahr 1972 machten 1,8 Millionen Ostdeutsche und Polen davon Gebrauch. Als Folge hiervon rief der FDGB seine Teilgewerkschaften dazu auf, die Kontakte zu polnischen Gewerkschaften, aber auch zu denen in der CSSR im Rahmen des pass- und visafreien Reiseverkehrs auszubauen und kulturelle Veranstaltungen, Besichtigungen, Betriebsbesuche und Erfahrungsaustausche zu vereinbaren sowie Möglichkeiten für Urlaub und Naherholung zu erweitern. Noch im Januar 1973 wollte der FDGB Verhandlungen mit dem Zentralrat der polnischen Gewerkschaften über Tourismus und ein beidseitiges Angebot von Kuren aufnehmen.[171] Während also die Reisepraxis in einige osteuropäische Länder sich kurzzeitig deutlich verbesserte und die Gewerkschaften sich durchaus in der Rolle eines touristischen Schrittmachers sahen, blieben Reisen in andere osteuropäische Länder schwierig, denn sie setzten entsprechende Einreisevisa voraus. Noch schwieriger war es, in das westliche Ausland zu fahren. Hier wurden Reisegenehmigungen nur in Sonderfällen erteilt, sodass von einem touristischen Verkehr keine Rede sein kann.

Neben den politischen wirkten auch wirtschaftliche Gründe auf die schleppende Entwicklung des Auslandstourismus. So führte beispielsweise der permanente Mangel an konvertierbaren Devisen zu Beschränkungen des Reiseverkehrs. Selbst für osteuropäische Währungen gab es strenge Beschränkungen der umtauschbaren Geldmengen, um Außenhandelsbilanzen und die Stabilität des Konsumgüterangebots nicht zu erschüttern.[172] Die Urlauber, die beispielsweise die Jahresfreizeit am Balaton oder im Riesengebirge verbringen wollten, behalfen sich deshalb oft mit dem Mitführen von Lebensmitteln. Der Grenzübertritt ließ den DDR-Urlaubern zudem oft schmerzlich die ökonomische Unterlegenheit des eigenen Systems fühlen, denn in vielen internationalen Ferieneinrichtungen in Ungarn, Bulgarien oder der Sowjetunion wurden sie als „Besucher zweiter Klasse" behandelt. Hotels und Restaurants bevorzugten oft ausländische Gäste, die westliche Devisen mitbrachten.[173]

b) Begrenzte Reiseziele

Genaue statistische Angaben für den DDR-Auslandsreiseverkehr liegen nur für den Bereich des staatlich organisierten Tourismus vor. Der kleine Grenzverkehr mit Polen oder der Tschechoslowakei, bei dem DDR-Bürger lediglich einige Stunden in grenznahen Orten verbrachten, kann ebenso we-

---

[171] Vgl. Hübner, Sozialismus als soziale Frage, S. 363 und S. 367.
[172] Vgl. Fuhrmann, Urlaub der DDR-Bürger, S. 36.
[173] Vgl. Henningsen, Freizeit- und Fremdenverkehr, S. 98 ff.

nig statistisch erfasst werden wie der staatlich ungebundene Tourismus, der etwa von den zahlreichen Campingurlaubern in Ungarn betrieben wurde.

Die meisten Auslandsreisen von DDR-Bürgern führten in europäische Nachbarländer, vor allem die des Ostblocks. Außereuropäische Reisen – etwa der Urlaub in Kuba, der Mongolei oder den asiatischen Regionen der Sowjetunion – waren im Prinzip zwar möglich, lagen aber nicht zuletzt aufgrund der hohen Preise meist jenseits des Möglichen. Solche Reisen waren im Vergleich zu einem durchschnittlichen Einkommen unverhältnismäßig teuer.[174]

Der Auslandsreiseverkehr unterlag stets auch politischen Konjunkturen. So rangierte die benachbarte Tschechoslowakei 1970 nur an vierter Stelle, avancierte aber ab Mitte des Jahrzehnts bis zur politischen Wende 1989 zum Lieblingsreiseziel der Ostdeutschen. Erklärt werden muss dies mit den Ereignissen des Prager Frühlings, der nach 1968 zunächst in einer Stagnation des Reiseverkehrs resultierte. Der Verkehr nach Polen hingegen schwoll in den 1970er Jahren stark an, ging aber ab 1980, dem Gründungsjahr der ersten freien Gewerkschaft in Polen und der damit verbundenen Verhängung des Kriegsrechtes, wieder zurück. Ähnliches gilt für die Sowjetunion, hier ist für die zweite Hälfte der 1980er Jahre eine negative Entwicklung feststellbar. Verantwortlich für diese touristischen Konjunkturen sind vor allem politische Krisen. 1980 wurde in Polen der Ausnahmezustand verhängt und die Gewerkschaftsbewegung Solidarnosc ein politischer Faktor. Für den rückläufigen staatlich organisierten Reiseverkehr in die Sowjetunion ist vor allem die Reformpolitik Gorbatschows ab 1985 verantwortlich zu machen.[175]

Der Reiseverkehr in nichtsozialistische Länder unterlag aufgrund der Abschottungspolitik der DDR engen Grenzen und erlaubte de facto nur einem winzigen Bruchteil der DDR-Bevölkerung eine Teilnahme. Das Bild einer hermetisch nach Westen abgeriegelten DDR ist, bezogen auf den touristischen Austausch, jedoch falsch. War der touristische Besuch des Westens in den 1960er und 1970er Jahren noch wenigen ausgewählten Spitzenfunktionären sowie DDR-Bürgern im Rentenalter vorbehalten geblieben, reisten in den 1980er Jahren mehr DDR-Bürger als je zuvor ins Ausland. Der Reiseverkehr in Länder der westlichen Welt nahm stark zu, was an der Lockerung der Reisebestimmungen für DDR-Bürger lag. Auch in den letzten Jahren der DDR-Geschichte blieb die Reise in den Westen etwas Außergewöhnliches, aber war längst nicht mehr so selten wie in den ersten beiden

---

[174] Vgl. Irmscher, Gerlinde: „Alltägliche Freude. Auslandsreisen in der DDR", in: Spode (Hg.), Goldstrand und Teutonengrill, S. 57.
[175] Vgl. Hachtmann, Tourismusgeschichte, S. 150.

Jahrzehnten nach dem Mauerbau. So genehmigten die staatlichen Behörden im Jahr 1988 immerhin 1,3 Millionen DDR-Bürgern die Fahrt in den Westen.[176] Selbst das DDR-Reisebüro und der Feriendienst der Gewerkschaften boten vereinzelt Reisen in diese Länder an, beispielsweise als Landgang in den Häfen der Mittelmeeranrainer für Passagiere einer DDR-Kreuzfahrt.[177] Die Zugeständnisse weckten allerdings neue Begehrlichkeiten, die sich beispielsweise dahingehend äußerten, dass beim FDGB-Bundesvorstand Ende der 1980er Jahre immer mehr Anfragen nach Urlaubsreisen in westliche Staaten eingingen.[178]

c) Gewerkschaftlich organisierte Auslandsreisen

Während der Feriendienst des Gewerkschaftsbundes den institutionell gebundenen Inlandstourismus dominierte, hatte die Organisation auf den Reiseverkehr ins Ausland nur einen marginalen Einfluss. 1960 vermittelte der Feriendienst rund 12.000 Auslandreisen, 1970 rund 19.000 und im Jahr der Wende 35.000.[179] Für das Jahr 1975 liegen exakte statistische Angaben vor: Knapp 1,4 Millionen Inlandsreisen standen 11.137 vermittelte Auslands- und Hochseeschiffsreisen gegenüber,[180] 1981 lag das Verhältnis bei 1,65 Millionen Inlandsreisen zu 24.024 Auslands- und Schiffsreisen.[181] Die vom FDGB vermittelten Auslandsreisen machten also maximal zwei Prozent des gewerkschaftstouristischen Gesamtangebots aus. Auch im Vergleich zum Gesamtvolumen des DDR-Auslandstourismus stellen diese Zahlen nur einen geringen Anteil am gesamten Reiseverkehr dar. Allerdings versuchte der Gewerkschaftsbund wiederholt, sich in prinzipielle Regelungen des Auslandstourismus einzuschalten und Mitspracherechte zu sichern. So erfolgten beispielsweise 1968 konkrete Vorschläge der Gewerkschaft zu Visa- und Umtauschregelungen.[182]

Die vom Feriendienst vergebenen Auslandsreisen kamen entweder auf der Grundlage einer Austauschvereinbarung mit Gewerkschaftsorganisatio-

---

[176] Vgl. Süß, Walter: „Staatssicherheit am Ende. Warum es den Mächtigen nicht gelang, 1989 eine Revolution zu verhindern", Berlin 1999, S. 143.
[177] Vgl. Stirn, Traumschiffe des Sozialismus, S. 330 f.
[178] Vgl. Analyse der Abteilung Feriendienst zur Arbeit mit den Eingaben vom 31.01.1989, Bestandssignatur DY34, Archiv-Nr. 27643, Bundesarchiv Berlin.
[179] Selbach, Reise nach Plan, S. 70.
[180] Beschluss des Sekretariats des Bundesvorstands des FDGB, 13.08.1975, Bestandssignatur DY34, Archiv-Nr. 25268, Bundesarchiv Berlin, S. 4.
[181] Vgl. Plan des Feriendienstes der Gewerkschaften für das Jahr 1981, Bestandssignatur DY34, Archiv-Nr. 25480, Bundesarchiv Berlin.
[182] Vgl. Präsidiumsvorlage Konzeption Feriendienst 1968 bis 1980, Bestandssignatur DY34, Archiv-Nr. 24806, Bundesarchiv Berlin, Anlage 2.

nen in den Partnerländern oder über den Einkauf von Kontingenten beim Reisebüro der DDR zu Stande. In letzterem Fall war das Reisebüro für die gesamte technische Abwicklung des Reiseverlaufs verantwortlich, wie die vorliegende Dokumentation der Verteilung von 700 Reiseplätzen nach Jugoslawien im Jahr 1964 zeigt.[183] Preisgestaltung und Reiseprogramm indizieren, dass diese Reisen einen vorwiegend kommerziellen Charakter aufwiesen und nicht dem sozialtouristischen Profil einer Gewerkschaftsreise entsprachen. So handelte es sich oft um Rundreisen mit einem entsprechenden Kultur- und Besichtigungsprogramm, An- und Abreise waren im Reisepaket inbegriffen und die Unterbringung erfolgte meist in Hotels.

Im Gegensatz hierzu standen die gewerkschaftlich organisierten Austauschreisen, die ab den 1950er Jahren mit Partnerorganisationen in Osteuropa, Skandinavien und Italien vereinbart wurden.[184] Die im Rahmen des internationalen Urlauberaustauschs beziehungsweise des Gewerkschaftstourismus vergebenen Auslandsreisen wurden von den gewerkschaftlichen Partnerorganisationen angeboten. Die aus der DDR in die Partnerländer gereisten Urlauber wurden meist in Gewerkschaftsheimen untergebracht und ihnen wurde ein Ferienprogramm geboten, das in etwa dem in einer FDGB-Ferienanlage zu Erwartenden entsprach. Im Gegenzug kamen Gewerkschaftsmitglieder aus anderen Ländern in die DDR, um in den Ferienanlagen des FDGB ihren Urlaub zu verbringen.

Die Entwicklung des Internationalen Urlauberaustausches und Gewerkschaftstourismus für die Jahre 1962 und 1963[185] sowie 1984 und 1985 als Vergleichszeitraum[186] zeigt nachfolgende Tabelle.

Im Jahr 1959 gab es erstmals einen gewerkschaftlich organisierten Urlauberaustausch mit der Sowjetunion. Die Teilnehmer wurden nach Berufszweigen zusammengestellt und sollten in Moskau und Sankt Petersburg Betriebe des betreffenden Wirtschaftszweiges besuchen, wo am Arbeitsplatz der Berufskollegen Erfahrungen ausgetauscht werden konnten. Die Erholungsreise nahm somit den Charakter einer Bildungs- beziehungsweise

---

[183] Vgl. Sekretariatsvorlage, Bundesvorstand des FDGB, 10.02.1964, Bestandssignatur DY34, Archiv-Nr. 24803, Bundesarchiv Berlin, Anlage.
[184] Vgl. Programm für die Entwicklung des Kur- und Erholungswesens der Gewerkschaften im Siebenjahresplan der DDR von 1959–1965, Bundesvorstand des FDGB, 22.08.1959, Bestandssignatur DY34, Archiv-Nr. 26086, Bundesarchiv Berlin, S. 12.
[185] Vgl. Eigene Darstellung nach Grundlagen für die Arbeit des Feriendienstes der Gewerkschaften, Bestandssignatur DY34, Archiv-Nr. 24688, Bundesarchiv Berlin, S. 25/26.
[186] Vgl. Eigene Darstellung nach Sekretariatsvorlage, Bundesvorstand des FDGB, 22.08.1984, Bestandssignatur DY34, Archiv-Nr. 25530, Bundesarchiv Berlin, Anlage 6.

6. Auslandsreisen

Tabelle 7
**Entwicklung Internationaler Urlauberaustausch
und Gewerkschaftstourismus**

Jahr	Internationaler Urlauberaustausch	Gewerkschaftstourismus
1962	1.761	2.604
1963	1.787	4.700
⋮	⋮	⋮
1984	1.200	5.310
1985	1.200	5.610

Dienstreise an und die gemachten Erfahrungen konnten nicht für die Entwicklung eines breit aufgestellten Auslandstourismus genutzt werden.[187]

In den 1980er Jahren sind die Erwartungshaltungen der DDR-Werktätigen hinsichtlich touristischer Möglichkeiten stark gestiegen. Wer bereits den Thüringer Wald, das Erzgebirge oder die Ostseeküste kannte, den zog es oft in noch unbekanntes Terrain. Die Sehnsucht nach außergewöhnlichen Urlaubswochen in Regionen, die ihnen bis dahin noch unbekannt waren und aufgrund der politischen Restriktionen sowie der begrenzten materiellen Möglichkeiten unerreichbar schienen, stieg. Die DDR-Führung hat deshalb versucht, durch den Ausbau des Gewerkschaftstourismus, ab 1984 auch des Internationalen Urlauberaustauschs, insbesondere mit den sozialistischen Partnerländern, auf die gestiegenen Wünsche und Bedürfnisse zu reagieren. So beschloss das Politbüro des ZK der SED 1984, „zur Entwicklung des Tourismus der DDR mit den sozialistischen Ländern im Fünfjahresplanzeitraum 1986–1990 die Anzahl der Erholungsreisen im internationalen Urlauberaustausch mit den sozialistischen Ländern um ca. 10.000 Reisen zu erhöhen."[188] Dieser auf der politischen Ebene gefasste Beschluss war für den Feriendienst mit erheblichen Anstrengungen verbunden, denn im Gegenzug musste er die entsprechende Zahl von Ferienplätzen in acht neu gebauten Ferienanlagen für die Urlauber der Partnerländer bereitstellen.[189]

---

[187] Vgl. Bericht über den bisherigen Verlauf der Reisezeit 1959, Bestandssignatur DY34, Archiv-Nr. 26086, Bundesarchiv Berlin, Anlage 1, S. 10.
[188] Sekretariatsvorlage, Bundesvorstand des FDGB, 22.08.1984, Bestandssignatur DY34, Archiv-Nr. 25530, Bundesarchiv Berlin.
[189] Vgl. Sekretariatsvorlage, Bundesvorstand des FDGB, 22.08.1984, Bestandssignatur DY34, Archiv-Nr. 25530, Bundesarchiv Berlin.

d) Auslandstouristen in der DDR

Der Feriendienst des FDGB hat nicht nur einer begrenzten Zahl von Gewerkschaftsmitgliedern einen Auslandsurlaub angeboten, sondern auch Gewerkschaftstouristen aus dem Ausland in seinen Ferienanlagen empfangen. Allerdings stand der Feriendienst einer Entwicklung des internationalen Urlaubsverkehrs sehr skeptisch gegenüber und hielt entsprechende Überlegungen der Staats- und Parteiführung in einer 1968 erstellten Konzeption als „Fehleinschätzung". Grundlage hierfür war die Erkenntnis, dass die DDR Ende der 1960er Jahre nur über sehr wenige moderne Ferienanlagen verfügte, die internationalen Standards entsprachen. Da sich der FDGB vor allem den eigenen Mitgliedern verpflichtet fühlte, wollte der Gewerkschaftsbund verhindern, dass Investitionen zuungunsten der angestrebten Feriendienstexpansion in die Entwicklung des internationalen Tourismus flossen.[190]

Neben Gästen aus den osteuropäischen Bruderländern kamen auch Besucher aus dem westlichen Ausland in die DDR, denn der Feriendienst ließ sich „auch bei der Bereitstellung von Reisen für die Werktätigen kapitalistischer Länder von den Prinzipien des proletarischen Internationalismus und der anti-imperialistischen Solidarität leiten"[191], wie die Autoren einer 1980 erstellten Neukonzeption zur Entwicklung des Auslandstourismus formulierten. Bereits diese Aussage belegt den politischen Charakter der touristischen Offerten. Eine Direktive des Jahres 1970 fordert zudem nicht nur eine „gute Qualität der materiellen und kulturellen Betreuung", sondern „durch die Organisation von Besichtigungs- und Städtefahrten, Betriebsbesuchen und Erfahrungsaustauschen" seien „über den Erholungseffekt hinausgehend bleibende Erlebnisse zu vermitteln."[192]

In den 1950er und 1960er Jahren sollte der Feriendienst durch das touristische Engagement einen Beitrag zur Überwindung der internationalen Isolierung der DDR leisten und die Außenwirkung des ostdeutschen Staates im westlichen Ausland positiv unterstützen.[193] „Besonders den westdeutschen

---

[190] Vgl. Präsidiumsvorlage Konzeption Feriendienst 1968 bis 1980, Bestandssignatur DY34, Archiv-Nr. 24806, Bundesarchiv Berlin, Anlage 2.

[191] Konzeption zur Entwicklung des Auslandstourismus des FDGB mit den Werktätigen aus kapitalistischen Ländern, 1980, Bestandssignatur DY34, Archiv-Nr. 25449, Bundesarchiv Berlin.

[192] Direktive zur Ausarbeitung des Perspektivplanes 1971–1975 für den Bereich des Feriendienstes der Gewerkschaften, Bestandssignatur DY34, Archiv-Nr. 24943, Bundesarchiv Berlin, S. 14.

[193] Vgl. Wilke, Manfred: „Die Westarbeit des FDGB. Die DDR-Gewerkschaft und die innerdeutschen Beziehungen 1945–1990", in: Zeitschrift des Forschungsverbundes SED-Staat, Nr. 18/2005, S. 115–137.

Urlaubern und Kurpatienten sind die Bedeutung der Erfolge der Arbeiterklasse beim Aufbau des Sozialismus, beim Kampf um den Frieden und die nationale Wiedervereinigung zu erläutern"[194], hieß es FDGB-intern 1959. Bereits ein Jahr nach Gründung der beiden deutschen Staaten war beschlossen worden, westdeutsche Gewerkschaftsurlauber nur in bestimmten FDGB-Heimen unterzubringen. Diese sollten 60 Prozent der Erholungssuchenden stellen, während sich die restlichen 40 Prozent aus „politisch bewussten Kollegen", Arbeitern und Aktivisten der DDR zusammensetzen sollten.[195] In einem 1972 gefassten Beschluss des FDGB-Bundesvorstandes über die Aufgaben des Arbeitsbereiches für die Westarbeit war ausdrücklich die Organisation von Reisen westdeutscher Gewerkschaftsfunktionäre und insbesondere Angehörige der Arbeiter- und Gewerkschaftsjugend vorgesehen.[196]

Nicht nur westdeutsche, sondern auch Gewerkschaftsmitglieder aus anderen westeuropäischen Ländern kamen in den Genuss von Erholungsaufenthalten in der DDR. In einer gemeinsamen Erklärung zwischen dem FDGB und dem Allgemeinen Italienischen Gewerkschaftsbund wurde 1959 beispielsweise vereinbart, den italienischen Gewerkschaftern zum Zweck der Vertiefung der Beziehungen und als vertrauensbildende Maßnahme Kuren und Ferienaufenthalte in der DDR zur Verfügung zu stellen.[197] Nach der erreichten internationalen Anerkennung in den 1970er Jahren ging es vor allem um die weitere Verbesserung des Bildes der DDR sowie eine engere wirtschaftliche Zusammenarbeit mit den nichtsozialistischen Ländern des Westens.

Bis zum Jahr 1980 waren jährlich rund 1.500 Gewerkschaftsurlauber aus Westeuropa in die DDR gereist, um in einer FDGB-Ferienanlage ihre Jahresfreizeit zu verbringen. Der Urlaub in der DDR schloss vielfach auch einen mehrtägigen Berlinaufenthalt ein; die Unterbringung erfolgte oft in den internationalen Standards entsprechenden Interhotels.[198] Dass hier nur ein

---

[194] Programm für die Entwicklung des Kur- und Erholungswesens der Gewerkschaften im Siebenjahresplan der DDR von 1959–1965, Bundesvorstand des FDGB, 22.08.1959, Bestandssignatur DY34, Archiv-Nr. 26086, Bundesarchiv Berlin, S. 6 und S. 19.

[195] Vgl. Schreiben des Büros für deutsche Gewerkschaftseinheit, 19.6.1950, Bestandssignatur DY34, Archiv-Nr. 24055, Bundesarchiv Berlin.

[196] Vgl. Hertle, Hans-Hermann und Manfred Wilke: „Das Genossenkartell. Die SED und die IG Druck und Papier/IG Medien", Berlin und Frankfurt am Main 1992, S. 209.

[197] Vgl. Gemeinsame Erklärung des Allgemeinen Italienischen Gewerkschaftsbundes und des Freien Deutschen Gewerkschaftsbundes, 30. Juli 1959, Bestandssignatur DY34, Archiv-Nr. 26083, Blatt 36, Bundesarchiv Berlin.

[198] Vgl. Nutzung von Interhotels zur Verbesserung der Arbeit und Lebensbedingungen der Werktätigen, Sekretariatsvorlage, 21.9.1971, Bestandssignatur DY34, Archiv-Nr. 24944, Bundesarchiv Berlin.

sehr begrenzter Personenkreis angesprochen wurde, belegen nicht nur die verhältnismäßig geringe Zahl, sondern auch die in dem Konzept eingangs gemachte Feststellung, dass viele der Reisenden mehrfach kämen und sich wohl eher aufgrund der finanziell günstigen Urlaubsmöglichkeit zu einem DDR-Urlaub entschließen würden. Beklagt wurde nicht nur ein Zurückdrängen politischer Interessen bei den westlichen Urlaubern zugunsten von materiellen Vorteilen, sondern auch die beim FDGB-Feriendienst entstandenen Verluste durch preisgünstige Urlaubsangebote sowie Zahlungsverzögerungen einiger westlicher Partnerorganisationen.[199, 200]

Während bis in die 1970er Jahre der internationale Gewerkschaftstourismus eine wichtige politische Aufgabe zu erfüllen hatte, verlor diese im letzten Jahrzehnt der DDR ihre Bedeutung. Die Neuausrichtung des Gewerkschaftstourismus mit westlichen Partnern gestaltete sich auf der praktischen Ebene folgendermaßen: Bereits ab 1978 wurden die Preise für westliche Gewerkschaftstouristen in der DDR so erhöht, dass sie für den Feriendienst zumindest kostendeckend waren und eine möglichst hohe Devisenrentabilität eintrat. Außerdem beschloss das Sekretariat 1979, den Umfang an Reisen für Gewerkschafter aus kapitalistischen Ländern nicht zu erweitern. Um der zögerlichen Zahlungsbereitschaft entgegenzuwirken, bestand der Feriendienst auf Vorauszahlung und erwog die Kündigung von Verträgen mit Partnern, die ihren finanziellen und organisatorischen Verpflichtungen nicht nachkamen. Eine bis dahin praktizierte Sonderbehandlung westlicher Reisender, beispielsweise die Unterbringung in außergewöhnlich guten Ferienheimen und die überdurchschnittliche Versorgung mit Südfrüchten und Delikatessprodukten sollte ab 1980 ebenfalls eingestellt werden. Die bis dahin übliche Inkludierung eines mehrtägigen Berlin-Aufenthaltes lehnte der Feriendienst nun ebenfalls ab und verwies die westlichen Partnerorganisationen bei Bedarf auf das kommerzielle Angebot der Interhotels.[201]

Verschiedene Gründe können für die gewerkschaftstouristische Richtungsänderung angeführt werden. Prinzipiell verlor die außenpolitische Intention mit der Anerkennung der DDR durch die westliche Staatenwelt in den 1970er Jahren an Bedeutung und damit verringerte sich auch das Interesse des Gewerkschaftsbundes, den Internationalen Urlauberaustausch mit

---

[199] Vgl. Konzeption zur Entwicklung des Auslandstourismus des FDGB mit den Werktätigen aus kapitalistischen Ländern, 1980, Bestandssignatur DY34, Archiv-Nr. 25449, Bundesarchiv Berlin.

[200] Die Reichsbahn nutzte die FDGB-Ferieneinrichtungen für ihre Westberliner Mitarbeiter mit.

[201] Konzeption zur Entwicklung des Auslandstourismus des FDGB mit den Werktätigen aus kapitalistischen Ländern, 1980, Bestandssignatur DY34, Archiv-Nr. 25449, Bundesarchiv Berlin.

kapitalistischen Ländern zu forcieren. Außerdem hat die DDR-Staatsführung ab den späten 1970er Jahren die ökonomischen Potentiale des Tourismus erkannt und verstärkt versucht, westliche Touristen gegen Devisenzahlung in die DDR zu locken. Dieses volkswirtschaftliche Interesse wollte der Feriendienst nicht durch verhältnismäßig günstige Urlaubsangebote für westliche Besucher konterkarieren.

Auch in den 1980er Jahren haben Staats-, Partei- und Gewerkschaftsführungen der DDR den Feriendienst „vor den politischen Karren gespannt". So versuchte die DDR, über die britischen Gewerkschaften Einfluss auf die politische Entwicklung in Großbritannien zu nehmen. Die britische Bergarbeitergewerkschaft nahm beispielsweise im Juli 1985 ein „Solidaritätsangebot der Gewerkschaften der DDR" an und sandte 181 Frauen und Kinder in ein FDGB-Erholungsheim. 1985 und 1986 wurden außerdem vom Feriendienst Reisen für britische Kriegsveteranen organisiert.[202]

7. Urlauberschiffe[203]

a) Kreuzfahrten unter DDR-Bedingungen

Der Inbegriff des bürgerlichen Reiseprivilegs war die Kreuzfahrt. Sie versprach bis weit in das 20. Jahrhundert hinein ein exotisches Reiseerlebnis, dass nur den obersten gesellschaftlichen Schichten zugänglich war. An die damit verbundenen Sehnsüchte und Träume knüpften Überlegungen der DDR-Führung in den 1950er Jahren an, einen eigenen Kreuzfahrttourismus zu etablieren, der prinzipiell allen Bürgern des Landes offen stand. Wie bereits der NS-Staat mittels der Organisation „Kraft durch Freude" hat auch die DDR versucht, auf diesem Weg einen praktischen Nachweis für die Politik des Falls von Klassenschranken und der Nivellierung sozialer Unterschiede zu erbringen. Gleichzeitig sollte die Verheißung eines besonderen Urlaubserlebnisses Loyalität zum bestehenden politischen System generieren.[204] Die von den ideologischen Führern der DDR stets unterdrückte Assoziation des Sozialtourismus mit seinem historischen Vorläufer im Dritten Reich war auf dem Gebiet des Kreuzfahrttourismus allerdings besonders wirkmächtig. So beklagte eine interne Einschätzung des FDGB die Bezeichnung der geplanten DDR-Kreuzfahrtflotte als „KdF-Schiffe" sowie die

---

[202] Vgl. Hermann, Alexandra: „Internationale Arbeit", in: FDGB-Lexikon. Funktion, Struktur, Kader und Entwicklung einer Massenorganisation der SED, Abschnitt VIII, Berlin 2005.
[203] Siehe auch Anhang, Dokument Nr. A15, S. 276 ff.
[204] Vgl. Beschluss des Präsidiums, Namensgebung für Urlauberschiffe, 10.08.1959, Bestandssignatur DY34, Archiv-Nr. 26083, Blatt 170, Bundesarchiv Berlin.

oft geäußerte Bevölkerungsmeinung, ein Arbeiter könne sich eine Schiffsreise doch nicht leisten.[205]

Die DDR-Oberen verfolgten außerdem das Ziel, im Kontext der Systemkonkurrenz zur westlichen Welt, auf dem Feld der Wohlstandsentwicklung die Überlegenheit des eigenen Lagers zu demonstrieren. Beide Anliegen, Loyalitätsbegründung und Außendarstellung, kommen in der Auswertung der Indienstnahme des Kreuzfahrtschiffes „Fritz Heckert" 1961 zum Ausdruck: Diese sei „ein sichtbarer Ausdruck der politisch-moralischen Einheit der Bevölkerung der DDR und der Überlegenheit unserer sozialistischen Gesellschaftsordnung gegenüber der kapitalistischen in Westdeutschland."[206]

Der Chef des Freien Deutschen Gewerkschaftsbundes hatte 1953 eine erste Ideenskizze vorgelegt, die den Bau und Betrieb eines Kreuzfahrtschiffes für die Arbeiterklasse der DDR beinhaltete. Der Aufstand im Juni 1953 führte zu Überlegungen, den Arbeitern etwas bieten zu können.[207] Da zunächst jedoch die Mittel für ein derartiges Prestigeprojekt des Arbeiter- und Bauernstaates fehlten, dauerte es fünf Jahre bis zum Beginn der Umsetzung dieser Vorstellungen. Im Jahr 1961 brach dann das in der DDR gebaute Urlauberschiff „Fritz Heckert" zu seiner ersten großen Fahrt nach Helsinki, Leningrad und Riga auf. Allerdings blieb dieses Kreuzfahrtschiff nur neun Jahre in Betrieb; ein technisches Problem zwang die Verantwortlichen zu einer Aufgabe des Schiffes. Mehr Glück hatte man mit der aus Schweden angekauften „Völkerfreundschaft", die ebenfalls verdiente Mitglieder der Arbeiterklasse sowie Funktionäre über die Weltmeere schipperte und Platz für 560 Passagiere bot. Die ersten Reisen führten zu den Azoren, ins Mittelmeer und zu verschiedenen Ostsee-Anrainern.[208] 17,5 Millionen Westmark musste der unter chronischer Devisenknappheit leidende ostdeutsche Staat für den Kauf aufbringen.[209]

---

[205] Vgl. Bericht über den bisherigen Verlauf der Reisezeit 1959, Bestandssignatur DY34, Archiv-Nr. 26086, Bundesarchiv Berlin, Anlage 1, S. 7.
[206] Sekretariatsvorlage, Indienstnahme des FDGB-Urlauberschiffes „Fritz Heckert", 1.3.1960, Bestandssignatur DY34, Archiv-Nr. 24687, Bundesarchiv Berlin.
[207] Vgl. Hürtgen, Zwischen Disziplinierung und Partizipation, S. 65 ff.
[208] Im Jahr 1960 geplant: 2 Fahrten zu den Azoren, 4 Fahrten ins Mittelmeer, 1 Olympia-Fahrt nach Rom, 3 Ostseefahrten sowie eine Intelligenzfahrt. – Vgl. Präsidiumsvorlage, Bundesvorstand des FDGB, 01.09.1959, Bestandssignatur DY34, Archiv-Nr. 26086, Bundesarchiv Berlin, Anlage 1.
[209] Vgl. „Meuterei auf der Völkerfreundschaft. Zum 50. Jubiläum der ersten Kreuzfahrt der DDR", Mitteldeutsche Zeitung, 20.02.2010, S. 33; Vgl. Präsidiumsvorlage, Bundesvorstand des FDGB, Information über das FDGB-Urlauberschiff, 01.09.1959, Bestandssignatur DY34, Archiv-Nr. 26086, Bundesarchiv Berlin, Anlage 2.

7. Urlauberschiffe

Abbildung 1: Schiff „Völkerfreundschaft"
(Privatfoto Schaufuß)

Die Zahl der Kreuzfahrttouristen stieg durch die Inbetriebnahme eines zweiten Schiffes von 6.525 im Jahr 1960 auf 15.120 im Jahr 1961.[210] Dies entsprach in etwa den ursprünglichen Vorgaben des Feriendienstes, der im 1959 beginnenden Siebenjahresplan für 1960 7.000 Seereisen, 1961 12.000 und 1962 15.000 Seereisen für Gewerkschaftsmitglieder eingeplant hatte.[211] In den ersten Jahren wurden vor allem Ostseerundfahrten und Kreuzfahrten entlang der Küsten des Schwarzen Meeres angeboten, hinzu kamen 1962 zwei Nordlandfahrten nach Murmansk und eine erste Kreuzfahrt nach Kuba.[212] Aber auch Mittelmeerkreuzfahrten, bei denen griechische und italienische Häfen angesteuert wurden, gehörten zur Angebotspalette. 1985 wurde das betagte Kreuzfahrtschiff „Völkerfreundschaft" durch die „Arkona" ersetzt, die zuvor als Traumschiff des Zweiten Deutschen Fernsehens gedient hatte.

Die Ticketpreise waren zunächst äußerst moderat und lagen bei 220 bis 270 Mark pro Gewerkschaftsmitglied für eine Kreuzfahrt zwischen 12 und

---

[210] Vgl. Sekretariatsvorlage, Bundesvorstand des FDGB, 7.6.1962, Bestandssignatur DY34, Archiv-Nr. 24688, Bundesarchiv Berlin.
[211] Programm für die Entwicklung des Kur- und Erholungswesens der Gewerkschaften im Siebenjahresplan der DDR von 1959–1965, Bundesvorstand des FDGB, 22.08.1959, Bestandssignatur DY34, Archiv-Nr. 26086, Bundesarchiv Berlin, S. 9.
[212] Vgl. Sekretariatsvorlage, Bundesvorstand des FDGB, 7.6.1962, Bestandssignatur DY34, Archiv-Nr. 24688, Bundesarchiv Berlin.

15 Tagen, was etwa einem Viertel der tatsächlich entstehenden Kosten entsprach.[213] Gewerkschaftliches Ziel war es, die volkseigenen Unternehmen zur Übernahme des Differenzbetrages zu bewegen. Da viele kleinere Betriebe dazu nicht in der Lage oder nicht willens waren, vergaben sie die exklusiven Reisen nur an Interessierte, die bereit waren, den vollen Betrag zu zahlen. Im Ergebnis blieben viele Arbeiter außen vor, die Reisen wurden an höhere Angestellte, Angehörige der Intelligenz oder Funktionäre vergeben. Dies führte zur Verärgerung der Arbeiterschaft, weil die „Völkerfreundschaft" auch mit Geld gekauft wurde, dass aus Exportüberschüssen und Produktionssteigerungen erwirtschaftet worden war.

Bereits 1963 schossen die Preise für Kreuzfahrten in die Höhe, denn der Kreuzfahrttourismus konnte nicht dauerhaft in das hochsubventionierte System des Sozialtourismus integriert werden. Gewerkschaften und volkseigene Unternehmen waren nicht in der Lage, die erhebliche Differenz zwischen dem günstigen Angebotspreis und den tatsächlich anfallenden Kosten zu tragen. Nur wenige Plätze sind Gewerkschaftsmitgliedern fortan für moderate Preise gewährt worden. Generell galt ab 1963: Wer in der DDR eine Kreuzfahrt genießen wollte, musste für diesen Luxus auch entsprechend zahlen. So kostete beispielsweise eine Schwarzmeerrundreise im Jahr 1963 zwischen 1.065 und 1.500 Mark pro Person, eine Ostseerundreise schlug mit einer Summe zwischen 595 und 840 Mark zu Buche.[214] Dies entsprach dem Mehrfachen eines durchschnittlichen Monatsverdiensts. Dennoch sind insgesamt 300.000 DDR-Bürger zwischen 1960 und 1990 in den Genuss einer Kreuzfahrt gelangt.

Entgegen anfänglicher Pläne und Visionen der 1950er und frühen 1960er Jahre ist der Kreuzfahrttourismus stets ein winziges Nischenangebot auf der Palette der touristischen Offerten geblieben. Erste Pläne hatten vorgesehen, insgesamt fünf Kreuzfahrtschiffe zu bauen, wurden aber schnell begraben. Dies hatte nicht nur ökonomische, sondern auch politische Gründe. So wurden westliche Häfen als Reiseziel bald von den Fahrplänen gestrichen, weil die Befürchtung bestand, Besatzungsmitglieder und Touristen könnten die Gelegenheit zur Flucht ergreifen. Außerdem wurde den Teilnehmern die Möglichkeit eines Systemvergleichs entzogen, den sie vielleicht beim Landgang in den wohlhabenden skandinavischen Metropolen hätten anstellen können.[215]

---

[213] Vgl. Sekretariatsvorlage, Bundesvorstand des FDGB, 30.1.1960, Bestandssignatur DY34, Archiv-Nr. 24687, Bundesarchiv Berlin.

[214] Sekretariatsvorlage, Bundesvorstand des FDGB, 24.12.1963, Bestandssignatur DY34, Archiv-Nr. 24803, Bundesarchiv Berlin, Anlage.

[215] http://www.stiftung-aufarbeitung.de/downloads/pdf/stip2007/Stirn.pdf (30.10.2009).

Bereits in den 1960er Jahren hat die DDR-Staatsführung die Kreuzfahrtschiffe aber auch eingesetzt, um westliche Touristen gegen Devisenzahlung zu befördern. Die Vercharterung belegt beispielsweise ein 1962 ausgefochtener Rechtsstreit zwischen einem dänischem Reiseveranstalter und der Seerederei, da diese nach der Weigerung der amerikanischen Regierung, DDR-Schiffe mit dänischen Touristen amerikanische Karibikhäfen anlaufen zu lassen, ihren Vertragsverpflichtungen nicht nachkommen konnte.[216] Zehn Jahre nach Beginn des DDR-Kreuzfahrttourismus stellten Bürger des Arbeiter- und Bauernstaates nur noch ein Viertel der Passagiere, ansonsten wurden die Schiffe an westliche Tourismusanbieter verchartert. Dennoch konnten hierdurch nicht alle Kosten gedeckt werden. Die DDR musste Ende der 1960er Jahre jährlich zehn Millionen Mark aus dem Staatshaushalt für den Betrieb der Schiffe aufbringen, sodass man resigniert feststellten musste, die Ferienreisen von Bürgern kapitalistischer Länder zu subventionieren.[217] Aus propagandistischen Gründen war die Vercharterung, über die in den Westmedien ausführlich berichtet wurde, ebenfalls problematisch, da die mit DDR-Arbeitern belegten Kreuzfahrtschiffe eigentlich die wirtschaftliche Leistungsfähigkeit des Sozialismus und nicht seine Schwäche im In- und Ausland demonstrieren sollten.

b) Kreuzfahrten und Feriendienst

Bereits der Bau des FDGB-Kreuzfahrtschiffes „Fritz Heckert" ist für die agitatorischen Zwecke der DDR-Staatsführung und insbesondere des Gewerkschaftsbundes instrumentalisiert worden. So hat die Gewerkschaftsleitung den Bau nicht einfach bei der Mathias-Thesen-Werft in Wismar in Auftrag gegeben, sondern machte das Schiff zu einem Projekt der gesamten Arbeiterschaft der DDR: „Der Aufruf der Mathias-Thesen-Werft zum Bau eines Urlauberschiffes durch die solidarische Hilfe der Werktätigen der ganzen Republik über den Plan hinaus zeigt den Weg zur Erschließung betrieblicher und örtlicher Reserven zur Schaffung neuer Urlaubsmöglichkeiten, der in breitem Umfange anzuwenden ist."[218] Die finanziellen Mittel flossen nicht ausschließlich aus den regulären Gewerkschaftskassen, sondern wurden auch mittels einer Urlauberschiff-Lotterie aufgebracht. 5,3 der entstandenen 28,3 Millionen Mark Baukosten konnten so geniert werden.[219] In

---

[216] Sekretariatsvorlage Bundesvorstand des FDGB, 19.04.1962, Bestandssignatur DY34, Archiv-Nr. 24688, Bundesarchiv Berlin.
[217] Vgl. „Meuterei auf der Völkerfreundschaft. Zum 50. Jubiläum der ersten Kreuzfahrt der DDR", Mitteldeutsche Zeitung, 20.02.2010, S. 33.
[218] Programm für die Entwicklung des Kur- und Erholungswesens der Gewerkschaften im Siebenjahresplan der DDR von 1959–1965, Bundesvorstand des FDGB, 22.08.1959, Bestandssignatur DY34, Archiv-Nr. 26086, Bundesarchiv Berlin, S. 8.

zahlreichen Kur- und Erholungseinrichtungen des FDGB wurden außerdem „Heimabende ganz im Zeichen des FDGB-Urlauberschiffes" veranstaltet, die vom Radio der DDR in der Unterhaltungssendung „Auf großer Fahrt" übertragen wurden.[220] Auf diese Weise konnte jedes Gewerkschaftmitglied einen Beitrag leisten, der Verbundenheit mit dem Projekt sowie eine persönliche Identifikation auslöste. Außerdem leisteten zahlreiche auf der Werft oder in den Zulieferbetrieben Beschäftigte unentgeltliche Arbeitsstunden, um den Bau des Urlauberschiffes zu ermöglichen.[221] Über den Kontext des Feriendienstes hinaus wurde das Projekt so zu einem Symbol der gewerkschaftlichen Tätigkeit in der DDR sowie ein symbolpolitischer Nachweis der Leistungskraft und Überlebensfähigkeit des Arbeiter-und-Bauern-Staates im Jahr des Mauerbaus 1961.

Die medial inszenierten Bilder vom Arbeitertourismus auf Hoher See stellten nicht nur ein exklusives Urlaubsangebot dar. „Über die unmittelbare Urlauberbetreuung hinaus" hatten sie „eine außerordentlich große politische Bedeutung sowohl in der Wirkung auf die Arbeiterklasse und die gesamte Bevölkerung der Deutschen Demokratischen Republik als auch nach Westdeutschland und in das Ausland"[222], wie es in einer internen Einschätzung des Bundesvorstandes des FDGB heißt. Das Kreuzfahrtschiff zeige, „wie in der Arbeiter-und-Bauern-Macht die Steigerung der Arbeitsproduktivität unmittelbar zur Erhöhung des Wohlstands der Werktätigen führt," weshalb vor allem „der Klassencharakter des FDGB-Urlauberschiffes"[223] herausgestellt werden sollte. Um diesen Klassencharakter zu pflegen, schuf der Feriendienst in Warnemünde ein für die Seereisen zuständiges Büro, das mit vier technischen und vier politischen Mitarbeitern besetzt wurde.[224]

Die Verantwortlichen des FDGB-Feriendienstes verbanden mit dem gewerkschaftlich organisierten Kreuzfahrttourismus die Erwartung, Entwicklungsimpulse für den gesamten Sozialtourismus der DDR zu gewinnen. Diese Urlaubsform biete „hervorragende Möglichkeiten, unzählige neue

---

[219] Vgl. Sekretariatsvorlage, Inbetriebnahme des FDGB-Urlauberschiffes „Fritz Heckert", Bundesvorstand des FDGB, 25.1.1960, Bestandssignatur DY34, Archiv-Nr. 24687, Bundesarchiv Berlin.
[220] Vgl. Bericht über den bisherigen Verlauf der Reisezeit 1959, Bestandssignatur DY34, Archiv-Nr. 26086, Bundesarchiv Berlin, Anlage 1, S. 7.
[221] Vgl. Sekretariatsvorlage, Inbetriebnahme des FDGB-Urlauberschiffes „Fritz Heckert", Bundesvorstand des FDGB, 25.1.1960, Bestandssignatur DY34, Archiv-Nr. 24687, Bundesarchiv Berlin.
[222] Beschluss des Sekretariats, Bundesvorstand des FDGB, 25.1.1960, Bestandssignatur DY34, Archiv-Nr. 24687, Bundesarchiv Berlin.
[223] Beschluss des Sekretariats, Bundesvorstand des FDGB, 11.9.1961, Bestandssignatur DY34, Archiv-Nr. 24687, Bundesarchiv Berlin.
[224] Vgl. Präsidiumsvorlage, Bundesvorstand des FDGB, 01.09.1959, Bestandssignatur DY34, Archiv-Nr. 26086, Bundesarchiv Berlin, S. 3.

7. Urlauberschiffe

Formen der kulturellen und politischen Massenarbeit zu entwickeln und zu erproben, die weit über den Rahmen des Herkömmlichen hinausgehen."[225] So wurde unter anderem die Erprobung von Diskussionen bedeutender kultureller Leistungen, neue Formen und Möglichkeiten des Massensports, allgemeinbildende Vorträge oder das tägliche Erscheinen einer Schiffszeitung empfohlen.

Die Seereisen suggerierten einen, auch nach westlichen Maßstäben vergleichbaren, relativen materiellen Wohlstand sowie ein hohes Maß an Reisefreiheit, von dem viele DDR-Bürger nur träumen konnten. Von Anfang an hatte der FDGB die niedrigen Preise in das Zentrum der Kreuzfahrt-Propaganda gerückt. Auf einer Pressekonferenz wenige Monate vor dem In-See-Stechen der „Völkerfreundschaft" hatte der Gewerkschaftsbund unterstrichen, dass die Preise „durchaus für einen Arbeiter erschwinglich sind, denn es sollen ja hauptsächlich Produktionsarbeiter in den Genuss der Schiffsreisen kommen."[226] Die Teilnahme an diesen Reisen war deshalb stets „eine hohe Auszeichnung"[227] und der Bundesvorstand des FDGB wies die für die Vergabe zuständigen Betriebsgewerkschaftsleitungen in Zusammenarbeit mit den Kreisvorständen wiederholt darauf hin, dass die „Hochseeschiffsreisen verstärkt für Zwecke der Auszeichnung zu nutzen"[228] seien.

Innenpolitisch wurden die ersten Seereisen instrumentalisiert, indem in der gesamten Presse, Rundfunk, Fernsehen und Film auf den Klassencharakter des FDGB-Urlauberschiffs aufmerksam gemacht werden sollte. Gezeigt wurde in der inländischen Medienberichterstattung nicht der Luxus einer Seereise, um nicht Neidgefühle und unerfüllbare Begehrlichkeiten zu wecken. Im Vordergrund der Berichterstattung stand vielmehr das hart arbeitende Mitglied der Arbeiterklasse, dass sich die Reise durch seinen Einsatz für den Aufbau zum Sozialismus sowie die Loyalität zum System verdient habe. Über den Rahmen der medialen Berichterstattung hinaus sollten Künstler und Schriftsteller eingeladen werden, um über die Erfahrung einer Kreuzfahrt zu berichten. Zudem wollte der FDGB eigene Informationsmaterialen sowie Kreuzfahrt-bezogene Kindermaterialen wie Bastel- und Ausschneidebögen herausbringen, um den Werbeeffekt noch zu erhöhen.[229]

---

[225] Beschluss des Sekretariats, Bundesvorstand des FDGB, 25.1.1960, Bestandssignatur DY34, Archiv-Nr. 24687, Bundesarchiv Berlin.
[226] Vgl. Presseberichterstattung in der Gewerkschaftspresse Tribüne, Ausgabe vom 9.12.1959, Titelseite.
[227] „Hinweise für die Betriebsgewerkschaftsleitungen zur Auswahl der Teilnehmer der Reisen mit den FDGB-Urlauberschiffen", 19.3.1962, Bestandssignatur DY34, Archiv-Nr. 24688, Bundesarchiv Berlin.
[228] Ordnung über die Durchführung von Hochseeschiffsreisen des FDGB, Beschluss des Sekretariats des Bundesvorstandes, 8.1.1971, Bestandssignatur DY34, Archiv-Nr. 24944, Bundesarchiv Berlin, Anlage 1.

c) Kreuzfahrten: Kein Bestandteil des DDR-Sozialtourismus

Bereits wenige Jahre nach Beginn des gewerkschaftlich organisierten Kreuzfahrttourismus stellte sich beim Freien Deutschen Gewerkschaftsbund Ernüchterung ein und die Verantwortlichen mussten von ihren ursprünglichen Plänen, Kreuzfahrten in das System des Sozialtourismus zu integrieren, Abschied nehmen. Angesichts der enormen Kosten, die in keinem Verhältnis zu den volkswirtschaftlichen Möglichkeiten der DDR und den finanziellen sowie technischen und administrativen Möglichkeiten des Gewerkschaftsbundes standen, waren sie zu dieser Schlussfolgerung gelangt und übergaben die FDGB-Urlauberschiffe zum 31.12.1963 in die volle Verantwortung der Deutschen Seereederei: „Die Erfahrungen der letzten Monate beweisen, dass die Aufgaben, die sich für unsere Organisation aus der Verantwortung für die FDGB-Urlauberschiffe ergeben, weit über die Aufgabenstellung des Freien Deutschen Gewerkschaftsbundes hinausgehen", resümierte der Bundesvorstand das Vorgehen.[230] Bereits im Jahr zuvor hatte der Gewerkschaftsbund rund 5.000 der insgesamt 17.000 zur Verfügung stehenden Plätze an finanzkräftige volkseigene Betriebe sowie ausländische Interessenten verchartert, um Kosten zu reduzieren.[231] Pragmatisch-ökonomische Überlegungen obsiegten hier über das propagandistisch Wünschenswerte, denn dem Feriendienst, der schon jetzt viel zu wenig Reisen bereitstellen konnte, musste weitere Einschränkungen hinnehmen.

Nach dem partiellen Rückzug des FDGB-Feriendienstes aus dem Kreuzfahrtbetrieb 1963 musste der Gewerkschaftsbund wenige Jahre später einen weiteren Rückschlag auf dem Weg zu einem sozialtouristischen Hochseetourismus hinnehmen. Das mit Gewerkschafts- und Spendengeldern gebaute Kreuzfahrtschiff „Fritz Heckert" musste bereits 1970 seinen Dienst einstellen, da es sich als eine technische Fehlkonstruktion erwies. Die mit hohem Propaganda-Aufwand inszenierte Inbetriebnahme wurde so natürlich konterkariert, sodass sich die Gewerkschaftsleitung veranlasst sah, den örtlichen FDGB-Verantwortlichen eine Argumentationsanleitung für die Außerdienststellung des Urlauberschiffes zur Verfügung zu stellen. Außerdem wurde der Anteil der Gewerkschaftsreisen auf der „Völkerfreundschaft" kurzfristig erhöht, um dem Unmut der Mitglieder zu begegnen.[232]

---

[229] Beschluss des Sekretariats, Bundesvorstand des FDGB, 25.1.1960, Bestandssignatur DY34, Archiv-Nr. 24687, Bundesarchiv Berlin.
[230] Vgl. Sekretariatsvorlage Bundesvorstand des FDGB, 23.04.1963, Bestandssignatur DY34, Archiv-Nr. 24688, Bundesarchiv Berlin.
[231] Vgl. Präsidiumsvorlage der Abteilung Feriendienst und Kuren, 12.12.1960, Bestandssignatur DY34, Archiv-Nr. 2590, Bundesarchiv Berlin.

7. Urlauberschiffe

Auch nach der Übergabe des Kreuzfahrttourismus an die Deutsche Seereederei 1963 fuhren Gewerkschaftsmitglieder auf den DDR-Hochsee-Kreuzfahrtschiffen in den Urlaub, da man auf die Propaganda-Wirkung des „Arbeiters auf Hoher See" nicht verzichten wollte. Allerdings musste der Gewerkschaftsbund diese Plätze nun beim Betreiber einkaufen: „Wir wählen nach der Übergabe an den VEB DSR [Deutsche Seereederei – Anm. d. Verf.] nur so viele Schiffreisen aus, wie wir zur Versorgung unserer Mitglieder aus den Erfahrungen der letzten Jahre für richtig erachten. [...] Dadurch sichern wir viel besser die Verteilung nach unseren gewerkschaftlichen Prinzipien."[233] Ein Kontrollrecht beziehungsweise die Einflussnahme auf die kulturelle Betreuung der Passagiere hat sich der Feriendienst allerdings vorbehalten. Vorgesehen war, die wenigen zur Verfügung stehenden Plätze entweder zum vollen Selbstkostenpreis abzugeben oder diese an verdiente Gewerkschaftsmitglieder als Prämie zu vergeben.[234] Bereits vor 1963 war der Feriendienst verstärkt zu dieser Praxis übergegangen, um das gewerkschaftliche Budget für den Kreuzfahrttourismus nicht überstrapazieren zu müssen. Daraus ergab sich allerdings auch eine Verringerung des Arbeiteranteils an der Gesamtzahl der Kreuzfahrttouristen, der 1962 bei 45 Prozent lag.[235] Gemessen an insgesamt rund 5.000 Plätzen, die dem Gewerkschaftsbund in den späten 1960er und frühen 1970er Jahren jährlich insgesamt auf den Kreuzfahrtschiffen zur Verfügung standen[236], ist die Zahl der „Arbeiter auf hoher See" äußerst bescheiden geblieben. Die erhoffte Propaganda-Wirkung eines Arbeiterkreuzfahrttourismus ließ sich unter diesen Umständen kaum noch realisieren, auch wenn der Bundesvorstand des FDGB weiterhin forderte, „dass eine gute soziale Zusammensetzung der Teilnehmer an Schiffsreisen bei vollständiger Auslastung des Kontingents erreicht wird."[237]

Bei der Auswahl der Teilnehmer sind in erster Linie die aktivsten Gewerkschaftsmitglieder berücksichtigt worden, die sich durch ihre berufliche

---

[232] Vgl. Argumentation zur Außerdienststellung des Urlauberschiffes „Fritz Heckert", Bundesvorstand des FDGB, 1.3.1971, Bestandssignatur DY34, Archiv-Nr. 24944, Bundesarchiv Berlin.
[233] Sekretariatsvorlage Bundesvorstand des FDGB, 23.04.1963, Bestandssignatur DY34, Archiv-Nr. 24688, Bundesarchiv Berlin.
[234] Vgl. Sekretariatsvorlage Bundesvorstand des FDGB, 23.04.1963, Bestandssignatur DY34, Archiv-Nr. 24688, Bundesarchiv Berlin.
[235] Vgl. Sekretariatsvorlage Bundesvorstand des FDGB, 23.04.1963, Bestandssignatur DY34, Archiv-Nr. 24688, Bundesarchiv Berlin.
[236] Vgl. Argumentation zur Außerdienststellung des Urlauberschiffes „Fritz Heckert", Bundesvorstand des FDGB, 1.3.1971, Bestandssignatur DY34, Archiv-Nr. 24944, Bundesarchiv Berlin.
[237] Ordnung über die Durchführung von Hochseeschiffsreisen des FDGB, Beschluss des Sekretariats des Bundesvorstandes, 8.1.1971, Bestandssignatur DY34, Archiv-Nr. 24944, Bundesarchiv Berlin, Anlage 1.

Tätigkeit sowie durch gesellschaftspolitisches Engagement in besonderem Maße beim Aufbau des Sozialismus verdient gemacht hatten. Deshalb sollte „die Auszeichnung eines Werktätigen mit einer Hochseeschiffsreise mit der Verleihung von Staatstiteln, der Auszeichnung als Held der Arbeit, Verdienter Erfinder, Aktivist usw. oder mit einer Prämierung"[238] verbunden sein. Aus Gründen der politischen Agitation sollten die Teilnehmer stets mitsamt der Begründung ihrer Auswahl bekannt gemacht werden. Für die Auswahl war in erster Linie die Betriebsgewerkschaftsleitung vor Ort verantwortlich, die zu diesem Zweck auch die Führungsebene der volkseigenen Unternehmen zu konsultieren hatte. Diese hatten gemeinsam zu sichern, „dass an Hochseeschiffsreisen des FDGB nur solche Gewerkschaftsmitglieder und deren Familienangehörigen teilnehmen, die durch ihre fachliche und gesellschaftliche Arbeit sowie durch ihr persönliches Verhalten die Gewähr dafür bieten, dass sie die DDR während der Reise und im Ausland würdig vertreten,"[239] wie es 1971 in den Auswahlgrundsätzen für die Teilnahme hieß.

1961 wurden sogar Kampfgruppenmitglieder, die sich am 13. August beim Bau der Berliner Mauer besonders ausgezeichnet hatten, mit einer Kreuzfahrt belohnt.[240] Ähnlich verfuhr der Feriendienst bei der Auswahl der Reiseleiter, die sich in der Regel aus den Reihen hochrangiger Mitarbeiter oder Gewerkschaftsfunktionäre rekrutierten. So ist beispielsweise für die gewerkschaftsorganisierte Kuba-Kreuzfahrt 1981 der Direktor der Verwaltung der Sozialversicherung des Bundesvorstandes des FDGB zum Hauptreiseleiter und der Sektorenleiter der Abteilung Feriendienst beim Bundesvorstand des FDGB zu dessen Stellvertreter bestimmt worden.[241]

Trotz aller Vorsicht bei der Auswahl der Teilnehmer ist es immer wieder zu unliebsamen Zwischenfällen gekommen. So hat es wiederholt Versuche von Passagieren gegeben, die Fahrt in internationalen Gewässern zur Flucht aus der DDR zu nutzen. Ein weiteres Ärgernis bildete das unkalkulierbare Verhalten einiger Teilnehmer während der Hochseereise, das nicht den Erwartungen entsprach und oftmals mit disziplinarischen Mitteln geahndet worden ist. Zu besonders vielen unliebsamen Zwischenfällen ist es während

---

[238] Hinweise für die Betriebsgewerkschaftsleitungen zur Auswahl der Teilnehmer der Reisen mit den FDGB-Urlauberschiffen, 19.3.1962, Bestandssignatur DY34, Archiv-Nr. 24688, Bundesarchiv Berlin.
[239] Ordnung über die Durchführung von Hochseeschiffsreisen des FDGB, Beschluss des Sekretariats des Bundesvorstandes, 8.1.1971, Bestandssignatur DY34, Archiv-Nr. 24944, Bundesarchiv Berlin, Anlage 1.
[240] Beschluss des Präsidiums, Bundesvorstand des FDGB, 11.9.1961, Bestandssignatur DY34, Archiv-Nr. 24687, Bundesarchiv Berlin.
[241] Vgl. Vorlage für das Sekretariat des Bundesvorstandes des FDGB, 27. Oktober 1981, Bestandssignatur DY34, Archiv-Nr. 25480, Bundesarchiv Berlin.

einer Kubareise im Jahr 1970 gekommen, sodass der Feriendienst ausdrücklich angewiesen wurde, die Betriebsgewerkschaftsleitungen jener Passagiere, „die sich während der Reise nicht entsprechend der Politik unseres Arbeiter-und-Bauern-Staates verhalten haben"[242], zu informieren. Andreas Stirn schreibt: „Die Beteiligten verfügen über etwas, das dem Historiker fehlt: Erfahrung. Anderseits fehlt ihnen wiederum oftmals – und in der geheimniskrämerischen DDR nicht überraschend – das Wissen um konkrete Hintergründe und Zusammenhänge, die über ihren persönlichen Wirkungs- und Erfahrungsbereich hinausgingen."[243] Stirn hat eine Unmenge an wichtigen und unwichtigen geschichtlichen Ereignissen des Schiffstourismus der Jahre 1950 bis 1993 recherchiert, aber meiner Meinung nach sind es Außenansichten, die hauptsächlich auf historischen Dokumenten des DDR-Unrechtsstaates beruhen, der bekannterweise Statistiken und Protokolle fälschte. Eine Betrachtung dieser Dokumente ist für einen Historiker, der die Zeit persönlich erlebt hat, objektiv möglich. Wenn Stirn die Zeit bewusst erfahren hätte, würden die Zusammenhänge von Schalck-Golodkowski, Klaus Wenzel und Harry Tisch sowie der SED-Bezirksleitung Rostock und der DSR bei der Vermarktung von Schiffsreisen an das „nicht-sozialistische" Ausland eine weitaus größere analytische Rolle gespielt haben. Da Stirn in seinem Buch die Geschichte der Urlauberschiffe sehr umfangreich abhandelt, wurde hier auf detaillierte Ausführungen verzichtet.

d) Außenpolitische Funktion

Außenpolitisch hatten die Kreuzfahrtreisen vor allem in den 1960er Jahren eine wichtige Funktion, denn „die Urlauberschiffe und ihre Passagiere künden von den Erfolgen des sozialistischen Aufbaus in unserer Republik, von der Friedensliebe unserer Menschen und von der Freundschaft der Werktätigen der Deutschen Demokratischen Republik mit allen Völkern"[244], wie es in einer Handlungsanleitung an die Betriebsgewerkschaftsorganisationen für die Auswahl der Teilnehmer von Kreuzfahrten heißt. Außerdem seien sie „Ausdruck unserer Friedenspolitik im Gegensatz zur Atomrüstung in Westdeutschland."[245] So kam es bei einer der ersten Mittelmeerkreuz-

---

[242] Ordnung über die Durchführung von Hochseeschiffsreisen des FDGB, Sekretariatsvorlage, 30.12.1970, Bestandssignatur DY34, Archiv-Nr. 24944, Bundesarchiv Berlin, S. 2.
[243] Stirn, Traumschiffe des Sozialismus, S. 334.
[244] „Hinweise für die Betriebsgewerkschaftsleitungen zur Auswahl der Teilnehmer der Reisen mit den FDGB-Urlauberschiffen", 19.3.1962, Bestandssignatur DY34, Archiv-Nr. 24688, Bundesarchiv Berlin.
[245] Beschluss des Sekretariats, Bundesvorstand des FDGB, 25.1.1960, Bestandssignatur DY34, Archiv-Nr. 24687, Bundesarchiv Berlin.

fahrten 1960 nicht in erster Linie auf die Abwechslung an, die den Passagieren auf der Straße von Messina, entlang der Küsten Siziliens, am Vesuv und bei Capri geboten werden sollte, sondern allein darauf, in italienischen Hoheitsgewässern Flagge zeigen zu können.[246]

Für die Auslandspropaganda sollten mehrsprachige Werbematerialien für die Verteilung in den angelaufenen Häfen hergestellt werden. Dort sollten zudem nach Möglichkeit Pressekonferenzen und Medienkontakte vom Erfolg des Sozialismus künden. So bemühte sich die Besatzung während der ersten Ostseekreuzfahrten insbesondere in Häfen der skandinavischen Ostseeanrainer um Honoratioren und lud sie zu Empfängen, Führungen und Gesprächen an Bord ein.[247] SED- und FDGB-Führung erhofften sich von den Fahrten der Urlauberschiffe nicht nur die Hebung des Ansehens bei der eigenen Bevölkerung, sondern insbesondere positive Effekte bei der Außenwahrnehmung der DDR: „Das FDGB-Urlauberschiff wird die Autorität unserer Republik im internationalen Maßstab stärken und zu ihrer Anerkennung beitragen"[248], formulierte der Gewerkschaftschef Warnke die hochgesteckten Erwartungen.

Das aus Propagandagründen erwünschte Ansteuern westlicher Häfen blieb aber bereits in den ersten Jahren aus finanziellen Gründen stark eingeschränkt. Dort hätten Arbeiter-Kreuzfahrttouristen aus der DDR die Überlegenheit des Sozialismus vorführen sollen. Der Gewerkschaftsbund musste aber schnell einsehen, dass Hafen- und Passagegebühren sowie andere Kosten eines Landganges, die in harten Devisen bezahlt werden mussten, nicht zur Verfügung standen. So wurde bereits bei der Jungfernfahrt der „Fritz Heckert" der Landgang in Stockholm gestrichen, lediglich Helsinki blieb im Programm.[249] Erschwerend kam außerdem der Mauerbau hinzu, der die Sicherheitsbedenken der Staatsmacht erhöhte und weitere Landgänge in westlich orientierten Ländern unmöglich machte. So fehlten bei der ersten Kreuzfahrt außerhalb des sozialistischen Lagers nach dem Mauerbau, die nach Nordafrika führte, nach einem Landgang in Casablanca 27 Mitglieder der Besatzung.[250]

---

[246] Vgl. Bericht über die 4. Reise der Völkerfreundschaft vom 12.4.–27.4.1960, Bestandssignatur DY34, Archiv-Nr. 37/71/6355, Bundesarchiv Berlin.
[247] Beschluss des Sekretariats, Bundesvorstand FDGB, 25.1.1960, Bestandssignatur DY34, Archiv-Nr. 24687, Bundesarchiv Berlin.
[248] Bericht des Sekretariats des FDGB-Bezirksvorstands Rostock an das Büro der SED-Bezirksleitung vom 7.11.1959, Bestandssignatur DY34, Archiv-Nr. 2590, Bundesarchiv Berlin.
[249] Vgl. Schreiben des Feriendienstes an ZK-Abteilung Gewerkschaften und Sozialpolitik vom 20. Januar 1961, Bestandssignatur DY34, Archiv-Nr. IV 2/6.11/80, Blatt 86, Bundesarchiv Berlin.
[250] Vgl. Stirn, Traumschiffe des Sozialismus, S. 167 f.

7. Urlauberschiffe

Angesteuert wurden ab 1961 häufig die Häfen Kubas, das nach der Revolution Fidel Castros eine Vorhut des Sozialismus in der Karibik darstellte. Die „Völkerfreundschaft" war das erste Kreuzfahrtschiff, das nach der kubanischen Revolution ausländische Touristen auf die Karibikinsel brachte und damit in den Augen der Regierung Fidel Castros einen Beitrag zur internationalen Anerkennung und Legitimierung der kommunistischen Führung leistete.[251] Die internationale Aufwertung war durchaus auf Gegenseitigkeit angelegt, denn Kuba erkannte die DDR, auch aus Dankbarkeit für die bekundete Unterstützung insbesondere während der Kuba-Krise, 1963 diplomatisch an und verschaffte der Ulbricht-Regierung einen lang ersehnten Achtungserfolg auf dem internationalen Parkett.[252]

Die Reiseprogramme nach Kuba sollten keinen rein kommerziellen Charakter aufweisen, sondern das klassenkämpferische Anliegen gegenüber Gästen und Gastgebern deutlich betonen. Bei der Organisation der Landprogramme sollten deshalb „die gewerkschaftlichen Ziele hinsichtlich der Festigung der Verbindungen zu den Gewerkschaften der betreffenden Länder"[253] berücksichtigt werden. Ein Programmvorschlag des Bundesvorstandes des FDGB vom 30. September 1964 für eine der ersten Kubakreuzfahrten legte in diesem Sinne fest, dass „die Anwesenheit von 500 Werktätigen der DDR [die Passagiere – Anm. d. Verf.] im Dezember 1964 in Kuba als ein wahrer Ausdruck des Internationalismus betrachtet"[254] werden solle. Zum Landgang gehörten eine Kranzniederlegung an einem Revolutionsdenkmal, die Übergabe von Solidaritätsspenden und ein Freundschaftsabend mit Vertretern der kubanischen Gewerkschaft. Im Vorfeld waren Agitationsmaterial und Fahnen beschafft worden, um den politischen Charakter des Landgangs zusätzlich zu unterstreichen.[255]

---

[251] Vgl. Ordnung über die Durchführung von Hochseeschiffsreisen des FDGB, Sekretariatsvorlage, 30.12.1970, Bestandssignatur DY34, Archiv-Nr. 24944, Bundesarchiv Berlin, S. 2 f.
[252] Vgl. Wentker, Hermann: „Außenpolitik in engen Grenzen. Die DDR im internationalen System 1949–1989", München 2007, S. 299.
[253] Sekretariatsvorlage, Bundesvorstand des FDGB, 21.06.1960, Bestandssignatur DY34, Archiv-Nr. 24687, Bundesarchiv Berlin.
[254] Sekretariatsinformation, Bundesvorstand des FDGB, 30.09.1964, Bestandssignatur DY34, Archiv-Nr. 24803, Bundesarchiv Berlin, S. 2.
[255] Vgl. Sekretariatsinformation, Bundesvorstand des FDGB, 30.09.1964, Bestandssignatur DY34, Archiv-Nr. 24803, Bundesarchiv Berlin, S. 2–5.

IV. Politik, Freizeit und Urlaub in der DDR

8. Kapazitäten

Planwirtschaftlich organisierte Systeme sind durch mangelnde Flexibilität und Anpassungsfähigkeit an sich mitunter schnell verändernde Marktbedingungen gekennzeichnet. Wirtschaftliche Erfolge werden vor allem in quantitativen Dimensionen wiedergegeben, Parameter des Erfolges sind deshalb die Auslastung vorhandener Kapazitäten der Anbieterseite sowie die Bedarfsdeckung auf der Nachfrageseite. Der gewerkschaftlich organisierte Fremdenverkehr macht hier keine Ausnahme, sondern fügte sich idealtypisch in das Wirtschaftssystem der DDR ein. Letztendlich zählte nur, wie viele Urlaubsplätze bereitgestellt und vermittelt werden konnten. Aufenthaltsqualität und Urlauberzufriedenheit waren demgegenüber zweitrangig.

Die Auswertung der Archivalien des FDGB-Feriendienstes ergab, dass die Verantwortlichen die Auslastung der Kapazitäten als eines der wichtigsten Erfolgskriterien der Arbeit der Urlauberorganisation sahen, denn „nicht oder nur in geringem Maße in Anspruch genommene Leistungskapazitäten der Tourismuswirtschaft sind auch mit den Forderungen zur besseren Nutzung des Grundfonds, zur Intensivierung und Ausnutzung von Reserven zum Zwecke der effektiveren und immer besseren Bedarfsdeckung nicht vereinbar."[256] Es galt deshalb „zu erreichen, dass die bereitgestellten Plätze voll belegt und Fehleinweisungen vermieden werden, sowie die Forderung von Partei und Regierung auf Verteilung des Urlaubs über das ganze Jahr verwirklicht wird."[257]

Vor allem die Vermittlung von Plätzen in der Nebensaison, in minderwertigen Urlauberquartieren oder die volle Ausnutzung von Drei- und Vierbettzimmern bereitete den für die Vergabe Zuständigen allerdings stets Probleme, sodass die Planerfüllung nicht immer gewährleistet werden konnte. So heißt es in einem Maßnahmekatalog des Bundesvorstands des FDGB aus dem Jahr 1963, dass nur „die volle Ausnützung der Kapazität der vorhandenen Einrichtungen in allen Jahreszeiten [...] die zweckmäßige Verwendung der für den Feriendienst aufgewendeten materiellen und finanziellen Mittel"[258] sichere. Zu Beginn der 1960er Jahre waren die Kapazitäten noch zu rund 96 Prozent ausgelastet gewesen[259], eine Zahl, die sich im Lauf der DDR-Geschichte stetig nach unten verschob.

---

[256] Scharf, Beeinflussung der zeitlichen Bedarfsschwankungen, S. 95.

[257] Programm für die Entwicklung des Kur- und Erholungswesens der Gewerkschaften im Siebenjahresplan der DDR von 1959–1965, Bundesvorstand des FDGB, 22.08.1959, Bestandssignatur DY34, Archiv-Nr. 26086, Bundesarchiv Berlin, S. 9.

[258] Vgl. Präsidiumsvorlage, Bundesvorstand des FDGB, 12.06.1963, Bestandssignatur DY34, Archiv-Nr. 24688, Bundesarchiv Berlin.

[259] Sekretariatsvorlage, Bundesvorstand des FDGB, 7.6.1962, Bestandssignatur DY34, Archiv-Nr. 24688, Bundesarchiv Berlin.

8. Kapazitäten

Die Verantwortlichen des FDGB-Feriendienstes sahen sich mit verschiedenen Schwierigkeiten konfrontiert, die einer gewünschten maximalen Kapazitätsauslastung im Wege standen. Die in den ersten beiden Jahrzehnten zur Verfügung stehende touristische Infrastruktur bestand überwiegend aus kleinen Ferienobjekten, die meist aus der Zeit vor dem ersten Weltkrieg stammten und nicht für eine ganzjährige, sondern nur für eine saisonale Nutzung konzipiert waren. Eine interne Statistik hielt 1969 beispielsweise fest, dass 60 Prozent aller Einrichtungen um die Jahrhundertwende errichtet worden waren und insbesondere an der Ostseeküste nur für die Sommernutzung vorgesehen waren.[260] Erst mit den massiven Investitionen in moderne große Ferienanlagen in den 1970er und 1980er Jahren wurde eine ganzjährige Urlauberbetreuung in vielen Objekten möglich.

Neben der zur Verfügung stehenden touristischen Infrastruktur bildete auch das Urlauberverhalten ein großes Problem bei der gewünschten Kapazitätsauslastung. Die Gewerkschaftsmitglieder verlangten vor allem in der klassischen Reisezeit in den Sommermonaten nach Urlaubsplätzen, im kühlen Frühjahr oder den regnerischen Herbstmonaten wollte jedoch kaum jemand Urlaub machen. Da die Objekte des Feriendienstes zunächst nur aus Unterbringungs- und Verpflegungsbereichen bestanden, war der Urlaub extrem wetterabhängig und der Terminwunsch der Gewerkschaftsmitglieder verständlich. Auch hier halfen schließlich neue Ferienobjekte, die auch Schwimmhallen, umfangreiche Sportangebote, Bars und weitere wetterunabhängige Freizeitangebote offerierten, den Urlaub in der Nebensaison zu popularisieren. Walter Ulbricht selbst hatte beispielsweise 1968 vorgeschlagen, in die neuen Ferienanlagen an der Küste Meerwasserschwimmbecken zur ganzjährigen Nutzung zu integrieren.[261] Im Ergebnis erhöhte sich der Anteil der Urlaubsaufenthalte im Bezirk Rostock im Zeitraum Oktober bis April, gemessen an allen Urlaubsaufenthalten, von 2,6 Prozent im Jahr 1966 auf 9,8 Prozent im Jahr 1983, was einem Anstieg von 50.000 auf 270.000 Urlaubsaufenthalten entspricht.[262]

Verschiedene Mittel kamen zur Anwendung, um die Auslastung der Ferienanlagen zu erhöhen. 1963 forderte der Bundesvorstand des FDGB einen größeren Einfluss der lokalen Gewerkschaftsleitungen bei der Aufstellung von Urlaubsplänen in den Betrieben, um, erstens, durch die bessere Verteilung der Urlaubszeiten der Mitarbeiter eine kontinuierlichere Produktion zu gewährleisten und, zweitens, die Nachfrage nach Erholungsaufenthalten

---

[260] Vgl. Präsidiumsvorlage Konzeption Feriendienst 1968 bis 1980, Bestandssignatur DY34, Archiv-Nr. 24806, Bundesarchiv Berlin, Anlage 2.
[261] Vgl. Stellungnahme Walther Ulbricht anlässlich einer internen Strategiediskussion. – Vgl. Information über Probleme des Erholungswesens, 29.07.1968, Bestandssignatur DY34, Archiv-Nr. 24806, Bundesarchiv Berlin.
[262] Vgl. Wagner, Leitung und Planung des Erholungswesens, S. 51.

auch in der Nebensaison zu stimulieren.[263] Außerdem wurden ab 1963 die Preise nach Saison gestaffelt und nach Reiseziel, sodass über den niedrigeren Preis ein zusätzlicher Anreiz geschaffen wurde, auch Nebensaisonplätze und Plätze in weniger attraktiven Urlaubsregionen in Anspruch zu nehmen.[264] Ab dem Jahr 1982 bekamen Betriebsgewerkschaftsleitungen, die eine besonders hohe Verteilungsquote aufwiesen, zusätzliche Ferienplätze aus einer strategischen Reserve zugeteilt.[265] 1985 legte der Bundesvorstand für das Ferienjahr 1985 fest, dass die Kreisverbände, die weniger als 90 Prozent der zugewiesenen Ferienplätze vergeben konnten, im darauf folgenden Jahr auch eine reduzierte Zuteilung erhielten.[266]

Ab den 1970er Jahren wurde zudem der Ausbau der touristischen Wintersportinfrastruktur forciert. Die neu entstandenen Ferienanlagen in den südlichen Bezirken der DDR konnten ganzjährig betrieben werden, da sie im Sommer als reguläre FDGB-Ferienheime betrieben wurden und in der kalten Jahreszeit der wachsenden Zahl der Wintersportanhänger zur Verfügung standen. In Regionen, die sich für den Winterurlaub aufgrund der klimatischen Gegebenheiten nicht eigneten, versuchte der Feriendienst, die zur Verfügung stehenden Anlagen anderweitig zu nutzen. So wurden beispielsweise in zahlreichen Ferienanlagen im Winterhalbjahr Heilkuren und medizinische Rekreationen angeboten, um die Kapazitäten auch außerhalb der Hochsaison auslasten zu können. Die Einrichtungen des Feriendienstes der Gewerkschaften im Bezirk Rostock verzeichneten beispielsweise zwischen 1966 und 1982 einen Anstieg der durchgeführten prophylaktischen und Heilkuren von 19.000 auf 44.000.[267] Eine weitere Möglichkeit der Zwischennutzung bestand im Angebot von Übernachtungskapazitäten für Fortbildungsveranstaltungen, Tagungen oder Konferenzen.[268]

Um das zur Verfügung stehende Angebot an hochwertigen Erholungsaufenthalten zu erhöhen, sind ab 1972 Kontingente in den Interhotels genutzt worden. Hier konnte der Feriendienst auf Kapazitäten zurückgreifen, die bereits bestanden und nicht zusätzlich geschaffen werden brauchten. Neben

---

[263] Sekretariatsvorlage, Bundesvorstand des FDGB, 7.6.1962, Bestandssignatur DY34, Archiv-Nr. 24688, Bundesarchiv Berlin.

[264] Sekretariatsvorlage, Bundesvorstand des FDGB, 7.6.1962, Bestandssignatur DY34, Archiv-Nr. 24688, Bundesarchiv Berlin.

[265] Vgl. Sekretariatsvorlage, Verteilung der Erholungsreisen des FDGB für das Jahr 1982, 12.08.1981, Bestandssignatur DY34, Archiv-Nr. 25480, Bundesarchiv Berlin.

[266] Vgl. Vorlage für das Sekretariat des Bundesvorstandes des FDGB, 22.08.1984, Bestandssignatur DY34, Archiv-Nr. 25530, Bundesarchiv Berlin.

[267] Vgl. Wagner, Leitung und Planung des Erholungswesens, S. 51.

[268] Vgl. Investitionsvorentscheidung für das Vorhaben Erholungskomplex Templin „Lübbesee", Bestandssignatur DY34, Archiv-Nr. 25340, Bundesarchiv Berlin.

den klassischen 13-Tages-Reisen bot der Feriendienst auch Wochenendfahrten für Brigaden an, bei denen auf Interhotelplätze zurückgegriffen werden konnte.[269]

Ende der 1980er Jahre mussten alle am Sozialtourismus der DDR Beteiligten eingestehen, dass ein weiterer Ausbau der Leistungspalette aus volkswirtschaftlichen Gründen nicht mehr in Betracht kam, obwohl die Nachfrage weiterhin stieg. Deshalb müsse eine „optimale Deckung des ständig anwachsenden touristischen Bedarfs vorrangig durch eine bessere Nutzung und damit bessere Auslastung der touristischen Kapazitäten angestrebt werden"[270].

9. Politische Aufgaben der Einrichtungen des FDGB-Feriendienstes

Hinter der Ausgestaltung der touristischen Emanzipation der gesamten ‚Klasse der Werktätigen' im zweiten deutschen Staat standen verschiedengestaltige gesellschaftspolitische Vorstellungen. Die sozialen Impulse für die Urlaubspolitik in der DDR erwuchsen aus der vom Staat übernommenen Fürsorgepflicht für die arbeitenden Menschen. Diese Fürsorgepflicht war Teil einer Metaerzählung, die ein Identifizierungsangebot bildete, auf dessen Basis sich die Bevölkerung zu den nach 1949 entstandenen machtpolitischen und wirtschaftlichen Gegebenheiten verhalten konnte. Die sozialistische Metaerzählung verhieß den Abschied von jenen Plagen, die den Alltag des Volkes in der ersten Jahrhunderthälfte geprägt hatten: Das Verheizen auf den Schlachtfeldern und in den Fabriken, die Entbehrungen durch Arbeitslosigkeit und Hunger, die Benachteiligung in Bezug auf Wohnung, Bildung, gesundheitlicher Fürsorge und eben auch auf Freizeit, Urlaub und Erholung.[271] Die Angebotsunterbreitung sowie die Ausgestaltung der Jahresfreizeit waren aus diesem Grund in der DDR, anders als in der Bundesrepublik Deutschland, stets mit politischen Fragestellungen verbunden.

Für die Umsetzung und Ausgestaltung der sozialpolitischen Maßnahme ‚Sozialtourismus' waren in der DDR die Gewerkschaften als Angebotsträger zuständig. Ganz im Sinne der Traditionen der deutschen Gewerkschaftsbewegung stand hier, neben Fragen des Arbeitszeitregimes und der Zeit der

---
[269] Vgl. Nutzung von Interhotels zur Verbesserung der Arbeit und Lebensbedingungen der Werktätigen, Sekretariatsvorlage, 21.9.1971, Bestandssignatur DY34, Archiv-Nr. 24944, Bundesarchiv Berlin.
[270] Scharf, Beeinflussung der zeitlichen Bedarfsschwankungen, S. 102.
[271] Vgl. Ahbe, Thomas: „50 Jahre DDR. Identität und Renitenz", in: Monika Gibas u. a. (Hg.): Wiedergeburten. Zur Geschichte der runden Jahrestage der DDR, Leipzig 1999, S. 266–284, hier S. 266.

Regeneration der Arbeitskraft, die Sorge um die ‚geistig-kulturelle Entwicklung' des Arbeitnehmers im Mittelpunkt des Engagements. So wurde vor allem der Urlaub zu einer „gewerkschaftlichen Handlungsmasse"[272], bei der die angestrebte physische und psychische Regeneration der Werktätigen im Urlaub stets auch mit deren Sozialisation innerhalb der sozialistischen Gesellschaft verbunden war. Zudem nutzte die Staats- und Parteiführung das verfassungsmäßig garantierte Recht auf Erholung und die Betonung des Aspekts der Entwicklung der Persönlichkeit in Arbeit und Freizeit zur ideologischen Abgrenzung vom kapitalistischen System.[273]

Die politische Funktion des gewerkschaftlich organisierten Sozialtourismus in der DDR bestand in der „Erhaltung und Festigung der Staatsmacht der herrschenden Klasse" sowie in der Entwicklung eines ‚sozialistischen Bewusstseins', das im Urlaub meist durch Gemeinschaftsveranstaltungen zu festigen und zu entwickeln versucht wurde.[274] Über den Erfolg der zentral verordneten ‚Kulturarbeit' in den Ferienobjekten bei der ‚Erziehung zum klassenbewussten Denken' ist damit jedoch noch nichts gesagt. Kulturprozesse sind schließlich Vermittlungsprozesse, die eine Mischung von individueller Zustimmung, Ablehnung oder einer Mischung aus beidem darstellen. Ab den 1970er Jahren lässt sich zudem ein Trend zur Entpolitisierung des Urlaubes konstatieren. So wurde beispielsweise auf die hölzerne Propaganda verzichtet – wohl auch ein Indikator für deren Unbeliebtheit sowie den Misserfolg derartiger Maßnahmen.[275]

Den Verantwortlichen des Sozialtourismus war beim Erfüllen der politischen Vorgaben und Aufgaben kein durchschlagender Erfolg beschieden. Eine Studie zur ‚Meckerkultur' der DDR belegt beispielsweise, dass die Haltung der urlaubenden Werktätigen nicht durchweg von Dankbarkeit gegenüber dem System geprägt war. So stieg in der Ferienzeit, gemessen an der Gesamtheit aller Eingaben, der Anteil der Eingaben zum Reiseverkehr auf rund ein Viertel, darunter auch zahlreiche Beschwerden, die konkret die Leistungen des Feriendienstes betrafen.[276] Die erhoffte politische Loyalität, die mit dem Erbringen von großzügigen Sozialleistungen verbunden war, ließ sich deshalb nicht erreichen. Setzt man die Entwicklung des gewerkschaftseigenen Feriendienstes ins Verhältnis zur grundsätzlichen touristischen Emanzipation der DDR-Bevölkerung, muss sogar konstatiert werden, dass mit dem massiven Ausbau der Ferieninfrastruktur ab den 1970er Jahren

---

[272] Irmscher, Zeit und Leben in der Sechzigern, S. 37 f.
[273] Vgl. Bähre, Tourismuspolitik, S. 158.
[274] Vgl. Freyer, Tourismus in der DDR, S. 218.
[275] Vgl. Spode, Goldstrand und Teutonengrill, S. 31.
[276] Vgl. Staadt, Stefan: „Eingaben. Die institutionalisierte Meckerkultur in der DDR", Berlin 1996, S. 11.

kein An-, sondern eher ein Abstieg der Zufriedenheit verbunden war. Festzuhalten ist deshalb, dass der FDGB-Feriendienst seine Aufgaben im Machtapparat der DDR zu keinem Zeitpunkt vollumfänglich erfüllen konnte.

10. Überwachung und Kooperation mit der SED und Staatssicherheit

Aus der historischen Forschung ist in den vergangenen zwei Jahrzehnten eine ganze Reihe von Arbeiten hervorgegangen, welche die klassischen Aspekte einer politischen Geschichte kommunistischer Geheimpolizeien in den Vordergrund stellte. Fragen nach Struktur und Umfang des Apparats, die politische Justiz, Art und Umfang der Bekämpfung von Oppositionsbewegungen waren bisher die Hauptanliegen der meisten Forschungsarbeiten. Daneben rückte aber auch die Rolle der Staatssicherheit im öffentlichen Leben, abseits explizierter Themenfelder wie der Oppositionsbekämpfung, auf die Tagesordnung. In diesem Rahmen wurde das Wirken des DDR-Geheimdienstes Staatssicherheit in verschiedenen staatlichen und gesellschaftlichen Bereichen analysiert, um mehr über die Zusammenhänge zwischen Herrschaftsapparat und gesellschaftlichem Leben zu erfahren. Die Zusammenarbeit mit der Justiz, die Observierung der DDR-Umwelt- oder Friedensbewegung sowie die Infiltration der Kirchen sind Themenfelder, zu denen zumindest erste wissenschaftliche Erkenntnisse vorliegen. Im Bereich des Fremdenverkehrs liegen mit der 2010 veröffentlichten Arbeit von Andreas Stirn über den Kreuzfahrttourismus unter DDR-Bedingungen erste Erkenntnisse vor, die sich aber vor allem auf die Überwachung von Mitarbeitern und Urlaubern zum Zweck der Abwehr von Fluchtversuchen beschränken.[277] Die Beeinflussung der Massenorganisationen der DDR, insbesondere der Gewerkschaften, durch die Staatssicherheit ist bisher davon unberührt geblieben. Ein Grund hierfür dürfte sein, dass das Aktenmaterial zur Zusammenarbeit zwischen dem Freien Deutschen Gewerkschaftsbund und dem Ministerium für Staatssicherheit in der Wendezeit vernichtet worden ist, sodass sich die Kooperation beider Institutionen nur bruchstückhaft rekonstruieren lässt.

Die Staatssicherheit war ein konstitutives Moment des staatssozialistischen Systems in der DDR, denn ohne Geheimdienst lässt sich Staatssozialismus nicht denken. Dies belegt vor allem die Expansion des Ministeriums für Staatssicherheit und dessen institutioneller Aufstieg im Sinne einer zunehmenden Durchdringung der DDR-Gesellschaft in den 1970er Jahren, einer Phase der DDR-Geschichte, in der das System sich zu konsolidieren

---

[277] Vgl. Stirn, Traumschiffe des Sozialismus, S. 189–232.

beziehungsweise zu stabilisieren begann.[278] Letztendlich sagt die damit konstatierte flächendeckende Überwachung jedoch noch nichts über das tatsächliche Ausmaß, Zielrichtungen und Methoden aus. Statt einer gleichmäßig verteilten Massenüberwachung ist eher von bestimmten Schwerpunktsetzungen auszugehen, zu denen mit Sicherheit auch der Bereich des Fremdenverkehrs in der DDR gehörte. Ein Grund hierfür war, dass Menschen im Urlaub sich gewissermaßen in einem außeralltäglichen Ausnahmezustand befanden, der mehr potentielle Risiken für die innere Stabilität des Staates bereit hielt und zudem schwerer zu kontrollieren war als deren gewohnter Tagesrhythmus. Der Freie Deutsche Gewerkschaftsbund war deshalb in vielfacher Hinsicht mit dem Ministerium für Staatssicherheit verwoben. Am deutlichsten waren die Verflechtungen anhand eines mit zwei hauptamtlichen Mitarbeitern besetzten Büros sichtbar, das der Geheimdienst am Sitz des FDGB-Bundesvorstandes unterhielt.[279]

Neben der Frage der Überwachungspräsenz steht die Frage nach dem gesellschaftlichen Interventionspotential der Staatssicherheit. Unstrittig ist bislang die prinzipielle Unterordnung des Überwachungsapparates unter die SED.

Eine besondere Herausforderung für das Überwachungssystem der Staatssicherheit brachten die Auslandskontakte mit sich. Sowohl DDR-Touristen im Auslandsurlaub als auch ausländische Besucher in der DDR waren überwachungsbedürftig. Die Überprüfung der vom FDGB eingeladenen Delegationen westlicher Gewerkschaftsfunktionäre in Gästehäuser des Feriendienstes unterlag beispielsweise automatisch der Kontrolle des MfS. Auch die Klärung humanitärer Angelegenheiten, die gelegentlich durch westliche Funktionäre vorgebracht wurden, geschah in direktem Kontakt zwischen Geheimdienst und FDGB.[280]

Fazit der Auswertung der Akten beim Bundesarchiv und der Bundesbehörde für die Unterlagen des Staatssicherheitsdienstes der ehemaligen DDR, Außenstelle Chemnitz, ist:

1. In den großen FDGB-Ferieneinrichtungen, wie z.B. FDGB-Ferienheim Oberwiesenthal, wurden die Mitarbeiter und die Urlauber durch den MfS nachweislich bespitzelt.

2. Gewerkschaftliche Immobilien (Ferieneinrichtungen) wurden kostenlos in das Eigentum des Ministeriums der Staatssicherheit übereignet (z.B.

---

[278] Vgl. Gieseke, Jens (Hg.): „Staatssicherheit und Gesellschaft. Studien zum Herrschaftsalltag in der DDR", Göttingen 2007, S. 15 ff.
[279] Vgl. Hertle, Genossenkartell, S. 133.
[280] Vgl. Hertle, Genossenkartell, S. 133.

10. Kooperation mit der SED und Staatssicherheit

Übereignungen im ehemaligen Bezirk Karl-Marx-Stadt durch den FDGB-Bezirksvorstand Albert Wappler).

3. Den Mitarbeitern des Feriendienstes in Ferienheimen war ein Kontakt zu westdeutschen Bürgern strengstens untersagt. Die Einhaltung dieses Bestandteils des Arbeitsvertrages wurde ebenfalls von Mitarbeitern und IMs des MfS überwacht (aus eigener Erfahrung).

V. Transformation des FDGB-Feriendienstes der Jahre 1979–1989

1. Anpassung an die Tourismuspolitik

Für die Herrschaftsausübung in der DDR war die Verschränkung harter und weicher Herrschaftsmechanismen konstitutiv. Die harten Kontrollmechanismen in Gestalt der politischen Justiz, der Staatssicherheit und der kaderpolitischen Disziplinierung wurde durch zahlreiche weiche Stabilisatoren ergänzt. Hierzu gehörte eine Anreizpolitik, die sich auf die Verbesserung der Lebensverhältnisse, die Erweiterung der Konsumspielräume und den großzügigen Ausbau sozialer Leistungen konzentrierte. Während in der Frühphase der DDR die harten Stabilisatoren in Form einer offensiv-repressiven Politik dominiert hatten, rückten in der Ära Honecker zunehmend weiche Faktoren in den Mittelpunkt und die sozial- und konsumpolitische Option im ehernen Gehäuse der Macht erfuhr eine Aufwertung. Signum der „Fürsorgediktatur" der 1970er und 1980er Jahre war die Pazifizierung der Bevölkerung durch konsum- und sozialpolitische Angebote. Die Umstellung auf die funktionelle Legitimierung war gleichbedeutend mit dem Versuch, Loyalität durch Sicherheit und Geborgenheit, vor allem aber durch soziale und materielle Leistungen zu generieren.[1] Deshalb verdeckt die These aus den Zeiten des Kalten Krieges, wonach die planwirtschaftlich organisierten Systeme des Ostens nur eine Mangel- und Versorgungswirtschaft zu Wege bringen, die dortigen Ansätze einer Konsumgesellschaft.[2] Der Realsozialismus übernahm vielmehr bei der Ausgestaltung sozialistischer Lebensverhältnisse charakteristische Vorstellungen der Konsumkultur des Westens und interpretierte diese allenfalls um.

Nach den bescheidenen Anfangsjahren des DDR-spezifischen Sozialtourismus in den 1950er Jahren sowie dem rasanten Ausbau der Angebote und Kapazitäten Ende der 1960er Jahre und vor allem in den ersten Jahren der Ära Honecker ging es im letzten Lebensjahrzehnt des SED-Staates vor allem um strukturelle Veränderungen des Urlaubsangebotes. Bis dahin befrie-

---

[1] Vgl. hierzu die Arbeit des Sonderforschungsbereichs 537 „Institutionalität und Geschichtlichkeit", Teilprojekt M „Sozial- und Konsumpolitik. Weiche Stabilisatoren totalitärer Herrschaft in der späten DDR" an der TU Dresden.

[2] Belege hierfür finden sich in dem Band „Wunderwirtschaft. DDR-Konsumkultur in den 60er Jahren", Köln u. a. 1996.

1. Anpassung an die Tourismuspolitik

digten die Angebote zwar die Elementarbedürfnisse, stillten aber nicht die wachsende Nachfrage nach gehobenen Konsumangeboten. Ziel war es deshalb, neben dem Ausbau der Zahl der Ferienplätze, die Anhebung der Qualität des touristischen Angebotes in den Mittelpunkt der Bemühungen zu rücken, um somit der veränderten Erwartungshaltung der Urlauber gerecht zu werden. Diese gaben sich nicht länger mit einer touristischen Grundversorgung zufrieden, sondern verlangten nach hochwertigen, außergewöhnlichen und vor allem individualisierten Leistungen, die dem Niveau des traditionellen Gastgewerbes entsprachen. Ein Hotelkomfort sollte beispielsweise die Heimatmosphäre ersetzen und eine gehobene gastronomische Versorgung die Kantinenqualität ablösen.

Bis in die 1970er Jahre hatten sich die klassischen Bereiche des Gastgewerbes deutlich von den Angeboten des Feriendienstes und der betriebseigenen Anlagen unterschieden. Erstere offerierten – über den Vertriebskanal des Reisebüros oder durch Direktbuchung – eine qualitativ deutlich höherwertige Leistung, für die aber auch ein marktgerechter Preis bezahlt werden musste. Komfort und Sauberkeit, Service am Kunden, eine individualisierte Gästebetreuung, bessere gastronomische Angebote sowie höherwertige Übernachtungsmöglichkeiten sind in diesem Zusammenhang nur einige Stichworte. Die Einrichtungen des FDGB-Feriendienstes entsprachen hingegen nicht dem üblichen Hotelstandard und versprühten oft den Charme eines Heimes. Hier hieß das Restaurant oft Speisesaal und erinnerte die Urlauber an die heimische Betriebskantine, Gemeinschaftssanitäranlagen statt separater Dusche und WC auf jedem Zimmer schränkten das Wohlbefinden des Gastes ebenfalls ein. Die Anpassung an die Erfordernisse eines modernen Massentourismus setzte deshalb vor allem an den Bereichen Unterkunft und Verpflegung an.

a) Unterbringung

Eine wesentliche Hürde beim Aufbau einer modernen, den gehobenen Vorstellungen der Urlauber entsprechenden touristischen Infrastruktur bestand in deren Kleinteiligkeit. Bis in die 1970er Jahre hinein bestand das Zimmerangebot des FDGB-Feriendienstes zumeist aus ehemaligen kleinen Hotels, Pensionen, Ferienpensionaten und ähnlichen Objekten, die zu Gästehäusern umgestaltet worden waren. Ergänzt wurden diese Angebote durch zahlreiche Privatunterkünfte, die vertraglich an den Feriendienst gebunden waren. Diese Einrichtungen ließen sich, betriebswirtschaftlich betrachtet, nicht effizient betreiben und deren Modernisierung erwies sich zudem als extrem kosteneffizient. Noch 1970 besaßen beispielsweise 2.644 Zimmer in FDGB-Ferienheimen keinen Wasser- und 6.221 Zimmer nur Kaltwasser-

Tabelle 8
Gliederung der Reisen nach Qualität (Kategoriegruppen)

	Reisen	
	1984	1985
Kategorie I und II Interhotels und Neubauten	399.012	451.517
Kategorie III und IV Erholungs- und Vertragsheim	361.295	355.561
Kategorie V bis VIII Vertragsquartiere	871.335	871.315
insgesamt	1.631.642	1.678.393

anschluss. Deshalb ist in den 1970er und 1980er Jahren der Aufbau größerer Ferienanlagen forciert worden, die moderne gastronomische und kulturelle Einrichtungen sowie komfortable Zimmer mit Sanitärzelle vorhielten. Neben einer höheren Unterbringungsqualität boten diese neuen Anlagen den Vorteil, betriebswirtschaftlich günstiger betrieben werden zu können.[3]

Die touristischen Angebote des FDGB-Feriendienstes wurden qualitativ in acht verschiedene Kategorien unterteilt. Entscheidungskriterien waren beispielsweise zimmereigene Einrichtung von WC beziehungsweise Dusche, die Größe der Zimmer, die Qualität des gastronomischen Angebots und die Freizeitofferten des Ferienobjektes. So umfasste die Kategorie I, die in etwa einem westlichen Hotelkomfort entsprach, die FDGB-Kontingente in den Interhotels und die neu errichteten FDGB-Ferienheime. 1982 betrug der Anteil der Ferienplätze in der höchsten Qualitätskategorie im Verhältnis zur Gesamtzahl der vermittelten Erholungsaufenthalte 22,1 Prozent.[4] Für die Jahre 1984 und 1985 liegen hinsichtlich der Gliederung der Reisen nach Qualität genaue Zahlangaben vor[5].

---

[3] Vgl. Direktive zur Ausarbeitung des Perspektivplanes 1971–1975 für den Bereich des Feriendienstes der Gewerkschaften, Bestandssignatur DY34, Archiv-Nr. 24943, Bundesarchiv Berlin, S. 8.

[4] Heft zur Argumentation für die gewerkschaftlichen Leitungen und Vorstände zur Verteilung der FDGB-Erholungsaufenthalte, Bestandssignatur DY34, Archiv-Nr. 27640, Bundesarchiv Berlin.

[5] Die Zahlen beziehen sich auf das Reiseangebot der Jahre 1984 und 1985. – Vgl. Sekretariatsvorlage, Bundesvorstand des FDGB, 22.08.1984, Bestandssignatur DY34, Archiv-Nr. 25530, Bundesarchiv Berlin, Anlage 2.

1. Anpassung an die Tourismuspolitik

Das zur Verfügung stehende Zahlenmaterial belegt, dass Mitte der 1980er Jahre rund die Hälfte aller FDGB-Urlauber ihre Jahresfreizeit in Quartieren der Kategorie V bis VIII verbracht hat, die weit unter dem international üblichen Niveau lagen und auch nicht mehr den Erwartungen der DDR-Bevölkerung entsprachen. Es handelte sich um einfache Übernachtungsmöglichkeiten in Zimmern ohne eigenes Bad, meist in Vertragsquartieren ohne gastronomisches Angebot. Die Verpflegung wurde in diesen Fällen meist in vertraglich gebundenen Restaurants der näheren Umgebung gewährleistet.

b) Gastronomie

Im Zuge der Bemühungen um eine Qualitätsverbesserung im Sinne einer Anpassung der FDGB-Urlaubsofferten an gängige Fremdenverkehrsstandards wurden ab Mitte der 1970er Jahre verschiedene Mittel ausprobiert, um mit möglichst geringem Aufwand die Aufenthaltsqualität zu erhöhen. Ein zentraler Ansatzpunkt war die Essensversorgung der Urlauber. Bereits in einem Maßnahmekatalog zur Verbesserung der Arbeit des Feriendienstes aus dem Jahr 1963 wurde versucht, ein à la carte Essen oder zumindest einen Wahlspeiseplan flächendeckend einzuführen.[6] Es wurde außerdem verlangt, „auf ein abwechslungsreiches, schmackhaftes und gesundheitsförderndes Angebot an Speisen und Getränken sowie einer kulturellen Atmosphäre in den gastronomischen Einrichtungen zu achten."[7] Eine 1970 erlassene Direktive wiederholte diese Forderung und erweiterte sie insofern, als auch die Einführung von speziellen Kindermenüs, Schonkost und kalorienreduzierten Gerichten gefordert wurde. Außerdem schlugen die Autoren vor, den Urlaubern im Sinne einer Leistungsdiversifizierung gegen Zahlung eines Aufpreises qualitativ höherwertige Speisen und besondere Getränke anzubieten.[8]

Als Resultat dieser Vorgaben „von oben" legte ein Beschluss des Sekretariats des FDGB des Bezirks Karl-Marx-Stadt vom 24.09.1975 fest, dass die guten Erfahrungen mit dem Aufbau eines Frühstücks- sowie Abendbrotbüfetts in den Objekten Jößnitz und Rauschenbach auf alle FDGB-Ferienobjekte zu übertragen seien. Waren dort zuvor Brötchen, Butter etc. im Kasernenstil ausgeteilt worden, sollte der Gast jetzt, analog des üblichen Hotelstandards, selbst auswählen können.[9] Das Mittagessen sollte der Gast

---

[6] Vgl. Präsidiumsvorlage, Bundesvorstand des FDGB, 12.06.1963, Bestandssignatur DY34, Archiv-Nr. 24688, Bundesarchiv Berlin.

[7] Manz, Theorie und Praxis der Sozialpolitik, S. 378.

[8] Direktive zur Ausarbeitung des Perspektivplanes 1971–1975 für den Bereich des Feriendienstes der Gewerkschaften, Bestandssignatur DY34, Archiv-Nr. 24943, Bundesarchiv Berlin, S. 6.

[9] Beschluss des Sekretariats vom 24.09.1975, Nr. S 287/75, Sächsisches Staatsarchiv EB 182, FDGBBVkMst 2.

nach Möglichkeit à la carte wählen können[10], was aber nur in den großen Objekten umsetzbar war. So konzedieren die Autoren der oben zitierten Forderung, dass es in den Erholungsorten „beachtliche Reserven" bei der Umsetzung gäbe.[11]

Die Veränderungen der gastronomischen Versorgung der Urlaubsgäste orientierten sich nicht nur an deren Wünschen und Vorstellungen hinsichtlich einer individuelleren Betreuung, sondern auch an ernährungswissenschaftlichen Erkenntnissen. Auf den Speisekarten begann man, die Gäste über Kalorienwerte und den durchschnittlichen Tagesverbrauch eines Menschen zu informieren, um sie zu einem gesunderen Essverhalten anzuhalten. Der Feriendienst versuchte außerdem, eine gesundheitsfördernde Ernährung einzuführen. Fett- und Zuckeranteile sollten gesenkt werden, dafür mehr Fisch und Geflügel sowie Obst und Gemüse angeboten werden. Außerdem führte man Ende der 1970er Jahre in einigen Ferieneinrichtungen spezielle Kindermenüs sowie Schonkost und Diabetikerspeisen ein.[12]

Um der Kostensteigerung für die verbesserten gastronomischen Leistungen zu begegnen, wurden ab den 1970er Jahren vermehrt zentral vorbereitete und industriell hergestellte Speisenkomponenten verwendet. Außerdem sollten zu diesem Zweck qualifizierte Kochinstrukteure und Ernährungstechniker eingesetzt werden. Im Servicebereich setzte der Feriendienst zudem auf Mechanismen der Selbstbedienung, um den Bedarf an Servicepersonal zu reduzieren.[13] Auch beim Feriendienst des FDGB gab es ein Nord-Süd-Gefälle der Arbeitsproduktivität. In Oberwiesenthal wurde im Dienstleistungsbereich 1/3 weniger Arbeitskräfte benötigt als in einer vergleichbaren Einrichtung in Waren-Klink-Müritz.[14]

c) Sonstige Versorgung

Der saisonal stark schwankende Bedarf in den Urlaubsregionen stellte grundsätzlich eine gewaltige Herausforderung für zentral gesteuerte, planwirtschaftlich agierende Organisatoren und Entscheidungsträger dar. Diese waren zu unflexibel und konnten schlecht auf jahreszeitliche Schwankungen reagieren.[15] Die Versorgung durch die zentralen Behörden orientierte sich

---

[10] Beschluss des Sekretariats vom 25.02.1976, Nr. S 49/76, Sächsisches Staatsarchiv EB 187, FDGBBVkMst 2.

[11] Manz, Theorie und Praxis der Sozialpolitik, S. 388 f.

[12] Vgl. „30 Jahre FDGB", in: Gastronomie 1/1977, S. 3 f.

[13] Direktive zur Ausarbeitung des Perspektivplanes 1971–1975 für den Bereich des Feriendienstes der Gewerkschaften, Bestandssignatur DY34, Archiv-Nr. 24943, Bundesarchiv Berlin, S. 6 f.

[14] Vgl. Sarrazin, Thilo: „Deutschland schafft sich ab", München 2010, S. 76 f.

vor allem auf die ständige Bevölkerung eines Ortes. Die Bevölkerung vieler Tourismuszentren vervielfachte sich jedoch in der Hochsaison und damit stieg der Bedarf an Waren des täglichen Bedarfs sowie Dienstleistungen. „Ein quantitativ und qualitativ ausreichendes Angebot an touristischen Leistungen [...] werde jedoch durch einen sich auf eine bestimmte Zeit, häufig auch noch auf bestimmte Orte oder Gebiete, konzentrierenden touristischen Bedarf in starkem Maße beeinträchtigt."[16] Hinzu kamen witterungsbedingte Schwankungen: So stellte beispielsweise die Versorgung mit Kaltgetränken und Eis an heißen Sommertagen die Lieferanten des Einzelhandels vor fast unlösbare Probleme. Auch die hierfür notwendige Infrastruktur in Form von Verkaufseinrichtungen, Restaurants, Cafés und weiteren Dienstleistungsanbietern war dem Feriengästeansturm oft nicht gewachsen.

Mit dem Aufbau großer Ferienanlagen in den 1970er und 1980er Jahren verbanden die Entscheidungsträger des Feriendienstes oder der volkseigenen Industrie nicht nur die Schaffung von Urlauberunterkünften, Sozialräumen und Verpflegungseinrichtungen. Da die touristische Infrastruktur der meisten Ferienorte unterentwickelt war und Versorgungseinrichtungen meist nur für die Bedürfnisse der Lokalbevölkerung konzipiert waren, planten sie diese gleich mit. In die Ferienanlagen wurden deshalb oft kleine Verkaufseinrichtungen, Bars, Schwimmhallen, Kegelbahnen, Friseur- und Kosmetiksalons und ähnliche Angebote integriert, um der Forderung nach einer „Erhöhung der Qualität der Reisen in Form des Ausbaus der Ergänzungsdienste im Bereich der kulturellen, sportlichen, medizinischen Betreuung entsprechend der wachsenden Differenziertheit der touristischen Bedürfnisse"[17] gerecht zu werden.

Mitunter waren diese Angebote nicht nur für Gäste der Ferienanlage, sondern für weitere Besucherkreise zugängig, denn nach wie vor waren viele Urlauber in Privatunterkünften, Bungalowsiedlungen, Zeltplätzen und kleineren Ferienheimen untergebracht und auf diese Infrastruktur angewiesen. Bereits im Perspektivplan für den Zeitraum 1971–1975 war gefordert worden, dass „in Zusammenarbeit mit den örtlich zuständigen Organen auf die Gestaltung des Systems der örtlichen Versorgungswirtschaft einzuwirken [ist – Anm. d. Verf.] und die Vermittlung von Dienstleistungen für die Urlauber, wie Wäschereileistungen, Schuhreparaturen usw. zu verbessern"[18] sei.

---

[15] Vgl. zur Situation in der Sowjetunion: Henningsen, Freizeit- und Fremdenverkehr, S. 88.
[16] Scharf, Beeinflussung der zeitlichen Bedarfsschwankungen, S. 95.
[17] Großmann, Entwicklung des Sozialtourismus in der DDR, S. 172.
[18] Direktive zur Ausarbeitung des Perspektivplans 1971–1975 für den Bereich des Feriendienstes der Gewerkschaften, Bestandssignatur DY34, Archiv-Nr. 24943, Bundesarchiv Berlin, S. 3.

2. Geschwindigkeit des Wandels im politischen System „DDR"

a) Erwartungshaltung

Das Konsumverhalten der DDR-Bürger änderte sich ab den 1960er Jahren rasant. War es in den Jahren nach dem Krieg noch um die Behebung der größten Notlagen, den Wiederaufbau und die Gewährleistung einer Grundversorgung der Bevölkerung mit Lebensnotwendigem gegangen, stand nun eine Konsumpolitik im Vordergrund, die auf Bedürfnisbefriedigung ausgerichtet war. Ina Merkel spricht in diesem Zusammenhang von einem Dominanzwechsel von den Bedürfnissen der einfachen Reproduktion (Essen, Wohnen, Kleidung) hin zu Bedürfnissen der Lebensgestaltung (Einrichtung, Mode, Urlaub)[19]: „Das allmähliche Werden einer sozialistischen Form der Konsumgesellschaft führte schließlich zur massenhaften Verfügbarkeit ehemals distinguierter Konsumgüter und zum Absinken von Luxusgütern in den Grundbedarf."[20] Als Folge des Übergangs von der Bedarfsdeckungs- zur Bedürfnisbefriedigungsgesellschaft verlangte der DDR-Bürger, oft angeregt durch den permanenten Vergleich mit den Brüdern und Schwestern im Westen, nach einem reichhaltigeren Lebensmittelangebot, technisch hochwertigen Haushalts- oder Unterhaltungselektronikartikeln und eben auch nach besonders schönen und ereignisreichen Urlaubstagen.[21] Vor allem das Wissen um den westlichen Wohlstand und speziell den des westdeutschen Referenzmodells blieb nicht ohne Einfluss auf die Konsumwünsche der Bürger. Es ging nicht mehr um die Frage, ob man überhaupt in den Erholungsurlaub fahren könne, sondern Fragen des Wann, Wohin und Wie standen jetzt im Vordergrund: „Obwohl die DDR kein ausgesprochenes Fremdenverkehrsland ist, erlangt der Tourismus im Ergebnis der Wirtschafts- und Sozialpolitik der Partei der Arbeiterklasse eine ständig wachsende Bedeutung."[22]

Die den Bedürfnissen und Wünschen angepasste materielle Versorgung gewann eine einzigartige Brisanz. Allerdings wuchsen unter den Bedingungen der sozialistischen Planwirtschaft die touristischen Bedürfnisse schneller als die ökonomischen Ressourcen der DDR und die vergleichsweise ge-

---

[19] Vgl. Merkel, Utopie und Bedürfnis, S. 329.
[20] Merkel, Arbeiter und Konsum, S. 539.
[21] Vgl. Kaminsky, Annette: „‚Noch nie bereitete der Einkauf soviel Verdruss und Mühe wie in jüngster Zeit.' Konsumwünsche und Konsumverhalten der DDR-Bevölkerung in den 80er Jahren im Spiegel der Studien des Instituts für Marktforschung der DDR", in: Günther Heydemann u.a. (Hg.): Revolution und Transformation in der DDR 1989/90, Berlin 1999, S. 105–116.
[22] Drechsel, Neugestaltung der Tourismusausbildung, S. 176.

ringe Leistungsfähigkeit der Ökonomie schlug zurück auf das Herrschaftssystem. Gegen die auf Versorgungsmängeln basierende Kritik am Regime konnte die SED-Führung sich nicht immunisieren und die Bevölkerung verfügte damit über ein Drohpotential, das ihr selber kaum bewusst war, für das die SED-Spitze jedoch in höchstem Maße sensibel war. Reagiert haben die Mächtigen darauf mit einer Suche nach Möglichkeiten zur besseren Bedürfnisbefriedigung, die auch die Auftragsforschung an den Hochschulen, Universitäten und Instituten prägte. Den fremdenverkehrsspezifischen Untersuchungen kam deshalb weniger die Aufgabe zu, die qualitative Befriedigung der Freizeit- und Urlaubsbedürfnisse zu untersuchen, sondern es ging meist um eine verbesserte räumliche Planung und Organisation sowie die Erschließung neuer, geographisch geeigneter Standorte für den Inlandsfremdenverkehr der DDR. Es galt, effektive Mittel und Wege der Deckung des quantitativen Bedarfs im Territorium zu finden, Überlastungen zu vermeiden und Hinweise auf potenzielle neue Erholungs- und Urlaubergebiete zu geben. Die Wissenschaft sollte also Methoden entwickeln, wie den dem Angebot immer schneller vorauseilenden Bedürfnissen nach Fremdenverkehrsleistungen volkswirtschaftlich effektiver entsprochen werden konnte.[23]

b) Herausforderungen für Gewerkschaft und Politik

Vor dem Erfahrungshintergrund der gesellschaftlichen Entwicklung sind in den 1970er und 1980er Jahren innerhalb des Lagers westlicher Linksintellektueller Debatten über das Ende der Arbeiterklasse in Gang gekommen. Klaus Tenfelde schrieb von einer „Mieter- und Konsumgesellschaft [...] abseits von Klassenbeziehungen"[24], André Gorsz nahm „Abschied vom Proletariat"[25] und Ulrich Beck konstatierte ein „Jenseits von Klasse und Stand"[26]. Solche Diskussionsprozesse sind im Osten Deutschlands nicht offen geführt worden, beschrieben aber gesellschaftliche Transformationsprozesse, die den Osten wie den Westen der industrialisierten Welt betrafen. Für die „Arbeiter- und Bauernmacht" verbanden sich damit existentielle Fragen, denn die politische Strategie von Gewerkschaften, Arbeiterorganisationen und politischen Interessenvertretungen des „Proletariats" beruhte seit

---

[23] Vgl. Bähre, Tourismuspolitik, S. 163.
[24] Tenfelde, Klaus: „Überholt von der demokratischen Massengesellschaft", in: Frankfurter Allgemeine Zeitung Nr. 56, 7. März 1988, S. 7.
[25] Vgl. Gorz, André: „Abschied vom Proletariat. Jenseits des Sozialismus", Hamburg 1983, S. 21 ff.
[26] Vgl. Beck, Ullrich: „Jenseits von Klasse und Stand? Soziale Ungleichheiten, gesellschaftliche Individualisierungsprozesse und die Entstehung neuer sozialer Formationen und Identitäten", in: Soziale Welt. Sonderband 1983, S. 35 ff.

jeher auf der Arbeit als dem zentralen Ort. Stärker als westliche Gesellschaften war die DDR-Gesellschaft eine erwerbsarbeitszentrierte, in der der einzelne Mensch vor allem als arbeitender Mensch Bedeutung hatte.[27] Mit der Entstehung der modernen Freizeitgesellschaft, die im Urlaubsverhalten ihren wohl deutlichsten Ausdruck erfährt, wurde dieser zentrale Ort der Arbeit jedoch in Frage gestellt. Vor allem durch Urlaub und Reisen konnte der Einzelne sich Autonomieräume erobern, die die Arbeit als dominierende „Quelle von Identität, Sinn und Macht"[28] grundsätzlich infragestellte. Der Gewerkschaftsbund der DDR hat durch seine offensive Politik des Sozialtourismus nolens volens diesen Prozess unterstützt und beschleunigt.

Eine weitere Herausforderung bildet die Selbstdefinition des zweiten deutschen Staates als Arbeiter- und Bauernmacht. Der Klassenbegriff als Dreh- und Angelpunkt der Sozialgeschichte des 20. Jahrhunderts, auf dem dieses Selbstbild beruht, verlor im Laufe der zweiten Jahrhunderthälfte zusehends an interpretatorischer Kraft[29], denn die Ideologie betonte gesamtgesellschaftliche Annäherungstendenzen zwischen Klasse und Schichten[30], die in den modernen Industriegesellschaften tatsächlich eintrat. So vervielfachte sich die Zahl der Angestellten im Lauf des 20. Jahrhunderts, während die Zahl der Arbeiter abnahm.[31] In der offiziellen DDR-Darstellung entstand eine neue sozio-ökonomische Gruppe der Werktätigen, in der alle verbliebenen sozio-ökonomischen Schichten aufgingen. Wenn es jedoch keine Klassen mehr gibt, verliert auch die Herrschaft der „Partei der Arbeiterklasse" seine Legitimation.

Die Arbeiterschaft in der DDR wurde mit der beschriebenen Entwicklung weniger greifbar und verlor als soziale Formation ihre Kontur, indem sie in der Großgruppe der Werktätigen aufging. Auch wenn der Betrieb in der DDR länger als in anderen Industrienationen ein „orientierungsfähiger Lebensmittelpunkt" blieb, so zerfloss die Kategorie im Bereich von Freizeit, Familie und Konsum schnell.[32] Damit verlor aber auch das Reiseversprechen für Arbeiter an Reiz und Verlockung, denn Reisen fand nun wahrhaftig schichtübergreifend statt und hatte als bürgerliches Privileg ausgedient. Der gewerkschaftlich organisierte Sozialtourismus, der das bürgerliche Reiseprivileg maßgeblich gebrochen hatte, verlor damit auch an Legitimität und Akzeptanz. Abzulesen ist diese Entwicklung beispielsweise an der ste-

---

[27] Vgl. Schroeder, Der SED-Staat, S. 515.
[28] Gorz, Abschied vom Proletariat, S. 66.
[29] Vgl. Solga, Aspekte der Klassenstruktur.
[30] Am nachhaltigsten wird diese These vertreten von: Solga, Auf dem Weg in eine klassenlose Gesellschaft?
[31] Vgl. Hürtgen, Angestellt im VEB.
[32] Vgl. Merkel, Arbeiter und Konsum, S. 528; Hürtgen, Angestellt im VEB, S. 31.

tigen Zunahme des Individualtourismus im Verhältnis zum staatlich organisierten Kollektivurlaub ab den 1970er Jahren.

In den ersten beiden Jahrzehnten der DDR-Geschichte wiesen Selbstbild und Außendarstellung des Arbeiter- und Bauernstaates noch eine starke utopische Dimension auf. Im Bereich des Fremdenverkehrs lässt sich diese mustergültig am Versprechen eines Arbeiterkreuzfahrttourismus ablesen. Mit der von Honecker propagierten „Einheit von Wirtschafts- und Sozialpolitik" setzte jedoch eine Aushöhlung des quasireligiösen Potentials der Ideologie ein, die Verantwortlichen setzten nun eine funktionale Legitimierung an die Stelle der Utopie. Herrschaftslegitimation verschob sich dadurch von einer Ausrichtung auf eine zu erreichende transzendente Utopie hin zur Gestaltung der Lebenswirklichkeit. Die „Überflussgesellschaft" bildete keinen fernen Erwartungshorizont mehr, sondern die Formel vom real existierenden Sozialismus rückte diese nun in greifbare Nähe. Mit diesem Zwang zur lebensweltlichen Legitimation erlangte die ökonomische Performanz entscheidende Bedeutung und die Konsum- und Sozialpolitik stieg zum zentralen Bestandteil der SED-Generallinie auf. Damit verbunden war ein paternalistischer Wohlfahrtsstaat, eine Fürsorgediktatur, die Dankbarkeit und Fügsamkeit im Austausch für soziale Sicherheit und Geborgenheit, abzulesen am massiven Ausbau des touristischen Leistungskatalogs, erwartete. Angesichts der Kluft zwischen Anspruch und Realität wurde die „Glaubwürdigkeitslücke" offizieller Verheißungen jedoch immer größer.[33]

Ein Teil der Parteiführung, insbesondere Erich Honecker und der FDGB-Chef Warnke, hatten den wachsenden Unmut der Bevölkerung als zunehmende Bedrohung für die Parteiherrschaft interpretiert. Es dürfte deshalb weniger taktischer Zweckpessimismus gewesen sein als Ausdruck echter Befürchtungen, wenn Honecker und das Politbüro für eine ständig steigende Ausweitung der Konsumtion sowie der sozialen Leistungen plädierten, um Unruhen vorzubeugen. Letztendlich konnten die politischen Machthaber aber nicht mit den wachsenden Erwartungen der Bevölkerung mithalten.[34] Im letzten Jahrzehnt der DDR-Geschichte bildeten sich, in ganz ähnlicher Weise wie in den westlichen Industriegesellschaften, neue soziale Milieus, die auch ein Ergebnis dieser Politik waren und somit eigentlich als Erfolgsausweis hätten dienen können. Die inzwischen ins Erwachsenenalter gekommenen Kinder der Arbeiterklasse waren in den vollen Genuss der sozialpolitischen Errungenschaften der DDR gekommen und hatten im Alter von etwa 30 Jahren die Eckwerte der sozialen Standards der DDR erreicht. Nun suchten sie nach besseren Arbeits- und Konsummöglichkeiten, die stets an westlichen Vorbildern orientiert waren. Vor allem jene jungen, gut aus-

---

[33] Vgl. Boyer, Grundlinien der Sozial- und Konsumpolitik, S. 76.
[34] Vgl. Skyba, Sozialpolitik der Ära Honecker, S. 55.

gebildeten Facharbeiter waren besonders unzufrieden mit den Konsummöglichkeiten der DDR und es ist gewiss kein Zufall, dass sie im Heer der Ausreisewilligen überproportional häufig vertreten waren.[35]

c) Urlaubsverhalten

Die Veränderungen des Urlaubsverhaltens der DDR-Bürger lassen sich an verschiedenen Punkten festmachen, die jeweils eine Herausforderung für das starre, zentral gelenkte Wirtschaftssystem des Staates darstellten. Ähnlich wie in der westlichen Welt setzte ab den 1970er Jahren in der DDR ein Trend hin zu kürzeren Urlauben und Erholungsfahrten ein. An die Stelle eines zweiwöchigen, einmaligen Jahresurlaubs trat vielfach das Bedürfnis, sieben- beziehungsweise zehntägige Urlaubsaufenthalte zu unternehmen. Zudem gab es einen Trend zum Zweiturlaub, der ebenso wie die Tages- oder Kurzreise in Mode gekommen war. Aktive Erholung war gefragt, ein Bedürfnis, das sich vor allem auf die Objekte in den Wintersportgebieten der DDR auswirkte. Mit der steigenden Popularität des Wintersports, angeregt durch die Erfolge der Skiläufer und -springer, aber auch durch den Ausbau der entsprechenden Infrastruktur in Oberwiesenthal, Oberhof und Boxberg, wuchs die Zahl der DDR-Wintersportler.[36]

Die verkürzten Aufenthalte ließen Aufwand und Fixkosten der Anbieter von touristischen Leistungen steigen, denn der Rhythmus des Begleitprogramms – kulturelle Veranstaltungen, Abendunterhaltung – wurde enger und der durch An- und Abreise verursachte Mehraufwand erhöhte sich. Auch die veränderten Ansprüche der Gäste hinsichtlich einer gastronomischen Versorgung ließen sich immer schwieriger befriedigen.

Die sozialtouristischen Angebote legten die Bürger viel stärker auf die Rolle eines Politiknehmers fest als westliche Sozialsysteme, denn sie mussten nur eine vergleichsweise geringe Eigenleistung erbringen, um in den Genuss eines Urlaubsaufenthaltes zu kommen. Dieser Politiknehmerstatus förderte Anspruchshaltung und Passivität. Die statische Festschreibung von Leistungen ging deshalb einher mit einer abnehmenden Bindekraft des Sozialtourismus in der DDR.

---

[35] Ahbe, 50 Jahre DDR, S. 272.
[36] Vgl. Purschke, Thomas: „Staatsplan Sieg. Die Instrumentalisierung des DDR-Wintersports am Beispiel Oberhof", Zella-Mehlis 2004, S. 2 ff.

3. Wechselbeziehungen zwischen der DDR-Planwirtschaft und den Bedürfnissen der Urlauber

In den 1950er und 1960er Jahren bestimmte die Arbeit maßgeblich den Lebensrhythmus der Menschen. Erst mit der Ausweitung des Freizeitanteils durch Arbeitszeitreduktion und höhere Urlaubstageansprüche gewannen die Fragen der Freizeitgestaltung und des Urlaubs schrittweise mehr Bedeutung. Neben dem wachsenden Freizeitanteil erhöhte sich auch der Anteil des Einkommens, der für ihre Gestaltung aufgewendet werden konnte. So gaben die DDR-Bürger im Jahr 1967 rund 1,3 Milliarden Mark für touristische Leistungen aus, 1973 waren es bereits 1,9 Milliarden Mark und Schätzungen für das Jahr 1980 gingen von 3,8–5,4 Milliarden Mark aus.[37] Der Nachfragezuwachs lag weit über den allgemeinen Einkommenssteigerungen und zeigt, dass die hochwertige Gestaltung der Jahresfreizeit an Priorität gewann. Diese führte zur weit verbreiteten Inanspruchnahme eines Jahresurlaubsaufenthaltes, lässt sich aber auch an Entwicklungen wie der Tendenz zum Zweit- oder Kurzurlaub ablesen. Hinzu kommen spezielle Urlaubsinteressen wie beispielsweise der Winterurlaub, die jeweils mit längerfristig angelegten Interessen und Freizeitaktivitäten verbunden waren. Da das sozialtouristische Angebot des Staates, der weite Teile der Nachfrage befriedigte, im Verhältnis zu den Durchschnittseinkommen relativ preiswert war und dieses noch stimulierte, klaffte die Schere zwischen Angebot und Nachfrage beziehungsweise zwischen Erwartungshaltung und Urlaubsrealität immer weiter auseinander.

Die sich aus dieser Entwicklung ergebenden Veränderungen ließen sich mit den wirtschaftlichen Möglichkeiten des zweiten deutschen Staates nicht immer in Einklang bringen. Ökonomen rieten deshalb dazu, die künstlich niedrig gehaltenen Preise für Wohnen, Grundnahrungsmittel, Energie und Sozialtourismus zu erhöhen, um die Nachfrage durch einen erhöhten Preis zu zügeln und den vor allem in der Spätphase der DDR-Geschichte volkswirtschaftlich bedrohlichen Kaufkraftüberschuss abzubauen. Auch die Erwägung, Urlaubern gegen Zahlung eines Aufpreises Sonderleistungen wie beispielsweise höherwertige Essensgerichte anzubieten, ist Teil dieser Vorschläge. Aus politischen Gründen lehnte die Staats- und Parteiführung diese Forderung jedoch ab, um ihre Legitimität durch unpopuläre Maßnahmen auf dem Konsumsektor nicht noch weiter zu untergraben. Die Wirtschafts- und Sozialpolitik war auf die Machtgewinnung und Machterhaltung der SED ausgerichtet, was zu einer Politisierung der Wirtschaft sowie zu einem

---

[37] Analyse des Instituts für Marktforschung in Leipzig, zitiert in: Filler, Stand und Entwicklung des gewerkschaftlichen Erholungswesens, S. 5.

permanenten Spannungsverhältnis zwischen den politischen Vorgaben und den Sachproblemen führte. Deshalb wurden in der DDR trotz des sich abzeichnenden wirtschaftlichen Niedergangs weitere sozialpolitische Wohltaten verteilt und neue Einkommenserhöhungen gewährleistet, die die wirtschaftlichen Probleme der DDR bis 1989 stetig verschärften.[38]

Für den Bereich des Tourismus lässt sich an verschiedenen Stellen nachweisen, dass die Erwartungen der Urlauber mit den volkswirtschaftlichen Möglichkeiten nicht mehr in Einklang zu bringen waren. Bereits die Anreise zum Urlaubsort konnte zum Problem werden. So bildete bis in die 1970er Jahre hinein die Eisenbahn das „zentrale touristische Vehikel"[39], um im Zuge einer steigenden Motorisierung vom Automobil als wichtigstes Anreisemittel abgelöst zu werden. Der PKW läutete das Zeitalter des Individualtourismus ein und mit 86,5 Prozent lag der Anteil der Nutzung des privaten Kraftfahrzeuges für die Freizeit beziehungsweise das Wochenende als vorwiegender Verwendungszweck am höchstem.[40] Die Verkehrswegeinfrastruktur konnte dieser Entwicklung zu keinem Zeitpunkt gerecht werden. Der schlechte Zustand der Straßen, das dünne Tankstellennetz und die zur Verfügung stehende Fahrzeugflotte widersprachen oft dem Wunsch nach automobiler Individualität.

Der FDGB-Feriendienst verfügte kaum über eigene Entscheidungsspielräume und war bis auf die Ebene von Detailfragen auf die Vorgaben der politischen Entscheidungsträger angewiesen. Im Großen zeigte sich dies beispielsweise anhand der Vorgaben, die im Kontext des neuen Kurses der Einheit von Wirtschafts- und Sozialpolitik der Ära Honecker zustande kamen. So beschloss der IX. Parteitag der SED für den FDGB-Feriendienst das Ziel, die Erholungsmöglichkeiten für Werktätige durch Rekonstruktionsmaßnahmen und Neubauten zu verbessern sowie das Angebot zu erhöhen. Für den Bezirk Karl-Marx-Stadt wurde beispielsweise festgelegt, dass der Feriendienst des Gewerkschaftsbundes im Planzeitraum 1976–1980 900 bis 1.000 neue Betten schafft.[41]

Auch im Kleinen musste der Feriendienst sich den Direktiven der Politik unterordnen. Für jedes Investitionsvorhaben benötigte man die Zustimmung der auf kommunaler Ebene Verantwortlichen, die über die Zuteilung von Baumaterialen und -kapazitäten entschieden. Da jene stets knapp waren, kam es auf die Schwerpunktsetzung der Entscheidungsträger vor Ort an, die

---

[38] Vgl. Boyer, Grundlinien der Sozial- und Konsumpolitik, S. 70 ff.
[39] Hachtmann, Tourismusgeschichte, S. 142.
[40] Vgl. Merkel, Utopie und Bedürfnis, S. 320.
[41] Protokoll der Sekretariatssitzung vom 01.12.1976, Nr. S 319/76, Sächsisches Staatsarchiv EB 197, FDGBBVkMst 2.

3. DDR-Planwirtschaft und Bedürfnisse der Urlauber 175

nicht immer den touristischen Einrichtungen Priorität einräumten. So heißt es in einem Protokoll des FDGB-Sekretariats vom 01. Dezember 1976, dass „zur Investitionsvorbereitung die staatlichen Entscheidungen fehlen"[42] und sich deshalb viele Bau- und Investitionsvorhaben verzögern würden.

Mit dem ab den 1980er Jahren spürbaren Versuch, einen Auslandstourismus zu entwickeln, nahm auch die Bedeutung des Schiffs- und des Luftverkehrs zu. Allerdings erreichten Flugzeug und Kreuzfahrtschiff im Reiseverhalten der DDR-Bürger nie die Bedeutung, die ihnen in der Bundesrepublik zukamen.[43] Hier fehlte es an infrastrukturellen Voraussetzungen, insbesondere an gut ausgebauten und erreichbaren Flughäfen und Häfen. Gehörte die Flugreise in den Urlaub in den 1980er Jahren zum bundesrepublikanischen Standard, hatte die Mehrheit der DDR-Bevölkerung vor 1989 noch nie in einem Urlaubsflieger gesessen.

Da die Tourismuspolitik der DDR in erster Linie die Grundversorgung der Bevölkerung mit Erholungsaufenthalten zum Ziel hatte und die Entwicklung eines Fremdenverkehrswesens als Wirtschaftszweig nicht im Zentrum der Aufmerksamkeit stand, wurden Randbereiche des Tourismus wie die Gastronomie, Sport- und Freizeitunternehmen, aber auch Kultur- und Unterhaltungsbereiche oft stark vernachlässigt. Für diese Bereiche gab es eigene Planungs- und Entwicklungsdirektiven, die der touristischen Erschließung oft nicht entsprachen. Permanente Beschwerden gab es wegen der Schließung von Gaststätten, wegen der Mängel in der Getränkeversorgung in Ausflugsorten, wegen der mangelhaften Qualität in der Zubereitung von Speisen und Getränken, aber auch wegen des vorzeitigen Küchenschlusses oder dem Beginn von Reinigungs- und Aufräumarbeiten noch vor dem Ende der Öffnungszeiten. Die lückenhafte Infrastruktur sowie die mangelhafte Versorgungslage zwangen die Betreiber größerer Erholungsobjekte, die entsprechenden Einrichtungen gleich mit zu konzipieren, weil die örtlichen Angebotsstrukturen, die lediglich für eine lokale Bedarfsdeckung konzipiert worden waren, völlig überfordert gewesen wären. Alle ab den 1970er Jahren entstandenen Ferienanlagen des Gewerkschaftsbundes hielten die entsprechende Infrastruktur vor, die zudem weit über den Rahmen der touristischen Grundbedürfnisse Unterkunft und Verpflegung hinaus gingen. Zudem versuchten die staatlichen Tourismusplaner, die Betreiber betrieb-

---

[42] Protokoll der Sekretariatssitzung vom 01.12.1976, Nr. S 319/76, Sächsisches Staatsarchiv EB 197, FDGBBVkMst 2.

[43] Vgl. zum Luftverkehr: Kunack, Christian: „Qualität von Passagierbeförderungsleistungen im Luftverkehr. Betriebswirtschaftliche Aspekte", in: Wissenschaftliche Zeitschrift der Hochschule „Friedrich List" Dresden, Sonderheft 42, Dresden 1988, S. 84–97; zum Verkehr allgemein: Grossmann, Margitta und Siegrid Scharf: „Ortsveränderungsleistungen im Tourismus der DDR", in: Wissenschaftliche Zeitschrift der Hochschule „Friedrich List" Dresden, Sonderheft 42, Dresden 1988, S. 98–109.

licher Ferieneinrichtungen dazu zu bewegen, „wenigstens einen Teil ihrer Versorgungskapazitäten öffentlich zugänglich"[44] zu machen.

Die beschriebene Transformation der Angebote des FDGB-Feriendienstes ab Mitte der 1970er Jahre stieß schnell an die Grenzen der ökonomischen Leistungsfähigkeit des Gewerkschaftsbundes sowie der gesamten DDR-Wirtschaft. Ein höherer Standard war nur durch einen finanziellen und materiellen Mehraufwand zu erzielen, der nicht immer gewährleistet werden konnte und zudem einen permanenten Rechtfertigungsdruck nach sich zog. Ein Beispiel hierfür ist die Feststellung im Beschluss des FDGB-Bezirkssekretariats Karl-Marx-Stadt für das Jahr 1975, dass der geplante Wareneinsatz für die Küchenproduktion um insgesamt 89 Tausend Mark überschritten worden war. Hauptgrund hierfür war die Einführung eines Mittagsangebots à la carte, das die Abschätzung des Wareneinsatzes erschwerte und zwangsläufig zu höheren Abschreibungen führen musste.[45]

Das Festhalten am Prinzip der Subventionierung touristischer Leistungen mit dem Ziel niedriger Preise einerseits, die die zunehmende touristische Aktivität und die wachsenden Ansprüche der DDR-Bevölkerung andererseits führten zu einem Sozialtourismus, der große Summen der öffentlichen Haushalte band, aber immer weniger der erhofften Effekte hervorrief. Die Staats- und Parteiführung hatte sich von der Sozialpolitik einen großen politischen und ökonomischen Nutzen erwartet. Sie sollte Voraussetzung und Ansporn steigender wirtschaftlicher Leistung sein und als Quelle politischer Legitimierung dienen. Festzuhalten bleibt jedoch: Die Unzufriedenheit stieg trotz erhöhter materieller Anstrengungen. Charakteristisch für die Sozialpolitik der 1980er Jahre im Allgemeinen, den Sozialtourismus im Besonderen, war deshalb die bescheidende politische Stabilisierungsleistung.

---

[44] Windelband, Ursula: „Erfordernisse und Besonderheiten städtebaulicher Planung in Erholungsorten und Touristenzentren", in: Gesellschaftliche Determination der Rekreationsgeographie, Tagungsband des II. Greifswalder Geographischen Symposiums 1984, Greifswald 1987, S. 41–47, hier S. 46.
[45] Beschluss des Sekretariats vom 25.02.1976, Nr. S 49/76, Sächsisches Staatsarchiv EB 187, FDGBBVkMst 2.

VI. Das Fallbeispiel des FDGB-Ferienheimes „Am Fichtelberg"

Abbildung 2: FDGB-Erholungsheim „Am Fichtelberg"
(Foto: Koschinsky – Privatarchiv Thomas Schaufuß)

1. Der Feriendienst im Bezirk Karl-Marx-Stadt

Der Feriendienst im Bezirk Karl-Marx-Stadt bot gegen Ende der DDR im Verhältnis zur Einwohnerzahl überproportional viele Ferienplätze an. In den letzten beiden Jahrzehnten der Geschichte der DDR sind, im Zusammenhang mit der wachsenden Popularität des Wintersports, in den südlichen Bezirken des Landes große Ferienanlagen gebaut worden, denn es hatte sich in einer Untersuchung der typischen Erholungslandschaften in Küsten-, See- und Berggebieten durch die Bauakademie der DDR gezeigt, dass die waldreichen Gegenden des Westerzgebirges und des Vogtlandes für den Feriendienst der Gewerkschaften ungenügend erschlossen waren.[1]

Die Lage einiger der neu gebauten Ferienanlagen in schneesicheren Gegenden im Bezirk Karl-Marx-Stadt garantierte eine ganzjährige Auslastung,

---
[1] Vgl. Investitionsentscheidung für das FDGB-Erholungsheim Schöneck im Bezirk Karl-Marx-Stadt, Begründung, Bestandssignatur DY34, Archiv-Nr. 25340, Bundesarchiv Berlin, S. 5.

da sie im Gegensatz zu den meisten Einrichtungen des FDGB auch in den Wintermonaten für Urlauber attraktiv war. Gerade die ganzjährige Auslastung der zur Verfügung stehenden Kapazitäten war von der Gewerkschaftsleitung immer wieder gefordert worden, da sich auf diese Weise das Angebot an Ferienplätzen auch ohne Neuinvestitionen beträchtlich erhöhen ließ. Das touristische Winterangebot senkte zudem die Nachfrage nach Urlaubsplätzen in den begehrten Sommermonaten. Außerdem konnten die neuen Ferienobjekte in den Wintersportgebieten betriebswirtschaftlich effektiver betrieben werden, da statt Saisonpersonal die Mitarbeiter ganzjährig beschäftigt wurden.

Im Bezirk Karl-Marx-Stadt erhöhte sich im Zeitraum 1971 bis 1975 die Zahl der Plätze in FDGB-Ferienanlagen von 908 auf 2.380.[2] Im Planungszeitraum 1976 bis 1980 war in der Direktive des IX. Parteitags der SED ein weiterer Zuwachs um 900 bis 1.000 Betten vorgesehen.[3] Damit wurden als Ergebnis der von Honeckers Kurs einer Einheit von Wirtschafts- und Sozialpolitik betriebenen touristischen Expansion in diesem Zeitraum mehr Ferienplätze geschaffen als in den 20 Jahren davor. In der zweiten Hälfte der 1970er Jahre kamen nach der Direktive zum Fünfjahresplan weitere rund 1.000 neue Urlauberplätze in dem Bezirk hinzu.[4] Beispielsweise haben die Ferienheime in Oberwiesenthal und Talsperre Eibenstock in Schöneck mit ihren großen Kapazitäten den Anteil des Bezirks an den landesweit zur Verfügung stehenden Ferienplätzen kräftig erhöht. Dank dieser beträchtlichen Kapazitätserweiterung verdoppelte sich die Zahl der FDGB-Urlauber zwischen 1970 und 1980 von rund 55.000 auf 102.000 Feriengäste.[5]

2. Allgemeine Aufgaben

Das FDGB-Ferienheim „Am Fichtelberg" war zunächst als Interhotel geplant worden. Nachdem die Baugrube am Skihang ausgehoben war, erfolgte 1969 ein Baustopp. Der VIII. Parteitag hatte beschlossen, an dieser Stelle statt eines Hotels eine Ferienanlage für Gewerkschaftsmitglieder zu errichten, sodass der FDGB-Feriendienst Bauherr wurde. Oberwiesenthal, ebenso

---

[2] Vgl. „Rote Hefte – Anregung aus Freundesland", in: Gastronomie 3/1977, S. 6.

[3] Vgl. Einschätzung des Standes der Durchführung der Investitionsvorhaben und des Baugeschehens im Feriendienst der Gewerkschaften 1976/1977, Bestandssignatur DY34, Archiv-Nr. 25340, Bundesarchiv Berlin, S. 1.

[4] Vgl. Investitionsvorentscheidung für das FDGB-Erholungsheim Schöneck, Bezirk Karl-Marx-Stadt, S. 5, Bestandssignatur DY34, Archiv-Nr. 25340, Bundesarchiv Berlin.

[5] Vgl. Vorlage für das Sekretariat, FDGB-Bezirksvorstand Karl-Marx-Stadt, 23.9.1980, Bestandssignatur DY34, Archiv-Nr. 25449, Bundesarchiv Berlin.

2. Allgemeine Aufgaben

wie die baugleichen Objekte in Oberhof und Suhl, sollte ein Vorzeigeobjekt des Feriendienstes werden.[6] Dieser hatte im Zeitraum 1971–1975 zehn große Ferienheime bauen lassen. Zusammen mit kleineren Einrichtungen sind in diesen fünf Jahren mehr Kapazitäten entstanden als im Zeitraum 1947–1970.

Eine besondere Bedeutung nimmt Oberwiesenthal im Kontext des in den 1970er Jahren stark expandierenden Wintersports in der DDR ein, der seit den 1960er Jahren als Teil des gewerkschaftlich organisierten Urlaubsangebots akzeptiert war. Bis 1959 hatten die Aufenthalte in FDGB-Anlagen in Wintersportgebieten lediglich 7 Tage betragen[7], ab 1960 wurde schrittweise auf den 13-Tages-Rhythmus umgestellt.[8] Ein Beschluss des Vorstands des FDGB 1962 legte fest, dass 4.000 Winterreisen à 13 Tage in Heime in schneesicheren Lagen zu vergeben seien.[9] In den Ausbauplanungen für den Zeitraum 1968 bis 1980 wollte sich der Feriendienst schwerpunktmäßig um neue Anlagen in Küstennähe und den schneesicheren Gebirgslagen kümmern.[10]

Der Wintersport in der DDR erfuhr auch deshalb zunehmende Popularität, weil die Wintersportler des zweiten deutschen Staates bei internationalen Wettkämpfen sehr erfolgreich waren und dadurch die physische Betätigung im Schnee auch unter Freizeitsportlern beliebt wurde. Zudem setzte in den 1970er Jahren ein, wenn auch schwach ausgeprägter, Trend zum Zweit- oder auch Kurzurlaub ein, der mitunter den einmaligen, langen Jahresurlaub ergänzte oder ersetzte. Die Popularität des Wintersports zeigt auch deutlich die veränderten Ansprüche der DDR-Bürger in Bezug auf ihre Urlaubs- und Freizeitgestaltung. Stand in den 1950er und 1960er Jahren noch der klassische Erholungsaufenthalt im Vordergrund, verlangten nun immer mehr Touristen nach einem „Urlaubserlebnis".

Auf diesen Trend hat auch die Tourismusindustrie der DDR reagiert und ihr Angebot in den Wintersportgebieten im Süden der Republik erweitert. Neben dem Ausbau einer entsprechenden Wintersportinfrastruktur, zu der

---

[6] Vgl. Mitteldeutsches Wirtschaftsmagazin, März/April 2005, S. 14.

[7] Vgl. Programm für die Entwicklung des Kur- und Erholungswesens der Gewerkschaften im Siebenjahresplan der DDR von 1959–1965, Bundesvorstand des FDGB, 22.08.1959, Bestandssignatur DY34, Archiv-Nr. 26086, Bundesarchiv Berlin, S. 11.

[8] Vgl. Beschluss des Präsidiums, Bundesvorstand des FDGB, 7.9.1959, Bestandssignatur DY34, Archiv-Nr. 26086, Bundesarchiv Berlin, S. 2.

[9] Sekretariatsvorlage, Bundesvorstand des FDGB, 7.6.1962, Bestandssignatur DY34, Archiv-Nr. 24688, Bundesarchiv Berlin.

[10] Vgl. Präsidiumsvorlage Konzeption Entwicklung Feriendienst für den Zeitraum 1968–1980, 21.08.1968, Bestandssignatur DY34, Archiv-Nr. 24806, Bundesarchiv Berlin, S. 6.

Skischanzen, Loipen, Skilifte, aber auch Rodel- und Bobbahnen gehörten, wurde der Ausbau der Unterbringungsmöglichkeiten und gastronomischen Einrichtungen für die Urlauber forciert. Die Erweiterung der Bettenkapazität des Kurortes Oberwiesenthal im Erzgebirge zeigt diese Entwicklung deutlich: Standen 1953 rund 1.350 Übernachtungsmöglichkeiten zur Verfügung, erhöhte sich diese Zahl nach der Inbetriebnahme des FDGB-Ferienheims als größte touristische Investitionsmaßnahme bis 1976 auf rund 3.800 Betten.[11] Oberwiesenthal war, neben Oberhof, zu einem Ort des Massentourismus aufgestiegen und stellte rund ein Fünftel aller FDGB-Ferienplätze im Bezirk Karl-Marx-Stadt.[12]

Hinzu kamen die zahlreichen Veränderungen im Ort, um diesen für den Gästeansturm bereit zu machen und eine entsprechende touristische Infrastruktur zu schaffen. So wurde mittels Umgehungsstraße der Autoverkehr aus dem Ortskern verbannt, Sportanlagen rekonstruiert und mehrere Sessel- und Schlepplifte installiert. Die Große Fichtelbergschanze wurde erneuert und das Spektrum des Wintersports mittels Errichtung einer Rennrodelbahn erweitert. Oberwiesenthal sollte auf diesem Weg zu einem „sozialistischen Kurort der Werktätigen unter Führung der Partei der Arbeiterklasse"[13] entwickelt werden. Dem Feriendienst des FDGB wurde in diesem Zusammenhang die Rolle als „Haupterholungsträger im Erholungs- und Wintersportgebiet Oberwiesenthal"[14] zuerkannt, da er der Betreiber des größten Beherbergungsbetriebes war und somit die meisten Gäste als FDGB-Urlauber nach Oberwiesenthal kamen.

Schon in den zwanziger Jahren wimmelte es im Erzgebirge (Sächsisches Sibirien) nur so von „Sommerfrischlern", wie man damals die Tages- oder Kurzzeittouristen bezeichnete. Die Bewohner des Erzgebirges erkannten, dass die Schönheit ihrer Heimat für Touristen von großem Reiz ist. Schon damals unterstützten 140 Ortsgruppen (Erzgebirgsvereine) den individuellen Tourismus der Arbeitnehmer und Beamten aus ganz Deutschland, aber insbesondere im Land Sachsen. Der Tourismus wurde so beschrieben: „Es gibt wohl kaum ein Dörfchen, das solche aufzunehmen sich nicht vorbereitet hätte, sobald es in der Nähe Wald hat, und das ist ja bei fast allen der Fall,

---

[11] Vgl. „450 Jahre Kurort Oberwiesenthal", hg. vom Rat der Stadt Oberwiesenthal,1977, S. 56.

[12] Bereits zu KdF-Zeiten wurde das obere Erzgebirge als Ferienregion genutzt.

[13] „450 Jahre Kurort Oberwiesenthal", hg. vom Rat der Stadt Oberwiesenthal, 1977, S. 51.

[14] Vgl. „Modell des Systems der Planung und Leitung der wirtschaftlichen und gesellschaftlichen Entwicklung, der Versorgung und Betreuung der Urlauber, Touristen, Besucher und Einwohner des Erholungsortes der Stadt Oberwiesenthal", hg. vom Rat der Stadt Oberwiesenthal 1970, S. 20–26.

2. Allgemeine Aufgaben

Tabelle 9
Kapazitäten FDGB-Erholungsheim Oberwiesenthal

Betten:	770
• Aufbettungen	33
• Tagesliegen	254
• Kinderbetten	73
Insgesamt:	*1.130*
Außerhausbetten:	280

Speisesaal:	448 Plätze
Restaurant:	151 Plätze
Tagescafé:	110 Plätze
Knappenstube:	88 Plätze
Bar:	13 Plätze
Steigerstube:	44 Plätze
Eingangshalle:	80 Plätze
Hallenbar:	15 Plätze
Leseraum:	72 Plätze
Personalspeiseraum:	104 Plätze
Etagenklubräume (Kern) je Geschoß:	44 Plätze
Etagenfoyer je Geschoß:	18 Plätze
Kindergarten:	30 Plätze
Friseur	5 Plätze
Arztbereich, Screen Sporträume/Gymnastikräume, Wintersportgeräteausleihe, Sauna, Schwimmbad	

und als Wintersportplatz ist das Erzgebirge geradezu berühmt geworden, es sei nur erinnert an Oberwiesenthal mit seiner deswegen besonders angelegten Schwebebahn nach dem Fichtelberg"[15]. Auch in der NS-Zeit wurde Oberwiesenthal frequentiert und instrumentalisiert.

---

[15] Vgl. Clemen „Führer durch Zwickau", Verlag von Carl R. Moeckels Nachf., Rudolf Schaufuß, Zwickau 1926, S. 48.

3. Die architektonische Gestaltung

Das Flagschiff in der touristischen Angebotspalette des Feriendienstes bildete in den 1970er Jahren das 1.300-Bettenheim „Am Fichtelberg", das im Jahr rund 20.000 Besucher empfing und keinen Gastwunsch offen lassen sollte.[16] Auch wenn diese Ferienheime aus heutiger Sicht wie klotzige, in die Landschaft gestellte Betonburgen wirken, empfanden die Urlauber sie als modern und komfortabel.[17] Ausstattung und Komfort lagen weit über dem üblichen Standard anderer Einrichtungen und waren mit dem Niveau der gehobenen Hotellerie vergleichbar, denn jedes Zimmer verfügte über Sanitärzelle mit Duschecke. Oberwiesenthal sowie die im gleichen Zeitraum entstandenen Urlauberanlagen in Oberhof und an der Schaabe auf der Insel Rügen sollten dem vom 7. FDGB-Kongress vorgegebenen Ziel einer Erhöhung der Aufenthaltskapazitäten in modernen und komfortablen Eigeneinrichtungen des Feriendienstes dienen.[18]

Weit über den Rahmen einer Unterkunft bot das Objekt zahlreiche Einrichtungen der Urlaubsgestaltung, die westlichen Ferienanlagen durchaus ebenbürtig waren und den gesteigerten Erwartungen der Touristen hinsichtlich des Urlaubsprogramms Rechnung trugen. Neben den üblichen gastronomischen Einrichtungen gab es beispielsweise separate Bars und Tanzflächen; dem Gast standen zudem eine Milchbar, eine Kegelbahn, ein Bewegungs- und ein Schwimmbad zur Verfügung. Dienstleistungsangebote wie ein Friseur- und ein Kosmetiksalon standen ebenfalls bereit. Der Feriendienst des Gewerkschaftsbundes investierte insgesamt rund 64 Millionen Mark in das Kernobjekt, hinzu kamen noch 14 Millionen für die Abrundungsinvestitionen, zu denen die Gestaltung der Außenanlagen, die Errichtung des Schwimmbades usw. gehörten.[19]

Die aus dem Wohnungsbau bekannte Montagebauweise mittels industriell vorgefertigter Betonelemente kam auch in Oberwiesenthal zum Einsatz, um die Bettenhäuser, die Hotelhalle und das Wirtschaftsgebäude zu errichten. Durch die Hanglage und die Eigenhöhe erreicht das Gebäude eine architektonische Repräsentanz und Fernwirkung, die auch an die Bettenburgen in spanischen Feriendomizilen erinnert und ein zeittypisches architektonisches Monument des Sozialismus darstellt. Nach der Eröffnung wurde das Gebäu-

---

[16] Vgl. „450 Jahre Kurort Oberwiesenthal", hg. vom Rat der Stadt Oberwiesenthal,1977, S. 50.
[17] Vgl. Selbach, Reise nach Plan, S. 69.
[18] Vgl. Argumentation zu einigen Problemen der Entwicklung des Feriendienstes der Gewerkschaften, Bestandssignatur DY34, Archiv-Nr. 24943, Bundesarchiv Berlin, S. 5.
[19] Beschluss des Sekretariats vom 05.09.1979, Nr. S 242/79, S. 5, Sächsisches Staatsarchiv EB 218, FDGBBVkMst 2.

deensemble um ein Schwimmbad, ein weiteres Restaurant, ein Lehrlingswohnheim sowie eine Bungalowanlage ergänzt, um Urlaubskomfort und Kapazitäten erheblich zu erhöhen.[20]

Trotz der Priorität, die das Objekt als Vorzeigeeinrichtung des Feriendienstes genoss, zeigten sich auch hier beim Bau die Mühen der sozialistischen Ebene. Zahlreiche Investitionen, die das Urlaubsangebot abrunden sollten oder den Mitarbeitern dienten – Bewegungsbad, Außenanlagen, Mitarbeiterunterkünfte – verzögerten sich, weil nicht genügend Baukapazitäten und Arbeitskräfte zur Verfügung standen. In einer Übersicht über den Stand der Investitionen wird dieser Zustand deshalb als „untragbar und äußerst kostenaufwendig"[21] bezeichnet.

4. Die künstlerische Gestaltung der Ferienanlage

a) Kunst, Gewerkschaft und Arbeiterideal

Mit der Gründung der DDR erfolgte auch der Anspruch auf eine eigenständige künstlerische Ausformung der Gesellschaftsordnung des neuen Staates. Dieser Kunststil, als Sozialistischer Realismus bezeichnet, wurde zur Herrschafts- und Staatskunst. Die offiziell anerkannten Künstler brachten das, aus Sicht der Herrschenden, gesellschaftlich und politisch Gewollte zum Ausdruck. Im Zeichen der Durchsetzung der Diktatur des Proletariats war eine Kunst verbindlich, die das von der Staatspartei und den von ihr gesteuerten Massenorganisationen Gewollte positiv-abbildhaft darstellte. Die damit verbundenen Entwicklungen der Kunst wurden nicht nur einer elitär-intellektuellen Ebene abgehandelt. Es galt vielmehr die künstlerische Durchdringung aller Lebensbereiche als eine gesamtgesellschaftliche Aufgabe, denn der Kunst wurde in der DDR eine wichtige Funktion bei der Entwicklung der „allseits gebildeten sozialistischen Persönlichkeit" zugeschrieben.

In den 1970er Jahren wurde die sozialistische Kunst- und Kulturarbeit entpolitisiert und entideologisiert, wie das Beispiel Oberwiesenthal zeigt. Dies bedeutete jedoch keineswegs einen Verzicht auf ideologische Maßnahmen. Geändert hat sich lediglich das Instrumentarium, indem nun der Holzhammer gegen das Skalpell eingetauscht wurde. Bereits in der baulichen Gestaltung finden sich, ebenso wie in der kulturellen Programmplanung, deshalb ideologische Elemente wieder, wie die Planung zur Ausgestaltung

---

[20] Vgl. Beitrag in Zeitschrift: „Architektur der DDR", Ausgabe 6/78, S. 349.
[21] Beschluss des Sekretariats vom 19.04.1976, Nr. S116/78, S. 3, Sächsisches Staatsarchiv EB 218, FDGBBVkMst 2.

184   VI. Das Fallbeispiel des FDGB-Ferienheimes „Am Fichtelberg"

der gemeinschaftlich genutzten Räumlichkeiten und Einrichtungen des Ferienheims „Am Fichtelberg" zeigt. An die Stelle der „Kunst als Waffe" rückte beispielsweise der Raumschmuck, der oft in einem absurden Verhältnis zur Alltagserfahrung stand. Während Urlauber sich über mangelnden Service, schlechtes Essen und ähnliche Unannehmlichkeiten in kleinen Ferienheimen beklagten, waren sie hier von künstlerischen Unikaten umgeben, die die besondere Bedeutung der Anlage herausstreichen sollten.

Bereits vor Beginn der eigentlichen Bauarbeiten war eine Gruppe Künstler des Bezirks Karl-Marx-Stadt vom Gewerkschaftsbund beauftragt worden, eine künstlerische Grundkonzeption für die Gestaltung der Ferienanlage zu entwerfen, die „eine klare weltanschaulich-künstlerische Position verriet"[22]. Da es sich um eine von der Gewerkschaft errichtete Anlage handelte, die in erster Linie von deren aus der Klasse der Werktätigen kommenden Mitgliedern genutzt werden sollte, musste die Ausgestaltung einen inhaltlichen Bezug zu Auftraggeber und Nutzer herstellen. Maßgeblich waren also weniger künstlerisch-ästhetische als vielmehr inhaltlich-ideologische Kriterien, in deren Mittelpunkt offizielle Imaginationen von der DDR-Arbeiterklasse standen. Zur inneren Konstitution der DDR-Gesellschaft gehörte es, durch solche Maßnahmen den Fortschritt für Arbeiter möglichst sichtbar zu machen. Das Bildprogramm sollte als sozialistischer Leistungsanreiz dienen und wurde in dieser Rolle dadurch noch bestätigt, dass andere, materielle und konsumorientierte Stimuli sich nur bedingt mit den Prinzipien der sozialistischen Bewusstseinsbildung vereinbaren ließen. Kunst wurde hierdurch in den Rang einer Produktivkraft gehoben.[23]

Der Freie Deutsche Gewerkschaftsbund hat sich auf dem Gebiet der Kunstförderung seit seiner Gründung stark engagiert und galt als einer der größten Auftraggeber für Werke der Bildenden Kunst. Mit seiner spezifischen Art der Kunstförderung hatte der Gewerkschaftsbund erheblichen Anteil an der Ausgestaltung des „Gesamtkunstwerks" DDR. Neben den regelmäßig unter seiner Ägide stattfindenden Kunstausstellungen in Dresden verlieh der FDGB ab 1960 jährlich einen Kunstpreis. Der FDGB als Kunstauftraggeber ist unter anderem deshalb so interessant, weil er an der Schnittstelle zwischen Fiktion und Wirklichkeit agierte. Der Gewerkschaftsbund war der Mittler zwischen dem immer aufs Neue produzierten Leitbild

---

[22] Richter, Martin: „Holz, Stahl und Vuglbeeren. Werke der bildenden Kunst im FDGB-Heim ‚Am Fichtelberg'", Freie Presse, Bezirksausgabe Karl-Marx-Stadt, 30.04.1976, S. 3.
[23] Vgl. Plato, Alexander von: „Arbeiter-Selbstbilder in der DDR", in: Peter Hübner und Klaus Tenfelde (Hg.): Arbeiter in der SBZ-DDR, Essen 1999, S. 867–882; Siebeneicker, Arnulf: „Kulturarbeit in der Industrieprovinz. Entstehung und Rezeption bildender Kunst im VEB Petrolchemisches Kombinat Schwedt 1960–1990", in: Historische Anthropologie 5, 1997, S. 435–453.

4. Die künstlerische Gestaltung der Ferienanlage 185

Abbildung 3: Zeitungsartikel der Freien Presse vom 20. Dezember 1975 zur Eröffnung des FDGB-Erholungsheimes „Am Fichtelberg"

von der Avantgarde der Gesellschaft, das meist im körperlich schwer arbeitenden Stahlarbeiter, Bergmann oder Bauarbeiter seinen Ausdruck fand.

Das Selbstverständnis der DDR, die die Arbeiter und Bauern in den Herrscherstatus erheben wollte, forderte hier Rückgriffe auf die Herrscherikonographie in verschiedenen Inszenierungsformen geradezu heraus.[24] Die Werke lehnten sich meist an die verklärenden Darstellungen des Industriezeitalters des 19. und frühen 20. Jahrhundert an. So stand im Zentrum der Eingangshalle des Erholungsheims beispielsweise die Skulptur „Arbeiterklasse" von Volker Beier, die „an die proletarisch revolutionäre Kunst von Käthe Kollwitz denken lässt."[25] Mittels Analyse der prominent im öffentlichen Raum platzierten Kunst lässt sich also ein Stück sozialer Praxis und alltäglicher Arbeitserfahrungen rekonstruieren, die für Betriebe und Gewerkschaften in der DDR typisch waren, in denen Kunstwerke als motivationsfördernde „symbolische Zeichen der Anerkennung"[26] geschaffen und eingesetzt wurden.

Die 1970er Jahre sind die Periode der intensivsten Ankaufstätigkeit durch den FDGB gewesen; jährlich wurden mehr als eine Million Mark zu diesem Zweck ausgegeben. Das gewaltige Kultur-Erziehungs-Programm lief also in der Entstehungszeit der Ferienanlage „Am Fichtelberg" zu seiner höchsten Form auf.[27] Ziel der künstlerischen Gestaltung der Anlage war es, den Gästen „über den Urlaub hinaus ein kulturelles Erlebnis zu vermitteln", sodass „ihnen für die sozialistische Arbeitskultur Anregungen gegeben werden."[28] Die Darstellung der Arbeiterklasse und ihrer führenden Rolle im Sozialismus war die wichtigste Aufgabe der FDGB-Auftragspolitik, der Arbeiter war und blieb zentraler Bildgegenstand. Die Arbeiterklasse war hier gleichermaßen Subjekt wie Objekt, befrachtet mit unterschiedlichen, häufig sogar widersprechenden Erwartungshaltungen und Projektionen. Die Arbeiterklasse als Träger der Gewerkschaft war zugleich Auftraggeber und wichtigster Gegenstand der in Auftrag gegebenen Gestaltung der Ferienanlage gemäß den formulierten Ansprüchen.[29] Ästhetisch hielt die Gewerkschaft

---

[24] Vgl. Flacke, Monika (Hg.): „Auftrag: Kunst 1949–1990. Bildende Künstler in der DDR zwischen Ästhetik und Politik", Katalog zur Ausstellung des Deutschen Historischen Museums, Berlin 1995, S. 11.

[25] Richter, Werke der bildenden Kunst, S. 16 ff.

[26] Vgl. zu diesem Begriff: Lüdtke, Alf: „Helden der Arbeit – Mühen beim Arbeiten. Zur missmutigen Loyalität von Industriearbeitern in der DDR", in: Kaeble u. a. (Hg.): Sozialgeschichte der DDR, S. 188–213, hier S. 190.

[27] Vgl. Leo, Anette: „Bilder für das Volk? Die Auftragspolitik von SED und FDGB in den siebziger und achtziger Jahren", in: Renate Hürtgen und Thomas Reichel (Hg.): Der Schein der Stabilität. DDR-Betriebsalltag in der Ära Honecker, Berlin 2001, S. 159–172, hier S. 160 und S. 165.

[28] Richter, Werke der bildenden Kunst, S. 16 ff.

[29] Vgl. Leo, Bilder für das Volk, S. 164.

hier an einem Gesellschaftsmodell fest, das realiter am Verschwinden war, denn in der DDR war in den 1970er Jahren längst eine Art nivellierter Werktätigengesellschaft entstanden, in der die alte soziale Formation der Arbeiterschaft ihre Konturen verloren hatte.[30] Ina Merkel spricht nicht umsonst von einer „künstlichen Erhaltung der Arbeiterklasse"[31], die, bezogen auf die Gestaltung des Gewerkschaftserholungsheimes, abgewandelt auch als „künstlerische Erhaltung" bezeichnet werden kann.

Den Kunstschaffenden wurde ein enges Korsett angelegt, das ihre künstlerische Freiheit entschieden beschnitt. Dies galt nicht nur in Bezug auf die erwartete ideologische Botschaft des Werkes, sondern auch die Darstellungsform an sich. Aber auch wenn die für das System zentralen Themen, Inhalte und Gegenstände ihre Gültigkeit behielten, hatte doch das Bild vom Arbeiter in den 1980er Jahren wenig gemein mit den Darstellungen der 1950er Jahre. Wichtig für die Auftraggeber war jedoch, dass sich das Sinnbildhafte beziehungsweise der Symbolgehalt dem Betrachter, dem Erholung suchenden Werktätigen tatsächlich erschloss. Hierin einbegriffen war der Anspruch, in der Kunst eine verallgemeinerungswürdige und vorbildhafte Darstellung des Lebens in der sozialistischen Gesellschaft zu finden. Dieser Anspruch konnte durchaus zu Konflikten führen, wie ein 1984 in Auftrag gegebenes fünfteiliges Wandbild für das FDGB-Erholungsheim „Karl Marx" in Schöneck zeigt. Das Bild geriet sehr philosophisch und vor allem wenig gegenständlich und stieß deshalb auf Ablehnung. Der letztendlich geschlossene Kompromiss sah vor, es im Foyer zusammen mit dem Abguss einer von Fritz Cremer 1953 geschaffenen Portraitplastik „Karl Marx" zu zeigen, um die Aussage ideologisch zu vereindeutigen und Bezug auf den Namensgeber der Ferienanlage zu nehmen.[32]

Nicht nur die Eingangshalle, sondern sämtliche Aufenthaltsbereiche der Ferienanlage sollten die Urlauber im Sinne des richtigen Klassenbewusstseins beeindrucken. Dies galt für den Speiseraum ebenso wie für die im Untergeschoss liegende Knappenstube, die mit einer erzenen Decke ausgestattet war und die Gäste an die Arbeitswelt der Bergleute erinnern sollte. Der Besucher sollte durch das verwendete Material eine kräftige Einstimmung auf die erzgebirgische Landschaft, durch die Form auf die Klasse, die diese Landschaft über Jahrhunderte hinweg geprägt hatte, erfahren.[33] An dieser

---

[30] Vgl. Kapitel V.2.b) „Herausforderungen für Gewerkschaft und Politik".

[31] Tenfelde, Klaus: „Einige Ergebnisse", in: Peter Hübner und Klaus Tenfelde (Hg.): Arbeiter in der SBZ-DDR, Essen 1999, S. 890.

[32] Vgl. Mosch, Christa: „Die Kunstpolitik des FDGB zwischen Kunstförderung und sozialer Verantwortung. Ein Erfahrungsbericht", in: Monika Flacke (Hg.): Auftrag Kunst 1949–1990. Bildende Künstler in der DDR zwischen Ästhetik und Politik, Berlin 1995, S. 118.

[33] Vgl. Richter, Werke der bildenden Kunst, S. 16 ff.

Stelle wurde die Arbeitswelt der Arbeiterklasse heroisiert und als produzierende Kraft, die die Grundlage des Sozialismus schafft, ideologisiert.[34]

b) Die Gestaltung als Gegenentwurf

Die bei großen Bauprojekten zur Anwendung kommende Kunst in der DDR war immer eine offizielle. Sie sollte, dem politischen Selbstverständnis des Systems und der Form der Vergesellschaftung entsprechend, bewusst geformt und eingebunden sein in den gesellschaftlichen Gesamtzusammenhang. Die Verantwortlichen des Feriendienstes legten bei der künstlerischen Ausgestaltung der Anlage „Am Fichtelberg" besonderen Wert darauf, dass die Ferienanlage in ihrer gestalterischen Konzeption sich deutlich von tradierten bürgerlichen Formen unterschied und eine dezidiert sozialistische Handschrift erkennen ließ.

Die mit der versprochenen Hinwendung zu einer mit den Bedürfnissen der Menschen verbundenen Ausweitung des Konsums, hier in Gestalt besserer touristischer Angebote, hatte einen zweischneidigen Charakter, denn die Bedürfnisse galten als gestaltungsbedürftig und waren Gegenstand der Erziehungsarbeit der Partei. „Übertriebene" Konsumwünsche sollten als kleinbürgerliche, individualistische und egoistische Vorstellungen"[35], Ausdruck der Konsumideologie einer aufs schärfste abgelehnten westlichen Konsumgesellschaft bekämpft werden. Eine bereits bei der Erstgestaltung der Ferienanlage zum Tragen kommende gebrauchspatinafähige Ausführung sollte „das vor der bürgerlichen Kulturzerstörung selbstverständliche Prinzip langer Lebensdauer gestalterisch in einem gesellschaftlich bedeutsamen Objekt"[36] demonstrieren. Indirekt wird hier das – aus Sicht der DDR-Ideologen für den Westen charakteristische – schnelllebige Konsumverhalten kritisiert, welches zu einer permanenten Verkürzung der Halbwertzeit von materiellen Dingen führt. Hier zeigt sich, dass die mit der Entstehung sozialtouristischer Einrichtungen verbundenen sozialistischen Konsumutopien in ihren gestalterischen Ambitionen stark an klein- beziehungsweise bildungsbürgerlichen Lebensstilen orientiert und mit Stichworten wie „sinnvolle Freizeitbeschäftigung" oder „lange Lebensdauer" durchsetzt waren.[37] In der zeitgenössischen DDR-Diskussion war der Konsumtionsbegriff folglich negativ besetzt und wurde mit Entfremdung, Manipulation, Konsumterror und

---

[34] Vgl. Merkel, Arbeiter und Konsum, S. 533.
[35] Lamberz, Werner in: Einheit, Berlin (Ost), Jg. 27, 1972, S. 846–854, hier S. 852.
[36] Beschluss des Sekretariats vom 01.12.1976, Nr. S 319/76, Sächsisches Staatsarchiv EB 197, FDGBBVkMst 2.
[37] Vgl. Merkel, Arbeiter und Konsum, S. 529.

Konsumzwang in Verbindung gebracht. Es handelt sich hierbei um eine kulturpessimistische Kritik am technischen Zeitalter im Zusammenhang mit der Überzeugung von der verführenden und manipulierenden Kraft der Werbung sowie der Zurichtung des Menschen von den Strömungen der Mode.[38]

Die geschilderte Debatte unter Architekten, Designern, Kulturwissenschaftlern und Ästhetikern ist in den 1970er und 1980er Jahren virulent geführt worden und beruht ganz wesentlich auf den Überlegungen des Philosophen Lothar Kühne. Sein idealtheoretischer Ansatz stand der Westorientierung entgegen und beruhte auf einer gesellschaftstheoretischen Typologie des Gebrauchs. Kühne ging von der praktischen Brauchbarkeit der Gegenstände für eine universelle und harmonische Lebensweise der Menschen aus und bestimmte die Dauer eines Gegenstandes anhand seines praktischen Funktionswertes, seines technischen Aufbaus und die Gestalt, welche die sozialen und technischen Bedingungen der Herstellung ästhetisch erhellt und den praktischen Funktionswert und wesentliche technische Strukturen des Gegenstandes formiert und deutet.[39] Im Umgang mit einem konkreten Objekt ging es um die Leitlinien der DDR-Kulturpolitik als postulierte Ausprägung lebendiger, schöpferischer Beziehungen zu progressiven, humanistischen und revolutionären Ideen, Werten und Kämpfen in der Geschichte, weshalb mit großen Teilen des Überlieferten radikal gebrochen werden musste.[40]

Ob es sich letztendlich bei der Gestaltung der Ferienanlage tatsächlich um einen Gegenentwurf handelte, der genuin „proletarische" Konsumtugenden vermeintlich bürgerlichen Normen entgegenstellte, dürfte allerdings umstritten bleiben. Das oben zitierte „selbstverständliche Prinzip langer Lebensdauer"[41] ließe sich jedenfalls auch in bildungsbürgerlich-preußischen oder protestantischen Traditionen verorten und sollte vielleicht auch als ein Indiz – gewollt oder nicht, sei dahingestellt – für restaurative Tendenzen des historischen Rückgriffs gewertet werden.

---

[38] Vgl. Merkel, Arbeiter und Konsum, S. 533.
[39] Vgl. Brie, Michael und Karin Hirdina (Hg.): „In memoriam Lothar Kühne. Von der Qual, die staatssozialistische Moderne zu leben", Berlin 1993, S. 9 ff.
[40] Vgl. Rehberg, Karl-Siegbert: „Der doppelte Ausstieg aus der Geschichte", in: Gert Melville und Hans Vorländer (Hg.): Geltungsgeschichten. Über die Stabilität und Legitimierung institutioneller Ordnungen, Köln, Weimar, Wien 2002, S. 319–348, hier S. 329.
[41] Beschluss des Sekretariats vom 01.12.1976, Nr. S 319/76, Sächsisches Staatsarchiv EB 197, FDGBBVkMst 2.

5. Personalpolitik im Hotel

a) Vorbildcharakter

Der gewerkschaftseigene Feriendienst beschäftigte in seinen rund 700 Ferienanlagen und Urlauberunterkünften insgesamt 15.000 Mitarbeiter.[42] Als Untersuchungsgegenstand für die Arbeitnehmermobilisation im Sinne der Produktivitätssteigerung, die den Gewerkschaften als eine Hauptaufgabe im Wirtschaftssystem der DDR übertragen worden war, sind die Einrichtungen des FDGB besonders interessant, denn hier agierte der Gewerkschaftsbund aus einer Doppelfunktion als vermeintlicher Wahrer der Interessen der Werktätigen und als Arbeitgeber heraus. Der politisch-erzieherische Auftrag musste zunächst hier, im eigenen Hause, greifen, um flächendeckend auf die gesamte volkseigene Wirtschaft der DDR angewandt werden zu können.

Die Ferienanlage „Am Fichtelberg" galt nach ihrer Eröffnung für die Arbeit der Gesamtorganisation in mehrfacher Hinsicht als mustergültig. Sie wurde als beispielgebend für die Arbeit des Feriendienstes im gesamten Bezirk Karl-Marx-Stadt sowie weitere Ferienanlagen in der DDR angesehen. Dies galt insbesondere auf dem Gebiet der Personalpolitik, sodass hier beispielsweise die Lehrlingsausbildung für alle FDGB-Einrichtungen des Bezirkes Karl-Marx-Stadt und angrenzender Bezirke erfolgt ist.[43] Neue Konzepte der Mitarbeiterführung und -motivation wurden zunächst in Oberwiesenthal ausprobiert, bevor sie in anderen Ferienobjekten zur Anwendung kamen. So bescheinigte eine Einschätzung der Sommerreisezeit 1980 im Bezirk Karl-Marx-Stadt den Mitarbeitern der Anlage in Oberwiesenthal, „Schrittmacher für die Resultate bei der Führung des sozialistischen Wettbewerbs"[44] zu sein. Grundlage dieser Einschätzung war einerseits der Umgang mit den Gästen, andererseits die effektive Verwendung der zur Verfügung stehenden finanziellen und materiellen Mittel. Die in Oberwiesenthal gewonnenen Erkenntnisse wurden später auf weitere Ferienanlagen im Bezirk Karl-Marx-Stadt übertragen.

Um die Leistungsbereitschaft der Arbeitnehmer zu erhöhen, hat es in der DDR-Geschichte wiederholt Experimente in der Lohn-, Prämien- und ähnlicher Anreizpolitik gegeben. Die Experimente der 1960er Jahre mit Leistungslöhnen sind in den 1970er Jahren jedoch durch eine nivellierende

---

[42] Vgl. Gill, Der Freie Deutsche Gewerkschaftsbund, S. 360.

[43] Vgl. Direktive zur Ausarbeitung des Perspektivplans 1971–1975 für den Bereich des Feriendienstes der Gewerkschaften, Bestandssignatur DY34, Archiv-Nr. 24943, Bundesarchiv Berlin, S. 23.

[44] Vorlage Sekretariat Bundesvorstand des FDGB, 23.9.1980, Bestandssignatur DY34, Archiv-Nr. 25449, Bundesarchiv Berlin.

Lohnpolitik abgelöst worden, die sich im letzten Jahrzehnt der DDR-Geschichte fortsetzte und in einer mangelnden Leistungsorientierung resultierte. Zahlreiche Arbeitnehmer litten unter Motivationsproblemen, da die starke Nivellierungstendenz das Leistungsprinzip diskriminierte.[45] Der Ausfall des „materiellen Hebels" sollte zunehmend durch nichtmaterielle Anreize kompensiert werden, wozu die Vorbildwirkung von „Neuerern", der Appell an die „Arbeitsehre" oder die kommunistische „Arbeitsmoral" zählten.[46]

Am Beispiel der Personalführung des Erholungsheimes „Am Fichtelberg" können diese Versuche gut nachvollzogen werden. Ihnen wohnte stets ein Modellcharakter für weitere Ferienanlagen des Feriendienstes des FDGB inne; als gewerkschaftseigener Wirtschaftsbetrieb hatte die Ferienanlage darüber hinaus Leuchtturmfunktion für die gesamte DDR-Wirtschaft. Letztendlich führten die Experimente zur Leistungssteigerung nicht zum erwünschten Erfolg, denn die Klagen und Beschwerden nahmen tendenziell eher zu als ab.

Der Arbeitsalltag in der DDR war mit einem engmaschigen Netz von Aufrufen, Parolen, Initiativen und Losungen durchzogen, die in ritualisierter Gestalt auftraten. Diese immer neuen Formen, dem Verhalten der Werktätigen einen leistungssteigernden Impuls zu geben, schienen oft willkürlich entstanden zu sein und lediglich der Wichtigkeit des FDGB sowie der Disziplinierung nach unten zu dienen. Eines der neuen Konzepte in der Mitarbeiterführung im Ferienheim „Fichtelberg" war beispielsweise die Einführung von so genannten „Roten Heften", bei denen auf Erfahrungen aus dem sowjetischen Partnergebiet Irkutsk zurückgegriffen wurde. Das Heft wurde jedem Mitarbeiter, der persönliche Verpflichtungen übernommen hatte, als Nachweisdokument übergeben. Auf diesem Weg sollte durch individuelle Verantwortungsübernahme der Mitarbeiter für bestimmte, exakt definierte Aufgabenbereiche gewährleistet werden, dass diese Aufgaben auch permanent erfüllt wurden. Das Rote Heft diente „einmal als Form und Methode für den moralischen Anreiz zur Übernahme von Verpflichtungen und zum anderen als Methode der regelmäßigen und exakten Abrechnung der übernommenen Verpflichtungen."[47]

Über betriebsinterne Mitarbeiterwettbewerbe sollten die Angestellten des Erholungsheims stets zu neuen „Bestleistungen" angespornt werden. Die interne Objektleiteranweisung von 1975 propagierte hierfür die „wirksame Kraft der Nutzung des Beispiels". Zu diesem Zweck sollte beispielsweise

---

[45] Vgl. Wehler, Deutsche Gesellschaftsgeschichte, S. 105.
[46] Vgl. Boyer, Grundlinien der Sozial- und Konsumpolitik, S. 74 f.
[47] „Rote Hefte – Anregung aus Freundesland", in: Gastronomie 3/1977, S. 7.

VI. Das Fallbeispiel des FDGB-Ferienheimes „Am Fichtelberg"

die Arbeitsleistung einzelner Mitarbeiter monatlich ausgewertet und besonders positive Leistungen durch Prämien, Auszeichnungen oder eine „Straße der besten Gastronomen" öffentlich hervorgehoben werden. In Leistungsvergleichen mit ähnlichen Ferienanlagen der DDR sollte außerdem der Vorbildcharakter des Heimes „Am Fichtelberg" im Sinne eines „sozialistischen Wettbewerbes" herausgestellt beziehungsweise verteidigt werden.[48] Die persönlichen Wettbewerbsverpflichtungen zeigen den durchaus ernst zu nehmenden Versuch, die Mängel mit Hilfe einer oft auch unbezahlten Leistung zu beheben. Die seitens der Belegschaft geübte Zurückhaltung indiziert jedoch, dass der Wettbewerb meist als ungerechtfertigtes, mitunter auch ungeeignetes Mittel empfunden wurde, um tatsächliche Leistungssteigerung zu stimulieren.

Zur weiteren Förderung der Leistungsbereitschaft der Mitarbeiter wurden so genannte „Schulen der sozialistischen Arbeit" profiliert, die eine wirklich originäre Erfindung der 70er Jahre waren und auf Empfehlung des Bundesvorstandes des FDGB aus dem Jahr 1972 eingerichtet wurden. In ihnen sollte als eine neue Form der politischen Massenarbeit der Gewerkschaften „eine systematische politisch-ideologische Bildungsarbeit zur Aneignung des Marxismus-Leninismus in unmittelbarer Verbindung mit dem sozialistischen Wettbewerb und dem Leben in den Arbeitskollektiven und ihren Gewerkschaftsgruppen"[49] erfolgen. Mit Hilfe der dort erworbenen Denk- und Verhaltensweisen sollten die Mitarbeiter neue Wege bei der materiellen, geistig-kulturellen und sportlich touristischen Betreuung der Urlauber beschreiten. Letztendlich jedoch waren die Schulen Sinnbilder für eine am Bedarf und an den Interessen der Mitglieder vorbeiagierende Arbeit des FDGB. Renate Hürtgen bescheinigt ihnen deshalb, beispielhaft für die seit den 1970er Jahren zunehmende Durchdringung des Arbeitslebens mit einer entmündigenden Herrschaftspropaganda sowie deren Ritualisierung auf Seiten der Beschäftigten zu stehen.[50]

Ein Hauptgrund für das Scheitern derartiger Arbeitsmotivationskonzepte lag im Zielkonflikt dieser Personalpolitik begründet, die zwischen funktionalem Angewiesensein auf aktives Engagement und Erhalt des Bestehenden einerseits sowie der funktionalen Einpassung in gegebene Strukturen andererseits schwankte. Die Grenzen waren klar gezogen: Der Anspruch des engagierten Mitarbeiters sollte enden, wo er nicht mehr der einfachen Reproduktion des Bestehenden diente, sondern dessen Aufhebung beziehungs-

---

[48] Vgl. Interne Objektleiteranweisung EH „Am Fichtelberg", Oktober und November 1975, S. 10.

[49] Vgl. Interne Objektleiteranweisung EH „Am Fichtelberg", Oktober und November 1975, S. 11.

[50] Vgl. Hürtgen, Zwischen Disziplinierung und Partizipation, S. 150.

weise Neuschöpfung forderte. Die deshalb erdachten und formal zur Mitsprache auffordernden Strukturen, Verordnungen und Regelungen blieben deshalb in der Realität des sozialistischen Arbeitsalltags stecken oder wurden rasch wieder abgeschafft, wenn sich in ihnen der Ansatz von zu großer Teilhabe oder Mitbestimmung zeigte. Das System der DDR konnte einerseits nicht auf das Moment partizipativen Engagements verzichten, erzeugte aber auch jene Gemengenlage selbstbewusster Ansprüche und unterdrückter Fähigkeiten, die oft zu Resignation und Unmut führten und letztendlich das Scheitern des Systems mit herbeiführten.

b) Die Führungsebene

Auf der Führungsebene des FDGB-Feriendienstes machte sich Personalmangel bemerkbar, der aus einer mangelhaften tourismusbezogenen Ausbildung im DDR-Wissenschaftsbetrieb resultierte. Bereits in einer 1968 entstandenen Konzeption für die Entwicklung des Feriendienstes im Zeitraum 1968 bis 1980 wurde auf das Manko mangelnder wissenschaftlicher Beschäftigung mit dem Thema Fremdenverkehr hingewiesen: „Mit Ausnahme der Hochschule für Verkehrswesen Dresden haben sich leider keine wissenschaftlichen Institutionen mit Grundfragen der Forschung und Entwicklung auf dem Gebiet des Erholungswesens intensiv beschäftigt."[51] Auf Hochschulebene wurde die Ausbildung für spezielle Teilbereiche, zum Beispiel im Bereich Gaststätten- und Hotelwesen, an der Handelshochschule Leipzig vorgenommen, während die verkehrsbezogene und komplexe Fremdenverkehrsausbildung an der Hochschule für Verkehrswesen in Dresden erfolgte. Diese Ausbildung erfolgte jedoch stets in Kombination mit anderen Fächern; erst 1988 konnte eine eigenständige Fachrichtung „Ökonomie des Tourismus" eingeführt werden.[52] Eine entsprechende Fachhochschulausbildung mit dem Abschluss „Wirtschafter für Tourismus" wurde an der Fachhochschule für Verkehrswesen Dresden eingeführt, die Ausbildung in Teilbereichen des Tourismus jedoch in anderen Fachbereichen wahrgenommen.[53]

Im Ergebnis der Tourismusausbildung sollten „der Praxis Kader für die Leitung, Planung und Organisation des Tourismus als komplexe Erscheinung [...] zur Verfügung stehen".[54] Von der akademischen Aufwertung der

---

[51] Präsidiumsvorlage Konzeption Entwicklung Feriendienst für den Zeitraum 1968–1980, 21.08.1968, Bestandssignatur DY34, Archiv-Nr. 24806, Bundesarchiv Berlin, Anlage 2.
[52] Vgl. Drechsel, Werner: „Zur Tourismusausbildung an der Hochschule für Verkehrswesen „Friedrich List" Dresden", in: Wissenschaftliche Zeitschrift der Hochschule „Friedrich List" Dresden, Sonderheft 40, Dresden 1988, S. 21–35.
[53] Vgl. Drechsel, Neugestaltung der Tourismusausbildung, S. 174–184.
[54] Drechsel, Neugestaltung der Tourismusausbildung, S. 178.

Tourismusausbildung in der Spätphase der DDR hat der FDGB-Feriendienst bei seiner Einstellungspolitik folglich nicht mehr profitieren können und sah sich gezwungen, Führungspositionen vielfach mit fachfremden Kräften oder Seiteneinsteigern besetzen zu müssen. Dies betraf aber auch andere Bereiche, denn die Personalsituation war stets angespannt. So wies der Stellenplan des Jahres 1984 für alle FDGB-Ferienanlagen der DDR eine Unterbesetzung von 8,7 Prozent auf.[55]

Zum Problem des mangelnden Fachkräfteangebots für Leitungstätigkeiten addierten sich politische Aspekte bei der Einstellungspolitik. Quasistaatliche Organisationen wurden in der DDR gern genutzt, um staats- und parteiloyale Kräfte zu versorgen. Insbesondere Führungspositionen hielten mehrheitlich langgediente Genossen besetzt, die Innovationsgeist und Anpassung an veränderte Rahmenbedingungen oft vermissen ließen. Nicht zuletzt mangels institutionalisierter Ablösungsmechanismen und eines Führungsgebarens, das personelle Kontinuität und politisch-ideologische Einigkeit zu obersten Maximen beförderte, gingen Beharrungs- und autokratische Tendenzen eine Symbiose ein, die sich letztendlich als krisenhaft erwies.[56]

Die Ferienheime des FDGB dienten deshalb auch dazu, verdiente Genossen mit Posten zu versorgen. So wurde beispielsweise ein ehemaliger Major zum Technischen Direktor des Heims „Am Fichtelberg" berufen, obwohl er nicht die dafür notwendigen Voraussetzungen mitbrachte. Personalentscheidungen, die die Leitungsebene der Ferienanlage in Oberwiesenthal betrafen, wurden deshalb stets auch unter Abwägung politischer Notwendigkeiten vom Bezirksvorstand des FDGB in Karl-Marx-Stadt getroffen. Entscheidungskriterium war nicht allein die fachliche Qualifikation des Bewerbers, vielmehr zählte seine Mitgliedschaft in Partei und Gewerkschaft sowie die bekundete Loyalität zum politischen System der DDR. So war der Leiter der Ferienanlage, der ehemaliger Vorsitzender der IG Metall im Kreis Aue war, ein ausgebildeter Walzwerker und verfügte über keine Qualifikation im Bereich Gastronomie und Hotellerie. Ideologische Standfestigkeit zählte hier mehr als berufliche Qualifikation. Seine Verbindung zur Staatssicherheit war eindeutig und in Unterlagen der Birtler-Behörde konnte seine IM-Tätigkeit nachgewiesen werden.

---

[55] Vgl. Bericht über die Erfüllung des Planes des Feriendienstes der Gewerkschaften 1984, Bundesvorstand des FDGB, Bestandssignatur DY34, Archiv-Nr. 25530, Bundesarchiv Berlin.
[56] Vgl. Welsh, Helga: „Kaderpolitik auf dem Prüfstand", in: Peter Hübner (Hg.): Eliten im Sozialismus. Beiträge zur Sozialgeschichte der DDR, Köln, Weimar, Wien 1999, S. 107–130.

c) Rekrutierungsprobleme

Trotz der herausgehobenen Stellung im System des Feriendienstes waren auch die Personalplaner in Oberwiesenthal mit systemtypischen Schwierigkeiten konfrontiert. So nahm die Ferienanlage zwar 1976 den Betrieb auf, war aber zu diesem Zeitpunkt noch nicht vollständig fertiggestellt. So fehlte neben der Berufsausbildungsstätte mit Internat beispielsweise auch das Teilobjekt „Mehrzweckgebäude"[57], das erst zum 31.12.1977 in Betrieb gehen konnte. Da in diesem Bereich der Ferienanlage auch die Unterbringung eines Teils des Personals vorgesehen war, gestaltete sich dessen Rekrutierung als schwierig. Ohne Zusicherung einer Unterkunft konnten Einstellungen nicht erfolgen. Notgedrungen musste der Feriendienst die Mitarbeiter zunächst provisorisch in Gästezimmern unterbringen. Diese Maßnahme reduzierte einerseits die Zahl der zur Verfügung stehenden Gästebettenplätze um 140 beziehungsweise die Zahl der möglichen Urlaubsaufenthalte pro Saison um insgesamt 3.000, andererseits war die Situation für die Mitarbeiter äußerst unbefriedigend und trug nicht zu deren Arbeitsmotivation bei.[58]

Neben den praktischen Fragen der Wohnraumversorgung sah sich der FDGB-Feriendienst auch mit prinzipiellen Schwierigkeiten bei der Mitarbeiterrekrutierung konfrontiert. 1968 fragte beispielsweise der innerhalb der Gewerkschaftsbundes für den Feriendienst Verantwortliche Fritz Rösel in einer internen Stellungnahme: „Wie muss das System der Kaderausbildung im Feriendienst geregelt werden? Wie werden besonders die leitenden Kader auf die künftigen, komplizierten Aufgaben vorbereitet?"[59] Offenbar hatte es bis dahin keinerlei verbindliche Richtlinien zur Mitarbeiteranwerbung und -qualifikation gegeben. Da der Tourismus im System der DDR-Wirtschaft nur einen untergeordneten Stellenwert genoss, war das Angebot an entsprechend qualifizierten Fachkräften gering. 1968 betrug der Anteil an unqualifiziertem Personal beim Feriendienst mehr als 50 Prozent.[60]

„Eine wichtige Voraussetzung zur Verbesserung der Arbeit im Feriendienst der Gewerkschaften ist eine hohe politische und fachliche Qualifikation der Funktionäre und Mitarbeiter des Feriendienstes"[61], formulierten die

---

[57] Vgl. Beschluss des Präsidiums vom 5.8.1977, Bundesvorstand des FDGB, Bestandssignatur DY34, Archiv-Nr. 25340, Bundesarchiv Berlin, Anlage Blatt 6.
[58] Vgl. Stellungnahme zur Sekretariatsvorlage des FDGB Bezirksvorstandes Karl-Marx-Stadt vom 13.12.1976, 11.01.1977, Bestandssignatur DY34, Archiv-Nr. 25340, Bundesarchiv Berlin.
[59] Vgl. Information über Probleme des Erholungswesens, 29.07.1968, Bestandssignatur DY34, Archiv-Nr. 24806, Bundesarchiv Berlin.
[60] Vgl. Präsidiumsvorlage Konzeption Entwicklung Feriendienst für den Zeitraum 1968–1980, 21.08.1968, Bestandssignatur DY34, Archiv-Nr. 24806, Bundesarchiv Berlin.

Autoren eines Maßnahmekatalogs aus dem Jahr 1963. Ähnlich formuliert heißt es in einem Plan des Feriendienstes für das Jahr 1981, dass „die politisch-ideologische Arbeit noch stärker in den Mittelpunkt der Leitungstätigkeit zu stellen"[62] sei. Wo die politische vor der fachlichen Qualifikation genannt wird und der Funktionär über dem Mitarbeiter steht, bildete der Besuch von Partei- und Gewerkschaftsschulen einen Schwerpunkt der betrieblichen Weiterbildung und Qualifikation. Politische Fortbildungsveranstaltungen für die Mitarbeiter der Ferienanlage fanden in der Kreisparteischule statt. Leitende Angestellte wurden dazu angehalten, die Aus- und Weiterbildungseinrichtung des Gewerkschaftsbundes im brandenburgischen Petzow zu besuchen, um dort einen Fachhochschulabschluss zu erwerben. Dabei stand vor allem hinsichtlich der Leitungsebene einer Fremdenverkehrseinrichtung nicht die berufliche Qualifikation, sondern die ideologische Schulung im Vordergrund, denn diese musste „dazu führen, die Verantwortung und das klassenbewusste Auftreten aller Mitarbeiter bei der Betreuung der Urlauber beziehungsweise der Kursteilnehmer zu erhöhen."[63]

6. Kulturpolitik im Hotel – Freizeitgestaltung und Unterhaltung

Zum Urlaubsalltag in den Ferienheimen des FDGB gehörte stets ein breites Angebot an kulturellen und sportlichen Betätigungen. Hier knüpften die Handlungsträger an allgemeine Zielsetzungen der Freizeitpädagogik an, die Lernen nicht in einem schulisch-kognitiven, sondern in einem freizeitangemessenen, allgemeinen und umfassenden Sinn versteht. Sie bezieht sich auf ein funktionales Lernen[64] und sucht es in Natur und Kultur zu verstärken. Lernen wird als innovative Kraft und als Faktor der Veränderung einbezogen[65] und war unter den Bedingungen der Kultur- und Freizeitarbeit durchaus intentional, d.h. mit bestimmten Zielen verbunden, wurde aber

---

[61] Vgl. Präsidiumsvorlage, Bundesvorstand des FDGB, 12.06.1963, Bestandssignatur DY34, Archiv-Nr. 24688, Bundesarchiv Berlin.

[62] Plan des Feriendienstes der Gewerkschaften für das Jahr 1981, Bestandssignatur DY34, Archiv-Nr. 25480, Bundesarchiv Berlin.

[63] Plan des Feriendienstes der Gewerkschaften für das Jahr 1981, Bestandssignatur DY34, Archiv-Nr. 25480, Bundesarchiv Berlin.

[64] Funktionales Lernen wird als indirekte Wissens- und Kenntniserweiterung verstanden. Sie geschieht beiläufig und wird von den Adressaten nicht unmittelbar als solche erfasst. Im Gegensatz hierzu das intentionale Lernen, welches im schulischen Sinne Lernaufwand und Zielstellung in ein direktes Verhältnis setzt und von den Adressaten auch als solches verstanden wird.

[65] Vgl. Stehr, Ilona und Wolfgang Nahrstedt: „Freizeitpädagogik", in: Heinz Hahn und Jürgen Kagelmann (Hg.): Tourismuspsychologie und Tourismussoziologie. Ein Handbuch zur Tourismuswirtschaft, München 1993, S. 70–78.

nicht im schulpädagogischen Sinne angewandt. Im Vergleich des Personalschlüssels der Ferienanlage mit vergleichbaren Einrichtungen Westeuropas fällt auf, dass der Bereich kulturelle Urlauberbetreuung außergewöhnlich gut besetzt war. Mehrere Kursleiter und Kulturreferenten kümmerten sich um die administrative Abwicklung des Veranstaltungsprogramms und machten eigene Angebote, die nicht nur auf die Beschäftigung und Unterhaltung der Gäste abzielten, sondern stets eine ideologische Beeinflussung vorsahen. Auf dem 10. Kongress des Freien Deutschen Gewerkschaftsbundes wurde deshalb betont, dass vor allem die Verantwortlichen in den Bereichen Sport und Kultur eine besondere Verantwortung für die Vermittlung politischer Inhalte trugen.

Zahlreiche Initiativen von Feriendienst-Mitarbeitern zur „Hebung des Niveaus der geistig-kulturellen und sportlichen Betreuung" stießen allerdings nicht immer auf Gegenliebe und ließen bei vielen Gästen den Wunsch nach neuen, individuellen Urlaubsformen wachsen. Vor allem die offensichtliche politische Beeinflussung des Beschäftigungsangebots störte, denn in Oberwiesenthal ebenso wie in den meisten großen Ferienanlagen des FDGB war der Parteisekretär der SED auch oberster Kulturfunktionär – ein klares Indiz für die ideologische Infiltration der Kultur- und Unterhaltungsprogramme.

a) Sport

Die Ferienanlage in Oberwiesenthal bot vielfältige Möglichkeiten der sportlichen Ertüchtigung, die weit über das übliche Angebot derartiger Betätigungen hinausgingen. Neben einer Schwimmhalle und einer Sauna standen den Urlaubern weitere Fitnessangebote zu Verfügung, die individuell genutzt werden konnten. Umfangreiche Leihmöglichkeiten für Wintersportgeräte waren ebenfalls Bestandteil des Sportangebots.

Im Sinne eines kollektiv verbrachten Urlaubs genossen Gemeinschaftsaktivitäten stets einen höheren Stellenwert als die individuelle körperliche Betätigung. So wurden den Gästen der Ferienanlage vielfältige Angebote gemacht, die sich insbesondere an Kinder und Jugendliche richteten. Das Ferienheim war beispielsweise stets eingebunden in die Kinder- und Jugendspartakiaden, bei denen die jungen Feriengäste unter Wettkampfbedingungen körperlich aktiv sein konnten. Hier baute man auf die Erfahrungen auf, die in verschiedenen Ferienanlagen seit 1968 mit „Urlauberolympiaden" gemacht worden waren.[66] Urkunden bezeugten Teilnahme und Erfolg am sportlichen Wettkampf. Die jungen Feriengäste wurden hierdurch mit einem wesentlichen Instrumentarium sozialistischer Belohnungspolitik ver-

---

[66] Vgl. Selbach, Reise nach Plan, S. 73.

traut gemacht: Urkunden, Medaillen und Orden waren stets Mittel der Auszeichnung und Anerkennung individuell erbrachter Leistungen und mussten oft fehlende materielle Anreize ersetzen.

b) Kulturprogramm

In Oberwiesenthal wurden pro Urlaubsturnus zwischen 20 und 25 kulturelle Veranstaltungen angeboten, von denen die Gäste zumindest vier oder fünf wahrnehmen sollten. Da Oberwiesenthal außerhalb der Ferienanlage kaum Möglichkeiten der Freizeitbetätigung anbot, stieß das reichhaltige Kulturprogramm auf großes Interesse.

Besonderen Wert legten die Verantwortlichen auf eine möglichst vollständige Anwesenheit der Gäste zu den politischen Heimabenden, die, einem Beschluss des FDGB-Bundesvorstandes vom 18. Dezember 1974 folgend, einmal pro Turnus veranstaltet wurden. Bei diesen semi-politischen Veranstaltungen wurden beispielsweise mittels Diaschau die sozialistischen Bruderländer vorgestellt. Wer also die „große weite Welt" nicht selbst kennen lernen konnte, dem wurde sie während des Urlaubsaufenthaltes in der Heimat näher gebracht.

In den 1980er Jahren verwandelte sich die auch über Mittel des Kulturprogramms vermittelte Ideologie in ein Ritualprogramm, das immer weniger Menschen ernst nahmen. Passive Formen des Widerstands nahmen zu, indem beispielsweise Gäste den angebotenen Programmen fernblieben oder diese verließen, wenn ihrer Meinung nach ein Übermaß an ideologischer Beeinflussung die Freuden der Unterhaltung trübte. Die permanente Mobilisierung der Massen mit Hilfe moderner Werbetechniken funktionierte aber nur, wenn die Massen auch mitmachten.

c) Medien

Alle Zimmer der Ferienanlage in Oberwiesenthal waren mit einem Radio ausgestattet, mit dem jedoch ausschließlich Programme der DDR empfangen werden konnten. Der TV-Konsum war in gemeinschaftlich zu nutzenden Fernsehräumen möglich. Durch gegenseitige Kontrolle konnte somit ausgeschlossen werden, dass Urlauber in der Bundesrepublik ausgestrahlte Sendungen anschauten. Der Konsum von Informations- und Nachrichtensendungen sowie politischer Formate des DDR-Fernsehens war hingegen erwünscht und wurde seitens der Heimleitung ausdrücklich gefördert.

In den für den TV-Konsum genutzten Gemeinschaftsräumen lagen auch Presseerzeugnisse aus, die den Gästen kostenlos zur Verfügung gestellt wurden. Neben der Regionalpresse gehörten vor allem politische Magazine sowie das Neue Deutschland, das Zentralorgan der SED, zum Angebot. Unpolitische Zeitschriften mit klarem Unterhaltungscharakter standen indessen nicht bereit.

Bereits in den 1950er Jahren waren in vielen FDGB-Heimen kleine Hausbibliotheken und Leseecken eingerichtet worden, auf die der Urlauber zurückgreifen konnte. Das Literaturangebot war dabei keineswegs willkürlich ausgewählt, sondern ist im Sinne einer „literatur-propagandistischen Arbeit"[67] durch zentrale Vorgaben bestimmt worden. Als Beitrag zum ‚klassenbewussten Denken' sollten die Urlauber an das ‚gute Buch' herangeführt werden. Auch die vergleichsweise große Bibliothek des Hauses „Am Fichtelberg" hielt ein Literaturangebot vor, das vor allem aus ‚fortschrittlichen Werken' sowie Werken der sozialistischen Gegenwartsliteratur bestand. Wie bei den Presseartikeln stand auch bei den Büchern der politische Aspekt klar im Vordergrund. Nur wenige Werke – Kriminalromane, Reisebeschreibungen und ähnliches – wiesen einen klaren Unterhaltungscharakter auf.

d) Jubiläen und Festtage

Die DDR hatte einen außergewöhnlich dichten staatsoffiziellen politischen Feierkalender. Dieser symbolisierte eine wesentliche Säule kollektiver Identität, wie sie den politischen Eliten der DDR für das sozialistische Gemeinwesen vorschwebte und wie sie öffentlich in Festreden und Festritualen kommuniziert wurde. Auch in den Urlauberzentren und Ferienanlagen des Landes waren politische Feiertage Höhepunkte des Jahres: Der 1. Mai als Tag der Arbeit, der 8. Mai als Tag der Befreiung oder der 7. Oktober, Gründungsfeiertag der DDR, wurden durch besondere Urlauberfeste begangen, getreu der im Plan für 1981 ausgegebenen Devise, dass bei der Betreuung der Urlauber „die gesellschaftlichen Höhepunkte im Jahr des Parteitages unter besonderer Berücksichtigung des 25. Jahrestages der NVA[68] in niveauvollen Veranstaltungen und eintrittsfreien Heimabenden zu würdigen"[69] seien.

Die politischen Dramaturgen machten die Jahrestage auch im Urlaub zu Höhepunkten der Staatsrepräsentation. In den regelmäßig zelebrierten Jubiläen und Anniversarien sah man insbesondere in einer Vorzeigeeinrichtung

---

[67] Direktive zur Ausarbeitung des Perspektivplanes 1971–1975 für den Bereich des Feriendienstes der Gewerkschaften, Bestandssignatur DY34, Archiv-Nr. 24943, Bundesarchiv Berlin, S. 5.

[68] Nationale Volksarmee.

[69] Plan des Feriendienstes der Gewerkschaften für das Jahr 1981, Bestandssignatur DY34, Archiv-Nr. 25480, Bundesarchiv Berlin.

VI. Das Fallbeispiel des FDGB-Ferienheimes „Am Fichtelberg"

des Arbeiter- und Bauernstaates eine Erfolg versprechende Möglichkeit, die staatliche Legitimität der DDR regelmäßig und nachhaltig zu beglaubigen und den Urlaubsgästen eine Loyalitätsbekundung abzufordern,[70] während traditionelle Feiertage des christlichen Kalenders hingegen kaum beachtet wurden. Aber nicht nur die Festtage des Staates wurden entsprechend gewürdigt, sondern auch die Organisationen inszenierten ihre Eigenjubiläen. So waren beispielsweise die Urlauber der Ferienanlage „Am Fichtelberg" zum 30. Jubiläum des FDGB-Feriendienstes zu einer besonderen Festveranstaltung eingeladen, deren Höhepunkt in einem Festmenü bestand.[71]

Neben dem obligatorischen Festmenü am Festtag machte eine besondere Wand- und Tischdekoration die Feriengäste auf den besonderen Anlass aufmerksam. So standen am Tag der Arbeit am 1. Mai rote Nelken auf dem Tisch. Am Tag der Befreiung gab es russische Spezialitäten, außerdem wurde den Gästen ein thematisch passendes Kulturprogramm geboten, das aus Filmen oder Diavorträgen über den dank der Roten Armee erreichten „Sieg über den Hitlerfaschismus" oder russischer Folklore bestand. Eine Ansprache des Parteisekretärs oder des Objektleiters ergänzte das Programm. Der 7. Oktober stand ganz im Zeichen des Republikgeburtstags und wurde unter dem Motto „Wir feiern Geburtstag" begangen.

In der Inszenierung des „ersten deutschen Arbeiter- und Bauernstaates" spielten die Werktätigen ab den 1970er Jahren eine stetig wichtiger werdende Rolle. Hatte man in den ersten Jahren der DDR-Geschichte vor allem auf die großen Heldenepen über die ermordeten Führer Karl Liebknecht, Rosa Luxemburg oder Ernst Thälmann verwiesen, erkannte man ab den 1970er Jahren vor allem die Integrationskraft der deutlich lebensnäheren, auch zivileren Erzählung vom friedlichen, solidarischen und vor allem egalitären deutschen Arbeiter- und Bauernstaat mit all ihrem Pathos der Arbeit und der Werktätigen. Prinzipiell stellte der Urlaub in einer Vorzeigeferienanlage des Gewerkschaftsbundes eine Auszeichnung für den „schaffenden Werktätigen" dar und bedurfte somit einer entsprechenden öffentlichen Würdigung. Die Erzählung verlieh dem „kleinen Mann" nach jahrhundertlanger deutscher Heldenehrung Aufmerksamkeit und Relevanz. So war der „Geburtstag der Republik" alljährlich Anlass, die „Aktivisten" unter den werktätigen „Erbauern der sozialistischen DDR" mit Orden und Auszeichnungen zu ehren.[72] Am Tag der Arbeit wurden gemeinsame Wanderungen

---

[70] Vgl. Gries, Rainer: „Der Tag der Republik", in: Martin Sabrow (Hg.): Erinnerungsorte der DDR, München 2009, S. 205–217.

[71] Vgl. Speisekarte „Wir feiern Geburtstag", 1977, Dokument-Nr. A28, Abbildung 31.

[72] Vgl. Gibas, Monika: „‚Auferstanden aus Ruinen und der Zukunft zugewandt.' Die Metaerzählung zum 7. Oktober", in: Monika Gibas u. a. (Hg.): Wiedergeburten.

mit Blasmusik angeboten, die an die traditionellen Arbeiterumzüge erinnerten. Ein besonderer Höhepunkt war der Internationale Tag der Frauen am 8. März, der in der Ferienanlage Oberwiesenthal ebenfalls begangen wurde. Den weiblichen Feriengästen wurde eine rote Nelke in die Hand gegeben, außerdem ein entsprechendes Kulturprogramm geboten, dass aus Lesungen und frauenspezifischen Veranstaltungen bestand.

7. Reisen als Kollektiverlebnis

Gängige Definitionen von Freizeit unterstellen ein polarexistentielles Verhältnis von Arbeit und Freizeit, wobei Arbeit als öffentlich und pflichtgemäß, Freizeit hingegen als privat und selbstbestimmt gekennzeichnet ist. Diese kategoriale Zuordnung ist partiell falsch, denn die Freizeit ist Teil der Öffentlichkeit und konstituiert sie geradezu. Gerade diktatorische Regimes haben stets versucht, die frei zur Verfügung stehende Zeit zu steuern und zu kontrollieren, um den Faktor Individualität und Privatheit auf ein notwendiges Mindestmaß zu reduzieren. Politische Bewegungen mit Monopolanspruch legen deshalb Wert darauf, die Anbieter-Institutionen und damit auch die Angebote von Freizeit unter ihre Kontrolle zu bringen. Wie im Abschnitt „Freizeitverhalten der DDR-Bürger" der vorliegenden Arbeit gezeigt werden konnte, bildete das Prinzip der Kollektivität ein wichtiges Ideal sozialistischer Freizeitgestaltung, dem die Staats- und Parteiführung ab den 1960er Jahren verstärkte Aufmerksamkeit beimaß.[73] Auch mit organisiertem Reisen sollten Wünsche nach gesellschaftlicher Teilhabe an die Steuerungsziele der politischen Monopolbewegung gebunden werden. Schroeder spricht von einer sozialstaatlichen Fundierung der Unterwerfung des Einzelnen unter die Gemeinschaft im Kollektiv.[74]

Das gewerkschaftliche Urlaubsangebot im zweiten deutschen Staat war deshalb nie auf die Befriedigung individueller Bedürfnisse und Wünsche gerichtet, sondern stets als Gemeinschaftserlebnis angelegt. Erst das gemeinsame „Erleben der Errungenschaften der Arbeiterklasse [trägt – Anm. d. Verf.] zur Festigung des sozialistischen Bewusstseins bei"[75], formulierten die Autoren des Programms für die Entwicklung des Kur- und Erholungswesens der Gewerkschaften im Siebenjahresplan der DDR von 1959–1965.

Zur Geschichte der runden Jahrestage der DDR, Leipzig 1999, S. 247–265, hier S. 260 f.
[73] Vgl. Merkel, Arbeiter und Konsum, S. 549.
[74] Vgl. Schroeder, Die DDR: eine (spät-)totalitäre Gesellschaft, S. 553.
[75] Programm für die Entwicklung des Kur- und Erholungswesens der Gewerkschaften im Siebenjahresplan der DDR von 1959–1965, Bundesvorstand des FDGB, 22.08.1959, Bestandssignatur DY34, Archiv-Nr. 26086, Bundesarchiv Berlin, S. 2.

VI. Das Fallbeispiel des FDGB-Ferienheimes „Am Fichtelberg"

Der Konnex Gewerkschaft und Freizeit ist allerdings kein Phänomen der DDR-Geschichte, denn bereits an der Entstehung der Arbeiterbewegung lässt sich ablesen, dass Freizeit auch zur Konstituierung von Öffentlichkeit beitrug.[76]

Durch die Übertragung sozialer Aufgaben an die Betriebe und die organisatorische Zusammenfassung der Werktätigen in Arbeitskollektiven und Brigaden erwuchs den Stätten der Arbeit eine Funktion als sozialer Raum. Da auch die organisierte Urlaubsgestaltung im Rahmen des gewerkschaftlichen Feriendienstes oder einer Betriebsferieninfrastruktur in den Händen der Arbeitsstätten lag, schob sich dieser soziale Raum weit in den Bereich der arbeitsfreien Zeit hinein. Der Betrieb wurde zugleich kollektive Sozialisations- und Kontrollinstanz, aber auch Fürsorgeeinrichtung, das Kollektiv galt als wichtigster Erzieher der Werktätigen. In diesem Sinne wurden Kollektive beispielsweise auch als Instrument der Disziplinierung und Sanktionierung eingesetzt.[77]

Der in der Formulierung „bürgerliche Kulturzerstörung"[78] des Protokolls der Sitzung des FDGB-Sekretariats konstruierte Zusammenhang zwischen bürgerlichen Lebensweisen und Wertvorstellungen und einem postulierten Destruktionsprozess offenbart nicht nur die Abneigung der Führungseliten des Arbeiter- und Bauernstaats gegen jede Form von tradierter Bürgerlichkeit. Die Verantwortlichen erschöpften sich keineswegs im Reflex der Negation, sondern setzt diesem eine neue Form des proletarischen Kulturschaffens und -verständnisses entgegen. Die Ferienanlage des Gewerkschaftsbundes bot hierfür ein herausragendes Demonstrationsobjekt. Mit der flächendeckenden Etablierung des Sozialtourismus war der dezidierte Anspruch verbunden, das vormals bürgerliche Privileg des Reisens zu brechen. Dies sollte nicht nur auf dem Weg einer möglichst breiten Streuung touristischen Verhaltens gelingen, sondern ganz entschieden neue Formen touristischen Verhaltens installieren. Reisen war in dieser Idealvorstellung kein individuell (aus der Sicht der DDR-Ideologen „bürgerlich") gestaltetes Erlebnis mehr, sondern wurde als Kollektivereignis vergemeinschaftet. Anknüpfen konnte man hier bereits an Überlegungen der Arbeiter-Reisebewegung aus den 1920er Jahren, einer spezifisch „proletarischen" Reisekultur, die sich von Formen und Institutionen des ‚bürgerlichen' Vorbildes abzugrenzen versuchte, um eine touristische Gegenkultur zu etablieren.[79]

---

[76] Vgl. Ritter, Gerhard und Klaus Tenfelde: „Arbeiter im Deutschen Kaiserreich 1871–1914", Berlin 1992, S. 25 ff.

[77] Vgl. Schroeder, Der SED-Staat, S. 515.

[78] Beschluss des Sekretariats vom 01.12.1976, Nr. S 319/76, Sächsisches Staatsarchiv EB 197, FDGBBVkMst 2.

[79] Keitz, Reisen zwischen Kultur und Gegenkultur, S. 50.

Der Kollektivbegriff der DDR umfasste ein Ensemble positiver Gemeinschaftserfahrungen einer arbeitenden Gesellschaft. Das Modell der Kollektiv-Arbeit und des Kollektiv-Lebens durchlief in der DDR-Geschichte mehrere Stufen. Ausgehend vom industriellen Arbeitsplatz über die Kollektivierung der Landwirtschaft drang es als ein besonderer Modus der Vergemeinschaftung in alle organisierten Lebensbereiche der DDR ein. Zu nennen wären hier die Dimensionen von Schule, Erziehung und Jugendorganisationen, aber auch die Bereiche der Kultur und des Ferienwesens. Kollektive „sollten soziale Kontrolle zur Zerschlagung der Reste von bürgerlichem Individualismus und sonstigem Eigensinn an der Basis mobilisieren."[80]

Ob mit der beschriebenen „Kollektivierung" eine tatsächliche „Vergesellschaftung des Privaten in der Arbeitsgesellschaft der DDR"[81] einherging, wie Martin Kohli behauptet, bleibt zu diskutieren. Das beschriebene Ensemble positiver Gemeinschaftserfahrungen einer arbeitenden Gesellschaft entsprach jedoch ganz dem Selbstverständnis der Trägerinstitution der Ferienanlage. In der gewerkschaftlichen Projektion agierten Arbeiter stets im Kollektiv, in der Gruppe oder gar in der Bande, während ihnen der Intellektuelle allein und einsam gegenüberstand.[82]

Im kulturellen Bereich ebenso wie bei Ferienreisen, um nur zwei Beispiele gesellschaftlicher Konsumtion zu nennen, konnte oftmals hochwertige Qualität billig genossen werden. Hier sollte der Unterschied von privaten und gesellschaftlichen Konsumtionsformen demonstriert werden. Diese postulierte Differenz ließ sich nicht nur am Preis, sondern auch anhand der Ästhetik der Orte des Verbrauchs ablesen. Seit den 1960er Jahren wurden deshalb besondere Anstrengungen staatlicherseits unternommen, diese Orte zu attraktiven Alternativen zum privaten Konsum zu entwickeln. Betriebskulturhäuser wurden zu wahren Palästen gestaltet und gewerkschaftliche Ferienanlagen qualitativ enorm aufgewertet.[83] An den Ausstattungsmerkmalen der Ferienanlage „Am Fichtelberg" lassen sich diese Bestrebungen ablesen: Schwimmbad und Milchbar repräsentierten in den Augen der Gäste einen enormen Luxus, den es so im Alltag nicht gab und der auch mittels individueller Ferienplanung beziehungsweise Urlaubsgestaltung nicht zu erreichen war. Auf diese – materielle – Weise wurde der FDGB-Feriengast auf den Mehrwert des kollektiv genossenen Urlaubs hingewiesen.

---

[80] Vgl. Niethammer, Lutz: „Das Kollektiv", in: Martin Sabrow (Hg.): Erinnerungsorte der DDR, München 2009, S. 269–280, hier S. 274.

[81] Kohli, DDR als Arbeitsgesellschaft, in: Kaelble, Kocka, Zwahr (Hg.): Sozialgeschichte der DDR, S. 31–61.

[82] Vgl. Merkel, Arbeiter und Konsum, S. 540.

[83] Vgl. Merkel, Utopie und Bedürfnis, S. 313.

8. Zusammenarbeit mit der Staatssicherheit

Die Frage nach Präsenz und Interventionspotential der Staatssicherheit ist seit Beginn einer wissenschaftlichen Auseinandersetzung mit dem Thema nach Öffnung der Archive 1990 neben dem Generalthema SED und MfS stets mitverhandelt worden, war allerdings in den ersten Nachwendejahren kein Schwerpunkt in Form gezielter Forschungsprojekte.[84] Empirische Befunde haben bislang allenfalls in Forschungsberichte oder mehr oder weniger global angelegten Gesamtdarstellungen Eingang gefunden. Auch vorliegende Darstellung des Wirkens der Staatssicherheit in Oberwiesenthal gibt einen empirischen Einblick anhand einer Lokalstudie im Zusammenhang mit den besonderen Herausforderungen, die ein stark frequentierter Fremdenverkehrsort, der sich noch dazu in Grenznähe befand, an den Überwachungsapparat des Ministeriums für Staatssicherheit stellte. Charakteristisch für die Arbeit des Sicherheitsdienstes in den 1970er und 1980er Jahren war der Übergang von repressiven Methoden der Herrschaftssicherung zu neuen Strategien der flächendeckenden Kontrolle und konspirativen Steuerung, um Normalität zu simulieren. Auch hier zeigt das Beispiel Oberwiesenthal, wie dieser Ansatz konkret umgesetzt wurde.[85]

Es gehörte zu den Charakteristika der Staatssicherheit, dass sie ihre Präsenz vor allem vor Ort in 15 Bezirksverwaltungen und über 200 Kreisdienststellen demonstrierte. Ein erheblicher Teil der Mitarbeiter war an die Kreisdienststellen angebunden und die Mehrzahl der Kontakte zwischen der Bevölkerung und dem Geheimdienst kam auf dieser Ebene zustande. Der Staatssicherheitsdienst hat dem Ort Oberwiesenthal aufgrund der Lage in Grenznähe, der Bedeutung als touristisches Ballungszentrum sowie als Wintersport- und Trainingszentrum der DDR-Athleten eine besondere Priorität zugeordnet. In der internen Struktur der Kreisdienststelle Annaberg gab es eine eigene Arbeitsgruppe für den Ort, zu deren Aufgaben die Sicherung der Staatsgrenze zur CSSR, die Überwachung des Sportklubs „Traktor", der Ferienheime, Gaststätten und des Jugendhotels sowie der Fichtelbergschwebebahn und die Überprüfung von Quartiergebern, Hüttenbesitzern und Urlaubern gehörte.[86]

---

[84] Vgl. Henke, Klaus-Dietmar und Roger Engelmann (Hg.): „Aktenlage. Die Bedeutung der Unterlagen des Staatssicherheitsdienstes für die Zeitgeschichtsforschung", Berlin 1995, S. 35 ff.

[85] Vgl. Engelmann, Roger: „Funktionswandel der Staatssicherheit", in: Christoph Boyer und Peter Skyba (Hg.): Repression und Wohlstandsversprechen. Zur Stabilisierung von Parteiherrschaft in der DDR und der CSSR, Dresden 1999, S. 89–97; Knabe, Hubertus: „Weiche Formen der Verfolgung in der DDR. Zum Wandel repressiver Strategien in der Ära Honecker", in: Deutschland-Archiv 30 (1997), S. 709–719.

Den rund 3.500 Bewohnern Oberwiesenthals standen im Durchschnitt ungefähr 4.000 Besucher gegenüber, was die Überwachung und Kontrolle erheblich erschwerte. Andererseits konnte die Staatssicherheit auf einen ungewöhnlich hohen Anteil der Bevölkerung, der dem ostdeutschen Staat relativ loyal gegenüberstand und sich kooperativ in Fragen der Zusammenarbeit verhielt, zurückgreifen: Der Anteil der SED-Mitglieder war im Jahr 1980 mit 430 von rund 3.500 in Oberwiesenthal gemeldeten Personen sehr hoch[87] und erhöhte sich bei leicht zunehmender Bevölkerung bis 1987 auf 625.[88] Ein Erklärungsgrund hierfür sind die sozialtouristischen Einrichtungen, für die Arbeitskräfte aus der gesamten Republik angeworben wurden. Vor allem leitende Tätigkeiten wurden in der Regel mit politisch zuverlässigem Personal besetzt, wie die Personalstruktur des Ferienheimes „Am Fichtelberg" exemplarisch verdeutlicht: Von den 344 Mitarbeitern hielten im Jahr 1983 beispielsweise 87 ein Parteibuch der SED in der Hand.[89]

Wie sehr die Wirtschaft im Blickfeld der Staatssicherheit lag, zeigt die Tatsache, dass 30–50 Prozent der in den Bezirken geführten Inoffiziellen Mitarbeiter auf diesen Bereich angesetzt waren.[90] Das Ministerium für Staatssicherheit hat seit Beginn der 1980er Jahre das drohende ökonomische Desaster, dem die DDR maßgeblich zum Opfer fiel, heraufziehen sehen.[91] Oberstes Ziel war es deshalb, die wirtschaftlichen Schwächen der DDR zu verschleiern, den Zusammenbruch hinauszuzögern und so Zeit für die erhoffte Lösung der Probleme zu finden. „Das lange Zeit vorgegaukelte Bild eines ökonomisch potenten und damit auch politisch stabilen Staates, dem

---

[86] Vgl. Struktur der Kreisdienststelle Annaberg 1989, Funktionelle Aufgaben, BStU, Archiv der Außenstelle Chemnitz (siehe auch Anhang, Dokument Nr. A37, S. 391 ff.).

[87] Vgl. Politisch-operative Lageeinschätzung des Kurortes Oberwiesenthal, 25.11. 1980, in: Absicherung des Kurortes Oberwiesenthal 1981–1989, Archiv-Nr. An-33, BStU, Archiv der Außenstelle Chemnitz.

[88] Vgl. Politisch-operative Lageeinschätzung des Kurortes Oberwiesenthal, 2.12. 1987, in: Absicherung des Kurortes Oberwiesenthal 1981–1989, Archiv-Nr. An-33, BStU, Archiv der Außenstelle Chemnitz, S. 1.

[89] Vgl. Politisch-operative Lageeinschätzung des Kurortes Oberwiesenthal, 27.01. 1983, in: Absicherung des Kurortes Oberwiesenthal 1981–1989, Archiv-Nr. An-33, BStU, Archiv der Außenstelle Chemnitz, S. 2.

[90] Vgl. Suckut, Siegfried: „Die Bedeutung der Akten des Staatssicherheitsdienstes für die Erforschung der DDR-Geschichte", in: Gisela Helwig (Hg.): Rückblicke auf die DDR, Köln 1995, S. 67–74, hier S. 69.

[91] Vgl. Gieseke, Jens: „Die Einheit von Wirtschafts-, Sozial- und Sicherheitspolitik. Militarisierung und Überwachung als Probleme einer Sozialgeschichte der Ära Honecker", in: Zeitschrift für Geschichtswissenschaften 51 (2003), 11, S. 996–1021; Haendcke-Hoppe-Arndt, Maria: „Wer wusste was? Der ökonomische Niedergang der DDR", in: Gisela Helwig (Hg.): Rückblicke auf die DDR, Köln 1995, S. 120–131.

VI. Das Fallbeispiel des FDGB-Ferienheimes „Am Fichtelberg"

im Nachhinein noch manch einer aufsitzt, [musste – Anm. d. Verf.] unbedingt aufrecht erhalten werden"[92] In Oberwiesenthal gehörte deshalb zum Aufgabenbereich der Stasi die Absicherung einer stabilen Versorgung der Touristen und der einheimischen Bevölkerung, um Missstimmungen und Unmutsbekundungen vorzubeugen. Hierfür versuchte sie, diejenigen Personenkreise unter besondere Beobachtung zu stellen, die das Ziel der Urlauberzufriedenheit potentiell gefährden könnten. Dazu gehörten beispielsweise im Handel oder Dienstleistungsbereich Tätige, die aufgrund eigener Vorteilsnahme gegen Vorschriften und Bestimmungen handelten. Aber auch Privatvermieter, Hüttenbesitzer und Besitzer ausgebauter Dauerquartiere standen in ständigem Visier der Staatssicherheit,[93] die bestrebt war, mögliche Unterkünfte für potentielle Grenzverletzer zu überwachen. So kam es 1982 beispielsweise zu 31 Grenzverletzungen, an denen 54 Personen beteiligt waren. Die Mehrheit kam nicht aus der Region Annaberg.[94]

Bereits die bloße Zahl von Mitarbeitern und Zuträgern der Staatssicherheit, ihre quantitative Entwicklung sowie ihre Verteilung auf unterschiedliche Bereiche der DDR-Gesellschaft sind gesellschaftsgeschichtlich relevant. Als größte Ferienanlage Oberwiesenthals genoss das Erholungsheim „Am Fichtelberg" besondere Priorität. 1980 waren dort für die Staatssicherheit, Kreisdienststelle Annaberg, drei inoffizielle Mitarbeiter tätig,[95] im Jahr 1981 erhöhte sich diese Zahl auf fünf[96] und 1983 auf sieben IMs,[97] ging dann aber Ende der 1980er Jahre wieder auf zwei zurück.[98, 99] Der erste Objektleiter des Erholungsheimes Manfred Schubert war beispielsweise seit 1958 Zuträger der Staatssicherheit.[100] Mit seiner Hilfe und dank der Infor-

---

[92] Hertle, Hans-Hermann und Franz-Otto Gilles: „Zur Rolle des Ministeriums für Staatssicherheit in der DDR-Wirtschaft", in: Renate Hürtgen und Thomas Reichel (Hg.): Der Schein der Stabilität. DDR-Betriebsalltag in der Ära Honecker, Berlin 2001, S. 173–189, hier S. 188.

[93] Vgl. Jahresplan des Leiters der Kreisdienststelle Annaberg für das Jahr 1986, Archiv-Nr. An-90, BStU, Archiv der Außenstelle Chemnitz.

[94] Vgl. Politisch-operative Lageeinschätzung des Kurortes Oberwiesenthal, 27.01. 1983, in: Absicherung des Kurortes Oberwiesenthal 1981–1989, Archiv-Nr. An-33, BStU, Archiv der Außenstelle Chemnitz, S. 9.

[95] Vgl. Absicherung des Kurortes Oberwiesenthal 1981–1989, Archiv-Nr. An-33, BStU, Archiv der Außenstelle Chemnitz.

[96] Vgl. Politisch-operative Lage im Kurort Oberwiesenthal, 27.01.1983, Archiv-Nr. An-33, BStU, Archiv der Außenstelle Chemnitz, S. 10.

[97] Vgl. Politisch-operative Lage im Kurort Oberwiesenthal, 27.01.1983, Archiv-Nr. An-33, BStU, Archiv der Außenstelle Chemnitz, S. 11.

[98] Vgl. Politisch-operative Lage im Kurort Oberwiesenthal, 2.12.1988, Archiv-Nr. An-33, BStU, Archiv der Außenstelle Chemnitz.

[99] Laut Aussage der BStU, Außenstelle Chemnitz, war die tatsächliche IM-Zahl im FDGB-Erholungsheim bestimmt bedeutend höher, weil die Einrichtung von mehreren Dienststellen kontaktiert wurde.

mationen anderer IMs konnten beispielsweise negative Meinungsäußerungen von Urlaubern schnell ermittelt und weitergeleitet werden, sodass es beispielsweise 1981 zu einem Schnellverfahren gegen einen Gast mit einer Haftstrafe von drei Monaten kam. Ihm war die öffentliche Herabwürdigung nach § 220 StGB (diskriminierende Äußerungen gegenüber der sozialistischen Staatsordnung) vorgeworfen worden.[101]

Das Ministerium hat sich ab den späten 1970er und frühen 1980er Jahren nicht mehr ausschließlich darauf beschränkt, ökonomische Abläufe zu überwachen, sondern der Dienst hat sich an den höchst kontroversen Diskussionen um den wirtschaftspolitischen Kurs zunehmend beteiligt und sogar ökonomische Prioritätenempfehlungen abgegeben. Missstände wurden in den Berichten der Staatssicherheit aufgelistet, konnten aber selten abgestellt werden. In einem 1987 erstellten Bericht heißt es beispielsweise, dass rund 20 Kellner und 20 Köche fehlten und es wegen der Öffnungszeiten der Gaststätte zu negativen Diskussionen unter Urlaubern, Einheimischen und Tagestouristen käme.[102] Neben den Versorgungsschwierigkeiten und Engpässen in der gastronomischen Betreuung kritisierten Urlaubsgäste in den späten 1980er Jahren vermehrt die Umweltsituation, vor allem die Luftverschmutzung und den Zustand der Wälder, in denen nahezu alle Nadelbäume deutlich sichtbare Schäden aufwiesen.[103] Einige der Feriengäste machten schriftliche Eingaben, in denen sie beispielsweise den Status Oberwiesenthals als Kurort bezweifelten. Die Eingaben wurden vom Rat der Stadt an die Staatssicherheit weitergeleitet.[104]

In den Urlauberanlagen Oberwiesenthals wurden häufig Sportler, Trainer und Funktionäre aus dem In- und Ausland untergebracht, da der Ort als Trainingslager sowie Wettkampf- und Veranstaltungsstätte diente. Auch deshalb stand das Erholungsheim „Am Fichtelberg" im Dauerfokus der Staatssicherheit. Es bot beispielsweise einen Treffpunkt für Staatssicherheitsmitarbeiter.[105]

---

[100] Vgl. Vorlauf/Personalakte 2993/73, BStU, Archiv der Außenstelle Chemnitz (siehe auch Anhang, Dokument Nr. A37, S. 391 ff.).
[101] Vgl. Politisch-operative Lage im Kurort Oberwiesenthal, 27.01.1983, Archiv-Nr. An-33, BStU, Archiv der Außenstelle Chemnitz, S. 6.
[102] Vgl. Bericht zur Absprache mit dem BM Richter, Hans, Annaberg, 5.8.1987, in: Absicherung des Kurortes Oberwiesenthal 1981–1989, Archiv-Nr. An-33, BStU, Archiv der Außenstelle Chemnitz.
[103] Vgl. Einschätzung Revierförster, Politisch-operative Lage im Kurort Oberwiesenthal, 27.01.1983, Archiv-Nr. An-33, BStU, Archiv der Außenstelle Chemnitz, S. 10.
[104] Vgl. Eingaben von Urlaubern des FDGB-Ferienheimes „Am Fichtelberg" im Kurort Oberwiesenthal, weitergeleitet vom Rat der Stadt am 9.11.1987, Archiv-Nr. An-33, BStU, Archiv der Außenstelle Chemnitz.

Der FDGB-Feriendienst tolerierte und intensivierte die Zusammenarbeit mit dem Ministerium für Staatssicherheit, was u. a. in der Tatsache zum Ausdruck kommt, dass Immobilien und Grundstücke an den MfS verschenkt wurden.[106]

9. Politisch beeinflusste Esskultur

a) Die Gestaltung des Speisesaals

Der Speisesaal der meisten Urlaubsobjekte des FDGB-Feriendienstes ähnelte eher der Betriebskantine oder Studentenmensa denn einer gehobenen Gastronomie. Essen gab es zu festgelegten Zeiten und eine große Auswahl hatte der Urlauber meist nicht. Die Gestaltung der Urlauberverköstigung orientierte sich an der Schul- und Betriebsspeisung, welche als soziales Angebot der DDR an ihre Bürger in den 1950er Jahren flächendeckend eingeführt wurde und auf breite Akzeptanz stieß.[107] Der in der gleichen Zeit etablierte Sozialtourismus übernahm die Grundlinien der kollektiven Verköstigung und hielt an ihnen bis in die 1970er Jahre hinein fest.

Mit dem Ausbau und der qualitativen Verbesserung des Urlaubsangebots setzte auch im gastronomischen Bereich ein Umdenken ein. Standen in den ersten Jahren des Feriendienstes Aspekte der Grundversorgung und des Sattwerdens im Vordergrund, fragten die urlaubenden Werktätigen nun zunehmend nach Individualität und Abwechslung. Urlaub als Ausnahmesituation und „Gegenalltag" verlangte auch auf dem Essenstisch nach etwas anderem oder besonderem. Die Entscheidungsträger des FDGB reagierten zunächst mit der Einführung einer Buffetkultur, die dem Gast mehr Wahlfreiheit ließ und die starren Essenszeiten zumindest partiell aufhob.

Auch im Ferienheim „Am Fichtelberg" beschritten die Verantwortlichen des FDGB neue Wege, die sich bereits an der Gestaltung des Restaurantbereichs ablesen lassen. Hier standen neben funktionsbedingten auch kulturpolitische Absichten. Dem Gast sollte während des Essens das Erlebnis „Oberes Erzgebirge" auf zeitgenössische Weise näher gebracht werden, damit er, als Teil der Arbeiterklasse, dazu angeregt wird, sich das kulturelle Erbe der Urlauberregion zu erschließen. Erreicht werden sollte dieses Ziel,

---

[105] Vgl. Bericht über den Archiv-IM „Schwarz" 8.1.1980, Archiv-Nr. 3403/88, BStU, Archiv der Außenstelle Chemnitz (siehe auch Anhang, Dokument Nr. A37, S. 391 ff.).

[106] Vgl. Beschluss des Sekretariats des Bundesvorstands des FDGB, 22.12.1976, Bestandssignatur DY34, Archiv-Nr. 25328, Bundesarchiv Berlin (siehe auch Anhang, Dokument Nr. A21, S. 298 ff.).

[107] Vgl. Kaminsky, Illustrierte Konsumgeschichte, S. 46.

9. Politisch beeinflusste Esskultur 209

indem beispielsweise Exponate der regionalen Museen in den Garäumen ausgestellt wurden, um die gastronomische und kulturelle Doppelfunktion zu gewährleisten.[108] Auf diese Weise wurde der Speisesaal zur Außenstelle des Museums. Da ihn alle Urlauber naturgemäß betreten mussten, gelangten sie auf subtile Weise in Berührung mit einem Stück Heimatkultur und -geschichte, dem sich viele Urlauber, beispielsweise durch den Besuch eines Museums, nicht genähert hätten. Die Essenseinnahme geriet auf diese Weise zum Ereignis beziehungsweise Erlebnis, denn der Gast verband mit ihr mehr als den eigentlichen Zweck des Sattwerdens.

Ein Teil der gastronomischen Einrichtungen des Erholungsheimes stand auch der Öffentlichkeit zur Verfügung. Da Oberwiesenthal ein beliebter Wintersportort der DDR war und außerhalb der FDGB-Anlage weitere Urlauber anlockte, bestand eine große Nachfrage nach touristischen Dienstleistungen. Um dieser Herausforderung gerecht zu werden, hatte der Feriendienst neben dem Speisesaal ein öffentliches Restaurant mitgeplant, das von jedermann genutzt werden konnte.[109] Auf diese Weise wurde der mit der künstlerischen Gestaltung der Speisesäle verbundene Anspruch nach außen getragen und erreichte auf diese Weise eine höhere Breitenwirkung.

b) Menü und Speiseangebot[110]

Das gastronomische Angebot richtete sich nicht immer nach den Urlauberwünschen, Gesundheitsmaßstäben oder betriebswirtschaftlichen Kalkulationen. Im System der permanenten Mangelwirtschaft war vielmehr die Versorgungslage entscheidendes Kriterium bei der gastronomischen Versorgung der Urlauber. Alle Speisegaststätten der DDR hatten eine Klassifizierung der Preisstufen I bis IV, die letztendlich über die Qualität und den Preis des Essensangebotes bestimmte. Hinzu kam die Preisstufe S mit einem Aufschlag von bis zu 100 Prozent für ausgesuchte Restaurants in großen Städten. Wie alle gehobenen Ferieneinrichtungen war das FDGB-Heim „Am Fichtelberg" der Preisstufe III zugeordnet, auch wenn Einrichtung, Service und Essensangebot eine Preisstufe S gerechtfertigt hätte.[111] Aus politischen Gründen sollte den Urlaubern jedoch ein außergewöhnliches Angebot zu kleinem Preis gemacht werden. Dies galt sowohl für die Versorgung außer-

---

[108] Beschluss des Sekretariats vom 01.12.1976, Nr. S 319/76, Sächsisches Staatsarchiv EB 197, FDGBBVkMst 2.
[109] Vgl. Interne Objektleiteranweisung EH „Am Fichtelberg", Oktober und November 1975, S. 12.
[110] Siehe Anhang, Dokument Nr. A28, S. 336.
[111] Vgl. Interne Objektleiteranweisung EH „Am Fichtelberg", Oktober und November 1975, S. 12.

VI. Das Fallbeispiel des FDGB-Ferienheimes „Am Fichtelberg"

halb der in den Reisepreis inkludierten Verpflegung, beispielsweise das Angebot der Bar oder das Eis- und Kuchenbuffet, als auch für die hochwertige Vollpensionsverpflegung. So erhielt die Küche des Ferienheims Sonderkontingente der staatlichen Lieferanten, beispielsweise Südfrüchte.

Bereits die semantische Zuordnung der angebotenen Speisen wurde in einer Vorzeigeeinrichtung des Gewerkschaftsbundes im SED-Staat zum Politikum. Einige vertraute Bezeichnungen für beliebte Gerichte konnten aus politischen Gründen nicht mehr verwendet werden. Geographische Bezüge zu den ehemaligen deutschen Ostgebieten oder auch Speisebezeichnungen, die auf unliebsame Persönlichkeiten hinwiesen, mussten getilgt werden. So wurden die Königsberger Klopse als Kochklops mit Kapern angeboten, der Bismarck-Hering zum Deli-Hering umbenannt und aus der Schlesischen wurde eine Polnische Wurst. Die Speisekarte wies außerdem das Fürst-Pückler-Eis als Halbgefrorenes aus.

Dem generellen Kurswechsel des Feriendienstes in der gastronomischen Betreuung der Urlauber folgend, standen den Gästen des Heimes „Am Fichtelberg" verschiedene Wahlmöglichkeiten offen. Die Frühstücksversorgung erfolgte über ein Büffet, zur Mittagszeit wurde die Vorgabe des Angebots eines Essens à la carte mittels drei verschiedener Erwachsenengerichte und eines Kindergerichts erreicht und die Abendbrotversorgung erfolgte ebenfalls über ein à la carte Angebot, das durch ein Salat- und Vitaminbuffet ergänzt wurde. Ein eng gefasstes zeitliches Korsett bestimmte das Essen, da mehrere Durchgänge bedient werden mussten. Es standen 30–40 Minuten für das Frühstück, 20 Minuten für das Mittagessen und 35 Minuten für das Abendessen zur Verfügung. Um diese Vorgaben einzuhalten, waren die Urlauber dazu angehalten, das Geschirr selbst abzuräumen.

Mitunter wurden kulinarische Versorgung und kulturelle Bildung miteinander verknüpft. Bereits vor der Eröffnung waren „gastronomische Unterhaltungsleistungen" erarbeitet worden.[112] So berichtet ein Beitrag in der Gewerkschaftszeitung „Tribüne" von einer kulinarischen Reise durch die Sowjetunion. Dabei wurden den Gästen Borschtsch und Blinis, Soljanka und Schaschlik geboten. Die eigens hierfür gestaltete Speisekarte wünschte den Gästen angenehme Stunden „im Zeichen der Völkerfreundschaft mit der Sowjetunion"[113]. Ergänzt wurde das Essen durch eine kollektive Wissensvermittlung mittels eines Quiz, bei dem die Urlauber befragt wurden, was sie über das Land Lenins wüssten.

---

[112] Vgl. „30 Jahre FDGB", in: Gastronomie 1/1977, S. 6 f.

[113] „Eine kulinarischen Reise durch die Sowjetunion. FDGB-Heim ‚Am Fichtelberg' gestaltet Urlauberabende", Tribüne, Tageszeitung des FDGB-Bundesvorstands Berlin, 15.11.1977, S. 3.

10. NSW-Tourismus und Delegationen

Bereits in den 1960er Jahren hatte der Feriendienst des FDGB ausgewählte Gewerkschafter und Funktionäre aus westeuropäischen Staaten zu einem Urlaubsaufenthalt in die DDR eingeladen und die entstandenen Kosten zu 40 bis 60 Prozent gestützt. So weilten 1963 322, 1964 sogar 915 Arbeiter- und Gewerkschaftstouristen in den Ferienheimen des FDGB.[114] Für 1965 war eine Steigerung auf 3.000 Gäste, darunter erstmals 500 Gewerkschaftstouristen aus der Bundesrepublik, vorgesehen.[115] Bei der Unterbringung und Betreuung der ausländischen Gäste bemühte sich der Bundesvorstand, die Heime „mit den geeignetsten Kadern" zu besetzten und die „ausländischen Gäste mit internationalem Niveau"[116] zu betreuen. Im Unterschied zu den Inlandsurlaubern bot der Feriendienst des FDGB den ausländischen Besuchern zudem ein umfangreiches Ausflugs- und Kulturprogramm, das dem Ferienaufenthalt zumindest partiell den Charakter einer Rundreise gab. Hierfür ist 1964 der Stellenplan des Feriendienstes um einen politischen Mitarbeiter erweitert worden.[117]

Die Besucher aus kapitalistischen Staaten Westeuropas sollten auf dem Weg der sozialtouristischen Erkundung den zweiten deutschen Staat kennenlernen und nach ihrer Rückkehr als dessen indirekte Botschafter sowie Zeugen des Aufbaus eines sozialistischen deutschen Staatswesens dienen. So heißt es in einer Sekretariatsvorlage des FDGB: „Durch gut organisierte Programme werden die Teilnehmer einen tiefen Einblick in den politischen und wirtschaftlichen Aufbau unseres Landes sowie in das kulturelle Leben unserer Menschen bekommen und sich dadurch die richtige Meinung über die Deutsche Demokratische Republik bilden können."[118] Darüber hinaus ist aber auch die volkswirtschaftliche Bedeutung eines nach Westen offenen Sozialtourismus unterstrichen worden. Wenn auch die Ferienreisen von der Gesamtorganisation des FDGB finanziell stark gestützt wurden, brachten die Urlauber aus Frankreich, den Benelux-Staaten oder Großbritannien Devisen mit, die sie in die Landeswährung eintauschten, um vor Ort Einkäufe tätigen zu können.[119]

---

[114] Sekretariatsvorlage, Bundesvorstand des FDGB, 03.01.1964,Bestandssignatur DY34, Archiv-Nr. 24803, Bundesarchiv Berlin.

[115] Sekretariatsvorlage, Bundesvorstand des FDGB, 24.06.1964, Bestandssignatur DY34, Archiv-Nr. 24803, Bundesarchiv Berlin.

[116] Sekretariatsinformation, Bundesvorstand des FDGB, 17.06.1964, Bestandssignatur DY34, Archiv-Nr. 24803, Bundesarchiv Berlin.

[117] Vgl. Sekretariatsvorlage, Bundesvorstand des FDGB, 24.06.1964, Bestandssignatur DY34, Archiv-Nr. 24803, Bundesarchiv Berlin.

[118] Sekretariatsvorlage, Bundesvorstand des FDGB, 24.06.1964, Bestandssignatur DY34, Archiv-Nr. 24803, Bundesarchiv Berlin, S. 4.

VI. Das Fallbeispiel des FDGB-Ferienheimes „Am Fichtelberg"

Obwohl Besucher aus dem westlichen Ausland regelmäßig Gäste des FDGB-Ferienheimes „Am Fichtelberg" waren, sind sie nicht in jedem Fall willkommen gewesen. So beschwert sich eine Mitarbeiterin in einer Eingabe beim Zentralkomitee der SED in Berlin darüber, dass der Leiter des Ferienheimes der Teilnahme einiger westlicher Gäste an ihrer im Ferienheim stattfindenden Hochzeitsfeier nicht zustimmen würde und von ihr de facto eine Ausladung der Westverwandtschaft erwartet.[120] Über den Rahmen der rein individuellen Belange und der daraus abgeleiteten Detailkritik hinaus zeigt diese Beschwerde aus konkreter Erfahrung gewonnene, systemkritische Überlegungen sowie tiefgehende Fragen nach Gründen und Hintergründen der beklagten Missstände.[121] Da Eingaben zwar nicht öffentlich, aber nach oben offen waren, gestatteten sie den Adressaten einen tiefen Einblick in konkrete Meinungsbildungsprozesse der Bevölkerung und ermöglichten es, durch ungeschönte und ungefilterte Schilderung alltäglicher Problemlagen Tendenzen zur Selbstimmunisierung und mancherlei Wahrnehmungsblockaden des politischen Systems entgegenzuwirken.[122] Die auf dem jeweils individuellen Weg gegenüber Staat und Partei geäußerte kritische Meinung gelangte jedoch nie zur öffentlichen Geltung beziehungsweise Wirkung, da die damit zusammenhängenden Prozesse sich unter dem Panzer eines nach außen undurchlässigen Institutionengefüges ereigneten.[123] Welche Auswirkungen die Eingabe tatsächliche hatte, geht aus der Aktenlage leider nicht hervor. Es zeigt sich jedoch, dass Urlauber und Mitarbeiter durchaus bereit waren, ihren Unmut über vermeintliche Missstände und Ungerechtigkeiten zu artikulieren.

---

[119] Vgl. Sekretariatsvorlage, Bundesvorstand des FDGB, 24.06.1964, Bestandssignatur DY34, Archiv-Nr. 24803, Bundesarchiv Berlin.

[120] Eingabe Uta R. 20.05.1987, Bestandssignatur DY34, Archiv-Nr. 27621, Bundesarchiv Berlin.

[121] Ina Merkel sieht Meckern als „habituell verfestigte Grundhaltung", die „ein wichtiges mentales Element zur Beschreibung der DDR-Konsumkultur" darstelle. „Das Meckern konstituiert den inneren Konsens der DDR-Bürger – im Ärger sind sie sich einig." – Vgl. Merkel, Ina: „Konsumkultur in der DDR. Über das Scheitern der Gegenmoderne auf dem Schlachtfeld des Konsums", in: Mitteilungen aus der kulturwissenschaftlichen Forschung, S. 325.

[122] Elsner, Steffen: „Flankierende Stabilisierungsmechanismen diktatorischer Herrschaft: Das Eingabewesen der DDR", in: Christoph Boyer und Peter Skyba (Hg.): Repression und Wohlstandsversprechen. Zur Stabilisierung von Partieherrschaft in der DDR und der CSSR, Dresden 1999, S. 75–88, hier S. 77.

[123] Vgl. Staadt, Die institutionalisierte Meckerkultur, S. 11 ff.

11. Zweiklassengesellschaft

Ihrer Schichtung nach war die DDR eine in erheblichem Maße nivellierende arbeits- und betriebszentrierte Gesellschaft, woran die Sozialpolitik einen maßgeblichen Anteil hatte. Auch für die Angehörigen der Macht- und Funktionseliten im SED-Staat war es ein wesentliches Identifikationsmerkmal, keine Elite zu sein, sondern sich zur Arbeiterklasse zu zählen. Hinter der Ablehnung des Elitebegriffs stand ein Klassenkampfkonzept, dessen Realisierung zu einer klassenlosen Gesellschaft führen sollte.[124] Dennoch traf man in der DDR auf Eliten, die sich allerdings kaum über Unterschiede im Geldeinkommen definierten. Geld war nicht das entscheidende Aneignungsmedium der Mangelgesellschaft, sondern vielmehr Zugang zu anderen Privilegien. So gab es Spitzenfunktionäre, die sich der feudalen Jagdtradition befleißigten, Wirtschaftsführer, die den Gestus traditioneller Industriemagnaten beherrschten und Parteiideologen in der Attitüde bürgerlicher Gelehrsamkeit.[125] Der Blick in die Wandlitzer Politbürosiedlung oder die Jagdanwesen der SED-Führung belegt, dass deren Nutzung im Dienste der proletarischen Herrschaft ein festes moralökonomisches Element der Privilegienkultur darstellt.[126]

Im Vergleich zu anderen kommunistischen Regimen bleibt festzuhalten, dass Korruption und Nepotismus in der DDR relativ gering ausgeprägt waren.[127] Dennoch zeigt die Parallelität von Versorgungssystemen in der DDR, die sich an gesonderten Einkaufsstätten für herausgehobene Kader, Devisenläden und ähnlichen Phänomenen festmachte, dass es auch im ostdeutschen Staat massive Ungleichbehandlungen gab. Gerade die touristische Entwicklung des Arbeiter- und Bauernstaates zeigt, dass es in der DDR-Realität durchaus Eliten gab und diese sich bei der Versorgung mit Fremdenverkehrsleistungen vorrangig bedienten. Gewerkschaftsmitglieder profitierten nicht gleichmäßig von Schiffsreisen, Interhotelplätzen, Auslandsreisen und weiteren gehobenen touristischen Angeboten des Feriendienstes des FDGB. Diese wurden in der Regel an besonders verdiente Werktätige vergeben, wozu offensichtlich auch die überrepräsentierte Gewerkschaftsfüh-

---

[124] Vgl. Kohli, Martin und Wolfgang Zapf: „Gesellschaft ohne Klassen? Entstehung, Verlagerung und Auflösung von Klassenmilieus, Opladen 1997 (Gesamtwerk).
[125] Vgl. Hübner, Eliten im Sozialismus, S. 13.
[126] Vgl. Gieseke, Jens: „Die Einheit von Wirtschafts-, Sozial- und Sicherheitspolitik. Militarisierung und Überwachung als Probleme einer DDR-Sozialgeschichte der Ära Honecker", in: Zeitschrift für Geschichtswissenschaften 11 (2003), S. 996–1021, hier S. 1005.
[127] Vgl. Holmes, Leslie: „The End of Communist Power. Anti-Corruption Campaigns and Legitimation Crisis", New York 1993.

rung gehörte.[128] Es entstand eine Vielzahl von neuen Ungerechtigkeiten, wobei die Privilegierung von regimespezifischen Versorgungsklassen nur die Spitze des Eisbergs darstellt. Die Ansammlung von Privilegien für Leitungskader und auch deren materiell herausgehobene Stellung verstärkten die Perzeption einer zunehmenden Entfremdung der Führung von den Alltagsproblemen und trugen so zum Legitimationsverlust bei.[129]

Die Ferienanlage „Am Fichtelberg" spiegelte die DDR als eine Zweiklassengesellschaft wider. Diese bestand auf zwei verschiedenen Ebenen: Die Distinktion zwischen der gehobenen Funktionärsebene einerseits und den Durchschnittsurlaubern andererseits sowie der unterschiedliche Umgang mit Gästen aus dem westlichen Ausland sowie Inlandstouristen bildete diese ab. Für die Funktionärsebene (Ministerrat der DDR) war die 7. Etage der Ferienanlage reserviert, zu der nur ausgesuchte Mitarbeiter wie Funktionäre der SED-Bezirksleitung, des FDGB-Bundesvorstands und Sportfunktionäre der DDR Zugang hatten. Die Zimmer für die Funktionäre unterschieden sich nicht nur in ihrer Größe, sondern auch in ihrer Ausstattung. So verfügten die Privilegierten beispielsweise über ein eigenes Fernsehgerät, einschließlich der Möglichkeit, westdeutsche Fernsehsender zu empfangen. Ein Telefon gehörte ebenfalls zum Standard, z.T. mit Direktverbindung nach Berlin. Die Präsenz der Funktionärselite machte auch eine gesonderte gastronomische Versorgung notwendig. Durch Sonderkontingente gelangten auf diese Weise Südfrüchte, Exportbier und verschiedene andere Spezialitäten auf deren Tische. Für die Mitarbeiter des PCK Schwedt war als Vertragspartner ebenfalls eine Etage im Haus ganzjährig reserviert.

---

[128] Vgl. Herbst, So funktionierte die DDR, S. 273.
[129] Vgl. Welsh, Kaderpolitik auf dem Prüfstand, S. 112.

11. Zweiklassengesellschaft

Tabelle 10

Zentrales Sonderkontingent an Erholungsaufenthalten des FDGB für das Jahr 1982 (Inland)[130]

Lfd. Nr.	Organisation/Institution	Gesamt-reisen	Darunter Sommer-schulferien
	A) FDGB-Bundesvorstand		
1	Büro des Präsidiums	367	251
2	Operative Reserve des Sekretariats bei der Abt. Feriendienst	700	508
3	Veteranenkommission (einschl. Zentralvorstände)	447	-
4	Abteilung Jugend (internationale Jugenderholung)	685	685
5	Abteilung Internationale Verbindungen (4-Wochen-Aufenthalte) a) für vietnamesische Gewerkschafter b) für kampucheanische und laotische Gewerkschafter	450 96	- -
6	Abteilung Feriendienst (für verdienstvolle Mitarbeiter der Erholungsheime)	400	-
7	Abteilung Organisation a) für BGL der Auslandsvertretungen b) für ausländische Studenten an Hoch- und Fachschulen	100 60	70 60
8	Gewerkschaftshochschule a) für den Lehrkörper b) für ausländische Studenten	70 55	60 -
	B) Zentralvorstände der IG/Gew.		
9	Operative Reserve der Zentralvorstände (je Vorstand 50 Reisen, außer IG Wismut)	750	450
10	Gew. Land, Nahrungsgüter und Forst (Kulturaufenthalte)	792	-
11	Gew. Gesundheitswesen (für afrikanische Studenten)	40	-

(Fortsetzung nächste Seite)

---

[130] Abschrift von Anlage 1 der Sekretariatsvorlage Bundesvorstand des FDGB, 01.06.1981, Bundessignatur DY34, Archiv-Nr. 25480, Bundesarchiv Berlin.

VI. Das Fallbeispiel des FDGB-Ferienheimes „Am Fichtelberg"

Lfd. Nr.	Organisation/Institution	Gesamt-reisen	Darunter Sommer-schulferien
	C) Bezirksvorstände des FDGB		
12	Operative Reserve der Bezirksvorstände (je Vorstand 50 Reisen)	750	450
13	Verdiente Parteiveteranen	1.500	-
14	Verdiente Gewerkschaftsveteranen	4.165	-
15	Gew. Unterricht und Erziehung (vorbeugender Gesundheitsschutz)	6.497	-
16	Gew. Gesundheitswesen (für Mitarbeiter medizinischer Einrichtungen)	1.500	-
17	Rehabilitanden mit Rollstuhl	838	248
18	Familien mit psychisch geschädigten Kindern	670	70
19	Familien mit an Coeliacie erkrankten Kindern	100	-
	D) Zentralkomitee der SED		
20	Abteilung Kader und BGL	393	195
21	Akademie der Gesellschaftswissenschaften	10	10
22	Parteihochschule (für ausländische Studenten)	120	-
	E) Andere Organisationen/Institutionen		
23	Organe der Staatssicherheit	100	52
24	Zentralrat der FDJ	40	40
25	Blockparteien	50	34
26	Domowina (Organisation der Sorben)	25	8
27	Schriftstellerverband	100	35
28	Komitee der antifaschistischen Widerstandskämpfer der DDR	1.802	-
29	Jugendreisebüro (für Landjugend)	9.227	-

11. Zweiklassengesellschaft

Lfd. Nr.	Organisation/Institution	Gesamt-reisen	Darunter Sommer-schulferien
30	Zentralvorstand der VdgB (für Genossenschaftsbauern)	6.254	-
31	Zentralausschuß der Volkssolidarität	1.085	16
32	Krankenhaus Berlin-Friedrichshain a) für Dialyse-Patienten (Nierenkranke) b) für Hämophilie-Patienten (Bluter)	210 20	42 20
33	Verband der Blinden	180	70
34	Verband der Gehörlosen	220	90
	Gesamt:	40.868	3.464

VII. Die Auflösung des FDGB-Feriendienstes nach der Wende

1. Auflösungserscheinungen

Die permanent anhaltende latente Stabilitätskrise der DDR hat sich nach Abschluss ihrer formativen Phase stetig verstärkt. Ab den 1970er Jahren konnten die inhärenten Defizite des Staatssozialismus nicht mehr als Kinderkrankheiten abgetan werden, sondern wurden dem SED-Regime präzise zugerechnet. Mit wachsender Lebensdauer des Regimes waren allerorten zunehmende Erwartungen bei abnehmender Geduld mit den Widrigkeiten und Beschwernissen des Alltags verbunden. Im Jahr 1989 kippte die Situation und aus den latenten Unmutsbekundungen, die sich in Eingaben, vorsichtiger Kritik, aber auch öffentlich geübter Ironie geäußert hatten, wurde offener Widerstand gegen das System, von dem auch der Gewerkschaftsbund und seine Unterabteilungen nicht verschont blieben.

Die Gewerkschaften blieben, wie alle Massenorganisationen der DDR, bemerkenswert unbeteiligt an den revolutionären Ereignissen des Jahres 1989. So hat es, anders als etwa im Nachbarland Polen, keinerlei ernsthaften Versuch der Gründung einer unabhängigen Gewerkschaftsbewegung gegeben. Im Ergebnis können deshalb die politischen Wendeereignisse auch nicht als Arbeiter- oder Betriebsbewegung definiert werden, denn die volkseigenen Unternehmen waren, im Gegensatz zum Aufstand 1953, eher Ruhepole denn Kraftfelder der Veränderung.

Das Verhältnis der Mitglieder zu ihrer Gewerkschaft, wie auch zum Staat und seiner politischen Führung, änderte sich in den letzten Monaten des Jahres 1989 radikal. Bereits in den späten 1980er Jahren hatten sich die Anzeichen eines bevorstehenden grundsätzlichen Wandels gemehrt. Die erhöhte Zahl der Austritte aus dem Gewerkschaftsbund sowie der verstärkt artikulierte Wunsch der Mitglieder, vom zentral vorgegebenen Verlaufsschema der regelmäßig stattfindenden Versammlungen abzuweichen und aktuelle Fragen zu erörtern, können als Indiz hierfür gewertet werden. Da die Urlaubsplatzvergabe die Mitglieder am unmittelbarsten berührte, stand der Feriendienst immer wieder im Zentrum der Diskussionen und diente als Druck- und Disziplinierungsmittel. So drohte die Betriebsgewerkschaftsleitung des volkseigenen Leuchtmittelherstellers NARVA noch im Dezember

1989 damit, keine Urlaubsreisen mehr zu vergeben, falls die Mitglieder die Vertrauensfrage stellen würden.[1]

Ein weiterer Indikator für das veränderte Verhältnis der Mitglieder zum Gewerkschaftsbund, welches das Verhältnis der Bürger zu ihrem Staat widerspiegelt, ist das Eingabewesen. Es hatte sich in der Spätphase der DDR zu einem hochgradig ausdifferenzierten und bürokratisch voll durchstrukturierten System entwickelt, welches durch die Verfassung und einfachgesetzliche Regelungen sowie zahlreiche von Staats- und Parteiführung erlassene Regelungen und Durchführungsbestimmungen seine normative Fundierung erhielt.[2] In einem gut dokumentierten Schriftverkehr zwischen einem verärgerten FDGB-Feriengast und der Gewerkschaftsleitung lässt sich dies ablesen. Das Gewerkschaftsmitglied beschwert sich über den unzumutbaren Anfahrtsweg zum Feriendomizil in einem thüringischen Kurort, der letztlich zu einer sofortigen Abreise führte. Der Feriendienst des FDGB verweigerte zunächst eine Rückerstattung der Kosten, bot aber in einem Schreiben vom 06. November 1989 eine Teilrückzahlung an. Diese wurde jedoch abgelehnt; in dem entsprechenden Brief machte der enttäuschte Urlaubsgast überdies seinem Unmut in Bezug auf die in der Presse verbreiteten Informationen über die Korruption des FDGB-Vorsitzenden Harry Tisch zu Lasten der Beitragszahler Luft. Form und Inhalt der Schreiben zwischen Juli und November lassen den Untergang der Herrschaftsstrukturen des SED-Staates an einem konkreten Beispiel gut nachvollziehen.[3]

Immer wieder erfolgt seitens des enttäuschten Urlaubers der Verweis auf die Härten der Arbeitswelt, die in seiner Erwartungshaltung durch die Annehmlichkeiten des Erholungsurlaubes kompensiert werden sollten. Urlaub und Freizeit eröffneten Erfahrungswelten, die mit starken Rückwirkungen auf die Dominanz der Arbeitswelt verbunden sind.[4]

---

[1] Vgl. Hürtgen, Zwischen Disziplinierung und Partizipation, S. 304.
[2] Vgl. Elsner, Flankierende Stabilisierungsmechanismen, S. 75–88; Werner, Oliver: „Politisch überzeugend, feinfühlig und vertrauensvoll? Eingabebearbeitung in der SED", in: Timmermann (Hg.), Diktaturen in Europa, S. 461–479.
[3] Vgl. Schreiben vom 31.07./22.08./09.10./23.10./06.11./17.11./28.11.1989 in der Sache FDGB-Urlaub Familie L., Bestandssignatur DY34, Archiv-Nr. 27621, Bundesarchiv Berlin.
[4] Vgl. Keitz, Reisen als Leitbild, S. 16.

2. Die Abwicklung

Auf dem außerordentlichen FDGB-Kongress Ende Januar 1990 wurde seitens der Einzelgewerkschaften die Auflösung des zentralistisch gesteuerten Gewerkschaftsbundes betrieben, um jeweils eigene gewerkschaftliche Plattformen zu schaffen und sich der staatlichen Kontrollgewalt beziehungsweise Einflussnahme der Hegemonialpartei SED zu entziehen. Außerdem war im Vergleich mit den Gewerkschaftstraditionen der Zeit vor 1933 sowie der Gewerkschaftsarbeit in der Bundesrepublik klar geworden, worin die Schwerpunkte der zukünftigen Arbeit liegen würden. Fortan hieß es, sich auf Fragen der Lohn- und Tarifpolitik sowie der Arbeitnehmerrechte zu konzentrieren. Diese Entwicklung wurde endgültig am 14. September 1990 auf einem weiteren Gewerkschaftskongress durch formalen Beschluss sanktioniert. Dem Feriendienst des FDGB wurde deshalb die institutionelle Mutterorganisation entzogen, sodass sich allein schon aus der Frage der Zuständigkeiten notwendigerweise eine Abwicklung der Organisation ergeben musste.

Mit dem Ende der DDR und des Freien Deutschen Gewerkschaftsbundes erfolgte nicht sofort die Auflösung des Feriendienstes. Erst mit einigen Monaten Verzögerung wurde der Feriendienst des Gewerkschaftsbundes am 03. Januar 1991 endgültig aufgelöst. Einer der Gründe hierfür war die lange Wartezeit für viele Ferienplätze. Wer seinen Urlaub zum Jahreswechsel 1990/1991 beispielsweise in der Ferienanlage in Oberwiesenthal verbringen wollte, hatte die Ferienschecks bereits 1989 erhalten. Diese mussten nun eingelöst werden, weshalb der Feriendienst über den Zeitpunkt der Vollziehung der deutschen Wiedervereinigung sowie das Ende des Gewerkschaftsbundes der DDR hinaus existierte. So hatten sowohl die letzte DDR-Regierung unter Lothar de Maizière als auch die Treuhandanstalt zusichern müssen, die Ferienschecks einzulösen und für alle aufkommenden Kosten einzustehen. So mussten 1990 monatlich rund 20 Millionen Mark aus dem Staatshaushalt der Urlauberorganisation zur Verfügung gestellt werden, um eine geordnete Geschäftsabwicklung zu ermöglichen.[5] Zu diesem Zweck war bereits im März 1990 der Feriendienst aus dem Organisationszusammenhang des FDGB ausgegliedert worden, um unter der gleichen Bezeichnung als juristisch selbstständiger Gewerkschaftsbetrieb Aufgaben der Planung und Verteilung sozialtouristischer Leistungen übernehmen zu können.[6]

Mit der Währungsunion sowie der Auflösung des FDGB am 30. September 1990 gingen die meisten Objekte des Feriendienstes in den Besitz der

---

[5] Vgl. „Was wird aus dem Ferienunternehmen des FDGB?", in: DER SPIEGEL 33/1990 vom 13.08.1990, Rubrik: Gewerkschaften, S. 92 f.

[6] Vgl. Herbst, So funktionierte die DDR, S. 274.

2. Die Abwicklung

Treuhand über. Diese gründete die FEDI GmbH, die allerdings bereits wenige Monate später vor dem Aus stand, da die öffentliche Hand den Sozialtourismus finanziell nicht weiter stützte. Nach der offiziellen Konkursanmeldung im Januar 1991 erhielten die verbliebenen 1.200 Mitarbeiter die Kündigung. Die Liegenschaften des Feriendienstes wurden durch die Treuhandanstalt verwertet. Viele der enteigneten Ferienobjekte konnten an die ehemaligen Eigentümer oder deren Nachkommen rückübertragen werden. Andere Objekte konnten Gemeinden übertragen bzw. veräußert werden, sodass von der sozialtouristischen Infrastruktur des DDR-Gewerkschaftsbundes nichts übrig blieb.[7]

---

[7] Vgl. Dowe, FDGB-Lexikon.

VIII. Schlussbetrachtung

Je eindrucksvoller das Ende der DDR im revolutionären Herbst 1989 im Jubiläumsgedächtnis in Erinnerung gerufen wird, desto stärker tritt das rätselhafte Phänomen ihrer Dauer und Stabilität in den Hintergrund. Die Wissenschaft ist hieran nicht ganz unschuldig: Debattiert wurden stets die unterschiedlichen Blickwinkel und Betrachtungsweisen bezogen auf die Frage, ob es sich beim Arbeiter- und Bauernstaat um einen totalen Unrechtsstaat oder eine heile Diktatur handelte, weniger hingegen die Erklärungskraft der unterschiedlichen Theorien zur Systemstabilität einer von außen oktroyierten Diktatur. Die Antwort auf die Frage, was das Gemeinwesen der DDR im Innersten zusammenhielt, lässt sich nicht allein in den Etagen der Macht in Ost-Berlin, sondern vielmehr im Lebensalltag der Menschen im Land beantworten.

Der widersprüchliche Charakter der DDR bestand einerseits aus einem emanzipatorischen Charakter, anderseits aus einer stalinistischen Praxis. Dieser Kontrast wird durch die terminologische Umschreibung „Fürsorgediktatur" wiedergegeben, welche die beiden Extrempole des radikalisierten Wohlfahrtsstaats markiert und die doppelte Dimension von Repression und inneren Bindungskräften zum Ausdruck bringt. Der dahinter steckende ethische Anspruch weist nicht nur auf eine sozialpolitische Betreuung bedürftiger Schichten, sondern auf den weitaus breiteren, emanzipatorischen Anspruch einer Umgestaltung der gesamten Gesellschaft hin. Diese wurde oftmals mit diktatorischen Mitteln durchzusetzen versucht. Für das Verhältnis von politischer Herrschaftsausübung und gesellschaftlicher Praxis bedeutet dies, nicht ausschließlich auf den Faktor Gewalt zu fokussieren, sondern auch weiche Herrschaftsstabilisatoren in die Betrachtung einzubeziehen. Der reale Sozialismus als sozialutopisches Projekt benutzte neben Zwangsmaßnahmen auch eine Mischung aus emanzipatorischer Rhetorik und materiellen Anreizen, um das alltägliche Funktionieren zu garantieren, indem die „widerwillige Loyalität" der Bewohner des Sozialismus hergestellt wurde. Gerade auf dem Gebiet der Urlaubsversorgung konnte beispielsweise der Gewerkschaftsbund die Vertretung von Arbeitnehmerinteressen vorgeben, ohne tatsächlich als unabhängige Verfechterin derselben zu agieren. Der FDGB agierte als Transmissionsriemen des SED-Regimes, versuchte aber, seine realpolitische Machtlosigkeit zu verdecken und bediente sich zu diesem Zweck des sozialpolitischen Feigenblattes Sozialtourismus.

VIII. Schlussbetrachtung

Trotz aller Bemühungen gelang es dem Gewerkschaftsbund jedoch nie, die Skepsis seiner Mitglieder zu überwinden. Diese standen ihm stets mehrheitlich ablehnend gegenüber und anerkannten ihn nicht als wahren Interessenvertreter, worin sich die engen Grenzen der Balance zwischen Zwangsregime und Fürsorgediktatur zeigen.

Die Politik der sozialen Sicherung in der DDR hat wesentlich zur inneren Stabilisierung des SED-Regimes beigetragen, denn sie hat Wohlverhalten und konsumorientierte Anpassung hervorgebracht. Dies gelang vor allem durch die Bereitstellung von Gütern und Dienstleistungen, die gegen Risiken des Einkommensausfalls infolge von Wechselfällen des Lebens schützten und zugleich Mindestversorgungsstandards garantierten. Allerdings verzeichnete die Sozialpolitik in den 1980er Jahren eine abnehmende Bindekraft, die mehrere Gründe hat. Zwar wurden weiterhin Elementarbedürfnisse befriedigt, doch der stetig steigende Bedarf nach einer höherwertigen Versorgung konnte nicht erfüllt werden. Ein weiterer Grund ist in einem Wandel der Wahrnehmung zu verorten. Die Erfolge der Sozialpolitik wurden ab den 1970er Jahren nicht mehr als Ergebnis der steigenden wirtschaftlichen Leistungsfähigkeit gewertet, sondern zunehmend als Selbstverständlichkeit konsumiert. Hinzu kamen die begehrlichen Blicke nach Westen. Die DDR-Bevölkerung hatte sich an die Versorgung mit preisgünstigen Ferienaufenthalten gewöhnt und wertete sie als Teil des zustehenden Lohns statt als Anerkennung für besondere Leistungen. Obendrein führten die permanenten Mängel ihr fortwährend vor Augen, dass es mit der wirtschaftlichen Leistungsfähigkeit des Landes nicht sehr weit her war.

„Wie wurde der FDGB von den in der DDR lebenden Arbeitern wahrgenommen?"[1], ist eine Schlüsselfrage, wenn es darum geht, die DDR-Geschichte als Geschichte des „Arbeiter- und Bauern-Staates" oder als „Diktatur des Proletariats" darzustellen. Schließlich wird die besondere Rolle einer Gewerkschaft in der Diktatur erst sichtbar, wenn Ansprüche und Realität, Gewerkschaftsführung und Gewerkschaftsbasis, wenn Gewerkschaftspolitik und Ansprüche und Begehrlichkeiten ihrer Mitglieder zueinander in Beziehung gesetzt werden. Mit der vorliegenden Untersuchung der Entwicklung des gewerkschaftlich verantworteten DDR-Sozialtourismus in Form des FDGB-Feriendienstes liegen nun zumindest Erkenntnisse für einen wichtigen Teilbereich vor. Das in der leninistischen Tradition gebrauchte Bild der Gewerkschaften vom „Transmissionsriemen" fasst sie als politisch-gesellschaftlichen Rückkopplungsmechanismus. Er gab Impulse der Führung zur

---

[1] Kleßmann, Christoph und Arnold Sywottek: „Arbeitergeschichte und DDR-Geschichte. Einige Bemerkungen über Forschungsperspektiven", in: Peter Hübner und Klaus Tenfelde (Hg.): Arbeiter in der SBZ-DDR, Essen 1999, S. 897–905, hier S. 897.

Steigerung von Produktion und Produktivität an die Werktätigen weiter, diente der Führung aber auch als Informationsquelle zur Ermittlung von Bedürfnissen und Interessen. Insbesondere die Zuweisung zahlreicher sozialpolitischer Funktionen, unter denen die federführende Organisation des Sozialtourismus die bedeutendste ist, legt eine Interpretation der Gewerkschaftsarbeit als eine auf pazifizierende Integration und nicht auf eine Mobilisierung und Dynamisierung von Politik, Gesellschaft und Wirtschaft ausgerichtete Wirkung nahe.

Die DDR-Führung hat sich stets als Gleichheitsgarant verstanden. Sie erstickte ältere vermögens-, einkommens- und besitzbestimmte Ungleichheitsbeziehungen. Außerdem bekämpfte sie Ungleichheiten, die aus Bildungsdifferenzen resultierten und moderierte jene, die aus notwendiger Elitenbildung konstituiert wurden. Professionsbezogene Differenzen sind hierdurch, politisch gewollt, deutlich reduziert worden. Im Ergebnis war die DDR arm an klassischen Verteilungskonflikten, denn die Differenz der Lebensweisen blieb bemerkenswert gering. Die Entwicklung des DDR-Sozialtourismus als Untersuchungsgegenstand unterstreicht den in der Sozialwissenschaft gemachten Befund einer gesellschaftlichen Nivellierung, die allerdings auch an Grenzen stieß. So belegt die Versorgung von herausragenden Kräften aus Wissenschaft und Forschung mit hochwertigen Ferienplätzen in den 1950er und 1960er Jahren, dass die Staatsführung im gesamtwirtschaftlichen Interesse durchaus zu pragmatischen Konzessionen bereit war. Aber auch die Zweiklassengesellschaft in der Ferienanlage in Oberwiesenthal indiziert, dass das Gleichheitsgebot nicht immer und für jedermann galt.

Anhand der sich verändernden Ausgestaltung des DDR-Sozialtourismus lässt sich die Entwicklung der wirtschaftlichen Verhältnisse des Landes nachvollziehen. In der Frühphase der 1950er Jahre wurden die zunächst quantitativ und qualitativ äußert bescheidenen Angebote als soziale Errungenschaft des Arbeiter- und Bauernstaates verstanden. Trotz Hilfe sozialtouristischer Innovationen wie dem Kreuzfahrttourismus gelang es den Machthabern nicht, der Bevölkerung das Gefühl einer Überlegenheit des Sozialismus zu vermitteln. Aber eine gewisse Aufmunterung ging davon immerhin wohl aus. Mit dem Beginn der Ära Honecker und der von ihm propagierten Einheit von Wirtschafts- und Sozialpolitik erhielt die Sozialpolitik eine stabilisierende Funktion für das Regime und war insofern von existentieller Bedeutung für den Bestand der DDR. Die Kehrseite dieser Legitimation über Konsum stellte eine damit verbundene ökonomische Irrationalität dar, denn die Verteilungspolitik war ein nur unzureichender Leistungsanreiz, der die notwendige Produktivitätssteigerung nicht gewährleisten konnte.

Der mit der ausufernden Sozialpolitik einhergehende Übergang zur modernen Massenkonsumgesellschaft lässt sich hervorragend am touristischen

Geschehen ablesen. Individuell geprägte touristische Leistungen, realisiert in einem sehr kleinteilig strukturierten Gastgewerbe, traten zurück hinter standardisierte, industrialisierte Angebote. Nicht zu Unrecht kann man hier von einer Tourismus-Industrie sprechen, die durch den Aufbau großer Ferienanlagen wie beispielsweise in Oberwiesenthal entstand und die das Reiseversprechen für alle Werktätigen einlösen sollte. Diese Entwicklung war primär eine Entscheidung der Politik und damit von der tatsächlichen wirtschaftlichen Leitungsfähigkeit abgekoppelt. Sie war eingebettet in eine Strategie der Herrschaftslegitimierung und Machtbehauptung des staatstragenden Apparats.

Die 1980er Jahre wurden auch im Tourismus als Phase der Stagnation wahrgenommen. Der quantitative Ausbau der Angebote war nach der rapiden Expansion des ersten Honeckerjahrzehnts ins Stocken gekommen und auch die versprochenen qualitativen Steigerungen ließen sich nur noch mühsam umsetzen. Dem entgegen standen die Erwartungshaltungen einer Bevölkerung, die sich für das Sozialismus-Projekt immer weniger begeistern konnte. Das sozialtouristische Reiseversprechen für alle hatte an Strahlkraft verloren. Die hier geäußerte Konsumorientierung erhielt systemsprengende Kraft und ist letztlich als eine der Hauptursachen für den Zusammenbruch des Regimes anzusehen.

Die ideologische Urlaubsgestaltung des FDGB-Feriendienstes war bis zur Wende ein Bestandteil der SED-Politik. Der FDGB-Feriendienst war weder ein sozialistischer „Neckermann" noch ein moderner Touristikkonzern. Er war ein Instrument des Unrechtstaates mit schönem Schein nach außen.[2]

Im Januar 2011 ließ die Parteichefin der „Linken" Frau Lötzsch die Maske fallen und schrieb in der linksradikalen Zeitung „Junge Welt": „Die Wege zum Kommunismus können wir nur finden, wenn wir uns auf den Weg machen und sie ausprobieren, ob in der Opposition oder in der Regierung."

Wenn man selbst negative Erfahrungen mit der Stasi gemacht hat, sind die gemachten Äußerungen von Frau Lötzsch ein Albtraum für die Zukunft Deutschlands.

Fazit: Die Staatssicherheit urlaubte beim FDGB-Feriendienst mit, auch wenn der Specht der ewig Gestrigen sagt, „es war nicht alles so schlecht".

---

[2] Görlich, Christopher: „Vom Ferienheim zum Interhotel – Formen ‚sozialistischen' Urlaubs in der DDR", in: Wiebke Kolbe, Christian Noack und Hasso Spode (Hg.): Tourismusgeschichte(n), Voyage. Jahrbuch für Reise- & Tourismusforschung 2009, München Wien 2009, S. 129–136, hier S. 135.

Nachwort

Auch im zwanzigsten Jahr der Wiedervereinigung beider deutscher Staaten kann man in Gesprächen und Diskussionen mit einem Teil der Ostdeutschen den Eindruck gewinnen, die DDR war ja gar nicht so schlecht – ein „Unrechtsstaat" niemals. Teilweise hat eine gewisse Verklärung eingesetzt – der Mensch erinnert sich gern an die positive Vergangenheit und die negativen Seiten werden verdrängt. Ostalgie begegnet mir täglich in meiner beruflichen Tätigkeit in Ostdeutschland.

Die Äußerungen des letzen Ministerpräsidenten der DDR, Lothar de Maizière, die DDR sei kein Unrechtsstaat gewesen, löst bei vielen Deutschen großes Unverständnis aus. Am 23.08.2010 sagte Lothar de Maizière in der „Passauer Neuen Presse" anlässlich des 20. Jahrestages des Volkskammerbeschlusses zum Beitritt zur Bundesrepublik:

Frage: „War die DDR ein Unrechtsstaat?"

Maizière: „Ich halte diese Vokabel für unglücklich. Die DDR war kein vollkommener Rechtsstaat. Aber sie war auch kein Unrechtsstaat."

Diese Ausführungen verdeutlichen den Wandel der Meinungen verschiedener Ostdeutschen. Für mich erschreckend.

Erwin Sellering, Ministerpräsident von Mecklenburg-Vorpommern, ist auch der Auffassung, dass die DDR kein totaler Unrechtsstaat war. Natürlich gab es in der DDR „auch Positives", denn ohne jedes Positive kann ein Gemeinwesen gar nicht existieren. Der kostengünstige Urlaub beim FDGB-Feriendienst für kinderreiche Familien gehörte bestimmt dazu. Das besagt jedoch nichts über den Gesamtcharakter der DDR. Es ist wie bei einem Menü in der Gastronomie. Der Hauptgang stellt den Höhepunkt dar. Ist dieser gänzlich versalzen, so ist der Gesamteindruck negativ – unbeeinflusst von einer sehr delikaten Vorspeise. Diese „Wahrnehmung" von der DDR drückte sich in den diktatorischen Sätzen aus: „Es gibt keinen Gott über uns Mächtigen" und „Die Partei (SED) hat immer Recht". Das machte die DDR zu einem totalitären Unrechtsstaat, trotz geltender Gesetze und Gerichte. Die Justiz war der verlängerte Arm der Partei und die Unabhängigkeit endete immer bei Systeminteressen. Ostdeutschland fühlt sich gern von Westdeutschland unverstanden, dabei versteht es sich teilweise selbst nicht. Der große Unterschied – in Westdeutschland, heute in Gesamtdeutschland, steht das Recht über dem Staat.

Die Vergangenheit: In der Bewertung der Menschen in der DDR untereinander spielt eine wichtige Rolle, was sie früher im Arbeitsprozess taten und was für einen Preis sie für ein erfolgreiches Leben in der DDR gezahlt haben. Sind sie heute arbeitslos oder haben sie erfolgreich die neue Situation gemeistert. Natürlich haben Ostdeutsche eine andere Vergangenheit, ja eine andere Geschichte. Niemals sollte man vergessen, dass Jugendliche von SED-Mitgliedern in der Ausbildung bevorzugt wurden! Niemals sollte man vergessen, dass Kinder von ausreisewilligen Eltern als Verräter bezeichnet wurden – meine Tochter auch! Aus Schikane behielt man ihr Zeugnisheft bei der Ausreise als Dokument ein.

Die Jugend von heute und in der Zukunft soll wissen wie es in der DDR wirklich war, unverklärt und durch Dokumente fundiert. Durch Lichtkegel soll der Feriendienst der Einheitsgewerkschaft FDGB, SED-hörig, kritisch untersucht werden, insbesondere seine politische Aufgabe im Unrechtssystem. Selektives Erinnern an die DDR ist genauso falsch wie ein nostalgisches Bekenntnis zur SED-Politik, auch wenn der Begriff „Unrechtsstaat" Diskussionen auslöst.

Der FDGB-Feriendienst als Teil des FDGB war fest in das politische System der DDR integriert und mit 18.000 Mitgliedern Bestandteil der Diktatur der SED. Der Führungsanspruch der SED, der in der Verfassung von 1968 staatsrechtlich verankert wurde, ist über den FDGB in alle Teilbereiche der Gesellschaft transportiert worden. Auf seinem 3. Kongress bekannte sich der FDGB zur Führungsrolle der SED und war eigentlich danach keine selbständige Gewerkschaft mehr. Der FDGB, insbesondere der Feriendienst, ist Teil der Sozialgeschichte der DDR, spiegelt in allen Fassetten das Herrschaftssystem wider und übernahm die Methoden der kommunistischen Diktatur, immerhin wurden 1,9 Mill. Gäste beim Feriendienst Mitte der 1980er Jahre registriert. Man kann das SED-Regime mit der Nazi-Diktatur nicht gleichsetzen, obwohl es Parallelen gibt, beide Systeme „Scheingewerkschaften" hatten und sich der KdF und der Feriendienst in seinen Aufgaben sehr ähnelten. Gewisse Freiräume gab es beim FDGB, ja auch beim FDGB-Feriendienst. Eine klare Aufarbeitung des „DDR-Unrechtsstaates" dauert noch an. Der Feriendienst des FDGB spielte dabei eine nicht unwichtige Rolle, denn die historische Bilanz ist außerdem, dass die schönsten Tage des Jahres, also der Urlaub im „FDGB-Ferienheim", auch noch von der „Stasi" überwacht wurden – nicht nur durch IM (Mitarbeiter der Ferieneinrichtungen) – nein, wie z. B. in Oberwiesenthal, sogar durch hauptamtliche Mitarbeiter in konspirativen Wohnungen (Hotelzimmern).

Als politisch interessierter Zeitzeuge nahm ich die Kraftanstrengung auf, mich mit der Vergangenheit auseinanderzusetzen. Beim Studium der historischen Dokumente bin ich öfters erschrocken, mit welchen heimtückischen Methoden gearbeitet wurde. Man hat viel vermutet, jedoch nicht gewusst.

Fakten zählen: Im Jahr 1989 waren *91.000* Mitarbeiter bei der Stasi beschäftigt und 174.000 IMs in der DDR tätig! Diktatoren mit Unterdrückungsmechanismen sind abscheulich.

Für die freundliche Unterstützung bedanke ich mich beim Heimatmuseum Kühlungsborn, bei der Bundesbehörde für die Unterlagen des Staatssicherheitsdienstes der ehemaligen DDR, Außenstelle Chemnitz, Herrn Raschker, und der Bundesbehörde für die Unterlagen der ehemaligen DDR in Berlin, Frau Ellefsen. Desweiteren gilt mein Dank dem Bundesarchiv in Berlin-Lichterfelde (SAPMO) und dem sächsischen Staatsarchiv in Chemnitz für die freundliche Bereitstellung der Originaldokumente und vielen Zeitzeugen, mit denen ich Interviews führte. Die Interviews mit Zeitzeugen aus Oberwiesenthal fanden wenig oder gar keine Berücksichtigung, weil mich einerseits die Interviewpartner baten, ihre Namen nicht zu veröffentlichen, weil die alten Seilschaften teilweise noch Bestand haben. Andererseits lag es mir fern, im Nachhinein einzelne systemtreue Personen anzuklagen. Den Zuträgern und Denunzianten ein Denkmal zu setzen, hat wenig Sinn. Besonderer Dank gilt auch Herrn Hermann Dittrich für die zur Verfügungstellung der historischen FDGB-Speisekarten sowie Frau Anke Pasch für die Zusammenstellung und Abschrift der Dokumente.

Berlin, im April 2011 *Thomas Schaufuß*

Anhang

Anhangsverzeichnis

Dokumentennummer und Datum		Sachbezug	Quelle * Abschriften	Seite
A01	Ende 1951	Schema des FDGB	Privatarchiv Thomas Schaufuß	234
A02		Struktur Feriendienst	BStU Archiv der Zentralstelle * MfS – VRD 5842	235
A03	1947–1950	Entwicklung und Stand des FDGB-Feriendienstes	Bundesarchiv * DY34 – 18838	236
A04	08.11.1951 09.11.1951	Entschließung der 1. Arbeits- tagung des FDGB-Ferien- dienstes in Oberhof	Privatarchiv Thomas Schaufuß	242
A05	27.02.1950	Überprüfung der Bibliotheken in den Ferienheimen	Bundesarchiv * DY34 – 18838	250
A06	11.07.1950	Übernahme des Objektes Heringsdorf	Bundesarchiv * DY34 – 18838	252
A07	20.12.1950	Abkommen Urlauberaus- tausch Polen-DDR 1950	Bundesarchiv * DY34 – 18838	255
A08	1953	Kühlungsborn: Kopie eines Briefes zur „Aktion Rose"	Privatarchiv Thomas Schaufuß; Heimatstube Kühlungsborn	258
A09	1959/69	Fotografien von enteigneten Privathotels – Umwandlung in FDGB-Erholungsheime	Privatarchiv Thomas Schaufuß	262
A10	29.07.1953	Schriftverkehr FDGB: Geschenk für westdeutsche Mutter	Bundesarchiv * DY34 – 4305	266
A11	10.09.1953	Schriftverkehr: Bemerkungen zur Betreuung westdeutscher Feriengäste	Bundesarchiv * DY34 – 4305	267

Dokumentennummer und Datum		Sachbezug	Quelle * Abschriften	Seite
A12	10.11.1953	Schriftverkehr FDGB: Freiplatz für Westkollegen	Bundesarchiv * DY34 – 4305	270
A13	30.04.1962	Aufstellung Ferienheime der DDR	Bundesarchiv * DY34 – 24688	271
A14	23.02.1963	Veränderung der Routenpläne 1963 und Festsetzung der Preise für Schiffsreisen	Bundesarchiv * DY34 – 24688	273
A15	Mai 1963	Speisekarten auf den Urlauberschiffen	Privatarchiv Thomas Schaufuß	276
A16	08.01.1971	Auswahlgrundsätze für die Teilnahme an Hochseeschiffsreisen des FDGB	Bundesarchiv * DY34 – 24944	279
A17	08.02.1973	Information über die Absprache betr. Standort Baabe	BStU Archiv der Zentralstelle * MfS – VRD 1289	285
A18	20.05.1974	Neues Objekt für die Urlauberbetreuung im Komplex Heringsdorf ab Juli 1974	BStU Archiv der Zentralstelle * MfS – VRD 1289	287
A19	11.03.1976	Kurzinformation zur Tätigkeit der Vermittlungsstellen des FDGB 1975	Bundesarchiv * DY34 – 15842	291
A20	26.07.1976	Studie für eine Erholungseinrichtung in Wustrow-Barnstorf	BStU Archiv der Zentralstelle * MfS – VRD 1289	296
A21	22.12.1976	Überwachung und Kooperation mit der SED und Staatssicherheit	Bundesarchiv * DY34 – 25328	298
A22	27.01.1977	Konzeption zur Kontrolle der Qualität der Privatunterkünfte	Bundesarchiv * DY34 – 15842	299
A23	24.05.1978	Konzeption zur inhaltlichen Gestaltung der Ferienlager des MfS in den Sommerferien 1978	BStU Archiv der Zentralstelle * MfS SED-KL 1069	302
A24	10.07.1979	Normative für betriebliche Erholungseinrichtungen	Bundesarchiv * DY34 – 15842	310
A25	1980	Subventionierung der Gaststättenpreise	Privatarchiv Thomas Schaufuß	323

Anhangsverzeichnis 231

Dokumentennummer und Datum		Sachbezug	Quelle * Abschriften	Seite
A26	14.02.1980	Preiseinstufung der Restaurants des FDGB-EH „Am Fichtelberg"	Privatarchiv Thomas Schaufuß	324
A27	1975	Die künstlerische Gestaltung des FDGB-EH „Am Fichtelberg"	Privatarchiv Thomas Schaufuß	326
A28		Menüs im FDGB-Erholungsheim „Am Fichtelberg" 1970er/1980er Jahre	Privatarchiv Thomas Schaufuß	336
A29	1981	3. Katalog nachnutzbarer Neuerungen 1981 in den Bereichen Gastronomie, Kultur und Sport etc.	Bundesarchiv * DY34 – 15842	352
A30	1982	Argumentation für die gewerkschaftl. Leitungen u. Vorstände zur Verteilung der FDGB-Erholungsaufenthalte	Bundesarchiv * DY34 – 27640	367
A31 A31 a	02.08.1982 12.08.1982	Schriftverkehr FDGB-Feriendienst zur Erhöhung von Übernachtungspreisen in Interhotels	Bundesarchiv * DY34 – 27640	373
A32 A32 a	18.06.1984 17.08.1984	Ferienplatz auf Schiffsreise für Ehepartner	Bundesarchiv * DY34 – 27621	377
A33 A33 a A33 b A33 c	15.05.1987 26.05.1987 02.06.1987 03.06.1987	Bewirtung von westdeutschen Verwandten im FDGB-EH „Am Fichtelberg"	Bundesarchiv * DY34 – 27621	380
A34	1988	Anordnung zur Gewährleistung der zentralen Versorgung der MfS-Angehörigen mit Ferienplätzen	BStU Archiv der Zentralstelle * MfS – VRD 5842	385
A35	1989	Ferienheime des MfS (EO, MZO)	BStU Archiv der Zentralstelle * MfS – VRD 5842	388
A36		Ferienheime des ANS	BStU Archiv der Zentralstelle * MfS – VRD 5842	389

Dokumentennummer und Datum		Sachbezug	Quelle * Abschriften	Seite
A37	02.09.1966 08.01.1980 06/2001 1989	Dokumente der Staatssicherheit über den ehem. Leiter des FDGB-EH „Am Fichtelberg", IM „Schwarz"; Struktur der Kreisdienststelle Annaberg 1989; Organisationsstruktur der Bezirksverwaltung Karl-Marx-Stadt	BStU Archiv der Außenstelle Chemnitz * An-33	391
A38	15.12.1981	Politisch-operative Lageeinschätzung des Kurortes Oberwiesenthal	BStU Archiv der Außenstelle Chemnitz, * An-33	398
A39	04.12.1986	Kurort Oberwiesenthal: Auswertung Informationstätigkeit	BStU Archiv der Außenstelle Chemnitz, * An-33	402
A40	26.08.1987	Rahmen-Leitungsstruktur der Rekonstruktions- u. Reparaturabteilung beim Feriendienst des FDGB-Bezirksvorstandes Karl-Marx-Stadt	Sächsisches Staatsarchiv, FDGBBVkMst 4, * EB 418	404
A41	12.01.1989	Bereitstellung eines FDGB-Interhotelplatzes für einen Veteranen des MfS	BStU Archiv der Zentralstelle * MfS – HA II 41529	406
A42	15.01.1989	Antwortschreiben auf eine Bewerbung um einen Urlaubsplatz	Bundesarchiv * DY34 – 27621	407
A43	31.07.1989	Eingabe an den FDGB auf Entschädigung für missglückten Urlaub	Bundesarchiv * DY34 – 27621	409
A44	10.11.1989	Forderungen auf Einwohnerforen zur weiteren Nutzung der Ferienheime des MfS	BStU Archiv der Zentralstelle * MfS – VRD 5842	411
A45		Konzeption zur Versorgung der Mitarbeiter des ANS mit Ferienplätzen	BStU Archiv der Zentralstelle * MfS – VRD 5842	413
A46		Versorgung mit Ferienplätzen im ANS nach Bettenkapazität	BStU Archiv der Zentralstelle * MfS – VRD 5842	415
A47		Ferienheime des MfS in Oberwiesenthal	Privatarchiv Thomas Schaufuß	417

Anhangsverzeichnis

Dokumentennummer und Datum		Sachbezug	Quelle * Abschriften	Seite
A48	27.11.1989	Demonstrationen gegen FH „Katzenstein"	BStU Archiv der Zentralstelle * MfS – VRD 5842	419
A49		Zuständigkeiten bei KdF und FDGB-Feriendienst, vgl. Kapitel III.10.c)	Privatarchiv Thomas Schaufuß	421
A50		Dokumente und Fotos zum Vergleich zwischen KdF und FDGB-Feriendienst, vgl. Kapitel III.10.c)	Privatarchiv Thomas Schaufuß	423
A51	16.11.1989	Entwicklung des Reiseverkehrs: Schriftverkehr Dr. Rösel an H. Modrow	Bundesarchiv * DY34 – 27621	439
A52	21.11.1989	Entwicklung des Reiseverkehrs: Schriftverkehr Dr. Rösel an W. Meyer	Bundesarchiv * DY34 – 27621	440
A53	1990	Urlaub in der DDR, 1988	Privatarchiv Thomas Schaufuß	441
A54	1989/1990	Funktionsdiagramm und Gehaltsstruktur	Privatarchiv Thomas Schaufuß	442
A55	14.01.1991	Feriendienst des ehemaligen FDGB pleite (DER SPIEGEL 3/1991)	Privatarchiv Thomas Schaufuß	446
A56	2008	Urlaubsmotive der Deutschen 1991 und 2008	Privatarchiv Thomas Schaufuß	448
A57	22.10.2009 29.10.2009	Leserbrief auf meinen Artikel „Grünes Herz noch grüner" in Thüringer Allgemeine	Privatarchiv Thomas Schaufuß	449
A58	14.03.1978	Schreiben des Leiters der Abteilung Feriendienst des FGDB-Bundesvorstandes an Thomas Schaufuß	Privatarchiv Thomas Schaufuß	451

Dokument Nr. A01

Eigene Aufzeichnung

Bestandssignatur	Archiv-Nr.	Bezeichnung des Schriftstückes
Privatarchiv Thomas Schaufuß	./.	Schema des FDGB (Ende 1951)

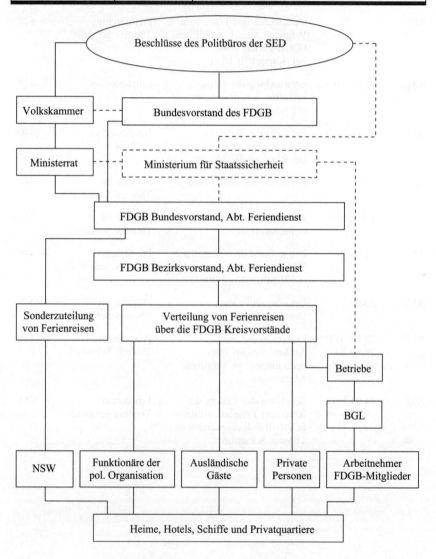

Dokument Nr. A02

Abschrift BStU Archiv der Zentralstelle

Bestandssignatur	Archiv-Nr.	Bezeichnung des Schriftstückes
MfS – VRD	5842	Struktur Feriendienst (BStU Seite 000099)

Anlage 1

Schematische Darstellung der Struktur Feriendienst

                    Feriendienst
                    Leiter
                                techn. Kraft

Instrukteur für inhaltliche Grundsatzarbeit	stellv. Leiter u. verantw. f. Grundsatzfragen sowie Dokumentation
Bearbeiter für mat. u. personelle Sicherheit	Instrukteur für Anleitung/Kontrolle Gastronomie/Kultur
Bearbeiter für Kontingent und Koordinierung	Instrukteur für Planvorbereitung u. Sicherstellung
Linie Kinderferienlager	Bearbeiter für Kontingent/Umverteilung (rechnergestützt)
	Mitarbeiter für Organisationsprozesse/Nachweisführung
	Linie Ferienheime

Personalstärke: 1 : 12

Dokument Nr. A03

Abschrift Bundesarchiv Berlin

Bestandssignatur	Archiv-Nr.	Bezeichnung des Schriftstückes
DY34	18838	Entwicklung und Stand des FDGB-Feriendienstes 1947–1950

Abschrift/Lk.

Der Feriendienst des FDGB.

Seine Entwicklung, sein Zustand, seine Mängel und die zur Verbesserung der Leistungen notwendigen Massnahmen.

1) Entwicklung und Zustand.

Der FDGB-Feriendienst hat seine Arbeit 1947 begonnen. Durch ihn wurden in Eigen-Heimen des FDGB, sowie in Privatpensionen und Hotels, mit denen der FDGB Vertragsabschlüsse getroffen hat, untergebracht:

       1947   17 500 Urlauber,
       1948   100 000 Urlauber,
       1949   210 000 Urlauber.

In diesen Eigen- und Privatheimen standen dem FDGB insgesamt zur Verfügung:

       1947   1 600 Plätze,
       1948   9 800 Plätze,
       1949   22 500 Plätze,
       1950   ca. 30 000 Plätze.

Von diesen Plätzen entfielen auf die Eigenheime des FDGB:

    1947   (10 Heime)   498 Plätze,
    1948   (36 Heime)   1 992 Plätze,   20,3 %
    1949   (92 Heime)   4 359 Plätze,
    1950   (in etwa ca. 5 400 Plätze.   18,0 %
              100 Heimen)

Die Ausweitung des Feriendienstes ist also im wesentlichen nur durch stärkere Inanspruchnahme der Privat-Pensionen möglich gewesen. Der Anteil der Eigenheim-Plätze an der Gesamtzahl ist demnach seit 1948 nicht nur nicht gewachsen, sondern relativ geringer geworden.

Die zunächst gegen die Privatheime erhobenen Beschwerden, dass die den FDGB-Urlaubern zustehenden Lebensmittel zur Aufbesserung der Verpflegung von Privatgästen missbraucht werden, wurden abgestellt dadurch, dass durch Vertrag die gleichzeitige Unterbringung von Privatgästen im gleichen Haus ausgeschlossen wurde.

Weiter wird in vielen Ferienorten bereits die gesamte Verpflegung der in solchen Vertragsheimen untergebrachten FDGB-Urlauber in FDGB-Eigenheimen durchgeführt.

Der Hauptmangel des grossen Anteils der Vertragsheime besteht darin, dass die Urlaubszeit der hier untergebrachten Gäste nur in sehr geringem Umfang der Hebung ihres kulturellen und politischen Niveaus dienstbar gemacht werden kann.

2) Die Eigenheime des FDGB.

Ausser der zu geringen Zahl der Heime ist auch der relativ grosse Anteil sehr kleiner Heime eine starke Erschwerung der Arbeit des FDGB-Feriendienstes. Mehr als die Hälfte aller FDGB-Eigenheime haben weniger als 50 Betten.

Eine grössere Zahl dieser kleinen Heime kommt ausserhalb der Haupt-Saison infolge der unzulänglichen Räumlichkeiten für die sonst übliche Verwendung als Schul- bezw. Tagungsheim und Heim für die Erholungsfürsorge der Sozialversicherungsanstalten nicht in Betracht.

In vielen FDGB-Heimen fehlt es an den notwendigen Gemeinschaftsräumen (Bücherei, Lese-, Spiel- und Klubräume). Wo diese Gemeinschaftsräume vorhanden sind, ist ihre Ausstattung (bequeme Stühle oder Sessel, Läufer, Teppiche, ausreichende Beleuchtung) noch sehr unzureichend.

Der Kontrast ist besonders gross, wenn es sich um ehemalige Luxus-Villen enteigneter Kriegsverbrecher handelt, die ohne Einrichtung vom FDGB übernommen werden mussten.

Von den FDGB-Urlaubern muss immer noch gefordert werden, dass sie in die FDGB-Heime Bettwäsche, Handtücher, Bestecke, Glühbirnen und Kopfkissen mitzubringen haben. Selbst die Ausrüstung mit Schlafdecken ist noch nicht in allen Heimen ausreichend. Es haben noch nicht alle Betten Spiralfederböden und Matratzen; die einfachste Anforderung der Gäste nach einem bequemen Bett kann noch längst nicht überall erfüllt werden.
Es fehlen fast überall noch Nachttischlampen und Bettvorleger, häufig auch Kleiderbügel, Garderoben- und Handtuchhalter.

Die Aufgabe muss es sein:

a) Weitere Eigenheime des FDGB in grosser Zahl zu beschaffen; in erster Linie neue Zweckbauten zu errichten.

b) Kleine und baulich ungenügende Heime aufzugeben.

c) In den vorhandenen und zu schaffenden Heimen die gesamte Einrichtung und Ausstattung auf einen Stand zu bringen, der den berechtigterweise gesteigerten Anforderungen der Werktätigen an die Qualität des ihnen gebotenen Heimaufenthalts gerecht wird.

3) Die FDGB-Urlauber, ihre soziale Gliederung, Hilfs- und Unterstützungsmassnahmen des FDGB.

Die Zahl der FDGB-Urlauber, die sich von ca. 100 000 im Jahre 1948
auf 210 000 im Jahre 1949 erhöhte, wird im Jahre 1950
wahrscheinlich auf etwa 400 000 gesteigert werden können.
In welchem Umfange die gleichzeitig dem Feriendienst vom
Bundesvorstand gestellte Aufgabe, den Anteil der Arbeiter an den
FDGB-Urlaubern wesentlich zu erhöhen, erreicht wird, lässt sich
noch nicht übersehen.
Dass der gegenwärtige Zustand äusserst unbefriedigend ist, zeigt
ein Bericht des FDGB-Feriendienstes für das Land Sachsen. Von den
hier vermittelten Urlaubern waren:

	Arbeiter	Angestellte
Sommer 1948	36,8 %	37,6 %
Sommer 1949	28,5 %	45,7 %,

während die absolute Zahl der "Angestellten-Urlauber" sich fast
verdoppelte, nämlich von 14 311 auf 27 620 anstieg, veränderte sich
die Zahl der "Arbeiter-Urlauber" von 14 005 nur auf 17 184.

Interessant ist es in diesem Zusammenhang, dass unter der
verhältnismässig geringen Zahl von Winter-Urlaubern die Arbeiter
einen noch kleineren Anteil haben. Im Winter 1948/49 wurden 23,3 %
Arbeiter und 53,7 % Angestellte gezählt. Der restliche Anteil
entfiel auf Freie Berufe und Familienangehörige.

Teilergebnisse der Anmeldungen für die Vorsaison ds.Js. zeigen,
dass zwei bis dreimal soviel Angestellte als Arbeiter den
Feriendienst in Anspruch nehmen. Die Ursachen dieser Erscheinungen
und überhaupt die Schwierigkeiten, die Werktätigen dafür zu
gewinnen, ihren Urlaub in einem Ferienheim zu verbringen, sind
folgende:

1) Die verhältnismässig hohen finanziellen Aufwendungen, die sich
   besonders durch die Fahrpreise ergeben.
2) Die örtliche Bindung durch Schrebergarten, Kleintierzucht,
3) Die bei den Arbeitern noch nicht in dem Masse wie bei den Angestellten vorhandene Tradition, sich eine Urlaubsreise als ein
   besonderes Ziel zu setzen.

Um den Werktätigen mit geringerem Einkommen die Urlaubsreise zu
erleichtern, hat der Bundesvorstand

      1948 einen Zuschuss von DM   500.000.--,
      1949 einen Zuschuss von DM 2000.000.--,
für 1950 einen Zuschuss von DM 4000.000.--

zur Verfügung gestellt.
Aus diesem Betrag werden in diesem Jahr 5 000 Aktivisten je
DM 100.-- für eine Urlaubsreise erhalten. Die übrige Summe wird
benutzt, um den Werktätigen mit einem monatlichen Einkommen bis zum
DM 300.-- einen Zuschuss zu dem Pensionspreis (in der Regel DM 5,50
pro Tag) von 20-30 % zu gewähren. In Aussicht genommen ist, die
bisherige Methode der Zuschuss-Gewährung zu ersetzen durch ein
System von Gutscheinen, die über die BGL und durch diese zur Verteilung kommen sollen.

Da die Fahrtkosten in vielen Fällen von ausschlaggebender Bedeutung
sind, hat der Feriendienst die von der Reichsbahn gebotene Möglichkeit benutzt, Verwaltungssonderzüge in der Hauptreisezeit für die
wichtigsten Strecken einzusetzen. Hierdurch tritt eine Fahrpreisermässigung von 33 1/3 % ein. Diese Vergünstigung lässt sich aber

nicht für die Vor- und Nachsaison sowie für Fahrten in weniger stark besuchte Reisegebiete anwenden. Deshalb hat der FDGB die Forderung gestellt, allen FDGB-Urlaubern eine Fahrpreisermässigung bis zu 33 1/3 % zu gewähren.
Durch das Grundgesetz der Arbeit und die inzwischen erlassene Durchführungsbestimmung ist diese Forderung erfüllt worden.

Um den Werktätigen das Sparen für die Urlaubsreise zu erleichtern, hat der Bundesvorstand in diesem Jahr Sparmarken herausgegeben, die von den Gewerkschaftsfunktionären in den Betrieben verkauft werden.

Die durch das Grundgesetz der Arbeit dem FDGB für 1951 gewährte Beihilfe von DM 10.000.000.-- wird es ihm ermöglichen, künftig in noch höherem Masse als bisher den Werktätigen finanzielle Erleichterungen für die Durchführung ihrer Urlaubsreise zu gewähren. Damit wird auch die Voraussetzung gegeben sein, grössere Mengen von Urlaubern zu bewegen, ihre Ferien ausserhalb der Hauptsaison in Ferienheimen zu verbringen. Die Durchführung besonderer grösserer Aktionen, z.B. "Sächsische Arbeiter an die Ostsee" oder "Mecklenburger Arbeiter in den Thüringer Wald", ist in Aussicht genommen. Gleichlaufend damit werden besondere Propaganda- und Aufklärungs-Kampagnen über die Bedeutung solcher Urlaubsreisen durchgeführt werden.

4) Die Leiter der FDGB-Ferienheime, die kulturelle und gewerkschaftspolitische Atmosphäre in den Heimen.

Mit der Übergabe der Bewirtschaftung der FDGB-Ferienheime von der Vermögensverwaltung auf den Feriendienst des FDGB begannen besondere Massnahmen zur Ausbildung und Schulung der Heimleiter. Sämtliche Leiter der Eigenheime wurden im Frühjahr ds. Js. zu vierzehntätigen Lehrgängen zusammengefasst, in denen ihre Aufgabe als Gewerkschaftsfunktionäre aufgezeigt wurde.
Fragen der Gewerkschaftspolitik, des Kulturlebens und des Wirtschaftsbetriebes der Heime wurden behandelt.
Vor dem Beginn der diesjährigen Hauptreisezeit wurden in allen Ländern der Deutschen Demokratischen Republik mit allen Heimleitern und ihren Mitarbeitern Konferenzen durchgeführt, in denen besonders gezeigt wurde, wie die Gewerkschaften bei der Lösung der ihr in diesem Jahre gestellten Hauptaufgeben (Kampf für Frieden, Nationale Front, Oktober-Wahlen) von den Ferienheimen her unterstützt werden können.
Die FDGB-Ferienheime müssen zu gewerkschaftspolitischen Kulturzentren an ihren Orten entwickelt werden. Alle in den Heimen Beschäftigten müssen an dieser Aufgabe mitarbeiten. Der Gewerkschaftstag ist deshalb vom Heimleiter regelmässig mit allen Angestellten durchzuführen. Der Heimleiter muss die Gewerkschaftspresse regelmässig verfolgen, um auch unter den Gästen Aufklärung verbreiten zu können.

Diese Aufgaben kann der Heimleiter nur erfüllen, wenn er sich in erster Linie als verantwortlicher Gewerkschaftsfunktionär und nicht als Gastwirt fühlt. In vielen Fällen entsprechen die Heimleiter bereits diesen Anforderungen; im Laufe der nächsten Zeit wird dafür gesorgt werden müssen, dass das überall zutrifft.

Im Jahre 1949 wurde begonnen, regelmässig kulturelle Veranstaltungen in den Heimen des FDGB durchzuführen. Der Veranstaltungsdienst der Volksbühne wurde vom FDGB damit betraut. Es fanden etwa 1000 solcher Veranstaltungen statt, für die von den Heimgästen nur ein

geringes Eintrittsgeld erhoben wurde; der Bundesvorstand des FDGB leistete dafür einen Zuschuss von etwa 150.000.-- DM.
Die Programmgestaltung wurde wiederholt scharf kritisiert.
Mit dem Ausbau des Veranstaltungsdienstes zu einer zentralen Einrichtung wurden die Voraussetzungen für die einwandfreie Gestaltung fortschrittlicher kultureller Veranstaltungen in den Kur- und Badeorten im allgemeinen und auch damit in den FDGB-Ferienheimen geschaffen.

Alle Ferienheime des FDGB sind mit Büchereien ausgestattet, deren Inhalt und Leitung aber noch nicht überall den zu stellenden Anforderungen entspricht. Es fehlt noch sehr an guter Literatur, die den Bedürfnissen der Urlauber Rechnung trägt. Noch immer fehlt es an qualifizierten Mitarbeitern in den Heimen, die die Gäste sachgemäss bei der Benutzung der Bücherei beraten können. Die Ausgestaltung der Büchereien erfolgt jetzt zentral vom Bundesvorstand des FDGB; ebenso wird zentral die Schulung der Bücherei-Leiter durchgeführt werden. Auch die Vertragsheime werden mit Büchereien des FDGB ausgestattet werden.

5) <u>Die Verteilung des Urlaubs auf das ganze Jahr.</u>

Die Arbeit des Feriendienstes leidet darunter, dass die grosse Mehrzahl der Werktätigen ihren Urlaub nur in den Monaten Juli/August nehmen will. In der Vor- und Nachsaison sind die Heime ungenügend besetzt.
Von den 100000 Urlaubern im Jahre 1948 haben nur 6 000, von den 210 000 im Jahre 1949 haben nur 20 000 die Heime im Winter aufgesucht.

Sowohl aus gesundheitlichen-sozialen Gründen wie aus Rücksicht auf die Beschäftigungslagen in den Produktionsbetrieben, in den Verwaltungen wie auf die Wirtschaftlichkeit der Heime ist es notwendig, die Geneigtheit weiter Bevölkerungskreise dafür, ihren Urlaub auch im Winter oder im Frühling oder Herbst zu nehmen, zu steigern.
Der Feriendienst des FDGB wird planmässig seine Arbeit auf diese Zeit lenken und ihm mit Aufklärung und Propaganda, aber auch mit Hilfe materieller Anreize zustreben.
Er wird darauf hinwirken, dass die Heime in den Monaten Juli/August in erster Linie den Urlaubern mit Kindern zur Verfügung stehen, die mit Rücksicht auf die Schulferien nur dann ihren Urlaub nehmen können.

Die aus den vorstehenden Ausführungen zu ziehenden Schlussfolgerungen sind zusammengefasst die folgenden:

1) Die Zahl der Eigenheime muss vergrössert werden. Neue Heime sollen in der Regel mindestens 50 Betten umfassen. In Zukunft wird Kurs auf die Errichtung von Neubauten (Zweckbauten) genommen werden müssen.

2) Von den gegenwärtigen Eigenheimen des FDGB müssen demnächst baulich ungeeignete und infolge des geringen Umfangs unwirtschaftliche Heime abgestossen werden.

3) Die Einrichtung und Ausstattung aller FDGB-Eigenheime muss den Anforderungen entsprechend ergänzt und verbessert werden.

4) Die FDGB-Heime zu kulturellen und gewerkschaftspolitischen zentralen Punkten im Orte zu entwickeln.

5) Durch systematische Aufklärung und Propaganda muss die Zahl der Werktätigen, besonders die der Arbeiter, die ihren Urlaub in den

FDGB-Heimen verbringen, erheblich vergrössert werden. Hierbei ist anzustreben, dass im Interesse der volkseigenen Betriebe und auch der Ferienheime die Urlaubsverteilung auf das ganze Jahr erfolgt.
Durch verbilligte Sonder-Aktionen (Verbilligte Sonderreisen in der Vor- und Nachsaison) ist die Propaganda zu unterstützen.

6) Die dem FDGB im Jahre 1951 zukommenden DM 10.000.000,-- aus Mitteln der Deutschen Demokratischen Republik sind zu verwenden

   1) für die Beschaffung zusätzlicher Eigenheime,

   2) Zur Verbesserung und Ergänzung der Einrichtung und Ausstattung der vorhandenen Eigenheime,

   3) Für Beihilfen an aktive Gewerkschafter, vor allem an minderbezahlte Arbeiter, um diesen den Aufenthalt in FDGB-Ferienheime zu ermöglichen.

Dokument Nr. A04

Kopie Privatarchiv Thomas Schaufuß

Bestandssignatur	Archiv-Nr.	Bezeichnung des Schriftstückes
Privatarchiv Thomas Schaufuß	./.	Entschließung der 1. Arbeitstagung des FDGB-Feriendienstes am 08./09.11.1951 in Oberhof

Freier Deutscher Gewerkschaftsbund · Bundesvorstand
Feriendienst der Gewerkschaften

Entschließung der 1. Arbeitstagung des Feriendienstes der Gewerkschaften am 8. u. 9. November 1951 in Oberhof Kurort der Werktätigen

Werktätige schaffen für Werktätige Urlaubsfreuden

I.

Alle Anstrengungen des FDGB und seiner Industriegewerkschaften und Gewerkschaften — als Teile des großen und starken Weltgewerkschaftsbundes — im Kampf um den von den Imperialisten bedrohten Frieden, für die Schaffung eines einheitlichen, friedliebenden, demokratischen Deutschlands und zur Entwicklung der Masseninitiative für die Erfüllung des Gesetzes über den Fünfjahrplan, haben das Ziel, unseren Werktätigen ein besseres und gesichertes Leben zu gewährleisten. Dieses neue Leben muß frei sein von der Furcht vor Kriegen, kapitalistischer Ausbeutung und Unterdrückung, muß frei sein von der Angst vor Kurzarbeit und Erwerbslosigkeit und frei von Sorgen bei Krankheit, Invalidität und Alter.

Bei der Erkämpfung dieser Ziele hat der Feriendienst der Gewerkschaften große soziale und kulturelle Aufgaben zu erfüllen. Durch die gute Vorbereitung und Durchführung eines organisierten Urlaubs für Nationalpreisträger, Helden der Arbeit, Verdiente Aktivisten, Verdiente Ärzte und Lehrer des Volkes und Hunderttausende von Gewerkschaftsmitgliedern mit ihren Familienangehörigen, verwirklichen die Gewerkschaften die Sorge um den werktätigen Menschen auf dem Gebiet der Erholung und gewährleisten damit die Durchführung des Artikels 16 der Verfassung und der entsprechenden Bestimmungen des Gesetzes der Arbeit.

Durch den Urlaubsaufenthalt in den schönsten Erholungsstätten der Deutschen Demokratischen Republik erreichen wir, daß das gesellschaftliche Bewußtsein aller Teilnehmer gestärkt, ihre Heimatliebe vertieft und ihre Arbeitskraft gefestigt wird. Die bisher erreichten großen Erfolge des Feriendienstes der Gewerkschaften waren nur möglich dank der großzügigen Unterstützung durch die Regierung der Deutschen Demokratischen Republik und den Bundesvorstand des Freien Gewerkschaftsbundes.

Wenn vom 1. Januar 1951 bis zum 30. Oktober 1951 mehr als 372 000 Werktätige, davon 51 Prozent Arbeiter mit ihren Angehörigen, ihren Urlaub in 143 Eigenheimen und 932 Vertragshäusern des Feriendienstes verbrachten, dann ist das ein Ergebnis der wirtschaftlichen und politischen Veränderungen seit 1945 im Gebiet der Deutschen Demokratischen Republik.

Der Fünfjahrplan, der am 1. November 1951 zum Gesetz erhoben wurde, bringt eine entscheidende Wendung in der Steigerung der industriellen und landwirtschaftlichen Produktion. Er zeigt den Weg für einen großzügigen Ausbau der kulturellen und sozialen Einrichtungen und führt zu einem Wohlstand, den die Werktätigen bisher in Deutschland nie kannten. Dies verpflichtet jeden FDGB-Urlauber und seine Angehörigen zu noch aktiverer Mitarbeit am Fünfjahrplan. Im § 20 des Gesetzes zum Fünfjahrplan, Abschnitt 7, ist u. a. festgelegt, daß das Netz der Erholungsheime in unserer Deutschen Demokratischen Republik um 24 000 Plätze zu erhöhen ist.

Bei uns verleben die Werktätigen ihren Urlaub in Erholungsorten wie Oberhof, Schierke, Bad Schandau, Heringsdorf, Zinnowitz usw., und erholen sich von ihren Anstrengungen, die sie beim Aufbau der Friedenswirtschaft gemacht haben. In Westdeutschland können die Gewerkschaften nicht solche Ferienreisen für ihre Mitglieder organisieren, weil die alten Monopolisten, Militaristen und Kriegsverbrecher ihre Luxuspaläste, Villen und Hotels behalten haben und sich dort mit ihrem parasitären Anhang erholen. In Wiesbaden, Baden-Baden, Garmisch-Partenkirchen, Bad Nauheim usw. treffen sich die deutschen und amerikanischen, englischen und französischen Imperialisten, um ihre Kriegspläne gegen die Sowjetunion, die Volksdemokratien und die Deutsche Demokratische Republik, unter Einbeziehung Westdeutschlands in den Nordatlantikpakt, zu verwirklichen.

Während bei uns die Regierung der Deutschen Demokratischen Republik dem Feriendienst der Gewerkschaften für das Jahr 1951 aus Haushaltsmitteln 10 Millionen DM für den weiteren Ausbau der Eigenheime und zur Verbilligung der Ferienreisen zur Verfügung gestellt hat, ist von der volksfeindlichen Adenauerregierung das Vielfache dieser Summe für die

Remilitarisierung Westdeutschlands ausgeworfen worden. Während bei uns der Bundesvorstand des FDGB und seine Gewerkschaftsmitglieder alles tun, damit die deutschen Gewerkschafter gemeinsam an einem Tisch beraten, wie die Einheit Deutschlands hergestellt und die wachsende Verschlechterung der Lebenslage der Werktätigen in Westdeutschland und Westberlin verhindert werden kann, verhandelt Herr Fette gegen den Willen der Mitglieder mit den Hohen Kommissaren, mit Adenauer, mit SS-Generalen und Wehrwirtschaftsführern hinter verschlossenen Türen und unterstützt damit die Verelendungspolitik, die gegen die Interessen der Werktätigen gerichtet ist.

Daraus ergeben sich für alle Gewerkschaften die Verpflichtungen, insbesondere auch für die Mitarbeiter des Feriendienstes, alles zu tun, damit die verbrecherischen Ziele dieser reaktionären Bonner Regierung und Gewerkschaftsführung nicht verwirklicht werden können.

Aufgabe aller Gewerkschaftsmitglieder ist es:

a) durch verstärkten Briefwechsel mit westdeutschen Kollegen die Aufklärung zu verstärken;

b) der Betreuung der westdeutschen Urlauber in den Ferienheimen der Gewerkschaften größte Aufmerksamkeit zuzuwenden.

II.

Die bereits erzielten Erfolge des Feriendienstes der Gewerkschaften dürfen aber nicht darüber hinwegtäuschen, daß, sowohl in der Kulturarbeit, als auch auf organisatorischem Gebiet noch Mängel und Schwächen bestehen. Voraussetzung zur Beseitigung ist die richtige Auswertung und Anwendung der Erfahrungen der sowjetischen Gewerkschaften und der Gewerkschaften der Volksdemokratien, so wie sie in dem Protokoll der 3. Internationalen Urlauberkonferenz in Ungarn festgelegt worden sind, und größte Beachtung der Beschlüsse, die auf der 4. Urlauberkonferenz 1952 in Rumänien gefaßt werden.

Wichtige Hinweise für die Verbesserung der Arbeit des Feriendienstes ergeben sich auch aus dem Referat des Vorsitzenden des FDGB, Herbert W a r n k e , auf der Chemnitzer Konferenz der Gewerkschaftsfunktionäre, aus dem Kommuniqué des Sekretariats des Bundesvorstandes vom 26. Juni 1951 und aus dem Artikel von Herbert Warnke in der „Wochen-Tribüne" Nr. 47 unter der Überschrift „Feriendienst noch mehr verbessern". Eine kritische Untersuchung der Tätigkeit des Feriendienstes der Gewerkschaften ergibt folgende Fehler und Mängel:

1. Unterschätzung der Aufgaben des Feriendienstes bei einigen Industriegewerkschaften und Gewerkschaften sowie bei einem Teil der Organe des FDGB. Das wirkt sich in der ungenügenden politischen und fachlichen Qualifizierung der Mitarbeiter, sowie in der fehlenden Anleitung und Kontrolle der Arbeiten aus.

2. Ungenügende Verbindung zu den Betrieben und die sich daraus ergebende mangelhafte Information über die tatsächlichen Verpflichtungen, die sich aus den Betriebskollektivverträgen im Hinblick auf die Erholungsfragen ergeben. Unterschätzung der Betriebsurlaubsvereinbarungen und dadurch noch immer ungenügende prozentuale Beteiligung der Arbeiter am organisierten Urlaub.

3. Fehlende Zusammenarbeit mit den Kurverwaltungen.

4. Ungenügende Anleitung der Heimleiter und Gebietsleitungen in der Kulturarbeit, ungenügende Kontrolle der DVD-Veranstaltungen.

5. Ungenügende Propagierung des Feriendienstes.

6. Unterschätzung der sportlichen Betätigungsmöglichkeiten.

7. Ungenügende Kontrolle der Arbeit der Zentralvorstände der Industriegewerkschaften und Gewerkschaften, der Landesvorstände und Gebietsleitungen des Feriendienstes, der Eigenheime und Vertragshäuser.

III.

Der Feriendienst der Gewerkschaften hat die Aufgabe, für die Werktätigen, insbesondere für unsere Produktionsarbeiter, einen organisierten Erholungsurlaub zu vermitteln. Unter einem organisierten Urlaub verstehen wir einen solchen Urlaub, der unseren Werktätigen Erholung, Entspannung und zugleich neue Anregungen im Kampf um den Frieden, die Schaffung der Einheit Deutschlands und den Aufbau unserer Friedenswirtschaft gibt, der ihre Gesundheit stärkt und ihnen Mut und Kraft gibt für die Erfüllung des Fünfjahrplanes. Eine besondere Bedeutung hat dabei der internationale Urlauberaustausch und die Betreuung der westdeutschen Urlauber.

Daraus ergeben sich folgende Aufgaben:

1. Ständige politische und fachliche Qualifizierung aller Mitarbeiter und systematische Ausnutzung aller Schulungsmöglichkeiten der SED und Gewerkschaften.

Internationaler Urlauberaustausch

2. Verstärkung des internationalen Urlauberaustausches und Auswertung der Erfahrungen aus der Anwesenheit von ausländischen Urlaubern in der Deutschen Demokratischen Republik und dem Aufenthalt von deutschen Gewerkschaftern in den Volksdemokratien. Es muß eine noch bessere kulturelle, sportliche und ärztliche Betreuung unserer ausländischen Gäste erreicht werden.

Westdeutsche und Westberliner Urlauber in der Deutschen Demokratischen Republik

3. Unseren westdeutschen und Westberliner Brüdern und Schwestern müssen noch mehr Möglichkeiten gegeben werden, ihren Urlaub in den Ferienheimen der Gewerkschaften in der Deutschen Demokratischen Republik zu verbringen. Dabei ist die Betreuung nach einheitlichen Richtlinien zu gewährleisten.

Reorganisation des Feriendienstes

4. Die Reorganisation des Feriendienstes der Gewerkschaften ist abzuschließen, wodurch die Industriegewerkschaften und Gewerkschaften die alleinige Verpflichtung für die Belegung der Erholungsplätze übernehmen. Damit übernehmen die Industriegewerkschaften und Gewerkschaften eine große Verantwortung. Das erfordert eine sorgfältige Planung und Kontrolle der Arbeit des Feriendienstes jeder einzelnen Industriegewerkschaft und Gewerkschaft. In allen Betriebskollektivverträgen müssen Vereinbarungen über die Verpflichtung zum Abschluß von Betriebsurlaubsvereinbarungen aufgenommen werden. Dabei ist zu beachten, daß in den Betriebsurlaubsvereinbarungen festgelegt wird, daß der Urlaub, und somit auch die Beanspruchung des Feriendienstes, über das ganze Jahr gleichmäßig verteilt wird. Dadurch wird erreicht, daß nicht, wie im Jahre 1950/51, in der Vor- und Nachsaison viele Ferienplätze leerstehen. Der Feriendienst bei den Industriegewerkschaften und Gewerkschaften ist verpflichtet, die Betriebsleitung und die Betriebsgewerkschaftsleitung darauf hinzuweisen, daß sie entsprechend der sozialen Zusammensetzung der Belegschaft ihres Betriebes einer möglichst großen Zahl von Produktionsarbeitern einen Erholungsurlaub durch den Feriendienst gewährleisten.

Durch Herausgabe von Werbematerial aller Art, insbesondere von bebilderten Prospekten, müssen die Voraussetzungen geschaffen werden, daß alle Mitglieder der Gewerkschaften rechtzeitig über die Möglichkeiten des Feriendienstes informiert werden.

Weitere Verbilligung der Ferienplätze

5. Dem Feriendienst der Gewerkschaften wird empfohlen, seine bisherigen Maßnahmen in der Verbilligung der Ferienplätze nach Maßgabe der zur Verfügung stehenden Mittel weiter auszubauen.

Durch die Zentralvorstände der Industriegewerkschaften und Gewerkschaften sind Betriebsleitungen und Betriebsgewerkschaftsleitungen darauf hinzuweisen, daß die Mittel des Direktorenfonds im größeren Umfange als bisher zur Verbilligung der Ferienreisen unseren Werktätigen zur Verfügung gestellt werden.

6. Da in den Privatbetrieben keine Direktorenfonds bestehen, ist es notwendig, daß der Bundesvorstand des FDGB Untersuchungen einleitet, um Wege zu finden, die auch Verbilligung der Ferienreisen für die Werktätigen aus den Privatbetrieben ermöglichen.

Verbesserung der Kulturarbeit

7. Unter Ausnutzung der Hinweise, die sich aus dem Programm zur Entwicklung der kulturellen Massenarbeit der Gewerkschaften sowie aus den Vereinbarungen mit den kulturellen Organisationen ergeben, muß erreicht werden, daß das Kulturgut der Sowjetunion, der Volksdemokratien und das eigene nationale Kulturerbe unseren Urlaubern noch stärker zugänglich gemacht wird. Die Veranstaltungen des DVD müssen besser kontrolliert werden. Durch engere Fühlungnahme der Künstler des DVD mit den Betriebsarbeitern wird es möglich sein, solche Programme zu gestalten, die den Forderungen unserer Werktätigen entsprechen.

Besondere Möglichkeiten ergeben sich aus der Übernahme von Betriebspatenschaften für Ferienheime.

Größter Wert ist auf die kulturelle Selbstbetätigung zu legen.

Verstärkung der Kontrolle der Vertragshäuser

8. In engster Verbindung mit den staatlichen Organen, müssen die Rechte unserer Werktätigen gesichert werden. Die Arbeit der Kontrollorgane der Gewerkschaften muß ergänzt werden durch die aktive Mitwirkung der Gästeräte in den Vertragshäusern, wobei unsere FDGB-Kollegen aus den Betrieben eine wirksame Massenkontrolle zur Wahrung ihrer Rechte entfalten müssen.

Verbesserung der Sportmöglichkeiten

9. In Zusammenarbeit mit allen beteiligten Stellen muß erreicht werden, daß alle Sportstätten in den Kur- und Erholungsorten unseren FDGB-Urlaubern zur Verfügung gestellt werden. Bei jedem FDGB-Heim müssen Volleyballplätze geschaffen werden. Alle Heime sind mit Tischtennisspielen und anderen Sportgeräten auszustatten.

Zusammenarbeit mit der Zentralverwaltung für Sozialversicherung

10. Damit in den Ferienheimen keine Überbelegungen oder Unterbelegungen durch Einweisung seitens der Sozialversicherung und der Betriebe erfolgen, muß der Feriendienst des Bundesvorstandes bereits vor der Aufschlüsselung der Ferienheime und Plätze an die Zentralvorstände die Platzkontingente für die Sozialversicherung berücksichtigen.

    Da besonders in den Monaten Juli/August für die Plätze in unseren Ostseebädern eine große Nachfrage zu verzeichnen ist, soll der Feriendienst der Gewerkschaften Verhandlungen mit der Zentralverwaltung der Sozialversicherung aufnehmen, um zu erreichen, daß dem Feriendienst einige Heime der Sozialversicherung für diese Monate zur Verfügung gestellt werden.

    Als Ausgleich wird der Feriendienst der Gewerkschaften der Sozialversicherung andere Heime mit derselben Platzzahl während anderer Monate überlassen.

11. Durchführung von Wochenend- und Sonderfahrten.

12. Durchführung von 2000 kostenlosen Urlaubsreisen für Helden der Arbeit, Verdiente Ärzte und Lehrer des Volkes und Verdiente Aktivisten.

13. Durchführung eines Winterurlaubsaufenthaltes für 80 000 Werktätige.

IV.

Bei der Überarbeitung der Rahmenkollektivverträge und der Vorbereitung der Betriebskollektivverträge für 1952 ergeben sich für den Feriendienst der Gewerkschaften folgende Aufgaben:

1. Alle Funktionäre des Feriendienstes, einschließlich der Heimleiter, müssen sich bei der Aufklärung über die Betriebskollektivverträge

aktiv einsetzen und die Verbindung zwischen Planerfüllung, Verbesserung des Lebensstandards und weiteren Ausbau des Feriendienstes aufzeigen.

Es darf kein Ferienheim der Gewerkschaften mehr geben, das nicht Graphiken und Illustrationen über unseren Fünfjahrplan an sichtbarer Stelle ausgehängt hat, in denen aufgezeigt wird, welche Verbesserung uns die laufende Erfüllung des Fünfjahrplanes bringt.

Charakteristiken und Bilder unserer bedeutenden Fünfjahrplanaktivisten müssen gleichfalls in allen Heimen angebracht werden. Die Gebietsleitungen des Feriendienstes haben über die Kurverwaltungen auf die Besitzer von Vertragshäusern einzuwirken, damit hier ebenfalls durch Sichtwerbung für die Verwirklichung des Gesetzes über den Fünfjahrplan gesorgt wird.

2. Der Feriendienst bei den Zentralvorständen der Industriegewerkschaften und Gewerkschaften muß an der Ausarbeitung der Rahmenkollektivverträge regen Anteil nehmen und festlegen, daß die Betriebsleitungen und Betriebsgewerkschaftsleitungen verpflichtet werden, mit dem Feriendienst der Gewerkschaften Betriebsurlaubsvereinbarungen abzuschließen.

3. In allen Betriebskollektivverträgen sind für den Erholungsurlaub der Werktätigen finanzielle Mittel festzulegen und Maßnahmen zu treffen, die eine wirksame Kontrolle der Verwendung dieser Gelder vorsehen.

4. Soweit die Betriebe eigene Erholungsheime haben, ist in Absprache mit den Betriebsleitungen und Betriebsgewerkschaftsleitungen anzustreben, daß sie sich dem Feriendienst der Gewerkschaften anschließen.

5. Die Betriebe sind zu veranlassen, über bestimmte Ferienheime und Vertragshäuser zur Verbesserung der kulturellen und sportlichen Arbeit Patenschaften zu übernehmen.

Durch die Verwirklichung dieser Aufgaben des Feriendienstes der Gewerkschaften zur Erfüllung des Fünfjahrplanes wird die Millionenkraft der Werktätigen lebendig, die alle Hindernisse überwindet, eine neue Produktionstechnik schafft und meistert und die alte Arbeitsproduktivität des Kapitalismus weit hinter sich läßt. Dadurch begründen wir in enger Freundschaft mit der Sowjetunion und den Volksdemokratien, von denen wir im Erfahrungsaustausch soviel Entscheidendes lernen, das Glück und den Wohlstand unseres Volkes.

(3) Condordruck, Berlin O 17 - 102 787/51/DDR, 2447, P 1279, 1,5

Dokument Nr. A05

Abschrift Bundesarchiv Berlin

Bestandssignatur	Archiv-Nr.	Bezeichnung des Schriftstückes
DY34	18838	Überprüfung der Bibliotheken in den Ferienheimen

An den
Feriendienst,
zu Hd. des Kollegen Behrendt,

B e r l i n W.
Unter den Linden 15

Fu/Ri. 27.2.1950

Überprüfung der Bibliotheken in den Ferienheimen.

Werter Kollege Behrendt !

Wir haben in der letzten Zeit die Bibliotheken unserer Bezirksschulen überprüfen lassen, nach denen wir bei Stichproben in Thüringen feststellen mussten, dass diese Bibliotheken sehr oft eine Literatur enthalten, die unserer Lebensauffassung fremd oder sogar feindlich gegenübersteht.

Ich bitte Dich, zu veranlassen, dass mit einer Fristsetzung von 14 Tagen die Bibliotheken unserer Ferienheime überprüft werden. Verantwortlich dafür ist der Heimleiter, die BGL unter eventueller Hinzuziehung weiterer sachkundiger Kollegen.

Die Überprüfung ist nach folgenden Gesichtspunkten vorzunehmen:

a) Alle seichte Unterhaltungsliteratur, die im Gegensatz zu unseren kulturellen Bestrebungen steht, ist auszumerzen.
b) Die Bücher westdeutscher oder westberliner Verlage sind zu entfernen, denn sie enthalten ein Ideengut, das unseren ganzen gewerkschaftspolitischen und kulturellen Auffassungen widerspricht. Diese ganze westliche Literatur nach 1945 dient auf den verschiedensten Gebieten faktisch der Wiederbelebung der imperialistischen Ideologie.
c) Ältere Werke mit Beiträgen solcher Verräter, wie Trotzki, Bucharin und Sinowjew sind auszumerzen.
d) Es ist zu überprüfen, ob eine genügende Anzahl guter fortschrittlicher Werke solcher Verlage vorhanden sind, wie Dietzverlag, SWA-Verlag, Aufbauverlag usw., die eine grosse Anzahl wertvollster Bücher auf allen Wissensgebieten herausgebracht haben.

e) Künftig ist alle Literatur, die der Feriendienst erwirbt, nur durch den Verlag "Die Freie Gewerkschaft" oder durch die Bücherstuben der Gutenberggilde zu beziehen.

Veranlasse bitte, dass Dir eine Abschrift der ausgemerzten Bücher zugeht, dass diese Bücher vernichtet werden und mache nach der Durchführung der Überprüfungen einen abschliessenden Bericht.

Mit gewerkschaftlichem Gruss !
Freier Deutscher Gewerkschaftsbund
Bundesvorstand

_____
(Fugger)

Dokument Nr. A06

Abschrift Bundesarchiv Berlin

Bestandssignatur	Archiv-Nr.	Bezeichnung des Schriftstückes
DY34	18838	Anlage zum Beschluss des Sekretariats zur Übernahme des Objektes Heringsdorf

FDGB-Bundesvorstand
Abt. Feriendienst Berlin, den 11. Juli 1950
S/18 Bd/Schf.

<u>Anlage zum Beschluß des Sekretariats
über Objekt Heringsdorf</u>

Am 20.5.1950 erfolgte die Übergabe von 25 Häusern durch die SKK an den Vertreter des Bundesvorstandes. Die gesamten, zur Verfügung gestellten 25 Objekte sind völlig leer, so daß im Jahre 1950 mit einer Inbetriebnahme der Häuser nicht mehr gerechnet werden kann. Die noch vorhandenen Einrichtungsgegenstände sind bisher trotz mehrfacher Versuche dem FDGB nicht übergeben worden. Selbst bei Übergabe dieser Einrichtungsgegenstände ist jetzt nicht mehr mit einer Inbetriebnahme für das Jahr 1950 zu rechnen, zumal es sich bei den Einrichtungsgegenständen im wesentlichen um stark beschädigtes Mobiliar handelt und keinerlei Geschirr, Textilien etc. vorhanden sind. Die in Aussicht gestellte Hilfe durch die SKK ist bisher ausgeblieben.

Bei den übernommenen Objekten handelt es sich, wie aus der beiliegenden Liste hervorgeht, zum größten Teil um private Häuser, die zum Teil Personen gehören, die ihren Wohnsitz in der DDR haben, und zum Teil Häuser, deren Besitzer in den Westsektoren Berlins bezw. in Westdeutschland wohnen. Diese Häuser erscheinen in der Liste unter der Bezeichnung "Sperrkonto-West".

Von den sequestrierten Grundstücken sind zwei der Volkssolidarität und eins der KWU Heringsdorf zugesprochen worden; zwei weitere wurden dem FDGB zugesprochen, bei einem dritten war bisher nicht klar festzustellen, ob die Rechtsträgerschaft auf den FDGB oder auf die SVA Mecklenburg eingetragen ist.

Durch vorläufige Übernahmeprotokolle hat der FDGB bereits gewisse Verpflichtungen gegenüber den Besitzern übernommen, da durch die Übernahme die Verfügungsgewalt der Besitzer über die Häuser eingeschränkt worden ist.

Auf Grund eines Beschlusses des Bundesvorstandes sind von den übernommenen Objekten in der Zwischenzeit die in der Liste und den lfd. Nrn. 1 - 3 aufgeführten Häuser der Volkspolizei, Hauptabteilung Ausbildung, auf dem Wege eines Pachtvertrages überlassen worden. Ferner wurden auf Grund einer Absprache, die gemeinsam mit dem Kollegen Maschke bereits bei der Besichtigung in Heringsdorf stattfand, dem Kreis Usedom die in der Liste unter Nr. 4 und 13 genannten Objekte zur Verfügung gestellt.

Es wird vorgeschlagen, der Volkssolidarität und der KWU, Heringsdorf, die ihnen übertragenen sequestrierten Objekte zur freien Nutzung zu überlassen. Gleichfalls sollen der VAB Berlin die beiden unter 9 und 10 in der Liste aufgeführten Häuser, die der Versicherungsanstalt Berlin als Rechtsnachfolgerin der Landesversicherungsanstalt gehören, übergeben werden. Damit würden von den insgesamt 26 Objekten dem FDGB 16 Objekte mit zusammen 882 Plätzen verbleiben. Die erforderliche Pachtsumme für die privaten Objekte würde sich auf ca. DM 100.000,-- im Jahr belaufen. Dies bedeutet eine Pachtsumme pro vorgesehenen Platz von DM 114,--. Die Inventarisierung der gesamten Häuser und die noch erforderlichen Kosten für Instandsetzung etc. stellen sich nach Schätzung der Vermögensverwaltung, Zweigniederlassung Schwerin, auf ca. DM 1.500.000,--.

Bei dem vorgesehenen Pachtsätzen ist in Anrechnung gebracht, dass die Besitzer der Häuser die Grundsteuer, Feuerversicherung und die laufenden Reparaturen, mit Ausnahme der Schönheitsreparaturen, aus ihren Pachteinnahmen aufzubringen hätten.

Auf Grund der Übernahme der Objekte durch den FDGB müssen die Pachtverträge mindestens rückwirkend ab 1. Juli 1950 abgeschlossen werden. Bei der vorgesehenen Planung 1951 haben wir zunächst die Inventarisierung und Renovierung dieser Häuser mit vorgesehen.

Die gesamten, für den FDGB in Frage kommenden Objekte, würden nach Pachtung in eigener Verwaltung geführt werden, d.h., sie würden gegenüber unsern Kollegen als Eigenheime des FDGB erscheinen. Für den Gesamtkomplex Heringsdorf wird eine zentrale Verwaltung eingesetzt, so daß nicht jedes Heim als Einzelbetrieb geführt wird. Als Verpflegungsstelle kommen nur das Kurhaus Atlantik und das Strandhotel in Frage, wobei das Strandhotel die Verpflegung von ungefähr 200 Urlaubern und das Kurhaus Atlantik den Rest von ca. 700 Urlaubern übernehmen würden.

Die für dieses Jahr fälligen Pachtsummen in Höhe von ca. DM 50.000,-- müssen den Mitteln der Abteilung Feriendienst entnommen werden und die Kosten für die Einrichtung und Instandsetzung der Häuser müssen im Etat 1951 verplant werden.

Die Pachtverträge mit den Privatbesitzern, die in der DDR wohnen, werden spätestens bis 15. August abgeschlossen. Die Verträge mit den Besitzern, deren Wohnsitze außerhalb der DDR liegen, können nicht abgeschlossen werden. In diesem Falle wäre zunächst einmal ein Abwesenheitspfleger von amtswegen durch das Amtsgericht einzusetzen. Diese Funktion könnte der Leiter der ehemaligen Treuhandstelle des Kreises Usedom, Kollege ▉, übernehmen, der einen entsprechenden Antrag für das Kurhaus Atlantik auch bereits gestellt hat. Der von amtswegen eingesetzte Abwesenheitspfleger ist berechtigt, über die Objekte zu verfügen, das heißt, er ist in der Lage, dem FDGB zu einem angemessenen Satz die Häuser zu verpachten.

Inwieweit aus den aufgekommenen Pachtsummen die gesamten Kosten und Lasten der Grundstücke gedeckt werden können, kommt dabei erst in zweiter Linie in Frage, da bei einigen Objekten außerordentlich hohe Vermögenssteuern zum größten Teil seit längerer Zeit nicht bezahlt worden sind.

Im Falle des Kurhauses Atlantik wäre zu entscheiden, ob man nicht über dem Weg der Zwangsversteigerung wegen rückständiger Steuer das Objekt zu einem günstigeren Preis erwerben kann. Es handelt sich bei dem Kurhaus Atlantik um das größte Hotel, welches wir in der DDR haben. Der bauliche Zustand gerade dieses Gebäudes ist ein guter, nur fehlt auch hier die gesamte Einrichtung mit Einschluß der Küchenmaschinen.

Eine genaue Aufstellung des erforderlichen Inventars kann erst nach einem zustimmenden Beschluß des Sekretariats erfolgen, da über die Einrichtung der Häuser zweckmäßigerweise eine Kommission entscheiden muß.

Auf Grund der genannten Zahlen ist mit einer Unkostendeckung bei dem gesamten Objekt - wie bei den meisten Ostsee-Häusern - nicht zu rechnen. Wie hoch der erforderliche Zuschuß pro Jahr ist, läßt sich zurzeit noch nicht mit Sicherheit feststellen.

Um eine bessere Ausnutzung der Häuser und eine Senkung der Kosten
sicherzustellen, ist vorgesehen, das Objekt Heringsdorf in der Vor-
und Nachsaison durch Kurgäste der Sozialversicherungsanstalten zu
belegen. Die erforderlichen allgemeinen Verhandlungen über die
Inanspruchnahme von Ferienplätzen durch die Sozialversicherungsanstalt
sind bereits in Verbindung mit der Abteilung Arbeit und Sozialpolitik
im Gange.

Dokument Nr. A07

Abschrift Bundesarchiv Berlin

Bestandssignatur	Archiv-Nr.	Bezeichnung des Schriftstückes
DY34	18838	Abkommen Urlauberaustausch Polen-DDR 1950

Abschrift/Di.
3.1.1951

Arbeiter-Urlaubsfonds   Warszawa, den 20. Dez. 1950
    des Zentralrats   Ul. Kopernika 36/40
der Gewerkschaftsverbände in Polen

                  An den
                  Freien Deutschen Gewerkschaftsbund

                  <u>B e r l i n   C   2</u>
                  Inselstraße   6

Unser Zeichen: 031-4/50

    Werte Genossen!
    Seit mehreren Jahren führen wir einen Urlauberaustausch mit der Tschechoslowakei, Bulgarien, Rumänien und Ungarn durch, dessen Ergebnisse von der Nützlichkeit und Zielgerechtigkeit dieser Aktion zeugen.

    Da wir uns über den Nutzen klar sind, dem man durch den Urlauberaustausch mit den Staaten der Volksdemokratie gewinnt, möchten wir in der nächsten Sommersaison durch Unterbringung Eurer Urlauber in Polen und Übersendung unserer Gewerkschaftler in die Deutsche Demokratische Republik zum Urlaubsaufenthalt - Arbeitsaktivisten, Rationalisatoren, Erfinder, Sparsamkeitsmeister und Werktätige, die sich in der sozialen und beruflichen Arbeit auszeichnen - den Austausch anfangen.

    Um Euch näher mit den Bedingungen des Austausches bekanntzumachen, übersenden wir Euch einen Entwurf des Abkommens bezüglich des Urlaubsaustausches für das Jahr 1951 und bitten um Äußerungen in dieser Angelegenheit sowie um Übersendung Eurer evtl. Bemerkungen und Ergänzungen im Falle Eurer positiven Einstellung zu unserem Vorschlags.

    Mit Rücksicht darauf, daß wir Eure Äußerungen und evtl. Vorschläge vor der Generaldebatte besprechen möchten, die in der Urlaubsberatung im Jahre 1951 in Budapest stattfinden wird, bitten wir um baldige Antwort.

    Wir übersenden Euch, werte Genossen, herzliche Gewerkschaftsgrüße

                      Arbeiter-Urlaubsfonds des Zentralrats
                        der Gewerkschaftsverbände in Polen
                              Generaldirektor:

                              gez. Boleslaw Kania

Abkommen

Ü b e r den Urlauberaustausch zwischen dem Arbeiter-Urlaubsfonds des Zentralrats der Gewerkschaftsverbände in Polen und dem Freien Deutschen Gewerkschaftsbund.

Der Urlauberaustausch mit den befreundeten Ländern soll zum besseren gegenseitigen Sichkennenlernen der polnischen und der deutschen Urlauber, zur Vertiefung der Zusammenarbeit und Freundschaft beider Völker im Geiste der Festigung und Vertiefung der Errungenschaften der Volksdemokratie beitragen. Ausserdem soll er dem gegenseitigen Austausch von Erfahrungen und Errungenschaften sowie der Stärkung des Friedenslagers dienen.
Die abschließenden Partner werden auf jede Art und Weise dazu beitragen, dass die Urlaubserholung die Entwicklung der politischen Aufklärung der Urlauberstärke durch Einführung derselben in die Erfahrungen und Errungenschaften der Arbeiterklasse beim Werke des Aufbaus des Sozialismus, indem sie mit den Daseinsbedingungen in Stadt und Land bekanntgemacht werden, und durch Organisierung landeskundlicher Ausflüge und kulturell volksbildender Veranstaltungen, durch Bekanntmachen mit den sozialen Einrichtungen, durch Informierung über den Umbau und Ausbau von Industrie und Handel und über die Bedeutung derselben für die Werktätigen.

1. Um die vorgenannten Grundsätze zu realisieren und sie auf das richtige ideologische Niveau zu bringen, wird jeder aus dem Auslande eintreffenden Urlaubsgruppe ein verantwortlicher Angestellter zugeteilt, der während des ganzen Aufenthalts der Urlauber innerhalb der Grenzen des Staates die Leitung übernehmen und die vorgenannten Grundsätze ins Leben einführen wird. Außerdem erhält diese Gruppe einen Dolmetscher. Der politisch verantwortliche Angestellte und der Dolmetscher sollen bei der Urlaubergruppe vom Augenblick des Eintreffens an der Staatsgrenze an bis zum Verlassen des die Urlauber aufnehmenden Landes bei der Gruppe bleiben.

2. Die abschließenden Partner legen fest, dass sie für den Auslandsurlaubsaufenthalt Arbeitsaktivisten, Rationalisatoren, Erfinder, Sparsamkeitsmeister sowie Werktätige bestimmen werden, die sich bei der politisch-sozialen und der beruflichen Arbeit hervorgetan haben.
Vor der Abfahrt ins Ausland werden die Urlauber über ihre Rechte und Pflichten in dem Lande instruiert, in das sie geleitet werden.

3. Die Aufenthaltszeit im Auslande beträgt zwei Wochen. Diese Zeit von zwei Wochen, die innerhalb der Grenzen des aufnehmenden Landes verbracht wird, umfasst Ausflüge in die Umgebung des Urlaubsortes, einen Ausflug zu einem größeren Industriezentrum sowie den Besuch der Sehenswürdigkeiten der Hauptstadt oder einer größerem Stadt.

4. Die Urlauber werden in 1-, 2- oder notfalls in 3-Personenzimmern der am besten eingerichteten Urlaubsheime in folgenden Zentren untergebracht:
   <u>in Polen:</u> in den Bergen -OW Zakopane
   in der Deutschen Demokratischen Republik: . . . .

5. Verpflegung-fünfmal täglich. Das zweite Frühstück wird zusammen mit dem ersten Frühstück und die Vesper beim Mittagessen in Form von belegten Brötchen gereicht. Das Mittagessen soll grundsätzlich aus einem Vorgericht, Suppe, Fleisch mit Gemüse, einem Nachtisch mit Kaffee bestehen. Zum Mittagessen ist die Ausgabe von Bier bzw.

Mineralwasser unentbehrlich. Das Abendbrot soll ähnlich wie das Mittagessen beschaffen sein.
Für die Rückreise erhält jeder Urlauber ein Lebensmittelpaket im Werte einer eintägigen Verpflegung am Urlaubsort.
Um die Verpflegung der Urlaubergruppe der Gewerkschaftler kümmern sich von der Grenze an die Gewerkschaftsverbände, welche die Urlauber aufnehmen, und tragen die Kosten für Verpflegung, Unterbringung und Ausflüge.

6. Für die kleinen Ausgaben erhält jeder deutsche Urlauber für die Aufenthaltszeit 150 Zloty. In Deutschland erhält jeder polnische Urlauber den Gegenwert dieser Summe.

7. Die Reisekosten bis zum Urlaubsort und zurück tragen die aussendenden Gewerkschaftsverbände, also
   a) die polnischen Urlauber werden mit Eisenbahnfahrkarten 2. Klasse für die Strecke Warszawa - Poznan - Frankfurt - .... und zurück,
   b) die deutschen Urlauber mit Eisenbahnfahrkarten für die Strecke Frankfurt - Poznan - Zakopane und zurück versehen.

8. Bezüglich der Sicherung der kulturellen und sportlichen Unterhaltungen verpflichten sich die abschließenden Partner, die politischen Grundsätze zu beachten, welche das Fundament des gegenseitigen Urlauberaustausches darstellen. In weitesten Ausmasse werden zugänglich gemacht: Kino, Theater, Konzerte, künstlerische Darbietungen, künstlerische Abendveranstaltungen und Diskussionen sowie die Tagespresse und die periodischen Schriften in den für die Urlauber verständlichen Sprachen.

9. Im Rahmen des Abkommens werden 180 Gewerkschaftler von jeder Seite in drei Turnusgruppen zu folgenden Zeiten ausgetauscht:
   Turnus I   - 60 Personen in der Zeit vom 23. Juli bis z. 6. August
   Turnus II - 60 Personen in der Zeit vom 6.-20. August
   Turnus III - 60 Personen in der Zeit vom 20. August bis zum
                                                   3. September.
   Die angegebenen Zeiten verpflichten sowohl die eine als auch die andere Seite.

10. Die abschließenden Partner werden sich in den zuständigen Außenministerien bemühen, dass die diplomatischen Vertretungen bevollmächtigt werden, den ins Ausland reisenden Gewerkschaftlern Visen "aller et Fotour" zu erteilen.

11. Streitfragen werden von Zentralrat der Gewerkschaftsverbände in Polen und dem Freien Deutschen Gewerkschaftsbund entschieden.

- - - - - - - - - - - - -

Dokument Nr. A08

Bestandssignatur	Archiv-Nr.	Bezeichnung des Schriftstückes
Privatarchiv Thomas Schaufuß	./.	Kühlungsborn: Kopie des Briefes an den Bürgermeister zur „Aktion Rose" 1953, Ausstellungsstück in der dortigen Heimatstube

Erfurt, den 17.6.91

Sehr geehrter Herr Bürgermeister!

Heute vor 38 Jahren, also am 17. Juni 1953 war ich als 18-jährige in Kühlungsborn. Ich war als junge Heimbetreuerin des FDGB im „Hotel Wenden". Ein Genosse Weinert vom Strandhotel (K.born Ost) war der Chef des Heimes, also Heimleiter von beiden Heimen einschließlich Strandschlößchen. Ich arbeitete vom 15. Mai bis Saisonende im Hotel Wenden und saß danach im Ostseestern, zu dem Hotel Rusch-Westphalia gehörten und machte die Buchführung über die Aufteilung der Investitionen und die erbeuteten Vermögenswerte von den Leuten, die bei der „Rügenaktion" im April 1953 eingesperrt wurden (Bützow) oder denen noch die Flucht gelang. Ich war damals noch sehr jung, aber trotzdem bewegten mich die Machenschaften der Gewerkschaftsbonzen. Antiquitäten kauften sie zum Schleuderpreis zum Belegnachweis von 1,- bis 5,- Mark. So z.B. eine Uhr mit Glashaube „Diana auf der Jagd", Bronze. Auf dem Quittungsbeleg stand: „Kauf einer alten kaputten Uhr". Oder „Kauf einer alten Kanne", wo es sich um eine Zinnkanne mit Deckel handelte, ca. 35 cm hoch. Und was mir auffiel: sie war so alt, daß der Deckel noch nicht mal mittels Scharnier zu öffnen war, sondern mit einem komplizierten Zinn-Drahtgeflecht beweglich gemacht worden war. Beide Gegenstände stammten aus der Villa „Laetitia". Ein Bonze mit Namen „Sander" erzählte, daß in der Villa ein überdimensionales Gemälde sei, das einen Säufer mit einer Nutte auf dem Schoß darstelle. Ich, neugierig geworden, wollte so etwas mal sehen und ging mal mit den Räubern mit. Ich junges Mädchen war die einzige in der Gruppe, die eine Kopie des Gemäldes „Rembrandt mit Saskia" erkannte. Die Bonzen waren zu dämlich, das festzustellen. Ich selbst eignete mir während meines Aufenthalts gleich am Anfang auch eine Hinterlassenschaft der geflüchteten ehemaligen Besitzer an: Einen gelb-schwarzen Schäferhund mit Namen „Pedro", der ganz verwirrt am Strand hin- und herlief und Ausschau hielt nach seinem Herrchen, das vermutlich mit einem Boot in letzter Minute flüchten konnte. Gemeinsam mit ihm, dem Hund, und der jungen Köchin Dita Lenschow aus Schwerin, wohnten wir in der Villa eines ehemaligen Afrikaforschers in der Strandstraße unweit vom Casino und Dünenhaus in K. born West. Pedro schlief auf einem Wandteppich, dessen Wert wir jungen Mädels nicht erkannten. In der Villa war es unheimlich, weil Schrumpfköpfe an den Wänden hingen.

Pedro bewachte uns, und das ließ uns beruhigt in diesem Haus ruhig schlafen. Doch nun zum eigentlichen Zweck meines Schreibens an Sie. Ich bin seit Okt. 90 im Vorruhestand und habe daher Zeit, meine Wohnung gründlich aufzuräumen. Dabei fand ich beigefügtes Bild- und Katalogmaterial, das ich bei der damaligen Säuberungsaktion aus diversen Papierkörben entnahm, um eine Erinnerung an meinen Kühlungsborn-Aufenthalt zu behalten. Ich bekam leider nie einen Ferienplatz nach Kühlungsborn seither. Ich hatte nur immer gewünscht, dort noch mal in alten Erinnerungen (das Langzeitgedächtnis funktioniert ja erfahrungsgemäß ausgerechnet) zu kramen, denn trotz aller Verwirrungen war die Zeit in Kühlungsborn schön und erlebnisreich. Vom Aufstand am 17. Juni war nichts in Kühlungsborn zu vernehmen, nur, daß die Urlauber sehr beunruhigt waren und meine Mutter ständig besorgt aus Erfurt anrief. Trotzdem bewog mich heute die Erinnerung an diesen Tag, diesen Brief an Sie zu schreiben. Vielleicht sind beigelegte Unterlagen für Sie jetzt sehr interessant. Bewahren Sie sie gut auf, denn für mich sind sie sehr wertvoll, da sie ja ein Stück meines Daseins beinhalten. Wenn Sie sie für die Traditionspflege Ihres Ortes nicht verwenden können, würde ich daher um Rücksendung meiner Unterlagen bitten. Ich habe auch noch ein sehr umfangreiches Fotoalbum aus der Zeit. Und die Erlebnisse in Kühlungsborn waren sehr sehr schön. Aber das lag auch daran, daß ich erst 18 Jahre alt war und als gelernter Hotelkaufmann das erste Mal von zu Hause fort war und mein Fernweh somit stillte.

Ich würde mich sehr freuen, wenn Sie mir antworten. Vielleicht fällt mir auch noch mehr ein oder ich finde noch einiges und ich würde meinen Schriftverkehr wiederholen.

In der Annahme, daß ich Ihnen mit meinem Brief eine kleine Freude bereiten konnte, verabschiede ich mich mit

freundlichen Grüßen
Gabriele Waltsgott

P.S. Notfalls, falls Sie nicht gedacht, Sie bekommen eine Briefbombe.

Übrigens: Das Hotel Wenden gehörte vor April 53 einer Familie Wieck. Die junge Frau mit den Kindern durfte noch dort wohnen; ihr Mann wurde eingesperrt in Güstrow oder Bützow wegen angeblicher Lebensmittelhortung.
In der Wilhelm-Pieck-Str. wohnte ein Fuhrunternehmer, der mir damals sagte, daß es sich bei dem Schäferhund um Pedro handelt. Übrigens nahm ich Pedro mit nach Erfurt, aber er drehte durch beim Anblick der Straßenbahn.

Die „Aktion Rose" im Februar 1953 war eine undurchsichtige Aktion des Ministeriums des Innern der DDR, mittels Denunziationen und falscher Vorwürfe Hotels und Pensionen zu enteignen. 440 Hotels und Pensionen wurden bei dieser Aktion enteignet. 181 Gaststätten und Grundstücke ergänzten die Enteignungswelle zur anschließenden Nutzung für die Staatssicherheit, für die Nationale Volksarmee, für das Ministerium des Innern und hauptsächlich für den FDGB-Feriendienst.

Dokument Nr. A09

Vgl. Kapitel III.3

Bestandssignatur	Archiv-Nr.	Bezeichnung des Schriftstückes
Privatarchiv Thomas Schaufuß		Fotografien (1959/60) von enteigneten Privathotels – Umwandlung in FDGB-Erholungsheime

Enteignete Privathotels – Umwandlung in FDGB-Erholungsheime

Abbildung 4: Ostseebad Heringsdorf,
FDGB-Erholungsheime „Guiseppe di Vittorio" und „Einheit"
(Privatarchiv Thomas Schaufuß)

Reprivatisierung nach der Wende.

Dokument Nr. A09

Abbildung 5: Ostseebad Ahlbeck, FDGB-Erholungsheim „Bernhard Göring"
(Privatarchiv Thomas Schaufuß)

Reprivatisierung nach der Wende.

Abbildung 6: Strandburg an der Ostsee
(Privatfoto Schaufuß)

Abbildung 7: Kurort Oberwiesenthal im Erzgebirge,
FDGB-Erholungsheim „Eschenhof"
(Privatarchiv Thomas Schaufuß)

Ehemaliges Gästehaus von Walter Ulbricht (1893–1973), ehemaliger Staats- und Parteichef der DDR. Reprivatisierung nach der Wende. Jetzige Nutzung als Pension.

Abbildung 8: Holzhau, FDGB-Erholungsheim „Fortschritt"
(Privatarchiv Thomas Schaufuß)

Eröffnet 1951 als allererstes neues Ferienheim des FDGB. Jetzt leer stehend.

Dokument Nr. A10

Abschrift Bundesarchiv Berlin

Bestandssignatur	Archiv-Nr.	Bezeichnung des Schriftstückes
DY34	4305	Schriftverkehr FDGB: Geschenk für westdeutsche Mutter

An den

Demokratischen Frauenbund
Deutschlands DFD

<u>Berlin NW 7</u>
Clara Zetkin-Str.16

Fr/My.　　　29.7.1953

Euer Schreiben vom 15.7.1953
<u>Geschenk für Westdeutschland</u>

Die Ortsgruppe Wandersleben Kreis Gotha hat sich als Geschenk für eine westdeutsche Mutter, deren Mann sich im Streik befindet, einen Kinderwagen als Geschenk gedacht.

Dazu möchten wir Euch folgenden Vorschlag machen:
In einem unserer Ferienturnusse befand sich das arbeitslose Ehepaar D. aus Remscheid. Die Frau D. hat in der Frauenklinik in Suhl am 8.6.1953 entbunden. Grund ihrer schlechten sozialen Lage ist die Familie nicht in die <u>Bundesrepublik zurückgekehrt</u> und befindet sich zur Zeit in Leipzig ▮▮▮▮▮▮▮▮▮▮▮▮▮▮▮▮▮▮▮▮. Nach gründlichster Prüfung der sozialen Verhältnisse würden wir es begrüssen, wenn dieser Familie der Kinderwagen als Geschenk überreicht wird.

Es fördert bestimmt die gesamtdeutsche Arbeit, da sich sehr viele Urlauber für das weitere Schicksal dieser Familie interessieren. Ein diesbezüglicher Zeitungsartikel ist in Vorbereitung.

Wir bitten, uns von Eurem Beschluss in Kenntnis zu setzen.

　　　　　　　　　　　　　　　Mit gewerkschaftlichem Gruss !

　　　　　　　　　　　FREIER DEUTSCHER GEWERKSCHAFTSBUND
　　　　　　　　　　　　　　- Bundesvorstand -
　　　　　　　　　Büro für deutsche Gewerkschaftseinheit

Dokument Nr. A11

Abschrift Bundesarchiv Berlin

Bestandssignatur	Archiv-Nr.	Bezeichnung des Schriftstückes
DY34	4305	Schriftverkehr: Bemerkungen zur Betreuung westdeutscher Feriengäste

<Stempel: „17. Sep. 1953" – handschriftlich „9/175 Sf.">

Fritz ▮▮▮▮▮▮
Karl-Marx-Stadt 1o.9.1953.
Dimitroffstr. 42

Lieber Kollege Kurt !

Nachdem ich von unserem Sommerlager zurückgekehrt bin, wollte ich am 27.8.1953 mit Dir in einer persönlichen Aussprache zu einigen Punkten in der Betreuung westdeutscher Feriengäste Stellung nehmen. Du warst jedoch gerade zur Eröffnung der Leipziger Messe. Deshalb möchte ich also heute per Brief diese Punkte berühren.
Es handelt sich also um die Betreuung der westdeutschen Freunde, die ihren Urlaub in Petzow verbrachten.
Die Diskussionen haben gezeigt, daß unsere Freunde nicht nur in unsere DDR kommen um sich gut zu erholen, sondern in erster Linie von unserem Aufbau hören und <u>sehen</u> wollen. Auf folgende Art habe ich diese Aufgabe gelöst:
Die unliebsamen Zwischenfälle mit dem Güstrower Lehrer Emil R. (die Dir ja im einzelnen bekannt sind) hatten zur Folge, daß die beiden Freunde mit den Gedanken spielten, wieder zurückzufahren. Es war demzufolge für mich erschwert, ihnen doch noch einen inhaltsreichen und politisch positiven Eindruck zu verschaffen, da sie mit dem Vorfall Emil R. Schlüsse auf unsere Verwaltungs- und Erziehungsarbeit zogen. Die eingeleitete Bereinigung dieses Falles und die Diskussionen dazu haben doch eine gewisse Klärung bei unseren westdeutschen Freunden geschaffen. Erschwerend kam jetzt hinzu, daß der eine westdeutsche Freund (L., Carl) unter seinem Herzasthma zu leiden hatte und keine Medikamente mehr besaß, die ihm Linderung verschaffte. Es war für mich sehr schwer, entsprechende Mittel zu bekommen. Erst im Regierungskrankenhaus erhielt ich von Dr. K. ein paar Tabletten. Weitere habe ich dann in Apotheken gekauft. Die Wirkung war gut.
Um nun einen entsprechenden Eindruck von unserem Aufbauwerk zu hinterlassen, trat ich mit Betrieben in Verbindung, um eine Besichtigung durchführen zu können. Diese waren: RAW Potsdam, IFA-Schlepperwerk Brandenburg, LPG Götz und Stahl- und Walzwerk Brandenburg. Diese Reihenfolge mit SWB am Schluß, hat sich als sehr gut bewiesen, denn die dort gewonnen Eindrücke waren gewaltig. Ob in kultureller, hygienischer oder polytechnischer Hinsicht, Berufsaus- oder -Weiterbildung, in jeder Beziehung waren die Freunde in Staunen versetzt und des Lobes voll. Ganz besonders wertvoll für beide Teile, die Diskussionen mit den Arbeitern am Arbeitsplatz und im Speisesaal. Haben doch unsere Arbeiter aus dem

Munde der westdeutschen Freunde den tatsächlichen Lebensstandard von
Westdeutschland erfahren, haben mit Staunen von den hohen Miet- und
Lebensmittelpreisen gehört, haben erfahren, daß die vielen "Selbst-
verständlichkeiten" für unsere Arbeiter, wie z.B. Werksküchenessen,
Prämienzahlung, Kulturgelder für vielerlei Zwecke, Poliklinik, das
Mitbestimmungsrecht bei Produktionsberatungen, 9o % Lohn bei Krankheit
usw., für eine gesamte westdeutsche Arbeiterschaft Wunsch- und
Traumbilder sind, deren Bestand in der DDR einfach kein Arbeiter glauben
will. Vom Lohn unserer Arbeiter ganz zu schweigen. Und das war meiner
Ansicht nach das Positivste der Besichtigungen, daß auf der einen Seite
unsere Arbeiter Aufklärung erhielten und auf der anderen Seite unsere
westdeutschen Freunde das Gefühl hatten, mit jedem Arbeiter sprechen zu
können, ungeschminkt und "frei von der Leber" weg. Darüber werden alle
Beteiligten noch lange nachdenken. Ich bin davon überzeugt, daß ganz
besonders im SWB, das wir einen vollen Tag besuchten, unser Besuch eine
wertvolle Hilfe bei der Argumentation und Diskussion mit den Beleg-
schaftsmitgliedern sein wird.

Begeistert waren unsere Freunde ebenfalls von Sanssouci. Besonders
davon, daß wir den Erhalt ausschließlich unseren sowjetischen Freunden
zu verdanken haben.
Eine kleine Episode mit einer HO-Verkäuferin will ich Dir nicht vor-
enthalten. Wir sahen uns in einer HO-Betriebsverkaufsstelle die Waren
an, stellten Vergleiche und zogen Schlüsse. Zu uns gesellte sich die
Leiterin dieser Verkaufsstelle, etwa 35 - 40 Jahre alt und so der Typ
der Vornehm-Sein-Wollenden " Dame " mit "Hochachtung" spricht sie von
den westlichen Stoffen und den Preisen und zieht zur Erhärtung ihrer
"Weisheit" den Preis von dem Anzug des einen westdeutschen Freundes an,
der rund DM 18o.oo im Schlußverkauf gekostet hat und der nach ihrer
Meinung mindestens das Doppelte bei uns kostete. Um nun noch weitere
Beweise zu führen, fragte sie mich nach dem Preis meines Anzuges, da sie
mich auch für einen Westdeutschen hielt. Meiner kostete DM 24o.oo und
ist nach Maß gearbeitet. Von ihr nun wieder dasselbe Theater von wegen
Qualität und bei uns mindestens das Doppelte usw. Als ich sie dann
entsprechend mit Unterton auf ihren Irrtum aufmerksam machte, ich
Bewohner der DDR sei und dieser Stoff Somolana-Gewebe das Meter für DM
29.8o in der HO Karl-Marx-Stadt verkauft wurde, zog sie es vor, zu
verschwinden. Wir hatten das Glück sie nicht wieder zu sehen. Unsere
westdeutschen Freunde hatten nur ein Kopfschütteln für so etwas übrig.

Leider wurden die letzten Tage nochmals von unangenehmen Dingen berührt.
Willi R. (der Eisenbahner) litt unter starken Leibschmerzen, er führte
es auf sein Magenleiden zurück. Ich fuhr nun wieder nach Berlin. Einen
Tag vor der Abreise hat sie Dr. B. untersucht und ihnen Medikamente
mitgebracht. Im Brief teilte mir nun Willi mit, daß er einen Tag nach
seiner Ankunft ins Ludwigshafener Krankenhaus wegen eines selten großen
Geschwürs am Zwölffingerdarm gehen mußte.

Nun lieber Kurt, einige kritische Bemerkungen:
Ich halte es für unbedingt erforderlich, daß unsere westdeutschen
Freunde, die als Feriengäste zu uns kommen, am Anfang und am Ende ihres
Aufenthaltes gründlich untersucht werden. Mit EKG, Röntgenbild,
Gewichtskontrolle usw. Dann wären beide Fälle, die ich ausbaden mußte,
kaum eingetreten bezw. man hätte sofort Maßnahmen einleiten können.
Weiter halte ich es für notwendig, bei dieser Gelegenheit die Freunde
die mit irgend einem Leiden behaftet sind zu befragen, welche Für-
sorge (!) in Westdeutschland ihnen zuteil wurde, welche Arzneimittel sie

verwenden um gegebenenfalls mit Mitteln helfen zu können. Weiter kann man aus dieser Befragung Schlüsse auf die Lage des Urlaubsortes folgen lassen. So war z.B. der Aufenthalt des Kollegen Carl, der unter Herzasthma zu leiden hatte, in dieser Gegend nicht vorteilhaft, (seine persönliche Meinung).
Und nun noch ein Wort zur direkten Betreuung:
Die gewissenhafte Betreuung in jeder Beziehung halte ich für das Wichtigste, denn daraus lassen sich leichter politische Erfolge schmieden. Ich hatte den Eindruck, es besteht keine klare Linie und schlage deshalb vor, den Kollegen, die als Betreuer eingesetzt werden sollen, Richtlinien für ihre Tätigkeit auszuhändigen bzw. sie vorher gründlich anzuleiten. Diese Richtlinien müssen Hinweise enthalten, die grundsätzlicher Natur sind, dann muß der Einsatz der Betreuer besser organisiert sein, denn ich war mehr oder weniger nur "Notnagel". Wenn wir eine zielstrebige Arbeit leisten wollen, dann gilt es, gut vorbereitet die Arbeit zu beginnen.
Das also als Hinweis wenn ich damit erreicht habe, daß Ihr dies oder jenes verwerten könnt, ist der Zweck erfüllt. Ich hoffe, daß Du mir Deine bezw. Eure Stellungnahme einmal wissen läßt, denn mich hat diese Aufgabe mit Genugtuung erfüllt. Galt es doch, ein Stück des neuen Kurses unserer Regierung zu verwirklichen.

Dokument Nr. A12

Abschrift Bundesarchiv Berlin

Bestandssignatur	Archiv-Nr.	Bezeichnung des Schriftstückes
DY34	4305	Schriftverkehr FDGB: Freiplatz für Westkollegen

<Stempel: „12. Nov." – handschriftlich „11/237 Sf.">

FDGB Logo

FREIER DEUTSCHER GEWERKSCHAFTSBUND
Kreisvorstand Osterburg

ABTEILUNG
-Kasse-

An den

Bundesvorstand des FDGB
-Büro für deutsche Gewerk-
 schaftseinheit-

B e r l i n O. 17

Fritz Heckertstr. 7o

Fernruf: Osterburg Nr. 9
Bankkonto: Deutsche Notenbank
Osterburg. Kto.-Nr. 20001
Osterburg, Werbener Str. 14

den 10. 11. 1953.

Unser Zeichen: Ru.

Ihr Zeichen:

Betrifft:
 Freiplatz für Westkollegen.

Werte Kollegen !

Beiliegend überreichen wir einen Antrag des Koll.
Franz B███████████████████████.
Kollege B. ist ein Veteran der Arbeiterbewegung,
Mitglied der VVN und arbeitet heute noch aktiv
mit. Wir bitten um Überprüfung und können seinen
Wunsch, den Kollegen aus Westdeutschland die Mög-
lichkeit zu geben, die Verhältnisse in unserer
DDR kennen zu lernen, nur unterstützen.

 Mit Gewerkschaftsgruß !

 <Stempel, Unterschrift>

Dokument Nr. A13

Abschrift Bundesarchiv Berlin

Bestandssignatur	Archiv-Nr.	Bezeichnung des Schriftstückes
DY34	24688	Aufstellung der Ferienheime der DDR (Anlage 1 zu den „Grundlagen für die Arbeit des Feriendienstes der Gewerkschaften 1962)"

Anlage 1

Aufstellung der Ferienheime der DDR   Stand: 30.4.1962

Besitzer	Anzahl der Heime	Betten-kapazität
Betriebserholungsheime	620	15.044
Intelligenz-Erholungsheime	70	2.098
Reichsbahn	65	1.858
Wismut	4	234
Konsum	10	414
Handwerks- und Handelskammer	40	1.322
Kirchen	67	2.105
DER		7.202
Massenorganisationen	21	682
Zentrag	8	531
SED	21	581
NVA	15	635
Ministerium des Innern	48	2.525
sonstige Ministerien	12	504
Zwischensumme:	1.001	35.735
FDGB-Eigenheime	420	49.103
(im Haus 17.787 ausser Haus 31.316 Betten)		
FDGB-Vertragshäuser	796	47.673
	2.217	132.511

Die vorstehende Aufstellung ist nicht vollständig, da nach Einschätzung einzelner FDGB-Bezirksvorstände keine genaue Übersicht der Erholungseinrichtungen vorhanden ist. Von einigen Erholungsheimen ist die Anzahl der Betten nicht bekannt.
Es kann eingeschätzt werden, dass die zur Verfügung stehenden Erholungskapazitäten noch höher sind.

Dokument Nr. A14

Abschrift Bundesarchiv Berlin

Bestandssignatur	Archiv-Nr.	Bezeichnung des Schriftstückes
DY34	24688	Sekretariatsvorlage v. 23.02.1963 zur Veränderung der Routenpläne 1963 und Festsetzung der Preise für Schiffsreisen

Abteilung Feriendienst   Berlin, den 23.2.63

Sekretariatsvorlage

Betrifft: 1. Veränderung der Routenpläne 1963 für die FDGB-Urlauberschiffe MS "Völkerfreundschaft" und MS "Fritz Heckert"

2. Festsetzung der Preise für Schiffsreisen nach den abgeänderten Routen

Beschluß: Das Sekretariat des FDGB Bundesvorstandes beschließt:

1. Die beiliegenden Routenpläne werden für das Jahr 1963 bestätigt.

2. Die Preise für die abgeänderten Reisen werden wie folgt festgelegt:

	Preisgruppen			
	I	II	III	IV
MS "Völkerfreundschaft"				
Reise Nr. 1 + 2	1.770.--	1.555.--	1.380.--	1.165.--
Reise Nr. 3 + 4	2.040.--	1.795.--	1.590.--	1.345.--
Reise Nr. 11,12,13	1.705.--	1.495.--	1.330.--	1.225.--
Reise Nr. 14,15,16	1.680.--	1.475.--	1.310.--	1.105.--
MS "Fritz Heckert"				
Reise Nr. 1	1.565.--	1.305.--	1.175.--	1.110.--

Die Preise für alle anderen Reisen bleiben bestehen, wie sie im Beschluß S 418/62 festgelegt worden sind.

3. Die Verteilung der Plätze auf die einzelnen FDGB-Bezirksvorstände und Sonderbedarfsträger wird den neuen Routen entsprechend geringfügig geändert.
Im allgemeinen bleibt das Prinzip lt. Beschluß S 418/62 bestehen.

4. Die FDGB Bezirksvorstände haben zu sichern, dass den Mitgliedern, deren Reisen zurückgezogen werden mußten, vorrangig Plätze auf den neuen Routen zur Verfügung gestellt werden und daß die Kapazität der Schiffe voll ausgelastet wird.

5. Den Wünschen vieler Mitglieder entsprechend und zur besseren Auslastung der Platzkapazitäten ist ab sofort die Mitnahme von Kindern ab 7. Lebensjahr zu den vollen gültigen Preisen gestattet.

6. Die Abteilung Feriendienst wird beauftragt, die bestehenden Verträge mit den Organisationen der infrage kommenden Länder aufzuheben und die Landprogramme nach den neuen Routen unverzüglich vertraglich zu sichern.

7. Vom Ministerium der Finanzen ist durch die Abteilung Feriendienst für die abgeänderten Valutapläne die Bestätigung einzuholen.

8. Der Verlust an Einnahmen durch die weggefallene Kuba-Reise und die witterungsbedingten Veränderungen der Reiserouten beträgt ca. 2,2 Millionen DM und ist aus Mitteln der Organisation (Bundesfinanzen) zu tragen. Nach dem tatsächlichen Auslaufen der Schiffe ist von der Abteilung Feriendienst eine genaue Berechnung der Summe vorzunehmen. Entstehendes Defizit wird zum Jahresende ausgeglichen.

Begründung: Nach Mitteilung des Vorsitzenden des FDGB, Koll. Warnke und des Ministers für Verkehrswesen sollen die FDGB-Urlauberschiffe 1963 nicht aus der Kuba-Route eingesetzt werden.
Die Auslauftermine für den Reisebeginn 1963, die für den 18.2. bzw. 27.2. vorgesehen waren, sind durch die Vereisung der Ostseeküste und nach Entscheidung des Operativstabes der Flotte nicht einzuhalten. Nach Aufbruch der Vereisung und vor Beginn der Reisen müssen beide Schiffe eine Probefahrt von 2-3 Tagen durch-

führen.
Die abgeänderten Pläne wurden mit der Deutschen Seereederei und der Hauptverwaltung Schiffahrt abgestimmt.

Im Jahre 1962 wandten sich viele Mitglieder, besonders aus Kreisen der Intelligenz mit der Bitte an den Feriendienst, Möglichkeiten für die Mitnahme von Kindern zu

schaffen. Es ist deshalb richtig, die Mitnahme von
Kindern ab 7. Lebensjahr zu den vollen Preisen zu gestatten. Damit wird auch zugleich eine bessere Auslastung der
Mehrbettkabinen erreicht.

Die fehlenden Einnahmen nach dem Wegfall der Kuba-Reisen
und die witterungsbedingten Veränderungen der ersten
Reisen können nicht auf die Preise umgelegt werden, weil
der größte Teil der Reisen in den Sommermonaten unverändert bleibt und sich die Plätze bereits in den Händen der
Mitglieder bzw. der Sonderbedarfsträger befinden.

Es ist deshalb notwendig, die durch höhere Gewalt entstandenen Verluste aus Mitteln der Organisation zu finanzieren.

<Unterschrift>   <Unterschrift>
- Meier -   - Engler -
Mitglied des Sekretariats   Abteilung Feriendienst

<Unterschrift>
- Weber -
Abteilung Bundesfinanzen

276 Anhang

Dokument Nr. A15

Vgl. Kapitel IV.7

Bestandssignatur	Archiv-Nr.	Bezeichnung des Schriftstückes
Privatarchiv Thomas Schaufuß		Speisenkarten auf den Urlauberschiffen

Abbildung 9: Menükarte auf den Urlauberschiffen (Mai 1963)
(Privatarchiv Thomas Schaufuß)
Deklarierung der Speisen: Ideologische Bezugnahme auf sozialistische Länder.

Abbildung 10: Menükarte auf den Urlauberschiffen (Mai 1963)
(Privatarchiv Thomas Schaufuß)

Deklarierung der Speisen: Ideologische Bezugnahme auf sozialistische Länder.

Getränke

		Preisstufe 2
ALKOHOLFREI		
1 Flasche Mineralwasser	0,33 Liter	0,25 DM
1 Flasche Vita-Cola	0,33 Liter	0,45 DM
1 Flasche Tropik	0,33 Liter	0,45 DM
1 Karaffe Apfelsaft	0,25 Liter	0,75 DM
BIER		
1 Glas Radeberger Export-Bier	0,25 Liter	0,58 DM
WEINE		
1 Karaffe Weißwein Carlovicer, Jugoslavien	0,25 Liter	3,44 DM
1 Schoppen Weißwein Carlovicer, Jugoslavien	0,1 Liter	1,38 DM
1 Karaffe Rotwein Mavrud, Bulgarien	0,25 Liter	2,28 DM
1 Schoppen Rotwein Mavrud, Bulgarien	0,1 Liter	0,91 DM
SPIRITUOSEN		
Sowjetischer Cognac	2 cl	1,50 DM
Weinbrand-Auslese	2 cl	1,08 DM
Weinbrand-Verschnitt „Spezial"	2 cl	0,67 DM
Apricot-Brandy	2 cl	0,60 DM
Polnischer Wodka	2 cl	0,85 DM
Boonekamp	2 cl	0,60 DM
Cuba-Rum	2 cl	1,30 DM

Abbildung 11: Menükarte auf den Urlauberschiffen (Mai 1963)
(Privatarchiv Thomas Schaufuß)

Dokument Nr. A16

Abschrift Bundesarchiv Berlin

Bestandssignatur	Archiv-Nr.	Bezeichnung des Schriftstückes
DY34	24944	Beschl. d. Sekretariats v. 8.1.71 und Sekretariatsvorlage: Auswahlgrundsätze für die Teilnahme an Hochseeschiffsreisen des FDGB

<Stempel "Vertrauliche Dienstsache">   Vertraulich

BUNDESVORSTAND

Beschluß des Sekretariats
vom 8.1.1971 **Nr.**   S 2/71 - Auszug

Ordnung über die Durchführung von Hochseeschiffsreisen des FDGB

Das Sekretariat beschließt:

1. Die Auswahlgrundsätze für die Teilnahme an Hochseeschiffsreisen werden bestätigt (Anlage 1). Diese Auswahlgrundsätze sind generell für Auslandsreisen des FDGB anzuwenden.

   Über die Teilnahme ausländischer Gruppen ist jährlich in Abstimmung zwischen der Abt. Feriendienst und der Abt. Internationale Verbindungen beim Bundesvorstand des FDGB zu entscheiden. Diese Entscheidung ist in den Plan der internationalen Arbeit aufzunehmen.
   Für 1971 wird von der Abt. Feriendienst ein Nachtrag zum Plan der internationalen Arbeit eingereicht.

Zur Erledigung: allen Bezirks- und Kreisvorständen des FDGB
                (mit Anlage)

11. 1. 1971   gez. G. S c h r ö d e r

Anlage 1 zum Beschluß S 2/71 v. 8.1.71

Auswahlgrundsätze für die Teilnahme an Hochseeschiffsreisen des FDGB

1. Für die Teilnahme an Hochseeschiffsreisen gelten die staatlichen Auswahlprinzipien für Auslandsreisen von DDR-Bürgern.

2. Die Betriebsgewerkschaftsleitungen haben zu sichern, daß an Hochseeschiffsreisen des FDGB nur solche Gewerkschaftsmitglieder und deren Familienangehörige teilnehmen, die durch ihre fachliche und gesellschaftliche Arbeit sowie durch ihr persönliches Verhalten die Gewähr dafür bieten, daß sie die DDR während der Reise und im Ausland würdig vertreten. Bei der Vorbereitung der Entscheidung sollte die Betriebsgewerkschaftsleitung die betrieblichen Leitungsorgane konsultieren. Die Zustimmung der Betriebsgewerkschaftsleitung zur Teilnahme an Hochseeschiffsreisen ist durch Beschluß zu erteilen und auf beiden Touristenkarten zu vermerken.

3. Werden Schiffsreisen an Nichtmitglieder des FDGB (ausgenommen Familienangehörige von Mitgliedern) vergeben, bedarf das der Zustimmung durch den Kreisvorstand des FDGB. Die Zustimmung ist auf beiden Touristenkarten zu vermerken.

4. Die Kreisvorstände des FDGB kontrollieren die Durchführung des Beschlusses und sorgen dafür, daß eine gute soziale Zusammensetzung der Teilnehmer an Schiffsreisen bei vollständiger Auslastung des Kontingents erreicht wird. Zu diesem Zwecke sind Hochseeschiffsreisen verstärkt für Zwecke der Auszeichnung zu nutzen.

5. Bei Hochseeschiffsreisen nach Kuba sind die von den betrieblichen Leitungen beschlossenen Teilnehmer nach Überprüfung durch das Sekretariat des Kreisvorstandes des FDGB zu bestätigen.

Dokument Nr. A16   281

Abteilung Feriendienst   Berlin, den 30. Dezember 1970

Sekretariatsvorlage
- - - - - - - - - - - -

Betrifft: Ordnung über die Durchführung von Hochseeschiffsreisen
          des FDGB.

Beschluß:

1.) Die Auswahlgrundsätze für die Teilnahme an Hochseeschiffsreisen
    werden bestätigt (Anlage 1). Diese Auswahlgrundsätze sind generell
    für Auslandsreisen des FDGB anzuwenden.

    Über die Teilnahme ausländischer Gruppen ist jährlich in Abstimmung
    zwischen der Abt. Feriendienst und der Abt. Internationale Ver-
    bindungen beim Bundesvorstand des FDGB zu entscheiden. Diese Ent-
    scheidung ist in den Plan der internationalen Arbeit aufzunehmen.
    Für 1971 wird von der Abt. Feriendienst ein Nachtrag zum Plan der
    internationalen Arbeit eingereicht.

2.) Der beiliegende Routenplan für Ostseerundreisen wird bestätigt.
    (Anlage2) Kollege Rösel wird beauftragt, die Möglichkeit der
    Durchführung einer Kubareise im Jahre 1971 in einer Beratung mit
    den zuständigen staatlichen Organen zu überprüfen.

3.) Die Abt. Feriendienst wird beauftragt, mit der DSR als Vercharterer
    des Urlauberschiffes einen Vertrag vorzubereiten und abzuschließen,
    in dem die Aufgaben der Deutschen Seereederei bei der Durchführung
    der Schiffsreisen, insbesondere bei der politisch-kulturellen Ar-
    beit mit den Passagieren während der Reise und in Vorbereitung des
    Landprogramms festgelegt werden.

4.) Zur Gewährleistung einer politisch zuverlässigen Durchführung der
    Reisen ist die Auswahl des Hauptreiseleiters und der Reisegruppen-
    leiter neu zu regeln.

    a) Hauptreiseleiter
       Die Abt. Feriendienst wird beauftragt, für die Zeit der FDGB-
       Reisen auf dem Urlauberschiff "Völkerfreundschaft" einen stän-
       digen Hauptreiseleiter einzusetzen.

b) Reisegruppenleiter
Die Reisegruppenleiter sind kadermäßig durch die Abt. Feriendienst der Bezirksvorstände aus dem Kreis der Reiseteilnehmer auszuwählen und durch den Sekretär Sozialpolitik des Bezirksvorstandes des FDGB zu bestätigen. Den Reisegruppenleitern ist für die Übernahme ihrer Funktion eine materielle Vergünstigung in Form einer Preisminderung von M 100,-- zu gewähren.

Der Hauptreiseleiter ist durch die Abt. Feriendienst gründlich in seine Aufgaben einzuweisen. Ihm sind alle für die Durchführung seiner Funktion erforderlichen Unterlagen bereitzustellen. Über die Zusammensetzung der Passagiere erhält der Hauptreiseleiter eine Übersicht in Form einer vollständigen Kartei der Teilnehmer.

5.) Die Abt. Feriendienst wird beauftragt, die Betriebsgewerkschaftsleitungen jener Teilnahmen an der Kubareise 1970 zu informieren, die sich während der Reise nicht entsprechend der Politik unseres Arbeiter-und-Bauern-Staates verhalten haben.

Begründung:

Die Erfahrungen mit Hochseeschiffsreisen, insbesondere die Durchführung der Kubareise 1970, haben gezeigt, daß es erforderlich ist, die Kontrolle der Leitungen und Vorstände bei der Auswahl der Teilnehmer an Hochseeschiffsreisen bei Sicherung der vollständigen Auslastung der bereitgestellten Kontingente zu verbessern.

Da insbesondere nach Außerdienststellung des Urlaubschiffs "Fritz Heckert" mit erheblichen Diskussionen unter den Mitgliedern zu rechnen ist, müssen Vorstände und Leitungen sichern, daß die Reisen mit dem Urlauberschiff "Völkerfreundschaft" ausschließlich nach dem Organisationsprinzip an bewährte Mitglieder und Funktionäre des FDGB vergeben werden.

Für die bevorstehenden Verhandlungen mit den staatlichen Organen über die Weiterführung von Schiffsreisen nach Kuba ist davon auszugehen, daß die seit 1961 jährlich durchgeführten Kubareisen mit dem Urlauberschiff "Völkerfreundschaft" von den kubanischen Gewerkschaften und von der kubanischen Regierung als Ausdruck der Solidarität der DDR mit der sozialistischen Entwicklung in Kuba gewürdigt worden sind. Die "Völkerfreundschaft" war das erste Schiff nach der kubanischen Revolution, das ausländische Touristen nach Kuba gebracht hat. Das wurde auch durch Ministerpräsident Fidel Castro mehrfach hervorgehoben. Nachdem sich die Beziehungen zwischen dem FDGB und den kubanischen Gewerkschaften wieder gefestigt haben, ist zu prüfen, wie die kubanische Seite eine Einstellung der Schiffsreisen werten würde. Wenn von den Sicherheitsorganen keine grundsätzlichen Bedenken bestehen, sollten wir den Standpunkt vertreten, daß bei zuverlässiger politischer Auswahl der Teilnehmer jährlich eine Kubareise weiterhin durchgeführt wird. Sollte es Auslastungsschwierigkeiten geben, könnte so verfahren werden, daß der FDGB gemeinsam mit dem Rat für Land- und Nahrungsgüterwirtschaft der DDR und VdgB eine gute Auswahl der Teilnehmer sichert und der Anteil nichtorganisierter Werktätiger zugunsten von Genossenschaftsbauern reduziert wird.

Für die Teilnahme von Urlaubergruppen der Sozialtouristik aus kapitalistischen Ländern an Hochseeschiffsreisen des FDGB des Jahres 1971 wurden noch keinerlei Vereinbarungen abgeschlossen. Anträge liegen vor von Belgien, Italien und Österreich. Die Teilnahme von Urlaubergruppen der Sozialtouristik an Hochseeschiffsreisen ist im Interesse der politischen Zielsetzung in der Zusammenarbeit des FDGB mit Gewerkschaften kapitalistischer Länder im Einzelfalle festzulegen.

Der bisher zwischen dem FDGB, der Deutschen Seereederei und dem Reisebüro bestehende Grundsatzvertrag über den Einsatz der Urlauberschiffe läuft zum 31.12.1970 ab. Bei der Neufassung eines Vertrages zwischen dem FDGB und der DSR sind die bisherigen Regelungen und die dabei gesammelten Erfahrungen zugrunde zu legen. Für bei Seereisen eintretende Verzögerungen in der Einhaltung der Termine des Routenplanes übernimmt die DSR keine Haftung, wenn nicht ein ausdrückliches Verschulden vorliegt. Deshalb hat der FDGB in den Teilnahmebedingungen darauf hingewiesen, daß wir uns Routen- und Terminveränderungen ohne Regreßverpflichtungen vorbehalten müssen. Dieser Hinweise ist unter Punkt 9) des Schiffsscheckheftes formuliert, das jeder Teilnehmer an Hochseeschiffsreisen vor Reiseantritt erhält.

<Unterschrift>

- Leiberg -
stellv. Abteilungsleiter

Anlagen

- 4 -

zur Erledigung: Koll. Sonntag, Abt. Feriendienst
FDGB-Bezirks- und Kreisvorstände auszugsweise
(Punkt 1 des Beschlusses und Anlage 1)

zur Kenntnis: Koll. Warnke
Koll. Berger
Kolln. Töpfer
alle Mitglieder des Sekretariats
Abt. Internationale Verbindungen
Abt. Organisation

Dokument Nr. A17

Abschrift BStU Archiv der Zentralstelle

Bestandssignatur	Archiv-Nr.	Bezeichnung des Schriftstückes
MfS – VRD	1289	Information über die am 8.2.1973 einberufene Absprache betr. Standort Baabe (BStU Seiten 000117 und 000118)

Hauptverwaltung B Berlin, den 8. 2. 1973
Arbeitsgruppe des Leiters

I n f o r m a t i o n

Über die am 8. 2. 1973 vom Genossen Paul Verner einberufene
Absprache betr. Standort Baabe

An der Beratung bei Gen. Verner nahmen außerdem teil

    Gen. Wildenhein, Stellv. Leiter der Abt. Finanzen und
                      Parteibetriebe des ZK

    Gen. Bothe,   Sektorenleiter Heime und Schulen des ZK

Einleitend brachte Genosse Verner seine Befriedigung darüber zum
Ausdruck, daß der Minister für Staatssicherheit seine Zustimmung
zur Mitnutzung des Baugeländes in Baabe durch das ZK gegeben
hat. Als günstigsten Standort für das ZK-Heim bezeichnete er das
Gelände oberhalb des Sportplatzes auf etwa 50 % der Grundstücks-
fläche des MfS.

Nach sachlicher Diskussion und Darlegung unseres Standpunktes
wurde vereinbart:

1. In der nächsten Woche (14./15. 2. 73) wird durch die Gen.
   Wildenhein, Bothe, Titel und evtl. weitere Genossen eine
   gemeinsame Standortbesichtigung durchgeführt und die Einordnung der beiden Komplexe vorgenommen. Dabei wird beachtet,
   daß das Gelände des MfS nicht von den vorhandenen Objekten
   abgetrennt wird.

2. Bei der Festlegung der Geländeanteile werden die Kapazität
   der Objekte (MfS 400 - 500 Betten, ZK 250 - 300 Betten),
   die Geländestruktur, die Besonnung des Strandes, die Haupt-
   windrichtungen sowie die Versorgungsprobleme berücksichtigt.

3. In Abhängigkeit von den geplanten Bauzeiten werden technische
   Versorgungseinrichtungen und -anlagen abgestimmt und koordi-
   niert.

Seite 2 zur Information vom 8. 2. 1973

- 4 -

4. Beim MfS vorliegende Begutachtungen des Baugrunds, Ver-
   messungsunterlagen, Stellungnahmen der Wasserwirtschaft,
   Energieversorgung usw. werden den Bearbeitern des ZK-
   Projektes zur Auswertung zur Verfügung gestellt.

5. Weitere Fragen des Zusammenwirkens werden bei der nächsten
   Zusammenkunft am 14. 2. 73 in Baabe erörtert.

Abschließend sprach Gen. Verner seine persönlichen Glückwünsche
zum heutigen Jahrestag des MfS aus, wünschte weiter gute Erfolge
und drückte seine Hoffnung auf eine gute Zusammenarbeit in Baabe
aus.

<Unterschrift>

Verteiler   Titel
Gen. Minister   Oberstleutnant
Ltr. HV B
Ti

Dokument Nr. A18

Abschrift BStU Archiv der Zentralstelle

Bestandssignatur	Archiv-Nr.	Bezeichnung des Schriftstückes
MfS – VRD	1289	Neues Objekt für die Urlauberbetreuung im Komplex Heringsdorf ab Juli 1974 (BStU Seiten 000023 bis 000026)

<mit handschriftlichen Korrekturen>

Verwaltung Rückwärtige Dienste   Berlin, den 20. 5. 74
Leiter (k)

Genossen Minister

Neben den Ferienheimen

"Mankewitz", "Ermisch" und "Hubertus"

steht ab Juli 1974 im Komplex Heringsdorf ein bereits im Jahre 1972 begonnenes neues Objekt für die Urlauberbetreuung zur Verfügung.

Das Gebäude liegt in Hanglage parallel zur Strandpromenade (oberhalb der inzwischen abgerissenen FDGB-Vertragsheime *"Endter"* "~~Ender~~" und "Striemann").
Der Baukörper ist zur Seeseite terrassenartig abgestuft und durch zwei vorspringende Bauteile (Schwimmbad und Klub) ~~getrennt~~. *begrenzt*
Im Obergeschoß befinden sich 6 Appartements mit vorgelagerten Terrassenflächen.
Die Gastaufenthaltsbereiche liegen *auf der* Seeseite, abgeschirmt vom öffentlichen Verkehr der Delbrückstraße.
Sie sind so dimensioniert, daß sie faktisch für unsere gesamte Urlauberbetreuung in Heringsdorf ausreichen.
Im Erdgeschoß sind angeordnet:

    Speisesaal,
    Café mit Barraum,
    Klub- und Mehrzweckraum mit Filmvorführanlage,
    Bibliothek.

Dem Café und der Bar ist eine Terrasse zugeordnet.

Im Kellergeschoß sind angeordnet:

    Sporträume, wie Schwimmbad, Kegelbahn, Tischtennis-
    und Kraftsportraum,
    Medizinische Räume und Sauna,
    Kinderspielzimmer,
  2 Zweibettzimmer und
    Personalräume.

Seite 2 zum Schreiben vom 20. 5. 74

– 2 –

Den qualitativ guten Voraussetzungen für eine niveauvolle Urlauberbetreuung entsprechend wird folgender Personenkreis für die Nutzung des neu errichteten Objektes vorgeschlagen:

    Minister und Kollegiumsmitglieder

    Leiter und Stellvertreter ~~der~~ *von*
    Hauptverwaltungen und Verwaltungen

    Leiter von Bezirksverwaltungen und der
    Verwaltungen Groß-Berlin und Wismut

    Leiter von Haupt- und selbständigen
    Abteilungen

Um die Appartements des neuen Ferienheimes sowie des Heimes "Mankewitz" voll für den *vor*genannten Personenkreis nutzen zu können, schlage ich vor, daß das Ferienheim Ermisch funktionell diesen Heimen ~~zugeordnet wird~~ für die Unterbringung der Kinder *zugeordnet wird.*

Mit Beginn der Investitionsmaßnahme im Jahre 1972 wurden durch den damaligen Leiter der Hauptverwaltung B Festlegungen getroffen, daß bei der künstlerischen Innengestaltung ein verdienstvoller deutscher Antifaschist zu würdigen ist. Ursprünglich war dabei an Fritz Behn gedacht. Später wurde auf den Namen Fritz Schmenkel orientiert, da bereits einige Ferienheime auf der Insel Usedom den Namen "Fritz Behn" tragen.

Neben einer landschaftsbezogenen künstlerischen Gestaltung des Gesamtvorhabens *wurde* für den Eingangsbereich ein Auftrag an die Hochschule für Bildende Kunst Halle/Burg Giebi~~g~~*ch*enstein zur Gestaltung eines Wandreliefs mit Motiven aus dem Leben Fritz Schmenkels erteilt. Eine Stornierung dieses Auftrages war nicht mehr möglich, da diese künstlerische Arbeit einem weiten Kreis von Personen (Thema einer Diplom-Arbeit) bekannt und zugängig gemacht worden war.

Ausgehend von den bereits eingeleiteten und realisierten
Maßnahmen zur Anbringung des Reliefs im Vestibül wurden keine
Veränderungen der alten Festlegungen getroffen.
Ich bitte nachträglich um Ihre Zustimmung, dem neuen Ferienheim
in Heringsdorf in Würdigung der Verdienste Fritz Schmenkels
diesen Namen zu geben.

Seite 3 zum Schreiben vom 20. 5. 74

- 3 -

Es war weiter mit vorgesehen am Haupteingang des Objektes durch
eloxierte Buchstaben den Namen Fritz Schmenkel anzubringen. Die
Vorbereitungen dazu sind abgeschlossen. Bei Zustimmung der
vorgeschlagenen Namensgebung würde diese Arbeit noch angebracht
werden.

Im Zusammenhang mit der Problematik der Namensgebung habe ich
über die Bezirksverwaltung Rostock Untersuchungen zum Ursprung
der jetzigen Namen unserer Objekte führen lassen. Beide Heime -
Mankewitz und Luise Ermisch - trugen bereits bei der Übernahme
vom FDGB die jetzigen Namen. Der FDGB wählte seinerseits für
viele Heime in Heringsdorf die Namen verdienstvoller Schrittmacher in Industrie und Landwirtschaft. Bei Mankewitz handelte
es sich um einen Traktoristen, der für seine Schrittmacher-
leistungen im Jahr 1950 als Held der Arbeit ausgezeichnet wurde.
Entsprechend des Ermittlungsberichtes der Bezirksverwaltung
Rostock hat die persönliche Entwicklung Mankewitz nicht mit
unserer gesellschaftlichen schrittgehalten.
Das wird auf die nicht genügenden politisch-fachlichen Voraussetzungen, die geringe Bereitschaft sich weiter-zu-bilden und
auf seine Charaktereigenschaften zurückgeführt. Der jetzt 53-
jährige Landarbeiter tritt in der politischen und fachlichen
Arbeit kaum noch in Erscheinung.
Ich schlage daher ~~vor~~ aufgrund dieser Tatsache *vor*, den Namen
Mankewitz nicht weiter aufzuwerten.

Bei der Bestätigung des Namens Fritz Schmenkel sollte darauf
orientiert werden, daß der Gesamtkomplex so benannt wird.

Die als Anlage beigefügten Fotografien geben einen Überblick
über die bauseitige und Innengestaltung des *neuen* Heimes.
Für den im Speisesaal vorgesehen*en* Wandteppich, der ebenfalls
1972 in Auftrag gegeben wurde und zur Zeit gefertigt wird, wurde
die Thematik "Der Frieden besiegt den Krieg" vorgegeben.
Zur Zeit ist der Kartonentwurf im Maßstab 1 : 1 angebracht.
Ich schlage vor, diesen Entwurf zu entfernen, weil m. E. die
künstlerische Umsetzung des Themas nicht überzeugend ist.
Die weiteren künstlerischen Arbeiten können akzeptiert werden.

Im Zusammenhang mit der Übernahme des Ferienheimes wurde von mir
zur Freizeitgestaltung der Gäste, der sowjetischen Freunde und

der Urlauber die Schaffung eines festen Anglerstützpunktes
(Bungalow) am Krebssee, *bei Bansin*, veranlaßt.

Seite 4 zum Schreiben vom 20. 5. 74

- 4 -

Zur weiteren Verbesserung des Niveaus ~~in den Heimen zur~~ *der*
Urlauberbetreuung ist vorgesehen, in den Heimen "Hubertus" und
"Mankewitz" Rekonstruktionsmaßnahmen durchzuführen.
~~Die Rekonstruktionsmaßnahme~~ *I*m Heim "Hubertus" beginnen *diese*
bereits nach der Urlaubersaison 1974.
Die räumlichen Veränderungen und ~~die~~* Innengestaltung *werden*
Ihnen nach Vorliegen der zeichnerischen Unterlagen zur
Bestätigung vorgelegt.
Für das Heim "Hubertus" ist mit der Rekonstruktionsmaßnahme eine
Erweiterung der Bettenkapazität vorgesehen. ~~Dadurch~~ *Insgesamt* wird
das Heim von Niveau her den anderen Heimen angeglichen.

neuen Ferienobjekt in der Delbrückstraße
In Verbindung mit dem ~~Neubau~~ wurden im benachbarten Territorium
Wohnungen, Ledigenunterkünfte und Verwaltungsräume für das
Personal errichtet. Außerdem wird zur Verbesserung der medizi-
nischen Betreuung in Heringsdorf durch ~~uns~~** eine Erweiterung
der Poliklinik vorgenommen.
Weiterhin ist vorgesehen, dem Rat der Gemeinde ~~t~~ Teile der
Baustelleneinrichtung zur Nutzung als Schulhort und Kindergarten
zu übergeben.

Ich bitte um Kenntnisnahme und um Bestätigung der vorgeschlagenen Verfahrensweise.

<u>Anlagen</u>

Brode
Oberst

*   **
Vorschläge zur   umfangreicher Bereitstellung
                                materieller und finanzieller
                                Anteile des MfS

Dokument Nr. A19

Abschrift Bundesarchiv Berlin

Bestandssignatur	Archiv-Nr.	Bezeichnung des Schriftstückes
DY34	15842	Kurzinformation zur Tätigkeit der Vermittlungsstellen des FDGB 1975

Abteilung Feriendienst　　　　　　　　　　　11.03.1976
Sektor Verteilung

K u r z i n f o r m a t i o n
zur Tätigkeit der Vermittlungsstellen bei den Bezirks- und Kreisvorständen des FDGB im Jahre 1975

Mit dem Sekretariatsbeschluß S 858/74 vom 11.11.1974 "Richtlinie für die Arbeit der Vermittlungsstellen für Ferienschecks bei den Bezirks- und Kreisvorständen des FDGB" wurde erstmalig für alle Vorstände die Verantwortung für die Umvermittlung der EH des FDGB einheitlich festgelegt. Zur Unterstützung der gewerkschaftspolitischen Aufgaben einschl. der analytischen Tätigkeit auf dem Gebiet des Feriendienstes der Gewerkschaften sowie zur Abwicklung der technisch-organisatorischen Arbeiten bei der Übernahme und Umvermittlung der FDGB-Reisen wurden bei fast allen FDGB-Kreisvorständen "Sachbearbeiter für Feriendienst" eingesetzt.

Da zum gegenwärtigen Zeitpunkt noch keine zusammengefaßten Übersichten von den FDGB-Bezirksvorständen über die Tätigkeit der Kreisvermittlungsstellen (KV-VMSt.) sowie Textanalysen über die Arbeit der Bezirksvermittlungsstellen (BV-VMSt.) vorliegen, kann eine Einschätzung nur auf der Grundlage des Formblattes 999 (Statistischer Bericht der BV-VMSt.) sowie einiger Revisionsberichte und Berichte von operativen Einsätzen erfolgen.

Um eine echte Aussage zu erhalten, ist es besonders wichtig, die Ergebnisse der Kreisvorstände zu analysieren. Entsprechend den Unterlagen des Sektors Planung der Abt. Feriendienst beim Bundesvorstand sind 1975 von den bereitgestellten Erholungsaufenthalten insgesamt 72.292 Reisen (50.719 PU u. VH, 21.573 EH-Plätze) nicht genutzt worden.
Von der Abt. Bundesfinanzen wurden 44.000 verfallene Ferienschecks (3,8%) ausgewiesen. Das bedeutet, daß ca. 28.000 Reisen von den GO abgerechnet werden, ohne daß sie genutzt wurden.
In den BV-VMSt. werden jedoch nur 18.857 Reisen als verfallen ausgewiesen. Das bedeutet, 75 % der Reisen verfallen in den Kreisen bzw. unmittelbar in den Betrieben.

<u>Zur Umvermittlung</u>
1975 wurden von 1.266.307 bereitgestellten EA von den Grundorganisationen und KV-VMSt. 72.192 Reisen an die BV-VMSt. zurückgegeben. Weitere 8.966 EA wurden direkt von der Abteilung Feriendienst der FDGB-BV an die BV-VMSt. auf Grund kurzfristiger Nachmeldungen übergeben. Damit wurden 81.148 Reisen = 6,4 % der bereitgestellten Reisen an die BV-VMSt. zurückgegeben. Von diesen 81.148 Reisen wurden an Einzelmitglieder sowie teilweise direkt an Grundorganisationen

62.290 EA = 76,8 % des Angebotes abgegeben. (1974 wurden 80,74 %
weitervermittelt).

In den Bezirken zeigen sich grössere Unterschiede im Angebot gegenüber
1974.

	1974	1975	
Berlin	16.092	12.589	+ 3.503
Leipzig	8.764	5.974	+ 2.790
Suhl	2.081	2.962	./. 881
Erfurt	5.983	7.186	./. 1.203

Insgesamt gesehen ist ein ständiger absoluter Rückgang der Angebote in
den BV-VMSt. zu verzeichnen.

	1973	1974	1975
Angebot in BV-VMSt.	121.195	92.986	81.148
Der Verfall an Reisen in den			
BV-VMSt. betrug	31.000	17.905	18.857

Neue Wege in Durchsetzung der Richtlinie werden in den Bezirken
Rostock und Potsdam beschritten. Den KV des FDGB wird die volle
Verantwortung für die Nutzung der EA in ihrem Territorium übertragen.
Im Vordergrund ihrer Tätigkeit steht die enge Zusammenarbeit mit den
gewerkschaftlichen Grundorganisationen.
Der Vermittlungsstelle bei den BV Rostock und Potsdam wurde die
Funktion einer Leitzentrale für die Umvermittlung der Ferienschecks
zwischen den Kreisvermittlungsstellen ihres Territoriums sowie bei
Bedarf der überbezirkliche Austausch von Ferienschecks des FDGB
übertragen.
Charakteristisch für die Tätigkeit der Vermittlungsstellen bei der
Mehrzahl der BV des FDGB ist jedoch, daß
- nach wie vor der Verkauf von Ferienschecks an Mitglieder in der
  VMSt. im Vordergrund steht,

- die Zusammenarbeit zwischen Bezirks- und Kreisvermittlungsstellen
  sich teilweise wie bisher nur auf die Übernahme von in den Kreisen
  nicht vermittelten Ferienschecks beschränkt.

Das heißt, die überwiegende Tätigkeit der BV-VMSt. besteht in der
Übernahme der von Grundorganisationen nicht benötigten Ferienschecks
sowie der Abgabe der Schecks an Mitglieder, die die Vermittlungsstelle
aufsuchen.

Durch diese Arbeitsweise bleibt kaum Zeit, eine entsprechende feste
Zusammenarbeit mit BGL/OGL herbeizuführen sowie es von vielen
Kreisvorständen geschieht.

Auf Grund der höheren Verantwortung der Kreisvorstände geht das Angebot an Reisen in den BV-VMSt. ständig zurück. Durch eine politisch
gute Arbeit in den Kreisen Jüterbog, Roßlau, Wismar u.a. war es möglich, die Reisen im eigenen Kreisgebiet voll zu nutzen. Im Kreis
Jüterbog z.B. wurden von 250 zurückgegebenen Reisen 248 wieder von
BGL/OGL bzw. Einzelmitgliedern des eigenen Territoriums übernommen.
Dieser Kreis arbeitet mit einem Angebotsbuch für die BGL/OGL, in welchem auch gleichzeitig der Bedarf dieser Leitungen eingetragen ist.
Die guten Ergebnisse einiger Kreise dürfen aber nicht darüber hinwegtäuschen, dass es noch Kreise gibt, die eine sehr hohe Nichtnutzung im
eigenen Territorium ausweisen, z.B. Artern und Sonneberg mit 24 %
Rückgaben an die BV-VMSt.

Als Schlussfolgerungen für die Arbeit des Sektors Verteilung ergibt sich:

1. Es ist verstärkt darauf Einfluß zu nehmen, dass die Abt. Feriendienst bei den FDGB-Bezirksvorständen die Einschätzungen zur Tätigkeit der Vermittlungsstellen termingerecht vornehmen (Termin der Textanalyse war der 26.01.1976, für die Gesamteinschätzung war der 28.02.1976 Termin. Beide Termine wurden nicht eingehalten).
2. Die von den BV Rostock und Potsdam beschrittenen neuen Wege der Tätigkeit der Vermittlungsstellen sind durch die operative Arbeit zu verallgemeinern.
3. Auf den Lehrgängen mit Sekretären für Sozialpolitik ist in den Seminaren der Erfahrungsaustausch zur Vermittlungstätigkeit sowie zur analytischen Arbeit zu führen. Hierbei ist besonders die Zusammenarbeit zwischen VMSt. und BGL/OGL herauszuarbeiten.
4. Nach dem Erfahrungsaustausch mit den Sekretären für Sozialpolitik der KV vom 16. - 23.03.1976 in Templin ist eine Einschätzung vorzunehmen, zur Verwirklichung der Richtlinie für die Tätigkeit der Vermittlungsstellen für Ferienschecks bei den Bezirks- und Kreisvorständen des FDGB.

Offene Probleme

- Nach wie vor gibt es unterschiedliche Auffassungen zur Verwendung der Vermittlungsgebühren. So werden u.a. von den BV-VMSt. Berlin, Cottbus sowie von den Kreisvermittlungsstellen des Bezirkes Rostock je verkauften Ferienscheck von der Vermittlungsgebühr 0.10 M als materieller Anreiz für die Mitarbeiter ausgezahlt.

- Mit der Bereitstellung kombinierbarer 7-Tage-Reisen gibt es unterschiedliche Auffassungen zur Höhe der Vermittlungsgebühren. Teils wird die Meinung vertreten, daß beim Verkauf einer 2 x 7-Tage-Reise an ein Gewerkschaftsmitglied nur 2,- M Vermittlungsgebühren zu erheben sind. Andererseits werden 7-Tage-Reisen als volle Reise angerechnet, folglich ist für jeden Scheck eine Vermittlungsgebühr von 2,- M zu erheben (d.h. 2 x 2,-M).

<Unterschrift (nicht lesbar)>

Verfall in BV-VMSt. nach Monaten

	1974	1975	
Januar	5.604	5.837	
Februar	615	848	
März	3.818	3.441	
April	1.607	1.460	
Mai	2.628	4.281	
Juni	400	835	
Juli	21	93	1)
August	70	70	
September	1.601	958	
Oktober	903	786	
November	546	188	
Dezember	92	60	
	17.905	18.857	

1) Hiervon allein 86 Reisen im BV Potsdam

Verfall entsprechend der Qualität 1975

	EH	PU	VH
Januar	411	3.012	2.413
Februar	24	403	421
März	278	1.789	1.373
April	555	827	77
Mai	178	1.592	2.510
Juni	70	315	450
Juli	19	38	36
August	10	23	37
September	98	386	474
Oktober	210	439	137
November	151	32	5
Dezember	48	-	-

Dokument Nr. A19

	Bereit-gestell-te EA 1974	Angebot in BV VMSt.	Ange-bot % von Sp.1	Verkauf-te EA	% von Sp. 2	Bereit-gestell-te EA 1975	Angebot in BV VMSt.	Ange-bot % von Sp. 6	Verkauf-te EA	% von Sp. 7
	1	2	3	4	5	6	7	8	9	10
Berlin	98.262	16.092	16,4	13.468	83,7	96.733	12.589	13,0	10.180	80,9
Cottbus	56.768	3.759	6,6	2.598	69,1	61.450	3.398	5,5	2.510	73,9
Dresden	141.381	11.643	8,2	9.103	78,2	146.045	9.715,5	6,6	7.357,5	75,7
Erfurt	77.461	5.983	7,7	4.896	81,8	84.124	7.186	8,5	4.802	66,8
Frankfurt	36.093	2.228	6,2	1.927	86,5	38.932	1.873,5	4,8	1.453	77,6
Gera	50.968	2.519	4,2	2.162	85,8	54.968	2.411	4,4	1.880	78,0
Halle	138.825	9.716	7,0	8.675	89,3	145.600	7.198,5	4,9	6.653,5	92,4
Karl-Marx-Stadt	156.607	7.944	5,1	5.328	67,0	161.533	8.565	5,3	4.533,5	52,9
Leipzig	114.190	8.764	7,7	6.840	78,1	115.254	5.974	5,2	4.933,5	82,6
Magdeburg	80.471	7.243	9,0	5.728	79,0	84.371	5.803,5	6,9	4.525,5	78,1
Neubrandenburg	28.805	3.379	11,7	3.041	90,0	31.955	3.291,5	10,3	2.684	81,6
Potsdam	61.411	3.743	6,1	2.340	62,5	66.925	2.785,5	4,2	2.012,5	72,2
Rostock	49.199	4.544	9,2	4.175	91,9	54.885	4.043	7,4	3.704	91,6
Schwerin	30.647	3.348	10,9	2.807	83,8	33.760	3.355	9,9	2.784,5	83,0
Suhl	32.792	2.081	6,3	1.993	95,8	39.482	2.962	7,5	2.539	85,7
Gesamt:	1.153.880	92.986	8,1	75.081	80,7	1.216.017	81.151	6,7	62.552,5	77,1

Dokument Nr. A20

Abschrift BStU Archiv der Zentralstelle

Bestandssignatur	Archiv-Nr.	Bezeichnung des Schriftstückes
MfS – VRD	1289	Studie für eine Erholungseinrichtung in Wustrow-Barnstorf (BStU Seiten 000126 und 000127)

<mit handschriftlichen Einträgen>

Bezirksverwaltung　　　　　　　　　Rostock, den 26. 7. 1976
für Staatssicherheit Rostock　　　*1768/76*
Abt. rückwärtige Dienste　　　　　L/Rf　　　　V St 1042/76
Leiter

Ministerium für Staatssicherheit
Verwaltung Rückwärtige Dienste
Abt. Bauwesen
Leiter
Genossen Oberstleutnant Studt

<u>Berlin</u>

<u>Studie für eine Erholungseinrichtung in Wustrow-Barnstorf</u>

Der Rat des Kreises Ribnitz-Damgarten hat die o. g. Dokumentation erarbeiten lassen, weil ein Interesse besteht, das landschaftlich schöne Gebiet Barnstorf bei Wustrow auf dem Fischland unter Adaption der vorhandenen Bauerngehöfte für Erholungszwecke zu erschließen.

Der Leiter der Kreisdienststelle Ribnitz-Damgarten machte die Bezirksverwaltung auf dieses Vorhaben aufmerksam.

Die Lage Barnstorfs am Saaler Bodden unweit von der Ostseeküste, jedoch abseits vom allgemeinen Urlauberbetrieb, bietet sich für eine ganzjährige Nutzung für verschiedene Zwecke an (Erholung, Kuren, Kinderferiengestaltung, Naherholung für den Bezirk, Schulung und Ausbildung u. a.).

Eine Konsultation mit dem Bürgermeister des Ostseebades Wustrow ergab, daß die Bauernhöfe I und II Privateigentum sind und die Höfe III und IV sich in Rechtsträgerschaft des Volkseigenen

Gutes Zingst befinden. Es wohnen dort zur Zeit 5 Familien. Die
Bewirtschaftung der Wiesen wird vom Volkseigenen Gut vorgenommen.

Ein Freizug der Bauernhöfe ist sofort nicht möglich, müßte
jedoch langfristig mit Unterstützung des Rates des Kreises und
des Volkseigenen Gutes zu lösen sein. Das Volkseigene Gut ist
bereit, die Rechtsträgerschaft über die Gebäude abzugeben.

In der Anlage überreiche ich Ihnen eine Fotokopie der Studie mit
der Bitte um Prüfung, ob unter Berücksichtigung der ausgewiesenen Kosten das MfS an dem Projekt interessiert ist.

Hierbei ist zu beachten, daß es noch keine konkreten Festlegungen durch den Rat des Kreises gibt. Es ist z. B. eine
schrittweise Realisierung des Vorhabens auch nach 1980 möglich
bzw. es könnte auch in anderer Form gebaut werden, wobei dieses
mit den örtlichen Organen abgestimmt werden muß.

Seite 2 zur Studie vom 26. 7. 1976

- 2 -

Es wird um eine baldige Antwort gebeten, damit wir über die
Kreisdienststelle den Rat des Kreises informieren können, ob
unsererseits ein Interesse besteht.

Der Bürgermeister des Ostseebades Wustrow schlug uns noch zwei
weitere größere unbebaute Flächen in Wustrow vor, die sich evtl.
für eine Bebauung mit einer Erholungseinrichtung bzw. mit einem
Kinderferienlager eignen würden. Hierzu müßte eine örtliche Besichtigung erfolgte.

                                                                        <Unterschrift>

<u>Anlage</u>   Lange
1 Fotokopie der   Oberstleutnant
Studie Wüstrow-
Barnstorf

Dokument Nr. A21

Abschrift Bundesarchiv Berlin

Bestandssignatur	Archiv-Nr.	Bezeichnung des Schriftstückes
DY34	25328	Beschl. d. Sekretariats v. 22.12.76 zur kostenlosen Übereignung eines Flurstückes an die Stasi

BUNDESVORSTAND

Beschluß des Sekretariats
vom 22. 12. 1976
Nr. S 824/76

<Stempel "Vertrauliche Dienstsache">

Kostenlose Übereignung eines Flurstücks an die Bezirksverwaltung Karl-Marx-Stadt des Ministeriums für Staatssicherheit

---

Das Sekretariat beschließt:

1. Der kostenlosen Übereignung des FDGB-eigenen Flurstücks Nr. 1941, eingetragen im Grundbuch der Gemarkung Crottendorf, Kreis Annaberg, an die Bezirksverwaltung Karl-Marx-Stadt des Ministeriums für Staatssicherheit zum 1. 1. 1977 wird zugestimmt.

2. Der Vorsitzende des Bezirksvorstandes des FDGB Karl-Marx-Stadt wird beauftragt, den Bundesvorstand des FDGB auf der Grundlage des Beschlusses P 126/75 vom 12. 12. 1975 bei der Abgabe des Flurstücks rechtsgültig zu vertreten.

<u>Zur Erledigung:</u> Koll. Wappler, BV FDGB Karl-Marx-Stadt
Koll. Weber, Abt. Bundesfinanzen

<u>Zur Kenntnis:</u> Koll. Beyreuther
Koll. Wilke, ZRK

22. 12. 1976

              gez. Müller

Dokument Nr. A22

Abschrift Bundesarchiv Berlin

Bestandssignatur	Archiv-Nr.	Bezeichnung des Schriftstückes
DY34	15842	Konzeption zur Kontrolle der Qualität der Privatunterkünfte von 1977

Abteilung Feriendienst　　　　　　　　　Berlin, den 27. 1. 1977
Sektor Verteilung

Vorlage für das Leitungskollektiv

Betr.: K o n z e p t i o n
zur Kontrolle der Qualität der Privatunterkünfte
auf der Grundlage der vom Ministerrat beschlossene Richtlinie aus dem Jahre 1974

Mit der "Direktive zur Vorbereitung der Planung der Erholungsaufenthalte des FDGB für 1978" wurden die Bezirksvorstände des FDGB
beauftragt, ihr Hauptaugenmerk bei der Kontrolle der Qualität der
Privatunterkünfte auf

- die Einhaltung der vertraglich vereinbarten Leistungen
  sowie
- die richtige Einstufung der Urlauberzimmer entsprechend den
  staatlichen Kriterien zu richten.

Ziel der Kontrollen muß sein, daß alle Urlauberzimmer die entsprechenden Qualitätskriterien aufweisen, wie sie in der Qualitätsgruppe lt.
Einstufungsbescheid vorhanden sein müssen. Es geht nicht um Rückstu-
fungen, sondern um die ständige Einhaltung der vertraglich vereinbarten Qualität der Urlauberzimmer. Was 1974 bei der Einstufung noch gut
und neu war, kann für 1977 schon abgenutzt sein und nicht mehr der
geforderten Qualität entsprechen.
Obwohl vom Staatssekretariat, Amt für Preise (Rücksprache erfolgte am
26. 1. 77) in Auswertung einer Beratung mit den Fachabteilungen der
Räte der Bezirke eingeschätzt wurde, dass es keine Anzeichen einer
falschen bzw. ungerechtfertigten Einstufung gibt, lehren die Erfahrungen sowie die Auswertung der Eingaben, daß die Einstufung der Zimmer
in die entsprechenden Qualitätsgruppen unterschiedlich in den Kreisen
und Orten gehandhabt wird. So gibt es u.a. verschiedene Auffassungen
über die Qualitätskriterien.

B e i s p i e l e :

- die Qualitätsgruppe 5 ist auch dann gerechtfertigt, wenn eine
  Naßzelle, bzw. ein Bad von zwei oder mehreren Familien genutzt
  wird.
- Wenn keine Innentoilette vorhanden ist, kann das Zimmer in die
  Gruppe 4 eingestuft werden.
- Wenn Nachtlampen oder Leuchten nicht für jedes Bett vorhanden sind,
  so werden 0,10 M vom Bettenpreis abgezogen.

- Eine mittlere Ausstattung (Einstufung in Qualitätsgruppe 3) ist auch dann vorhanden, wenn es sich um alte einheitliche Möbel handelt.

Diese und ähnliche Auslegungen erfordern, daß bei den Kontrollen einheitliche Maßstäbe zugrundegelegt werden.
Es geht darum, daß

- die je Qualitätsgruppe festgelegte Mindestausstattung, einschließlich der Zusatzanforderung, garantiert wird. Die Faktoren für Qualitäts- und Preisveränderungen durch Zu- und Abschläge sollten nur in Ausnahmen angewandt werden.
- die Urlauberzimmer nicht nur als Schlafräume betrachtet werden. (Oftmals sind zuviel Betten im Zimmer, so dass kein Platz für Stühle, Nachttische usw. bleibt.) Die Urlauberzimmer müssen mehr den wohnlichen Charakter zum Ausdruck bringen.

<u>Organisatorisch-technische Maßnahmen</u>

- Mit dem Beschluß zur Durchführung der Woche der Bereitschaft sollten nach folgenden Festlegungen getroffen werden.
    - Die Kontrolle der ordnungsgemäßen Einstufung der Privatquartiere erfolgt während der Woche der Bereitschaft im April 1977 unter Einbeziehung der ehrenamtlichen Mitglieder der Bezirks- und Kreisferiendienstkommissionen (eventuell durch Arbeiterkontrolleure)
        <u>verantwortlich:</u> Bezirksvorstand des FDGB
    - Alle politischen Funktionäre in den Erholungsobjekten und -heimen sind als Leiter von Kontrollgruppen einzusetzen.
        <u>verantwortlich:</u> Abteilungsleiter der Bezirksvorstände des FDGB
    - Die Kontrollschwerpunkte für die Überprüfungen sind mit den zuständigen staatlichen Organen anzustimmen
        <u>verantwortlich:</u> Abt.Leiter d. Bezirksvorstände d.FDGB, Objektleiter
    - Zu Beginn der Kontrollen ist in den Objekten eine Anleitung für alle teilnehmenden Funktionäre durchzuführen. Dabei sind entsprechende Arbeitsmaterialien zu überprüfen.
        <u>verantwortlich:</u> Objektleiter
- Zur Information der ehrenamtlichen Vorsitzenden der Feriendienstkommissionen ist der im März stattfindende Erfahrungsaustausch zu nutzen.
- Zur Unterstützung der Kontrollgruppen sind ergänzende Erläuterungen zu den Qualitätskriterien zu erarbeiten und als Arbeitsmaterial herauszugeben.
    <u>verantwortlich:</u> Sektor Urlauberbetreuung
    Sektor Verteilung
    <u>Termin: 15. 3. 77</u>
- Für eine einheitliche Auswertung der Prüfungsergebnisse ist ein Formular zu erarbeiten.
    <u>verantwortlich:</u> Sektor Urlauberbetreuung
    Sektor Verteilung
    <u>Termin: 15. 3. 77</u>
- Die Objektleiter sind für die Zusammenfassung der Ergebnisse ihres Bereiches verantwortlich und übergeben diese der Abteilung Feriendienst bei den Bezirksvorständen des FDGB.
    <u>Termin: 16. 5. 77</u>

- Von der Abteilung Feriendienst des FDGB-Bezirksvorstandes ist eine Gesamtzusammenfassung der Abt. Feriendienst beim Bundesvorstand zu übergehen.
  Termin: 31. 5. 77

Grundlagen der Überprüfungen

- Richtlinie des Ministerrates der DDR, vom 28. 1. 1974
- Einstufungsbescheide der Räte der Kreise für die Privatquartiere
- Vertrag über die Bereitstellung von Fremdenverkehrsraum, einschließlich Dienstleistungen an den FDGB-Feriendienst durch Privatvermieter

<Unterschrift>
- E b e r l -
Sektorenleiter

Dokument Nr. A23

Abschrift BStU Archiv der Zentralstelle

Bestandssignatur	Archiv-Nr.	Bezeichnung des Schriftstückes
MfS SED-KL	1069	Konzeption zur inhaltlichen Gestaltung der Ferienlager des MfS in den Sommerferien 1978 (BStU Seiten 000088 bis 000094)

<mit handschriftlichen Einträgen>

Verwaltung Rückwärtige Dienste Berlin, den 24. 05. 1978
Abteilung Versorgungsdienste/IV

Bestätigt:

i. V. Sengling Major
27.5.1978

K o n z e p t i o n

zur inhaltlichen Gestaltung der Ferienlager des Ministeriums
für Staatssicherheit in den Sommerferien 1978

1. Inhaltliche Grundlage, politische und pädagogische
   Zielstellung für den Feriensommer 1978

Grundlage der politisch-ideologischen Führungs- und Leistungs-
tätigkeit der Lagerleitungen für die Durchführung des
Feriensommers 1978 bilden

- die Beschlüsse und Dokumente des IX. Parteitages der SED,

- die Dokumente des X. Parlaments der FDJ,

- der Beschluß des Politbüros des ZK der SED:

  "Für ein hohes Niveau der sozialistischen Erziehung in der
  Pionierorganisation Ernst Thälmann vom 24. 07. 1973"

- der Aufruf des ZK der SED, des Staatsrates, des
  Ministerrates und des Nationalrates der Nationalen Front zum
  30. Jahrestag der Deutschen Demokratischen Republik,

- das "FDJ-Aufgebot - DDR 30" und der Pionierauftrag
  "Vollbringt Pioniertaten für den Sozialismus",

- das Ferienunternehmen "Meine Heimat DDR".

Dokument Nr. A23

Die Feriengestaltung im MfS, als fester Bestandteil des sozialistischen Erziehungs- und Bildungsprozesses, hat die aktive Erholung, die körperliche Kräftigung und Gesunderhaltung der Pioniere und FDJler zu fördern und zu unterstützen.

Seite 2 zur Konzeption vom 24. 05. 1978

2

Das Hauptanliegen der politisch-pädagogischen Arbeit in den Ferienlagern des MfS ist, mit lager- und ferienspezifischen Mitteln, Formen und Methoden, einen wirksamen Beitrag zur patriotischen und internationalistischen Erziehung der in den Ferienlagern des MfS weilenden Pioniere und FDJ-Mitglieder zu leisten.

Dabei ist

- den Kindern die Kraft und die Stärke der Sowjetunion und der sozialistischen Staatengemeinschaft bewußt und anschaulich nahe zu bringen;

- die Überlegenheit des Sozialismus gegenüber dem Kapitalismus herauszuarbeiten und anhand von Beispielen besonders die Kinderfeindlichkeit des Imperialismus zu erklären;

- die Herausbildung und Vertiefung kommunistischer Verhaltensweisen und Charaktereigenschaften zu unterstützen;

- die Festigung des Solidaritätsgedankens zu fördern und die Bedeutung des proletarischen Internationalismus anschaulich zu erläutern;

- der 30jährige Entwicklungsweg der DDR und ihre internationale Rolle und Bedeutung zu erläutern sowie der damit verbundene Beitrag der Pionierorganisation "Ernst Thälmann" aufzuzeigen;

- die Bedeutung der XI. Weltfestspiele der Jugend und Studenten herauszuarbeiten und die Kenntnisse über Kuba, den ersten sozialistischen Staat Amerikas zu erweitern und zu vertiefen.

Diese Zielstellung kann nur erreicht werden, wenn alle pädagogischen und erzieherischen Möglichkeiten genutzt werden, um die Ferientage erlebnisreich und interessant zu gestalten.

Ausgangspunkt für die inhaltliche Tätigkeit in den Ferienlagern ist der Pionier- und FDJ-Auftrag für das Jahr 1978.
Die Pionierorganisation "Ernst Thälmann" begeht am 13. 12. 1978 ihren 30. Geburtstag. Sie hat alle Pioniere aufgerufen, ihrer sozialistischen Heimat, der Deutschen Demokratischen Republik, die fast drei Jahrzehnte den Kindern das Beste gibt, mit

Pioniertaten für den Sozialismus zu danken. Das Ferienunternehmen 1978 steht deshalb unter der Losung

"Meine Heimat - DDR".

Sein Anliegen ist es, auf der Grundlage des Aufrufes zum 30. Jahrestag der Gründung der DDR, den Pionierauftrag "Vollbringt Pioniertaten für den Sozialismus" unter ferienspezifischen Bedingungen zu verwirklichen.

Seite 3 zur Konzeption vom 24. 05. 1978

3

Während des Aufenthaltes im Ferienlager sollen alle Mädchen und Jungen interessante, erlebnisreiche und frohe Ferien verleben. Jeder Pionier soll Anregungen für seine Pionierfreundschaft erhalten und gut erholt nach Hause zurückkehren.

Für die Mitglieder der FDJ bildet das

"FDJ-Aufgebot DDR 30"

die inhaltliche Grundlage für die Gestaltung der Sommerferien 1978. Im Lager für Erholung und Arbeit sind alle Aktivitäten und Initiativen auf die bewußte Unterstützung der Werktätigen bei der Planerfüllung zu richten. Bei den FDJlern ist eine kommunistische Einstellung zum sozialistischen Eigentum und zur sozialistischen Arbeit sowie die Achtung vor den Leistungen der Werktätigen weiter herauszubilden.

In allen Ferienlagern sind die teilnehmenden Mitglieder der FDJ verstärkt in die aktive Vorbereitung und Durchführung der Höhepunkte einzubeziehen. Ihnen ist bewußt zu machen, daß sie in ihrem Auftreten Vorbild für die Pioniere sein müssen.

Gesellschaftliche Höhepunkte, die in den Zeitraum der Lagerdurchführung fallen, sind wirksam in die inhaltliche Gestaltung einzubeziehen, massenpolitische und wehrpolitische Veranstaltungen sind emotional zu nutzen.

Gesellschaftliche Höhepunkte sind:

- XI. Weltfestspiele der Jugend und Studenten vom 28. Juli bis 05. August 1978 in Havanna; hier sind besonders die großen Erfolge des sozialistischen Kuba herauszuarbeiten, welches unmittelbar vor den Toren der USA aus dem imperialistischen Bollwerk ausgebrochen ist.

- Sicherung der Staatsgrenze der DDR am 13. August 1961; ausgehend von der unterschiedlichen Entwicklung in beiden deutschen Staaten muß aufgezeigt und bewußt gemacht werden, daß mit der Sicherung der Westgrenze der DDR der Imperialismus in seiner aggressiven Politik einen entscheidenden Rückschlag erlitten hat.

Dokument Nr. A23

- Ermordung Ernst Thälmanns am 18. August 1944;
  das Leben und der Kampf Ernst Thälmanns, seine Treue zur
  Arbeiterklasse und zum proletarischen Internationalismus,
  sein Mut und seine Standhaftigkeit sind Vorbild für jeden
  Thälmannpionier.

- Tag der Interbrigaden am 18. Juli 1978;
  hier ist der heldenhafte und aufopferungsvolle Kampf der
  internationalen Arbeiterklasse gegen die faschistische
  Diktatur herauszuarbeiten.

- Verleihung des Namens "Ernst Thälmann" an die Pionierorganisation am 23. 08. 1952.

Seite 4 zur Konzeption vom 24. 05. 1978

4

Die inhaltliche und organisatorische Gestaltung des gesamten
Lagerlebens muß der hohen Aufgabenstellung voll gerecht werden
und ist der spezifische Beitrag aller in den Ferienlagern
eingesetzten Kräfte zur Erfüllung des Pionier- und FDJ-
Auftrages.

2. Formen und Methoden zur Erfüllung der inhaltlichen
   Forderungen

Hauptanliegen der Gestaltung des Lebens in den Ferienlagern ist,
allen Teilnehmern fröhliche, erlebnisreiche und erholsame
Ferientage zu gewährleisten. Dabei sind entsprechend der
Orientierung des Zentralrates der FDJ, die weitere Entwicklung
der Selbständigkeit der Mädchen und Jungen, ihre Initiativen und
Aktivitäten, ihre schöpferischen Gedanken und Taten zu fördern.

Ausgehend von den in den vergangenen Jahren gesammelten Erfahrungen, sind Veranstaltungen, Foren und Treffen mit Veteranen
und Kundschaftern, Exkursionen zu Gedenkstätten und Sehenswürdigkeiten, Betriebsbesichtigungen, sportliche Wettkämpfe,
Spiele, Wanderungen, Singeveranstaltungen u. a. in ihrer ganzen
Vielfalt bei der Erarbeitung der lagerspezifischen Arbeits- und
Maßnahmepläne zu berücksichtigen.

In allen Ferienlagern sind folgende Höhepunkte zu gestalten:

Appelle

Appelle müssen vom Stolz der Pioniere und FDJler auf ihre
Organisation künden und dazu beitragen, eine feste,
disziplinierte Gemeinschaft zu bilden, die entschlossen und
bereit ist, für unsere DDR hohe Leistungen zu vollbringen.

In den Ferienlagern sind folgende feierliche Appelle
durchzuführen:

- Lagereröffnung

- Tag der Tscheka

- Ehrung der Lagerbesten

- Lagerabschluß

Darüber hinaus sind regelmäßig Tagesappelle durchzuführen. Sie werden zur Auswertung des Pionierwettbewerbs, Auszeichnungen von Gruppen oder Einzelpersonen u. ä. genutzt.

Tag der Tscheka

Der Tag der Tscheka ist der Höhepunkt im Ferienlager. An diesem Tag sind die Pioniere und FDJler besonders mit der Tätigkeit der bewaffneten Organe unserer Republik vertrautzumachen. Sie sollen Gelegenheit haben, Ausrüstungsgegenstände sowie Waffentechnik, ihre Handhabung und Wirkungsweise kennenzulernen. Bei den Manövern sind die Pioniere und FDJler mit den revolutionären Traditionen der Arbeiterklasse bekanntzumachen.

Seite 5 zur Konzeption vom 24. 05. 1978

Die Pioniere und FDJler sollen bei diesen Manövern ihren Mut und ihre Geschlossenheit als Pionier- bzw. FDJ-Gemeinschaft zeigen.

Kleines Festival – Kuba 78

Das Festival ist unter die Losung

"Für antiimperialistische Solidarität, Frieden und Freundschaft" oder

"Die Jugend der Welt klagt den Imperialismus an"

zu stellen.

Auf dieses Festival müssen sich die Pioniere und FDJler langfristig vorbereiten. Deshalb sollte es zweckmäßigerweise gleichzeitig den Durchgangsabschluß bilden.
Spiele, Massentänze, Leistungsvergleiche, Wissensstraßen, Diskotheken mit Zwischenrunden, die das Leben und die Entwicklung im sozialistischen Kuba aufzeigen, sollen die Pioniere und FDJler zu neuen Aktivitäten anregen.

Ermittlung der Lagerbesten

Zu einem weiteren Höhepunkt in jedem Ferienlager und jedem Durchgang ist die Ermittlung der Lagerbesten auf kulturell-sportlichem Gebiet zu gestalten. Das Ziel dieser Veranstaltungen ist die Förderung des Zusammenfindens der

Kollektive und der freundliche und faire Umgang der
Lagerteilnehmer untereinander.

3. Maßnahmen zur Umsetzung der Konzeption zur inhaltlichen Gestaltung

Die Zielstellung, den Kindern erholsame und erlebnisreiche
Ferien zu gestalten, kann nur verwirklicht werden, wenn die in
der Feriengestaltung eingesetzten Funktionäre die Einheit von
qualifizierter Schulung der Lagerfunktionäre sowie sorgfältiger,
verantwortungsbewußter Vorbereitung und Durchführung der
Ferienlager entsprechend den konkreten örtlichen Bedingungen
beachten.

Deshalb sind insbesondere folgende Maßnahmen durchzusetzen:

- Anläßlich der Schulung der Lagerfunktionäre sind die in
  dieser Konzeption festgelegten Grundsätze sowie die Formen
  und Methoden ihrer Verwirklichung ausführlich zu erläutern.
  Dadurch sind die Funktionäre der Lagerleitungen zu
  befähigen, durch eine interessante und abwechslungsreiche
  Pionier- und FDJ-Arbeit die Ferieninitiative "Meine Heimat -
  DDR" sowie den

Seite 6 zur Konzeption vom 24. 05. 1978

"FDJ-Auftrag DDR 30" mit Leben zu erfüllen.

- Auf der Grundlage der in der Schulung zu gebenden Hinweise,
  haben die Lagerleiter unter Berücksichtigung der territorialen Möglichkeiten ihren Maßnahmeplan zur inhaltlichen
  Gestaltung des jeweiligen Ferienlagers zu erarbeiten. Der
  Maßnahmeplan des Lagerleiters hat die konkreten Aufgaben,
  den Zeitpunkt ihrer Lösung und die Verantwortlichkeit zu
  enthalten.
  Zur Lösung umfangreicher und komplizierter Aufgaben z.B.
  Lagerhöhepunkte, sind durch die verantwortlichen Lagerfunktionäre Ablaufpläne zu erarbeiten.

- Die Durchsetzung der Konzeption zur inhaltlichen Gestaltung
  ist Aufgabe aller eingesetzten Betreuungsplätze. Die
  Mitglieder der Lagerleitungen haben deshalb ihre Verantwortung zur pädagogisch-methodischen Anleitung der Gruppen-
  pionierleiter in vollem Umfang wahrzunehmen und sie zu
  befähigen, die Aufgaben zur inhaltlichen Gestaltung des
  Lagerlebens gemeinsam mit den Pionieren und FDJlern mit
  Leben zu erfüllen.

- Um alle Ideen und Initiativen der Pioniere und FDJler zur
  Entwicklung eines vielseitigen und interessanten Lagerlebens
  zu wecken und einzubeziehen, sind auf der Grundlage des
  Statuts der Pionier- bzw. FDJ-Organisation zu Beginn der

Durchgänge die Gruppen- und Freundschaftsräte bzw. FDJ-
Leitungen zu wählen.

Folgende Stäbe, Kommissionen und Klubs sollten in den
Ferienlagern gebildet werden:

- Stab "Junger Agitatoren"
- Stab "Ordnung, Sauberkeit und Sicherheit"
- Hygieneaktiv
- Sportkommission
- Wettbewerbskommission
- Klub "Junger Künstler"
  u.ä.

Die Leitungsorgane, Stäbe, Kommissionen usw. sind bei der
Erfüllung ihrer Aufgaben von den Lagerleitungen und
Gruppenleitern aktiv zu unterstützen.

- Große Beachtung haben die Lagerleitungen der Führung des
  Wettbewerbs zu schenken. Er ist eine wesentliche Grundlage
  für die Leitung, Entwicklung und Organisierung eines
  interessanten Lagerlebens.
  Er ist das bewährte Mittel, die Pioniere und FDJler zu
  aktivieren mit dem Ziel, hohe Leistungen bei der Gestaltung
  des Lagerlebens zu vollbringen.

  Inhaltlicher Schwerpunkt der Wettbewerbsführung ist deshalb
  die aktive Gestaltung des Lagerlebens durch die einzelnen
  Gruppen, ihre Ideen, Einsatzbereitschaft, Disziplin und
  Ordnung.
  Dabei ist der Leistungsvergleich zwischen den Gruppen als
  Quelle der Entwicklung von Aktivitäten und Vorhaben während
  der Durchführung des Pionier- und FDJ-Auftrages

Seite 7 zur Konzeption vom 24. 05. 1978
----

zielstrebig zu organisieren.

Der Pionier- und FDJ-Wettbewerb liegt in der konkreten
Verantwortlichkeit der gewählten Wettbewerbskommission, die
durch den stellv. Lagerleiter zu unterstützen und
schöpferisch anzuleiten ist.
Der stellvertretende Lagerleiter ist für die durchzuführende
tägliche Auswertung verantwortlich. Sie ist öffentlich und
an der Wettbewerbstafel sichtbar zu gestalten.
In jedem Durchgang ist eine Zwischen- und Endauswertung des
Wettbewerbs im Lager- bzw. Delegationsmaßstab vorzunehmen.

- Zur Sicherung der erforderlichen Qualität der inhaltlichen
  und organisatorischen Vorbereitung der Ferienlager, haben
  die Lagerleiter ihre im Rahmen der Schulung erarbeiteten
  Dokumente vor den beauftragten Vertretern der Verwaltung

Dokument Nr. A23

Rückwärtige Dienste/Abteilung Versorgungsdienste und der
FDJ-Kreisleitung zu erläutern und zu verteidigen.

Anlage: Leiter der Abteilung

<Unterschrift>

Roth
Oberstleutnant

Dokument Nr. A24

Abschrift Bundesarchiv Berlin

Bestandssignatur	Archiv-Nr.	Bezeichnung des Schriftstückes
DY34	15842	Vorschläge zur Festlegung der Belegungszeiten für betriebliche Erholungseinrichtungen

Sektor Verteilung
AG "Kapazitäten"

10. Juli 1979

Leitungsvorlage

Vorschläge zur Festlegung der Belegungszeiten für betriebliche Erholungseinrichtungen (Normative)

Die Normative zur Festlegung der Belegungszeiten für betriebliche Erholungseinrichtungen (siehe Anlage 1) werden im wesentlichen bestimmt durch

1. die Kategorie
2. den Standort der Erholungseinrichtung (Erholungsgebiet)
3. soziale Bedürfnisse (z.B. Familienerholung während der Schulferien)
4. das Kriterium der Heizbarkeit der Unterkünfte.

- Bei der Bestimmung der Kategorien (Anlage 2) wird von den in der "Richtlinie für die Verteilung und Abrechnung der Erholungsaufenthalte des FDGB in den gewerkschaftlichen Grundorganisationen" (Beschluß des Sekretariats des Bundesvorstandes des FDGB S 129/77 vom 20. 7. 1977) festgelegten Qualitätsmerkmalen ausgegangen. Aufgrund einer besseren Übersicht sollten nur die sieben Hauptkategorien angewandt werden. Im Gegensatz zur Richtlinie sollte jedoch ab Kategorie 4 die Heizbarkeit der Einrichtungen und Unterkünfte Berücksichtigung finden. Ein wesentliches Kriterium für die Einstufung der Erholungseinrichtungen ist die Qualität der Unterkünfte. Dazu schlagen wir vor, in Anlehnung an die Richtlinie des Ministerrates "Zur Festsetzung von Bettenpreisen für Vermietung von Fremdenverkehrsraum ..." vom 28. 1. 1974 zu verfahren (Anlage 3).

- Bei der Festlegung der Belegungszeiten (Anzahl der Belegungstage) wollte entschieden werden zwischen Standorten in den Mittelgebirgen sowie übrigen Erholungsgebieten (Ostseeküste, Seenplatte, übriges Flachland).

- Bei der Planung der Kapazitäten sind die sozialen Bedürfnisse zu beachten. Dabei ist davon auszugehen, daß in den Schulferien insbesondere die Belange der Familien mit schulpflichtigen Kindern Berücksichtigung finden. In Anlehnung an die Erfahrungen des FDGB-Feriendienstes wird deshalb auch vorgeschlagen, welche Zimmerstrukturen bzw. welche Bettenkapazitäten (Betten, Aufbettungen, Kinderbetten) in den einzelnen Reisezeiten zu planen sind (Anlage 4).

Dokument Nr. A24   311

<Unterschrift> *<Unterschrift>*
G. Prill H. Eberl
AG "Kapazitäten" Sektor Verteilung

Anlage 1:   Belegungszeiten für betriebliche Erholungseinrichtungen
            (Normative)

Anlage 2:   Einstufung der betrieblichen Erholungseinrichtungen in
            Kategorien

Anlage 3:   Anforderungen an die Qualität der Urlauberzimmer

Anlage 4:   Planung der Bettenkapazitäten (unter Beachtung der
            Zimmerstruktur)

Anlage 1

Belegungszeiten für betriebliche Erholungseinrichtungen (Normative)

Kategorie der BEE	Heizbarkeit der Urlauberzimmer	Standort/Erholungsgebiet	Zeitraum für Urlauberbelegung	Besonderheiten für bestimmte Reisezeiten (Anzahl der Belegungen und Reisedauer)
1	heizbar	alle Erholungsgebiete	entsprechend der vertraglichen Festlegung	–
2	"	"	ganzjährig (mindestens 320 Tage)	Sommersaison = 7 Belegungen mit je 13 Tagen Februarschulferien = 1 – 2 Belegungen mit 13 bzw. 10 Tagen Weihnachten/Neujahr = 1 – 2 Belegungen mit 13 bzw. 7 Tagen
3	"	"	ganzjährig (mindestens 290 Tage)	S. Kat. 2
4 a	"	Ostseeküste) Seenplatte) übr. Flachland)	Februarschulferien Mai – Oktober Weihnachten/Neujahr (mindestens 210 Tage)	S. Kat. 2
		Mittelgebirge	Januar – März Mai – Oktober Weihnachten/Neujahr (mindestens 270 Tage)	S. Kat. 2
4 b	nicht heizbar	alle Erholungsgebiete	Mitte Mai – Ende September (mindestens 130 Tage)	Sommersaison = 7 Belegungen mit je 13 Tagen
5 a	heizbar	Ostseeküste) Seenplatte) übr. Flachland)	Mai – Oktober (mindestens 180 Tage)	S. Kat. 4 b
		Mittelgebirge	Mitte Januar – März Mitte Mai – Oktober Weihnachten/Neujahr (mindestens 240 Tage)	S. Kat. 2

- 2 -

5 b	nicht heizbar	alle Erholungsgebiete	Mitte Mai - Ende September (mindestens 130 Tage)	s. Kat. 4 b (nicht heizbar)
6 a	heizbar	s. Kat. 5 a	s. Kat. 5 a	s. Kat. 2
6 b	nicht heizbar	s. Kat. 5 b	s. Kat. 5 b	s. Kat. 4 b (nicht heizbar)
7	" "	alle Erholungsgebiete	Anfang Juni - Mitte September (mindestens 105 Tage)	s. Kat. 4 b (nicht heizbar)

Anmerkungen:

(1) Bei den vorgegebenen Belegungszeiten für die Erholungseinrichtungen handelt es sich um jenen Zeitraum (Anzahl der Tage), der mindestens für die Urlauberbelegung zu planen ist. Ein Überschreiten des Zeitraumes zu gunsten der Urlauberbelegung ist möglich.

(2) Außerhalb der Urlauberbelegung können die Erholungseinrichtungen genutzt werden für
 . prophylaktische Kuren (bedarf der Zustimmung der Verwaltung der SV)
 . Wochenend- und Naherholung
 . die vormilitärische Ausbildung (GST) und Zivilverteidigung
 . Weiterbildungslehrgänge, Schulungen, Tagungen.

(3) Erholungseinrichtungen der Kategorien 2 und 3 können in den Wintermonaten für die Durchführung prophylaktischer Kuren genutzt werden, wenn die Zustimmung der Verwaltung der SV und Abt. Feriendienst des zuständigen Bezirksvorstandes des FDGB (Sitz des Erholungsheimes) vorliegt.

(4) Sommersaison = 1. 6. - 31. 8. beginnende Reisen

Anlage 2

Einstufung der betrieblichen Erholungseinrichtungen in Kategorien

Lfd. Nr.	Art der Erholungseinrichtung	besondere Hinweise	Zimmerausstattung	Sanitäre Anlagen	Verpflegung	Betreuungseinrichtungen	Einstufung in Kategorie
01	Interhotel bzw. Hotel gleicher Qualität	vertraglich gebunden	moderne Ausstattung (Qualitätsgruppe 5)	Zimmer mit Sanitärzelle	im Interhotel/ Hotel	vielseitige Klub- und Aufenthaltsräume	1
02	Betriebserholungsheim komfortabel eingerichtet	heizbar	moderne Ausstattung (Qualitätsgruppen 4 und 5) Zentralheizung oder Nachtspeicherofen	Zimmer mit Sanitärzelle oder mit fließend Kalt- und Warmwasser Bäder bzw. Duschen und WC auf den Etagen	. im Heim . in einem FDGB- bzw. anderen Betriebserholungsheim . in einer zentralen Verpflegungsstätte	vielseitige Klub- und Aufenthaltsräume	2
03	Betriebserholungsheim modern eingerichtet	heizbar	mittlere Ausstattung (Qualitätsgr. 3) Zentralheizung oder Nachtspeicherofen	mit fließend Kalt- und Warmwasser, Bäder bzw. Duschen und WC auf den Etagen	. im Heim . in einem FDGB- bzw. anderen Betriebserholungsheim . in einer zentralen Verpflegungsstätte	Klub- und Aufenthaltsräume	3

- 2 -

04	Betriebserholungsheim einfaches bis gutes Niveau	heizbar	einfache Ausstattung (Qualitätsgr. 1 u. 2)	fließend Kalt- bzw. Warmwasser auf den Etagen oder Gemeinschaftswaschräume, WC im Haus	.im Heim .in einem FDGB- bzw. anderen Betriebserholungsheim .in einer zentralen Verpflegungsstätte	Klub- und Aufenthaltsräume	4 a
05	Betriebserholungsheime	nicht heizbar	einfache bis mittlere Ausstattung (Qualitätsgr. 1 - 3)	fließend Kalt- bzw. Warmwasser auf den Etagen oder Gemeinschaftswaschräume, WC im Haus	.im Heim .in einem FDGB- bzw. anderen Betriebserholungsheim .in einer zentralen Verpflegungsstätte	Klub- und Aufenthaltsräume	4 b
06	Bungalow modern eingerichtet	Betriebseigen heizbar, einem komfortablen Erholungsheim zugeordnet	moderne Ausstattung (Qualitätsgr. 4 u. 5) Zentralheizung oder Nachtspeicherofen	mit Sanitärzelle	.im Heim .in einem FDGB- bzw. anderen Betriebserholungsheim .in einer zentralen Verpflegungsstätte	vielseitige Klub- und Aufenthaltsräume	2

07	Bungalow modern eingerichtet	Betriebseigen heizbar, einem modern eingerichteten Erholungsheim zugeordnet	moderne Ausstattung (Qualitätsgr. 4 u. 5) Zentralheizung oder Nachtspeicherofen	mit Sanitärzelle oder fließend Kalt- und Warmwasser WC	· im Heim · in einem FDGB- bzw. anderen Betriebserholungsheim · in einer zentralen Verpflegungsstätte	Klub- und Aufenthaltsräume	3
08	Bungalow einfaches bis gutes Niveau	Betriebseigen heizbar, einem Erholungsheim zugeordnet	einfache bis mittlere Ausstattung (Qualitätsgr. 1 – 3)	fließend Warmwasser oder Gemeinschaftswaschräume	· im Heim · in einem FDGB- bzw. anderen Betriebserholungsheim · in einer zentralen Verpflegungsstätte	Klub- und Aufenthaltsräume	4 a
09	Bungalow	Betriebseigen nicht heizbar, einem Erholungsheim zugeordnet	einfache bis mittlere Ausstattung (Qualitätsgr. 1 – 3)	fließend Warmwasser oder Gemeinschaftswaschräume	· im Heim · in einem FDGB- bzw. anderen Betriebserholungsheim · in einer zentralen Verpflegungsstätte	Klub- und Aufenthaltsräume	4 b

- 3 -

Dokument Nr. A24   317

- 4 -

10	Privatquartier einschließlich Bungalow	Vertraglich gebunden heizbar	einfache bis moderne Ausstattung (Qualitätsgr. 1 - 5)	fließend Kalt- und Warmwasser bzw. Bereitstellung durch den Vermieter	. im Heim . in einem FDGB- bzw. anderen Betriebserholungsheim . in einer zentralen Verpflegungsstätte	Klub- und Aufenthaltsräume	5 a
11	Privatquartier einschließlich Bungalow	Vertraglich gebunden nicht heizbar	einfache bis mittlere Ausstattung (Qualitätsgr. 1 - 3)	fließend Kalt- und Warmwasser bzw. Bereitstellung durch den Vermieter	. im Heim . in einem FDGB- bzw. anderen Betriebserholungsheim . in einer zentralen Verpflegungsstätte	Klub- und Aufenthaltsräume	5 b
12	Privatquartier einschließlich Bungalow	Vertraglich gebunden heizbar	einfache bis moderne Ausstattung (Qualitätsgr. 1 - 5)	fließend Kalt- und Warmwasser bzw. Bereitstellung durch den Vermieter	in einer Vertrags- bzw. öffentlichen Gaststätte	Klub- und Aufenthaltsräume im Ort	6 a
13	Privatquartier einschließlich Bungalow	Vertraglich gebunden nicht heizbar	einfache bis mittlere Ausstattung (Qualitätsgr. 1 - 3)	fließend Kalt- und Warmwasser bzw. Bereitstellung durch den Vermieter	in einer Vertrags- bzw. öffentlichen Gaststätte	Klub- und Aufenthaltsräume im Ort	6 b

- 5 -

14	Pension u. ä.	vertraglich gebunden heizbar	einfache bis moderne Ausstattung (Qualitäts- gr. 1 - 5)	fließend Kalt- und Warmwasser bzw. Bereit- stellung durch den Vermieter	. im Heim . in einem FDGB- bzw. anderen Be- triebserho- lungsheim . in einer zentralen Verpfle- gungsstätte	Klub- und Aufenthalts- räume	5 a
15	Pension u. ä.	vertraglich gebunden nicht heizbar	einfache bis mittlere Ausstattung (Qualitäts- gr. 1 - 3)	fließend Kalt- und Warmwasser bzw. Bereit- stellung durch den Vermieter	. im Heim . in einem FDGB- bzw. anderen Be- triebserho- lungsheim . in einer zentralen Verpfle- gungsstätte	Klub- und Aufenthalts- räume	5 b
16	Vertragshaus	vertraglich gebunden heizbar	einfache bis moderne Ausstattung (Qualitäts- gr. 1 - 5)	fließend Kalt- und Warmwasser bzw. Bereit- stellung durch den Vermieter	in einer Ver- trags- bzw. öffentlichen Gaststätte	Klub- und Aufenthalts- räume im Ort	6 a
17	Vertragshaus	vertraglich gebunden nicht heizbar	einfache bis mittlere Ausstattung (Qualitäts- gr. 1 - 3)	fließend Kalt- und Warmwasser bzw. Bereit- stellung durch den Vermieter	in einer Ver- trags- bzw. öffentlichen Gaststätte	Klub- und Aufenthalts- räume im Ort	6 b

Dokument Nr. A24

- 6 -

18	Betriebserholungsheim		einfache bis moderne Ausstattung	fließend Warmwasser oder Gemeinschaftswaschräume	Selbstverpflegung	–	7
19	Bungalow	Betriebseigen	einfache bis moderne Ausstattung	fließend Warmwasser oder Gemeinschaftswaschräume	Selbstverpflegung	–	7
20	Privatquartier einschließlich Bungalow	vertraglich gebunden	einfache bis moderne Ausstattung	fließend Kalt- und Warmwasser bzw. Bereitstellung durch den Vermieter	Selbstverpflegung	–	7
21	Pension, Vertragshaus	vertraglich gebunden	einfache bis moderne Ausstattung	fließend Kalt- und Warmwasser bzw. Bereitstellung durch den Vermieter	Selbstverpflegung	–	7
22	Wohnwagen	Betriebseigen	einfache bis moderne Ausstattung	fließend Warmwasser oder Gemeinschaftswaschräume	–	–	7
23	Zelte	Betriebseigen	–	–	–	–	7

Anlage 3

Anforderungen an die Qualität der Urlauberzimmer

Qualitätsgruppe 1

a) Grundanforderung
   Ein- bis Dreibettzimmer ohne fließend Wasser, Toilette im Haus, Kalt- und Warmwasserbereitstellung

b) Mindestmöblierung
   Kleiderschrank, Waschkommode, Tisch mit Decke, Spiegel
   Pro Bett Nachttisch
             Bettleuchte oder Nachttischleuchte
             Bettvorleger
             Stuhl

Qualitätsgruppe 2

a) Grundanforderung
   Ein- bis Dreibettzimmer mit fließend Kaltwasser, mittlere Ausstattung, Toilette im Haus, Warmwasserbereitstellung

b) Mindestmöblierung
   kombinierter Kleider-Wäscheschrank, Tisch mit Decke, Spiegel mit Ablage
   Pro Bett Nachttisch
             Nachttisch- oder Bettleuchte
             Bettvorleger
             Polsterstuhl

Qualitätsgruppe 3

a) Grundanforderung
   Ein- bis Dreibettzimmer mit fließend Kalt- und Warmwasser, einheitliches Mobiliar, Parkett oder guter Fußbodenbelag (Auslegware, Spannteppich), WC im Haus.

b) Mindestmöblierung
   Kombinierter Kleider-Wäscheschrank, Tisch mit Decke, Spiegel mit Ablage und Leuchte
   Pro Bett Nachttisch bzw. Wandbord
             Nachttisch- oder Bettleuchte
             Bettvorleger
             Polsterstuhl

Qualitätsgruppe 4

a) Grundanforderung
   Ein- bis Dreibettzimmer mit fließend Kalt- und Warmwasser, modernes einheitliches Mobiliar, Bett mit Federkernmatratzen oder Schaumgummiauflage, Parkett oder guter Fußbodenbelag (Auslegware, Spannteppich), WC im Haus

b) Mindestmöblierung
   Kombinierter Kleider-Wäscheschrank, Kofferablage, Tisch mit Decke,
   Spiegel mit Ablage und Leuchte
   Pro Bett   Nachttisch bzw. Wandbord
              Nachttisch- bzw. Bett- oder Stehleuchte
              Bettvorleger
              Polstersessel

Qualitätsgruppe 5

a) Grundanforderung
   Ein- bis Dreibettzimmer einschließlich Sanitärzelle mit fließend
   Kalt- und Warmwasser, Waschbecken, Badewanne oder Dusche und WC.
   Hoteltypmöbel u.ä., Bett mit Federkernmatratze oder Schaumgummi-
   auflage, Parkett, Teppich oder guter Fußbodenbelag (Spannteppich,
   Auslegware), moderne Heizung (Gas oder elektrisch, Zentralheizung)

b) Mindestmöblierung
   wie Qualitätsgruppe 4

Anlage 4

Planung der Bettenkapazitäten (unter Beachtung der Zimmerstruktur)

	Schulferien	Sommersaison (ohne Schulferien)	übrige Reisezeit
Betten	x	x	x
Aufbettungen	x	x	
Kinderbetten	x		
Zimmerstruktur	Bereitstellung entsprechend den sozialen Bedürfnissen Zimmerkombination zur Unterstützung der Familienerholung	1- bis 4-Bettzimmer (einschließlich AB)	1- bis 3-Bettzimmer

Anmerkung: 1) Aufbettungen sind   Bettcouches
                                              vollwertige Liegen
                                              Wandklappbetten
                                              Doppelstockbetten

            2) Kinderbetten sind   alle Schlafmöglichkeiten für Kinder im Vorschulalter

Dokument Nr. A25

Eigene Aufzeichnung

Bestandssignatur	Archiv-Nr.	Bezeichnung des Schriftstückes
Privatarchiv Thomas Schaufuß	./.	Subventionierung der Gaststättenpreise

Subventionierung der Gaststättenpreise

Soljanka kostete 1,90 M, ein Glas Bier 0,48 M, Fassbrause 0,21 M, Bratwurst, Sauerkraut, Kartoffeln 2,00 M, Schnitzel, Möhrengemüse, Kartoffeln 2,50 M.

Beispiel einer Kalkulation[1]:

Sauerbraten — **Preisstufe II Datum**

	Einsatzmenge	GVP der Mengeneinheit	GVP der kalkulierten Menge
Schmorfleisch ohne Knochen	1,000 kg	13,40 M	13,40 M
Speck, fett, geräuchert	0,100 kg	7,10 M	0,71 M
Sonja (Margarine)	0,100 kg	5,50 M	0,55 M
Weizenmehl W 630	0,100 kg	1,50 M	0,15 M
Tomatenmark (Mengeneinheit 1/1Glas)	1/10 Glas	4,25 M	0,43 M
Zwiebeln ohne Lauch	0,100 kg	1,55 M	0,16 M
Möhren ohne Laub	0,100 kg	1,15 M	0,12 M
Sellerie ohne Laub	0,100 kg	1,45 M	0,15 M
GVP für 10 Personen der Speisenkomponente			15,67 M

Eine Portion kostete 1,60 M, mit Rotkohl und Klößen ca. 2,20 M!

Ein Rumpsteak mit diversen Beilagen wurde in der Preisstufe III mit 5,– M angeboten.

Eine Kostendeckung bzw. eine Erwirtschaftung von Gewinnen war somit äußerst schwer, teilweise unmöglich.

---

[1] Lexikon für das Gaststätten- und Hotelwesen, Verlag Die Wirtschaft Berlin 1980, Seite 277.

Dokument Nr. A26

Bestandssignatur	Archiv-Nr.	Bezeichnung des Schriftstückes
Privatarchiv Thomas Schaufuß	./.	Preiseinstufung der Restaurants des FDGB-EH „Am Fichtelberg"

**Einstufung der Restaurants im
FDGB-EH „Am Fichtelberg" in Preisstufen**

Die Preisgestaltung in Restaurants und Gaststätten in der DDR wurde durch die Verantwortung des Ministers für Handel und Versorgung geregelt.

Im Beschluss des Ministerrates über die Leitung und Organisation der Arbeit auf dem Gebiet der Preise vom 14.02.1980 (GBl. I, S. 58 ff.) wird dies festgelegt.

Ableitend davon gruppierte der FDGB-Bezirksvorstand, Abt. Feriendienst, mit dem zuständigen Rat des Kreises, Abt. Handel und Versorgung, die einzelnen Restaurantbetriebe ein.

Kriterien der Einstufung waren:

– Umfang des Dienstleistungsangebotes

– Struktur der Gaststätte

– Ausstattung der Gaststätte, politische und territoriale Vorgaben (ländliche Gaststätten max. Preisstufe III) oder hochwertige Gaststätten

– Leipziger Messe S+50 % rein Valuta usw.

– Gästestrom regulierende Maßnahmen, da Bedarf und Angebot weit auseinander lagen.

Es existierten die Preisstufen I bis IV und für hochwertige Einrichtungen[1] die Preisstufe S mit Aufschlägen bis zu 100 %.

In hochwertigen FDGB-Ferieneinrichtungen wurde die Preisstufe III etabliert, auch wenn die Einrichtungen und der Service einer Preisstufe S entsprochen hätten.

Die Zentrale Vergabe der Preisgestaltung aller angebotenen Speisen und Getränke in den Gaststätten führte dazu, dass mit einer betrieblichen Unterdeckung gearbeitet wurde, da die Rohgewinnspanne von ca. 30 % in der Preisstufe III zu gering war. Freie Preiskalkulation war verboten und die Preiseinhaltung wurde in der Gastronomie durch die ABI kontrolliert.

Die Einstufung in eine Preisstufe war verbunden mit einer Klassifizierung des Warenkontingentes der staatlichen Lieferanten.

Für Sonderobjekte wie „Stasi Heime", Ferienheime der SED und sonstige Funktionärsobjekte gab es Sonderkontingente.

Das FDGB Erholungsheim „Am Fichtelberg", mit seiner Sonderetage (7. Etage) für den Ministerrat, erhielt trotz der Preisstufe III in allen Restaurants sogenannte

---

[1] Grundlage GBl DDR vom 14.02.1980.

Sonderkontingente an Lebensmitteln (z. B. Südfrüchte). In Konsum- oder HO-Gaststätten war die Bereitstellung von Lebensmitteln weit dramatischer und komplizierter.

Urlauber mussten in allen Restaurants des Hauses für alle Getränke die Preisstufe III bezahlen.

Die Vollverpflegung beinhaltete *keine* Kaltgetränke, nur Kaffee und Tee zu den Mahlzeiten.

Dokument Nr. A27

Vgl. Kapitel VI.4

Bestandssignatur	Archiv-Nr.	Bezeichnung des Schriftstückes
Privatarchiv Thomas Schaufuß	./.	Die künstlerische Gestaltung des FDGB-EH „Am Fichtelberg"

Abbildung 12: Innenarchitektonische Gestaltung (1975) des Restaurants „Knappenstube" im FDGB-Erholungsheim „Am Fichtelberg"
(© Schaufuß/Schiefer – Privatarchiv Thomas Schaufuß)

Gestaltung mit typischen regionalen Werkstoffen: Fußboden Schiefer, Decke Imitation eines Stollen im Silberbergwerk (aus verzinkten Regenfallrohren), Holz und Fries als Emaillearbeit.

Dokument Nr. A27

Abbildung 13: Innenarchitektonische Gestaltung (1975)
des Restaurants „Steigerzimmer" (Teilbereich der Knappenstube)
im FDGB-Erholungsheim „Am Fichtelberg"
(© Schaufuß/Schiefer – Privatarchiv Thomas Schaufuß)

Der Raum wird dominiert vom Kachelofen (Meißener Kacheln) und von der typischen Deckengestaltung, die das Ambiente eines Silberbergwerks widerspiegeln.

Abbildung 14: Innenarchitektonische Gestaltung (1975) des
Urlauberspeisesaals im FDGB-Erholungsheim „Am Fichtelberg"
(© Schaufuß/Schiefer – Privatarchiv Thomas Schaufuß)

Gestaltet von dem international bekannten Holzbildhauer Prof. Hans Brockhagen. Die Raumteiler sollen die „Vogelbeeren" vom im Erzgebirge verbreiteten Vogelbeerbaum darstellen.

Dokument Nr. A27

Abbildung 15: Innenarchitektonische Gestaltung (1975)
der Hallenbar im FDGB-Erholungsheim „Am Fichtelberg"
(© Schaufuß/Schiefer – Privatarchiv Thomas Schaufuß)

Typische regionale Wandtäfelung; Edelstahl-Raumteiler gestaltet von Clauss Dietel von der Hochschule für industrielle Formgestaltung.

Abbildung 16: Innenarchitektonische Gestaltung (1976/77) des
Jagdzimmers im Obergeschoss des FDGB-Erholungsheims „Am Fichtelberg"
(© Schaufuß/Schiefer – Privatarchiv Thomas Schaufuß)

Abbildung 17: Kellner beim Servieren im Jagdzimmer
(Obergeschoss des FDGB-Erholungsheims „Am Fichtelberg")
(© Schaufuß/Schiefer – Privatarchiv Thomas Schaufuß)

Das Jagdzimmer war kein öffentliches Restaurant, sondern nur für Funktionäre vorbehalten. Laut Dienstanweisung hatten das Schließrecht für diesen Raum ausschließlich der Objektleiter, der SED-Parteisekretär und der Sicherheitsbeauftragte. Bei Veranstaltungen jeglicher Art wurden der zuständigen Gastronomieabteilung die Teilnehmernamen nicht genannt. Interne Gespräche fanden u. a. mit Spitzensportlern, Manfred Ewald (einflussreichster Sportfunktionär der DDR) und hohen SED-Funktionären statt.

Kurioserweise war der Gastraum mit antiken Jagdutensilien dekoriert, welche aus den Hinterlassenschaften von Martin Mutschmann (ehemaliger NSDAP-Gauleiter von Sachsen, bis 1945 Landesjägermeister von Sachsen, hingerichtet 1947 in Moskau) stammten (z. B. antike Tabaksdose mit Jagdmotiven).

Abbildung 18: Kurort Oberwiesenthal –
Skihütte in der Martin Mutschmann Schanze (1942)

Damals eine der modernsten Sprungschanzenanlagen in Deutschland, 1.050 m über NN, kritischer Punkt 70 m.

Abbildung 19: Oberwiesenthal – Rotes Vorwerk,
Erholungsheim Amtshauptmannschaft Chemnitz (1936)

Amtshauptmannschaft: Bezeichnung für einen Verwaltungsbezirk im Königreich Sachsen, später Freistaat Sachsen.

Teilweise als Kindererholungsheim bis zur Wende 1989 genutzt; in der Bauphase des FDGB-Erholungsheims „Am Fichtelberg" Zwischennutzung für die Baudurchführung.

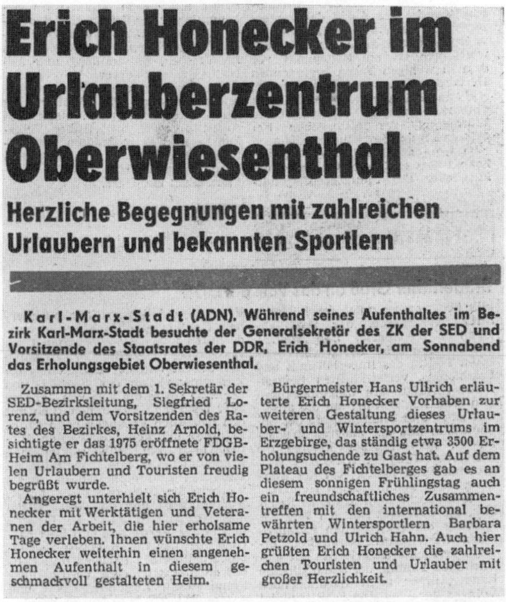

Erich Honecker im Urlauberzentrum Oberwiesenthal

Herzliche Begegnungen mit zahlreichen Urlaubern und bekannten Sportlern

Karl-Marx-Stadt (ADN). Während seines Aufenthaltes im Bezirk Karl-Marx-Stadt besuchte der Generalsekretär des ZK der SED und Vorsitzende des Staatsrates der DDR, Erich Honecker, am Sonnabend das Erholungsgebiet Oberwiesenthal.

Zusammen mit dem 1. Sekretär der SED-Bezirksleitung, Siegfried Lorenz, und dem Vorsitzenden des Rates des Bezirkes, Heinz Arnold, besichtigte er das 1975 eröffnete FDGB-Heim Am Fichtelberg, wo er von vielen Urlaubern und Touristen freudig begrüßt wurde.

Angeregt unterhielt sich Erich Honecker mit Werktätigen und Veteranen der Arbeit, die hier erholsame Tage verleben. Ihnen wünschte Erich Honecker weiterhin einen angenehmen Aufenthalt in diesem geschmackvoll gestalteten Heim.

Bürgermeister Hans Ullrich erläuterte Erich Honecker Vorhaben zur weiteren Gestaltung dieses Urlauber- und Wintersportzentrums im Erzgebirge, das ständig etwa 3500 Erholungsuchende zu Gast hat. Auf dem Plateau des Fichtelberges gab es an diesem sonnigen Frühlingstag auch ein freundschaftliches Zusammentreffen mit den international bewährten Wintersportlern Barbara Petzold und Ulrich Hahn. Auch hier grüßten Erich Honecker die zahlreichen Touristen und Urlauber mit großer Herzlichkeit.

Abbildung 20: Freie Presse Karl-Marx-Stadt, Seite 1 (1978)

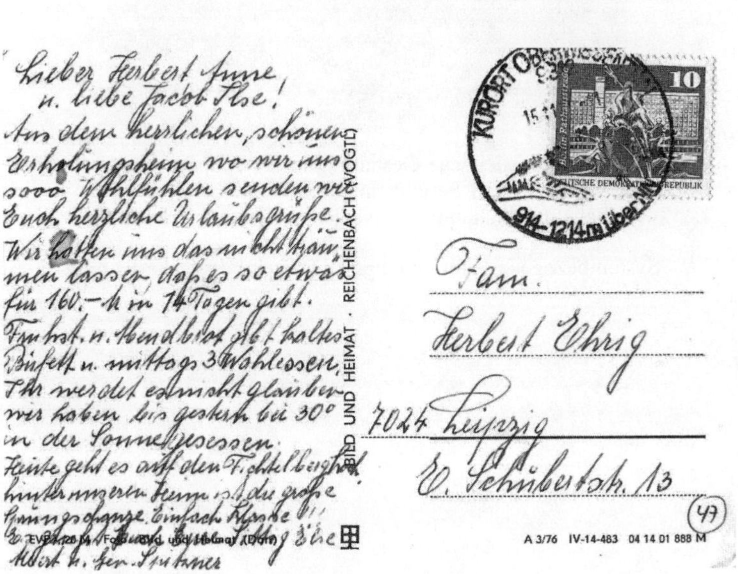

Lieber Herbert, Anne
u. liebe Jacob Ilse!
Aus dem herrlichen, schönen
Erholungsheim, wo wir uns
sooo wohlfühlen senden wir
Euch herzliche Urlaubsgrüße.
Wir hatten uns das nicht träumen lassen, daß es so etwas
für 160,– M in 14 Tagen gibt.
Frühst. u. Abendbrot als kaltes
Büfett u. mittags 3 Wahlessen.
Ihr werdet es nicht glauben
wir haben bis gestern bei 30°
in der Sonne gesessen.
Heute geht es auf den Fichtelberg.
hinter unserem Heim ist die große
Sprungschanze. Einfach Klasse !!
Albert u. Ger. Spitzner

Fam.
Herbert Uhrig
7024 Leipzig
Schubertstr. 13

Abbildung 21: Urlaubsgrüße aus Oberwiesenthal (1976)

(„Der Schein trügt – aber er ist im Zentrum unserer Wahrnehmung“)

334 Anhang

Abbildung 22: Künstlerische Gestaltung in der Empfangshalle (1975)
im FDGB-Ferienheim „Am Fichtelberg"
(© Schaufuß/Schiefer – Privatarchiv Thomas Schaufuß)

Systembezogene Kunst: Skulptur „Die sozialistische Familie"

Dokument Nr. A27

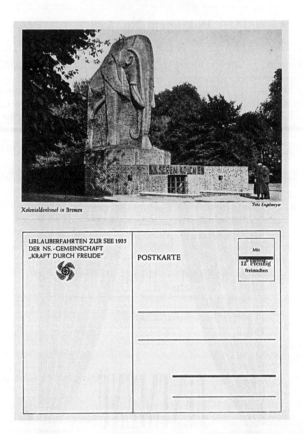

Abbildung 23: Ideologisch-bezogene Kunst im Dritten Reich (1932)

Monument nach einem Entwurf des Bildhauers Fritz Behn

Dokument Nr. A28

Bestandssignatur	Archiv-Nr.	Bezeichnung des Schriftstückes
Privatarchiv Thomas Schaufuß	./.	Menüs im FDGB-Erholungsheim „Am Fichtelberg" 1970er/1980er Jahre – eigene Aufzeichnungen

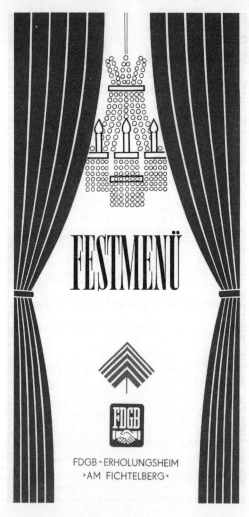

Abbildung 24: Grafische Gestaltung der Speisekarte anlässlich der Eröffnung des FDGB-Erholungsheims „Am Fichtelberg" (1975) (Gestaltet von Schaufuß/Reichel, Leipzig – Privatarchiv Thomas Schaufuß)

FESTMENÜ ANLÄSSLICH DER ERÖFFNUNG
DES FDGB-ERHOLUNGSHEIMES »AM FICHTELBERG«

Aperitif „Startsprung"

*

Orientalischer Geflügelsalat, Toast

*

Indische Currysuppe

*

Forellentoast
„Grüner Veltliner" Original VR Ungarn

*

Rehbraten „Oberwiesenthaler"
Champignons, Kartoffelkroketten
„Erlauer Stierblut" Original VR Ungarn

*

Preiselbeergelee „Schneeberg"
„Rotkäppchen süß" Original DDR

*

Oberwiesenthal, Dezember 1975

Abbildung 25: Festmenü anlässlich der Eröffnung
des FDGB-Erholungsheims „Am Fichtelberg" (1975)
(Gestaltet von Schaufuß/Reichel, Leipzig –
Privatarchiv Thomas Schaufuß)

Folgende Menüs wurden u. a. in den 1970er/1980er Jahren bei Besuchen von Politbüromitgliedern, wie z. B. Dohlus und Armeegeneral Heinz Hoffmann, serviert:

Menü I

Vorspeisenvariationen
Jägerkorn DDR

–

Kraftbrühe mit
Eierstich und Gemüseeinlage

–

Rinderbraten in Pfefferkuchensoße,
Apfelrotkohl, Thüringer Klöße

–

Obstsalat aus Südfrüchten

–

Teegebäck aus eigener Herstellung

–

Kaffee

Weine:
Pinot noir, Rumänien
Weißburgunder, DDR

Rotkäppchen Sekt halbtrocken, DDR

Menü II

Filet von Räucher-Forelle
Wodka Serschin DDR

–

Ukrainische Soljanka

–

Gefüllte Blätterteigpastete
mit Zungenwürzfleisch

–

Gespicktes Rinderfilet in
Rotweinjus, Leipziger Allerlei,
Kartoffelkroketten

–

Hausgemachtes Eis

–

Kleingebäck aus eigener Bäckerei

–

Kaffee

Weine:
Rosenthaler
Kadarka, Bulgarien
Debröer Lindenblatt, DDR

Rotkäppchen Sekt halbtrocken, DDR

Dokument Nr. A28

Menü III	**Menü IV**
	für französische Gäste
	(der Kommunisten-Partei-Frankreichs)

Russische Vorspeisenplatte	Schildkrötensuppe
Wodka UdSSR	unter Blätterteighaube
–	–
Fischsuppe „Ucha"	Broilerbrustfilet auf Wildkräutersoße
–	–
Kiewer Bitotschki, feine Erbsen,	Doppeltes Rindslendensteak
Schwenkkartoffeln	mit Cognacjus, Gemüsevariationen in
	römischen Pasteten, Strohkartoffeln
	Tranchiert am Tisch
–	–
Weingelee mit marinierten Früchten	Überraschungsomelette flambiert
–	–
Hausgemachte Kokostörtchen	Mokka Petit fours
und Mini-Windbeutel	
–	
Kaffee	

Weißwein Eselsmilch, Bulgarien	Weine: Saale/Unstrut
Schloß Wackerbarth Sekt,	Sekt: Rotkäppchen Sekt „Mokka"
halbtrocken, DDR	
Wodka UdSSR	

Abbildung 26: Grafische Gestaltung der Speisekarte (1977) im FDGB-Erholungsheim „Am Fichtelberg" anlässlich der 450-Jahr-Feier Oberwiesenthal (Gestaltet von Schaufuß/Reichel, Leipzig – Privatarchiv Thomas Schaufuß)

Tageskarte Restaurant von 11.00 bis 14.00 Uhr

	Preisstufe III
Vorspeisen	M
Feines Würzfleisch mit Zitrone, überkrustet, Brötchen	2,55
Geflügelsalat mit Früchten, Toast	3,—

Suppen

Kesselgulaschsuppe	—,65
Ukrainische Fischsuppe „Ucha"	—,95

Tagesgerichte

Hausmacher-Nudeleintopf mit Geflügelfleisch, Brötchen	1,45
Wellfleisch, Sauerkohl, Salzkartoffeln	1,95
Kaßler gebraten, Sauerkohl, Salzkartoffeln	2,20
Rinderschmorbraten, Leipziger Allerlei, Salzkartoffeln	3,25
Hammelragout, grüne Bohnen, Salzkartoffeln	3,40
Frikassee vom Huhn „Cunnersdorfer Art", Champignons, Butterreis	4,60

Schonkost

Kalbsfrikassee mit Butterreis und jungen Buttererbsen	3,15

Kindergericht (¹/₂ Portion)

Fisch gedünstet „Jana", Kräutersoße, Salzkartoffeln, gem. Salat	1,25

Süßspeisen / Kompotte
siehe Sonderkarte Eis/Dessertspezialitäten

„Man kann kochen und braten lernen, doch zum Saucenmachen muß man geboren sein."
Brillat-Savarin

Unser Angebot ab 14.00 Uhr Preisstufe III

Vorspeisen, kalt und warm M

Wurstsalat „Böhmische Art" (mit Käse), Toast	1,40
3/2 Eier auf Remoulade, Toast	1,85
Karlsbader Toast (mit Schinken und Käse)	1,85
Appetitsschnittchen „Ostrov"	1,90
Geflügelmayonnaise in Pfirsichhälften	2,05
Birnentoast „Wiesengrund" (Birne, roher Schinken, Käse)	2,30
Würzfleisch überbacken, Zitrone, Weißbrot	2,55
Überbackene Kuckuckseier (Würzfleisch, gek. Ei, Schinken	2,80

Suppen

Geflügelkraftbrühe mit Fleischeinlage	—,55
Kräftige Ochsenschwanzsuppe mit Rotwein	—,95
Ukrainische Fleischsoljanka, Zitrone, saure Sahne	1,10
Echte Schildkrötensuppe „Exzellent" (mit Currysahne)	2,95

Ich schaute in den Spiegel, ob ich nicht blaß sei. Ich war aber nicht blaß, nur unruhig, mit einem Anflug von Trauer in den Augen. Nicht einmal dunkle Ringe hatte ich, und andere Symptome der Frühjahrsmüdigkeit auch nicht. Und müde war ich überhaupt nicht. Ich reckte mich, daß die Gelenke knackten. „Es nützt nichts", dachte ich, „ich muß mir Knödel machen; solche Zustände kommen vom Hunger."
Ludvík Aškenazy

Eierspeisen

3 Setzeier „Bäderdreieck" mit Meerrettich, Weißbrot	2,25
3 pochierte Eier „Alcron" (mit Tomatensoße mit Schinkenwürfel) im Butterreisrand	2,85
3 Rühr- oder setzeier mit Schinken, Röstkartoffeln, gem. Salat	3,50
Omelett mit feinem Würzfleisch und Champignons, Weißbrot	5,30

Geflügel

¹/₄ Backhähnchen, Schwenkkart., gem. Salat	3,90
Entenbraten mit Salzkartoffeln, Apfelrotkraut	3,95
Entenbraten, Böhmisches Kraut, Semmelknödel	4,—
Frikassee vom Huhn, Risotto, gem. Salat	4,05
¹/₂ Broiler, junge Buttererbsen, Stäbchenkartoffeln	6,15

Abbildung 27: Einlageblätter zur Speisekarte 1977
(Privatarchiv Thomas Schaufuß)

Fertige Gerichte

	M
Prager Schweinebraten in Kümmel-Specksoße, Böhmisches Kraut, Salzkartoffeln	3,05
Ungarischer Gulasch, mit Letscho, Makkaroni, gem. Salat	3,30
Pikante Kapernklopse, Kartoffelpüree, gem. Salat	3,40
Gefüllte Rindsroulade, Mischgemüse, Salzkartoffeln	3,45

> Schön rötlich die Kartoffeln sind
> Und weiß wie Alabaster!
> Sie däun sich lieblich und geschwind
> Und sind für Mann und Weib und Kind
> Ein rechtes Magenpflaster.
> Matthias Claudius

Pfannengerichte

Paniertes Schweineschnitzel, Mischgemüse, Salzkartoffeln	3,25
Schweinesteak „Pußtamädchen" (Letscho und Schinkenstreifen), Butterreis, gem. Salat	4,30
Filetwürfel in Rotweinsauce, Edelgemüse, Kartoffelpüree	5,35

„Ein gutes Essen ist Balsam für die Seele."

Schonkost

Kartoffelsuppe, 1 Paar Wiener Würstchen	1,55
Pochierte Eier mit Kräutersoße, Kartoffelpüree	2,05
Gemüseplatte mit 2 Setzeiern, Kartoffelpüree	2,35
Rührei, Spinat, Salzkartoffeln	2,50

Für Diabetiker

2 pochierte Eier auf Kartoffelpüree	BE 4	1,70
Putenbraten mit Salzkartoffeln und gem. Salat	BE 4	3,90

Kochkunst

Viele Köche verderben den Brei
sie sagtens
und schlichen umeinander herum
mit ihren langen Löffeln.
So verbrannte der Brei

Für unsere kleinen Gäste

Eierkuchen „Bummi", Apfelmus	1,10
Ged. Fischfilet, Tomatensoße, Kartoffelpüree, gem. Salat	1,35

Omelett „Frau Elster" (mit Pfirsich-Würfeln)	1,85
Karlsbader Steak — Wie es Jana gerne ißt — Stäbchenkartoffeln, junge Erbsen, Kirschkompott	3,35

Die mundwässernde Zukunft

Während seine Ohren von den süßen Klängen und dem angenehmen Knirschen der Speisen getröstet wurden, schmeckte sein Gaumen die lieblichsten Brühen, sah sein Auge in die mundwässernde Zukunft der folgenden Schüsseln oder lustwandelte in der perspektivischen Allee der Schaugerichte, an deren Endpunkten ihm die reizende Wirtin selbst gleich einem wohl ausgepolsterten Verdauungstempelchen erschien.

Salate und Beilagen

Gemischter Salat	0,55	Röstkartoffeln	0,35
Buttererbsen	0,75	Butterreis	0,35
Böhmisches Kraut	0,60	Stäbchenkartoffeln	0,45
Weinrotkraut	0,60	Kartoffelpüree	0,50
Mischgemüse	0,60		

Aus der kalten Küche empfehlen wir Ihnen:

Salate

Eiersalat mit Schinkenstreifen, Weißbrot	2,—
Rindfleischsalat, Butter, Weißbrot	2,80
Geflügelsalat „Hawai", Toast	3,—

„Besser eigenes Brot als fremder Braten!"

Kleine Näschereien

Strammer Max, garniert	2,—
Schweinslendchen kalt, mit Lebermus garniert, Butter, Brot	2,80

Aufschnitte und Spezialplatten

Brathering mit Zwiebelringen und Brötchen	1,35
Hausmacher-Sülze, Remoulade, Röstkartoffeln	2,05
Camembert, Butter, Brot	2,30
Tatar mit Eigelb, Butter, Brot	2,90
Gemischte Schinkenplatte, Butter, Brot, Garnitur	3,15
Fichtelberg-Spezialplatte für 2 Personen	10,85

Abbildung 28: Einlageblätter zur Speisekarte 1977
(Privatarchiv Thomas Schaufuß)

Dokument Nr. A28

Gemischte Bratenplatte, Butter, Brot, Garnitur	3,25
Roastbeef, englisch gebraten, Remoulade, Röstkartoffeln, Garnitur	3,65
Gemischte Käseplatte, Butter, Brot, Salzgebäck	3,65

„Ohne Salz ist das Leben nicht süß."

Kompotte

Kirschkompott	0,55
Weinbeerenkompott	0,70
Pfirsichkompott	0,85
Frischobst, siehe Sonderangebot	

Kaffee und Aufgußgetränke

Tasse Kaffee, schwarz	0,85
Tasse Kaffee, komplett	0,94
Kännchen Kaffee, schwarz	1,70
Kännchen Kaffee, komplett	1,88
Glas Tee, echt, mit Zitrone und Zucker	0,45
Glas Grog mit 4 cl Deutschem Weinbrand	2,40

Bier

Spezialbier (Wernesgrün)	Glas 0,25 l	0,63

Alkoholfreie Getränke

Tafelwasser	0,25 l	0,23
Fruchtsaftgetränk	0,3 l	0,50
Cola	0,3 l	0,55
Apfelsaft	0,2 l	0,70

Spirituosen

			M 2 cl	M 4 cl
Deutscher Weinbrand	DDR	38%	0,95	1,90
Weinbrand „Edel"	DDR	38%	1,10	2,20
SU-Brandy***		40%	1,58	3,16
SU-Wodka		40%	1,05	2,10
Polnischer Wodka		45%	1,05	2,10
Doppel-Korn	DDR	38%	0,75	1,50
Übersee-Rum	DDR	45%	1,27	2,54
Bitter-Likör	DDR	35%	0,95	1,90
Kaffee-Edel-Likör	DDR	25%	0,83	1,66
Eierlikör im Schokobecher	DDR	20%	1,21	—
Karlsbader Becherbitter	CSSR	38%	1,20	2,40
Bonnekamp	DDR	48%	0,70	1,40
Cherry-Brandy	DDR	35%	0,70	1,40

Für Diabetiker

Sauerkirschmost			0,25 l	0,75
Rotkäppchen (Diabetiker-Sekt)	DDR	0,375 l	9,75

Weißweine

Eselsmilch angenehme Restsüße	VR Bulgarien	0,7 l	7,30
Klosterkeller leichter, milder Wein	VR Bulgarien	0,7 l	7,30
Natalie milder Wein mit angenehmer Restsüße	SU	0,7 l	7,30
Goldener Nektar aromatisch, ausgeglichen	DDR	0,7 l	7,80
Mamaia natursüß, goldgelb	VR Rumänien	0,7 l	8,55
Grüner Veltliner angenehme Säure, weinig, voll süffig	VR Ungarn	0,7 l	9,75
Grauer Mönch mit angenehmer Säure, weinig, voll süffig	VR Ungarn	0,7 l	11,—

Rotweine

Gamza, herb	VR Bulgarien	0,7 l	6,40
Erlauer Stierblut schwerer Rotwein, mit vollem Körper und angenehmer Gerbsäure	VR Ungarn	0,7 l	7,75

Abbildung 29: Einlageblätter zur Speisekarte 1977
(Privatarchiv Thomas Schaufuß)

Dessertweine			M
Amor	VR Ungarn	0,7 l	11,90
Wermut „Vinprom" feine Wermutnote	VR Bulgarien	1,0 l	21,95

Schaumweine			
Rotkäppchen, trocken	DDR	0,75 l	18,50
Rotkäppchen, halbtrocken	DDR	0,75 l	18,50
Sowjetischer Sekt, halbtrocken		0,8 l	21,50

Offene Weine			
Vinprom	VR Bulgarien	0,1 l	2,20
Erlauer Stierblut	VR Ungarn	0,2 l	2,35
Grauer Mönch	VR Ungarn	0,2 l	3,15

Die Männer tun bloß so, als ob sie herbe Weine, dünne Frauen und Kompositionen von Hindemith lieben. In Wirklichkeit mögen sie süßen Wein, dicke Frauen und Tschaikowski.   Iwan Jefremow

Das Bedienungspersonal ist berechtigt, sofort zu kassieren. Pfennigrechnung vorgeschrieben.

Diese Karte können Sie für 2,50 M käuflich erwerben.

Auf Wunsch können Sie beim Oberkellner das Gästebuch einsehen. Für Ihre Hinweise und Anregungen sind wir dankbar.

Abbildung 30: Einlageblätter zur Speisekarte 1977
(Privatarchiv Thomas Schaufuß)

Abbildung 31: Propagandistische, grafische Gestaltung der Speisekarte (1977) im FDGB-Erholungsheim „Am Fichtelberg" anlässlich des jährlichen Gründungstages der DDR (7. Oktober) (Gestaltet von Reichel, Leipzig – Privatarchiv Thomas Schaufuß)

Abbildung 32: Grafische Gestaltung der Speisekarte (1978)
im FDGB-Erholungsheim „Am Fichtelberg"
(Gestaltet von Schaufuß/Reichel, Leipzig – Privatarchiv Thomas Schaufuß)

Erste Speisekarte in der DDR mit Vollwertgerichten (naturbelassene Gesundheitsküche nach Kollath) – eigene Bäckerei im Haus.

Dokument Nr. A28 347

Abbildung 33: Fondue-Essen in der Knappenstube
(© Schaufuß/Schiefer – Privatarchiv Thomas Schaufuß)

Abbildung 34: Abend mit Feuerzangenbowle in der Knappenstube
(© Schaufuß/Schiefer – Privatarchiv Thomas Schaufuß)

Abbildung 35: Speisekarte zur Veranstaltung
„Hobby-Köche stellen sich vor" in der Knappenstube (1976)
(Gestaltet von Schaufuß/Reichel, Leipzig –
Privatarchiv Thomas Schaufuß)

Abbildung 36: „Hobby-Köche stellen sich vor" in der Knappenstube
(© Schaufuß/Schiefer – Privatarchiv Thomas Schaufuß)

Bereits 1976 wurde diese Kochshow „Urlauber kochen für Urlauber das perfekte Menü" im FDGB-Erholungsheim „Am Fichtelberg" praktiziert. Zu dieser Zeit waren die Fernsehköche Kurt Drummer im Fernsehen der DDR und Max Inzinger im ZDF präsent. Das Konzept, „Hobbyköche" ins Unterhaltungsprogramm aufzunehmen, startete jedoch erst Mitte der 90er Jahre im Fernsehen.

Abbildung 37: Grundriss (Funktionsplan, 1975)
der Zentralküche im FDGB-Ferienheim „Am Fichtelberg"
(Küchentechnologische Lösung im FDGB-Erholungsheim „Am Fichtelberg",
postgraduales Studium (1975) Thomas Schaufuß)

Mit eigener Fleischerei, Bäckerei, Patisserie.

352 Anhang

Dokument Nr. A29

Abschrift Bundesarchiv Berlin

Bestandssignatur	Archiv-Nr.	Bezeichnung des Schriftstückes
DY34	15842	3. Katalog nachnutzbarer Neuerungen 1981

<mit handschriftlichen Korrekturen>

Dritter Katalog nachnutzbarer Neuerungen 1981

Mit der Herausgabe dieses dritten Kataloges erfolgt die Verallgemeinerung nachnutzungsfähiger Neuerungen auf der Grundlage des § 27 der Neuererverordnung.

Die im Katalog ausgedruckten Neuerungen unterliegen den Grundsätzen der Anordnung über die unentgeltliche Nutzung wissenschaftlich-technischer Ergebnisse innerhalb der DDR (GBl. Teil II, Nr. 75/71) und den Normen des § 27 der Neuererverordnung in Verbindung mit § 15 der 1. Durchführungsbestimmung zur Neuererverordnung (GBl. Teil II, Nr. 1/72).

Die Bestimmungen des § 15 - 1. DB zur NVO, sind für alle Neuerungen mit meßbarem, geschätztem und beschreibbarem Nutzen in Verbindung mit § 30 (4) NVO sowie der 4. DB zur NVO bei der Vergütungszahlung an das erstbenutzende Objekt bzw. den Betrieb zu berücksichtigen.

A. Neuerungen im Bereich Gastronomie

1. Fahrbarer Feuerzangenbowlewagen für "Thüringer Baudeabende"
   Objekt Schmiedefeld

   Inhalt: Fahrbarer schmiedeeiserner Wagen mit Ablagemöglichkeiten in zwei Etagen. Ein Kupferkessel ist frei beweglich montiert.
   Nutzen: Schaffung eines qualitativ neuen Erlebnisbereiches für die kulturelle und gastronomische Urlauberbetreuung.

2. Gewährleistung durchgehender Essenzeiten mit Tischplatzchips
   Objekt Brotherode

   Inhalt: Am Saaleingang wird eine Tafel mit den gesamten Tischnummern und den entsprechenden Tischplatzchips angebracht. Beim Betreten des Saales nimmt sich der Urlauber den notwendigen Chips ab und hängt diesen beim Verlassen des Saales wieder an die Tafel.
   Nutzen: Verkürzung von Wartezeiten, genaue Übersicht an welchen Tischen noch freie Plätze vorhanden sind.

3. Flambierwagen
   Objekt Oberhof

   Inhalt: Umbau eines Abräumwagens zum Flambierwagen
   Nutzen: Die praktische Berufsausbildung der Kellnerlehrlinge wurde anschaulicher gestaltet, Einsatz zu Höhepunktveranstaltungen.

4. Bestecktrockner
   Objekt Binz

Inhalt: Die neue Technologie ermöglicht eine mechanische flecken-
lose Trocknung der Besteckteile in wesentlich kürzerer
Zeit.
Nutzen: Arbeitszeiteinsparung 80 %, Verbesserung der Arbeits- und
Lebensbedingungen

5. Lufterhitzer und Intervallschalter für die Geschirrspülmaschine
MMU 2000
Interhotel "Stadt Leipzig"

Inhalt: Durch einen Lufterhitzer L12, angebracht am Ausgang der
Geschirrspülmaschine MMU 2000, wird der Trocknungsprozeß
verbessert und somit ein nachträgliches Abtrocknen des
Geschirrs per Hand vermieden.
Nutzen: Einsparung einer Arbeitskraft
Einsparung von Geschirrtüchern

6. Abendbüfett
Interhotel "Astoria" Leipzig

Inhalt: Die Neuerung besteht aus Bestückungssortimenten für kalte
und warme Speisen, Vorschläge für die materiell-tech-
nische Basis und für die Arbeitsorganisation
Nutzen: Einsparung einer Arbeitskraft
Rationalisierung der Arbeitsprozesse

7. Kaffeekännchen - Warmhaltegerät
Objekt Ahlbeck

Inhalt: Mit Hilfe des Kaffeekännchen - Warmhaltegerätes können
bis zu 40 Kännchen warmgehalten werden.
Nutzen: - Verkürzung von Wartezeiten
- Angebot von heißem Kaffee bei Eröffnung des Frühstücks

8. Rationalisierung der Speisensortimente für Hotelrestaurants
Interhotel Potsdam

Inhalt: Im Ergebnis von Sortimentsanalysen und dem zeitlichen
Abkauf der Speisen wurde das Angebot dem tatsächlichen
Bedarf besser angepasst.
Nutzen: - Bedarfsgerechteres Angebot
- Bessere Nutzung der vorhandenen Warenfonds
- Einsparung von Elektroenergie
- Arbeitszeiteinsparung
- Verbesserung der Arbeits- und Lebensbedingungen

9. Angebotskataloge für Sättigungsbeilagen, Fleisch,- Fisch,- Ge-
flügel- und Wildgerichte
Objekt Friedrichrode

Inhalt: Die Angebotskataloge bieten eine gute Grundlage für eine
rationelle Speisenplanung und die Beseitigung von Niveau-
unterschieden zwischen den Heimbereichen. Sie enthalten
Angaben über Herstellungsweisen der Gerichte mit festge-
legter Schrittfolge der Arbeitsgänge, Anrichtevorschläge
und Standardgarnituren sowie Kalkulationen der Preisstufen I - III.
Nutzen: - Erhöhung der Qualität der Urlauberbetreuung
- Sicherung einer größeren Sortimentsbreite
- Einsparung von Arbeitszeit
- Qualifizierung der Mitarbeiter am Arbeitsplatz

10. Verschließbarer Besteckwagen
    Objekt Templin

    Inhalt: Der Besteckwagen hat vier Schubfächer, die nach beiden
            Seiten aufziehbar sind. Die Einteilung nach einzelnen
            Besteckteilen ist gewährleistet und ermöglicht eine
            schnelle Überprüfung der vorhandenen Besteckteile bei
            Schichtübergabe.
    Nutzen: - Senkung der Besteckverluste
            - Verbesserung der Arbeitsorganisation
            - Senkung der körperlich schweren Arbeit

11. Fahrbare Getränkebar
    Objekt Templin

    Inhalt: Die fahrbare Getränkebar gewährleistet den Transport und
            den Ausschank von Faßware (Bier, Limonade) auf
            Außenterrassen sowie zu Schwerpunktveranstaltungen.
            Gleichzeitig kann der Ausschank von Spirituosen und
            Handelsware erfolgen.
    Nutzen: - Verbesserung des gastronomischen Angebots
            - Einsparung einer Arbeitskraft
            - Einsparung von Arbeitszeit

12. Senkung der Ausfallzeiten von Kühlzellen
    Objekt Georgenthal

    Inhalt: Häufige Ausfallzeiten von Kühlzellen werden durch die
            zusätzliche Lüftung in der Kühlzelle beseitigt. Einer
            starken Vereisung wird vorgebeugt.
    Nutzen: - Einsparung von Elektroenergie
            - Vermeidung von Warenverlusten durch erzielte Kühlung

13. Servierwagen mit Wechselfläche
    Objekt Kranichfeld

    Inhalt: Der Servierwagen wurde so umgestaltet, daß es möglich
            ist, die Abstellflächen für das Geschirr auszuwechseln.
    Nutzen: - Effektivere Gestaltung des Geschirr- und Besteckkreis-
              laufes
            - Arbeitszeiteinsparung beim Eindecken und Abräumen im
              Urlauberspeisesaal

14. Zentrale Fleischvorbereitung
    Objekt Neustadt/Ilfeld

    Inhalt: Für alle Küchenbereiche im Objekt wurde eine zentrale
            Fleischvorbereitung geschaffen und kleinere Einrichtungen
            entlastet.
    Nutzen: - Arbeitszeiteinsparung bei der Fleischvorbereitung
            - Verbesserung der Arbeits- und Lebensbedingungen
            - Verbesserung der gastronomischen Versorgung

15. Standard-Speisekarten und Gerichte
    Objekt Friedrichroda

    Inhalt: Für die dreizehntägigen Urlauberdurchgänge wurden gleich-
            bleibende Mittagsgerichte festgelegt.
    Nutzen: - Verringerung von Inventurdifferenzen
            - Einhaltung des Wareneinsatzes
            - kurze Warenbestandszeiten
            - Erhöhung des Frischegrades
            - Einsparung von Arbeitszeit

16. Bierwärmer
    Objekt Osterzgebirge

    Inhalt: Ein Bierwärmer wird fest installiert. Der Urlauber hat
    die Möglichkeit davon selbst Gebrauch zu machen.
    Nutzen: Verbesserung der Qualität der Urlauberbetreuung auch
    dort, wo eine generelle Temperierung nicht erfolgen kann.

17. Butterteilgerät
    Objekt Ahlbeck

    Inhalt: Das Butterteilgerät wurde so angefertigt, daß gleichzeitig 4 Stück Butter portioniert werden können.
    Nutzen: - Arbeitszeiteinsparung
    - Verbesserung der Arbeits- und Lebensbedingungen

B. Neuerungen zur Energie- und Brennstoffeinsparung

1. Einbau einer Schaltuhr in Notbeleuchtungsanlage
   Objekt Masserberg

   Inhalt/Nutzen: Durch den Einbau einer Schaltuhr in die Notbeleuchtungsanlage des FDGB-Erholungsheimes Otto Grotewohl in Masserberg werden jährlich 11 250 KWh eingespart.

2. Umbau der Steuerung einer Kompensierungsanlage
   Objekt Oberhof

   Inhalt: Durch Umbau der Steuerungsschaltung (Mikroschalter werden ersetzt durch Kippschalter) kann jede beliebige Anzahl von Kompensierungsgruppen, entsprechend des durchschnittlichen Eigenbedarfs, eingestellt werden.
   Nutzen: - bedarfsgerechte Blindstrom-Eigenerzeugung
   - selbsttätiges Wiedereinschalten der Anlage bei Netzausfall und dessen Wiederkehr
   - eine eventuell teure Reparatur der Automatik fällt weg

3. Maßnahmen zur sparsamen Verwendung von Energie
   GHG WtB Rudolstadt Betriebsteil Pößneck

   Inhalt: Es wurden Arbeitsmaterialien (Tabellen, Vergleichsreihen, über prozeß- und objektsbezogenen Verbrauch) zur Auswertung des Verbrauchs von Elektroenergie und festen Brennstoffen erarbeitet. Sie ermöglichen eine schnelle und konkrete Einflußnahme zur Senkung des Verbrauchs.
   Nutzen: - Arbeit mit Heizkennziffern
   - Einsparung von Elektroenergie
   - Einsparung von festen Brennstoffen

4. Heizwertetabelle
   Objekt Sellin

   Inhalt: Hilfsmittel für Heizer zur Ermittlung der Mengen fester Brennstoffe für die Erzielung einer bestimmten Zimmertemperatur unter Beachtung der verbindlichen Vorlauftemperaturen für Heizkessel.
   Nutzen: Einsparung von festen Brennstoffen

5. Richtwerte für den ~~Verkauf~~ *Verbrauch* fester Brennstoffe
   VE Handelsorganisation HO Schmalkalden

Inhalt: Für Verkaufsstellen mit Ofenheizung wurden Richtwerte für den Verbrauch fester Brennstoffe erarbeitet. Die Richtwerte berücksichtigen die geographische Lage des Objekts.
Nutzen: - Einsparung von Brennstoffen
- Raumtemperaturen entsprechend den Außentemperaturen

6. Katalog energiesparender Maßnahmen im Hotel "Rotes Roß" Halle
Konsumgenossenschaft Stadt Halle

Inhalt: Mit Maßnahmen wie Ausnutzung der Restwärme der Kochplatten, Beachtung der Garzeiten, Reduzierung der Lichtquellen, Einbau und Nutzung von Schaltvarianten, bessere Wartung der Kühlanlagen, Temperaturkontrolle und Drosselung der Heizungsanlage in den Nachtstunden, Vorgaben an den Heizer sowie Berücksichtigung der Vorgaben bei der Entlohnung wird eine Einsparung von Energie erreicht.
Nutzen: Einsparung von Elektroenergie

7. Sichtmeldeanlage
Objekt Koserow

Inhalt: Die Sichtmeldeanlage gewährleistet die optische Anzeige des Schaltzustandes der gesamten Flur- und Treppenbeleuchtung in den Bettenhäusern u.a. Beleuchtungsquellen im Heimbereich. Dadurch ist es möglich, vom Empfang aus zu kontrollieren, welche Beleuchtungsquellen ein bzw. ausgeschaltet sind und ohne Eingriff in den Schaltschrank möglichst effektive Ein- und Ausschaltzeiten zu gewährleisten.
Nutzen: - Vermeidung unnötigen Energieverbrauchs
- 5 % Energieeinsparung

8. Gebläse in Heizungsanlagen
Objekt Masserberg

Inhalt: Durch den Einbau und Einsatz eines schwenkbaren Gebläses sowie durch die Verwendung von Sägespänen aus Abfallprodukten konnte erreicht werden, daß mit einem Mischungsverhältnis von 60 % Rohbraunkohle und 40 % Braunkohlenbrikett hohe Heizwerte erzielt werden können, die gleichzeitig die gesetzlich vorgeschriebenen Zimmertemperaturen sichern.
Nutzen: - Umfassendere Nutzung von Rohbraunkohle
- Einsparung von Braunkohlenbrikett

9. Isolation von Wasserboilern
Objekt Brotterode

Inhalt: Zur Vermeidung von Wärmeverlusten wurden die Heizungskessel isoliert.
Nutzen: Einsparung von Brennstoffen

10. Erhöhung des Wirkungsgrades von Heizkesseln
Objekt Tabarz

Inhalt: Im EH "Theo Neubauer" sind drei Heizkessel mit einer Zwangsbelüftung installiert, die nur für den ersten Kessel ausreichend war. Durch ein Rohrsystem mit 30 cm Durchmesser soll die Frischlufteinspeisung ausreichend und damit ein besserer Verbrennungsvorgang garantiert werden.

Nutzen: - bessere Verwertung von Rohbraunkohle
- Einsparung von Braunkohlenbrikett

11. Kapselung einer NS-Schaltung
    Objekt Tabarz

    Inhalt/Nutzen: Der Meßsatz für Großabnehmer ist in der betriebs-
    eigenen 30/0,4 KV Station installiert. Durch die
    Kapseln der vorhandenen NS-Schaltung im NS-Raum
    soll der Raum für den diensthabenden Heizer zu-
    gänglich gemacht werden, damit zusätzlicher Auf-
    wand für die geforderten Ablesungen entfällt.

12. Zusatzisolierung für Bettenhäuser
    Objekt Tabarz

    Inhalt: Die Fertigteilbausubstanz des EH "Theo Neubauer" machte
    eine Beschindelung der Fassade erforderlich. Die dafür
    angebrachte Holztragesparkonstruktion wurde auf 4 cm
    Tiefe erhöht und die freien Räume auf 400 m^2 mit HWL 35
    ausgefüllt.
    Nutzen: Temperaturen für ca. 40 Zimmer werden bei gleichem Heiz-
    ölverbrauch um 2-3°C angehoben und das Gesamttemperatur-
    niveau angeglichen.

13. Verriegelung für Abdeckplatten der Brenner
    Objekt Friedrichroda

    Inhalt: Durch die schlechte Ölqualität macht es sich erforder-
    lich, stündlich angesetzte Ölrückstände (um Verkohlungen
    zu vermeiden) zu entfernen. Dazu mußten an den Brennern
    der Heizungsanlage je 2 Schrauben gelöst werden, um die
    Unterlegscheiben abnehmen zu können, die den Brenndeckel
    halten. Durch das Auswechseln der Unterlegscheiben mit
    einer Verriegelung müssen Schrauben nur noch gelöst wer-
    den und der Brenndeckel läßt sich abnehmen.
    Nutzen: - Einsparung von Arbeitszeit beim Reinigungsvorgang
    - Erhöhung der Lebensdauer von Brennarmaturen

14. Effektivere Nutzung der Warmwasserversorgung
    Objekt Osterzgebirge

    Inhalt: Anschluß der elektrischen Geschirrspülmaschine an die
    Warmwasserversorgung des Heimes.
    Nutzen: Einsparung von Elektroenergie

15. Warmwasseraufbereitung
    Objekt Stolberg

    Inhalt: Zur Einsparung von Energie- und Brennstoffen wurde die
    Trennung der Warmwasseraufbereitung von sonstigen Hei-
    zungssystemen vorgenommen. In den Sommermonaten wird nur
    der Teil des Heizungssystems genutzt, der für die Versor-
    gung notwendig ist.
    Nutzen: Einsparung von Energie- und Brennstoffen

16. Beheizung von Tagesbehältern auf Ölbasis
    Objekt Stolberg

    Inhalt: Es wird eine neue Methode der Beheizung der Tagesbehälter
    beschrieben, wobei der Energieaufwand erheblich gesenkt
    wird.

358   Anhang

   Nutzen: Energie- und Öleinsparung

C. Neuerungen zum innerbetrieblichen Transport

1. Transportwagen
   Hotel "Einheit" Weimar

   Inhalt: Die vorhandenen Dreieckroller wurden zu einem neuen
           Transportmittel umgebaut, damit sich gestapelte
           Flaschenkästen und andere Waren sicher transportieren
           lassen.
   Nutzen: - Beschleunigung des innerbetrieblichen Transports
           - Vermeidung von Handelsverlusten durch Bruch
           - Beseitigung körperlich schwerer Arbeit

2. Palettentransportwagen mit mechanischer Selbstentladung
   GHG WtB Nordhausen

   Inhalt: Der Palettenwagen mechanisiert den Transport beladener
           Holzflachpaletten und beseitigt den unzweckmäßigen Ein-
           satz von Gabelstaplern. Die Palette wird auf Zwischen-
           rahmen des Wagens mit Rollenlagern aufgesetzt, der
           Elektroschlepper übernimmt den Transport und die Entla-
           dung erfolgt durch Schrägstellung des Zwischenrahmens
           durch Hebelwirkung.
   Nutzen: - Beschleunigung des Warentransportes
           - Verbesserung der Arbeits- und Lebensbedingungen

3. Innerbetriebliche Transportgestaltung bei der Auslieferung
   zentralgefertigter Imbißprodukte
   Mitropa, Bezirksbetrieb Karl-Marx-Stadt

   Inhalt: Die zentrale Imbißproduktion gewährleistet eine ständige
           Versorgung der Kioske mit Imbißartikeln in hoher Qualität
           unter optimaler Ausnutzung der vorhandenen Grundfonds.
           Gleichzeitig entstand ein Transportbehältersystem, das
           eine hohe Transportkapazität gewährleistet.
   Nutzen: - Vereinheitlichung des Imbißsortimentes mit einer hohen
             Qualität bei optimaler Auslastung von Transportraum
           - Einsparung von Arbeitszeit

4. Anhängertransportwagen für den Transport von Strandkörben
   Objekt Kühlungsborn

   Inhalt: Mit diesem Anhängertransportwagen können 12 Strandkörbe
           von einem Kleinlasterfahrzeug vom Typ "Multikar" bzw. von
           einem LKW Typ "Robur" transportiert werden.
   Nutzen: - leichte Bauweise
           - gute Verkehrssicherheit
           - schnelle Transportleistungen
           - effektive Auslastung der Arbeitszeit
           - Verbesserung der Arbeits- und Lebensbedingungen

5. Umbau einer Hebebühne zum Be- und Entladegerät
   Objekt Schmiedefeld

   Inhalt: Eine ungenutzte KFZ-Hebebühne wird so umgebaut, daß sie
           als Be- und Entladegerät für schwere Ausrüstungsgegen-
           stände eingesetzt werden kann.
   Nutzen: - Einhaltung von Arbeits- und Gesundheitsschutz
           - Einsparung von Arbeitszeit und Arbeitskräften
           - Beseitigung körperlich schwerer Arbeit

6. Kleinlastenaufzug
   Objekt Oberweißbach

   Inhalt: Der Kleinlastenaufzug ist ein leicht umsetzbares und transportierbares Gerät. Sein Einsatz ist variabel möglich und entspricht den gesetzlichen Bestimmungen für Lastenaufzüge. Der Aufzug übernimmt Vertikaltransporte bis 50 kg.
   Nutzen: - Verbesserung der Arbeits- und Lebensbedingungen
   - Einsparung einer Arbeitskraft
   - Einsparung von Arbeitszeit

7. Umstellung der Transporttechnik für Aschebehälter
   Objekt Kranichfeld

   Inhalt: Umstellung der Transporttechnik von Handbetrieb auf elektrotechnische Transportbedienung.
   Nutzen: - Erleichterung des Transportprozesses
   - Einsparung von Arbeitszeit

8. Kombinierter Reinigungswagen mit Bettenbezugsgerät
   Objekt Rheinsberg

   Inhalt: Durch die Eigenfertigung eines kombinierten Reinigungswagens mit Bettenbezugsgerät, ist es jetzt möglich, die Reinigungsprozesse effektiver zu gestalten.
   Nutzen: - Einsparung von Transportwegen
   - Einsparung von Arbeitszeit
   - Verbesserung der Arbeits- und Lebensbedingungen

9. Fahrbares Kinderbüfett
   Objekt Rheinsberg

   Inhalt: In Eigenfertigung hergestelltes fahrbares Kinderbüfett mit auswechselbaren Märchenmotivtafeln
   Nutzen: - Einsparung von Transportwegen
   - Beseitigung körperlich schwerer Arbeit
   - Verbesserung der Kinderbetreuung

D. Neuerungen zu handwerklichen Methoden und Maßnahmen zur Erhöhung von Ordnung und Sicherheit

1. Drehbares Magazin für Kleinnormteile
   Fernsehen der DDR

   Inhalt: Drehbares Magazin zur Lagerung von Normteilen wie Schrauben, Muttern, Bolzen usw., in 12 übereinander drehbar angeordneten Schalen, die in sich Segmente aufgeteilt sind. Gegenüber herkömmlichen Lagerbehältern ist die Anordnung wesentlich platzsparender und übersichtlicher.
   Nutzen: Verbesserung der Arbeitsorganisation, übersichtliche und raumsparende Lagerung mit schnellem Zugriff

2. Hilfsmittel zum Auswechseln von Glühlampen
   Hotel Metropol, Berlin

   Inhalt: Es wurde ein Hilfsmittel zum Auswechseln von Glühlampen entwickelt, das aus folgendem Material hergestellt wurde: PVC Rohr (Teleskopprinzip) Plastebecher zum Aufnehmen der Glühlampe, Vorrichtung zum Entfernen des Lampensockels bei defekten Lampen (gelöste Glaskolben).

Nutzen: - Einsparung von Arbeitszeit
- Erhöhung der Arbeitssicherheit
- Auswechslung von Glühlampen ohne Besteigen von Leitern

3. Erhaltungsladung bei Batterien
VEB Schiffswerft Rechlin

Inhalt: Aufgrund längerer Stillstandszeiten von KFZ kommt es zu Kapazitätsverlusten in der Fahrzeugbatterie von ca. 1 % pro Tag. Eine weitere Folge ist die verstärkte Sulfatierung der Bleiplatten. Mit einem Ladefix 2,5 A wird bei Stillstandszeiten eine Erhaltungsladung mit ca. 1/1000 der Nennkapazität durchgeführt. Durch eine Vorschaltlampe wird Ladestrom auf die erforderlichen 0,12 A reduziert.
Nutzen: - Erhöhung der Einsatzbereitschaft von KFZ
- Erhöhung der Lebensdauer der Batterie auf ca. 6-7 Jahre

4. Fliesenschneider
Objekt Oberhof

Inhalt: Mit Hilfe eines Vidiorädchens, 1 Gummirädchen, 1 Federstahl, 1 Spannschraube und ein Vierkantbolzen aus Metall mit einer Durchgangsbohrung wurde ein Fliesenschneider entwickelt.
Nutzen: Fliesen verschiedener Stärke können sauber auseinandergetrennt und in den verschiedenen Größen geschnitten werden.

5. Schärfen von Sägeblättern
Objekt Oberhof

Inhalt: Bisher wurden die Kreis- und Bandsägeblätter mittels einer Feile geschärft. Mit Hilfe einer Schmiergelscheibe (Vorrichtung) können die Sägeblätter künftig in kurzer Zeit geschliffen werden.
Nutzen: - hohe Schnittqualität der Werkzeuge
- Arbeitszeiteinsparung
- Erhöhung der Qualität der Arbeit

6. Verlängerung der Anschläge an Tischkreissägen
VEB Warnowerft Warnemünde

Inhalt: In den Tischkreissägen sind die Anschläge zu kurz, so daß die Sägeblätter seitlich nicht abgedeckt sind und es beim Schneiden von Leisten zu Unfällen kommen kann. Darum wurden die Anschläge durch Anbringen eines Bleches verlängert, so daß ein seitliches Berühren des Sägeblattes nicht mehr möglich ist. Weiterhin wurde der Auflagetisch um 1 m verlängert.
Nutzen: - Erhöhung der Arbeitssicherheit

7. Effektive Nutzung von Sägeblättern
Objekt Oberhof

Inhalt: Wiederverwendung von verbrauchten Handsägeblättern durch Umbau der Sägeblatthalterung
Nutzen: - Einsparung von Maschinensägeblättern

8. Dübelmodell
Objekt Oberhof

Inhalt: Bisher wurden Dübellöcher mittels Bohrwinde und Schlangenbohrer hergestellt. Da viel Sprelacart verarbeitet

Dokument Nr. A29 361

wird, brachen die Schlangenbohrer häufig ab. Durch Anwendung einer Einspannvorrichtung, die mit Bohrbuchsen versehen ist, kann mit Hilfe einer elektrischen Bohrmaschine und Spiralbohrer genauer gearbeitet werden und der Bohrer verläuft sich nicht.

Nutzen: - schnellere Erledigung von Dübelarbeiten in hoher Qualität auch durch ungelernte Kräfte
- Arbeitszeiteinsparung
- Verbesserung der Arbeitsbedingungen

9. Veränderung der Türschalter an Personenaufzügen
Objekt Oberhof

Inhalt: Durch die starke Beanspruchung der Personenaufzüge in den Erholungsheimen war ein monatliches Auswechseln der Türschalter erforderlich. Durch den Neuerervorschlag wurde die Halterung der Türschalter so umgebaut, daß sich die Haltbarkeit jedes Schalters auf ca. 1 Jahr erhöht.

Nutzen: - Verschleiß von Türschaltern wird reduziert
- Arbeitszeiteinsparung

10. Vorrichtung zum Abkanten von Blechen
Objekt Oberhof

Inhalt: Der Einreicher schlägt zum Abkanten von Bordblechen das Anbringen von Anschlagwinkeln an der Abkantbank vor. Dadurch kann jetzt 1 Blech in 2 Arbeitsgängen (bisher 6) abgekantet werden.

Nutzen: Pro Blech werden ca. 6 Minuten Arbeitszeit eingespart.

11. Sicherheitsschaltung an Drehmaschinen
Objekt Tabarz

Inhalt: An einer Drehbank wurde ein Gestänge installiert, das die Ausschaltung der Maschine mit den Knien des Drehers ermöglicht.

Nutzen: Erhöhung der Arbeitssicherheit

12. Pflugartiger Schneeschieber
Objekt Osterzgebirge

Inhalt: Der Schneeschieber wurde in Eigenfertigung hergestellt und gewährleistet eine schnellere Beseitigung von Schneemassen.

Nutzen: - Arbeitszeiteinsparung
- Verbesserung von Ordnung und Sicherheit

13. Standfestigkeit von Gartenplastmöbeln
Objekt Stolberg

Inhalt/Nutzen: Dieser Vorschlag beinhaltet die Erhöhung der Standfestigkeit und der gesamten Montage von Gartenplastmöbeln

14. Entwurf und Bau einer Leuchterkollektion
Objekt Tabarz

Inhalt: Für den vorhandenen Festsaal können keine Serienleuchter bzw. Repräsentativleuchter Verwendung finden. Zur Betonung und Gestaltung vorhandener Substanzen wurden 4 Stück 16 flammige Leuchter und 12 Wandleuchten entworfen und in Eigenleitung hergestellt. Hierzu liegt ein Sachverständigengutachten vor.

Nutzen: - niveauvolle Gestaltung von Räumlichkeiten
- Verbesserung der Urlauberbetreuung

E. Neuerungen im Bereich Kultur und Sport

1. Zentrum für volkskünstlerische Betätigung
   Objekt Kühlungsborn

   Inhalt: Durch die Schaffung dieses Zentrums wurde das Angebot für die Freizeitgestaltung verbessert.
   Nutzen: - keine Belastung der Speisesäle
   - Transport von Arbeitsmaterialien entfällt
   - Verbesserung der Urlauberbetreuung

2. Gemeinsame Nutzung von Erholungseinrichtungen des FDGB und der BEH
   Objekt Gernrode

   Inhalt: Nutzung gemeinsamer Kapazitäten zur Sicherung eines vielseitigen Veranstaltungs- und gastronomischen Angebotes für alle Erholungssuchenden im Territorium
   Nutzen: - Verbesserung der Urlauberbetreuung
   - Einsparung von Arbeitszeit, Energie und Brennstoffen
   - Effektivere Nutzung der Grundmittel

3. Gestaltung eines Fischerfestes
   Objekt Neuglobsow

   Inhalt: Es wurde eine Konzeption zur Gestaltung eines niveauvollen Heimabends erarbeitet, die den gesellschaftlichen, geographischen und speziellen Bedingungen des Objektes Rechnung trägt.
   Nutzen: Verbesserung der Urlauberbetreuung

4. Verbesserung der Bedingungen bei der Abnahme von Sportabzeichen
   Objekt Stolberg

   Inhalt: Bei der Abnahme von Sportabzeichen der DDR ist eine Disziplin der Schlängellauf. Die dazu verwendeten Holzstangen weisen einen großen Verschleiß auf. Der Vorschlag trägt zur Beseitigung dieses Mangels und zur Senkung der Unfallgefahr bei.
   Nutzen: - Verbesserung der Arbeitsorganisation
   - Erhöhung der Ordnung und Sicherheit
   - Senkung des Reparaturaufwandes

5. Thematischer Heimabend für kleinere Heime
   Spiel - Musik mit Handpuppen
   Objekt Neuglohsow

   Inhalt: Durch die Mitarbeiter des Objektes wurden verschiedene Handpuppen selbst angefertigt. Es wird eine variable Gestaltung der Heimabende unter Berücksichtigung der jeweiligen Zusammensetzung der Urlauber erreicht. Die Urlauber werden in die Programmgestaltung einbezogen.
   Nutzen: Verbesserung der Qualität der Urlauberbetreuung

F. Sonstige Neuerungen

1. Planmäßige Erfassung und Ablieferung von Flaschen und Gläsern
   Staatsbank der DDR Kreisfiliale Salzwedel

Dokument Nr. A29

Inhalt: Gewährleistung einer ordnungsgemäßen Erfassung, Aufbereitung und Abführung von Flaschen und Industriegläsern, einschließlich der Abrechnung der entsprechenden Erlöse.
Nutzen: Sicherung der vollständigen Rückführung von Flaschen und Gläsern.

2. Einrichtung von Wächterstützpunkten
Objekt Kühlungsborn

Inhalt: Durch die Einrichtung von Wächterstützpunkten wurde eine Verbesserung auf dem Gebiet der Ordnung und Sicherheit erreicht.
Nutzen: - Auslastung der Arbeitszeit
- regelmäßige Gewährleistung von freien Tagen und des Jahresurlaubes
- Einsparung von 1 VBE im Jahresdurchschnitt

3. Küchenentlüftung
Objekt Tabarz

Inhalt: Mit dem vorhandenen Wrasenabzug wurde eine Dunsthaube über der Kochstrecke gekoppelt. Vorherige Zugluft wird damit beseitigt.
Nutzen: Verbesserung der Arbeits- und Lebensbedingungen

4. Verbesserung der Regenwasserableitung
Objekt Neustadt/Ilfeld

Inhalt: Durch den Bau eines Reinigungs- und Sicherschachtes und anlegen von Kontrollschächten wurde die ständige Verstopfung der Küchen- und Regenwasserableitung beseitigt.
Nutzen: - Einsparung von Arbeitszeit für Reinigungszwecke

5. Einsatz für Abflußbecken in Großküchen
Mitropa Bezirksbetrieb Karl-Marx-Stadt

Inhalt: Zur Vorbeugung von Verstopfungen wird eine Siebwanne als Vorsatz vor jedem Abflußbecken aufgestellt.
Nutzen: - Vermeidung von Verstopfungen
- Einsparung von Arbeitszeit

6. Wandschreibpult mit Leergutkartei
Objekt Friedrichroda

Inhalt: Die Neuerung ermöglicht die bessere Kontrolle über das Leergut und die Führung von Leergutkarteien. Leergutkarteien der Lieferanten werden zentral aufbewahrt und bei jeder Lieferung die Zu- und Abgänge des Leergutes eingetragen.
Nutzen: - exaktere Erfassung sämtlichen Leergutes und dessen Rückführung

7. Verbesserung des Grundmittelnachweises
Objekt Friedrichroda

Inhalt: Die Nachweisführung der Grundmittel, die bisher mit Bestandslisten erfolgte, wird jetzt auf Karteikarten geführt.
Nutzen: - bessere Übersicht
- Aufteilung auf Konten und Möbelarten
- Arbeitszeiteinsparung bei Inventuren, Umsetzungen sowie Aussonderungen

8. Druck von Informationskärtchen
   Objekt Friedrichroda

   Inhalt: Mit diesen Karten können Informationen (Mitteilungen, Anrufe und Telegramme) niveauvoll und vollständig an die Urlauber weitergegeben werden.
   Nutzen: - Arbeitszeiteinsparung für Kollegen des Empfangs

9. Diaserie für Berufspraktischen Unterricht
   Objekt Oybin

   Inhalt: Es wurde eine Diaserie zur Unterstützung des berufspraktischen Unterrichts Koch/Kellner erarbeitet.
   Nutzen: Verbesserung der Berufsausbildung

10. Erschließung neuer Erholungsorte
    Objekt Bad Schandau

    Inhalt: Es wurde ein Informationsmaterial zur Vorbereitung der Erschließung neuer Erholungsorte entwickelt.
    Nutzen: - gezielte Information für örtliche Räte, Handelsbetriebe und Einwohner
            - Erweiterung des touristischen Kapazitätsangebotes

11. Bettengeldauszahlung
    Bad Schandau

    Inhalt: Es wird eine Methode zur Verbesserung der Organisation der Bettengeldauszahlung vorgeschlagen.
    Nutzen: - Verbesserung der Arbeitsorganisation
            - Arbeitszeiteinsparung

Anlage

Anschriften der Erstbenutzer

1. FDGB-Feriendienst
   Objekt Oberhof
   <u>6055   Oberhof</u>
   Tel. 241

2. FDGB-Feriendienst
   Objekt Kühlungsborn
   2565   Kühlungsborn
   Straße des Friedens 30
   Tel. 247

3. FDGB-Feriendienst
   Objekt Binz
   <u>2337   Binz</u>
   Rudolf-Breitscheid-Str. 6
   Tel. 361

4. FDGB-Feriendienst
   Objekt Koserow
   <u>2225   Koserow/Usedom</u>
   Hauptstr. 58
   Tel. 471

5. FDGB-Feriendienst
   Objekt Ahlbeck
   <u>2252   Ahlbeck</u>
   Dünenstr. 37

6. FDGB-Feriendienst
   Objekt Friedrichroda
   <u>5804   Friedrichroda</u>
   Wilhelm-Pieck-Str. 23
   Tel. 4412

7. FDGB-Feriendienst
   Objekt Tabarz
   <u>5808   Tabarz</u>
   Alexandrinenweg 13
   Tel. 373

8. FDGB-Feriendienst
   Objekt Georgenthal
   <u>5805   Georgenthal</u>
   Tambader Str. 2
   Tel. 280

9. FDGB-Feriendienst
   Objekt Kranichfeld
   <u>5305   Kranichfeld</u>
   Ernst-Thälmann-Str. 1
   Tel. 119

10. FDGB-Feriendienst
    Objekt Templin
    <u>2090   Templin</u>
    EH "Salvador Allende"
    Tel. 2626

11. FDGB-Feriendienst
    Objekt Lausitzer Bergland
    <u>8806   Cybin</u>
    Hauptstr. 68
    Tel. 285

12. FDGB-Feriendienst
    Objekt Sächs. Schweiz
    <u>8300   Pirna</u>
    Dr. Kurt Fischer-Str. 4
    Tel. 2939

13. FDGB-Feriendienst
    Objekt Stolberg
    <u>4713   Stolberg</u>
    EH "Comenius"
    Tel. 206

14. FDGB-Feriendienst
    Objekt Gernrode
    <u>4305   Gernrode</u>
    EH "Fritz-Heckert"
    Tel. 461

15. FDGB-Feriendienst
    Objekt Neuglobsow
    <u>1431   Neuglobsow</u>
    EH " Stechlin"
    Tel. 219

16. FDGB-Feriendienst
    Objekt Schmiedefeld
    <u>6315   Schmiedefeld</u>
    Tel. 309

17. FDGB-Feriendienst
    Objekt Brotherode/Thür.
    <u>6083   Brotherode</u>
    Tel. 2336

18. FDGB-Feriendienst
    Objekt Osterzgebirge
    <u>8235   Kipsdorf</u>
    Max-Reimann-Str. 106
    Tel. 334

19. FDGB-Feriendienst
    Objekt Masserberg
    6111   Gießübal
    Tel. 328

20. FDGB-Feriendienst
    Objekt Neustadt/Ilfeld
    5501   Neustadt
    Steinstr. 1
    Tel. 300

21. FDGB-Feriendienst
    Objekt Sellin
    2356   Sellin/Rügen
    Wilhelm-Pieck-Str. 40
    Tel. 301

22. FDGB-Feriendienst
    Objekt Oberweißbach
    6432   Oberweißbach
    Tel. 2063

23. FDGB-Feriendienst
    Objekt Rheinsberg
    1955   Rheinsberg
    Paulshorster Str.
    Baracke 1
    Tel. 2034

24. Mitropa Bezirksbetrieb
    Karl-Marx-Stadt
    9040   Karl-Marx-Stadt
    Otto-Grotewohl-Str. 1
    Abteilung Technik
    Tel. 44252

25. VEB Schiffswerft Rechlin
    2085   Rechlin
    Tel. 20

26. Interhotel Potsdam
    1500   Potsdam
    Lange Brücke

27. Interhotel Astoria
    Leipzig
    7010   Leipzig
    Platz der Republik 2

28. VEB Warnowerft Warnemünde
    253   Rostock-Warnemünde
    Neuland
    Tel. 550

29. GHG WtB Rudolstadt
    Betriebsteil Pößneck
    6840   Pößneck
    Raniser Straße 36

30. Konsumgenossenschaft
    Stadt Halle
    4020   Halle
    Landsberger Straße 13-15

31. VE Handelsorganisation
    HO Schmalkalden
    6080   Schmalkalden
    Altmarkt 2

32. Interhotel Stadt Leipzig
    7010   Leipzig
    Richard-Wagner-Straße 1/5

33. Hotel Metropol Berlin
    1080   Berlin
    Friedrichstraße 150-153

34. Fernsehen der DDR
    1199   Berlin
    Rudower Chaussee

35. HO Gaststätte Weimar
    Hotel "Einheit"
    53   Weimar
    Brauhausgasse 8

36. Staatsbank der DDR
    Kreisfiliale Salzwedel
    3560   Salzwedel
    Bahnhofstraße 4

37. GHG WtB Nordhausen
    5500   Nordhausen
    Leninallee 10 a

Dokument Nr. A30

Abschrift Bundesarchiv Berlin

Bestandssignatur	Archiv-Nr.	Bezeichnung des Schriftstückes
DY34	27640	Argumentation für die gewerkschaftl. Leitungen u. Vorstände zur Verteilung der FDGB-Erholungsaufenthalte 1982

Kreisvorstand des FDGB
Berlin-Mitte

Argumentation

für die gewerkschaftlichen Leitungen und Vorstände zur Verteilung der FDGB-Erholungsaufenthalte 1982

Das Grundanliegen der Gewerkschafter besteht darin, alle Initiativen und Ideen darauf zu lenken, die auf das Wohl des Volkes und die Sicherung des Friedens gerichtete Politik der SED - beschlossen auf dem X. Parteitag - tatkräftig zu unterstützen.
Ein bedeutsamer Faktor des sozialpolitischen Programms ist dabei auch die immer bessere Befriedigung der Erholungsbedürfnisse unserer Werktätigen auf der Grundlage der Beschlüsse, die von allen Gewerkschaftsfunktionären ein hohes Maß von Verantwortung für die ständig wachsenden Aufgaben auch auf dem Gebiet des Erholungswesens verlangt.

Die in den vergangenen Jahren durch den FDGB und die Regierung der DDR zur Verfügung gestellten erheblichen materiellen und finanziellen Mittel haben zu einer weiteren Verbesserung der Erholungsmöglichkeiten geführt. Das betrifft sowohl den Neubau und die Rekonstruktion von Erholungsheimen als auch ein verbessertes Angebot von Vertragskapazitäten in Heimen und Privatunterkünften.

Durch die Inbetriebnahme neuer FDGB-Erholungsheime konnte der Anteil der Reisen in der Kategoriegruppe I (Neubauten, Interhotels und Hotels) von 19,6 % im Jahr 1981 auf 22,3 % für 1982 erhöht werden.

Den Vorschlägen mehrerer Kreis- und Bezirksvorstände folgend, wird die Verteilung der Reisen ab 1982 getrennt nach Reisen in Erholungsheime und in private Vertragsunterkünfte vorgenommen.

Standen der Berliner Gewerkschaftsorganisation 1981 insgesamt 122.996 Erholungsaufenthalte zur Verfügung, so sind es 1982 127.296 Erholungsaufenthalte. Das bedeutet eine Steigerung um 4.300 Plätze. Damit ist zugleich gesichert, daß bei erhöhter Mitgliederzahl der erreichte Versorgungsgrad mit verbesserter Qualität beibehalten werden kann.

Für das Jahr 1982 sind im Stadtbezirk Berlin-Mitte auf der Grundlage der Mitgliederzahlen bis zum gegenwärtigen Zeitpunkt der Aufschlüsselung 41.620 Erholungsaufenthalte zur Verteilung an die Grundorganisationen gekommen. Darunter zum Beispiel:

```
Interhotelplätze          1.400
Jugenderholung              258
Diabetiker-Reisen            66
Rennsteig-Wanderungen        23
Kombinierte Reisen           26
Scheckaustausch CSSR         52
```

Die gewerkschaftlichen Vorstände und Leitungen sind im Organisationsbereich für die lückenlose Verteilung, effektive Nutzung und termingerechte Abrechnung aller Erholungsaufenthalte des FDGB voll verantwortlich.

Durch die IG/Gew. sowie durch die Gewerkschaftsleitungen ist darauf zu achten, daß die vorhandenen betrieblichen Erholungsreisen und die FDGB-Reisen zum gleichen Zeitpunkt zur Verteilung kommen und insgesamt über das ganze Jahr effektiver genutzt werden. Die Wahrnehmung der politisch-ideologischen Verantwortung der Gewerkschaften als Haupterholungsträger der Werktätigen erfordert alles zu tun, um die Erholungsaufenthalte des FDGB einschließlich der betrieblichen Erholungsmöglichkeiten bedarfsgerecht zu verteilen (dabei auch Abschluß von Kooperationsverträgen mit anderen Betrieben und Einrichtungen für das betriebliche Erholungswesen), mit dem Ziel einer vollen Nutzung.

1. Schwerpunkte für die Verteilung der Erholungsaufenthalte

Grundlage für die einheitliche Verteilung der Erholungsaufenthalte 1982 bilden folgende Beschlüsse:

- Beschluß des Präsidiums des Bundesvorstandes des FDGB vom 10.10.1980, Informationsblatt des FDGB Nr. 7 / November 1980 "Grundsätze und Aufgaben der Verteilung der Erholungsaufenthalte des Feriendienstes des FDGB und der Betriebe"
- Beschluß S 151 vom 28.2.1979 "Maßnahmen zur Durchführung des Beschlusses des Politbüros des ZK der SED über die Entwicklung des Einflusses des FDGB auf das betriebliche Erholungswesen und zur Leitung und Planung der betrieblichen Erholungseinrichtungen (Informationsblatt des FDGB 2/79)
- Beschluß des Sekretariats des Bezirksvorstandes des FDGB S 498/81 vom 19.8.1981 "Vergabe der Erholungsaufenthalte des FDGB 1982"
- Maßnahmeplan des Kreisvorstandes des FDGB Berlin-Mitte zur Verteilung der Erholungsaufenthalte für 1982

Alle Grundorganisationen erhalten die Erholungsaufenthalte des FDGB für die im bestätigten Finanzplan 1981 ausgewiesene Anzahl der Gewerkschaftsmitglieder im Verhältnis der für das Jahr 1982 zur Verfügung stehenden Reisen. Zur Sicherung einer gerechten Verteilung sind für alle gewerkschaftlichen Vorstände und Leitungen verbindliche Vorgabezahlen bezüglich der Reisezeiten, Erholungsgebiete sowie Art und Qualität der Unterbringung festgelegt.

In den Grundorganisationen sind bei der Vergabe der Reisen für 1982 unbedingt die Kollegen zu berücksichtigen, die infolge der Unwetterschäden ihre Reise 1981 nicht antreten konnten bzw. diese vorzeitig abbrechen mußten.

Wir wissen, daß der Bedarf an Reisen besonders in den Sommerferien noch nicht abgedeckt werden kann. Er wächst schneller als die materiellen und personellen Voraussetzungen, die wiederum von der planmäßigen Entwicklung unserer Volkswirtschaft abhängig sind. Es gilt daher, bei Erholungsaufenthalten für die Familienerholung verstärkt darauf zu achten, daß eine verbesserte Bedarfsermittlung erfolgt und die Ferienschecks entsprechend der tatsächlich zur Verfügung stehenden Betten vergeben und auch ausgelastet werden. Reisen während der Schulferienzeiten (Febr., Mai, Juli/August, Oktober, Weihnachten/Neujahr) sind vorrangig an Mitglieder mit schulpflichtigen Kindern zu vergeben.

Für Familien mit 2 Kindern sind auch Ferienschecks für zwei 2-Bett-Zimmer in einer Erholungseinrichtung zu nutzen.

Darüber hinaus ist es erforderlich, auch die betrieblichen Erholungsmöglichkeiten stärker als bisher für die Familienerholung mit einzubeziehen (evtl. auf Vertragsbasis im Austausch mit anderen Betrieben, siehe auch Beschluß!).

Es ist unbedingt zu beachten, daß in allen Erholungseinrichtungen Kinder (ab 2 Jahre) nur dann aufgenommen werden können, wenn für die Ferienschecks oder schriftliche Bestätigungen der Erholungseinrichtungen vorliegen.

Die berufstätigen Mitglieder der Gewerkschaft Unterricht und Erziehung erhalten wie bisher einen höheren Anteil der Erholungsaufenthalte in den Schulferienzeiten.
Für die nicht im Arbeitsprozeß stehenden FDGB-Mitglieder erhalten die Grundorganisationen Erholungsaufenthalte außerhalb der Schulferienzeiten.

Entsprechend den geografischen Bedingungen der DDR wird bei der Verteilung der Ferienschecks des FDGB nach 3 Erholungsgebieten unterschieden:
- Ostseeküste einschließlich Hinterland
- mecklenburgisches, brandenburgisches Seengebiet
- Mittelgebirge und übrige Erholungsgebiete.

2. Festlegung zur Nutzung bzw. Umvermittlung der Erholungsaufenthalte

Die Betriebsgewerkschaftsleitungen tragen eine hohe politische Verantwortung für die Verteilung aller Erholungsaufenthalte aber auch für ihre volle Nutzung. Diese Verantwortung muß sich unbedingt in einer noch besseren Durchsetzung der für alle verbindlichen Beschlüsse und damit in einer besseren Arbeit der Feriendienstkommission unter Anleitung und Kontrolle der Gewerkschaftsleitungen niederschlagen. Die bisherigen Ergebnisse in der Kreisorganisation Berlin-Mitte weisen zur Nutzung und Auslastung ungerechtfertigte Differenzierungen aus, die durch alle Funktionäre in Wahrnehmung ihrer Verantwortung konsequenter abzubauen sind.

Insgesamt kann für die Kreisorganisation Berlin-Mitte eingeschätzt werden, daß sich das Ergebnis in der Nutzung in einigen Bereichen verbessert hat, jedoch gemessen an der Zielstellung durch den Bezirksvorstand des FDGB ist es noch nicht zufriedenstellend. So sind 1980 1.597 Erholungsaufenthalte verfallen, weitere 2.438 Erholungsaufenthalte wurden an den Feriendienst des Kreisvorstandes bzw. Bezirksvorstandes zur Umvermittlung zurückgegeben. Durch die Grundorganisationen wurden also insgesamt 4.035 Erholungsaufenthalte nicht im eigenen Bereich genutzt.

Für 1981 zeigen sich ähnliche Tendenzen. Aus der Analyse per 10.9.1981 geht hervor, daß 383 Plätze mit Garantie und 811 Plätze ohne Garantiebetrag bisher in den Betrieben verfallen sind bzw. nicht genutzt wurden.

Eine Qualifizierung der Arbeit auf dem Gebiet des Erholungswesens muß also bereits in der Grundorganisation durch die engagierte und verantwortungsbewußte Unterstützung der Betriebsgewerkschaftsleitung für den Feriendienst erfolgen.

Wir müssen deshalb auch nach wie vor darauf bestehen, daß bei in Einzelfällen notwendigen Rückgaben auch eine ausreichende Begründung durch die BGL vorgelegt wird. Die BGL bleibt solange für die Nutzung der Reise verantwortlich, bis eine Umvermittlung vorgenommen wurde.

Die Anzahl der Nachlieferungen durch den Bezirksvorstand für 1982 richtet sich nach der bisherigen Nutzung der Erholungsaufenthalte in den Kreisvorständen bzw. der kontinuierlichen Abrechnung der Reisen. Daraus schlußfolgert, daß sich die Nachlieferungen verringern werden, wenn sich Nutzung und termingerechte Abrechnung nicht weiter verbessern.

In den Grundorganisationen ist die Verteilung der Erholungsaufenthalte an die Mitglieder bis zum 31.12.1981 im wesentlichen abzuschließen und personell zu binden, damit bereits ab Januar 1982 eine zielgerichtete Umvermittlung durch den Kreisvorstand des FDGB Abt. Feriendienst auf der Grundlage der Bedarfsforschung erfolgen kann.

Der Kreisvorstand des FDGB und die Kreisvorstände der IG/Gew. führen in der Zeit vom 1.11. bis 31.12.1981 Kontrollen durch, wie in den Grundorganisationen die Erholungsaufenthalte vergeben und personell gebunden werden, um rechtzeitig einen entsprechenden Einfluß nehmen zu können. Dabei wird gleichzeitig überprüft, ob der Arbeiteranteil bei Interhotel- und Hotelreisen von 60 % in den Produktionsbetrieben eingehalten wurde und wie die Auslastung bei der Vergabe der betrieblichen Erholungsreisen ist.

3. Festlegung zur Abrechnung der Erholungsaufenthalte

In den Betrieben und Einrichtungen ist durch eine enge Zusammenarbeit der Feriendienstkommission, der Gewerkschaftskasse und der Revisionskommission eine termingerechte und ordnungsgemäße Abrechnung der Ferienschecks zu gewährleisten.

Auf der Grundlage der Richtlinie für die Verteilung und Abrechnung der Erholungsaufenthalte sind die vereinnahmten Beträge für die FDGB-Ferienschecks _unverzüglich_ an den Kreisvorstand abzuführen. Diese Summen müssen mit den Endsummen der Nachweis- und Überwachungslisten und dem dazugehörenden Zusammenfassungsbogen übereinstimmen und sind _bis_ zum 10. März, 10. Juni, 10. September und 10. November (als letzten Termin!) dem Kreisvorstand zuzuleiten. Wir machen darauf aufmerksam, daß die Abrechnungsformulare die Unterschrift der BGL und der Revisionskommission tragen müssen.

Die teilweise noch schleppende Abrechnung der Ferienschecks durch einige Gewerkschaftsleitungen an den Kreisvorstand macht erforderlich, nochmals mit Nachdruck auf die Einhaltung des Beschlusses des Bundesvorstandes des FDGB zur Abrechnung der Erholungsaufenthalte hinzuweisen.

Laut Beschluß des Bezirksvorstandes haben für 1982 alle Kreisvorstände - und damit auch alle Grundorganisationen - zu sichern, daß die Erholungsaufenthalte per 30.6.1982 mit 75 % und per 10.11.1982 mit 100 % ordnungsgemäß und finanziell abgerechnet sind.

Im Interesse einer exakten Nachweisführung und Abrechnung sowie zur Verhinderung von Mißbrauch muß darauf hingewiesen werden, daß es nicht statthaft ist, FDGB-Ferienschecks von BGL zu BGL und unter Ausschaltung des Kreisvorstandes weiterzugeben oder zu tauschen.

Es ist darauf zu achten, daß die Ferienschecks sicher (unter Verschluß) aufbewahrt werden. Ein evtl. Verlust von Schecks muß sofort dem Kreisvorstand des FDGB gemeldet werden.

Die Preise der Ferienreisen richten sich nach der Qualität, der Verpflegungs-, Betreuungs- und Beherbergungsleistung, nach Reisezeiten und Reisezielen entsprechend der Richtlinie für die Verteilung und Abrechnung der Erholungsaufenthalte des FDGB. Dabei ist zu beachten, daß sich die niedrigen Preise der Reisen der Kategorie 5 und 6 für die Gewerkschaftsmitglieder aus den hohen gewerkschaftlichen und staatlichen Zuschüssen ergeben. Sie sind nicht, wie oft angenommen wird, der Ausdruck einer niedrigen Qualität oder eins geringeren Erholungswertes dieser Reisen.

4. Zu weiteren Fragen des Feriendienstes 1982

Wie in den vergangenen Jahren wurden zum Problemkreis Feriendienst wieder im April/Mai mit allen Feriendienst-Funktionären spezielle Schulungen in den IG/Gew. durchgeführt.

Alle Anträge von Gewerkschaftsmitgliedern auf einen Erholungsaufenthalt sind in den Gewerkschaftsgruppen zu beraten und mit einer Stellungnahme an die AGL bzw. BGL zu übergeben. Die zuständige Gewerkschaftsleitung entscheidet unter Beachtung der Vorschläge der Gewerkschaftsgruppen über die Vergabe der Erholungsaufenthalte. Dabei sind solche Faktoren zu berücksichtigen wie
. Schichtarbeit
. körperlich schwere und gesundheitsschädigende Tätigkeit
. gesellschaftliche Aktivitäten im Betrieb und Wohngebiet
. Familien mit mehreren Kindern
. Gesundheitszustand
. langjährige Mitgliedschaft im FGB und bisher erhaltene Erholungsaufenthalte (einschließlich Ehepartner)

- Bei der Verteilung der Erholungsaufenthalte sind die FGB-Reisen und die Reisen in betriebliche Einrichtungen als eine Einheit zu sehen.

- Jeder Erholungsaufenthalt des FDGB und des Betriebes ist in das FDGB-Mitgliedsbuch (S.44 bis 45) einzutragen. Die für den Ehepartner oder andere Angehörige bereitgestellten Plätze sind in deren Mitgliedsbuch einzutragen.

- Reisen in Interhotels sowie im Scheckaustausch in die CSSR sind vorrangig an verdienstvolle Arbeiter zu vergeben.

- Ferienreisen in der Zeit der Schulferien sollen Familien mit schulpflichtigen Kindern vorbehalten bleiben.

Wir hoffen, daß dieses Argumentationsmaterial eine weitere Hilfe und Unterstützung bei der Verbesserung der politisch-ideologischen Arbeit auf dem Gebiet des Ferienwesens ist und wünschen allen Gewerkschaftsfunktionären für das Jahr 1982 viel Erfolg bei der Lösung unserer gemeinsamen anspruchsvollen Aufgaben.

Mit gewerkschaftlichen Gruß

Vorsitzender

Berlin, Oktober 1981

Kreisvorstand des FDGB
Berlin-Mitte

Anlage zur Argumentation der FDGB-Erholungsaufenthalte für 1982

Um über die umfangreichen weiteren Verbesserungen der Qualität der
Erholungsreisen mit Privatunterkunft informieren zu können, wurden die
Reisen der Kategorie 5 weiter untergliedert. In dieser Kategorie sind
folgende Reisen im Angebot:

415 000 Reisen mit Unterkunft in modern möblierten, oft mit
         Hoteltypenmöbel ausgestatteten Zimmern, mit fließendem Kalt-
         und Warmwasser, teilweise mit Sanitärzelle
         (Kat. 531, 532, 555, 536, 541)

125 000 Reisen mit Unterkunft in Zimmern mit einheitlichem, zweck-
         mäßigem Mobiliar, mit fließendem Kalt- und Warmwasser
         (Kat. 501)

30 000 Reisen in modernen möblierten Zimmern mit kompletter
         Sanitärzelle, bestehend aus Bad oder Dusche und WC
         (Kat. 533,534, 537, 538)

Durch die Erweiterung der Ziffern der Kat. 5 wird den Leitungen und
Urlaubern auch eine Information über die gastronomische und kulturell-
sportliche Betreuung geben:

Kat. 531 - 534   Betreuung in Erholungsheimen oder Vertragsheimen mit
                 mittlerem Komfort

Kat. 535 - 538   Betreuung in modernen, komfortablen FDGB-Erholungs-
                 heimen

Kat. 541   Betreuung in Erholungs- oder Vertragsheimen der Kat. 4

Die zweite Ziffer (z.B. 5$\underline{3}$1, 5$\underline{4}$1) weist darauf hin, daß die Qualität
der Reise und demzufolge auch ihr Preis der Kategorie 3 bzw. 4 ent-
spricht.
Für Reisen der Kategorie 6 stehen insges. 293.000 Reisen mit Unterkunft in privaten Zimmern zur Verfügung, mit der gleichen guten
Qualität der Zimmerausstattung wie in der Kat. 5. Bei diesen Reisen
erfolgt die gastronomische Versorgung durch Vertragsgaststätten der HO
und des Konsums. Viele private Urlauberzimmer befinden sich in Häusern
mit Zentralheizung.

Dokument Nr. A31

Abschrift Bundesarchiv Berlin

Bestandssignatur	Archiv-Nr.	Bezeichnung des Schriftstückes
DY34	27640	Schreiben v. 02.08.82 (Hausmitteilung) von E. Sonntag an F. Rösel bezüglich der Übernachtungspreise (Kostendeckung)

FDGB Logo Bundesvorstand — Hausmitteilung

An	Koll. F. Rösel Sekretär	Von	Abt. Feriendienst	Diktatzeichen	Lei/su	Datum	02.08.82

Betr.: Erhöhung der Übernachtungspreise in drei Interhotels
Schreiben der Vereinigung INTERHOTEL vom 06.07.1982

Erled.-Vermerk

Werter Kollege Rösel!

Nachstehend unser Standpunkt zu diesen Vorschlägen:

1. Die Vereinigung schlägt eine Erhöhung der Übernachtungspreise vor:

	bisher	Vorschlag	= %
"Potsdam"	M 11,--	M 25,--	227
"Panorama"	M 12,--	M 25,--	208
"Bastei"	M 10,--	M 12,--	120

Eine solche Preiserhöhung würde dem FDGB Mehrkosten in Höhe von rd. 4 Mio. M verursachen. Mehrkosten in diesem Umfang können im Rahmen der uns 1983 zur Verfügung stehenden Zuschußsummen nicht abgedeckt werden.

2. Eine solche drastische Erhöhung der Preise ist mit dem steigenden Aufwand (Änderung von Industriepreisen) nicht zu begründen. Die Vereinigung hat ganz offensichtlich bei ihrer Kalkulation die in Durchführung des Politbürobeschlusses für die Preisbildung seinerzeit gesetzten Prämissen verändert und bei der Kostenermittlung die Bedingungen der Urlauberbelegung (mindestens 7 Aufenthaltstage) nicht berücksichtigt. Dafür nur zwei Beispiele:

   a) Der Aufwand für Abschreibungen (einschl. Fondsvorschuß) wird für das Hotel "Potsdam" mit M 8,81 je Übernachtung angegeben und ist damit mehr als dreimal so hoch wie in unserem teuersten Neubau (Oberwiesenthal M 2,55). Das ist zum Teil darauf zurückzuführen, daß der Fondsvorschuß preiswirksam werden soll. Das ist bisher nicht geschehen.

   b) Für das Hotel "Potsdam" werden Kosten für Mietwäsche in Höhe von M 2,17 je Übernachtung angegeben. Ein solcher Aufwand entsteht bei einer Aufenthaltsdauer von 1 bis 2 Tagen, aber nicht bei der Urlauberbelegung.

Es geht eindeutig nicht um die "Durchsetzung des Prinzips des Ausweises der Kosten am Entstehungsort", sondern die Vereinigung versucht, durch eine - zumindest in dieser Höhe nicht zu rechtfertigende - Mehrbelastung des FDGB das Betriebsergebnis der Hotels positiver zu gestalten. Wir haben uns mit solchen Bestrebungen schon im Zusammenhang mit der Betreuung unserer ausländischen Gruppen mit dem Hotel "Stadt Berlin" auseinandersetzen müssen. Auf der gleichen Linie liegen die Versuche, die Preisstufen für die gastronomischen Einrichtungen im Hotelkomplex "Bastei" zu erhöhen.

3. Die Vereinigung argumentiert mit den "Leistungen der Fünf-Sterne-Hotels". Kollege Filler hat sich kürzlich durch Augenschein im Hotel "Potsdam" davon überzeugen müssen, daß zumindest in der Zimmerausstattung heute erhebliche Unterschiede zwischen dem öffentlichen und dem FDGB-Bereich vorhanden sind.

4. Die jetzt gültigen Preise sind nicht vom FDGB festgelegt und nicht zwischen der Vereinigung und dem FDGB ausgehandelt worden. Diese Preise wurden in Durchführung des Politbürobeschlusses vom Ministerium für Handel und Versorgung bestätigt. Wir schlagen vor, den Vorschlag mit Hinweis darauf abzulehnen.

Mit kollegialem Gruß

<Unterschrift>
E. Sonntag

Anlage

Dokument Nr. A31a

Abschrift Bundesarchiv Berlin

Bestandssignatur	Archiv-Nr.	Bezeichnung des Schriftstückes
DY34	27640	Schreiben v. 12.8.82 von F. Rösel an Vereinigung Interhotel bezüglich der Übernachtungspreise (Kostendeckung)

Vereinigung Interhotel
Generaldirektor
Genosse Wendorf

1035 Berlin
Simplonstr. 52

12.08.1982

Werter Genosse Wendorf !

Den Antrag, die Vertragspreise für die Übernachtung von FDGB-Urlaubern in den Interhotels zu erhöhen, haben wir geprüft.
Der FDGB-Bundesvorstand kann diesem Antrag nicht zustimmen. Die Preise für die Ferienreisen wurden im Zusammenhang mit dem Politbürobeschluß über die Nutzung der Interhotels so festgelegt, daß sie zum damaligen Zeitpunkt kostendeckend waren. Gleichzeitig wurden eine Reihe ökonomischer Maßnahmen durchgeführt, die den Verlust bei den Interhotels verhinderten.
Die Preise wurden also durch zentrale Entscheidung bestimmt und können nur durch zentrale Entscheidung geändert werden.
Wir sind nicht befugt, die höheren Preise etwa dem Urlauber anzurechnen, da die Preise im Feriendienst unverändert bleiben. Das ist unser prinzipieller Standpunkt. Im Zusammenhang damit möchte ich Dich aber darauf hinweisen, daß Preiserhöhungen von über 100 % nach unserer Auffassung nicht berechtigt sind, sie sind auch mit der Änderung von Industriepreisen nicht zu begründen.
Die Vereinigung hat offensichtlich bei ihrer Kalkulation die für die Preisbildung seinerseits gesetzten Prämissen verändert und bei der Kostenmittlung die Bedingungen der Urlauberbelegung nicht berücksichtigt. Dafür nur 2 Beispiele:
Der Aufwand für Abschreibungen (einschl. Fondsvorschuß) wird für das Hotel Potsdam mit 8,81 M je Übernachtung angegeben und ist damit mehr als 3 x so hoch wie in unserem teuersten Neubau. Das ist zum Teil darauf zurückzuführen, daß der Fondsvorschuß preiswirksam werden soll. Das war bisher nicht der Fall. Zum anderen:

für das Hotel Potsdam werden die Kosten für Mietwäsche
in Höhe von 2,17 M je Übernachtung angegeben.
Ein solcher Aufwand entsteht bei einer Aufenthalts-
dauer von 1 - 2 Tagen, aber nicht bei einer 13-tägigen
Urlaubsbelegung.
Also, auch wenn der Minister für Handel und Versorgung
durch Entscheid des Ministerrats oder seines Präsidiums
Preisveränderungen beantragen oder ermöglichen sollte,
haben wir gegen diese Kalkulation ernsthafte Einwände.
Für den FDGB würden die Mehrkosten etwa 4 Mio M betragen.
Diese Summe kann im Rahmen der uns für 1983 zur Verfügung
stehenden Fonds nicht abgedeckt werden.

                                Mit sozialistischem Gruß

                                <Unterschrift>
                                F. Rösel
                                Mitglied des Präsidiums

Dokument Nr. A32

Abschrift Bundesarchiv Berlin

Bestandssignatur	Archiv-Nr.	Bezeichnung des Schriftstückes
DY34	27621	Bitte um Ferienplatz auf Schiffsreise für Ehepartner: Schreiben des FDGB an VEB vom 18.06.1984

Abschrift

FDGB
Industriegewerkschaft   Textil-Bekleidung-Leder
1086 Berlin   Zentralvorstand
Unter den Linden 15

VEB "Diamant"
Betriebsdirektor
Genossen S.

2420   Grevesmühlen
Karl-Marx-Str. 14   Unsere Zeichen   Datum
                             To/Bo.   18. Juni 1984

Werter Genosse S.!

Dein Schreiben vom 5. 6. 1984 mit der Bitte um eine Ferienreise mit der "Völkerfreundschaft" für Deine Frau haben wir erhalten.

Zu unserem Bedauern müssen wir Dir aber mitteilen, daß von unserer Seite keine Einflußnahme auf die Vergabe der Mittelmeerreisen ausgeübt werden kann, da die Verteilung der den Kombinaten übergebenen Reisen allein von dort aus erfolgte und bereits abgeschlossen ist.

Anfragen aus anderen Betrieben nach dem Erwerb einer zusätzlichen Reise für die Ehepartner mußten wir ebenso abschlägig beantworten, da die 100 Reisen für die gesamte Leichtindustrie bereits Anfang des Jahres auf die Kombinate aufgeschlüsselt wurden und darüber hinaus keine weiteren zur Verfügung stehen.

Wir bitten Dich um Verständnis, daß wir Dir in diesem Falle nicht helfen können und wünschen Dir eine schöne, erlebnisreiche Reise.

                    Mit sozialistischem Gruß

                    gez. Tomaschewski
                    Sekretär

f.d.r.d.a.
17.8.1984

<Stempel VEB Diamant>

Dokument Nr. A32a

Abschrift Bundesarchiv Berlin

Bestandssignatur	Archiv-Nr.	Bezeichnung des Schriftstückes
DY34	27621	Bitte um Ferienplatz auf Schiffsreise für Ehepartner: Schreiben des VEB an FDGB vom 17.08.1984

Erwin S.   Grevesmühlen, den 17. 08. 1984
Betriebsdirektor
VEB "Diamant" Bekleidungsindustrie
2420 Grevesmühlen, Karl-Marx-Straße 14
Betrieb des VEB Kombinat Oberbekleidung Berlin

Bundesvorstand des   F D G B
Der Vorsitzende

1020   B e r l i n
Fritz-Heckert-Straße 70

Werter Genosse Tisch !

Am 01. 06. 1984 wurde ich vom Generaldirektor des VEB Kombinat
Oberbekleidung Berlin, Stammbetrieb VEB Herrenbekleidung Fortschritt
Berlin mit einer

    Mittelmeerreise Bulgarien / SU
    Reise-Nr. 16/84
    für die Zeit vom 10. 11. - 29. 11. 1984

ausgezeichnet.

Ich bin sehr glücklich über diese hohe Ehrung, die zu meinem
21-jährigen Jubiläum als Direktor des VEB "Diamant" erfolgte und mir
die Möglichkeit eines einmaligen Urlaubserlebnisses kurz nach Abschluß
meines 64. Lebensjahres gibt.
Da auch meine Frau bis zu ihrem 61. Lebensjahr noch berufstätig war
und jetzt Rentnerin ist, wäre meine Freude natürlich vollkommen, wenn
ich auch für sie einen Reiseplatz erwerben könnte.

Mit meiner Bitte bin ich an den Zentralvorstand der IG Te-Be-Le Berlin
herangetreten und habe mit Schreiben vom 18. 6. 1984, das ich
abschriftlich beilege, eine Absage erhalten. Auch der Bezirksvorstand
IG Te-Be-Le Rostock, Genossin Woitassek, hatte sich nochmals ohne
Erfolg für mich eingesetzt.
Ich hatte mich schon mit den Tatsachen abgefunden und wollte meine
Bemühungen einstellen, wurde aber nochmals ermuntert, meine Bitte Dir,
Genosse Tisch, vorzutragen und meine Frage zu stellen, ob nicht doch
durch irgendwelche Ausfälle eine letzte Möglichkeit zur Erfüllung
meines Wunsches besteht.

Ich bedanke mich für die Entgegennahme meiner Bitte und hoffe auf eine
gute Antwort.

                       Mit sozialistischem Gruß

                       <Unterschrift>
                       Erwin S.

Dokument Nr. A33

Abschrift Bundesarchiv Berlin

Bestandssignatur	Archiv-Nr.	Bezeichnung des Schriftstückes
DY34	27621	„Eingabe Uta R." an die SED vom 15.05.1987 bzgl. Bewirtung von westdeutschen Verwandten im FDGB-EH „Am Fichtelberg"

Uta R. im Oberwiesenthal, 15. 05. 1987
FDGB-EH "Am Fichtelberg"
Bungalow 19
Oberwiesenthal
9 3 1 2

Sozialistische Einheitspartei Deutschlands
Haus des Zentralkomitees am Marx-Engels-Platz
Abteilung Gewerkschaften und Sozialpolitik
Postfach 100
Berlin

1 0 2 0

Eingabe

Bei der Vorbereitung meiner Hochzeitsfeier am 04.07.1987 ist für mich ein Problem entstanden, das mir Sorgen bereitet und für das ich keine Erklärung finde.

Ich arbeite als Empfangssekretärin im FDGB-Erholungsheim "Am Fichtelberg". Gesellschaftlich bin ich in der FDJ-Leitung und der Parteileitung des Heimes tätig.

Mein Anliegen besteht darin, daß ich zu meiner Hochzeitsfeier Verwandte aus der BRD eingeladen habe. Vom Objektleiter wurde mir nun mitgeteilt, daß diese Verwandten aus der BRD nicht mit im Heim feiern dürfen.

Das ist für mich unverständlich, da ich durch meine Tätigkeit weiß, daß sich ständig Gäste auch aus dem kapitalistischen Ausland im Heim aufhalten. Zum besseren Verständnis meiner Situation muß ich noch erklären, daß schon mehrere Mitarbeiter des Heimes Familienfeierlichkeiten mit BRD-Bürgern im Heim durchführten.

Wenn ich nunmehr aus mir unerklärlichen Gründen diese Einladung rückgängig machen soll, stoße ich bei den Verwandten auf Unverständnis. Ich kann mir nicht vorstellen, daß die Haltung der Heimleitung der Politik unseres Staates entspricht. Sprechen wir nicht täglich von einer Dialogpolitik, die auf die Annäherung beider Staaten gerichtet ist.

Ich bin deshalb der Auffassung, daß es besser wäre, wenn die Verwandten nach ihrer Rückkehr positiv vom Erlebten berichten und damit gute Propaganda für unseren Staat und nicht zuletzt auch für die Erholungseinrichtungen des FDGB machen.

Ich bitte Sie, mein Anliegen zu prüfen und wäre Ihnen für einen
positiven Bescheid dankbar.

Mit sozialistischem Gruß
<Unterschrift>
Genossin Uta R.

Dokument Nr. A33a

Abschrift Bundesarchiv Berlin

Bestandssignatur	Archiv-Nr.	Bezeichnung des Schriftstückes
DY34	27621	Weiterreichung der „Eingabe Uta R." an den FDGB vom 26.05.1987

SOZIALISTISCHE EINHEITSPARTEI DEUTSCHLANDS
Zentralkomitee
HAUS DES ZENTRALKOMITEES AM MARX-ENGELS-PLATZ · 1020 BERLIN · RUF 202-0

ABTEILUNG   Gewerkschaften und Sozialpolitik

Mitglied des Präsidiums und   Berlin, 26. 05. 1987
Sekretär des Bundesvorstandes   22/051/Kol/he
des FDGB
Genossen Fritz Rösel

Fritz-Heckert-Str. 70
Berlin
1 0 2 6

Eingabe der Kollegin Uta R., FDGB-EH "Am Fichtelberg"
                             Bungalow 19, Oberwiesenthal, 9312

Werter Genosse Rösel!

Als Anlage übergeben wir Dir o.g. an unsere Abteilung gerichtete
Eingabe.
Wir bitten Dich, der Einreicherin der Eingabe auf der Grundlage der
für die Erholungseinrichtungen des FDGB geltenden Beschlüsse zu
antworten und die erforderliche Entscheidung zu treffen.

Von der Antwort bitten wir einen Durchschlag an uns zu geben.
Wir haben in diesem Sinne Zwischenbescheid erteilt.

                                    Mit sozialistischem Gruß
                                       i.V. <Unterschrift>
                                             F. Brock

Anlage

Dokument Nr. A33b

Abschrift Bundesarchiv Berlin

Bestandssignatur	Archiv-Nr.	Bezeichnung des Schriftstückes
DY34	27621	Antwort des FDGB vom 02.06.1987 an die SED auf die „Eingabe Uta R."

Zentralkomitee der SED
Abt. Gewerkschaften u. Sozialpolitik
Genossen Fritz Brock
Am Marx-Engels-Platz
Berlin
1 0 2 0

2. 6. 1987

Betrifft: Eingabe der Kollegin Uta Richter,
FDGB-Erholungsheim "Am Fichtelberg"
Bungalow 19, Oberwiesenthal, 9312

Werter Genosse Brock!

Beiliegend übersende ich Dir die Kopie des Antwortschreibens zur o.g. Eingabe.
Der Bezirksvorstand des FDGB Karl-Marx-Stadt wurde beauftragt, mit dem Objektleiter und der betreffenden Kollegin nochmals eine Aussprache zu führen.

Mit sozialistischem Gruß

<Unterschrift>

Fritz Rösel
Mitglied des Präsidiums

Anlage

Dokument Nr. A33c

Abschrift Bundesarchiv Berlin

Bestandssignatur	Archiv-Nr.	Bezeichnung des Schriftstückes
DY34	27621	Antwort des FDGB vom 03.06.1987 auf die „Eingabe Uta R." an Uta R.

```
Kollegin
Uta R.
FDGB-Erholungsheim "Am Fichtelberg"
Bungalow 19
Oberwiesenthal
9 3 1 2
```

3. 6. 1987

Werte Kollegin R.!

Deine Eingabe an das Zentralkomitee der SED wurde mir zur Klärung übergeben, da es sich in dieser Angelegenheit um FDGB-eigene Beschlüsse handelt.
Wir haben Dein Anliegen gründlich geprüft und sind der Auffassung, daß Deine Hochzeitsfeier im vorgesehenen Verwandtenkreis im FDGB-Objekt stattfinden kann, ohne daß dadurch die Urlauberbetreuung beeinträchtigt wird. Deshalb liegt die Entscheidung über die zu wählende Gaststätte beim Objektleiter.
Kollege Schmiedel ist darüber informiert.

Mit gewerkschaftlichem Gruß

<Unterschrift>

Fritz Rösel
Mitglied des Präsidiums

Dokument Nr. A34

Abschrift BStU Archiv der Zentralstelle

Bestandssignatur	Archiv-Nr.	Bezeichnung des Schriftstückes
MfS – VRD	5842	Anordnung zur Gewährleistung der zentralen Versorgung der MfS-Angehörigen mit Ferienplätzen (BStU Seiten 000264 bis 000266)

<mit handschriftlichen Korrekturen>

Zur Gewährleistung der zentralen Versorgung der Angehörigen des MfS mit Ferienplätzen sowie der Betreuung der Urlauber in den Ferienheimen

o r d n e i c h a n :

1. Geltungsbereich

1.1. Diese Ordnung regelt die zentrale Versorgung der Angehörigen des MfS mit Ferienplätzen und die Betreuung der Urlauber in den Ferienheimen.

1.2. Der *Kommandeur des WR Berlin "F. E. Dzierzynski" und der* Leiter des Büros der zentralen Leitung des SV Dynamo ~~hat~~ *haben* auf der Grundlage dieser Ordnung entsprechende Regelungen für ~~seinen~~ *ihre* Verantwortungsbereiche zu erlassen. *April 1988*

2. Grundsätze

2.1. Ferienheime sind Gemeinschaftseinrichtungen, die ganzjährig vorrangig für Urlauberdurchgänge genutzt werden und über Einrichtungen verfügen, die eine Vollverpflegung gewährleisten.

In den Ferienheimen sind durch die Bereitstellung einer zweckmäßigen Ausstattung, durch eine gesundheitsfördernde Ernährung und eine niveauvolle kulturelle und sportlich-touristische Betreuung die Voraussetzungen für die aktive Erholung der Urlauber zu sichern.

2.2. Die zentrale Versorgung der Angehörigen des MfS mit Ferienplätzen erfolgt durch die Verwaltung Rückwärtige Dienste.

Anspruch auf Versorgung mit Ferienplätzen haben Angehörige des MfS mit ihren Ehepartnern und ihren Kindern. Diese Regelung gilt für Kinder ab Vollendung des 2. bis zur Vollendung des 18. Lebensjahres bzw. bis zum Erreichen der wirtschaftlichen Selbständigkeit.

Vorrangig sind zu versorgen:

- Angehörige des MfS mit einer vorbildlichen und gewissenhaften Dienstdurchführung;

- Angehörige des MfS, die während ihres Dienstes hohen Belastungen ausgesetzte sind;

- Angehörige des MfS mit 3 und mehr Kindern.

Personen, die ärztlicher Hilfe und Pflege bedürfen, können in Ferienheime dann eingewiesen werden, wenn eine ärztliche Unbedenklichkeitsbescheinigung vorliegt.

2.3. Die Führungskader des MfS beantragen – außerhalb des Kontingents – Ferienplätze für sich beim Leiter der Verwaltung Rückwärtige Dienste.

2.4. Die Kontingentierung der Ferienplätze hat auf der Grundlage der möglichen Belegungskapazität der Ferienheime, der vorhandenen Kapazitäten in den Mehrzweckobjekten der Diensteinheiten und der Dienststärke der Diensteinheiten, in Abstimmung zwischen dem Leiter der Verwaltung Rückwärtige Dienste und der Hauptabteilung Kader und Schulung, zu erfolgen.

Die Kontingentierung bedarf der Bestätigung durch die Kommission Sozialpolitik im MfS.

2.5. Die Bereitstellung von Kapazitäten für Wochenendbelegungen für Dienst- und Parteikollektive ist grundsätzlich in der Vor- und Nachsaison einzuordnen, Die zentrale Versorgung der Angehörigen des MfS mit Ferienplätzen darf dadurch nicht beeinträchtigt werden.

2.6. Die Unterbringung sowie die lt. bestätigtem Betreuungsprogramm in den Ferienheimen organisierten Veranstaltungen sind kostenlos. Die Urlauber haben für die Verpflegungsversorgung anteilmäßige sowie für die für den Urlaubsaufenthalt organisierten oder vermittelten Dienstleistungen und für die Benutzung von Ausleihgegenständen die festgelegten Kosten zu tragen bzw. Gebühren gemäß den geltenden dienstlichen Bestimmungen zu entrichten.

2.7. Zur Verbesserung des Angebots an Erholungsmöglichkeiten für die Angehörigen des MfS sind beim VEB Reisebüro des DDR und beim Reisebüro der FDJ "Jugendtourist" im Rahmen der verfügbaren Möglichkeiten geeignete Plätze im sozialistischen Ausland zu binden.

3. Verantwortung

3.1. Der Leiter der Verwaltung Rückwärtige Dienste hat zu gewährleisten, daß

- eine langfristige Planung der Entwicklung des Ferienplatzangebotes unter Einbeziehung und zielgerichteter Erweiterung der vorhandenen Ferienheime und anderer geeigneter Objekte des MfS erfolgt;

- alle vorhandenen und für die Urlauberbetreuung geeigneten Kapazitäten erfaßt und effektiv genutzt werden;

- die notwendigen Schließzeiten der Ferienheime auf ein Minimum begrenzt werden;

- mit dem Plan zur Bereitstellung der Ferienplätze, jeweils bis zum 31. 10. für das Folgejahr, die Ferienplatzkontingente an die Leiter des Diensteinheiten übergeben werden.

    Dabei ist zu sichern, daß jede Diensteinheit ein anteilmäßiges Ferienplatzkontingent

    . in der Schulferienzeit und
    . in See- und Gebirgsheimen sowie Heimen in anderen Landschaftsgebieten

erhält;

- eine fachliche Anleitung und Kontrolle der Arbeit in den Ferienheimen und den zur zentralen Ferienplatzversorgung genutzten Mehrzweckobjekten des Diensteinheiten erfolgt.

3.2. Die Leiter der Diensteinheiten des MfS Berlin, die Leiter der Bezirksverwaltungen, der Kommandeur des Wachregiments Berlin "F. E. Dzierzynski" und der Rektor der Hochschule des MfS haben zu gewährleisten, daß

- die zugewiesenen Ferienplätze maximal ausgelastet werden;

- eine Umverteilung der Ferienplätze innerhalb der Diensteinheit entsprechend dem Bedarf erfolgt;

- nicht in Anspruch genommene Ferienplätze grundsätzlich bis 3 Wochen vor Durchgangsbeginn an den Leiter der Verwaltung Rückwärtige Dienste zurückgegeben werden;

- die Maßnahmen zur Erhaltung der baulichen Substanz der Ferienheime und der zur zentralen Versorgung mit Ferienplätzen genutzten Mehrzweckobjekten planmäßig eingeordnet werden.

3.3. Die Leiter der Bezirksverwaltungen, in deren Verantwortungsbereich sich Ferienheime befinden, haben

- die Sicherstellung der Urlauberbetreuung im Rahmen der zur Verfügung stehenden materiellen und finanziellen Fonds;

- die zweckgebundene Nutzung des beweglichen und unbeweglichen Sachvermögens der Ferienheime;

- eine medizinische Betreuung der Urlauber im Bedarfsfall entsprechend den territorialen Bedingungen der Ferienheime sowie

- die kadermäßige Sicherstellung zur Lösung der den Ferienheimen übertragenen Aufgaben, die Abstimmung des Einsatzes der Heimleiter und ihrer Stellvertreter mit dem Leiter der VRD und die aufgabenbezogene Aus- und Weiterbildung der Mitarbeiter der Ferienheime

zu gewährleisten.

Dokument Nr. A35

Abschrift BStU Archiv der Zentralstelle

Bestandssignatur	Archiv-Nr.	Bezeichnung des Schriftstückes
MfS – VRD	5842	Ferienheime des MfS (EO, MZO)

<handschriftlich verfasst>

1989
Ferienheime des MfS (EO, MZO)

MZO	Zingst (vom HA III übernommen)	
FH	Zeughaus	„Kurt Schlosser"
FH	Alexisbad	„Habichstein"
FH	Tabarz	„Berghaus"
FH	Oberwiesenthal	„Kurt Schädlich"
FH	Templin	„Buchheide"
FH	Oberwiesenthal	„Richard Sorge"
FH	AG Baabe (div. FH)	„Ostsee", „H. Beimler", „E. Schneller", „Geschw. Scholl", „Philipp Müller", „Edgar André", „John-Scheer"
FH	Schierke	„E. Thälmann"
FH	Masserberg	„Am Rennsteig"
FH	Storkow	„Hubertushöhe"
FH	Zinnwald	„Lugstein"
FH	Prerow	„Erwin Fischer"
FH	Graal-Müritz	„Rosa Luxemburg"
FH	Friedrichroda	„Magnus Poser"
FH	Günserode	„Kapellmühle"
FH	Bärenburg	„Am Lift"
FH	Andenhausen	„Katzenstein" (b. Zella/Rhön)
FH	Ottendorf	„Kurt Schlosser"
FH	Kyffhäuser	„Thomas Müntzer"
FH	Storkow	„Hubertushöhe"
MZO/KFL in Alt Ruppin (Krs. Neuruppin) = Klausheide		
FH	Prerow	„Erwin Fischer", Objekt Waldstraße
FH	Heringsdorf	„Fritz Schmenkel"
FH	Bansin	„Freundschaft"
Objekt	Mörichow	
FH	Wittstock	„Artur Becker"
FH	Heringsdorf	„Hubertus"
FH	Friedrichroda	„Wilhelm Pieck"
MZO	Freienbrink	
FH	Oberhof	„Artur Becker"
MZO	Dehmsee + Fischerhaus (ebenfalls am Dehmsee gelegen)	
MZO	Parnitz, Schönberg	
MZO	Storkow	
Objekt	2385 Zingst, Am Bahnhof	
Objekt	2553 Graal-Müritz, R.-Luxemburg-Str. 9	
	Leupoldishain	
	Frankenhausen	
	Kindelbrück	
Objekt	Born	
MZO	Schwenitz (Bezirk Cottbus)	
	Johanngeorgenstadt (Plan)	
	Mühlberg (Gera)	
	Brand (HA I)	
	Wünsdorf (BV Berlin)	
	S.35 Hinweis zu Aktion „Rose"	

Dokument Nr. A36

Abschrift BStU Archiv der Zentralstelle

Bestandssignatur	Archiv-Nr.	Bezeichnung des Schriftstückes
MfS – VRD	5842	Ferienheime des ANS (BStU Seite 000009)

<mit handschriftlichen Einträgen>

12.1.

Ferienheime des Amtes für Nationale Sicherheit

- FH "Ernst Thälmann", Schierke
  Zimmer: 53   Betten: 159

- FH "Am Rennsteig", Masserberg
  Zimmer: 65   Betten: 183

- FH "Hubertushöhe", Storkow
  Zimmer: 24   Betten: 96 (noch in Bau befindlich)

- FH "Lugstein", Zinnwald
  Zimmer: 56   Betten: 117

- FH "Erwin Fischer", Prerow
  Zimmer: 105   Betten: 305

- FH "Rosa Luxemburg", Graal-Müritz
  Zimmer: 29   Betten: 87

- FH "Magnus Poser", Friedrichroda
  Zimmer: 16   Betten: 49

- FH "Habichstein", Alexisbad
  Zimmer: 30   Betten: 75

- FH "Dr. R. Sorge", Oberwiesenthal
  Zimmer: 103   Betten: 259

- FH "Ostsee", Baabe
  Zimmer: 12   Betten: 37

- FH "Hans Beimler", Baabe
  Zimmer: 28   Betten: 83

- FH "Ernst Schneller", Baabe
  Zimmer: 14   Betten: 58

- FH "Geschwister Scholl", Baabe
  Zimmer: 16   Betten: 52

- FH "Philipp Müller", Baabe
  Zimmer: 30   Betten: 90

- FH "Kapellmühle", Günserode
  Zimmer: 16   Betten: 40

- FH "Am Lift", Bärenburg
  Zimmer: 8   Betten: 16

1. Über nachfolgend genannte Ferienheime wurde durch örtliche Organe bereits verfügt:

- FH "Katzenstein", Andenhausen
  Zimmer: 26   Betten: 60

- FH "Kurt Schlosser", Ottendorf
  Zimmer: 22   Betten: 76

Dokument Nr. A37

Abschrift BStU Archiv der Außenstelle Chemnitz

Bestandssignatur	Archiv-Nr.	Bezeichnung des Schriftstückes
	3403/88 Personalakte 2993/73 Reg.Nr. XIV 1791/83	Auskunftsbericht Schubert, Manfred von 1966, Bericht über IM Schwarz von 1980 (ehem. Leiter FDGB-EH „Am Fichtelberg") (BStU Seiten 0117-0120, 0010), Struktur der Kreisdienststelle Annaberg 1989, Organisationsstruktur d. BV Karl-Marx-Stadt 1989

Kreisdienststelle Aue   Aue, den 2. September 1966

BStU
0117

AUSKUNFTSBERICHT

Name, Vorname:	S c h u b e r t , Manfred
geb. am:	22. 1. 1927 in Aue
wohnhaft:	
erl. Beruf:	Kaufmann
z. Zt. beschäftigt:	Angestellter des FDGB-Kreisvorstandes Aue
Tel.-Nr. im Betrieb:	2855
Wohnungsanschluß:	
Familienstand:	verheiratet
Anzahl der Kinder:	
Partei vor 1945:	keine
nach 1945:	SED
Organisatoren:	FDGB, DSF, DTSB, KG, KdT
Militärverhältnis:	1944- 1945 höchster Dienstgrad: Soldat keine Gefangenschaft
Vorstrafen:	keine
op. nutzb. Kenntnisse:	Fahrererlaubnis Kl. I
berufl. Spezialkenntn.:	Ökonomie
Besitzverhältnisse:	keine

392 Anhang

Personenbeschreibung: ca. ███████████████

Deckname: "Schwarz" - geworben am 23. 5. 1950
                             durch Gen. ULBRICHT - Linie III

Reg.-Nr.   XIV 425/60
                             Verbindung zum IM hielt Ltn. Walther
                             (mit Klarnamen bekannt)

Durch mehrere Aussprachen beim Bezirksvorstand des FDGB und beim Bundesvorstand in Berlin, wurde es unseren GI ermöglicht, ein Direktstudium ab 1. September 1966 aufzunehmen.

Operative Entwicklung und Ergebnisse der bisherigen Zusammenarbeit
―――

Die Anwerbung erfolgte 1950 auf der Basis der Überzeugung. Da der GI in der Industrie tätig war, wurde er auch für die Informationstätigkeit in der Industrie ausgenutzt.
Auch bei seinem Überwechseln von der Industrie zum FDGB-Kreisvorstand wurde mit dem GI die Verbindung aufrechterhalten und die Zusammenarbeit fortgesetzt.
In der bisherigen Zusammenarbeit mit dem GI konnte festgestellt werden, daß er ständig mit besonderen Aufgaben der Aufklärung betraut wurde. Seine Aufgaben erfüllte er trotz seiner vielen gesellschaftlichen Funktionen zur vollsten Zufriedenheit unseres Organes. Die Beauftragung des IM erfolgte bisher in mündlicher Form. Seine Berichterstattung erfolgte stets schriftlich. Hauptsächlich wurde der GI als Schlüsselposition und Verbindungsmann zum FDGB ausgenutzt und einschließlich zur Informationstätigkeit eingesetzt. An operativen Materialien und Vorgängen arbeitete der GI bisher nicht.
Der IM besitzt ein gutes Allgemeinwissen und ist auf Grund seiner Fähigkeiten, Eigenschaften und Intelligenz sowie durch seine Umgangsformen und Redegewandtheit in der Lage, auch komplizierte Aufgaben - trotz seiner Mitgliedschaft zur SED - durchzuführen. Im Kreisgebiet konnte er jedoch für keine komplizierteren Aufgaben eingesetzt werden, da er als fortschrittliche Kraft und positiver Genosse bekannt war und überwiegend nur mit Genossen verkehrte.
Der GI wahrte bisher die Konspiration und wurde zum überwiegenden Teil in seinem Arbeitszimmer, was er allein besaß, getroffen. Erst im letzten Jahr wurde eine Möglichkeit geschaffen, den GI in eine KW einzuführen.

Im Laufe der Zusammenarbeit wurde der GI auf Ehrlichkeit und Zuverlässigkeit überprüft. Die Überprüfung wurde dahingehend durchgeführt, daß seine erarbeitenden Informationen den Überprüfungen standhielten. Wie schon eingeschätzt, ist der GI ein treu ergebener Genosse und war sich seiner Aufgaben gegenüber unserem Arbeiter-und-Bauern-Staat in Verbindung mit unserem Organ bewußt.

Der GI "Schwarz" nimmt ab 1. 9. 1966 ein 3jähriges Studium an der Hochschule der Deutschen Gewerkschaften in Berlin-Bernau, Fritz-Heckert-Straße auf.

Der GI wurde von unserer Diensteinheit (Mitarbeiter Ltn. Walther) verabschiedet. Für seine gute geleistete Arbeit und Treffdisziplin wurden dem GI 80,- MDN zum Anschaffen von Studienmaterial ausgehändigt.

<Unterschrift>
Walther
Leutnant

Dokument Nr. A37

KMSt., 8. 1. 1980

BSTU
0010

Bericht über den Archiv-IM "Schwarz", Archiv-Nr.: 2993/73

Am 4.11.1979 wurde nach telefonischer Rücksprache der Archiv-IM "Schwarz" in seinem Dienstzimmer aufgesucht. Er ist gegenwärtig Leiter des FDGB-Erholungsheimes "Am Fichtelberg" in Oberwiesenthal. Nach Legitimation seitens der Mitarbeiter und Ansprechen des Genannten mit seinem Decknahmen gab er sich als ehemaliger IM zu erkennen.

Der IMS wurde gefragt, ob es möglich sei, im Ferienobjekt inoff. Treffs durchzuführen. Er bejahte dieses und brachte gleichzeitig zum Ausdruck, daß bereits seit längerer Zeit durch die KD Annaberg im Zimmer 650 solche Treffs durchgeführt werden.

Der IMS "Schwarz" erklärte sich bereit, das MfS uneingeschränkt und in jeder Form bedingungslos zu unterstützen. Er brachte jedoch zum Ausdruck, daß er einem Vertrag entsprechend diese Funktion nur noch bis 1980 bzw. 1981 ausüben wird.

Da der IMS "Schwarz" in Aue wohnhaft ist, wurde er befragt, ob es möglich wäre, inoff. Treffs in seiner Wohnung durchzuführen. Er war sofort bereit, seine Wohnung als Treffquartier zur Verfügung zu stellen, ▓▓▓▓▓▓▓▓▓▓▓.

Obengenannter verhielt sich während des gesamten Gesprächsverlaufs sehr parteilich und sachlich, wobei stets zu erkennen war, daß er gewillt ist, das MfS konstruktiv zu unterstützen.

Durch den Gen. Fahsel wurde angewiesen, daß der Archiv-IM "Schwarz" in den Sicherungsvorgang eingelegt wird und eine kontinuierliche Aufklärung seiner Persönlichkeit und seiner Verwandten zu erfolgen hat.

Es ist geplant, ihn evtl. 1981 als IMK/KW zu verpflichten.

Als nächster Treff wurde ein Termin im Frühjahr 1980 festgelegt, wobei der Archiv-IM beauftragt werden soll, eine Einschätzung seiner Hausbewohner vorzunehmen und eine Verwandtenaufstellung anzufertigen.

<Unterschrift>
Trexler
Feldwebel

gesehen:

<Unterschrift>
Fahsel
Hauptmann

Struktur der Kreisdienststelle (KD) Annaberg 1989

Leiter der Kreisdienststelle
Oberstleutnant
Ubl, Johann

Stellv. Ltr. der KD	Ltr. Referat 2	Ltr. Referat 3	Ltr. Referat A/I	Beauftragter des Leiters	Objektsicherungs-gruppe	Mitarbeiter im Chiffrierwesen
Hauptmann Pfeiffer, Peter	Major Georgi, Rainer	Major Herold, Klaus	Major Schumann, Siegfried	Major Schubert, Gottfried		

Arbeitsgruppe Oberwiesenthal Leiter
Hauptmann Fleischer, Bernd

Ltr. Referat 1
Hauptmann Strohbach, Steffen

Leiter FDGB-EH „Fichtelberg"
*IM „Schwarz" bis 1980/1981 ***

Offizier für Aufklärung
Unterleutnant Hentschel, Lutz

Stand: Juni 2001

* *private Ergänzung*

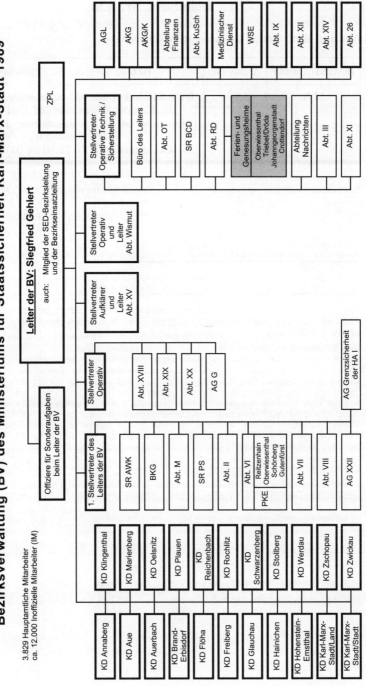

Dokument Nr. A38

Abschrift BStU Archiv der Außenstelle Chemnitz

Bestandssignatur	Archiv-Nr.	Bezeichnung des Schriftstückes
MfS	An-33	BV Karl-Marx-Stadt, KD Annaberg/Absicherung des Kurortes Oberwiesenthal 1981–1989: Politisch-operative Lageeinschätzung des Kurortes Oberwiesenthal (BStU Seiten 0171/0172, 0176, 0179/0180)

Kreisdienststelle Annaberg   Annaberg, 15. 12. 1981

BSTU
0171

Politisch-operative Lageeinschätzung des
Kurortes Oberwiesenthal

1. Allgemeine Lage und Situation in Oberwiesenthal

Der Kurort Oberwiesenthal ist die höchstgelegene Stadt der DDR (900 m) und das Zentrum des Erholungs- und Wintersportgebietes am Fichtelberg.

Den Schwerpunkt der Stadt bildet der Urlauber- und Touristenverkehr. Jährlich verbringen ca. 110 000 Werktätige ihren Erholungsurlaub in den Ferienheimen des Ortes sowie in Privatquartieren. Hinzu kommen noch ca. 950 000 Tagestouristen jährlich. Den Schwerpunkt des Urlauber- und Touristenzustromes bilden die Monate Januar bis März und Juli bis August. In dieser Zeit besuchen bei günstigen Witterungsbedingungen bis ca. 25 000 Tagestouristen an den Wochenenden die Stadt sowie die umgebenden Erholungsgebiete. Besonders in den letzten Jahren wurde durch den Bau mehrerer neuer Ferienheime sowie durch Schaffung neuer gastronomischer Einrichtungen der Zustrom von Urlaubern und Touristen wesentlich erhöht.

Die Einwohnerzahl von Oberwiesenthal nahm durch den Bau der großen Ferienobjekte in den letzten Jahren kontinuierlich zu.

- Einwohnerzahl gegenwärtig   3 900
- ständige Urlauber   ca. 4 500
- Bürgermeister, Gen. Ullrich, Hans
- Ortsparteisekretär, Gen. Richter, Hans
- Vorsitzender der Nationalen Front, Gen. Meyer, Henry
- Mitglieder der Parteien: SED   450
                             DBD   15
                             CDU   49
                             LDPD   34
                             NDPD   7

Dokument Nr. A38

Die bedeutendsten Ferienheime in Oberwiesenthal sind:

- Ferienheim des FDGB "Am Fichtelberg"

- Leiter: Gen. Gruber, Wolfgang
- stellv. Leiter und
  Parteisekretär Gen. Schmiedel, Siegfried

BSTU
O172

- Kapazität: 1150 Betten
- Beschäftigte: 317, zusätzlich 53 Lehrlinge
- Mitglieder von
  Parteien:
  80 Genossen der SED
  1 Mitglied der CDU
  1 Mitglied der NDPD
  1 Mitglied der LDPD

- Jugendtouristenhotel "Karl Liebknecht"

- Leiter: Gen. ▬▬▬▬▬▬
- Stellv. Leiter und
  Parteisekretär Gen. ▬▬▬▬▬▬

- Kapazität: 393 Betten
- Beschäftigte: 129
- Mitglieder von
  Parteien:
  30 Genossen der SED
  1 DBD
  1 LDPD

Weitere vorhandene Ferienheime in Oberwiesenthal:

- Ferienheim der NVA "Haus Wiesenthal"   200 Betten
- Ferienheim des MdI "Friedenswacht"   100 Betten
- Ferienheim des MfS "Dr. R. Sorge"   150 Betten
- Ferienheim der IG Wismut "Aktivist"   245 Betten
- Höhensanatorium "Sachsenbaude"   80 Betten
- 10 weitere kleine Ferienheime von Betrieben und gesellschaftlichen Einrichtungen mit einer Gesamtkapazität von 300 Betten.

1981 wurde durch örtliche Baukapazität der Bau der Kaufhalle, Standort Zechenstraße, begonnen. Der bilanzierte Baubetrieb ist der VEB Dienstleistungsbetrieb Oberwiesenthal. Der bisherige Bau verläuft planmäßig und wird termingemäß am 30. 12. 1982 abgeschlossen.

Weitere Baumaßnahmen im Ort Oberwiesenthal waren der Ausbau des ehemaligen Privatgeschäftes Harzer zu einem neuen Sportwarengeschäft der HO, die Schaffung eines Delikat-Geschäftes und die Rekonstruktion des Textilkaufhauses "Fichtelberg". Durch diese Maßnahmen konnte eine weitere Verbesserung der Einkaufskultur und -möglichkeiten erreicht werden.

2. Politisch-operative Lage im Kurort Oberwiesenthal

1981 kam es in Oberwiesenthal, im FDGB-Ferienheim "Am Fichtelberg" zu einer öffentlichen Herabwürdigung nach § 220 StGB (diskriminierende Äußerungen gegenüber der sozialistischen Staatsordnung) durch die Person

geb. am   in
wohnhaft:

Er wurde im Schnellverfahren zu einer Haftstrafe von 3 Monaten verurteilt. Bearbeitet wurde dieses Ermittlungsverfahren nach Übergabe durch die DVP.

Weiterhin wurde eine jugendliche Gruppierung um den

geb. am   in
wohnhaft: ,[1]

welche im Verdacht von Aktivitäten im Sinne des § 220 StGB stand, durch eingeleitete operative sowie Maßnahmen über die DVP, zerschlagen.

---

[1] Meldung durch die Leitung des FH „Am Fichtelberg"

Vorhandene inoffizielle Kräfte in Oberwiesenthal[2]

Gesamtzahl: 1 IMB
             1 IME
            31 IMS
             7 GMS

Davon sind in den Schwerpunktobjekten und einzelnen Bereichen vorhanden:

HO-Gaststätte Fichtelberghaus	4 IMS 1 GMS
FDGB-Ferienheim "Am Fichtelberg"	4 IMS 1 GMS
Jugendtouristenhotel	1 IMB 3 IMS 1 GMS
HO-Gaststätte "Altes Brauhaus"	2 IMS
FH des ITVK Karl-Marx-Stadt	1 IMS
SC "Traktor" und KJS	9 IMS 2 GMS
VP-Gruppenposten	2 IMS
Dienstleistungsbetrieb	1 IMS
Sportstättenbetrieb	1 IME 1 GMS
Rat der Stadt	2 IMS 1 GMS
selbständige Handwerker	1 IMS
POS Oberwiesenthal	2 IMS

Ubl
Oberstleutnant

---

[2] Nach Aussage der Bundesbeauftragten für Unterlagen des Staatssicherheitsdienstes, Außenstelle Chemnitz, sind dies nur die registrierten IMs von der damaligen Bezirksbehörde Karl-Marx-Stadt. Die Gesamtzahl der in Oberwiesenthal tätigen IMs war wahrscheinlich bedeutend höher, da ein Großteil der IMs zentral von Berlin geführt wurde, ohne in dieser Statistik berücksichtigt zu sein.

Dokument Nr. A39

Abschrift BStU Archiv der Außenstelle Chemnitz

Bestandssignatur	Archiv-Nr.	Bezeichnung des Schriftstückes
MfS	An-33	BV Karl-Marx-Stadt, KD Annaberg/Absicherung des Kurortes Oberwiesenthal 1981–1989: Auswertung Informationstätigkeit (BStU Seite 0023)

<mit handschriftlichen Einträgen>

Kreisdienststelle Annaberg   Annaberg, 4. 12. 1986

BSTU 0023

Auswertung Informationstätigkeit

Stand: 24. 11. 1986

Diensteinheit	zugearbeitet	auswertbar	
PKE:	98	63	*(Passkontrolleinheit Grenzübergang)**
FH "Dr.-R.-Sorge"	117	69	*(Urlauber vom Stasi-FH)**
FH "Kurt Schädlich"	24	18	*(Urlauber von der SED-Bezirksleitung)**
KD Annaberg	182	182	

* *(private Ergänzung)*

Informationsbedarf/Aufgabenstellung des Schwerpunktbereiches Oberwiesenthal

1. Internationale und nationale Sportveranstaltungen sowie
- Weltcup in der Nordischen Kombination vom 29.12.-30.12.86
- "   im Spezialsprunglauf vom 1.17.-19.1.87
- Spartakiade vom 22. 2. 1987 bis 28. 2. 1987
- Die Unterbringung der Sportler, Trainer und Funktionäre erfolgt in den Ferienheimen :

    FDGB/EH "Am Fichtelberg"
    FH "zur Krone"
    FH "Schwarzes Roß"
    FH "Neues Haus"
    FH ITU
    Sportschule des DTSB "Bergheim" sowie "Sparringberg" im Gebäude SC Traktor.

Dokument Nr. A39

Bei diesen Veranstaltungen ist auf eine hohe Sicherheit und
Ordnung zu achten. Weiterhin vorhandene Antragsteller im Kurort
Oberwiesenthal sowie wer sucht Kontakte zu Sportlern des NSW.

2. Besuch von führenden Repräsentanten der Partei- und
Staatsführung in Oberwiesenthal

- Mitglied des Politbüros und Sekretär des ZK der SED, Gen.
  Horst Dohlus, vom 20. 12. 86 – 1. 1. 87
  Unterbringung: FH "Aktivist"

- Mitglied des Politbüros und erster Sekretär der Bezirksleitung
  der SED Karl-Marx-Stadt, Gen. Siegfried Lorenz, vom 25.12.86
  Unterbringung: Gästehaus der BL "km 55"

Dokument Nr. A40

Abschrift Sächsisches Staatsarchiv

Bestandssignatur	Archiv-Nr.	Bezeichnung des Schriftstückes
FDGBBVkMst 4	EB 418	Rahmen-Leitungsstruktur der Rekonstruktions- u. Reparaturabteilung beim Feriendienst des FDGB-Bezirksvorstandes Karl-Marx-Stadt (Anlage 2 zum Beschluß des Sekretariats vom 26.08.87, Nr. S 209/87)

Dokument Nr. A40

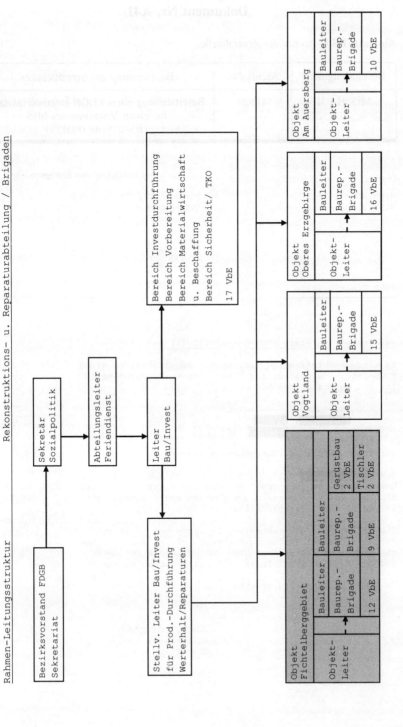

Dokument Nr. A41

Abschrift BStU Archiv der Zentralstelle

Bestandssignatur	Archiv-Nr.	Bezeichnung des Schriftstückes
MfS HA II	41529	Bereitstellung eines FDGB-Interhotelplatzes für einen Veteranen des MfS (BStU Seite 000154)

<mit handschriftlichen Einträgen>

Hauptabteilung II
Stellv. des Leiters

Berlin, 12. Januar 1989
II/VHi/4/89

Vorsitzender
FDGB-Kreisvorstand 19

Bereitstellung eines FDGB-Interhotelplatzes

Es wird um kurzfristige Prüfung zur Bereitstellung eines FDGB-Interhotelplatzes für 2 Personen im I. Halbjahr 1989 für den Veteranen des MfS

Genossen
,
geb. am: ▆▆▆ 1909

anläßlich seines 80. Geburtstages gebeten.

Genosse ▆▆▆ bekleidete seit seinem Ausscheiden aus dem MfS 1972 mehrere gesellschaftliche Funktionen in der WPO, DSF und VS innerhalb des Wohngebietes. Derzeitig ist er in der Volkssolidarität noch aktiv tätig.

Die Leitung der Hauptabteilung II würde bei positivem Bescheid die zur Verfügung stehenden 400,-- Mark zur Bezahlung eines Teils der Kosten des Ferienplatzes nutzen und den FDGB-Interhotelplatz als Auszeichnung überreichen.

Um Kenntnisnahme wird gebeten.

<Unterschrift>
Hillenhagen
Oberstleutnant

Dokument Nr. A42

Abschrift Bundesarchiv Berlin

Bestandssignatur	Archiv-Nr.	Bezeichnung des Schriftstückes
DY34	27621	Antwortschreiben vom 15.01.1989 auf eine Bewerbung um einen Urlaubsplatz

<mit handschriftlichen Einträgen>

<Ausgeschnittene Anzeige aus der Zeitung:>

> **Vermiete** an Urlauber mit PKW ein 3- und 4-Bett-Zi., E-Heizung, Kochnische mit Kühlschrank, Dusche u. IWC, Aufenthaltsraum mit Fernseher, 30 km bis Zinnowitz, ▉▉▉ ▉▉ Bömitz ▉▉

Bömitz, den 15.1.89

Werte Familie M.!

Sie bewerben sich bei mir um einen Urlauberplatz für den Sommer 1989.
Ich schicke Ihnen ein Hinweisblatt, damit Sie sich ein Bild von dem machen können, was Sie hier erwartet.
Sollten Sie sich weiterhin bewerben, schreiben Sie mir bitte Ihren Wunschtermin und einen Ausweichtermin. Danach entscheide ich, ob Sie zu den Bewerbern gehören, die ein bzw. beide Zimmer oder eine Absage bekommen.
Das erscheint hart, ist aber bei über 500 Bewerbungen nicht anders möglich.
In den Jahren 1989 - 1991 habe ich umfangreiche Baumaßnahmen auf meinem Grundstück vorgesehen.
Nach der Fertigstellung werden sich die Wohnbedingungen für meine Familie und die Bedingungen für die Urlauber weiterhin merklich verbessern.
Ab 1991 werde ich dann einige Jahre vier Zimmer vermieten.
Ich bevorzuge bei der Auswahl meiner Urlauber Partner, die mir bei der Materialbeschaffung bzw. Baudurchführung behilflich sein können.
Ich benötige Unterstützung bei der Beschaffung von guten Fußboden- und Wandfliesen, Parkett, Radiatoren, eines Zentralheizungsofens ab 2,8 m^2 Heizfläche sowie Arbeitsleistungen als Fliesenleger und Putzer. Als Arbeitsleistung erwarte ich zwei, max. drei Arbeitstage. Mein Angebot gilt nicht nur Einzelbewerbern, sondern auch Betrieben. Das Vermieten von ein bis zwei Zimmern an einen Betrieb wird von mir angestrebt.

Falls Sie mir helfen können, schreiben Sie bitte und unterbreiten genau die Art der Hilfe. Wer helfen kann, erhält mit größter Wahrscheinlichkeit ein Zimmer. Sollten Sie nicht zu denen gehören, die mir helfen können, schreiben Sie trotzdem.
Die Chancen auf ein Zimmer sind zwar geringer, aber nicht hoffnungslos.

Erhalte ich bis zum 28.2.89 keine Post von Ihnen, werte ich unsere
begonnenen Verhandlungen als erfolgreich beendet.

       Mit freundlichen Grüßen
       <Unterschrift>

Dokument Nr. A43

Abschrift Bundesarchiv Berlin

Bestandssignatur	Archiv-Nr.	Bezeichnung des Schriftstückes
DY34	27621	Eingabe Fam. L. beim FDGB vom 31.07.1989 zum Urlaub in Pappenheim

                                                       Ø FDGB Kreisvorstand
                                                       Berlin- Marzahn-
FDGB Bundesvorstand Berlin
Abt. Feriendienst   EAB- ZBGL-

Märkische Ufer 54

B e r l i n
1 0 2 6

                      <Stempel mit den Angaben:
         "Eingabe Nr. 808/89", "zu erledigen bis 31.08. ">

      I. L███████████████   Bln., d. 31.07.1989
      Berlin, ████

Betr.: - E i n g a b e -
_____

Für die diesjährige Sommerurlaubssaison erhielten wir von meinem
Betrieb, den VEB EAB Berlin, eine FDGB Ferienreise für 3 Pers.
nach Pappenheim in Thüringen (Kategorie 537) für den Zeitraum
v. 14.07.89 - 27.07.89.
Am Tag der Anreise trafen wir mit unserem PKW- Trabant gegen 13.00h in
Pappenheim ein.
Wir begaben uns zur zentralen Einweisung im EH " Adler ", um die not-
wendigen Formalitäten zu erledigen. Man erklärte uns den Weg zu
unserer Unterkunft, Gartenstr. 13.
Die Gartenstraße stellte sich als ein befestigter Weg, das trifft
jedoch nur für die erste Hälfte der vermeintlichen Straße zu, mit
einer Steigung von ca. 15 % heraus.
In der zweiten Hälfte stieg der Weg weiter an und war von tiefen
Aufbrüchen (ca. 10 - 20 cm Tiefe) durchzogen, die an einigen Stellen
die gesamte Breite des Weges einnahmen.
Eine ideale Teststrecke für Geländefahrzeuge, aber für einen PKW un-
zumutbar!
Nach einer 14- tägigen Benutzung des Weges wäre unser Auto werkstatt-
reif gewesen.
Am Ende angekommen, war der Weg zu unserem Quartier durch einen abge-
kippten Kohlenhaufen total versperrt, auch zu Fuß war ein Vorbeikommen
unmöglich. Es sei denn, man wollte den Weg samt seinem Gepäck über den
Kohlenhaufen fortsetzen, war wir aber ablehnen.
Wir fuhren verärgert zur zentralen Einweisung zurück und brachten
unsere Beschwerden bezüglich des schlechten Weges und des Kohlen-
haufens vor.
Unsere Beschwerden wurden nicht akzeptiert!
Man sagte uns, daß man im Pappenheim auch gern die Straßen und Wege
erneuert bzw. ausgebessert hätte, aber die Bauleute seien ja zu uns
nach Berlin abgezogen worden. Wir könnten uns diesbezüglich mit dem
Bürgermeister auseinandersetzen.

Obwohl von jedem Urlauber Kurtaxe kassiert wird, ist es erstaunlich, daß keine Bauleute sowie finanzielle Mittel zur Verfügung stehen, um diese Mißstände zu beseitigen !
In anderen Ferienorten ist es auch möglich, wie wir schon mehrmals feststellen konnten.
Zu der Sache mit dem Kohlenhaufen wurden wir darauf hingewiesen, daß man es in Pappenheim nicht so gut hätte wie in Berlin, sondern daß der Winterbrand geliefert wird, wann es dem Kohlenhandel paßt.
Außerdem gehen die Leute arbeiten und könnten erst nach Feierabend den Weg beräumen.
Die Kollegin von der Anmeldung informierte telefonisch die Vermieter über den angelieferten Kohlenhaufen, wir sollten uns bis zum Feierabend der Vermieter gedulden.
Wir starteten später noch einen Versuch, um in unser Quartier zu gelangen, gaben es aber enttäuscht und verärgert auf.
Wir sind daraufhin nach Berlin zurückgefahren, hatten uns selbstverständlich in der ZE abgemeldet.

Abschließend möchten wir noch einmal die Ursachen unseres Unmutes im Bezug auf die FDGB- Ferienreise nach Pappenheim/ Thür. herausstellen.
Erstrangig für unsere Ablehnung der Inanspruchnahme des Ferienplatzes war für uns der für einen PKW unbefahrbare Weg zur Unterkunft, den wir mindestens 3 x täglich hätten benutzen müssen.
Wir hatten 4 Wochen im Voraus avisiert, so wie es üblich ist, daß wir mit dem PKW anreisen. Dementsprechend hätte man uns eine Unterkunft zuweisen müssen.
Es kann doch wohl nicht im Sinne eines Erholungsurlaubes sein, daß im Nachgang die Familie ihre Energie dazu verwendet, um Werkstattermine und Ersatzteile zu beschaffen.
Die Situation hierzu ist uns allen bekannt!
Ebenfalls die Wartezeiten für die Erfüllung einer Autoanmeldung überhaupt.
Wesentlich hierbei ist auch, daß mein Mann seit 26 Jahren im Besitz des Führerscheines ist und zeitweilig auch beruflich Erfahrungen sammeln konnte. Es handelt sich hier also nicht um einen Anfänger der die Situation überschätzt bzw. falsch einschätzt.
Die Angelegenheit mit dem Kohlenhaufen wäre für uns nur ein zeitweiliges Übel gewesen, daß die Vermieter sicherlich am Abend beseitigt hätten. Enttäuscht war es trotz alledem, denn wir hatten im Urlaub nicht vor, uns mit dem Bürgermeister noch mit dem Kohlenhandel auseinander zu setzen.
Unsere Fam. hatte sich sehr auf diesen Urlaub gefreut, zumal mein Mann im 3- Schichtsystem arbeitet und auch an Wochenenden häufig seinen Dienst versieht, so daß wir nur alle 3- Wochen ein gemeinsames Wochenende verbringen können.
Auch für unsere schulpflichtige Tochter war es sehr deprimierend.
Wir alle gehen völlig unbefriedigend wieder zur Arbeit bzw. in die Schule.
Hinzu kommen noch die erheblichen finanziellen Einbußen, wie Ferienscheckkosten in Höhe von 240,-- M, Kurtaxe 9,75 M und Benzinkosten von 125,-- M.
Wir sind langjährige FDGB-Mitglieder zahlen immer pünktlich und unserem Gehalt entsprechend unseren Beitrag. Außerdem arbeiten wir aktiv in unserer Gewerkschaftsgruppe mit, mein Mann ist Vertrauensmann in seiner Brigade des VEB Getränkekombinates und ich arbeite als SV- Bevollmächtigte.
Wir bitten um Überprüfung und Entschädigung für unseren mißglückten Erholungsurlaub.

<Unterschrift>
Ingrid L███████ und Familie

Dokument Nr. A44

Abschrift BStU Archiv der Zentralstelle

Bestandssignatur	Archiv-Nr.	Bezeichnung des Schriftstückes
MfS – VRD	5842	Forderungen auf Einwohnerforen zur weiteren Nutzung der Ferienheime des MfS (BStU Seite 000035)

<mit handschriftlichen Einträgen>

Oberst Hoffmann

Abt. Rückwärtige Dienste   Rostock, 10. 11. 1989
                                  schu-ba

Forderungen auf Einwohnerforen an das MfS zur weiteren Nutzung der Ferienheime des MfS

Prerow

Gen. Hptm. Oberhack soll beim nächsten Einwohnerforum am 5. 12. 1989 öffentlich erklären, was wird mit dem FH "Erwin Fischer". Forderungen von der Nutzung als Wohnungen bis zur Nutzung als Altersheim.

Heringsdorf

In der OZ vom 10. 11. 1989 fordert die WPO - 4 - Heringsdorf, alle FH des MfS, des ZK, und staatlicher Stellen dem FDGB zu übergeben (Bansin, Heringsdorf, Ahlbeck).

OZ vom 9. 11. - Stellv. Direktorin der POS Heringsdorf fordert Übergabe des FH "Fritz Schmenkel" an FDGB ~~zu übergeben~~.

Auf der Gesamtmitgliederversammlung der SED in Bansin forderte der Bürgermeister, das FH "Freundschaft" Bansin als altersgerechtes Wohnhaus auszubauen.

Die Kirche in Heringsdorf fordert die Übergabe des FH "Fritz Schmenkel" an den FDGB.

Baabe

Auf Einwohnerversammlung wird generell die Übergabe der FH des MfS an den FDGB und Öffentlichkeit aller gastronomischen Einrichtungen gefordert.

Der Pastor ▉▉▉▉▉ aus Baabe forderte Aufklärung und Untersuchung der ehemaligen Aktion "Rose" (Enteignung von Hotelbesitzern 1951/52)

Sonstige Informationen

Am 7. 11. 1989 trat in der Kirche in Heringsdorf vor ca. 1000 Einwohnern eine unbekannte männliche Person auf und erklärte, daß am 8. 11. 1989 das FH "Fritz Schmenkel" an den FDGB übergeben wird. Die MA wurden persönlich angesprochen, wann es soweit ist.

Vorschlag des Gen. Major Hoffmann

Das Objekt "Mönchow" der Gemeinde als Wohnhaus (2 Familien) zu übergeben.

                                        Stellv. Abteilungsleiter/
                                        Ferienheime

                                        <Unterschrift>

                                        Schulze
                                        Major

Dokument Nr. A45

Abschrift BStU Archiv der Zentralstelle

Bestandssignatur	Archiv-Nr.	Bezeichnung des Schriftstückes
MfS – VRD	5842	Konzeption zur Versorgung der Mitarbeiter des ANS mit Ferienplätzen (BStU Seite 000091)

Thesen

Konzeption zur Versorgung der Mitarbeiter des Amtes für
Nationale Sicherheit mit Ferienplätzen

1. Grundsätze

Für die Versorgung mit Ferienplätzen ist im ANS ein zentrales
Struktur-/Stabsorgan zu bilden, daß als Feriendienst die Linien
Ferienheime und Kinderferienlager umfaßt und auf der Grundlage einer
in Kraft zu setzenden Ordnung des Leiters des Amtes die zentrale
Leitung und Planung des Erholungswesens wahrnimmt.

Unter Beachtung der grundsätzlichen Aufgabenstellung des Feriendienstes wird eine Dienststärke von 13 Mitarbeitern erforderlich.
(Anlage 1)

Die bisher wahrgenommenen Funktionen zum Verkauf/Vermittlung von
Auslandsreisen und Veranstaltungskarten sind aufzugeben. Die Ein-
richtung einer Betriebsbuchhandlung im ANS könnte über den bestehenden
Kommissionsvertrag dem NVA-BZVB angegliedert werden, wobei die
Varianten zu entscheiden wären, das Personal als Zivilbeschäftigte des
ANS zu wandeln oder dem NVA-BZVB direkt anzugliedern.

Die Versorgung mit Ferienplätzen erfolgt ausschließlich in zentralen
Ferienheimen in einem Umfang, der sich anteilig aus dem Bedarf des
reduzierten Kaderbestandes des ANS ergibt. (Anlage 2) Bisher zu
Urlaubszwecken in den von Diensteinheiten des MfS eigenverantwortlich
betriebene und teilweise zentral genutzte Objekte sind einer
anderweitigen Verwendung zuzuführen.

Die Versorgung mit Kinderferienplätzen ist für alle Struktureinheiten
des ANS durch eine zentral organisierte Kinderferiengestaltung vom
Feriendienst sicherzustellen. Dafür sind in zentralen Objekten bzw.
Ferienlagern die Kapazitäten zu nutzen. (Anlage 3)
Die bisher von Diensteinheiten eigenständig organisierten Ferienlager
entfallen.

2. Verantwortung und Aufgaben

Die Hauptaufgabe des Feriendienstes umfaßt

- die zentrale Erfassung und Vergabe der zur Verfügung stehenden Erholungskapazitäten in Ferienheimen und Kinderferienlagern, einschließlich die Umverteilungsprozesse;

- die Einflußnahme auf die inhaltliche Gestaltung und die Entwicklung des Niveaus in der Urlauberbetreuung und Kinderferiengestaltung;

- die Wahrnehmung einer linienmäßigen Verantwortung gegenüber den zentralen Ferienheimen und Kinderferienlagern auf die Planung der objektkonkreten finanziellen Führungsgröße, die aus der versorgungspolitischen Aufgabe erforderlich ist,
- ...

Dokument Nr. A46

Abschrift BStU Archiv der Zentralstelle

Bestandssignatur	Archiv-Nr.	Bezeichnung des Schriftstückes
MfS – VRD	5842	Versorgung mit Ferienplätzen im ANS nach Bettenkapazität (BStU Seite 000100)

Anlage 2

Versorgung mit Ferienplätzen bei unterschiedlichem Personalbestand im ANS in zentralen Ferienheimen nach Bettenplätzen

<u>bisherige Versorgung = 100 % MA</u>

- zentrale Ferienheime, Norm III   42.504
- zentrale Ferienheime, Norm II   6.808
- <u>MZO der Diensteinheiten und WR</u>   19.668

insgesamt   68.980

Zur Grundlage für die ermittelte Gesamtkapazität wurde die Bettenkapazität pro Ferienheim, einschließlich Aufbettungen und 23 Urlauberdurchgänge im Jahr genommen:

Bedarf bei 60 % MA =   41.388 Plätze

Bedarf bei 40 % MA =   27.592 Plätze

Die Sicherstellung des anteiligen Bedarfs an Ferienplätzen für Mitarbeiter des ANS und ihre Familien ist im Rahmen nachfolgend genannter zentraler Ferienheime zu gewährleisten. Über die Auswahl der Ferienheime ist zu entscheiden.

"Erwin Fischer", Prerow	6.601
"Dr. R. Sorge", Oberwiesenthal	5.225
"Am Rennsteig", Masserberg	5.037
"Am Lugstein", Zinnwald	3.864
"Ernst Thälmann", Schierke	3.657
"Freundschaft", Bansin	2.760
"Hubertushöhe", Storkow	2.070 1)
"Philipp Müller", Baabe	2.070 1)
"Hans Beimler", Baabe	1.992
"R. Luxemburg", Graal-Müritz	2.001
"Habichtstein", Alexisbad	1.656
"Kurt Schlosser", Zeughaus	1.449
"Ernst Schneller", Baabe	1.334
"Geschwister Scholl", Baabe	1.196
"Katzenstein", Zella/Rhön	1.150
"Magnus Poser", Friedrichroda	1.012
"Wilhelm Pieck", Friedrichroda	322
"Hubertus", Heringsdorf	736
"Fritz Schmenkel", Heringsdorf	414
"Kapellmühle", Günserode	925

"Ostsee", Baabe   851
"Thomas Müntzer", Kyffhäuser   506
"Edgar Andre", Baabe   989
"Am Lift", Bärenburg   414
"Lug ins Land", Zinnwald   322
"Berghaus", Tabarz   322
"Artur Becker", Oberhof   184
"Kurt Schädlich", Oberwiesenthal   138
"John Scheer", Baabe   115

1) im Bau befindliche Ferienheime

Dokument Nr. A47

Bestandssignatur	Archiv-Nr.	Bezeichnung des Schriftstückes
Privatarchiv Thomas Schaufuß		Ferienheime des MfS in Oberwiesenthal

Abbildung 38: Foto MfS-Ferienheim „Dr. Richard Sorge" – Oberwiesenthal (1971), später „Bergblick", jetzt „Best-Western-Hotel"
(Foto: Schiefer, Oberwiesenthal)

Vor dem Bau des großen FDGB-Ferienheimes „Am Fichtelberg" waren in Oberwiesenthal hauptsächlich die NVA, Polizei, die Wismut und die Staatssicherheit mit Ferienheimen etabliert. Das Ferienheim der Tschekisten „Dr. Richard Sorge" – benannt nach dem sowjetischen Meisterspion – war u. a. mit einem Schwimmbad ausgestattet. Nach der Wende wurde das Hotel durch die Stasi in „Bergblick" umbenannt. Der ehemalige Leiter dieses Erholungsheimes, H. Schmidt, wollte die Einrichtung weiter als Hotel betreiben, was jedoch misslang. Im MfS-Erholungsheim „Kurt Schädlich" wollten ehemalige Stasi-Mitarbeiter die Suite von Mielke für 1.000 $ pro Nacht vermarkten[1] – ein Hirngespinst.

Nach Information von ehemaligen Mitarbeitern der Stasi-Erholungseinrichtungen hatten die Erholungsheime einen ähnlichen Standard wie die FDGB-Ferienheime, wurden jedoch mit erheblich höherem Personalaufwand bewirtschaftet. Die Verteilung der Ferienschecks erfolgte analog wie in anderen Einrichtungen und Betrieben der DDR. Die Verwaltung der Stasi-Ferienheime erfolgte durch die BV/KD.

---

[1] Quelle: DER SPIEGEL, Ausgabe 2/1991 vom 07.01.1991, Rubrik: Wintersport, S. 50 ff. oder www.spiegel.de

Abbildung 39: Foto MfS-Ferienheim „Kurt Schädlich",
heute Appartementhotel Jens Weißflog,
Emil-Riedel-Straße 50, 09484 Oberwiesenthal
(Foto: Koschinsky – Privatarchiv Thomas Schaufuß)

Dokument Nr. A48

Abschrift BStU Archiv der Zentralstelle

Bestandssignatur	Archiv-Nr.	Bezeichnung des Schriftstückes
MfS – VRD	5842	Demonstrationen gegen FH „Katzenstein" (BStU Seiten 000094 und 000095)

information zu demonstrationen gegen das FH ''katzenstein''

-----

im ergebnis von aufrufen durch pfarrer u.a. personen sowie von
aushaengen und einem flugblatt des ''neuen forum'' fand nach vorangegangenen friedensgebeten in den orten empfertshausen, zella und
andenhausen am 27.11.89 zwischen 19.00 und 20.00 uhr eine demonstration zum ferienheim katzenstein und an die staatsgrenze in diesem
raum statt.

der aus ca 2000 personen bestehende demonstrationszug aus vielen orten
der umgebung des ferienheimes hielt sich von 19.30 bis 19.50 uhr vor
dem ferienheim katzenstein auf. die demonstranten forderten mit
starken unmutsaeuszerungen in sprachchoeren und auf plakaten u.a.

''stasi raus aus dem katzenstein''
''der katzenstein soll allen sein''
''katzenstein frei fuer alle buerger''
''kommt raus ihr feigen schweine''
''die sed hat nur eine pflicht - macht aus euer licht''.

von teilnehmern der demonstration wurden die aushaenge am ferienheim
zerrissen, die auf die beabsichtigte oeffnung der gaststaette an
wochenenden ab 09.12.89 aufmerksam machen sollten.

inoffiziell und aus gespraechen mit pfarrern aus empfertshausen und
fischbach wurde bekannt, dasz beabsichtigt ist solange zu demonstrieren bis das ferienheim katzenstein ein oeffentliches hotel wird.

ein flugblatt, welches vor der demonstration am vorangegangenen
wochenende ausgelegt war, hat folgenden inhalt:

''buerger wehrt euch, bekundet euren willen, katzenstein soll
weiterhin allen buergern zugaenglich sein.
das amt fuer nationale sicherheit loest nur das mfs ab, so auch auf
dem katzenstein, dasz das erholungsparadies einigen wenigen war, ist
und blieben soll. dies darf nicht sein.

seite zwei

buerger der orte kaltensundheim, fischbach, diedorf, klings, zella, empfertshausen, brunnhardtshausen, andenhausen, neidhardtshausen und andere kommen zum friedensgebet am 27.11.89, 18.30 uhr in empfertshausen, 18.30 in zella, 18.45 uhr in andenhausen.

im anschlusz erfolgt eine friedliche demonstration zum katzenstein.

buerger, ihr habt es in der hand, macht euch auf den weg und fordert euer recht.

               neues forum
               24.11.1989''

bereits mehrfach gab es in kirchen unterschriftensammlungen gegen das ferienheim katzenstein und eine eingabe des pfarrers von empfertshausen an den rat der gemeinde und den rat des kreises bad salzungen.

die naechste demonstration zum ferienheim katzenstein ist am sonnabend, dem 02.12.89 geplant.

kmt fuer nationale sicherheit, bezirksamt suhl, stellv. ot/s schaffer, oberst
cfs 292 des bafns

Dokument Nr. A49

Vgl. Kapitel III.10.c)

Bestandssignatur	Archiv-Nr.	Bezeichnung des Schriftstückes
Privatarchiv Thomas Schaufuß	./.	Zuständigkeiten bei KdF und FDGB-Feriendienst

Ämter innerhalb der NS-Gemeinschaft „Kraft durch Freude" (KdF)

Organisationsamt	Pg. Claus Selzner; Stellvertreter: Pg. Goertz
Amt für Ausbildung	Pg. Otto Gohdes
Kulturamt	Pg. Geiger, kommissarisch beauftragt
Amt für Propaganda und Presse	Pg. Karl Busch
Amt für Reisen, Wandern und Urlaub	Pg. Dr. Lafferentz
Schatzamt	Pg. Brinckmann
Amt für die Schönheit der Arbeit	Pg. Architekt Speer
Amt für Selbsthilfe und Siedlung	Pg. Bankdirektor Müller
Sportamt	Pg. von Tschammer u. Osten; Stellvertreter: Neukirch
Amt für Volkstum und Heimat	Pg. Haverbeck
Jugendamt	Pg. Langer

Quelle: Eigene Darstellung nach „Organisation der Deutschen Arbeitsfront und der NS-Gemeinschaft ‚Kraft durch Freude'", Druck von August Pries – J. B. Hirschfeld in Leipzig, 1934 (?), S. 95

Sekretäre des Bundesvorstandes des FDGB für Sozialpolitik [Feriendienst], Arbeiterversorgung, Wohnungsbau

Friedel Malter	Mai 1949–Dezember 1949
Ernst Zöllner	Februar 1950
Grete Groh-Kummerlöw	September 1950
Otto Lehmann	September 1950, Dezember 1951–März 1952
Lotte Pfeiffer	Juli 1952–September 1952
Christa Jablonsky	Juni 1955–September 1957
Käte Bombach	September 1957–Oktober 1959
Walter Tille	September 1958–September 1960
Wilhelm Knigge	Oktober 1960–1962
Fritz Rösel	Mai 1962–1989

Quelle: http://www.bundesarchiv.de/sed-fdgb-netzwerk/html/gremien.html?mode=FDGB&cat=25

Leiter, Direktoren und Geschäftsführer des Feriendienstes:

Herbert Beige (1957–1965); Heinz Querengässer (1965–1969); Erhard Sonntag (1969–1986); Klaus Perrin (1986–1989); Anton Filler (1989–1990 amt.); Hans-Peter Kühnl (1990/91 Geschäftsführer der FEDI GmbH).

Quelle: Andreas Herbst, Winfried Ranke, Jürgen Winkler; „So funktionierte die DDR", Band 1 Lexikon der Organisation und Institutionen, Reinbeck bei Hamburg 1994, S. 275.

Dokument Nr. A50

Vgl. Kapitel III.10.c) und Dokument Nrn. A09, A27

Bestandssignatur	Archiv-Nr.	Bezeichnung des Schriftstückes
Privatarchiv Thomas Schaufuß	./.	Dokumente und Fotos zum Vergleich zwischen KdF und FDGB-Feriendienst

Abbildung 40: Erholungsheim „Frönspert" der DAF[1]
(Privatarchiv Thomas Schaufuß)

1914 wurde ein erstes Klinikgebäude auf dem von der AOK Dortmund erworbenen *Gut Frönsberg* als „Genesungsheim Frönspert" errichtet, vorwiegend für Bergarbeiter. Im November 1933 erfolgte eine Beschlagnahme durch die NSDAP und die Umbenennung in „N.S.B.O.-Genesungsheim Westfalen-Süd". 1935 ging das Eigentum auf die Deutsche Arbeitsfront über, die es als Erholungsstätte nutzten. Nach Beginn des Zweiten Weltkrieges erfolgte die Nutzung des Gebäudes als Teillazarett des Standortlazaretts Hemer. Nach dem Krieg erhielt die AOK ihr Eigentum zurück. (Quelle: http://de.wikipedia.org/wiki/LWL-Klinik_Hemer).

Die Tagesmenügestaltung erfolgte analog der KdF-Schiffsverpflegung (Frühstück, Mittagessen, Kaffeetrinken und Abendessen).

---

[1] Postkarte KdF 1938.

Abbildung 41: Erholungsheim „Sigmundsberg bei Mariazell/Steiermark"
der DAF/KdF
(Privatarchiv Thomas Schaufuß)

Beschlagnahmt von der österreichischen Gewerkschaft durch KdF nach der Angliederung Österreichs zu Deutschland. Nach 1945 Rückübertragung an ÖGB. Jetzige Nutzung nach umfangreichen Baumaßnahmen Jugend- und Familienferieneinrichtung.

Abbildung 42: Erholungsheim „Kipsdorf im Erzgebirge/Sachsen" der DAF/KdF
(Privatarchiv Thomas Schaufuß)

Ab 1945 Zwischennutzung für Flüchtlinge, danach Nutzung durch FDGB-Feriendienst.

Abbildung 43: Ferienheim „Holzhau" (1939) im Erzgebirge der DAF/KdF
(Privatarchiv Thomas Schaufuß)

Weiternutzung zu DDR-Zeiten.

Abbildung 44: Wanderheim „Borstein" (1941) der DAF/KdF
(Privatarchiv Thomas Schaufuß)

Dokument Nr. A50

Abbildung 45: Erholungsheim „Helvetia" der DAF/KdF
(Privatarchiv Thomas Schaufuß)

Enteignung durch die Nationalsozialisten; Nutzung als Erholungsheim, später als Lazarett. Jetzige Nutzung Caritasverband Trier.

Fahrtenverzeichnis

Fahrt-Nr.	Zeit der Abfahrt	Zeit der Rückkehr	Aufnahmegebiet	Preis RM
7/38	13. 4. 38 vorm.	20. 4. 38 abends	Bergstraße — Waldmichelbach, Heppenheim	32,—
8/38	29. 4. 38 vorm.	9. 5. 38 abends	Werratal — Eschwege, Melsungen, Spangenberg	39,—
9/38	11. 5. 38 vorm.	20. 5. 38 abends	Rhein — St. Goar, Spay, Bad Salzig	33,50
10/38	2. 6. 38 vorm.	9. 6. 38 abends	Obere Nahe — Türkismühle, Idar-Oberstein	28,50
11/38	7./8. 6. 38 abends	17. 6. 38 abends	Nordsee — Norderney	42,50
12/38	9. 6. 38 abends	23. 6. 38 abends	Allgäu — Scheidegg, Lindenberg, Heimenkirch	55,—
13/38	16. 6. 38 abends	1. 7. 38 vorm.	Oberbayern — Prien, Rauschina, Chiemsee	58,—
14/38	17. 6. 38 vorm.	24. 6. 38 abends	Hochwald-Ruwer — Büschfeld, Wadern, Hermesteil	28,—
15/38	18. 6. 38 vorm.	29. 6. 38 abends	Taunus — Kronberg, Oberursel	39,—
16/38	21. 6. 38 vorm.	28. 6. 38 abends	Sauerland — Hallenberg, Medebach, Niedersfeld	15,70
17/38	23. 6. 38 abends	2. 7. 38 vorm.	Oberbayern — Berchtesgadener Land	56,—
18/38	22. 6. 38 mittags	16. 7. 38 nachm.	Ostpreußen — Verwandtenzug	25,50
19/38	23. 6. 38 abends	5. 7. 38 nachm.	Ostsee — Saßnitz, Zingst, Prerow	52,—
20/38	24. 6. 38 vorm.	1. 7 38 abends	Eifel — Irrel, Neuerburg, Bitburg	17,50
21/38	24. 6. 38 abends	6. 7. 38 vorm.	Ostsee — Dievenow, Misdroy	50,—
22/38	28. 6. 38 vorm.	6. 7. 38 nachm.	Niederrhein — Goch, Kleve und Kellen	17,—
23/38	29. 6. 38 vorm.	7. 7. 38 abends	Sauerland — Sorpetalsperre, Röhrtal, Arnsberg	16,50
24/38	29. 6. 38 abends	16. 7. 38 vorm.	Oberbayern — Freilassing, Theißendorf, Einring	63,—
25/38	1. 7. 38 vorm.	14. 7. 38 abends	Spessart — Gemünden, Lohr, Heigenbrücken	51,—
26/38	7. 7. 38 vorm.	14. 7. 38 abends	Eifel — Hellental, Münstereifel, Kirchheim	16,—
27/38	8. 7. 38 abends	15. 7. 38 abends	Thüringen — Sonneberg, Lauscha, Steinach	32,—
28/38	8. 7. 38 vorm.	20. 7. 38 abends	Allgäu — Lechbruck, Roßhaupten, Steingaden	50,—
29/38	7. 7. 38 abends	23. 7. 38 vorm.	Oberbayern — Wendelsteingebiet	61,—
30/38	7. 7. 38 vorm.	15. 7. 38 nachm.	Weserbergland — Wunsdorf, Bückeburg, Steinhude	28,50
31/38	7. 7. 38 abends	21. 7. 38 abends	Schwarzwald — Untermünstertal, Staufen	52,—
32/38	14. 7. 38 vorm.	21. 7. 38 abends	Sauerland — Laasphe, Erndtebrück, Berleburg	16,—
33/38	14. 7. 38 vorm.	27. 7. 38 abends	Mosel — Bullay, Bernkastel, Zeltingen	46,50
34/38	14. 7. 38 vorm.	26. 7. 38 nachm.	Taunus — Eppstein, Oberursel, Kronberg	42,—
35/38	15. 7. 38 vorm.	25. 7. 38 nachm.	Harz — Stolberg, Straßberg, Wippra	38,50
36/38	13./14.7. 38 abends	23. 7. 38 vorm.	Bayerische Ostmark — Passau, Fürstenstein	47,50
37/38	18. 7. 38 vorm.	26. 7. 38 nachm.	Niederrhein — Kleve, Goch, Kellen	17,—
38/38	20. 7. 38 vorm.	27. 7. 38 abends	Sauerland — Altenhundem, Elspe, Oberhundem	16,50
39/38	21. 7. 38 abends	4. 8. 38 abends	Schwarzwald — Calw, Bad Liebenzell, Hirsau	50,—
40/38	20. 7. 38 vorm.	27. 7. 38 abends	Hunsrück — Hochscheid, Rheinböllen, Simmern	28,—
41/38	1. 8. 38 vorm.	13. 8. 38 abends	Allgäu — Immenstadt, Martinszell, Rettenberg	49,50
42/38	27. 7. 38 abends	16. 8. 38 vorm.	Oberbayern — Uebersee, Chieming, Seebruck	70,50
43/38	27. 7. 38 vorm.	9. 8. 38 nachm.	Nordsee — Norderney	53,—
44/38	28. 7. 38 vorm.	5. 8. 38 abends	Eifel — Heimbach, Kreuzau, Gey-Straß	17,50
45/38	25. 7. 38 vorm.	1. 8. 38 abends	Sauerland — Rüthen, Belecke, Suttrop	16,20
46/38	29. 7. 38 abends	10. 8. 38 vorm.	Fichtelgebirge — Warmensteinach	48,—
47/38	1. 8. 38 abends	11. 8. 38 abends	Ostsee — Flensburg, Glücksburg, Gelting	49,—
48/38	26. 7. 38 mittags	30. 8. 38 mittags	Ostpreußen — Verwandtenzug	25,50
49/38	26. 7. 38 abends	1. 8. 38 abends	Breslau — Deutsches Turn- und Sportfest	37,—
50/38	3. 8. 38 vorm.	10. 8. 38 abends	Eifel — Gillenfeld, Gerolstein, Pelm	17,—
51/38	8. 8. 38 abends	22. 8. 38 abends	Schwäbische Alb — Urach, Dettingen, (Lichtenstein)	51,50
52/38	4. 8. 38 abends	15. 8. 38 abends	Schwarzwald — St. Peter, St. Blasien	45,—

Abbildung 46: Fahrtenverzeichnis aus: „Mit KdF in den Urlaub",
Die Deutsche Arbeitsfront, Gau Westfalen-Süd, NSG KdF 1938
(Privatarchiv Thomas Schaufuß)

Fahrt-Nr.	Zeit der Abfahrt	Zeit der Rückkehr	Aufnahmegebiet	Preis RM
53/38	4. 8. 38 abends	17. 8. 38 vorm.	Sächs. Schweiz — Schandau, Königstein, Wehlen	50,—
54/38	4. 8. 38 abends	20. 8. 38 vorm.	Oberbayern — Lenggries, Bad Tölz	59,50
55/38	4. 8. 38 vorm.	12. 8. 38 abends	Deutsche Weinstraße — Maikammer, Haardt	32,—
56/38	4. 8. 38 vorm.	12. 8. 38 abends	Spessart — Miltenberg, Obernburg, Klingenberg	30,50
57/38	3. 8. 38 mittags	20. 8. 38 mittags	Ostpreußen — Verwandtenzug	25,50
58/38	3. 8. 38 vorm.	10. 8. 38 abends	Eifel — Münstereifel, Kirchheim, Weyer	15,50
59/38	5. 8. 38 vorm.	15. 8. 38 nachm.	Odenwald — Wahlen, Heppenheim, Fürth	37,50
60/38	8. 8. 38 abends	23. 8. 38 vorm.	Oberbayern — Simssee, Stefanskirchen, Söllhuben	57,—
61/38	8. 8. 38 abends	22. 8. 38 vorm.	Franken — Dinkelsbühl, Rothenburg	52,—
62/38	8. 8. 38 mittags	28. 8. 38 mittags	Ostpreußen — Verwandtenzug	25,50
63/38	8. 8. 38 abends	20. 8. 38 vorm.	Ostsee — Misdroy, Dievenow	50,—
64/38	9. 8. 38 vorm.	16. 8. 38 abends	Teutoburger Wald — Bad Lippspringe	24,—
65/38	10. 8. 38 vorm.	18. 8. 38 nachm.	Harz — Blankenburg	31,50
66/38	10. 8. 38 abends	24. 8. 38 abends	Allgäu — Scheidegg, Lindenberg, Heimenkirch	besetzt
67/38	10. 8. 38 abends	25. 8. 38 abends	Schwarzwald — Furtwangen, Böhrenbach	55,50
68/38	10. 8. 38 abends	19. 8. 38 abends	Neckartal — Schönau, Ziegelhausen, Neckargemünd	40,—
69/38	12. 8. 38 mittags	25. 8. 38 mittags	Ostpreußen — Verwandtenzug	25,50
70/38	11. 8. 38 vorm.	30. 8. 38 vorm.	Schlesien — Verwandtenzug	22,—
71/38	11. 8. 38 abends	30. 8. 38 vorm.	Schlesien — Bad Reinerz, Rückers	69,50
72/38	12. 8. 38 vorm.	19. 8. 38 abends	Sauerland — Bestwig, Freienohl, Fredeburg	14,70
73/38	16. 8. 38 vorm.	24. 8. 38 nachm.	Mosel-Saar — Perl, Saarburg	30,—
74/38	15. 8. 38 abends	26. 8. 38 abends	Bodensee — Konstanz, Wangen, Reichenau	47,—
75/38	17. 8. 38 mittags	2. 9. 38 mittags	Ostpreußen — Verwandtenzug	25,50
76/38	17. 8. 38 vorm.	29. 8. 38 abends	Thüringen — Kathhütte, Meuselbach, Oelze	45,—
77/38	17. 8. 38 vorm.	25. 8. 38 mittags	Sauerland — Rüthen, Suttrop	16,20
78/38	17. 8. 38 abends	30. 8. 38 abends	Ostsee — Saßnitz, Zingst, Prerow	55,—
79/38	18. 8. 38 vorm.	26. 8. 38 nachm.	Eifel — Gerolstein, Stadtkyll, Büdesheim	18,60
80/38	18. 8. 38 abends	26. 8. 38 abends	Spessart — Miltenberg, Klingenberg, Obernburg	30,50
81/38	18. 8. 38 abends	1. 9. 38 abends	Ostsee — Müritz, Graal	55,—
82/38	19. 8. 38 vorm.	31. 8. 38 abends	Taunus — Kronberg, Oberursel	42,—
83/38	19. 8. 38 vorm.	29. 8. 38 abends	Lüneburger Heide — Buchholz, Jesteburg, Scheeßel	38,—
84/38	24. 8. 38 abends	3. 9. 38 vorm.	Oberbayern — Piding, Berchtesgadener Land	46,—
85/38	25. 8. 38 vorm.	2. 9. 38 mittags	Eifel — Kottenheim, Niedermendig, Andernach	18,—
86/38	26. 8. 38 vorm.	2. 9. 38 abends	Siegerland — Eisern, Junkerhees, Kaan-Marienborn	15,50
87/38	28./29. 8. 38 abends	7. 9. 38 mittags	Nordsee — Juist	41,50
88/38	27. 8. 38 vorm.	10. 9. 38 abends	Odenwald — Wahlen, Heppenheim	50,—
89/38	27. 8. 38 vorm.	4. 9. 38 nachm.	Lüneburger Heide — Soltau, Bissethövede	32,—
90/38	29. 8. 38 vorm.	6. 9. 38 nachm.	Eifel — Manderscheid, Wittlich	21,50
91/38	2. 9. 38 abends	18. 9. 38 abends	Rhein — Ehrenbreitstein, Arenberg	49,—
92/38	16. 9. 38 vorm.	26. 9. 38 abends	Hunsrück — Buchholz, Gemünden, Simmern	36,—
93/38	16. 9. 38 vorm.	26. 9. 38 nachm.	Mosel — Bernkastel, Neumagen, Wintrich	38,—
94/38	16. 9. 38 vorm.	26. 9. 38 abends	Bergstraße — Bensheim, Auerbach, Seeheim	35,50
95/38	30. 9. 38 vorm.	10.10. 38 nachm.	Rhein — St. Goar, Rhens, Boppard	35,—
96/38	28. 7. 38 abends	5. 8. 38 abends	Berlin — Rundfunkausstellung	33,50
97/38	4. 8. 38 abends	8. 8. 38 abends	Berlin — Rundfunkausstellung	21,50
99/38	3. 8. 38 mittags	20. 8. 38 mittags	Ostpreußen — Osterode, Deutsch-Eylau	69,50

Seefahrten nach dem Norden, nach dem Süden
werden in den Kraft=durch=Freude=Monatsheften bekanntgegeben

5

Abbildung 47: Fahrtenverzeichnis aus: „Mit KdF in den Urlaub",
Die Deutsche Arbeitsfront, Gau Westfalen-Süd, NSG KdF 1938
(Privatarchiv Thomas Schaufuß)

KdF: Seereisen

Abbildung 48: K. d. F.-Urlauberschiff „Robert Ley"
(Privatarchiv Thomas Schaufuß)

Abbildung 49: Reisedokumente (Schiffskarte)
(Privatarchiv Thomas Schaufuß)

Kabine Nr. 426/Bettplatz F – demnach keine
unterschiedlichen Reisekategorien an Bord.

Dokument Nr. A50

Abbildung 50: Reisedokumente
(Privatarchiv Thomas Schaufuß)

a) Männer-Kabine (hauptsächlich Einzelreisen)
b) Ausweiskarte zusätzlich zum Pass bei Landgang in Madeira

Abbildung 51: KdF-Schiffsreise mit Parteigenossen der NSDAP (1940)
(Privatarchiv Thomas Schaufuß)

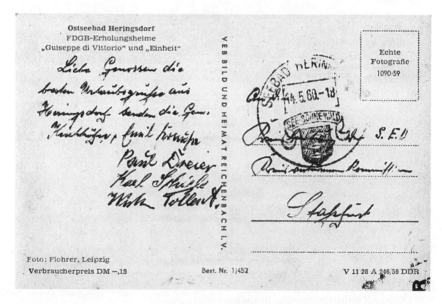

Abbildung 52: Urlaubsgrüße von SED-Genossen (14.05.1960)
(Privatarchiv Thomas Schaufuß)

Abbildung 53: Grafische Gestaltung der Tageskarte an Bord
(Privatarchiv Thomas Schaufuß)

Geldumtausch

Auf Anordnung des Reichsfinanzministeriums muß jeder Urlauber alles in seinem Besitz befindliche Silbergeld sofort nach Betreten des Schiffes in Bordanweisungen (Bordgeld) umtauschen.

Der Geldumtausch beginnt unverzüglich nach der ersten Mahlzeit und wird, wie folgt, durchgeführt:

Für Kontroll-Nummern 1—200
in der Halle (Laube), Zahlstelle 3

Für Kontroll-Nummern 201—450
im Zahlmeisterbüro, Zahlstelle 1

Für Kontroll-Nummern 451—700
im Oberstewardbüro, Zahlstelle 2

Ihre Kontroll-Nummer finden Sie rechts oben auf Ihrem Gutscheinheft.

Die von jedem Urlauber persönlich gewissenhaft ausgefüllte Devisenerklärung ist unaufgefordert beim Umtausch des Geldes vorzulegen, auch von den Urlaubern, welche kein Silbergeld in ihrem Besitz haben. 5, 10 und 50 Rpf.-Stücke haben an Bord Gültigkeit und werden nicht umgetauscht.

Auszahlung der Lire
nach Bekanntgabe durch Lautsprecher.

Abbildung 54: Strenge Kontrolle des Geldumtausches an Bord
(Privatarchiv Thomas Schaufuß)

Auszug aus dem Schiffstagebuch des Dampfers „Oceana"
104. KdF.-Reise

Tag	Sm.	Bemerkungen
19. 11.	—	Ab 17.50 Einschiffung der Urlauber an der Molo Versaglieri in Triest.
20. 11.	—	14.10 Abfahrt von Triest. 15.50 passierten Kap Salvore. 20.00 beim italienischen Kriegshafen Pola. Wetter: Wind Süd 4, bedeckt, regnerisch, Temperatur 12° C.
21. 11.	233	Fahrt entlang der dalmatinischen Küste. 10.30 passierten die Straße von Visevo. 12.38 bei der Insel Gazza. Nachmittags Brückenbesichtigung. Wetter: Wind SO 5—6, Schiff stampfte in ziemlich grober See. Temperatur 16° C.
22. 11.	243	7.03 Insel Sofeno passiert. 12.11 Einfahrt in das Gebiet der Jonischen Inseln beim Tinoxo-Feuerturm. 13.25 Korfu passiert. 13.50 bei der Ulysses-Insel. 17.00 Antipaxoi-Insel passiert. 20.47 passierten Kap Dukato-Feuerturm. Wetter: Wind Süd 5—6, Schiff stampfte in grober See und Dünung, zeitweise regnerisch, Temperatur 19° C.
23. 11.	192	0.11 Einfahrt in den Golf von Patras. 3.00 Einfahrt in den Golf von Korinth. 7.09 ankerten auf der Reede von Itea, anschließend Ausbootung der Urlauber. 17.30 Abfahrt von Itea. 21.20 bis 23.00 Durchfahrt durch den Kanal von Korinth. Wetter: Wind umlaufend 4, zeitweise regnerisch, Temperatur 16° C.
24. 11.	76	3.15 Ankunft in Piräus. Ab 8.00 Landung der Urlauber zu den vorgesehenen Ausflügen. Wetter: Wind umlaufend 3, teilweise bedeckt, Temperatur 17° C.
25. 11.	46	1.10 Abfahrt von Piräus. Von 5.55 bis 11.10 Durchfahrt durch den Kanal von Korinth. 14.52 beim Kap Pfaromyta. 16.42 Einfahrt in den Golf von Patras. 22.38 passierten Kap Dukato-Feuerturm. Wetter: Wind Nord 2—3, schönstes Sommerwetter, Temperatur 20° C.
26. 11.	285	9.49 passierten Safeno-Feuerturm. Mittagsort: Breite 40° 47' Nord, Länge 18° 40' Ost. Nachmittags Brückenbesichtigung. Wetter: Wind Nord 2—3, ruhige See, leicht bewölkt, Temperatur 18° C.
27. 11.	206	6.25 passierten die Enge von Split. 7.30 Lotse an Bord. 8.00 Ankunft in Split. 14.45 Abfahrt von Split. Von 16.00 bis 16.45 Durchfahrt durch den Drvenik-Kanal. Fahrt entlang der dalmatinischen Küste. Wetter: Wind SO 4, mäßig bewegte See, leicht bewölkt, Temperatur 19° C.
28. 11.	226	4.00 beim Kriegshafen Pola. 10.06 Lotse an Bord. 10.40 Markusplatz passiert. 11.15 Ankunft in Venedig (Stazione Marittima).
29. 11.	—	Abfahrt der Urlauber in die Heimat.

Gesamtreisedistanz: 1507 Seemeilen gleich 2791 Kilometer.

Abbildung 55: Schiffstagebuch – veröffentlicht durch die Borddruckerei (Privatarchiv Thomas Schaufuß)

NS-Gemeinschaft „Kraft durch Freude"

2. Italien- und Griechenlandfahrt
des Dampfers „Oceana" der Hamburg-Amerika Linie
104. KdF.-Reise

Tagesprogramm

- 8.00 Flaggenparade.
- 9.00 Schiffsstandortmeldung.
  Vortrag: „Die Entwicklung der Schiffahrt".
- 9.30 Hundert-Kilometer-Marsch.
- 10.20 Deckspiele auf dem Achterdeck.
- 15.30 Konzert in der Halle und im Speisesaal.
- 16.00 Bei günstiger Witterung:
  Brückenbesichtigung (Weiße Tischkarten).
- 16.15 Konzert an Deck,
  ausgeführt von dem Werkscharmusikzug Stettiner Stadtwerke.
  Leitung: Musikzugführer Otto Göpfert.
- 17.30 Mitteilungen über den Landgang in Split.
- 20.15 Letzte Bordmeldungen. — Vortrag: „Split".
- 20.30 **Konzert**
  zum Besten des Winterhilfswerkes.
  Es spielen
  In der Halle:
  Die Bordkapelle
  Leitung: H. Stierand.
  Im Speisesaal:
  Der Werkscharmusikzug Stettiner Stadtwerke
  Leitung: Musikzugführer O. Göpfert.
  Tanz ab 22.30 Uhr.
- 22.00 Nachrichtenübertragung.
- 23.30 Getränkeausgabeschluß.
- 23.45 Musikschluß — Zapfenstreich.
- 24.00 Ruhe im Schiff!

Abbildung 56: Erholung, ideologische Beeinflussung und Propaganda
(Privatarchiv Thomas Schaufuß)

Reisepreis ca. 165,- RM

An Bord des Dampfers „Oceana"

Sonnabend, den 26. November 1938

Speisenfolge

Frühstück
Aufschnitt
Hamburger Rundstücke   Graubrot   Schwarzbrot
Butter   Marmelade
Kaffee   Tee   Schokolade

Vormittags 10 Uhr:
Fleischbrühe in Tassen mit Salzstangen

Mittagessen
Weißbrot
Bohnensuppe mit Wursteinlage
Sauerbraten, Kartoffelklöße
Backobst

Nachmittags
Kaffee   Tee
Kopenhagener Stangen   Nußschnitte

Abendessen
Kalbsfrikassee mit Spargel und Reis
Bismarckhering
Weißbrot   Graubrot   Schwarzbrot
Butter   Tee

Um 22 Uhr: Belegte Butterbrote

Abbildung 57: Tagesverpflegung an Bord
(Privatarchiv Thomas Schaufuß)

(sonstige Getränke auf Selbstzahlerbasis)

Abbildung 58: Tagesmenü für die Teilnehmer der Reise
(Privatarchiv Thomas Schaufuß)

Dokument Nr. A51

Abschrift Bundesarchiv Berlin

Bestandssignatur	Archiv-Nr.	Bezeichnung des Schriftstückes
DY34	27621	Entwicklung des Reiseverkehrs: Schriftverkehr Dr. Rösel an H. Modrow vom 16.11.1989

Entwurf

Berlin, 16.11.1989

Vorsitzenden des
Ministerrates der DDR
Genossen Hans Modrow

Berlin

1 0 2 0

Werter Genosse Modrow!

Auf der heutigen Beratung des Ausschusses für Arbeit und Sozialpolitik der Volkskammer brachten die Mitglieder ihre Sorge darüber zum Ausdruck, daß die positive Entwicklung des Reiseverkehrs auch negative Wirkungen für unser Land mit sich bringt. Die neue Regierung sollte geeignete Maßnahmen ergreifen, um das normale Leben in der DDR zu garantieren.

Unverständnis hat bei den Mitgliedern des Ausschusses die Mitteilung der Pressestelle des Ministeriums der Finanzen vom 14.11.1989 über die Neuregelung zum Vermögen von Bürgern, die die DDR verlassen haben. Sie erheben die Forderung, den Inhalt dieser Anordnung noch einmal zu überdenken und dann entsprechend abzuändern.

Mit sozialistischem Gruß

Dr. Rösel

Dokument Nr. A52

Abschrift Bundesarchiv Berlin

Bestandssignatur	Archiv-Nr.	Bezeichnung des Schriftstückes
DY34	27621	Entwicklung des Reiseverkehrs: Schriftverkehr Dr. Rösel an W. Meyer vom 21.11.1989

21.11.89

Regierungssprecher und
Leiter des Presseamtes
Wolfgang Meyer

Sehr geehrter Herr Meyer!

Der Ausschuß für Arbeit und Sozialpolitik der Volkskammer der DDR hat auf seiner letzten Sitzung die Sorge seiner Mitglieder darüber entgegengenommen, daß die positive Entwicklung des Reiseverkehrs auch negative Wirkungen für unser Land mit sich bringt.
Die neue Regierung sollte geeignete Maßnahmen ergreifen, um das normale Leben in der DDR zu garantieren.

Unverständnis hat bei den Mitgliedern des Ausschusses die Mitteilung der Pressestelle des Ministeriums der Finanzen vom 14. 11. 1989 über die Neuregelung zum Vermögen von Bürgern, die die DDR verlassen haben, ausgelöst.
Sie erheben die Forderung, den Inhalt dieser Anordnung noch einmal zu überdenken und dann entsprechend abzuändern.

Im Zusammenhang mit in der Presse publizierten Aussagen zu Anträgen polnischer und italienischer Bürger zum Erhalt der Staatsbürgerschaft der DDR wurde die Frage aufgeworfen, welchen Standpunkt die Regierung zu diesem Problem hat bzw. inwieweit kritische Bürgermeinungen Einfluß auf die Entscheidungsfindung haben werden.

Für eine Rückäußerung wäre ich Ihnen dankbar.

Hochachtungsvoll

<Unterschrift>
Dr. Fritz Rösel

Dokument Nr. A53

Bestandssignatur	Archiv-Nr.	Bezeichnung des Schriftstückes
Privatarchiv Thomas Schaufuß	./.	Urlaub in der DDR 1988 am Beispiel Bezirk Rostock

Urlaub in der DDR, 1988

Beispiel: Bezirk Rostock

Erholungswesen des FDGB	42,6 %
Öffentliche Zeltplätze	26,7 %
Reisebüro der DDR	2,1 %
Kinderferienlager	5,8 %
Jugenderholungseinrichtungen	4,0 %
Private Wochenendhäuser	3,3 %
Sonstiges*	15,5 %

* Zum Beispiel Privataufenthalte in Hotels, Gaststätten und privaten Haushalten

Quelle: Eigene Darstellung nach Statistisches Jahrbuch der DDR, 1990.

Dokument Nr. A54

Bestandssignatur	Archiv-Nr.	Bezeichnung des Schriftstückes
Privatarchiv Thomas Schaufuß	./.	Funktionsdiagramm und Gehaltsstruktur bis 1990

Dokumentation Funktionsdiagramm und Gehaltsstruktur bis 1990

Christoph Kleßmann[1] veröffentlichte am 23. März 2009, wie der sozialistische Staat aufgebaut war und ging auf den Mauerbau und seine Folgen ein. Er sagt „Aus der Rückschau lassen sich die Langzeitwirkungen des Mauerbaus deutlich erkennen. Einerseits begann nun ein Stabilisierungs- und Modernisierungsprozess. Im Inneren gab es auf der Basis der, im wörtlichen Sinne, Ausweglosigkeit neue Formen des Arrangements zwischen Regime und Bevölkerung. Andererseits bildete die vollständige Abgrenzung die Voraussetzung für die Weiterführung eines sozialistischen Experimentes, das ohne tiefgreifende Reformen auf Dauer nicht lebensfähig war. In der DDR stellte sich nach anfänglicher, großer Verbitterung ein allmählicher Prozess der Gewöhnung an das Unvermeidliche ein."

Der „vormundschaftliche Staat"[2] setzte in der DDR zwar Grenzen und begrenzte radikal die Bewegungsfreiheit, er schuf aber optisch, unter Bedingungen der politischen Anpassung, ein Höchstmaß an politischer Anpassung.

Die gehorsame, politische Anpassung an die SED-Politik war Grundvoraussetzung der Personalpolitik in einem FDGB-Erholungsheim.

Organisationen, Betriebe und Kombinate mussten bei der Einstellung von Führungspersonal an erster Stelle die Systemtreue beurteilen. Nur die Einrichtungen der evangelischen Kirche mussten sich nicht dieser Unrechtspolitik unterwerfen.

Der FDGB hatte die Schlüsselrolle der Sozialpolitik inne, soziale Fürsorge im Betrieb, Sozialversicherung, Kinderbetreuung und Feriendienst, ein Erfüllungsgehilfe der SED!

Der Kaderleiter, heute Personalleiter, war offiziell für die Personaleinstellung zuständig. In den großen Hotels waren in der Regel die Personalleiter auch IM's der Staatssicherheit und ich kann mich noch gut erinnern, dass 14-tägig ein Offizier der Staatssicherheit im Personalbüro vorsprach und aktuelle Bewerbungen begutachtete. Die fachliche Qualifikation eines Stellenbewerbers war in keiner Weise ausschlaggebend für die Besetzung der Stelle.

Die „führende Rolle der SED" war ein inkompatibles Prinzip der Personalkompetenz. Die Gewerkschaft (FDGB), der betriebliche Jugendverband FDJ, die Frauenkommission und der SED-Parteisekretär, sowie der fachliche Leiter entschieden über die Stellenvergabe.

---

[1] Kleßmann, Christoph: Die Geschichte der Berliner Mauer, Bundeszentrale für politische Bildung, 23.03.2009.

[2] Quelle: (Henrich, Rolf) Informationen zur politischen Bildung (Heft 256), „Deutschland in den 50er Jahren", 1997.

Die Politisierung der Personalpolitik ging soweit, dass fachlich total unterqualifizierte Mitarbeiter eingestellt wurden, nur weil sie FDJ- oder SED-Mitglieder waren und andererseits hochqualifizierte Bewerber abgelehnt wurden.

Die Personalentwicklung und die Weiterbildungsmaßnahmen konzentrierten sich auf den Besuch von Gewerkschafts- und Parteischulen. Die fachliche Entwicklung wurde größtenteils dem Zufall überlassen. Dabei litten besonders die Ferienhotels unter dem Fachkräftemangel, da die Sparte im Gegensatz zu den offiziellen Hotels wenig oder kein Trinkgeld bekam.

Im Kern ging es also immer um die Dreiecksrelation Parteiführung, Apparat und Anspruch auf Gehorsam. Kreativität, Loyalität gegenüber der Parteiführung war von entscheidender Wichtigkeit und bedeutete aber andererseits für fachlich qualifizierte ein Dilemma in ihrer beruflichen Entwicklung.

Die kaderpolitische Auswahl- und Rekrutierungsentscheidungen für Führungskräfte im FDGB-Erholungsheim „Am Fichtelberg" vollzogen sich ausschließlich bei dem FDGB-Bezirksvorstand Karl-Marx-Stadt, insbesondere beim Sekretär für Sozialpolitik bzw. beim Vorsitzenden, Herrn Albert Wappler[3]. Das kaderpolitische Sollen und Sein war ständiger Diskussionspunkt bei Meetings, hohes Qualifikationsniveau und proletarische Klassenherkunft waren theoretische Paare der Ideologen der Gewerkschaft.

Das Personalmanagement im Unrechtsstaat DDR war einseitig von der kommunistischen Diktatur in den Einrichtungen des Feriendienstes geprägt. Ressourcenplanung im Personalbereich war hauptsächlich auf die politische Weiterbildung ausgerichtet, die profitable Wertschöpfung im Hotelleriegewerbe war untergeordnet, deshalb wurde der Werterhaltung wenig Augenmerk geschenkt. Im Unterschied zur sozialen Marktwirtschaft gab es keine konkreten Unternehmensziele, die zu erreichen waren, sondern politische Ziele. Fehlende Mitbewerber, eine Zuteilung der Ferienschecks mussten automatisch zur Stagnation der angebotenen Qualität führen.

Mehrere Schulen des FDGBs bildeten Funktionäre weiter. Die Entlohnung war beim Feriendienst einheitlich geregelt und ähnelte der öffentlichen Gastronomie. Hier einige Beispiele (entnommen aus eigenen Unterlagen „Personalplanung 16.11. 1975, FDGB-Erholungsheim „Am Fichtelberg"):

Funktion	Bruttolohn/Mark	Zuschlag/Mark
Gastronomischer Direktor verhandelbar	1.200,–	
Sekretärin	570,– bis 710,–	
Restaurantleiter	685,–	276,–
Oberkellner	510,–	204,–
Kellner/Restaurantfachmann	420,–	168,–
Büffetleiter	510,–	204,–
Leiter Hallenbar	615,–	246,–
Barmixer	420,–	168,–

---

[3] Vgl. Malycha; Andreas: „Die SED. Geschichte ihrer Stalinisierung 1946–1953", Paderborn 2000, S. 454; Ebenda, Protokolle FDGB-Bezirksvorstand bis 1989.

Die Führungsstruktur stellte sich wie folgt dar:

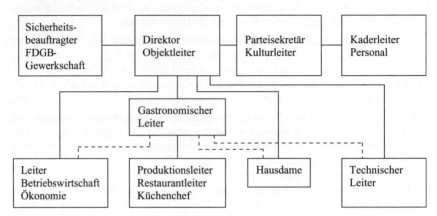

Beispiele der fachlichen und politischen Qualifikation von leitenden Mitarbeitern zur Eröffnung des FDGB-Erholungsheimes „Am Fichtelberg":

Funktion im Hotel	Beruf	Politische Herkunft[4]
Direktor (Objektleiter)	Metallarbeiter/ Gewerkschaftsschule	ehemals Vorsitzender IG Metall Aue/SED
Kulturleiter/Parteisekretär	SED-Funktionär	Mitarbeiter SED-Kreisleitung Annaberg
Hausdame, Beherbergung	Buchhalterin/ Wirtschafterin	FDGB-Funktionär
Technischer Leiter	NVA-Offizier	Nationale Volksarmee
Sicherheitsbeauftragter, Leitung Hausgewerkschaft, inoffizieller Verbindungsmann zur Staatssicherheit	Baggerführer	SED-Funktionär/ Gewerkschaftsfunktionär in der damaligen Bauleitung
Kaderleiterin/Personalleiterin	Kaufmännische Ausbildung	SED-Funktionär

Anhand der Beispiele ist erkennbar, von wem die „Erholungswochen" im FDGB-Ferienhotel für die DDR-Urlauber gestaltet werden sollten.

Die sozialistische Weltanschauung war die Grundlage der Arbeit, aber auch der Reproduktion in den gewerkschaftlichen Einrichtungen nach dem Krieg. Zur Wahrheit der Kaderpolitik gehört aber auch, dass ehemalige NSDAP-Angehörige im Bun-

---

[4] Alle Führungskräfte mussten Mitglied der SED sein.

desvorstand des FDGB gearbeitet haben. Im „Braunbuch der DDR" recherchiert Olaf Kappelt u. a.: „Der langjährige Sekretär des FDGB-Vorstands, Horst Heintze, war NSDAP-Mitglied. Er gehörte zur NSDAP-Ortsgruppe Halle. Von 1961–1989 war Heintze Sekretär des FDGB-Bundesvorstands. Neben dem Sekretär Fritz Rösel war er insbesondere für die Entwicklung des Feriendienstes mit verantwortlich.

Folgende ehemalige NSDAP-Mitglieder waren im Bundesvorstand des FDGB beschäftigt: Ursula Raurin-Kutzner, Heinz Deckert, Paul Ruhig und Heinz Schnabel.

Langjähriger Chefideologe des FDGB-Bundesvorstandes war Horst Demmler. Er war als Schüler der NSDAP beigetreten und zuletzt Sekretär des wissenschaftlichen Beirates des FDGB-Bundesvorstandes"[5].

---

[5] Kappelt, Olaf: „Braunbuch DDR", Berlin 2009, S. 62 f.

Dokument Nr. A55

Bestandssignatur	Archiv-Nr.	Bezeichnung des Schriftstückes
Privatarchiv Thomas Schaufuß	./.	DER SPIEGEL 3/1991 vom 14.01.1991: Feriendienst des ehemaligen FDGB pleite

– Zitat S. 87–88, Rubrik: Gewerkschaften –

Fest verklammert

Der Feriendienst des ehemaligen FDGB ist pleite. Doch die Gewerkschaften wollen mit dem Desaster nichts zu tun haben.

Hans-Peter Kühnl sieht blaß aus, und er wirkt niedergeschlagen. „Mir ist das Lachen lang vergangen", klagt der Berliner.

Kühnl ist Chef der Fedi GmbH, dem früheren Reiseveranstalter „Feriendienst" der ostdeutschen Gewerkschaften. Und das ist im Moment wahrhaftig kein fröhlicher Job. Wochenlang feilschte Kühnl verzweifelt mit Vertretern von Regierung, Treuhandanstalt und den Nachlaßverwaltern des aufgelösten FDGB. Die Mühe war umsonst. Am Freitag vergangener Woche mußte der Fedi-Chef beim Amtsgericht Charlottenburg Konkurs anmelden.

In den kommenden Tagen erhalten rund 12.000 Mitarbeiter des Tourismus-Betriebs, denen noch nicht gekündigt wurde, ihre Entlassungsschreiben. Die 700 Heime des einstigen Urlaubsmonopolisten sind seit Anfang Januar ohnehin größtenteils geschlossen.

Mit der Pleite des gewerkschaftseigenen Feriendienstes endet ein Kapitel sozialistischer Zwangswirtschaft auf dem Gebiet der ehemaligen DDR. Weil Ost-Bürger nicht reisen durften, wohin sie wollten, hatten die Gewerkschaften auf Befehl der SED im Land einen riesigen Beherbergungsbetrieb aufgebaut.

Der Urlaubs-Gigant verschlang zuletzt eine halbe Milliarde Mark im Jahr. Ein knappes Drittel der Kosten zahlten die Gäste, den Rest steuerten der FDGB und die Regierung bei.

Insider erwarteten das Aus für den Freizeitkonzern bereits mit Beginn des Währungsunion im Juli letzten Jahres. Doch die CDU-geführte Regierung unter Lothar de Maizière gab weiterhin Geld. Die neuen Machthaber fürchteten Proteste der Regierten, die ihre billigen Urlaubsgutscheine einlösen wollten.

Auch Bonn zeigte sich zunächst großzügig. Bis zum Jahresende deckten Bundesregierung und Treuhand den größten Teil des Defizits. Die Fedi-Mitarbeiter sollten bis zur gesamtdeutschen Bundestagswahl ruhiggestellt werden.

Vom steten Geldfluß verwöhnt, werkelten die Fedi-Mitarbeiter und ihre Angestellten weiter, als wäre nichts geschehen. Das Ende ist nun um so grausamer. Seit Jahresbeginn ist der Bankrott absehbar. „Von uns", erklärt Treuhand-Abteilungsleiter Josef Dierdorf, „kriegt Fedi keine Mark mehr".

Niemand möchte nun für die Konkursfolgen aufkommen, schon gar nicht die Gewerkschaften. Bereits Anfang Juli versuchten die Altfunktionäre des FDGB, die Reisefirma vom übrigen Vermögen der Ost-Gewerkschaften abzutrennen. Die FDGB-Treuhänder wollten verhindern, daß sie bei Zahlungsunfähigkeit der Fedi für aussehende Rechnungen aufkommen müssen und sie wollten sich um den Sozialplan für die Angestellten drücken.

Doch die West-Berliner Behörden vereitelten den Plan. Das Amtsgericht Charlottenburg weigerte sich, eine neue Firma einzutragen, mit der die Fedi-Altlast aus dem Gewerkschaftsvermögen ausgegliedert werden sollte. Da Fedi und der FDGB verklammert bleiben, gerät mit dem Konkurs des Urlaubsunternehmens nun auch das übrige Vermögen des FDGB in Gefahr, darunter wertvolle Immobilien wie die ehemalige FDGB-Zentrale am Märkischen Ufer in Ost-Berlin.

Auf die Gebäude will der DGB als Nachfolger des FDGB auf keinen Fall verzichten. „Ich habe vom Vorstand den Auftrag", sagt DGB-Finanzchef Helmut Teitzel freimütig, „um jeden Preis die Häuser zu retten".

Sozialisierung der Verluste, Privatisierung der Gewinne – so lautet die Devise der DGB-Anführer. Die Kosten aus der Feriendienst-Pleite soll der Staat tragen, der Gewinn aus Gewerkschaftsimmobilien soll beim DGB verbleiben.

Mit einem Trick wollen die DGB-Manager die Folgen des Fedi-Konkurses nun doch auf die öffentliche Hand abwälzen. Da der Feriendienst zu einem großen Teil volkseigene Gebäude bewirtschaftet hat, argumentieren die West-Gewerkschafter, sei ohnehin die Treuhand für das frühere FDGB-Unternehmen zuständig.

Ob die Gewerkschaften so leicht die Lasten des Fedi-Zusammenbruchs abwälzen können, scheint allerdings fraglich. Vom Geld geblendet, haben die Arbeitnehmervertreter ein brisantes Detail übersehen: Die Arbeitsverträge der Fedi-Angestellten wurden allesamt von FDGB-Funktionären unterschrieben.

Ende Zitat –

*) Die DDR setzte 1987 1,5 Milliarden DDR-Mark für das Erholungswesen ein, die individuellen finanziellen Leistungen in Betrieben direkt sind darin nicht eingerechnet. Nur 117 Millionen DDR Mark wurden von den Urlaubern vereinnahmt.

Quelle: © 2008 Manet Marketing GmbH, Schwerin.

Dokument Nr. A56

Bestandssignatur	Archiv-Nr.	Bezeichnung des Schriftstückes
Privatarchiv Thomas Schaufuß	./.	Urlaubsmotive der Deutschen 1991 und 2008

Urlaubsmotive der Deutschen

		Neue Eindrücke	Viel erleben	Unterwegs sein	Verwöhnen lassen	Ausruhen, faulenzen
Ost	1999	62 %	56 %	43 %	27 %	20 %
	2008	36 %	31 %	31 %	35 %	32 %
West	1999	47 %	42 %	31 %	40 %	40 %
	2008	32 %	31 %	28 %	33 %	35 %

Quelle: Eigene Darstellung nach Reiseanalyse.

Dokument Nr. A57

Bestandssignatur	Archiv-Nr.	Bezeichnung des Schriftstückes
Privatarchiv Thomas Schaufuß	./.	Thüringer Allgemeine vom 22.10.2009: Mein Artikel „Grünes Herz noch grüner" – Leserbrief vom 29.10.2009

EINGEGANGEN AM
29. Okt. 2009
THÜRINGER ALLGEMEINE REDAKTION

Leserbrief

Da schreibt doch Herr Schaufuß aus Berlin : vor 20 Jahren haben wir endlich die Möglichkeit erhalten,unsere Heimat ohne staatliche Lenkung und Planung zu erkunden.Ich empfehle Herrn Schaufuß sich in Artern (Thüringen) in der Veitskirche meine Ausstellung " Von Artern durch die Welt " anzuschauen.Sie ist noch bis Ende November geöffnet. Auf mehreren Tafeln sind auch meine Reisen zu DDR-Zeiten,natürlich auch Reisen in alle Oststaaten und sogar legale und illegale Reisen ~~Reisen~~ in westliche Länder dargestellt.Mit Trabbi und Zelt,aber auch in Hotels habe ich die ganze DDR bereist,und das ohne staatliche Lenkung und Planung,sondern ganz privat.Ich schätze,daß ich in un-zähligen Hotels,Pensionen oder Privatquartieren und auf Campingplätzen an der Ostsee,in Thüringen und im Erzgebirge übernachtet habe.So waren wir von Glowe-Campingplatz an der Ostseeküste bis Hotel in Schleusingen (Thüringer Wald) und von Bimark in einer Pension in Sachsen-Anhalt bis nach Cottbus in den Spreewald in Privatquartieren unterwegs.Sicher entsprach das damalige Niveau nicht immer dem heutigen Standert und es klappte nicht alles wunschgemäß,aber meist fand sich doch eine Lösung.Ich muß annehmen,daß wir in verschiedenen Staaten gelebt haben.Es war schon möglich in der DDR zu reisen - - nur wir durften nicht in den Westen fahren.
Dann schreiben Sie,daß jetzt in Thüringen selbst die Bäume grüner sind ! !Eigentlich waren sie vor allem im Frühling schon immer besonders grün.Sie waren sicher im Herbst hier,als die Blätter ,wie überall und seit Jahrtausenden eine dunkelgrüne Farbe angenommen hatten.Ich denke Sie kennen sich mit den Farbnuancen zu den verschiedenen Jahreszeiten nicht so aus.Als Thüringer nehmen wir Ihnen das nicht übel, aber wir empfehlen Ihnen den nächsten Besuch - natürlich ohne staatliche Lenkung und Planung - im Frühling ganz privat einzuplanen.

Ich bitte Herrn Schaufuß meine Leserschreiben zu übermitteln.

Grünes Herz noch grüner

Wenn man heute Thüringen als Tourist besucht, freut man sich, was gerade im Fremdenverkehr entstanden ist. Aus ehemaligen FDGB-Heimen sind schicke kleine Hotels geworden, und in den Städten ist eine abwechslungsreiche Gastronomie entstanden. Nicht nur die Reisefreiheit ins Ausland haben wir vor 20 Jahren erhalten, sondern auch die Möglichkeit, unsere Heimat ohne staatliche Lenkung und Planung zu erkunden. Das grüne Herz Deutschlands ist noch grüner geworden.

Thomas Schaufuß, Berlin

Dokument Nr. A58

Bestandssignatur	Archiv-Nr.	Bezeichnung des Schriftstückes
Privatarchiv Thomas Schaufuß	./.	Schreiben des Leiters der Abteilung Feriendienst des FGDB-Bundesvorstandes an Thomas Schaufuß vom 14.03.1978

Freier Deutscher Gewerkschaftsbund
Bundesvorstand

FDGB · 1026 Berlin, Fritz-Heckert-Straße 70

Kollege Schaufuß

FDGB - Feriendienst
Objekt Oberwiesenthal
EH "Am Fichtelberg"

Ihre Zeichen   Ihre Nachricht vom   Unsere Zeichen   Datum
                                                     14. März 1978

Betrifft:

Werter Kollege Schaufuß !

Mit der Herausgabe der "Normative bzw. Richtwerte für den Einsatz von Arbeitskräften in Neubauten des Feriendienstes der Gewerkschaften" als vorläufige interne Arbeitsgrundlage für Vorstände und Einrichtungen wurde die Aufgabe der zeitweiligen Arbeitsgruppe "Arbeitskräftenormative" erfüllt. Als Mitglied dieser Arbeitsgruppe hast Du wesentlich zum erfolgreichen Abschluß der Arbeiten beigetragen. Für Deine gezeigten Leistungen, Deine Einsatzbereitschaft und Deine Sachkenntnis möchte ich Dir Dank und Anerkennung aussprechen.

Wir beginnen jetzt damit, Erfahrungen bei der praktischen Anwendung der Normative und Richtwerte in den Objekten und Heimen zu sammeln. Wir würden es begrüßen, wenn wir zu gegebener Zeit wieder mit Deiner aktiven Mitarbeit bei der Qualifizierung des Materials rechnen könnten.

Für Deine weitere Tätigkeit wünsche ich Dir viel Erfolg und im persönlichen Leben alles Gute !

Mit gewerkschaftlichem Gruß

E. Sonntag
Leiter d. Abt. Feriendienst

Telefon: 2 70 09 01 · Telex: 113 011 · Telegrammadresse: Freigewerkbund Berlin · B.N. 901 8575 1 · Berliner Stadtkontor 6651-13-776
Angabe des Diktatzeichens und des Datums bei Antwortschreiben hilft Zeit sparen

Der Autor war in den Jahren 1975 bis 1978 in mehreren Facharbeitsgruppen beim Bundesvorstand des FDGB, Abteilung Feriendienst tätig, so z. B. in Arbeitsgruppen für die Ausbildung der gastronomischen Berufe, die Personalstrukturplanung (Hotel- und Gastronomiebereich) und die Vorbereitung des nationalen Leistungsvergleichs Köche – Kellner. Für die Ferienhotellerie erarbeitete er einen Regiekatalog für gastronomische Veranstaltungen. Der Katalog beinhaltete Beratung, Planung, Durchführung, Künstlereinsätze, Showkonzepte, Urlaubermarketing und Darstellung von organischen Verbindungen zu der Animationsabteilung (Abteilung Sport, Wandern und Kinderbetreuung). Die Urlauberunterhaltung beim Massentourismus, verbunden mit Tafelfreuden, Varieté und Comedy unter Einbeziehung des gastronomischen Personals war die Grundlage des damaligen Konzeptes. Der Katalog wurde 1977 zur Leipziger Fachmesse ausgestellt und prämiert. Inhalt des Kataloges waren – wie bereits ausgeführt – Regiepläne mit heute noch aktuellen Themen wie z. B. „Hobbyköche stellen sich vor" oder „Kulinarischer Zirkus" oder „Mitternachtsspuk". Die Umsetzung des Regiekatalogs in der DDR erfolgte zögerlich, da die Themen zu unpolitisch waren.

In den 90er Jahren erlebte die Erlebnisgastronomie in Gesamtdeutschland einen Aufschwung. Der Wiesbadener Koch Hans-Peter Wodarz inszenierte 1990 als „erstes"(?) Projekt „Panem et Circenses" in einem Spiegelzelt.

Die Erfolgsgeschichte der Aida-Schiffsreisen beginnt 1990 mit dem Kauf der Arkona (früher Astor) von der Treuhand durch zwei Hamburger Geschäftsleute. Der Massentourismus im Aida-Geschäft ist konzipiert auf die zwanglose Ferienclubatmosphäre und die Erlebnisgastronomie mit unterhaltsamen Showeinlagen nach Regieplänen für Jung und Alt.

Bibliographie

Quellen

Bundesarchiv Berlin

Bestandssignatur DY30, Archiv-Nr. IV 2/2.102.
Bestandssignatur DY34, Archiv-Nr. 15842.
Bestandssignatur DY34, Archiv-Nr. 18838.
Bestandssignatur DY34, Archiv-Nr. 2294.
Bestandssignatur DY34, Archiv-Nr. 23520.
Bestandssignatur DY34, Archiv-Nr. 24055.
Bestandssignatur DY34, Archiv-Nr. 24530.
Bestandssignatur DY34, Archiv-Nr. 24682.
Bestandssignatur DY34, Archiv-Nr. 24687.
Bestandssignatur DY34, Archiv-Nr. 24688.
Bestandssignatur DY34, Archiv-Nr. 24803.
Bestandssignatur DY34, Archiv-Nr. 24806.
Bestandssignatur DY34, Archiv-Nr. 24943.
Bestandssignatur DY34, Archiv-Nr. 24944.
Bestandssignatur DY34, Archiv-Nr. 25268.
Bestandssignatur DY34, Archiv-Nr. 25340.
Bestandssignatur DY34, Archiv-Nr. 25449.
Bestandssignatur DY34, Archiv-Nr. 25480.
Bestandssignatur DY34, Archiv-Nr. 25530.
Bestandssignatur DY34, Archiv-Nr. 2590.
Bestandssignatur DY34, Archiv-Nr. 26083.
Bestandssignatur DY34, Archiv-Nr. 26086.
Bestandssignatur DY34, Archiv-Nr. 26804.
Bestandssignatur DY34, Archiv-Nr. 27621.
Bestandssignatur DY34, Archiv-Nr. 27640.
Bestandssignatur DY34, Archiv-Nr. 27643.
Bestandssignatur DY34, Archiv-Nr. 37/71/6355.

Bestandssignatur DY34, Archiv-Nr. 4305.

Bestandssignatur DY34, Archiv-Nr. IV 2/6.11/80.

Bestandssignatur DY45, Archiv-Nr. 5343.

Stiftung Archiv der Parteien und Massenorganisationen der DDR im Bundesarchiv (SAPMO – BArch)

Bestandssignatur D 78/13.

Sächsisches Staatsarchiv

Bestandssignatur EB 182, FDGBBVkMst 2.

Bestandssignatur EB 187, FDGBBVkMst 2.

Bestandssignatur EB 197, FDGBBVkMst 2.

Bestandssignatur EB 218, FDGBBVkMst 2.

Bestandssignatur EB 418, FDGBBVkMst 4.

BStU Archiv der Zentralstelle

Bestandssignatur MfS – VRD, Archiv-Nr. 1289.

Bestandssignatur MfS – VRD, Archiv-Nr. 5842.

Bestandssignatur MfS HA II, Archiv-Nr. 41529.

Bestandssignatur MfS SED-KL, Archiv-Nr. 1069.

BStU Archiv der Außenstelle Chemnitz

Archiv-Nr. An-33.

Archiv-Nr. An-90.

Archiv-Nr. 3403/88.

Onlinequellen

http://de.wikipedia.org/wiki/LWL-Klinik_Hemer (Abruf 12.11.2010).

http://www.m-vp.de/land/ddr-fremdenverkehr.htm (Abruf 03.12.2008).

http://www.nordbruch.org, Dr. Claus Nordbruch, „Die Parteiendiktatur – Spiegel einer kranken Gesellschaft" (Abruf 14.09.2010); auch in „Deutschland in Geschichte und Gegenwart", Heft 3/2001, S. 12–16.

http://www.spiegel.de

http://www.stiftung-aufarbeitung.de/downloads/pdf/stip2007/Stirn.pdf (Abruf 30.10.2009).

http:/www.wbmagazin.de/Archive_2007/November_2007.html (Abruf 30.11.2010).

Sekundärliteratur

Ahbe, Thomas: „50 Jahre DDR. Identität und Renitenz", in: Monika Gibas u. a. (Hg.): Wiedergeburten. Zur Geschichte der runden Jahrestage der DDR, Leipzig 1999, S. 266–284.

Appel, Susanne: „Reisen im Nationalsozialismus", Baden-Baden 2001, S. 10–140.

Arbeit des Sonderforschungsbereichs 537 „Institutionalität und Geschichtlichkeit", Teilprojekt M „Sozial- und Konsumpolitik. Weiche Stabilisatoren totalitärer Herrschaft in der späten DDR" an der TU Dresden.

Architektur der DDR (Zeitschrift), Ausgabe 6/78.

Bagger, Wolfgang: „Tourismus – Proletarischer Sozialtourismus", in: Mitteilungen aus der kulturwissenschaftlichen Forschung 24, Berlin 1988.

Bagger, Wolfgang: „Tourismus in der DDR vor und nach der Wende", in: Dieter Kramer und Ronald Lutz (Hg.): Reisen und Alltag. Beiträge zur kulturwissenschaftlichen Tourismusforschung, Frankfurt 1992, S. 173–202.

Bagger, Wolfgang: „Tourismus. Eine Einleitung", in: Mitteilungen aus der kulturwissenschaftlichen Forschung, Nr. 24, Berlin (Ost) 1988, S. 5–45.

Bähre, Heike: „Tourismuspolitik in der Systemtransformation. Eine Untersuchung zum Reisen in der DDR und zum ostdeutschen Tourismus im Zeitraum 1980–2000", Berlin 2003.

Bauerkämper, Arnd: „Aufwertung und Nivellierung. Landarbeiter und Agrarpolitik in der SBZ/DDR 1945–1960", in: Peter Hübner und Klaus Tenfelde (Hg.): Arbeiter in der SBZ-DDR, Essen 1999, S. 245–268.

Bausinger, Hermann u. a. (Hg.): „Reisekultur. Von der Pilgerfahrt zum modernen Tourismus", München 1991.

Beck, Ullrich: „Jenseits von Klasse und Stand? Soziale Ungleichheiten, gesellschaftliche Individualisierungsprozesse und die Entstehung neuer sozialer Formationen und Identitäten", in: Soziale Welt. Sonderband 1983.

Bessel, Richard/*Jessen,* Ralph (Hg.): „Grenzen der Diktatur. Staat und Gesellschaft in der DDR", Göttingen 1996.

Biskupek, Matthias/*Wedel,* Mathias: „Urlaub, Klappfix, Ferienscheck. Reisen in der DDR", Berlin 2003.

Bourdieu, Pierre: „Die feinen Unterschiede. Kritik der gesellschaftlichen Urteilskraft", Frankfurt am Main 1982.

Bouvier, Beatrix: „Die DDR – ein Sozialstaat?", Bonn 2002.

Boyer, Christoph/*Henke,* Klaus Dieter/*Skyba,* Peter: „Geltungsbehauptungen im Staatssozialismus", in: Gert Melville und Hans Vorländer (Hg.): Geltungsgeschichten. Über die Stabilisierung und Legitimierung institutioneller Ordnungen, Köln/Weimar/Wien, 2002, S. 349–372.

Boyer, Christoph: „Grundlinien der Sozial- und Konsumpolitik der DDR in den 70er und 80er Jahren in theoretischer Perspektive", in: Renate Hürtgen und Thomas Reichel (Hg.): Der Schein der Stabilität. DDR-Betriebsalltag in der Ära Honecker, Berlin 2001, S. 69–84.

Boyer, Christoph: „Totalitäre Elemente in staatssozialistischen Gesellschaften", in: Klaus-Dietmar Henke (Hg.): Totalitarismus. Sechs Vorträge über Gehalt und Reichweite eines klassischen Konzepts der Diktaturforschung, Dresden 1999, S. 67 ff.

Braun, Heinz: „Die Überlieferung des FDGB in der Stiftung Archiv der Parteien und Massenorganisationen der DDR im Bundesarchiv", Internationale wissenschaftliche Korrespondenz zur Geschichte der Deutschen Arbeiterbewegung (IWK), 4/1996, S. 520–534.

Brie, Michael/*Hirdina,* Karin (Hg.): „In memoriam Lothar Kühne. Von der Qual, die staatssozialistische Moderne zu leben", Berlin 1993.

Brockhaus, Gudrun: „Schauder und Idyll", München 1997.

Broszat, Martin: „Der Staat Hitlers. Grundlegung und Entwicklung seiner inneren Verfassung", München 1978.

Brunner, Detlef: „Der Wandel des FDGB zur kommunistischen Massenorganisation", Essen 1996.

Brunner, Detlef: „Sozialdemokraten im FDGB. Von der Gewerkschaft zur Massenorganisation", Essen 2000, S. 41 ff.

Buck, Hansjörg/*Gutmann,* Gernot: „Die Zentralplanwirtschaft der DDR – Funktionsweise, Funktionsschwäche und Konkursbilanz", in: Eberhard Kurth u. a. (Hg.): Die wirtschaftliche und ökologische Situation der DDR in den 80er Jahren, Band 2, Opladen 1996.

Bundesministerium für innerdeutsche Beziehungen (Hg.): „Zahlenspiegel Bundesrepublik Deutschland/Deutsche Demokratische Republik", Bonn 1988.

Clemen, Prof. D. Dr.: „Führer durch Zwickau", Verlag von Carl R. Moeckels Nachf., Rudolf Schaufuß, Zwickau 1926.

Deich, Ingrid/*Kothe,* Wolfhard: „Betriebliche Sozialeinrichtungen", Opladen 1997.

Deja-Lölhöffel, Brigitte: „Freizeit in der DDR", Berlin (West) 1986.

DER SPIEGEL (Zeitschrift), Ausgabe 33/1990 vom 13.08.1990, Rubrik: Gewerkschaften.

DER SPIEGEL (Zeitschrift), Ausgabe 2/1991 vom 07.01.1991, Rubrik: Wintersport.

DER SPIEGEL (Zeitschrift), Ausgabe 3/1991 vom 14.01.1991, Rubrik: Gewerkschaften.

Die Deutsche Arbeitsfront: „Mit KdF in den Urlaub", Gau Westfalen-Süd, NSG KdF 1938.

Dietz, J. H. W.: „Arbeiter-, Reise- und Wanderführer. Ein Führer für billige Reise und Wanderung", Berlin 1932.

Dowe, Dieter/*Kuba,* Karlheinz/*Wilke,* Manfred (Hg.): „FDGB-Lexikon. Funktion, Struktur, Kader und Entwicklung einer Massenorganisation der SED", Berlin 2009.

Drechsel, Werner: „Zur Neugestaltung der Tourismusausbildung an der Hochschule für Verkehrswesen „Friedrich List" Dresden", in: Mitteilungen aus der kulturwissenschaftlichen Forschung Nr. 24, Tourismus, Berlin 1988, S. 174–184.

Drechsel, Werner: „Zur Tourismusausbildung an der Hochschule für Verkehrswesen „Friedrich List" Dresden", in: Wissenschaftliche Zeitschrift der Hochschule „Friedrich List" Dresden, Sonderheft 40, Dresden 1988, S. 21–35.

Dussel, Konrad/*Frese,* Matthias: „Von traditioneller Vereinskultur zu moderner Massenkultur?", in: Archiv für Sozialgeschichte 33, 1993, S. 59–106.

Eckelmann, Wolfgang u. a.: „FDGB intern. Innenansichten einer Massenorganisation der SED", Berlin 1990.

Eichberg, Henning: „Zivilisation und Breitensport. Die Veränderung des Sports ist gesellschaftlich", in: Gerhard Huck (Hg.): Sozialgeschichte der Freizeit. Untersuchungen zum Wandel der Alltagskultur in Deutschland, Wuppertal 1980, S. 77–93.

Eichler, Gert: „Spiel und Arbeit. Zur Theorie der Freizeit", Stuttgart 1979.

Eisold, Eva-Maria: „Von der ‚breiten Rollbahn zum Kommunismus' zur ‚Freizeitgasse' – Kultur und Kunst als Volksbildung und als Nische", in: Egon Hölder (Hg.): Im Trabi durch die Zeit – 40 Jahre Leben in der DDR, Wiesbaden 1992, S. 307–328.

Elsner, Steffen: „Flankierende Stabilisierungsmechanismen diktatorischer Herrschaft: Das Eingabewesen der DDR", in: Christoph Boyer und Peter Skyba (Hg.): Repression und Wohlstandsversprechen. Zur Stabilisierung von Partieherrschaft in der DDR und der CSSR, Dresden 1999, S. 75–88.

Endlich Urlaub! Die Deutschen reisen, Begleitbuch zur Ausstellung im Haus der Geschichte der Bundesrepublik Deutschland in Bonn, Köln 1996.

Engelmann, Roger: „Funktionswandel der Staatssicherheit", in: Christoph Boyer und Peter Skyba (Hg.): Repression und Wohlstandsversprechen. Zur Stabilisierung von Partieherrschaft in der DDR und der CSSR, Dresden 1999, S. 89–97.

Engler, Wolfgang: „Die ungewollte Moderne", Frankfurt 1995.

Enzensberger, Hans-Magnus: „Eine Theorie des Tourismus", in: Ders, (Hg.): Einzelheiten I. Bewusstseinsindustrie, Frankfurt am Main 1969, S. 179–205. (erstmals veröffentlicht in: Merkur 12, 1958, S. 701–729).

Fabiunke, Günter/*Körner,* Norbert u. a. (Hg): „Lexikon für das Gaststätten- und Hotelwesen", Berlin 1980.

Fichter, Michael: „Gewerkschaften", in: Wolfgang Benz (Hg.): Deutschland unter alliierter Besetzung 1945–1949/55, Berlin 1999, S. 129–134.

Fiebiger, Hilde: „Von der zeitaufwendigen Hausarbeit zu mehr Freizeit – Zeitstrukturen im Alltagsleben", in: Egon Hölder (Hg.): Im Trabi durch die Zeit – 40 Jahre Leben in der DDR, Wiesbaden 1992, S. 293–306.

Filler, Anton: „Der Stand und die Entwicklung des gewerkschaftlichen Erholungswesens", gedruckt und herausgegeben für den innerschulischen Gebrauch an der Gewerkschaftshochschule „Fritz Heckert", Bernau 1979.

Filler, Anton: „Die Entwicklung des Feriendienstes der Gewerkschaften als Erholungsträger der Arbeiterklasse von seinen Anfängen bis 1975", Dresden 1977.

Flacke, Monika (Hg.): „Auftrag: Kunst 1949–1990. Bildende Künstler in der DDR zwischen Ästhetik und Politik", Katalog zur Ausstellung des Deutschen Historischen Museums, Berlin 1995.

Frerich, J./*Frey,* M.: „Handbuch der Geschichte der Sozialpolitik in Deutschland", Band 2, München 1993.

Freyer, Walter: „Tourismus in der DDR", in: Walter Freyer und Heike Bähre (Hg.): Tourismus in den Neuen Bundesländern 10 Jahre nach der deutschen Wiedervereinigung", Dresden 2000, S. 214–248.

Friedrich, Wolfgang-Uwe: „Bürokratischer Totalitarismus – Zur Typologie des SED-Regimes", in: Ders. (Hg.): Die totalitäre Herrschaft der SED. Wirklichkeit und Nachwirkungen, München 1998, S. 1–23.

Fromann, Bruno: „Reisen im Dienste politischer Zielsetzungen – Arbeiterreisen und ‚Kraft durch Freude'-Fahrten", Stuttgart 1992.

Fuhrmann, Gundel: „Der Urlaub der DDR-Bürger in den späten 60er Jahren", in: Hasso Spode (Hg.): Goldstrand und Teutonengrill. Kultur- und Sozialgeschichte des Tourismus in Deutschland 1945–1989, Berlin 1996, S. 35–50.

Fulbrook, Mary: „Methologische Überlegungen zu einer Gesellschaftsgeschichte", in: Richard Bessel und Ralph Jessen (Hg.): Grenzen der Diktatur. Staat und Gesellschaft in der DDR, Göttingen 1996, S. 274–297.

Gastronomie (Zeitschrift), Ausgabe 1/1977.

Gastronomie (Zeitschrift), Ausgabe 3/1977.

Gesetz der Arbeit, § 35–37.

Gesetzblatt der DDR (GBl) vom 14.02.1980.

Gibas, Monika: „‚Auferstanden aus Ruinen und der Zukunft zugewandt.' Die Metaerzählung zum 7. Oktober", in: Monika Gibas u. a. (HG.): Wiedergeburten. Zur Geschichte der runden Jahrestage der DDR, Leipzig 1999, S. 47–265.

Gieseke, Jens (Hg.): „Staatssicherheit und Gesellschaft. Studien zum Herrschaftsalltag in der DDR", Göttingen 2007.

Gieseke, Jens: „Die Einheit von Wirtschafts-, Sozial- und Sicherheitspolitik. Militarisierung und Überwachung als Probleme einer DDR-Sozialgeschichte der Ära Honecker", in: Zeitschrift für Geschichtswissenschaften 11 (2003), S. 996–1021.

Gill, Ullrich: „Der Freie Deutsche Gewerkschaftsbund. Theorie, Geschichte, Organisation, Funktion, Kritik", 1. Auflage, Opladen 1989.

Gill, Ullrich: „FDGB. Die DDR-Gewerkschaft von 1945 bis zu ihrer Auflösung 1990", Köln 1991.

Görlich, Christopher: „Vom Ferienheim zum Interhotel – Formen „sozialistischen" Urlaubs in der DDR", in: Wiebke Kolbe, Christian Noack und Hasso Spode (Hg.): Tourismusgeschichte(n). Voyage. Jahrbuch für Reise- & Tourismusforschung 2009, München/Wien 2009, S. 129–136.

Gorz, André: „Abschied vom Proletariat. Jenseits des Sozialismus", Hamburg 1983.

Gries, Rainer: „Der Tag der Republik", in: Martin Sabrow (Hg.): Erinnerungsorte der DDR, München 2009, S. 205–217.

Großmann, Margita: „Zur Entwicklung des Sozialtourismus in der DDR unter den Bedingungen der intensiv erweiterten Reproduktion", in: Mitteilungen aus der kulturwissenschaftlichen Forschung 24, 1988, S. 168–173.

Großmann, Margita/*Scharf,* Siegrid: „Ortsveränderungsleistungen im Tourismus der DDR", in: Wissenschaftliche Zeitschrift der Hochschule „Friedrich List" Dresden, Sonderheft 42, Dresden 1988, S. 98–109.

Großmann, Margita/*Scharf,* Siegrid: „Der Tourismus als gesellschaftliche Erscheinung", in: Ökonomie des Tourismus, Dresden 1989.

Gutmann, Gernot: „Ideologie und Wirtschaftsordnung", in: Wolfgang-Uwe Friedrich (Hg.): Die totalitäre Herrschaft der SED. Wirklichkeit und Nachwirkungen, München 1998, S. 81–97.

Hachtmann, Rüdiger: „Tourismusgeschichte", Göttingen 2007.

Haendcke-Hoppe-Arndt, Maria: „Bilanz der Ära Honecker: Die ökonomischen Hinterlassenschaften der SED", in: Peter Eisenmann und Gerhard Girscher (Hg.): Bilanz der zweiten deutschen Diktatur, München 1993, S. 55–72.

Haendcke-Hoppe-Arndt, Maria: „Wer wusste was? Der ökonomische Niedergang der DDR", in: Gisela Helwig (Hg.): Rückblicke auf die DDR, Köln 1995, S. 120–131.

Hagen, Joshua: „Preservation, Tourism and Nationalism. The Jewel of the German Past", Burlington 2006.

Hanke, Helmut: „Freizeit in der DDR", Berlin 1979.

Hauck, Paul: „Die gesellschaftliche Determination der Rekreationsgeographie im Sozialismus", in: Gesellschaftliche Determination der Rekreationsgeographie, Greifswalt 1987 (Greifswalder Geographische Arbeiten 4).

Henke, Klaus-Dietmar/*Engelmann,* Roger (Hg.): „Aktenlage. Die Bedeutung der Unterlagen des Staatssicherheitsdienstes für die Zeitgeschichtsforschung", Berlin 1995.

Henningsen, Monika: „Der Freizeit- und Fremdenverkehr in der ehemaligen Sowjetunion unter besonderer Berücksichtigung des baltischen Raumes", Frankfurt am Main 1994.

Herbst, Andreas/*Ranke,* Winfried/*Winkler,* Jürgen: „So funktionierte die DDR", Band 1, Reinbek bei Hamburg 1994.

Hermann, Alexandra: „Internationale Arbeit", in: FDGB-Lexikon. Funktion, Struktur, Kader und Entwicklung einer Massenorganisation der SED, Abschnitt VIII, Berlin 2005.

Herre, Günther: „Arbeitersport, Arbeiterjugend und Obrigkeitsstaat 1893–1914", in: Gerhard Huck (Hg.): Sozialgeschichte der Freizeit. Untersuchungen zum Wandel der Alltagskultur in Deutschland, Wuppertal 1980, S. 187–206.

Hertle, Hans-Hermann/*Gilles,* Franz-Otto: „Zur Rolle des Ministeriums für Staatssicherheit in der DDR-Wirtschaft", in: Renate Hürtgen und Thomas Reichel (Hg.): Der Schein der Stabilität. DDR-Betriebsalltag in der Ära Honecker, Berlin 2001, S. 173–189.

Hertle, Hans-Hermann/*Wilke,* Manfred: „Das Genossenkartell. Die SED und die IG Druck und Papier/IG Medien", Berlin/Frankfurt am Main 1992.

Hockerts, Hans-Günther: „Drei Wege deutscher Sozialstaatlichkeit – NS-Regime, die ‚alte' Bundesrepublik und die DDR in vergleichender Betrachtung", in: Franz Ruland u. a. (Hg.): Verfassung, Theorie und Praxis des Sozialstaates, Heidelberg 1998, S. 267–279.

Holmes, Leslie: „The End of Communist Power. Anti-Corruption Campaigns and Legitimation Crisis", New York 1993.

Hübner, Peter (Hg.): „Eliten im Sozialismus. Beiträge zur Sozialgeschichte der DDR", Köln/Weimar/Wien 1999.

Hübner, Peter: „Der Betrieb als Ort der Sozialpolitik in der DDR", in: Christoph Boyer und Peter Skyba (Hg.): Repression und Wohlstandsversprechen. Zur Stabilisierung von Parteiherrschaft in der DDR und der CSSR, Dresden 1999.

Hübner, Peter: „Konsens, Konflikt und Kompromiss. Soziale Arbeitsinteressen und Sozialpolitik in der SBZ/DDR 1945–1970", Berlin 1995.

Hübner, Peter: „Menschen – Macht – Maschinen. Technokratie in der DDR", in: Ders. (Hg.): Eliten im Sozialismus. Studien zur Sozialgeschichte des SED-Regimes, Köln 1999.

Hübner, Peter/*Hübner,* Christa: „Sozialismus als soziale Frage. Sozialpolitik in der DDR und Polen 1968–1976", Köln/Weimar/Wien 2008.

Huck, Gerhard: „Freizeit als Forschungsproblem", in: Ders. (Hg.): Sozialgeschichte der Freizeit. Untersuchungen zum Wandel der Alltagskultur in Deutschland, Wuppertal 1980, S. 7–18.

Huinink, Johannes: „Kollektiv und Eigensinn. Lebensverkäufe in der DDR und danach", Berlin 1995.

Hürtgen, Renate: „Angestellt im VEB. Loyalitäten, Machtressourcen und soziale Lagen der Industrieangestellten in der DDR", Münster 2009.

Hürtgen, Renate: „Zwischen Disziplinierung und Partizipation. Vertrauensleute des FDGB im DDR-Betrieb", Köln/Weimar/Wien 2005.

Informationen zur politischen Bildung (Heft 256), „Deutschland in den 50er Jahren", 1997.

Interne Objektleiteranweisung EH „Am Fichtelberg", Oktober und November 1975.

Irmscher, Gerlinde: „Alltägliche Freude. Auslandsreisen in der DDR", in: Hasso Spode (Hg.): Goldstrand und Teutonengrill. Kultur- und Sozialgeschichte des Tourismus in Deutschland 1945 bis 1989, Berlin 1996, S. 51–67.

Irmscher, Gerlinde: „Arbeitsfrei mit Küsschen drauf". Zeit und Leben in den Sechzigern, in: Wunderwirtschaft. DDR-Konsumkultur in den 60er Jahren, Köln u. a. 1996, S. 37–47.

Jarausch, Konrad: „Care and Coercion: The GDR as Welfare dictorship", in: Ders. (Hg.): Dictorship as Experience. Towards a socio-culural History of the GDR, New York 1999, S. 47-69.

Jarausch, Konrad: „Die gescheiterte Gegengesellschaft. Überlegungen zu einer Sozialgeschichte der DDR.", in: Archiv für Sozialgeschichte 39 (1999), S. 1–17.

Jessen, Ralph: „Gesellschaft im Staatssozialismus. Probleme einer Sozialgeschichte der DDR", in: Geschichte und Gesellschaft 21 (1995), S. 96–110.

Kaelble, Hartmut: „Die Gesellschaft der DDR im internationalen Vergleich", in: Kaelble u. a. (Hg.): Sozialgeschichte der DDR, Stuttgart 1994.

Kaelble, Hartmut: „Europäische Besonderheiten des Massenkonsums 1950–1990", in: Hannes Siegrist, Hartmut Kaelble und Jürgen Kocke (Hg.): Europäische Konsumgeschichte. Zur Gesellschafts- und Kulturgeschichte des Konsums", Frankfurt/New York 1997, S. 169–204.

Kaiser, Monika: „Machtwechsel von Ulbricht zu Honecker. Funktionsmechanismen der SED-Diktatur in Konfliktsituationen 1962–1972", Berlin 1997.

Kaminsky, Annette: „‚Noch nie bereitete der Einkauf soviel Verdruss und Mühe wie in jüngster Zeit.' Konsumwünsche und Konsumverhalten der DDR-Bevölkerung in den 80er Jahren im Spiegel der Studien des Instituts für Marktforschung der DDR", in: Günther Heydemann u. a. (Hg.): Revolution und Transformation in der DDR 1989/90, Berlin 1999, S. 105–116.

Kaminsky, Annette: „Illustrierte Konsumgeschichte der DDR", hg. von der Landeszentrale für politische Bildung in Thüringen, Erfurt 1999.

Kaminsky, Annette: „Wohlstand, Schönheit, Glück. Kleine Konsumgeschichte der DDR", München 2001.

Kappelt, Olaf: „Braunbuch DDR", Berlin 2009.

Keitz, Christine: „Reisen als Leitbild. Die Entstehung des modernen Massentourismus in Deutschland", München 1997.

Keitz, Christine: „Reisen zwischen Kultur und Gegenkultur. Baedecker und die ersten Arbeitertouristen in der Weimarer Republik", in: Hasso Spode (Hg.): Zur Sonne, zur Freiheit. Beiträge zur Tourismusgeschichte, Berlin 1991, S. 47–60.

Kleßmann, Christoph/*Sywottek,* Arnold: „Arbeitergeschichte und DDR-Geschichte. Einige Bemerkungen über Forschungsperspektiven", in: Peter Hübner und Klaus Tenfelde (Hg.): Arbeiter in der SBZ-DDR, Essen 1999, S. 897–905.

Kleßmann, Christoph: „Die Geschichte der Berliner Mauer", Bundeszentrale für politische Bildung, 23.03.2009.

Knabe, Bernd: „Der Urlaub des Sowjetbürgers", in: Osteuropa 4/1979, S. 300–310.

Knabe, Hubertus: „Weiche Formen der Verfolgung in der DDR. Zum Wandel repressiver Strategien in der Ära Honecker", in: Deutschland-Archiv 30 (1997), S. 709–719.

Kocka, Jürgen: „Bilanz und Perspektiven der DDR-Forschung", in: Deutschland-Archiv 36 (2003), S. 764–769.

Kocka, Jürgen: „Die DDR – Eine moderne Diktatur? Überlegungen zur Begriffswahl", in: Michael Grüttner, Rüdiger Hachtmann und Heinz-Gerhart Haupt (Hg.): Geschichte und Emanzipation. Festschrift für Reinhard Rürup, Frankfurt am Main 1999, S. 540–550.

Kocka, Jürgen: „Eine durchherrschte Gesellschaft", in: H. Kaeble u. a. (Hg.): Sozialgeschichte der DDR, Stuttgart 1994, S. 547–570.

Kohli, Martin/*Zapf,* Wolfgang: „Gesellschaft ohne Klassen? Entstehung, Verlagerung und Auflösung von Klassenmilieus, Opladen 1997.

Kohli, Martin: „Die DDR als Arbeitsgesellschaft? Arbeit, Lebenslauf und soziale Differenzierung", in: Hartmut Kaelble, Jürgen Kocka und Hartmut Zwahr (Hg.): Sozialgeschichte der DDR, Stuttgart 1994, S. 31–61.

Kramer, Dieter: „Aspekte der Kulturgeschichte des Tourismus", Zeitschrift für Volkskunde 78, 1982.

Krumbholz, Hans: „Zur Geschichte des Sozialtourismus: Die Anfänge gewerkschaftlicher Ferieneinrichtungen", in: Hasso Spode (Hg.): Zur Sonne, zur Freiheit. Beiträge zur Tourismusgeschichte, Berlin 1991, S. 61–70.

Kunack, Christian: „Qualität von Passagierbeförderungsleistungen im Luftverkehr. Betriebswirtschaftliche Aspekte", in: Wissenschaftliche Zeitschrift der Hochschule „Friedrich List" Dresden, Sonderheft 42, Dresden 1988, S. 84–97.

Kusch, Günther u. a. (Hg.): „Schlussbilanz DDR. Fazit einer verfehlten Wirtschafts- und Sozialpolitik", Berlin 1991.

Lamberz, Werner, in: Einheit, Berlin (Ost), Jg. 27, 1972.

Laude, Horst/*Wilke,* Manfred: „Pläne der Moskauer KPD-Führung für den Wiederaufbau der Gewerkschaften", in: Klaus Schroeder (Hg.): Geschichte und Transformation des SED-Staates. Beiträge und Analysen, Berlin 1994, S. 27–51.

Lemke, Michael: „Einheit oder Sozialismus? Die Deutschlandpolitik der SED 1949–1961", Köln/Weimar/Wien 2001.

Leo, Anette: „Bilder für das Volk? Die Auftragspolitik von SED und FDGB in den siebziger und achtziger Jahren", in: Renate Hürtgen und Thomas Reichel (Hg.): Der Schein der Stabilität. DDR-Betriebsalltag in der Ära Honecker, Berlin 2001, S. 159–172.

Lexikon für das Gaststätten- und Hotelwesen, Verlag Die Wirtschaft Berlin 1980.

Lüdtke, Alf: „Helden der Arbeit – Mühen beim Arbeiten. Zur missmutigen Loyalität von Industriearbeitern in der DDR", in: Kaeble u. a. (Hg.): Sozialgeschichte der DDR, S. 188–213.

Maase, Kaspar: „Grenzenloses Vergnügen", Frankfurt 1997.

Malycha, Andreas: „Die SED. Geschichte ihrer Stalinisierung 1946–1953", Paderborn 2000.

Manz, Günther/*Winkler,* Gunnar (Hg.): „Theorie und Praxis der Sozialpolitik", Berlin (DDR) 1979.

Marrenbach, Otto: „Gesamtwerk der DAF", Berlin 1940.

Mason, Timothy W.: „Arbeiterklasse und Volksgemeinschaft. Dokumente und Materialien zur deutschen Arbeiterpolitik 1936–1939", Opladen 1975.

Mason, Timothy W.: Sozialpolitik im Dritten Reich. Arbeiterklasse und Volksgemeinschaft", Opladen 1977.

Merkel, Ina: „Arbeiter und Konsum im real existierenden Sozialismus", in: Peter Hübner und Klaus Tenfelde (Hg.): Arbeiter in der SBZ-DDR, Essen 1999, S. 527–553.

Merkel, Ina: „Konsumkultur in der DDR. Über das Scheitern der Gegenmoderne auf dem Schlachtfeld des Konsums", in: Mitteilungen aus der kulturwissenschaftlichen Forschung.

Merkel, Ina: „Utopie und Bedürfnis. Die Geschichte der Konsumkultur in der DDR", Köln, Weimar, Wien 1999.

Merl, Stephan: „Sowjetisierung in der Welt des Konsums", Heinz Siegrist und Karl-Heinz Jarusch (Hg.): Amerikanisierung und Sowjetisierung in Deutschland 1945–1970, Frankfurt am Main 1997, S. 167–194.

Merl, Stephan: „Staat und Konsum in der Zentralverwaltungswirtschaft. Russland und die ostmitteleuropäischen Länder", in: Hannes Siegrist, Helmut Kaelble und Jürgen Kocka (Hg.): Europäische Konsumgeschichte. Zur Gesellschafts- und Konsumgeschichte, Frankfurt am Main 1997, S. 205–241.

Mertsching, Klaus: „Recht auf Urlaub", in: Endlich Urlaub! Die Deutschen Reisen, Begleitbuch zur Ausstellung im Haus der Geschichte der Bundesrepublik Deutschland in Bonn, Köln 1996, S. 20–24.

Meuschel, Sigrid: „Legitimation und Parteiherrschaft in der DDR. Zum Paradox von Revolution und Stabilität in der DDR 1945–1989", Frankfurt am Main 1992.

Meuschel, Sigrid: „Machtmonopol und homogenisierte Gesellschaft. Anmerkungen zu Detlef Pollack", in: Geschichte und Gesellschaft 26 (2000), S. 171–183.

Meuschel, Sigrid: „Überlegungen zu einer Herrschafts- und. Gesellschaftsgeschichte der DDR", in: Geschichte und Gesellschaft 19 (1993).

Mitteldeutsche Zeitung, 20.02.2010.

Mitteldeutsches Wirtschaftsmagazin, März/April 2005.

Mosch, Christa: „Die Kunstpolitik des FDGB zwischen Kunstförderung und sozialer Verantwortung. Ein Erfahrungsbericht", in: Monika Flacke (Hg.): Auftrag Kunst 1949–1990. Bildende Künstler in der DDR zwischen Ästhetik und Politik, Berlin 1995.

Mühlberg, Dietrich: „Freizeit und Persönlichkeitsentwicklung im Sozialismus. Lehrbriefmaterial für die Aus- und Weiterbildung", Berlin 1974.

Müller, Hans-Peter: „Sozialstruktur und Lebensstil. Der neuere theoretische Diskurs über soziale Ungleichheit", Frankfurt am Main 1992.

Müller, Klaus: „Die Lenkung der Strafjustiz durch die SED-Staats- und Parteiführung der DDR am Beispiel der Aktion Rose", Frankfurt u. a. 1995.

Nakath, Detlef: „Zur Geschichte der deutsch-deutschen Handelsbeziehungen", in: Hefte zur DDR-Geschichte 4, Berlin 1993.

Neues Deutschland (Zeitung), 8.3.1978, Titelseite.

Niethammer, Lutz: „Das Kollektiv", in: Martin Sabrow (Hg.): Erinerungsorte der DDR, München 2009, S. 269–280.

Niethammer, Lutz: Prolegomena zu einer Geschichte der Gesellschaft der DDR, in: Hartmut Kaelble, Jürgen Kocka, und Hartmut Zwahr (Hg.): Sozialgeschichte der DDR, Stuttgart 1994, S. 95–115.

Noack, Christian: „Von ‚wilden' und anderen Touristen. Zur Geschichte des Massentourismus in der UDSSR", in: Werkstatt Geschichte 36, Essen 2004, S. 24–41.

Novy, Klaus/*Prinz,* Michael: „Illustrierte Geschichte der Gemeinwirtschaft. Wirtschaftliche Selbsthilfe in der Arbeiterbewegung von den Anfängen bis 1945", Berlin und Bonn 1985.

Parteiprogramm der Sozialistischen Einheitspartei Deutschlands, angenommen auf dem IX. Parteitag der SED, Berlin 1976.

Pawelka, Peter: „Die UNO und das Deutschlandproblem", Tübingen 1971.

Petzold, Gerlinde: „Erforschung der Freizeit durch Ökonomen und Sportwissenschaftler der DDR in den sechziger Jahren", in: Mitteilungen aus der kulturwissenschaftlichen Forschung 19, Berlin 1986, S. 5–56.

Plato, Alexander von: „Arbeiter-Selbstbilder in der DDR", in: Peter Hübner und Klaus Tenfelde (Hg.): Arbeiter in der SBZ-DDR, Essen 1999, S. 867–882.

Pollack, Detlef: „Das Ende einer Organisationsgesellschaft. Systemtheoretische Überlegungen zum gesellschaftlichen Umbruch in der DDR", in: Zeitschrift für Soziologie 4/1990, S. 292–307.

Pollack, Detlef: „Die konstitutive Widersprüchlichkeit der DDR. Oder: war die DDR-Gesellschaft homogen?", in: Geschichte und Gesellschaft 24, 1998, S. 110–131.

Purschke, Thomas: „Staatsplan Sieg. Die Instrumentalisierung des DDR-Wintersports am Beispiel Oberhof", Zella-Mehlis 2004.

Rat der Stadt Oberwiesenthal (Hg.): „450 Jahre Kurort Oberwiesenthal", 1977.

Rat der Stadt Oberwiesenthal (Hg.): „Modell des Systems der Planung und Leitung der wirtschaftlichen und gesellschaftlichen Entwicklung, der Versorgung und Betreuung der Urlauber, Touristen, Besucher und Einwohner des Erholungsortes der Stadt Oberwiesenthal", 1970.

Rehberg, Karl-Siegbert: „Der doppelte Ausstieg aus der Geschichte", in: Gert Melville und Hans Vorländer (Hg.): Geltungsgeschichten. Über die Stabilität und Legitimierung institutioneller Ordnungen, Köln/Weimar/Wien 2002, S. 319–348.

Reichel, Peter: „Der schöne Schein des Dritten Reiches. Faszination und Gewalt des Faschismus", Berlin/Wien 1991.

Rettmann, Fritz: „Der Entwurf des Arbeitsgesetzbuchs – Erfüllung des Kampfes der deutschen Arbeiter um ihr Arbeitsrecht", in: Einheit 15 (1961), S. 257–269.

Reulicke, Jürgen: „Vom blauen Montag zum Arbeiterurlaub", in: Archiv für Sozialgeschichte 16, 1976.

Richter, Martin: „Holz, Stahl und Vuglbeeren. Werke der bildenden Kunst im FDGB-Heim ‚Am Fichtelberg'", Freie Presse, Bezirksausgabe Karl-Marx-Stadt, 30.04.1976.

Ritter, Gerhard/*Tenfelde,* Klaus: „Arbeiter im Deutschen Kaiserreich 1871–1914", Berlin 1992.

Roesler, Jörg: „Zwischen Plan und Markt. Die Wirtschaftsreform 1963–1970 in der DDR", Berlin 1990.

Sabrow, Martin (Hg.): „Geschichte als Herrschaftsdiskurs. Der Umgang mit der Vergangenheit der DDR", Köln 2000.

Sabrow, Martin: „Öffentliche Aufarbeitung und fachliche Verantwortung", in: Deutschland-Archiv 6 (2006), S. 1083–1086.

Saretzki, Hans-Ulrich/*Krohn,* Ursula: „Vom gewerkschaftlich organisierten Urlaub zum begrenzten Tourismus – Reisen als Beitrag zur Lebensqualität", in: Egon Hölder (Hg.): Im Trabi durch die Zeit – 40 Jahre Leben in der DDR, Wiesbaden 1992, S. 329–341.

Sarrazin, Thilo: „Deutschland schafft sich ab", München 2010.

Schallenberg, Claudia: „KdF: Kraft durch Freude. Innenansichten der Seereisen", Bremen 2005.

Scharf, Sigrid: „Zur Beeinflussung der zeitlichen Bedarfsschwankungen im Tourismus der DDR", in: Wissenschaftliche Zeitschrift der Hochschule für Verkehrswesen „Friedrich List" Dresden, Sonderheft 40, Dresden 1988, S. 89–106.

Schmidt, Manfred G.: „Grundzüge der Sozialpolitik in der DDR", in: Kuhrt, Eberhard (Hg.): „Die Endzeit der DDR-Wirtschaft. Analysen zur Wirtschafts-, Sozial- und Umweltpolitik, Berlin 1999, S. 273–322.

Schmidt, Manfred G.: „Grundzüge der Sozialpolitik in der DDR", ZeS-Arbeitspapier, Nr. 18/99 (Forschungsbericht), Zentrum für Sozialpolitik, Universität Bremen, Bremen 1999.

Schmidt, Manfred G.: „Sozialpolitik der DDR", Wiesbaden 2004.

Scholtyseck, Joachim: „Die Außenpolitik der DDR", München 2003.

Schroeder, Klaus/*Alisch,* Steffen: „Der SED-Staat. Partei, Staat und Gesellschaft 1949–1990", München 1998.

Schroeder, Klaus: „Die DDR: eine (spät-)totalitäre Gesellschaft", in: Manfred Wilke (Hg.): Die Anatomie der Parteizentrale. Die KPD/SED auf dem Weg zur Macht, Berlin 1998, S. 525–562.

Schütterle, Juliane: „Klassenkampf im Kaufhaus. Versorgung und Sonderversorgung in der DDR 1971–1989", hg. von der Landeszentrale für politische Bildung in Thüringen, Erfurt 2009.

Schwarzer, Doris: „Arbeitsbeziehungen im Umbruch gesellschaftlicher Strukturen. Bundesrepublik Deutschland, DDR und Neue Länder im Vergleich", Stuttgart 1996.

Schwarzer, Oskar: „Sozialistische Zentralplanwirtschaft in der SBZ/DDR. Ergebnisse eines ordnungspolitischen Experiments", Vierteljahresschrift für Sozial- und Wirtschaftsgeschichte 143, Stuttgart 1999.

Selbach, Claus-Ulrich: „Reise nach Plan. Der Feriendienst des Freien Deutschen Gewerkschaftsbundes", in: Endlich Urlaub. Die Deutschen reisen. Begleitbuch zur Ausstellung im Haus der Geschichte der Bundesrepublik Deutschland in Bonn, Köln 1996, S. 61–76.

Siebeneicker, Arnulf: „Kulturarbeit in der Industrieprovinz. Entstehung und Rezeption bildender Kunst im VEB Petrolchemisches Kombinat Schwedt 1960–1990", in: Historische Anthropologie 5, 1997, S. 435–453.

Siegel, Tilla: „Lohnpolitik im nationalsozialistischen Deutschland", in: Carole Sachse u. a. (Hg.): Angst, Belohnung, Zucht und Ordnung. Herrschaftsmechanismen im Nationalsozialismus, Opladen 1982, S. 54–132.

Siegrist, Hannes: „Konsum, Kultur und Gesellschaft im modernen Europa", in: Ders., Hartmut Kaelble und Jürgen Kocka (Hg.): Europäische Konsumgeschichte. Zur Gesellschafts- und Kulturgeschichte des Konsums, Frankfurt am Main 1997, S. 13–50.

Simsch, Sebastian: „‚...was zeigt, dass sie ideologisch zurückgeblieben sind'. Personelle Grenzen der frühen DDR-Diktatur am Beispiel der FDGB-Funktionäre in und um Dresden", in: Peter Hübner (Hg.): Eliten im Sozialismus. Beiträge zur Sozialgeschichte der DDR, Köln/Weimar/Wien 1999, S. 241–254.

Simsch, Sebastian: „Aufgeschlossenheit und Indifferenz. Deutsche Arbeiterinnen und Arbeiter, Deutsche Arbeitsfront und Freier Deutscher Gewerkschaftsbund 1929–1962", in: Peter Hübner und Klaus Tenfelde (Hg.): Arbeiter in der SBZ-DDR, Essen 1999, S. 751–786.

Simsch, Sebastian: „Blinde Ohnmacht. Der Freie Deutsche Gewerkschaftsbund zwischen Diktatur und Gesellschaft in der DDR 1945 bis 1963", Aachen 2002.

Skyba, Peter: „Die Sozialpolitik der Ära Honecker aus institutionentheoretischer Perspektive", in: Ders. und Christoph Boyer (Hg.): Repression und Wohlstandsversprechen. Zur Stabilisierung von Parteiherrschaft in der DDR und in der CSSR, Dresden 1999, S. 49–62.

Solga, Heike: „Aspekte der Klassenstruktur in der DDR", in: Renate Hürtgen und Thomas Reichel (Hg.): Der Schein der Stabilität. DDR-Betriebsalltag in der Ära Honecker, Berlin 2001, S. 35–52.

Solga, Heike: „Auf dem Weg in eine klassenlose Gesellschaft? Klassenlagen und Mobilität zwischen Generationen in der DDR", Berlin 1995.

Solga, Heike: „Klassenlagen und soziale Ungleichheiten in der DDR", in: Aus Politik und Zeitgeschichte 46/96, S. 18–27.

Spode, Hasso: „‚Zu den Eigentümlichkeiten unserer Zeit gehört das Massenreisen.' Die Entstehung des modernen Tourismus", in: Endlich Urlaub! Die Deutschen Reisen, Begleitbuch zur Ausstellung im Haus der Geschichte der Bundesrepublik Deutschland in Bonn, Köln 1996, S. 13–19.

Spode, Hasso: „Arbeiterurlaub im Dritten Reich", in: Carola Sachse u. a. (Hg.): Angst, Belohnung, Zucht und Ordnung. Herrschaftsmechanismen im Nationalsozialismus, Opladen 1982, S. 275–328.

Spode, Hasso: „Der deutsche Arbeiter reist.", in: Gerhard Huck (Hg.): Sozialgeschichte der Freizeit. Untersuchungen zum Wandel der Alltagskultur in Deutschland, Wuppertal 1984.

Spode, Hasso: „Die NS-Gemeinschaft ‚Kraft durch Freude' – Ein Volk auf Reisen?", in: Zur Sonne, zu Freiheit. Beiträge zur Tourismusgeschichte, Berlin 1991, S. 79–94.

Spode, Hasso: „Goldstrand und Teutonengrill. Kultur- und Sozialgeschichte des Tourismus in Deutschland 1945–1989", Berlin 1996.

Spode, Hasso: „Historische Tourismusforschung", in: Heinz Hahn und Jürgen Kagelmann (Hg.): Tourismuspsychologie und Tourismussoziologie. Ein Handbuch zur Tourismuswissenschaft, München 1993, S. 27–29.

Spode, Hasso: „Zur Geschichte des Tourismus. Eine Skizze der Entwicklung der touristischen Reisen in der Moderne", Starnberg 1987.

Staadt, Stefan: „Eingaben. Die institutionalisierte Meckerkultur in der DDR", Berlin 1996.

Statistisches Jahrbuch der DDR, 1990.

Stehr, Ilona/*Nahrstedt,* Wolfgang: „Freizeitpädagogik", in: Heinz Hahn und Jürgen Kagelmann (Hg.): Tourismuspsychologie und Tourismussoziologie. Ein Handbuch zur Tourismuswirtschaft, München 1993, S. 70–78.

Steiner, André: „Zwischen Frustration und Verschwendung", in: Wunderwirtschaft. DDR-Konsumkultur in den 60er Jahren, Köln u. a. 1996, S. 26–36.

Stirn, Andreas: „Traumschiffe des Sozialismus – Die Geschichte der DDR-Urlauberschiffe 1953–1990", Berlin 2010.

Suckut, Siegfried: „Die Bedeutung der Akten des Staatssicherheitsdienstes für die Erforschung der DDR-Geschichte", in: Gisela Helwig (Hg.): Rückblicke auf die DDR, Köln 1995, S. 67–74.

Suckut, Siegfried/*Süß,* Walter (Hg.): „Staatspartei und Staatssicherheit. Zum Verhältnis von SED und MfS", Berlin 1997.

Süß, Walter: „Staatssicherheit am Ende. Warum es den Mächtigen nicht gelang, 1989 eine Revolution zu verhindern", Berlin 1999.

Tagesspiegel (Zeitung), Ausgabe 23. Mai 1963.

Tenfelde, Klaus: „Einige Ergebnisse", in: Peter Hübner und Klaus Tenfelde (Hg.): Arbeiter in der SBZ-DDR, Essen 1999.

Tenfelde, Klaus: „Überholt von der demokratischen Massengesellschaft", in: Frankfurter Allgemeine Zeitung Nr. 56, 7. März 1988.

Tietze, Gerhard: „Die Sozialpolitik in der DDR – wichtiges Aufgabengebiet der Gewerkschaften", Berlin 2002.

Timm, Annette: „Guarding the Health of Worker Families in the GDR", in: Peter Hübner und Klaus Tenfelde (Hg.): Arbeiter in der SBZ-DDR, Essen 1999, S. 463–496.

Timmermann, Heiner (Hg.): „Diktaturen in Europa im 20. Jahrhundert", Berlin 1996.

Tribüne, Tageszeitung des FDGB-Bundesvorstands Berlin, Ausgabe vom 09.12.1959 und 15.11.1977.

Uebel, Horst: „Zum System der Fremdenverkehrsausbildung und seiner Anwendung in der Deutschen Demokratischen Republik. Diskussionsbeitrag anlässlich eines internationalen Erfahrungsaustauschs 1975", in: Wissenschaftliche Zeitschrift der Hochschule für Verkehrswesen „Friedrich List" in Dresden 23, 1976, S. 421–425.

Vester, Heinz-Günter: „Zeitalter der Freizeit. Eine soziologische Bestandsaufnahme", Darmstadt 1988.

Wagner, Erich: „Aktuelle Probleme der Leitung und Planung des Erholungswesens im Bezirk Rostock", in: Gesellschaftliche Determination der Rekreationsgeographie, Tagungsband des II. Greifswalder Geographischen Symposiums 1984, Greifswald 1987, S. 48–52.

Wagner-Kyora, Georg: „Karbidarbeiter in der Bargaining-Community", in: Renate Hürtgen und Thomas Reichel (Hg.): Der Schein der Stabilität. DDR-Betriebsalltag in der Ära Honecker, Berlin 2001, S. 191–215.

Weber, Jürgen (Hg.): „Der SED-Staat. Neues über eine vergangene Diktatur", München 1994.

Weber, Max: „Essays in Sociology", Oxford 1946.

Wehler, Hans-Ullrich: „Deutsche Gesellschaftsgeschichte", Band 5, München 2008.

Weiß, Hermann: „Ideologie der Freizeit im Dritten Reich. Die NS-Gemeinschaft ‚Kraft durch Freude'", in: Archiv für Sozialgeschichte 33, 1993, S. 289–303.

Welsh, Helga: „Kaderpolitik auf dem Prüfstand", in: Peter Hübner (Hg.): Eliten im Sozialismus. Beiträge zur Sozialgeschichte der DDR, Köln/Weimar/Wien 1999, S. 107–130.

Wentker, Hermann: „Außenpolitik in engen Grenzen. Die DDR im internationalen System 1949–1989", München 2007.

Wentker, Hermann: „Unausgewogenheiten und Schlagzeilen. Eine kritische Stellungnahme zu den Empfehlungen der Sabrow-Kommission", in: Deutschland-Archiv 4 (2006), S. 662–666.

Werner, Oliver: „Politisch überzeugend, feinfühlig und vertrauensvoll? Eingabebearbeitung in der SED", in: Heiner Timmermann (Hg.): Diktaturen in Europa im 20. Jahrhundert – der Fall DDR, Berlin 1996, S. 461–479.

Werum, Stefan Paul: „Gewerkschaftlicher Niedergang im sozialistischen Aufbau. Der Freie Deutsche Gewerkschaftsbund 1945 bis 1953", Göttingen 2005.

Wilczek, Anette: „Einkommen, Karriere, Versorgung. Das DDR-Kombinat und die Lebenslage seiner Beschäftigten", Berlin 2004.

Wilke, Manfred: „Die Westarbeit des FDGB. Die DDR-Gewerkschaft und die innerdeutschen Beziehungen 1945–1990", in: Zeitschrift des Forschungsverbundes SED-Staat, Nr. 18/2005, S. 115–137.

Windelband, Ursula: „Erfordernisse und Besonderheiten städtebaulicher Planung in Erholungsorten und Touristenzentren", in: Gesellschaftliche Determination der Rekreationsgeographie, Tagungsband des II. Greifswalder Geographischen Symposiums 1984, Greifswald 1987, S. 41–47.

Zimmer, Jochen: „‚Mit uns zieht die neue Zeit'. Die Naturfreunde. Zur Geschichte eines alternativen Verbandes der Arbeiterkulturbewegung", Köln 1984.

Zusammenstellung über die durchgeführten Veranstaltungen im Erholungskomplex Riga während des Zeitraums vom 5.7.–27.9.1984, Erhebung der Gewerkschaftsschule „Fritz Heckert", Berlin.

Fehlt die Seitenangabe bei Quelle Bundesarchiv, so handelte es sich um ungeordnete lose Blattsammlungen. Die Archiv-Nummer des Ordners wurde jedoch stets korrekt vermerkt.

Aufarbeitung totalitärer Erfahrungen und politische Kultur

Die Bedeutung der Aufarbeitung des SED-Unrechts für das Rechts- und Werteverständnis im wiedervereinigten Deutschland

Hendrik Hansen, Hans-Joachim Veen (Hrsg.)

Politisches Denken Jahrbuch 2009
277 S. 2009 (978-3-428-13184-6) € 46,–
(für Mitglieder der „Deutschen Gesellschaft zur Erforschung des politischen Denkens" € 36,80)

Hans-Joachim Veen: Vorwort — **Hendrik Hansen:** Einleitung. Die Aufarbeitung der DDR-Vergangenheit und das Rechts- und Werteverständnis im wiedervereinigten Deutschland — **Freya Klier:** Die DDR in mildem Licht. Eröffnungsvortrag der Weimarer Tagung „Aufarbeitung totalitärer Erfahrungen und politische Kultur" — **Birgit Schwelling:** Aufarbeitung der Vergangenheit und Politische Kultur. Zur Bedeutung und zum Zusammenhang zweier Konzepte — **Heinrich Oberreuter:** Normative Maßstäbe diktaturgeschichtlicher Aufarbeitung — **Hans-Ulrich Thamer:** Der Umgang mit dem Nationalsozialismus und die politische Kultur in der Bundesrepublik der Nachkriegszeit — **Rainer Eckert:** Die Auseinandersetzung mit der kommunistischen deutschen Diktatur und die politische Kultur der Bundesrepublik — **Klaus Ziemer:** Aufarbeitung und politische Kultur in Polen — **Tamás Stark:** Fighting for the Past in Hungary — **Marianne Birthler:** Die Bedeutung der BStU für die politische Kultur in Deutschland — **Ilko-Sascha Kowalczuk:** Parlamentarisch verordnete Aufarbeitung? Die Enquete-Kommissionen des Deutschen Bundestages „Aufarbeitung von Geschichte und Folgen der SED-Diktatur in Deutschland" und „Überwindung der Folgen der SED-Diktatur im Prozess der deutschen Einheit" — **Oliver W. Lembcke:** Rehabilitierung politisch Verfolgter in der DDR. Politisches Programm und Praxis des Rechts — **Friedrich Dencker:** Strafrechtliche Aufarbeitung des DDR-Unrechts und Rechtskultur — **Peter Armbrust:** Die politische und rechtliche Behandlung der Enteignungen in der Sowjetischen Besatzungszone 1945 bis 1949 nach der Wiedervereinigung — **Eckhard Jesse:** Zweierlei Vergangenheitsbewältigung, politische Kultur und Wissenschaft. Drittes Reich und DDR — **Barbara Zehnpfennig:** Die Aufarbeitung der totalitären Erfahrung als Aufgabe der politischen Philosophie

Duncker & Humblot · Berlin

Zeitgeschichtliche Forschungen

17 Rainer Karlsch / Jochen Laufer (Hrsg.) unter Mitarbeit von Friederike Sattler: **Sowjetische Demontagen in Deutschland 1944–1949.** Hintergründe, Ziele und Wirkungen. Tab.; 550 S. 2002 ⟨978-3-428-10739-1⟩ € 48,80

18 Stefan Scheil: **Fünf plus Zwei.** Die europäischen Nationalstaaten, die Weltmächte und die vereinte Entfesselung des Zweiten Weltkriegs. 4. Aufl. X, 533 S. 2009 ⟨978-3-428-13133-4⟩ € 34,80 E-BOOK

19 Tobias Haren: **Der Volksstaat Hessen 1918 / 1919.** Hessens Weg zur Demokratie. Tab., Abb.; 287 S. 2003 ⟨978-3-428-10646-2⟩ € 24,80

20 Tullia Santin: **Der Holocaust in den Zeugnissen griechischer Jüdinnen und Juden.** Abb., 1 Faltkarte; 211 S. 2003 ⟨978-3-428-10722-3⟩ € 18,80

21 Gerhard Besier / Clemens Vollnhals (Hrsg.): **Repression und Selbstbehauptung.** Die Zeugen Jehovas unter der NS- und der SED-Diktatur. Abb.; X, 421 S. 2003 ⟨978-3-428-10605-9⟩ € 26,80

22 Frank Ebbinghaus: **Ausnutzung und Verdrängung.** Steuerungsprobleme der SED-Mittelstandspolitik 1955–1972. 366 S. 2003 ⟨978-3-428-10866-4⟩ € 48,–

23 Klaus Jochen Arnold: **Die Wehrmacht und die Besatzungspolitik in den besetzten Gebieten der Sowjetunion.** Kriegführung und Radikalisierung im „Unternehmen Barbarossa". Abb.; 579 S. 2005 ⟨978-3-428-11302-6⟩ € 48,80

24 Franz Huberth (Hrsg.): **Die DDR im Spiegel ihrer Literatur.** Beiträge zu einer historischen Betrachtung der DDR-Literatur. 178 S. 2005 ⟨978-3-428-11592-1⟩ € 36,–

25 Günter Neliba: **Staatssekretäre des NS-Regimes.** Ausgewählte Aufsätze. V, 99 S. 2005 ⟨978-3-428-11846-5⟩ € 24,–

26 Niels Beckenbach (Hrsg.): **Wege zur Bürgergesellschaft.** Gewalt und Zivilisation in Deutschland Mitte des 20. Jahrhunderts. 310 S. 2005 ⟨978-3-428-11977-6⟩ € 34,–

27 Günter Neliba: **Kriegstagebuch des Flakregiments 155 (W) 1943–1945.** Flugbombe V1. 8 Bildtafeln; 106 S. 2006 ⟨978-3-428-11925-7⟩ € 24,–

28 Hannibal Velliadis: **Metaxas – Hitler.** Griechisch-deutsche Beziehungen während der Metaxas-Diktatur 1936–1941. 6 Bildtafeln; 265 S. 2006 ⟨978-3-428-11866-3⟩ € 38,–

29 Irene Strenge: **Kurt von Schleicher.** Politik im Reichswehrministerium am Ende der Weimarer Republik. 242 S. 2006 ⟨978-3-428-12112-0⟩ € 32,–

30 Gerhard Barkleit: **Manfred von Ardenne.** Selbstverwirklichung im Jahrhundert der Diktaturen. 2., überarb. Aufl.; Frontispiz, Abb.; 396 S. 2006 ⟨978-3-428-12790-0⟩ € 38,–